LA STRATÉGIE DU CHOC

Leméac Éditeur remercie le ministère du Patrimoine canadien, le Conseil des arts du Canada, la Société de développement des entreprises culturelles du Québec (SODEC) et le Programme de crédit d'impôt pour l'édition de livres du Québec (Gestion SODEC) du soutien accordé à son programme de publication.

Titre original : *The Shock Doctrine. The Rise of Disaster Capitalism*
Éditeur original : Knopf Canada, Toronto
Copyright © 2007 by Klein Lewis Productions Ltd.

© LEMÉAC ÉDITEUR, 2008
pour la traduction française
ISBN 978-2-7609-2717-9

© ACTES SUD, 2008
pour la France, la Belgique et la Suisse
ISBN 978-2-7427-7544-6

Imprimé au Canada

NAOMI KLEIN

La stratégie du choc

La montée d'un capitalisme du désastre

Traduit de l'anglais (Canada)
par Lori Saint-Martin et Paul Gagné

LEMÉAC / ACTES SUD

Pour Avi, encore une fois.

Tout changement n'est jamais qu'un changement de sujet.

César Aira,
romancier argentin, *Cumpleaños*, 2001.

Éloge de la table rase

Trois décennies à défaire et à refaire le monde

La terre se pervertit au regard de Dieu et elle se remplit de violence. Dieu vit la terre : elle était pervertie, car toute chair avait une conduite perverse sur la terre. Dieu dit à Noé : «La fin de toute chair est arrivée, je l'ai décidé, car la terre est pleine de violence à cause des hommes et je vais les faire disparaître de la terre.»

Genèse, 6:11 (Bible de Jérusalem).

Semer le choc et l'effroi engendre des peurs, des dangers et des destructions incompréhensibles pour certains éléments ou secteurs de la société à l'origine de la menace, ses dirigeants ou les citoyens en général. La nature, sous forme de tornades, d'ouragans, de tremblements de terre, d'inondations, d'incendies incontrôlés, de famines et de maladies, peut provoquer le choc et l'effroi.

Shock and Awe. Achieving Rapid Dominance,
doctrine militaire établie pour la guerre
des États-Unis en Irak[1].

Je fis la connaissance de Jamar Perry en septembre 2005 au refuge de la Croix-Rouge de Baton Rouge, en Louisiane. De jeunes scientologistes au large sourire distribuaient des repas, et Jamar faisait la queue avec les autres sinistrés. Je venais juste de me faire houspiller pour avoir osé m'entretenir avec des évacués en l'absence d'escorte médiatique. Canadienne blanche perdue au milieu d'une mer d'Afro-Américains du Sud, je faisais de mon mieux pour passer inaperçue. Je me glissai dans la queue derrière Perry et lui demandai de me parler comme à une vieille amie, ce qu'il eut l'amabilité de faire.

11

Né et élevé à La Nouvelle-Orléans, Jamar avait quitté la ville inondée une semaine plus tôt. On lui aurait donné dix-sept ans, mais il en avait vingt-trois, me dit-il. Lui et les siens avaient attendu longtemps les autocars d'évacuation promis. En fin de compte, comme ils ne venaient pas, les Perry avaient marché sous un soleil de plomb. Ils avaient abouti ici, dans un palais des congrès tentaculaire, où se tenaient normalement des foires commerciales organisées par l'industrie pharmaceutique ou des manifestations sportives, du type «Carnage dans la capitale : combats extrêmes en cage d'acier». À présent, les lieux étaient envahis par 2 000 lits de camp et une foule d'évacués, épuisés et mécontents. Des soldats de la Garde nationale à peine rentrés d'Irak patrouillaient, l'air crispé.

Ce jour-là, une nouvelle courait parmi les réfugiés selon laquelle un éminent congressman républicain de la ville, Richard Baker, avait tenu les propos suivants : «Nous avons enfin nettoyé les logements sociaux de La Nouvelle-Orléans. Dieu a réussi là où nous avions échoué[2].» Joseph Canizaro, l'un des promoteurs immobiliers les plus riches de la ville, avait exprimé un point de vue similaire : «Nous disposons maintenant d'une page blanche pour tout recommencer depuis le début. De superbes occasions se présentent à nous[3].» Pendant toute la semaine, l'Assemblée législative de la Louisiane à Baton Rouge, la capitale, avait grouillé de lobbyistes s'employant à verrouiller les «occasions» en question. Au menu : réductions des charges fiscales, allégements de la réglementation, main-d'œuvre au rabais et création d'une ville «plus petite et plus sûre» – ce qui en pratique revenait à la démolition des logements sociaux et à leur remplacement par des immeubles en copropriété. À force d'entendre parler de «nouveaux débuts» et de «pages blanches», on en oubliait presque les cloaques toxiques, débordant de débris, de rejets industriels et de restes humains, qui croupissaient à quelques kilomètres de là.

Au refuge, Jamar, lui, ne pensait à rien d'autre. «Pour moi, la ville n'a pas été nettoyée. Tout ce que je sais, c'est que des tas de gens sont morts dans les quartiers populaires. Des gens qui devraient être encore en vie aujourd'hui.»

Jamar s'était exprimé calmement, à voix basse. Pourtant, devant nous, un vieil homme qui avait surpris notre conversation se retourna vivement : «À quoi est-ce qu'ils pensent, ces types de Baton Rouge? Des "occasions"? Quelles "occasions"? C'est une foutue tragédie, oui. Ils sont aveugles ou quoi?»

Une femme accompagnée de ses deux enfants se joignit au chœur : «Non, ils ne sont pas aveugles. Ils sont juste mauvais. Ils voient parfaitement clair.»

Parmi ceux pour qui les eaux de crue de La Nouvelle-Orléans étaient synonymes de «superbes occasions» se trouvait Milton Friedman, grand gourou du mouvement en faveur du capitalisme sans entraves. C'est à lui qu'on attribue la paternité du credo de l'économie mondialisée contemporaine, caractérisée par l'hypermobilité. Âgé de 93 ans et de santé fragile, «Oncle Miltie», ainsi que l'appelaient ses partisans, trouva malgré tout la force d'écrire un article pour la page d'opinions du *Wall Street Journal*, trois mois après l'effondrement des digues : «La plupart des écoles de La Nouvelle-Orléans sont en ruine, faisait-il observer, au même titre que les maisons des élèves qui les fréquentaient. Ces enfants sont aujourd'hui éparpillés aux quatre coins du pays. C'est une tragédie. C'est aussi une occasion de transformer de façon radicale le système d'éducation[4].»

L'idée radicale de Friedman se résume comme suit : au lieu d'affecter à la remise en état et au renforcement du réseau des écoles publiques de La Nouvelle-Orléans une partie des milliards de dollars prévus pour la reconstruction de la ville, le gouvernement devrait accorder aux familles des «bons d'études» donnant accès à des écoles privées (dont bon nombre à but lucratif) subventionnées par l'État. Il était essentiel, selon Friedman, que ce changement fondamental constitue non pas une solution provisoire, mais au contraire une «réforme permanente[5]».

Des *think tanks* (groupes de réflexion) de droite s'emparèrent de l'idée et prirent la ville d'assaut. L'administration de George W. Bush appuya leurs projets et versa des dizaines de millions de dollars destinés à convertir les écoles de La Nouvelle-Orléans en «écoles à charte», c'est-à-dire en établissements subventionnés par l'État, mais administrés par des entités privées n'obéissant qu'à leurs propres règles. Les écoles à charte soulèvent la controverse aux États-Unis, plus particulièrement à La Nouvelle-Orléans, où de nombreux parents afro-américains voient en elles une façon détournée de balayer les acquis du mouvement pour les droits civiques, qui garantissent à tous les enfants l'accès à des services d'éducation égaux. Aux yeux de Milton Friedman, cependant, l'idée même d'un réseau d'écoles administré par l'État empeste le socialisme. Pour lui, l'État a pour unique fonction «de protéger notre liberté contre ses ennemis extérieurs et contre nos concitoyens eux-mêmes : il fait régner la loi et l'ordre, il fait respecter les contrats privés, et il favorise la concurrence[6]». En d'autres termes, il s'agit de fournir les policiers et les soldats – tout le reste, y compris l'éducation publique gratuite, n'est qu'ingérence au sein des marchés.

Contrairement à la réfection des digues et au rétablissement du réseau électrique, la vente aux enchères du réseau scolaire de La Nouvelle-Orléans s'effectua avec une rapidité et une précision toutes militaires. Dix-neuf mois après les inondations, alors que la plupart des pauvres de la ville étaient encore en exil, presque toutes les écoles publiques de La Nouvelle-Orléans avaient été remplacées par des écoles à charte exploitées par le secteur privé. Avant l'ouragan Katrina, le conseil scolaire comptait 123 écoles ; il n'en restait plus que 4. Il y avait alors 7 écoles à charte ; elles étaient désormais 31[7]. Les instituteurs de La Nouvelle-Orléans étaient représentés par un syndicat puissant ; leur convention collective était dorénavant réduite en lambeaux, et les quelque 4 700 membres du syndicat licenciés[8]. Certains jeunes instituteurs furent réembauchés par les nouvelles écoles à charte, où ils touchaient un salaire nettement inférieur qu'auparavant. Bien d'autres n'eurent pas cette chance.

Selon le *New York Times*, La Nouvelle-Orléans servait à présent de « principal laboratoire des écoles à charte », tandis que l'American Enterprise Institute, groupe de réflexion inféodé à Friedman, s'émerveillait : « Katrina a accompli en un jour [...] ce que les réformateurs du système d'éducation ont été impuissants à faire malgré des années de travail[9]. » Pendant ce temps, les instituteurs du réseau public, témoins du détournement des fonds alloués aux victimes de l'inondation – qu'on utilisait pour anéantir le réseau public et le remplacer par un réseau privé –, qualifièrent le projet de Friedman de « spéculation immobilière appliquée au monde de l'éducation[10] ».

J'appelle « capitalisme du désastre » ce type d'opération consistant à lancer des raids systématiques contre la sphère publique au lendemain de cataclysmes et à traiter ces derniers comme des occasions d'engranger des profits.

L'intervention de Friedman sur La Nouvelle-Orléans contenait son ultime recommandation publique : en effet, il mourut moins d'un an plus tard, le 16 novembre 2006, à l'âge de 94 ans. La privatisation du réseau d'écoles publiques d'une ville américaine de taille moyenne peut passer pour un enjeu modeste, s'agissant d'un homme considéré comme l'économiste le plus influent de la deuxième moitié du siècle dernier. Friedman comptait parmi ses disciples quelques présidents des États-Unis, des premiers ministres britanniques, des oligarques russes, des ministres des Finances polonais, des dictateurs du tiers-monde, des secrétaires du Parti communiste chinois, des administrateurs du Fonds monétaire international et les trois derniers chefs de la Réserve fédérale des États-Unis. Pourtant, sa détermination à profiter de la crise de La Nouvelle-Orléans pour faire progresser une version fondamentaliste du capitalisme signait à merveille les adieux de ce professeur énergique d'un mètre cinquante-sept à peine qui, dans ses jeunes années, s'était décrit lui-même «comme un prédicateur à la mode d'autrefois en train de prononcer le sermon du dimanche[11]».

Pendant plus de trois décennies, Friedman et ses puissants disciples avaient perfectionné leur stratégie : attendre une crise de grande envergure, puis, pendant que les citoyens sont encore sous le choc, vendre l'État, morceau par morceau, à des intérêts privés avant de s'arranger pour pérenniser les «réformes» à la hâte.

Dans l'un de ses essais les plus influents, Friedman définit le remède universel que propose le capitalisme moderne et énonce ce que j'en suis venue à considérer comme la «stratégie du choc». «Seule une crise – réelle ou supposée – peut produire des changements, fait-il observer. Lorsqu'elle se produit, les mesures à prendre dépendent des idées alors en vigueur. Telle est, me semble-t-il, notre véritable fonction : trouver des solutions de rechange aux politiques existantes et les entretenir jusqu'à ce que des notions politiquement impossibles deviennent politiquement inévitables[12].» En prévision de désastres, certains stockent les boîtes de conserve et les bouteilles d'eau ; les disciples de Friedman, eux, stockent des idées relatives au libre marché. En cas de crise, le professeur de l'université de Chicago était convaincu qu'il fallait intervenir immédiatement pour imposer des changements rapides et irréversibles à la société éprouvée par le désastre. Ce n'est qu'à cette condition qu'elle échapperait durablement à «la tyrannie du statu quo». Selon Friedman, «un nouveau gouvernement jouit d'une période de six à neuf mois au cours de laquelle il peut opérer des changements fondamentaux. S'il n'en profite pas pour agir avec détermination, une telle occasion ne se représentera plus[13]». Variation sur un thème cher à Machiavel, selon qui le mal devait «se faire tout d'une fois», cette idée constitue l'un des legs stratégiques les plus durables de Friedman.

C'est au milieu des années 1970, à l'époque où il conseillait le général Augusto Pinochet, dictateur chilien, que Friedman eut pour la première fois l'occasion d'exploiter un choc ou une crise de grande envergure. Au lendemain du violent coup d'État orchestré par Pinochet, les Chiliens étaient sans contredit en état de choc. De plus, le pays était aux prises avec les traumatismes causés par une hyperinflation galopante. Friedman conseilla à Pinochet de procéder aussitôt à une transformation en profondeur de l'économie – réductions d'impôts, libéralisation des échanges commerciaux, privatisation des services, diminution des dépenses sociales et déréglementation. Bientôt, les Chiliens virent même leurs écoles publiques remplacées par des écoles privées auxquelles donnaient accès des bons d'études. C'était la métamorphose capitaliste la plus extrême jamais tentée. On parla désormais de la révolution de l'«école de Chicago», de nombreux économistes de Pinochet ayant étudié à l'université de Chicago sous la direction de Friedman. Ce dernier prédit que la soudaineté et l'ampleur des changements économiques provoqueraient chez les citoyens des réactions psychologiques qui «faciliteraient l'ajustement[14]». Friedman créa l'expression «traitement de choc» pour parler de cette douloureuse tactique. Au cours des décennies suivantes, les gouvernements qui imposèrent de vastes programmes de libéralisation des marchés eurent justement recours au traitement de choc ou à la «thérapie de choc».

Pinochet, lui, facilita l'«ajustement» au moyen d'une autre forme de chocs : dans les nombreuses salles de torture du régime, les corps qui se convulsaient sous l'effet de la douleur étaient ceux des personnes les plus susceptibles de s'opposer à la transformation capitaliste. En Amérique latine, nombreux sont ceux qui établirent un lien direct entre les chocs économiques qui se soldèrent par l'appauvrissement de millions de personnes et l'épidémie de tortures qui punirent dans leur chair des centaines de milliers de personnes qui rêvaient d'une autre forme de société. D'où la question posée par l'écrivain uruguayen Eduardo Galeano : «Comment préserver cette inégalité autrement que par des décharges électriques[15]?»

Exactement trente ans après que ces trois formes de chocs eurent frappé le Chili, la formule reprend du service en Irak, de façon beaucoup plus violente. Il y eut d'abord la guerre, qui, selon les auteurs de la doctrine militaire des États-Unis *Shock and Awe* (parfois traduite par «choc et effroi»), avait pour but «de contrôler la volonté, les perceptions et la compréhension de l'adversaire et de le priver de toute capacité à agir et à réagir[16]». Vint ensuite la thérapie de choc économique, imposée, à l'heure où le pays brûlait toujours, par l'émissaire chef des États-Unis, L. Paul Bremer : privatisations massives, libre-échange sans restrictions, taux d'imposition uniforme de 15 %, réduction spectaculaire de l'appareil d'État. Le ministre du Commerce par intérim de l'Irak, Ali Abdel-Amir Allaoui, déclara à l'époque que ses compatriotes en avaient « assez de servir de cobayes à des expériences. Après tous les chocs auxquels le système a été soumis, ils n'ont pas du tout envie que l'économie subisse le même sort[17] ». En cas de résistance, les Irakiens étaient arrêtés et jetés dans des prisons où leur corps et leur esprit subissaient d'autres chocs, ceux-ci beaucoup moins métaphoriques.

C'est aux premiers jours de l'occupation de l'Irak par les États-Unis, il y a quatre ans, que je commençai à m'intéresser à la dépendance du libre marché à l'égard des chocs en tous genres. Après avoir rendu compte depuis Bagdad de la tentative avortée de Washington de faire suivre la phase « choc et effroi » de celle du traitement de choc, je me rendis au Sri Lanka, quelques mois après le tsunami dévastateur de 2004. Là, je fus témoin d'une autre version de la même manœuvre. En effet, des investisseurs étrangers et des prêteurs internationaux s'étaient ligués pour exploiter le climat de panique et céder le magnifique littoral à des entrepreneurs qui s'étaient empressés d'ériger de vastes stations balnéaires, empêchant ainsi des centaines de milliers de pêcheurs de reconstruire leurs villages au bord de l'eau : « Par un coup cruel du destin, la nature a offert au Sri Lanka une occasion unique. De cette grande tragédie est née une destination touristique d'exception », claironna le gouvernement[18]. Lorsque l'ouragan Katrina s'abattit sur La Nouvelle-Orléans et que les politiciens, les groupes de réflexion et les promoteurs immobiliers républicains se mirent à parler de « page blanche » et d'occasions en or, il apparut clairement que telle était désormais la méthode privilégiée pour aider l'entreprise privée à réaliser ses objectifs : profiter des traumatismes collectifs pour opérer de grandes réformes économiques et sociales.

La plupart des survivants d'une catastrophe souhaitent l'exact contraire d'une page blanche : ils veulent sauver tout ce qui peut l'être, remettre en état ce qui n'a pas été entièrement détruit et renforcer les liens qui unissent les citoyens aux lieux qui les ont façonnés. « En participant à la reconstruction de la ville, j'ai l'impression de me reconstruire moi-même », déclara Cassandra Andrews du Lower Ninth Ward, quartier lourdement endommagé de La Nouvelle-Orléans, en enlevant des débris au lendemain de la tempête[19]. En revanche, rétablir l'ordre ancien n'intéresse nullement les tenants du capitalisme du désastre. En Irak, au Sri Lanka et à La Nouvelle-Orléans, on entreprit le processus faussement qualifié de «reconstruction» en parachevant le travail du cataclysme initial (guerre ou catastrophe naturelle) : on effaça les derniers vestiges de la sphère publique et des communautés profondément enracinées afin de les remplacer par une sorte de Nouvelle Jérusalem des grandes entreprises – le tout avant que les victimes n'eussent eu le temps de se ressaisir et d'affirmer leurs droits de propriété.

Mike Battles résuma la situation à merveille : «La peur et le désordre nous ont admirablement servis[20].» Âgé de 34 ans, l'ex-agent de la CIA faisait référence au chaos consécutif à l'invasion de l'Irak : malgré son inexpérience et sa nouveauté, son entreprise de sécurité, Custer Battles, profita de la situation pour arracher au gouvernement fédéral des contrats d'une valeur d'environ 100 millions de dollars[21]. Les propos de Battles pourraient servir de slogan au capitalisme du désastre – la peur et le désordre sont les moteurs du progrès.

Lorsque j'entrepris mon enquête sur les liens entre mégaprofits et mégadésastres, je crus assister à une transformation radicale de la façon dont les marchés étaient «libérés» un peu partout dans le monde. Ayant fait partie du mouvement de lutte contre l'accroissement démesuré des pouvoirs du secteur privé qui avait été propulsé sur la scène internationale à Seattle en 1999, je connaissais bien les politiques, hautement favorables aux entreprises, qu'on imposait lors de sommets de l'Organisation mondiale du commerce ou encore comme conditions assorties aux prêts du Fonds monétaire international. Les trois exigences traditionnelles – privatisation, déréglementation et réduction draconienne des dépenses sociales – étaient en général très impopulaires auprès des citoyens, mais, au moment de la signature des accords, on pouvait au moins invoquer comme prétexte le consentement mutuel des gouvernements participant aux négociations et l'existence d'un consensus chez les prétendus experts. Désormais, on imposait le même programme idéologique par les moyens les plus ouvertement coercitifs qui soient : lors d'une occupation militaire étrangère ou encore dans le sillage immédiat d'une immense catastrophe naturelle. Après les attentats du 11 septembre, Washington s'estima dispensé de demander aux pays concernés s'ils voulaient bien «du libre-échange et de la démocratie» à la mode états-unienne ; il recourut simplement à la force militaire inspirée de la doctrine «choc et effroi».

En réfléchissant à la progression de cette vision des marchés qui règne désormais un peu partout sur la planète, je me rendis toutefois compte que l'idée d'exploiter les crises et les désastres était le *modus operandi* du mouvement de Milton Friedman depuis ses débuts – de tout temps, cette forme de capitalisme fondamentaliste a dû compter sur les catastrophes pour progresser. Les catastrophes « facilitatrices » se font maintenant plus destructrices et plus horribles, sans doute, mais la situation observée en Irak et à La Nouvelle-Orléans n'est pas le fruit d'une nouvelle invention consécutive au 11 septembre. Au contraire, l'exploitation effrontée des crises est l'aboutissement de trois décennies d'application stricte de la stratégie du choc.

Vues sous cette optique, les trente-cinq dernières années apparaissent sous un jour sensiblement différent. On avait jusque-là tendance à voir certaines des violations les plus flagrantes des droits de l'homme comme des actes sadiques dont se rendaient coupables des régimes antidémocratiques. En fait, il s'agissait plutôt de mesures prises dans le dessein de terroriser la population et de préparer le terrain à l'introduction de « réformes » radicales axées sur la libéralisation des marchés. Dans l'Argentine des années 1970, la junte fit « disparaître » 30 000 personnes, pour la plupart des militants de gauche, afin d'imposer les politiques de l'école de Chicago ; à la même époque, le Chili eut recours à la terreur pour accomplir sa métamorphose économique. Dans la Chine de 1989, le massacre de la place Tiananmen et l'arrestation de dizaines de milliers de personnes permirent aux communistes de transformer une bonne partie du pays en une gigantesque zone d'exportation, où travaillent des salariés trop terrifiés pour faire valoir leurs droits. Dans la Russie de 1993, la décision prise par Boris Eltsine de lancer les chars d'assaut contre le Parlement et de faire emprisonner les chefs de l'opposition pava la voie à la privatisation précipitée qui engendra les célèbres oligarques du pays.

Au Royaume-Uni, la guerre des Malouines, survenue en 1982, eut le même effet : le désordre et l'élan nationaliste nés de la guerre permirent à Margaret Thatcher de recourir à une force extraordinaire pour étouffer la grève des mineurs du charbon et lancer la première vague de privatisations effrénées en Occident. En 1999, les bombardements de Belgrade par l'OTAN créèrent des conditions favorables à des privatisations rapides en ex-Yougoslavie – objectif du reste antérieur à la guerre. La politique économique ne fut pas le seul facteur à l'origine de ces conflits, bien sûr, mais chacun de ces chocs collectifs servit à préparer le terrain au traitement de choc économique.

Les traumatismes ayant servi à affaiblir les résistances ne furent du reste pas toujours ouvertement violents. En Amérique latine et en Afrique, dans les années 1980, c'est la crise de l'endettement qui obligea les pays « à privatiser ou à crever », selon la formule d'un ex-représentant du FMI[22]. Minés par l'hyperinflation et trop endettés pour dire non aux exigences dont s'assortissaient les nouveaux prêts, des gouvernements acceptèrent le traitement de choc dans l'espoir qu'il les préserverait de l'effondrement. En Asie, c'est la crise financière de 1997-1998 – presque aussi dévastatrice que la Grande Dépression – qui affaiblit les « tigres » asiatiques et les obligea à ouvrir leurs marchés à ce que le *New York Times* appela la « plus grande vente de faillite du monde[23] ». Bon nombre de ces pays étaient des démocraties, mais les transformations radicales visant la libéralisation des marchés ne furent pas imposées de façon démocratique. En fait, ce fut exactement le contraire : conformément aux prévisions de Friedman, le climat de crise généralisée permettait de faire fi de la volonté des électeurs et de céder le pays aux « technocrates » de l'économie.

Dans certains cas, bien entendu, l'adoption des politiques de libéralisation des marchés se fit de façon démocratique, quelques politiciens ayant été portés au pouvoir malgré des programmes draconiens : l'élection de Ronald Reagan aux États-Unis et, plus récemment, celle de Nicolas Sarkozy en France en constituent des exemples frappants. Dans de tels cas, cependant, les croisés du libéralisme économique se heurtent à l'opposition du public et doivent adoucir ou modifier leurs projets radicaux, accepter les changements à la pièce plutôt qu'une reconversion totale. On voit bien que le modèle économique de Friedman, s'il est en partie compatible avec la démocratie, a besoin de conditions totalitaires pour être imposé dans son expression la plus pure. Pour que le traitement de choc économique soit appliqué sans contrainte – comme ce fut le cas au Chili dans les années 1970, en Chine à la fin des années 1980, en Russie dans les années 1990 et aux États-Unis au lendemain des attentats du 11 septembre 2001 –, on doit compter sur un traumatisme collectif majeur, lequel entrave ou suspend provisoirement l'application des principes démocratiques. Cette croisade idéologique prit naissance au sein des régimes autoritaires d'Amérique du Sud ; dans les territoires nouvellement conquis – la Russie et la Chine –, elle cohabite encore aujourd'hui, sans difficulté et de façon rentable, avec un régime à la poigne de fer.

LA THÉRAPIE DE CHOC RENTRE AU BERCAIL

Depuis les années 1970, l'école de Chicago, sous la coupe de Friedman, ne cesse de conquérir de nouveaux territoires ; jusqu'à tout récemment, cependant, la vision de l'économiste n'avait encore jamais été pleinement appliquée dans son pays d'origine. Certes, Reagan avait réalisé des percées, mais les États-Unis conservaient l'assistance publique, la sécurité sociale et des écoles publiques, où les parents, pour reprendre les mots de Friedman, nourrissaient « un attachement irrationnel au socialisme[24] ».

Lorsque les républicains prirent le contrôle du Sénat, en 1995, David Frum, Canadien expatrié aux États-Unis et futur rédacteur de discours pour George W. Bush, était au nombre des « néoconservateurs » qui réclamaient pour les États-Unis une révolution économique inspirée de la stratégie du choc : « Voici, à mon avis, comment on devrait procéder : au lieu de sabrer çà et là dans les programmes, de façon graduelle, on devrait, en plein été, éliminer d'un seul coup trois cents programmes d'environ un milliard de dollars chacun. Les changements ne seraient peut-être pas spectaculaires, mais je vous jure que le message passerait. Et rien ne nous empêche de le faire tout de suite[25]. »

À l'époque, Frum ne put faire imposer le traitement de choc dont il rêvait pour les États-Unis, notamment parce qu'aucune crise ne vint préparer le terrain. Puis, en 2001, la situation changea du tout au tout : au moment des attentats du 11 septembre, la Maison-Blanche était pleine à craquer de disciples de Friedman, dont son grand ami Donald Rumsfeld. L'équipe de Bush profita de cet instant de vertige collectif avec une ahurissante célérité – non pas parce que l'administration avait sournoisement orchestré la crise, comme certains le laissaient entendre, mais bien parce que les principaux ténors de cette administration, vétérans de l'imposition du capitalisme du désastre en Amérique latine et en Europe de l'Est, appelaient une crise de tous leurs vœux, de la même façon que les agriculteurs frappés par une sécheresse implorent la pluie de tomber et que les sionistes chrétiens, convaincus que la fin du monde est proche, rêvent du jour du Ravissement. Quand arrive le désastre tant attendu, ils savent que leur heure est enfin venue.

Pendant trois décennies, Friedman et ses disciples exploitèrent de façon méthodique les chocs subis par d'autres pays – pendants, à l'étranger, du 11 septembre 2001, à commencer par le coup d'État de Pinochet du 11 septembre 1973. À partir de la chute des tours jumelles, l'idéologie née dans des universités américaines et nourrie par les grandes institutions de Washington eut enfin l'occasion de rentrer au bercail.

L'administration Bush profita de la peur suscitée par les attentats non seulement pour lancer sans délai la «guerre contre le terrorisme», mais aussi pour faire de cette dernière une entreprise presque entièrement à but lucratif, une nouvelle industrie florissante qui insuffla un dynamisme renouvelé à une économie chancelante. C'est ce qu'il convient d'appeler le «complexe du capitalisme du désastre», entité tentaculaire beaucoup plus vaste que le complexe militaro-industriel contre lequel Dwight Eisenhower avait mis les Américains en garde à la fin de sa présidence : on a ici affaire à une guerre totale, menée à tous les niveaux par des sociétés privées dont les interventions sont financées à même les fonds publics. Ces dernières ont pour mandat perpétuel de protéger le sol américain tout en éliminant le «mal» là où il se manifeste à l'extérieur. Au bout de quelques années seulement, le complexe a déjà pénétré de nouveaux marchés : ne se contentant plus de lutter contre le terrorisme, il participe à des missions internationales de maintien de la paix, organise des polices municipales et répond aux catastrophes naturelles, de plus en plus fréquentes. L'objectif ultime des grandes sociétés qui forment le cœur du complexe, c'est d'introduire le modèle du gouvernement à but lucratif – qui progresse rapidement dans des circonstances extraordinaires – dans le fonctionnement ordinaire, au jour le jour, de l'État. Autrement dit, il s'agit de privatiser le gouvernement.

Pour stimuler le complexe du capitalisme du désastre, l'administration Bush externalisa, sans débat public, bon nombre des fonctions les plus délicates du gouvernement, de la prestation de soins de santé aux soldats aux interrogatoires de prisonniers, en passant par la collecte et l'analyse en profondeur (*data mining*) de données sur chacun d'entre nous. Dans le contexte de cette guerre sans fin, le gouvernement agit non pas comme l'administrateur d'un réseau de fournisseurs, mais plutôt comme un investisseur de capital-risque à la bourse bien garnie qui fournit au complexe les fonds d'amorçage dont il a besoin et devient le principal client de ses services.

Voici quelques chiffres qui donnent une idée de l'ampleur de la transformation : en 2003, le gouvernement des États-Unis passa 3 512 marchés avec des sociétés chargées d'exécuter des fonctions liées à la sécurité ; au cours de la période de 22 mois ayant pris fin en août 2006, la Sécurité intérieure (Department of Homeland Security) attribua à elle seule plus de 115 000 contrats du même ordre[26]. L'industrie de la sécurité intérieure au sens large – d'une importance économique négligeable avant 2001 – vaut aujourd'hui 200 milliards de dollars[27]. En 2006, les dépenses du gouvernement des États-Unis dans le domaine de la sécurité se chiffraient à environ 545 $ par foyer[28].

Et il n'est ici question que de la guerre au terrorisme en sol américain. Les gros bénéfices viennent des guerres menées à l'étranger. Sans tenir compte des fournisseurs d'armements, dont les profits ont monté en flèche grâce à la guerre en Irak, la prestation de services à l'armée des États-Unis est aujourd'hui l'une des économies tertiaires qui connaît la croissance la plus rapide au monde[29]. « Jamais deux pays ayant des restaurants McDonald sur leur territoire ne se sont fait la guerre », écrivit avec assurance le chroniqueur du *New York Times* Thomas Friedman, en décembre 1996[30]. Les événements lui donnèrent tort deux ans plus tard. De plus, en vertu du modèle de la guerre à but lucratif, l'armée américaine part désormais en campagne avec Burger King et Pizza Hut dans son sillage. Ces entreprises exploitent en effet des franchises destinées aux soldats américains dans des bases militaires, en Irak comme dans la « mini-ville » de Guantánamo Bay.

Il ne faut pas oublier non plus l'effort de reconstruction et d'aide humanitaire. Peu après leur apparition en Irak, la reconstruction et le secours à but lucratif constituent déjà le nouveau paradigme mondial, que la destruction initiale résulte d'une guerre préemptive, comme l'attaque lancée par Israël contre le Liban en 1996, ou d'un ouragan. Comme les ressources se font rares et que le changement climatique provoque un flot ininterrompu de nouvelles catastrophes, les interventions d'urgence représentent un marché émergent trop prometteur pour qu'on l'abandonne aux seules organisations caritatives. Pourquoi l'UNICEF devrait-elle reconstruire des écoles quand Bechtel, l'une des plus grandes sociétés d'ingénierie des États-Unis, peut s'en charger ? Pourquoi installer les personnes déplacées du Mississippi dans des logements sociaux vacants quand on peut les loger dans des paquebots de Carnival ? Pourquoi déployer des casques bleus de l'ONU au Darfour lorsque des entreprises de sécurité privées comme Blackwater sont à la recherche de nouveaux clients ? C'est d'ailleurs ce qui a changé au lendemain des attentats du 11 septembre : auparavant, guerres et catastrophes offraient des débouchés à un secteur restreint de l'économie – les fabricants d'avions de chasse, par exemple, ou encore les entreprises de construction chargées de rebâtir les ponts bombardés. Les guerres avaient pour rôle principal d'ouvrir de nouveaux marchés jusque-là inaccessibles et, une fois la paix revenue, de générer des booms économiques. De nos jours, les interventions en cas de guerre et de catastrophe sont à ce point privatisées qu'elles constituent en soi le nouveau marché. Pour le boom, inutile d'attendre la fin de la guerre. Le médium, c'est le message.

L'un des avantages propres à cette approche postmoderne, c'est que, du point de vue commercial, elle ne peut pas échouer. Comme le fit remarquer un analyste des marchés à propos des gains réalisés par Halliburton, entreprise de services énergétiques, au cours d'un trimestre particulièrement rentable : « L'Irak a donné de meilleurs résultats que prévu[31]. » C'était en octobre 2006, jusque-là le mois le plus meurtrier de la guerre : on avait dénombré 3 709 victimes chez les civils irakiens[32]. Pourtant, rares étaient les actionnaires qui ne se montrèrent pas impressionnés par une guerre qui, pour cette seule société, avait généré des revenus de vingt milliards de dollars[33].

De tous ces éléments – commerce des armes, soldats privés, reconstruction à but lucratif, industrie de la sécurité intérieure et traitement de choc administré par l'équipe de Bush au lendemain des attentats du 11 septembre –, il émerge une économie nouvelle redéfinie de A à Z. Née sous le règne de Bush, elle jouit désormais d'une existence indépendante de toute administration et demeurera solidement en place jusqu'au jour où l'idéologie des suprématistes du secteur privé sera reconnue pour ce qu'elle est, en proie à l'isolement et à la contestation. Bien que dominé par des sociétés américaines, le complexe est mondialisé : des entreprises britanniques mettent à profit leur expérience dans le domaine des caméras de surveillance, désormais omniprésentes ; des sociétés israéliennes exploitent leur expertise dans la construction de clôtures et de murs de haute technologie ; l'industrie canadienne du bois d'œuvre vend des maisons préfabriquées à un prix plusieurs fois supérieur à celui des maisons produites localement, et ainsi de suite. « À ma connaissance, personne n'avait encore considéré les efforts de reconstruction consécutifs à une catastrophe en tant que marché immobilier à part entière, dit Ken Baker, PDG d'un groupe industriel forestier du Canada. C'est pour nous une stratégie de diversification à long terme[34]. »

Du point de vue de son ampleur, le complexe du capitalisme du désastre vaut bien le « marché émergent » et les progressions enregistrées par les technologies de l'information dans les années 1990. En fait, certains initiés déclarent que les marchés conclus sont encore plus intéressants qu'aux beaux jours des « point com » et que la « bulle de la sécurité » occupe le terrain abandonné à la suite de l'éclatement des bulles antérieures. Assorties des profits astronomiques de l'industrie des assurances (qui, en 2006, devraient avoir atteint un seuil record de 60 milliards de dollars aux États-Unis seulement) comme des superprofits de l'industrie pétrolière (qui croissent à chaque nouvelle crise), l'économie du désastre a peut-être sauvé les marchés mondiaux de la menace de récession complète qui pesait sur eux à la veille du 11 septembre 2001[35].

Lorsqu'on cherche à reconstituer l'histoire de la croisade idéologique ayant conduit à la privatisation radicale des guerres et des catastrophes, un problème surgit : l'idéologie en question est un caméléon qui change sans cesse de nom et d'identité. Friedman se qualifiait de « libéral », tandis que ses disciples américains, qui associaient ce vocable aux impôts et aux hippies, se considéraient plutôt comme des « conservateurs », des « économistes classiques », des « tenants du libre marché » et, plus tard, comme des partisans de la *Reaganomics* ou du « laisser-faire ». Dans la majeure partie du monde, leur orthodoxie est connue sous le nom de « néolibéralisme », même si on parle souvent de « libre-échange » ou simplement de « mondialisation ». Ce n'est que depuis le milieu des années 1990 que le mouvement intellectuel, sous l'impulsion des groupes de réflexion de droite auxquels Friedman fut longtemps associé – la Heritage Foundation, le Cato Institute et l'American Enterprise Institute –, s'autodésigne au moyen de l'expression « néoconservateur », vision du monde en vertu de laquelle toute la puissance de l'armée américaine est mise au service des entreprises privées.

Dans toutes ces incarnations, cette idéologie suppose l'adhésion à la trinité stratégique – élimination de la sphère publique, déréglementation totale des entreprises et réduction draconienne des dépenses publiques –, mais aucun des noms qu'elle a empruntés ne semble lui convenir tout à fait. Friedman considérait son mouvement comme une tentative de libérer les marchés du joug de l'État, mais les résultats obtenus, lorsque sa vision puriste en passe par l'épreuve des faits, sont d'un tout autre ordre. Dans tous les pays où les politiques inspirées de l'école de Chicago ont été appliquées au cours des trois dernières décennies, on a assisté à la formation d'une puissante alliance entre de très grandes sociétés et des politiciens pour la plupart riches – les lignes de démarcation entre les uns et les autres demeurant floues et changeantes. En Russie, on appelle « oligarques » les milliardaires qui font partie de cette élite régnante ; en Chine, ce sont les « principicules » ; au Chili, les « piranhas » ; pendant la campagne électorale Bush-Cheney, les « pionniers ». Loin de soustraire les marchés aux griffes de l'État, ces membres de l'élite politique et commerciale se contentent de fusionner leurs activités et de s'échanger des faveurs afin de s'approprier les précieuses ressources qui appartenaient jusque-là au domaine public – des champs pétrolifères de la Russie aux terres collectives de la Chine en passant par l'octroi (sans appels d'offres) de contrats pour la reconstruction en Irak.

Le mot qui convient le mieux pour désigner un système qui gomme les frontières entre le Gouvernement avec un G majuscule et l'Entreprise avec un E majuscule n'est ni « libéral », ni « conservateur », ni « capitaliste ». Ce serait plutôt « corporatiste ». Il se caractérise au premier chef par d'immenses transferts de ressources publiques vers le secteur privé, démarche qui s'accompagne souvent d'une explosion de l'endettement, d'un accroissement de l'écart entre les riches à outrance et les pauvres sans importance et d'un nationalisme exacerbé qui justifie des dépenses colossales dans le domaine de la sécurité. Pour ceux qui font partie de la bulle d'extrême richesse ainsi créée, il n'y a pas de moyen plus rentable d'organiser la société. Étant donné les désavantages manifestes pour la vaste majorité des citoyens, condamnés à rester en marge, l'État corporatiste doit adopter d'autres tactiques : le resserrement de la surveillance (le gouvernement et les grandes sociétés s'échangeant une fois de plus des faveurs et des contrats), le recours massif aux emprisonnements, le rétrécissement des libertés civiles et, souvent (mais pas toujours), la torture.

LA TORTURE COMME MÉTAPHORE

Du Chili à la Chine en passant par l'Irak, la torture a été le partenaire silencieux de la croisade mondiale en faveur de la libéralisation des marchés. Cependant, elle n'est pas qu'un simple moyen utilisé pour forcer des citoyens rebelles à accepter des politiques dont ils ne veulent pas. On peut aussi y voir une métaphore de la logique qui sous-tend la stratégie du choc.

La torture, ou l'«interrogatoire coercitif» comme on l'appelle à la CIA, est un ensemble de techniques conçues pour plonger les prisonniers dans un état de choc et de désorientation grave et les forcer à faire des concessions contre leur gré. La logique de la méthode est exposée dans deux manuels de l'agence qui ont été déclassifiés à la fin des années 1990. On y explique que la façon de vaincre les résistances des «récalcitrants» consiste à provoquer une fracture violente entre le prisonnier et sa capacité à comprendre le monde qui l'entoure[36]. D'abord, on «affame» les sens (au moyen de cagoules, de bouchons d'oreilles, de fers et de périodes d'isolement total); ensuite, le corps est bombardé de stimuli (lumières stroboscopiques, musique à tue-tête, passages à tabac, électrochocs).

Cette phase d'«assouplissement» a pour but de provoquer une sorte d'ouragan dans la tête des prisonniers, qui régressent et ont peur au point de perdre toute capacité à penser de façon rationnelle et à protéger leurs intérêts. C'est dans cet état de choc que la plupart des détenus donnent à leurs interrogateurs ce qu'ils veulent – des informations, des aveux, l'abandon d'anciennes croyances. On trouve dans un des manuels de la CIA une explication particulièrement succincte : «Il existe un intervalle – parfois extrêmement bref – d'apathie, de choc ou de paralysie psychologique. Cet état est causé par un traumatisme ou un traumatisme secondaire qui fait en quelque sorte voler en éclats le monde familier du sujet et l'image qu'il a de lui-même. Les interrogateurs chevronnés reconnaissent ce moment et savent que le sujet est alors plus ouvert à la suggestion et beaucoup plus susceptible de coopérer qu'avant le choc[37].»

La stratégie du choc imite la démarche en tentant de reproduire, à l'échelle d'une société, les résultats obtenus avec un seul détenu dans une cellule de prison. À cet égard, l'exemple le plus probant est le choc du 11 septembre, qui, pour des millions de personnes, fit voler en éclats le «monde familier». Il déclencha du même coup une période de désorientation et de régression que l'administration Bush exploita de main de maître. Soudain, nous nous retrouvions en quelque sorte en l'an zéro. Tout ce que nous savions du monde relevait d'«avant» la catastrophe. Nous, les Nord-Américains, qui de toute façon connaissions mal notre histoire, formions désormais un État vierge, une «feuille blanche» sur laquelle « on peut écrire les mots les plus beaux et les plus nouveaux », ainsi que Mao le dit à propos de son peuple[38]. Une nouvelle armée de spécialistes se chargea aussitôt d'écrire des mots beaux et nouveaux sur la table rase de notre conscience traumatisée : « choc des civilisations », « axe du mal », « islamo-fascisme », « sécurité intérieure ». Pendant que les citoyens étaient mobilisés par de nouvelles guerres culturelles aux conséquences mortelles, l'administration Bush accomplit ce dont elle n'aurait pu que rêver sans les attentats du 11 septembre : lancer des guerres privatisées à l'étranger et créer un complexe de la sécurité assujetti au contrôle du privé à l'intérieur des frontières des États-Unis.

Voici donc comment fonctionne la stratégie du choc : le désastre déclencheur – le coup d'État, l'attentat terroriste, l'effondrement des marchés, la guerre, le tsunami, l'ouragan – plonge la population dans un état de choc collectif. Le sifflement des bombes, les échos de la terreur et les vents rugissants « assouplissent » les sociétés, un peu comme la musique tonitruante et les coups dans les prisons où se pratique la torture. À l'instar du prisonnier terrorisé qui donne le nom de ses camarades et renie sa foi, les sociétés en état de choc abandonnent des droits que, dans d'autres circonstances, elles auraient défendus jalousement. Jamar Perry et les autres évacués entassés dans le refuge de Baton Rouge devaient renoncer à leurs logements sociaux et à leurs écoles publiques. Après le tsunami, les pêcheurs sri-lankais devaient céder aux hôteliers leurs précieuses terres du bord de la mer. Si tout s'était passé comme prévu, les Irakiens, eux, auraient dû être sous le coup du choc et de l'effroi au point d'abandonner aux bases militaires américaines et aux zones vertes la maîtrise de leurs réserves de pétrole, de leurs sociétés d'État et de leur souveraineté.

LE GROS MENSONGE

Dans le déluge de mots écrits en hommage à Milton Friedman après sa mort, on souligna à peine l'importance que revêtent les chocs et les crises pour l'avancement de sa vision du monde. Le décès de l'économiste fut plutôt l'occasion de récrire l'histoire officielle et de rappeler que le capitalisme radical qu'il prônait faisait désormais figure d'orthodoxie gouvernementale dans presque tous les coins du monde. C'était un véritable conte de fées, débarrassé des violences et des contraintes si intimement mêlées à cette croisade. Elle représente à n'en pas douter la campagne de propagande la mieux réussie des trois dernières décennies. L'histoire va comme suit.

Pendant toute sa vie, Friedman livra une pacifique bataille d'idées à ceux qui soutenaient que les gouvernements avaient la responsabilité d'intervenir au sein des marchés afin d'en émousser les aspérités. Il était d'avis que l'Histoire avec un grand H avait «commencé du mauvais pied» lorsque des politiciens avaient prêté l'oreille à John Maynard Keynes, l'intellectuel à l'origine du «New Deal» et de l'État-providence moderne[39]. À la suite du krach de 1929, un solide consensus avait émergé : le laisser-faire était un échec et les gouvernements avaient l'obligation d'intervenir dans l'économie afin de redistribuer la richesse et de réglementer les entreprises. Pendant ces années sombres pour la doctrine du laisser-faire – durant lesquelles le communisme faisait la conquête de l'Est, que l'Occident misait sur l'État-providence et que le nationalisme économique s'enracinait dans le Sud post-colonial –, Friedman et son maître à penser, Friedrich Hayek, entretinrent patiemment la flamme du capitalisme à l'état pur en la défendant contre les tentatives keynésiennes de mettre les richesses en commun pour créer des sociétés plus justes.

«Selon moi, écrivait Friedman dans une lettre adressée à Pinochet en 1975, l'erreur principale fut de croire qu'il était possible de faire le bien avec l'argent des autres[40].» Peu l'écoutèrent; la plupart des gens étaient d'avis que les gouvernements pouvaient et devaient faire le bien. Dans un article dédaigneux du magazine *Time* de 1969, on décrivit Friedman comme «un lutin ou un enquiquineur», un prophète adulé par une poignée d'élus[41].

Friedman passa donc des décennies dans une sorte d'exil intellectuel. Vinrent enfin les années 1980 et les règnes de Margaret Thatcher (qui qualifia l'économiste de «combattant pour la liberté intellectuelle») et de Ronald Reagan (qu'accompagnait, pendant la campagne présidentielle, un exemplaire de *Capitalisme et liberté*, véritable manifeste de Friedman)[42]. Enfin, des dirigeants politiques avaient le courage d'imposer dans le vrai monde des marchés libres de toute entrave. Selon cette histoire officielle, la libéralisation pacifique et démocratique de leurs marchés respectifs par Reagan et Thatcher fut suivie d'une période de prospérité et de liberté si enviables que, au moment de l'effondrement des dictatures, de Manille à Berlin, les masses exigèrent la doctrine économique de Reagan en plus de leurs Big Macs.

Lorsque l'Union soviétique s'effondra enfin, les habitants de l'«Empire du mal» se montrèrent eux aussi empressés de participer à la révolution ourdie par Friedman, au même titre que les communistes devenus capitalistes de la Chine. Plus rien ne s'opposait donc à la création d'un véritable marché mondial, au sein duquel les entreprises nouvellement libérées auraient les coudées franches à l'intérieur de leurs pays respectifs, et, par surcroît, seraient libres de franchir les frontières sans contraintes et de répandre la prospérité partout dans le monde. Concernant le fonctionnement de la société, un double consensus s'affirmait à présent : il convenait que les dirigeants politiques fussent élus et que les économies fussent administrées selon les préceptes de Friedman. C'était, ainsi que l'écrivit Francis Fukuyama, «la fin de l'histoire», «le point final de l'évolution idéologique de l'humanité[43]». Au moment de la mort de Friedman, on écrivit dans le magazine *Fortune* qu'il «avait entraîné à sa suite la marée de l'histoire». Le Congrès des États-Unis adopta une résolution dans laquelle Friedman était présenté comme «l'un des plus grands défenseurs de la liberté, non seulement dans le domaine économique, mais sur tous les plans». Le gouverneur de la Californie, Arnold Schwarzenegger, fit du 29 janvier 2007 la «journée Milton Friedman» dans tout l'État, et plusieurs villes, petites ou grandes, l'imitèrent. Un titre du *Wall Street Journal* résuma à merveille ce récit épuré : «Monsieur Liberté»[44].

Dans le présent ouvrage, je m'en prends à la revendication centrale et révérée qui sous-tend la version officielle des faits, à savoir que le triomphe du capitalisme déréglementé est le fruit de la liberté et que la libéralisation totale des marchés et la démocratie vont de pair. Je m'emploierai à montrer que ce capitalisme fondamentaliste est toujours né des formes de coercition les plus brutales, aux dépens du «corps» politique collectif et d'innombrables corps humains au sens propre. L'histoire du libre marché contemporain – à comprendre plutôt comme celle de la montée du corporatisme – s'est écrite à grand renfort d'électrochocs.

Les intérêts en jeu sont considérables. L'alliance corporatiste, en effet, s'attaque actuellement à l'ultime frontière : les économies pétrolières fermées du monde arabe et les secteurs des économies occidentales jusqu'ici dispensés de l'obligation de réaliser des profits – y compris les interventions en cas de catastrophe et le fait de lever des armées. Comme elle ne fait même plus semblant d'attendre le consentement du public pour privatiser des fonctions aussi essentielles, que ce soit à l'intérieur du pays ou à l'étranger, l'alliance doit miser sur une violence grandissante et des cataclysmes de plus en plus destructeurs pour atteindre ses buts. Et pourtant, puisque le compte rendu officiel de la montée du libéralisme économique passe sous silence le rôle décisif joué par les chocs et les crises, on explique parfois les méthodes extrêmes utilisées en Irak et à La Nouvelle-Orléans par l'incompétence ou le système de copinage propres à la Maison-Blanche de George W. Bush. En réalité, les exploits de Bush ne sont que le paroxysme monstrueusement violent et créatif d'une campagne vieille de cinquante ans en faveur de la liberté totale des grandes sociétés.

Tenir une idéologie pour responsable des crimes commis en son nom : l'entreprise exige beaucoup de prudence. Il est trop facile d'affirmer que ceux dont nous ne partageons pas le point de vue sont non seulement dans l'erreur, mais de plus tyranniques, fascistes, génocidaires. Il est vrai également que certaines idéologies représentent un danger pour le public et doivent être identifiées en tant que telles. On songe en particulier à la fermeture des idéologies fondamentalistes, incapables de coexister avec d'autres systèmes de croyances; leurs disciples dénoncent la diversité et exigent de disposer d'une liberté absolue pour installer leur modèle parfait. Ils veulent détruire le monde tel qu'on le connaît pour faire place à leur invention de puristes. Cette logique, nourrie des fantasmes bibliques du déluge et du grand incendie, conduit inéluctablement à la violence. Les idéologies qui aspirent à cette impossible «table rase», condition qu'on ne peut obtenir qu'au prix d'un cataclysme, sont dangereuses.

Habituellement, ce sont les idéologies religieuses et raciales extrêmes qui proposent l'oblitération de cultures et de peuples entiers comme condition de l'avènement d'un monde nouveau, épuré. Depuis l'effondrement de l'Union soviétique, toutefois, on a pris conscience des crimes ignobles commis au nom du communisme. Maintenant qu'ils ont accès aux dossiers des Soviétiques, les chercheurs font le bilan des morts (famines artificielles, camps de travail et assassinats). Partout dans le monde, des spécialistes participent à des débats enflammés et se demandent si les atrocités sont imputables à l'idéologie proprement dite ou aux aberrations de ses tenants, dont Staline, Ceauşescu, Mao et Pol Pot.

Stéphane Courtois, co-auteur du controversé *Livre noir du communisme*, écrit : «[...] c'est bien [le communisme réel] qui a mis en œuvre une répression systématique, jusqu'à ériger, en des moments paroxystiques, la terreur en mode de gouvernement. L'idéologie est-elle pour autant innocente[45]?» Bien sûr que non. Il ne s'ensuit pas nécessairement que toutes les formes de communisme sont par nature génocidaires, comme d'aucuns l'ont affirmé avec jubilation, mais c'est indiscutablement une interprétation de la théorie communiste doctrinaire, autoritaire et hostile au pluralisme qui explique les purges de Staline et les camps de rééducation de Mao. Le communisme autoritaire porte – et devrait porter à jamais – les stigmates de ces laboratoires du réel.

Qu'en est-il, cela étant, de la croisade menée pour la libéralisation des marchés? On n'a jamais qualifié de crimes capitalistes les coups d'État, les guerres et les massacres qui avaient pour but d'installer et de maintenir en place des régimes favorables à la libre entreprise. Pour les expliquer, on invoque plutôt les excès de dictateurs trop zélés ou les «fronts chauds» de la Guerre froide et, aujourd'hui, de la guerre contre le terrorisme. Quand les plus fervents opposants du modèle économique corporatiste sont éliminés systématiquement, comme ils l'ont été en Argentine dans les années 1970 et comme ils le sont à présent en Irak, on fait allusion au sale boulot que suppose la lutte contre le communisme ou le terrorisme – et presque jamais à la lutte en faveur de l'avancement du capitalisme à l'état pur.

Je ne dis pas que les régimes capitalistes sont par nature violents. Il est tout à fait possible de mettre en place une économie de marché n'exigeant ni une telle brutalité ni une telle pureté idéologique. La libre circulation des biens de consommation peut très bien cohabiter avec des services de santé publics et gratuits, des écoles publiques et l'assujettissement de vastes pans de l'économie – une société pétrolière nationale, par exemple – au contrôle de l'État. De la même façon, il est tout à fait possible de contraindre les employeurs à verser des salaires décents et à respecter le droit à la syndicalisation des travailleurs, cependant que les gouvernements prélèvent des impôts et redistribuent la richesse de manière à réduire les inégalités marquées qui caractérisent l'État corporatiste. Rien ne dit que les marchés doivent être fondamentalistes.

Au lendemain de la Grande Dépression, Keynes proposa justement l'instauration d'une économie mixte et réglementée, c'est-à-dire la révolution de la politique gouvernementale qui installa le New Deal et ses diverses incarnations aux quatre coins du monde. C'est ce système de compromis, de freins et de contrepoids que la contre-révolution lancée par Friedman visait à démanteler, un pays après l'autre. Vu sous cet angle, le capitalisme prôné par l'école de Chicago a effectivement un point commun avec d'autres idéologies dangereuses : la recherche d'une pureté inaccessible, d'une table rase à partir de laquelle bâtir une société modèle entièrement revue et corrigée.

C'est du reste cette volonté de création totale, de puissance divine, qui explique l'attrait qu'exercent les crises et les catastrophes sur les idéologues néolibéraux. Seule l'apocalypse est à la hauteur de leurs ambitions. Depuis 35 ans, la contre-révolution animée par Friedman repose sur une liberté et une potentialité qui n'existent que pendant les périodes de changement cataclysmique, celles durant lesquelles les citoyens, avec leurs habitudes obstinées et leurs exigences persistantes, sont neutralisés et où la démocratie apparaît comme impossible en pratique.

Les partisans de la stratégie du choc croient fermement que seule une fracture radicale – une inondation, une guerre, un attentat terroriste – peut produire le genre de vastes pages blanches dont ils rêvent. C'est pendant les moments de grande malléabilité – ceux où nous sommes psychologiquement sans amarres et physiquement déplacés – que ces artistes du réel retroussent leurs manches et entreprennent de refaire le monde.

PARTIE I

Deux docteurs chocs
Recherche et développement

Nous allons vous presser jusqu'à ce que vous soyez vide puis nous vous emplirons de nous-mêmes.

George Orwell, *1984*, traduction d'Amélie Audiberti.

La Révolution industrielle fut simplement le début d'une révolution aussi extrême et aussi radicale que toutes celles qui avaient jamais enflammé l'esprit des sectaires, mais le nouveau credo était entièrement matérialiste et impliquait que, moyennant une quantité illimitée de biens matériels, tous les problèmes humains pouvaient être résolus.

Karl Polanyi, *La grande transformation*, traduction de Catherine Malamoud et Maurice Angeno.

CHAPITRE PREMIER

Le laboratoire de la torture

Ewen Cameron, la CIA et l'obsession d'effacer l'esprit humain et de le reconstruire

Leurs esprits sont comme des pages vierges sur lesquelles nous pouvons écrire.

Dr Cyril J. C. Kennedy et Dr David Anchel
sur les avantages des électrochocs, 1948[1].

Je me suis rendu dans un abattoir pour observer ce qu'on appelait l'«abattage électrique». On plaçait sur les tempes des porcs de grosses pinces métalliques raccordées à un bloc d'alimentation de 125 volts. Dès que les pinces étaient en place, les animaux perdaient connaissance, se raidissaient et, au bout de quelques secondes, étaient pris de convulsions, exactement comme nos chiens de laboratoire. Pendant cette période d'inconscience (coma épileptique), le boucher tuait les animaux d'un coup de couteau et les saignait sans difficulté.

Ugo Cerletti, psychiatre, à propos des circonstances
dans lesquelles il a «inventé» les électrochocs, 1954[2].

«Je ne parle plus aux journalistes», dit une voix lasse à l'autre bout du fil. Puis une infime ouverture : «Que me voulez-vous?»

Je me dis que je dispose d'environ trente secondes pour convaincre mon interlocutrice. Comment expliquer ce que je veux à Gail Kastner, lui indiquer le chemin tortueux qui m'a conduite jusqu'à elle?

La vérité peut paraître bizarre : «J'écris un livre sur les chocs, ceux que subissent les pays à la suite de guerres, d'attentats terroristes, de coups d'État et de catastrophes naturelles, et ceux que leur font subir aussitôt les entreprises et les politiciens qui profitent de la peur et de la confusion consécutives à la première secousse pour leur administrer un traitement de choc économique. Le cas échéant, lorsque les gens s'avisent de résister, on les secoue une troisième fois en faisant appel aux policiers, aux militaires ou aux interrogateurs dans les prisons. Si je veux vous parler, c'est parce que vous êtes l'une des rares survivantes des expériences secrètes menées par la CIA sur les électrochocs et d'autres "méthodes spéciales d'interrogatoire" et, selon mes estimations, l'une des personnes ayant subi le plus de chocs. Soit dit en passant, j'ai des raisons de croire que les techniques éprouvées sur vous à l'université McGill de Montréal dans les années 1950 servent aujourd'hui à cuisiner les prisonniers de Guantánamo Bay et d'Abou Ghraïb. »

Non, impossible de dire des choses pareilles. Je risque donc ceci : « Récemment, je me suis rendue en Irak, et j'essaie de comprendre le rôle que la torture joue là-bas. On nous dit qu'il s'agit de recueillir des informations, mais les choses, à mon avis, ne s'arrêtent pas là. Je crois qu'on tente d'édifier un pays modèle, d'oblitérer la mémoire des gens et de les recréer à partir de zéro. »

Un long silence suit ma tirade. Puis j'entends une voix différente. Toujours lasse, mais… Se pourrait-il qu'y perce un certain soulagement ? « Vous avez résumé en quelques mots le sort que la CIA et Ewen Cameron m'ont fait subir. Ils ont tenté de m'oblitérer et de me recréer. Sans succès. »

Moins de vingt-quatre heures plus tard, je frappe à la porte de l'appartement qu'occupe Gail Kastner dans une sinistre maison de retraite de Montréal. « C'est ouvert », lance une voix à peine audible. Gail m'avait prévenue qu'elle laisserait la porte déverrouillée, car elle a du mal à se déplacer. Lorsqu'elle fait une crise d'arthrite, les infimes fractures qui parsèment sa colonne vertébrale la font souffrir encore plus que d'habitude. Les douleurs lombaires de Gail ne sont que l'un des vestiges des soixante-trois décharges électriques de 150 à 200 volts qui ont traversé les lobes frontaux de son cerveau, tandis que, sur la table, son corps était secoué de violentes convulsions. Résultat ? Des fractures, des entorses, des coupures aux lèvres, des dents cassées.

Gail m'accueille dans un luxueux fauteuil inclinable de couleur bleue comportant vingt positions. Plus tard, je me rends compte qu'elle procède à de constants rajustements, à la manière d'un photographe mettant une image au point. Elle passe ses journées et ses nuits dans ce fauteuil, à la recherche d'un peu de confort. Elle s'efforce aussi d'éviter le sommeil et ce qu'elle appelle ses «rêves électriques». C'est alors qu'elle le voit, «lui». Elle veut parler du Dr Ewen Cameron, le psychiatre mort depuis longtemps qui lui a administré, il y a de cela une éternité, des électrochocs et quantité d'autres tourments. «La nuit dernière, l'éminence monstrueuse m'a rendu visite à deux reprises, déclare-t-elle à mon arrivée. Je ne veux surtout pas que vous vous sentiez coupable, mais c'est à cause du coup de fil que vous m'avez passé à l'improviste et des questions que vous m'avez posées.»

Je me rends compte que ma présence chez Gail ne se justifie peut-être pas. Plus encore lorsque je constate qu'il n'y a aucune place pour moi dans tout l'appartement. Les moindres surfaces sont couvertes de montagnes de documents et de livres empilés de façon précaire, mais selon un ordre certain. Les livres sont marqués par des papillons jaunis. Gail m'indique la seule surface libre, une chaise en bois qui avait échappé à mon regard. Lorsque je lui demande quelques centimètres de plus pour poser mon magnétophone, elle est prise de panique. Il est hors de question que je m'adjuge la table basse posée près de son fauteuil : une vingtaine de paquets de cigarettes vides – des Matinee «régulières» – y forment une pyramide parfaite. (Gail m'a déjà dit au téléphone qu'elle fume comme un pompier : «Excusez-moi, mais je fume. Et je mange mal. Je suis grosse et je fume. J'espère que ça ne vous dérange pas.») On dirait qu'elle a colorié en noir l'intérieur des paquets. En y regardant de plus près, je me rends compte qu'ils sont en réalité couverts de signes minuscules et extrêmement denses : des noms, des chiffres, des mots par milliers.

Pendant la journée que nous passons à converser, Gail se penche souvent pour griffonner quelques mots sur un bout de papier ou un paquet de cigarettes. «Il faut que je prenne des notes, explique-t-elle, sinon je ne me souviendrai de rien.» Pour Gail, ces objets sont plus qu'un système de classement inhabituel : ils sont sa mémoire même.

Et justement, sa mémoire lui joue des tours depuis qu'elle a atteint l'âge adulte ; les faits s'évaporent sur-le-champ, et les souvenirs, s'ils ont survécu (bon nombre d'entre eux ont disparu), sont comme une poignée de clichés photographiques éparpillés sur le sol. Parfois, elle se rappelle un incident avec clarté – c'est ce qu'elle appelle ses «tessons de mémoire» –, mais, interrogée sur une date précise, elle peut se tromper de deux décennies. «En 1968, dira-t-elle. Non, c'était en 1983.» Elle dresse donc des listes et conserve tout pour prouver qu'elle a existé. Au début, elle me prie d'excuser le désordre. Plus tard, elle ajoute : «C'est lui qui m'a fait ça! Cet appartement, c'est la torture qui se poursuit!»

Pendant des années, Gail s'est étonnée de ses trous de mémoire et d'autres anomalies. Elle se demandait pourquoi, par exemple, un infime choc électrique causé par la télécommande d'une porte de garage déclenchait chez elle des élans de panique incontrôlables. Pourquoi ses mains tremblaient chaque fois qu'elle branchait son sèche-cheveux. Par-dessus tout, elle ne comprenait pas pourquoi elle se souvenait de la plupart des événements survenus depuis qu'elle avait atteint l'âge adulte, alors qu'elle avait oublié presque tout ce qui s'était passé avant ses vingt ans. Quand elle croisait quelqu'un qui affirmait l'avoir connue enfant, elle disait : «Je me souviens parfaitement de vous, mais votre nom m'échappe.» Bref, elle faisait semblant.

Gail mettait ses défaillances sur le compte d'une santé mentale vacillante. De vingt à quarante ans, elle s'est battue contre la dépression et la dépendance aux pilules. Parfois, elle faisait de violentes crises et se retrouvait à l'hôpital, dans un état comateux. Les siens ont fini par la renier. Elle s'est retrouvée à ce point seule et désespérée qu'elle devait faire les poubelles des supermarchés pour survivre.

Certains indices lui donnaient par ailleurs à penser qu'elle avait subi, toute jeune, des traumatismes encore plus graves. Avant que les membres de sa famille ne rompent les liens, elle et sa sœur jumelle se disputaient parfois à propos d'une époque où Gail avait été beaucoup plus malade et où Zella avait dû veiller sur elle. «Tu n'as aucune idée de ce que j'ai enduré, disait Zella. Tu urinais sur la moquette du salon, tu suçais ton pouce, tu babillais et tu réclamais le biberon de mon bébé. Voilà ce que j'ai supporté!» Gail ne savait pas trop ce qu'il fallait penser des récriminations de sa sœur. Elle avait fait pipi par terre? Elle avait réclamé le biberon de son neveu? Elle ne se souvenait absolument pas d'avoir eu des comportements aussi bizarres.

Un peu avant d'avoir cinquante ans, Gail s'engagea dans une relation avec un certain Jacob, qu'elle décrit comme son «âme sœur». C'était un survivant de l'Holocauste qui s'intéressait aux questions touchant à la mémoire et à la perte. Jacob, mort il y a plus de dix ans, était profondément troublé à l'idée que des années de la vie de Gail avaient inexplicablement disparu. «Il y a forcément une raison», répétait-il à propos des trous dans la biographie de sa compagne.

En 1992, Gail et Jacob passèrent par hasard devant un kiosque où s'étalait à la une d'un journal un titre sensationnel : «Lavage de cerveau : des victimes seront dédommagées». Gail commença à parcourir l'article. Au bout de quelques lignes, des passages lui sautèrent aux yeux : «babillage enfantin», «pertes de mémoire», «incontinence». «J'ai dit : "Achète ce journal, Jacob."» Assis dans un café voisin, ils lurent un récit invraisemblable : dans les années 1950, la Central Intelligence Agency (CIA) des États-Unis avait financé les recherches d'un psychiatre montréalais qui soumettait ses patients à d'étranges expériences. Il les faisait dormir et les isolait pendant des semaines, puis il leur administrait des doses massives d'électrochocs et de médicaments expérimentaux, y compris du LSD aux propriétés psychédéliques et de la PCP (communément appelée «poussière d'ange»), un autre hallucinogène. Les expériences – qui ramenaient les patients au stade préverbal infantile – avaient été menées à l'Institut Allan Memorial de l'université McGill, sous la supervision de son directeur, le Dr Ewen Cameron. Le financement des travaux de Cameron par la CIA fut révélé à la fin des années 1970 à la suite d'une demande présentée en vertu de la loi sur l'accès à l'information et d'audiences du Sénat des États-Unis. Neuf des anciens patients de Cameron intentèrent un recours collectif contre la CIA et le gouvernement du Canada, qui avait également financé les recherches du médecin. Au cours de procès interminables, les avocats des plaignants montrèrent que les traitements administrés contrevenaient à toutes les règles de l'éthique médicale. Les patients avaient fait appel au Dr Cameron en raison de problèmes de santé mentale mineurs – dépression post-partum, angoisse et difficultés conjugales –, et celui-ci, sans leur consentement et à leur insu, les avait utilisés comme cobayes humains afin d'étancher la soif de connaissances de la CIA quant à la possibilité de contrôler l'esprit humain. En 1988, la CIA réglait le différend en versant au total 750 000 $ de dédommagement aux neuf plaignants – à l'époque, c'était la plus importante indemnisation jamais versée par l'agence. Quatre ans plus tard, le gouvernement canadien accordait 100 000 $ de dédommagement à chacun des neuf patients[3].

Les travaux de Cameron, qui ont joué un rôle de premier plan dans la mise au point des méthodes de torture modernes utilisées par les États-Unis, offrent aussi un point de vue unique sur la logique qui sous-tend le capitalisme du désastre. À l'instar des économistes partisans de la libre économie, persuadés que seule une catastrophe de grande envergure – une grande «déconstruction» – peut préparer le terrain à leurs «réformes», Cameron était d'avis qu'il suffisait de faire subir une série de chocs aux patients pour déstabiliser et effacer leur esprit défaillant, puis, en «écrivant» sur ces pages blanches à jamais indéfinissables, reconstruire leur personnalité.

Gail se souvenait vaguement d'avoir entendu parler d'une histoire à laquelle étaient mêlées la CIA et l'université McGill, mais elle n'y avait pas prêté attention – elle n'avait jamais eu affaire à l'Institut Allan Memorial. Assise au café avec Jacob, elle lut attentivement ce que les ex-patients racontaient à propos de leurs pertes de mémoire et de leur régression. «J'ai compris qu'ils avaient probablement vécu la même chose que moi. J'ai dit à Jacob : "C'est sûrement ça, la raison."»

LA BOÎTE À ÉLECTROCHOCS

Gail écrivit à l'Institut Allan Memorial pour demander son dossier médical. Dans un premier temps, on lui répondit que son nom ne figurait pas dans les registres de l'établissement. Elle finit par obtenir le document, qui comportait 138 pages. Le médecin qui l'avait prise en charge était bien Ewen Cameron.

Les lettres, les notes et les tableaux qui font partie du dossier médical de Gail racontent une histoire d'une tristesse à fendre le cœur. Elle met en lumière tant les choix limités qui s'offraient à une jeune fille de dix-huit ans dans les années 1950 que les abus de pouvoir dont se rendirent coupables les médecins et les gouvernements. Le dossier s'ouvre sur l'évaluation de Gail effectuée par le Dr Cameron au moment de son arrivée à l'institut : la jeune fille poursuit de brillantes études d'infirmière à l'université McGill, et le médecin note qu'il s'agit d'une personne «jusque-là raisonnablement équilibrée». Toutefois, elle vit des crises d'angoisse causées, indique sans détour Cameron, par un père qui l'agresse. Cet homme «profondément perturbé» a «exercé de multiples sévices psychologiques sur sa fille».

À en juger par leurs commentaires des premiers temps, les infirmières aiment bien Gail, qui parle avec elles de la profession. Elles la décrivent comme «gaie», «sociable» et «soignée». Pendant les mois où leurs soins lui sont prodigués, Gail subit toutefois un changement de personnalité radical, soigneusement documenté dans le dossier : au bout de quelques semaines, elle «adopte des comportements enfantins, exprime des idées incongrues, casse tout et semble en proie à des hallucinations». On mentionne dans le dossier que désormais cette jeune femme intelligente sait compter seulement jusqu'à six. Par la suite, elle se montre «manipulatrice, hostile et très agressive». Enfin, elle devient passive, apathique et ne reconnaît plus les membres de sa famille. Diagnostic final? «Schizophrénie [...] assortie de fortes tendances hystériques.» En tout cas, les symptômes sont beaucoup plus graves que ceux de l'angoisse qu'elle manifestait à son arrivée.

La métamorphose a sans doute à voir avec les traitements, énumérés eux aussi dans le dossier de Gail : doses massives d'insuline induisant des comas prolongés, curieux cocktails de tranquillisants et de stimulants, longues périodes de sommeil provoquées par des médicaments et huit fois plus d'électrochocs que n'en prévoyaient les protocoles de l'époque.

Les infirmières notent souvent que Gail essaie d'échapper à ses médecins : «Elle tente de s'enfuir [...] prétend qu'elle est maltraitée [...] refuse les traitements de choc après ses injections.» Les plaintes de la patiente se soldent invariablement par un nouveau séjour dans ce que les subalternes de Cameron appellent la «boîte à électrochocs[4]».

À LA RECHERCHE DE LA TABLE RASE

Après avoir lu son dossier médical à plusieurs reprises, Gail Kastner se transforma pour ainsi dire en archéologue de sa propre vie, rassemblant et analysant les moindres bribes d'information susceptibles d'éclairer ce qui lui était arrivé à l'hôpital. Elle découvrit ainsi qu'Ewen Cameron, citoyen américain né en Écosse, s'était hissé au sommet de sa profession : il fut en effet tour à tour président de l'American Psychiatric Association, de l'Association des psychiatres du Canada et de l'Association mondiale de psychiatrie. En 1945, il fut l'un des psychiatres (parmi lesquels ne figuraient que trois Américains) appelés à se prononcer sur l'état de santé mentale de Rudolf Hess lors des procès sur les crimes de guerre de Nuremberg[5].

Au moment où Gail entreprenait son enquête, Cameron était mort depuis longtemps déjà, mais il avait laissé derrière lui des dizaines d'articles savants et de communications publiées. Il existait un certain nombre d'ouvrages décrivant les expériences sur le contrôle de l'esprit menées par la CIA, dans lesquels figuraient de nombreux détails sur les liens entre Cameron et l'agence*. Gail les lut, marqua les passages pertinents, établit des tableaux chronologiques et effectua des recoupements avec son dossier médical personnel. Ce qu'elle finit par comprendre, c'est que, au début des années 1950, Cameron abandonna l'approche freudienne traditionnelle de la «cure par la parole» comme moyen de découvrir les «causes profondes» de la maladie mentale de ses patients. Son ambition n'était ni de les guérir ni de les remettre sur pied. Il avait plutôt l'intention de les recréer grâce à une méthode de son invention appelée «confrontation psychique[6]».

Selon les articles qu'il fit paraître à l'époque, le Dr Cameron croyait que la seule façon d'inculquer à ses patients de nouveaux comportements plus sains était d'entrer dans leur esprit afin d'y «briser les anciennes structures pathologiques[7]». La première étape consistait donc à «déstructurer». L'objectif, en soi stupéfiant, était de faire régresser l'esprit vers un état où, pour reprendre les mots d'Aristote, il était comme «une tablette où il n'y a rien d'écrit», une *tabula rasa*[8]. Selon Cameron, il suffisait, pour parvenir à cet état, d'attaquer le cerveau par tous les moyens réputés entraver son fonctionnement normal – simultanément. La technique première du choc et de l'effroi appliquée au cerveau, en somme.

À la fin des années 1940, les électrochocs avaient de plus en plus la faveur des psychiatres européens et nord-américains. Les traitements entraînaient moins de dommages permanents que la lobotomie, et ils semblaient donner de bons résultats : souvent, les patients hystériques se calmaient et, dans certains cas, les chocs électriques semblaient accroître la lucidité. C'étaient de simples observations, toutefois, et même les médecins à l'origine de la méthode étaient incapables de fournir des explications scientifiques sur son fonctionnement.

Cependant, ils avaient pleinement conscience des effets secondaires. Il ne faisait aucun doute que les traitements de choc pouvaient provoquer l'amnésie. C'était – et de loin – le reproche le plus fréquent associé à la méthode. Venait en second lieu la régression, liée de près aux pertes de mémoire. Dans des dizaines d'études cliniques, des médecins soulignent

---

* Mentionnons notamment *In the Sleep Room* d'Anne Collins, essai récompensé par le Prix littéraire du gouverneur général du Canada, *The Search for the Manchurian Candidate* de John Marks, *The Mind Manipulators* d'Alan Scheflin et Edward Option Jr., *Operation Mind Control* de Walter Bowart, *Journey Into Madness* de Gordon Thomas et *A Father, a Son and the CIA* de Harvey Weinstein, œuvre du fils psychiatre d'un des patients de Cameron.

que, tout de suite après le traitement, les patients sucent leur pouce, adoptent la position fœtale, doivent être nourris à la cuillère et réclament leur maman en pleurant (il leur arrive souvent de prendre les médecins et les infirmières pour des membres de leur famille). En général, ces comportements sont passagers. Dans certains cas de recours massif aux électrochocs, toutefois, les médecins font état de régressions complètes : leurs patients ne savent plus marcher ni parler. Marilyn Rice, économiste qui, dans les années 1970, a dirigé un mouvement de défense des droits des patients, décrit de façon frappante l'effet des électrochocs, qui ont effacé ses souvenirs et une bonne partie de ses connaissances : «Désormais, je savais ce qu'avait ressenti Ève au moment où elle avait été créée, adulte, à partir de la côte d'un autre. Je me sentais aussi vide qu'elle*[9]. »

Pour Rice et d'autres, ce vide représentait une perte irremplaçable. Cameron, en revanche, y voyait tout autre chose : la page blanche, débarrassée des mauvaises habitudes, sur laquelle de nouveaux modèles de comportement pouvaient être inscrits. À ses yeux, «la disparition de tous les souvenirs» n'avait rien d'un effet secondaire malheureux. C'était au contraire le but même du traitement : le patient était ramené à un stade antérieur de développement, «précédant l'apparition de la pensée et du comportement schizophréniques[10]». À la manière des fauteurs de guerre qui préconisent que des pays soient ramenés à l'âge de pierre à coups de bombes, Cameron considérait les électrochocs comme un moyen de faire régresser ses patients, de les transformer en nouveau-nés. Dans un article de 1962, il définit l'état auquel il souhaitait réduire des patients comme Gail Kastner : «On assiste non seulement à la perte de l'image espace-temps, mais aussi à l'effacement de la conscience de son existence. À ce stade, on observe parfois d'autres phénomènes, par exemple la perte d'une langue seconde ou l'ignorance de son état civil. À un stade plus avancé, il arrive que le patient ne soit plus en mesure de marcher ni de se nourrir sans aide. Il souffre parfois de double incontinence. [...] Tous les aspects de la fonction mnésique sont gravement perturbés[11]. »

---

* De nos jours, le traitement, qui a été raffiné et s'assortit de mécanismes destinés à assurer la sécurité et le confort des patients, constitue un moyen reconnu et souvent efficace de traiter les psychoses. Toutefois, les pertes mnésiques provisoires comptent toujours parmi les effets secondaires possibles. Certains patients se plaignent par ailleurs de séquelles durables pour leur mémoire.

Pour «déstructurer» ses patients, Cameron utilisait un appareil relativement nouveau, le Page-Russell, qui administrait jusqu'à six chocs consécutifs au lieu d'un seul. Frustré de voir ses patients s'accrocher aux vestiges de leur personnalité, il avait recours, pour les désorienter encore davantage, à un arsenal de tranquillisants, de stimulants et d'hallucinogènes : chlorpromazine, barbituriques, sodium amytal, oxyde nitreux, Desoxyn, Seconal, Nembutal, Véronal, Melicone, Thorazine, Largactil et insuline. Dans un article de 1956, Cameron écrit que ces médicaments ont pour but «de désinhiber le patient de manière à réduire ses défenses[12]».

Une fois la «déstructuration complète» obtenue et la personnalité antérieure effacée de façon satisfaisante, la confrontation psychique pouvait commencer. Cameron faisait passer à ses patients des messages enregistrés, comme : «Vous êtes une bonne mère et une bonne épouse et les autres se plaisent en votre compagnie.» En bon béhavioriste, il croyait fermement que les patients, s'ils absorbaient les messages figurant sur les bandes enregistrées, commenceraient à se comporter autrement*.

Sous l'effet combiné des électrochocs et des médicaments, les patients, réduits à un état quasi végétatif, n'avaient d'autre choix que d'écouter les messages qui passaient en boucle – de seize à vingt heures par jour, pendant des semaines. Il y eut un cas où Cameron fit défiler un message pendant 101 jours d'affilée[13].

Au milieu des années 1950, quelques chercheurs de la CIA s'intéressèrent aux méthodes de Cameron. On était aux premiers jours de l'hystérie de la Guerre froide, et l'agence venait de lancer un programme secret consacré à la mise au point de «méthodes spéciales d'interrogatoire». Une note de service déclassifiée de la CIA précise que, dans le cadre du programme, «on a étudié et analysé de nombreuses méthodes d'interrogatoire inhabituelles», dont le harcèlement psychologique, l'«isolement total» et l'utilisation «de drogues et de médicaments[14]». Le projet, qui porta d'abord les noms de code «Bluebird» et «Artichoke», fut rebaptisé «MKUltra» en 1953. Au cours de la décennie suivante, MKUltra affecta 25 millions

---

* Si Cameron avait exercé un peu moins de pouvoir dans son domaine, les enregistrements de ses «confrontations psychiques» auraient sûrement fait de lui la risée de ses collègues. L'idée lui en avait été soufflée par une annonce de «Cerebrophone», phonographe de chevet équipé de bas-parleurs d'oreiller qui, selon ses concepteurs, était «un moyen révolutionnaire d'apprendre une langue étrangère pendant le sommeil».

de dollars à la recherche de nouveaux moyens de briser les résistances de prisonniers soupçonnés d'être des communistes ou des agents doubles. En tout, 80 établissements, dont 44 universités et 12 hôpitaux, participèrent à ce programme[15].

Quand il s'agissait d'arracher des informations à des personnes qui préféraient les garder pour elles-mêmes, les agents concernés ne manquaient pas d'imagination. Le problème, c'était de trouver le moyen de mettre leurs idées à l'essai. Au cours de ses premières années, le projet (Bluebird, puis Artichoke) faisait penser à un film d'espionnage tragicomique : des agents de la CIA essayaient de s'hypnotiser les uns les autres et mettaient du LSD dans le verre de leurs collègues pour voir ce qui arriverait. (Dans au moins un cas, la malheureuse victime se suicida.) C'est sans parler des tortures infligées aux personnes soupçonnées d'être des espions russes[16].

Les tests relevaient davantage de la plaisanterie de collégiens aux conséquences parfois mortelles qu'à de la recherche sérieuse, et les résultats n'avaient pas le degré de certitude scientifique nécessaire. Pour qu'il en fût ainsi, les agents avaient besoin de disposer d'un grand nombre de sujets humains. Ils firent plusieurs tentatives en ce sens, mais c'était un pari risqué : si on apprenait que la CIA faisait l'essai de drogues dangereuses sur le sol américain, le programme tout entier risquait d'être interrompu définitivement[17]. D'où l'intérêt manifesté par l'agence pour les chercheurs canadiens. La relation remonte au 1er juin 1951, date d'une rencontre à laquelle assistaient des représentants des agences de renseignement et des universitaires de trois pays. La réunion, tenue à l'hôtel Ritz-Carlton de Montréal, porta sur les inquiétudes de plus en plus vives qui avaient cours dans le milieu du renseignement occidental : les communistes, croyait-on, avaient découvert le moyen de faire subir un «lavage de cerveau» aux prisonniers de guerre. La preuve en était que des GI américains capturés en Corée dénonçaient le capitalisme et l'impérialisme devant les caméras, apparemment de leur plein gré. Selon le procès-verbal déclassifié de la rencontre du Ritz, les participants – Omond Solandt, président du Conseil de recherches pour la défense du Canada, Sir Henry Tizard, président du Defence Research Policy Committee de la Grande-Bretagne, ainsi que deux représentants de la CIA – étaient persuadés que les puissances occidentales devaient impérativement découvrir comment les communistes s'y prenaient pour arracher ces remarquables aveux. Dans ce contexte, la première étape consistait à mener «une étude clinique de cas véritables » pour comprendre le fonctionnement du lavage de cerveau[18]. Le but avoué de la recherche n'était pas la mise au point de méthodes de contrôle de l'esprit par les puissances occidentales ; il s'agissait plutôt, déclara-t-on, de préparer les soldats occidentaux aux techniques de coercition qu'ils risquaient de rencontrer s'ils étaient pris en otage.

La CIA, bien entendu, avait d'autres intérêts. Pourtant dans le contexte d'une rencontre à huis clos comme celle du Ritz, l'agence n'aurait jamais pu admettre qu'elle cherchait à se doter de nouvelles méthodes d'interrogatoire. Peu de temps auparavant, en effet, la mise au jour des tortures auxquelles s'étaient livrés les nazis avait soulevé l'indignation du monde entier.

Parmi les participants à la rencontre du Ritz figurait le Dr Donald Hebb, directeur du département de psychologie de l'université McGill. Selon le procès-verbal déclassifié, le Dr Hebb risqua une hypothèse pour expliquer le mystère des confessions des GI : il était possible que les communistes eussent eu recours à l'isolement intensif et au blocage des stimuli pour manipuler les prisonniers. Les chefs des services de renseignements se montrèrent impressionnés et, trois mois plus tard, Hebb recevait une subvention de recherche du ministère de la Défense nationale du Canada pour mener une série d'expériences secrètes sur la privation sensorielle. Hebb versa vingt dollars par jour à 63 étudiants de McGill, qui, en contrepartie, acceptèrent d'être isolés dans une pièce : ils portaient des lunettes noires, des écouteurs diffusant des bruits blancs et, sur les bras et les mains, des tubes en carton qui émoussaient leur sens du toucher. Pendant des jours, les étudiants flottèrent dans une sorte de néant. Sans leurs yeux, leurs oreilles et leurs mains pour les orienter, ils vivaient dans un monde d'images mentales de plus en plus saisissantes. Pour déterminer si la privation les rendait plus susceptibles au lavage de cerveau, Hebb leur fit passer des voix enregistrées qui évoquaient l'existence des fantômes et la malhonnêteté de la science – idées que les étudiants avaient déclarées choquantes avant le début de l'expérience[19].

Dans un rapport confidentiel faisant état des résultats de Hebb, le Conseil de recherches pour la défense conclut que la privation sensorielle avait sans contredit entraîné une confusion extrême et des hallucinations chez les sujets, de même qu'« une réduction importante, quoique provisoire, de leur capacité intellectuelle, pendant et tout de suite après la privation perceptuelle[20] ». En outre, les étudiants étaient si avides de stimuli qu'ils s'étaient montrés étonnamment réceptifs aux idées exposées dans les bandes enregistrées. Quelques-uns d'entre eux avaient même manifesté pour les sciences occultes un intérêt qui, une fois l'expérience terminée, s'était prolongé pendant plusieurs semaines. Comme si la confusion engendrée par la privation sensorielle avait «effacé» en partie leur esprit et que les stimuli avaient en quelque sorte réécrit leurs schèmes de pensée.

On fit parvenir une copie du rapport de cette étude d'envergure à la CIA. La Marine et l'Armée des États-Unis en reçurent respectivement 41 et 42 exemplaires[21]. La CIA avait par ailleurs suivi les travaux par l'entremise d'un dénommé Maitland Baldwin, l'un des chercheurs étudiants de Hebb, qui, à l'insu de ce dernier, informait l'agence[22]. Ce vif intérêt n'a rien d'étonnant : Hebb avait à tout le moins prouvé que l'isolement intensif entravait la lucidité et rendait les sujets plus vulnérables à la suggestion – constats précieux pour tout interrogateur. Hebb finit par se rendre compte que, loin de se réduire à protéger les soldats faits prisonniers contre le lavage de cerveau, ses travaux risquaient de servir de mode d'emploi pour la torture psychologique. Dans la dernière interview qu'il accorda avant de mourir, en 1985, il déclara : «Dans notre rapport au Conseil de recherches pour la défense, nous décrivions de toute évidence de redoutables méthodes d'interrogatoire[23].»

Dans son rapport, Hebb souligna que quatre sujets avaient spontanément indiqué que «l'expérience constituait une forme de torture», ce qui signifiait que les forcer à aller au-delà de leur seuil de tolérance – deux ou trois jours, en l'occurrence – constituerait une violation flagrante de l'éthique médicale. Hebb écrivit donc qu'on ne disposait pas de «résultats précis» : en effet, ajouta-t-il, «il est impossible de contraindre des sujets à passer de 30 à 60 jours dans un état de privation sensorielle[24]».

Impossible pour Hebb, peut-être, mais certainement pas pour son collègue et grand rival de l'université McGill, le Dr Ewen Cameron. (Au mépris de la politesse qui régit normalement les rapports entre universitaires, Hebb accusa plus tard Cameron d'«imbécilité criminelle[25]».) Cameron était déjà persuadé que la destruction brutale de l'esprit de ses patients était la première étape obligée de leur cheminement vers la santé mentale. Il ne voyait donc pas là de contradiction avec le serment d'Hippocrate. Par ailleurs, les patients étaient à sa merci : le formulaire de consentement qu'ils signaient conférait à Cameron une marge de manœuvre absolue (lobotomies frontales complètes incluses).

Même s'il entretenait des relations avec la CIA depuis des années, Cameron n'obtint sa première subvention de l'agence qu'en 1957. Pour blanchir l'argent, on le fit transiter par la Society for the Investigation of Human Ecology[26]. Et plus les dollars de la CIA affluaient, moins l'Institut Allan Memorial ressemblait à un hôpital et plus il prenait des allures de lugubre prison.

Cameron augmenta d'abord de façon radicale les doses d'électrochocs. Les deux psychiatres à l'origine de la très controversée machine à électrochocs Page-Russell recommandaient quatre traitements par patient pour un total de 24 électrochocs[27]. Cameron commença à traiter ses patients deux fois par jour pendant 30 jours, ce qui représente la somme terrifiante de 360 électrochocs, beaucoup plus que ses patients antérieurs, telle Gail, n'en avaient reçu[28]. À l'étourdissant cocktail de médicaments qu'il administrait déjà à ses patients, il ajouta les drogues expérimentales psychodysleptiques auxquelles la CIA s'intéressait de façon particulière : le LSD et la PCP.

Il enrichit également l'arsenal dont il disposait pour faire le vide dans la tête de ses patients en recourant à la privation sensorielle et au sommeil prolongé, double démarche qui, soutint-il, aurait pour effet d'«affaiblir les défenses du sujet» et donc de le rendre plus réceptif aux messages enregistrés[29]. Cameron utilisa les fonds de la CIA pour convertir les anciennes écuries qui se trouvaient derrière l'hôpital en cabines d'isolement. Il rénova méticuleusement le sous-sol et y aménagea une pièce (il l'appelait la «chambre d'isolement[30]») qu'il fit insonoriser. Des haut-parleurs diffusaient des bruits blancs. Il éteignait les lumières, mettait des lunettes noires sur les yeux des patients et des bouchons en caoutchouc dans leurs oreilles, puis il posait des tubes en carton sur leurs mains et leurs bras, mesure qui, comme il l'écrivit lui-même dans un article de 1956, «les empêchait de se toucher et court-circuitait l'image qu'ils avaient d'eux-mêmes[31]». Les étudiants de Hebb avaient fui la privation sensorielle intense après deux ou trois jours seulement ; Cameron, lui, soumit ses patients à ce traitement pendant de longues semaines. L'un d'eux resta même enfermé dans cet état d'isolement pendant 35 jours[32].

Cameron s'employait également à «affamer» les sens de ses patients dans ce qu'il appelait la «chambre du sommeil», où ils étaient artificiellement maintenus dans un état de rêverie pendant des périodes de vingt à vingt-deux heures par jour. Les infirmières les retournaient toutes les deux heures pour éviter les escarres. On les réveillait uniquement pour leur permettre de manger et d'aller aux toilettes[33]. Les patients demeuraient dans cet état durant quinze à trente jours, même si, selon Cameron, «le sommeil continu de certains patients dura jusqu'à 65 jours[34]». Le personnel hospitalier avait pour consigne d'empêcher les patients de parler et de ne pas fournir de renseignements sur la durée prévue de leur séjour dans la pièce. Pour être sûr qu'aucun patient n'échapperait à ce cauchemar, Cameron administra à quelques-uns d'entre eux du curare, produit qui induit la paralysie. Ainsi, ils étaient littéralement prisonniers de leur propre corps[35].

Dans un article de 1960, Cameron écrivit que «deux facteurs principaux» nous permettent de «préserver une image espace-temps», autrement dit de savoir où nous sommes et qui nous sommes. Ces deux forces sont «a) les stimulations sensorielles constantes et b) notre mémoire». À l'aide des électrochocs, il abolissait la mémoire; à l'aide des cabines d'isolement, il annihilait les stimulations sensorielles. Il était déterminé à déposséder ses patients de la conscience qu'ils avaient de leur situation dans l'espace et le temps. S'étant rendu compte que certains d'entre eux utilisaient les repas pour s'orienter, il ordonna au personnel de cuisine de les embrouiller en servant de la soupe le matin et du porridge en fin de journée. «Il suffit de faire varier l'intervalle entre la coordination des repas et de changer le menu pour briser cette structure», rapporta-t-il avec satisfaction. Pourtant, il s'aperçut que, malgré tous ses efforts, une patiente était parvenue à garder un lien avec le monde extérieur en notant «le bourdonnement à peine audible» d'un avion qui survolait l'hôpital chaque matin vers neuf heures[36].

Pour qui a entendu des témoignages de survivants de la torture, ce détail est particulièrement poignant. Lorsqu'on demande à des prisonniers comment ils ont pu supporter des mois d'isolement et de brutalité, ils évoquent souvent le carillon lointain d'une cloche d'église, l'appel à la prière d'un muezzin ou les cris d'enfants qui jouent dans un parc voisin. Quand la vie se résume aux quatre murs d'une cellule, les bruits venus du dehors et leur rythme – preuve que le prisonnier est encore un être humain et qu'il existe un monde en dehors de la torture – en viennent à constituer une sorte de bouée de sauvetage. «Quatre fois, j'ai entendu le pépiement des oiseaux au lever du jour. C'est ainsi que je sais que je suis resté là pendant quatre jours», déclara l'un des survivants de la dernière dictature de l'Uruguay rapportant le souvenir d'une période de torture particulièrement brutale[37]. La femme non identifiée qui, dans le sous-sol de l'Institut Allan Memorial, s'efforçait de reconnaître le bourdonnement du moteur d'un avion, malgré le brouillard induit par l'obscurité, les drogues et les électrochocs, n'était pas une patiente confiée à la garde d'un médecin, mais bien, à tous égards, une prisonnière soumise à la torture.

Certains indices probants laissent croire que Cameron était pleinement conscient de reproduire les conditions propres à la torture. Fervent anticommuniste, il se plaisait à penser que ses patients participaient à l'effort de la Guerre froide. Dans une interview accordée à un magazine populaire en 1955, il compare carrément ses patients à des prisonniers de guerre confrontés à des interrogateurs : «comme les prisonniers des communistes, ils ont tendance à résister [aux traitements] et doivent donc être brisés[38]». Un an plus tard, il écrivait que la déstructuration avait pour but d'«"user" les défenses» et ajouta que «les prisonniers soumis à des interrogatoires constants font face à des conditions analogues[39]». À partir de 1960, Cameron commença à prononcer des conférences sur la privation sensorielle devant des psychiatres, mais aussi des militaires. Lors d'une communication présentée à la base aérienne de Brooks, au Texas, il ne prétendit nullement chercher à traiter la schizophrénie ; au contraire, il admit d'emblée que «la privation sensorielle engendre les symptômes primaires de la schizophrénie» – hallucinations, vives angoisses, déconnexions du réel[40]. Dans les notes préparées pour la conférence, il dit faire suivre la privation sensorielle d'une «surcharge de stimuli» – référence voilée aux électrochocs comme aux bandes enregistrées passées en boucle et présage des méthodes d'interrogatoire à venir[41].

La CIA finança les travaux de Cameron jusqu'en 1961. Pendant de nombreuses années, on ignora quelle utilisation le gouvernement des États-Unis avait faite de ses résultats. À la fin des années 1970 et dans les années 1980, les journalistes et les législateurs, confrontés aux preuves du financement des expériences par la CIA et au recours collectif sans précédent intenté par les patients contre l'agence, eurent tendance à accepter la version de la CIA : elle s'était intéressée au lavage de cerveau dans l'intention de protéger les soldats américains faits prisonniers. La presse retenait surtout un détail sensationnel : le gouvernement avait financé des «trips» d'acide. Le scandale, lorsqu'il éclata enfin au grand jour, vint en grande partie du fait que la CIA et Ewen Cameron avaient, en toute insouciance, gâché des vies pour rien. Les recherches, en effet, se révélaient inutiles : tout le monde savait désormais que le lavage de cerveau était un mythe de la Guerre froide. La CIA, pour sa part, entretint cette fiction commode : ses responsables aimaient mieux être tournés en dérision et passer pour de parfaits bouffons épris de science-fiction qu'être connus pour avoir financé un laboratoire de torture – efficace par-dessus le marché – dans une université respectée. Contraint de témoigner dans le cadre d'une audience conjointe du Sénat, John Gittinger, le psychologue de la CIA qui, le premier, avait pris contact avec Cameron, déclara que l'aide apportée à Cameron avait été «une erreur stupide... Une terrible erreur[42]». Interrogé sur les motifs qui l'avaient poussé à détruire les archives d'un projet qui avait coûté 25 millions de dollars, Sidney Gottlieb, ex-directeur du MKUltra, répondit que le «MKUltra n'avait produit aucun résultat d'intérêt pour l'agence[43]». Dans les descriptions du projet datant des années 1980, qu'il s'agisse de comptes rendus d'enquête publiés dans les médias ou dans des livres, on utilise toujours les expressions «contrôle de l'esprit» et «lavage de cerveau» pour décrire les expériences. Le mot «torture» est pratiquement absent.

La science de la peur

En 1988, le *New York Times* publia une enquête qui fit date en révélant le rôle joué par les États-Unis dans le cadre de tortures et d'assassinats perpétrés au Honduras. Florencio Caballero, interrogateur du Bataillon 3-16, au Honduras, homme connu pour sa brutalité, raconta au journal qu'avec vingt-quatre de ses collègues, il avait été envoyé au Texas et formé par la CIA. «Ils nous ont enseigné les méthodes psychologiques – l'étude des peurs et des points faibles d'un prisonnier. Obligez-le à rester debout, empêchez-le de dormir, enlevez-lui tous ses vêtements et isolez-le, mettez des rats et des cafards dans sa cellule, donnez-lui de la nourriture avariée, servez-lui des animaux morts, aspergez-le d'eau glacée, changez la température de la pièce.» Caballero passait sous silence une autre méthode : les électrochocs. Inés Murillo, prisonnière de vingt-quatre ans qui fut «interrogée» par Caballero et ses collègues, expliqua qu'elle avait été électrocutée si souvent qu'elle «criai[t] et s'effondrai[t] sous l'effet des chocs. Les cris vous échappent, dit-elle. Je sentais la fumée et je me suis rendu compte que j'étais en train de roussir à cause des chocs. Ils ont dit qu'ils allaient me torturer jusqu'à ce que je devienne folle. Je ne les croyais pas. Puis ils m'ont écarté les jambes et ils ont mis des électrodes sur mes organes génitaux[44]». Murillo ajouta qu'il y avait un autre homme dans la pièce : un Américain qui faisait passer des questions aux interrogateurs. Les autres l'appelaient «M. Mike[45]».

Ces révélations conduisirent à la tenue d'audiences du Comité spécial sur le renseignement du Sénat des États-Unis. À cette occasion, le directeur adjoint de la CIA, Richard Stolz, confirma que «Caballero avait bel et bien suivi un cours de l'agence sur l'exploitation des ressources humaines et l'interrogatoire[46]». Le *Baltimore Sun* se prévalut des dispositions de la loi sur l'accès à l'information pour réclamer le matériel «pédagogique» utilisé pour la formation d'hommes comme Caballero. Pendant des années, la CIA refusa d'obtempérer. Neuf ans après la parution initiale de la nouvelle, l'agence, menacée de poursuites, produisit un manuel intitulé *Kubark Counterintelligence Interrogation*. Le titre était codé : Kubark est, selon le *New York Times*, «un cryptonyme, KU un diptyque aléatoire et BARK le nom de code de l'agence à l'époque». Les auteurs de rapports plus récents pensent que les lettres «ku» font référence «à un pays ou à une activité clandestine ou furtive particulière[47]». Il s'agit d'un manuel secret de 128 pages portant sur «les méthodes d'interrogatoire des sujets récalcitrants». Sa principale source d'inspiration? Les recherches commanditées par le projet MKUltra – chaque page porte la marque des travaux d'Ewen Cameron et de Donald Hebb. Les méthodes proposées vont de la privation sensorielle à l'imposition de positions inconfortables en passant par le port d'une cagoule et le recours à la violence. (D'entrée de jeu, les auteurs précisent que bon nombre des méthodes exposées sont illégales et conseillent aux interrogateurs d'«obtenir l'aval du quartier général [...] dans les circonstances suivantes : 1) infliction de blessures corporelles ; 2) recours à des méthodes médicales, chimiques ou *électriques* pour vaincre les résistances[48]».)

Le manuel date de 1963, dernière année d'existence du projet MKUltra (le financement des travaux de Cameron par la CIA avait pris fin deux ans plus tôt). Appliquées correctement, affirment les auteurs du livre, les méthodes qui y sont décrites «anéantiront les défenses des sources», même les plus coriaces. Tel était donc, en réalité, l'objectif du projet MKUltra : non pas procéder à une étude sur le lavage de cerveau (sujet purement accessoire), mais bien mettre au point un système scientifique qui permette de soutirer des informations à des «sujets récalcitrants[49]». En d'autres termes, la torture.

La première page du manuel s'ouvre sur l'affirmation que les méthodes qu'exposent ses auteurs s'appuient sur «des recherches poussées, notamment des investigations scientifiques menées par des spécialistes dans des domaines connexes». L'ouvrage traduit l'avènement d'une ère nouvelle, celle d'une torture précise, raffinée – loin des tourments sanglants et approximatifs imposés depuis l'Inquisition espagnole. Dans une sorte de préface, les auteurs déclarent : « Le service du renseignement qui dispose de connaissances modernes et pertinentes pour remédier à ses problèmes bénéficie d'avantages considérables par rapport à celui qui mène ses activités clandestines selon les méthodes du XVIIIe siècle [...] il n'est plus possible d'aborder la question des méthodes d'interrogatoire sans faire appel aux recherches psychologiques réalisées au cours de la dernière décennie[50]. » Suit un guide pratique de démantèlement de la personnalité.

Le manuel comprend un long chapitre sur la privation sensorielle dans lequel on fait référence à « un certain nombre d'expériences effectuées à l'université McGill[51] ». On y explique comment aménager des chambres d'isolement et on y souligne que « la privation de stimuli provoque une régression en empêchant le sujet d'avoir des contacts avec le monde extérieur, ce qui l'oblige à se replier sur lui-même. En même temps, la présence de stimuli bien dosés pendant l'interrogatoire fait en sorte que le sujet en régression tend à voir en l'interrogateur une figure paternelle[52]. » Grâce à une autre demande présentée en vertu de la loi sur l'accès à l'information, on mit la main sur une nouvelle version du manuel, d'abord publiée en 1983 à l'intention de l'Amérique latine. « La fenêtre devrait se trouver en hauteur et permettre de bloquer la lumière*[53] », y lit-on.

C'est justement ce que craignait Hebb : l'utilisation comme « redoutables méthodes d'interrogatoire » des techniques de privation sensorielle qu'il avait mises au point. Mais ce sont les travaux de Cameron, en particulier la recette qu'il inventa pour perturber l'« image espace-temps », qui sont au cœur de la formule *Kubark*. On y décrit quelques-unes des méthodes de déstructuration des patients perfectionnées dans le sous-sol de l'Institut Allan Memorial : « Les sessions doivent être organisées de manière à bouleverser le sens de la chronologie des sujets [...] Il est possible de provoquer une régression chez certains d'entre eux en manipulant le temps. Il suffit, par exemple, d'avancer ou de reculer les horloges ou de servir les repas à des moments incongrus – dix minutes ou dix heures

---

* La version de 1983 est clairement destinée aux salles de classe. On y trouve des jeux questionnaires et des rappels amicaux (« Avant chaque séance, munissez-vous de piles neuves »).

après le dernier, par exemple. Le jour et la nuit se confondent alors[54]. »

Le détail qui retient tout particulièrement l'attention des auteurs du manuel, plus encore que les méthodes proprement dites, c'est l'accent mis par Cameron sur la régression – l'idée que des adultes ne sachant plus qui ils sont ni où ils se situent dans l'espace et le temps redeviennent des enfants dépendants, dont l'esprit est une sorte de page blanche ouverte à toutes les suggestions. Les auteurs y reviennent sans cesse : « Les méthodes utilisées pour briser les résistances, du simple isolement à l'hypnose en passant par la narcose, ne sont que des moyens d'accélérer la régression. Au fur et à mesure que le sujet glisse de la maturité vers un stade plus infantile, les traits de sa personnalité, acquis ou structurés, se désagrègent. » C'est à ce moment que le prisonnier entre en état de « choc psychologique » ou d'« apathie », selon le mécanisme évoqué plus haut – bref, le point de frappe idéal par le bourreau, celui où « le sujet est le plus susceptible de coopérer[55] ».

Alfred W. McCoy, historien de l'université du Wisconsin qui retrace l'évolution des méthodes de torture depuis l'Inquisition dans son livre intitulé *A Question of Torture. CIA Interrogation, from the Cold War to the War on Terror**, affirme que la formule destinée à « choquer » le sujet présentée dans le manuel, c'est-à-dire la privation sensorielle suivie d'une surcharge de stimuli, « constitue la première véritable révolution de la cruelle science de la douleur en plus de trois siècles[56] ». Selon lui, rien de tout cela n'aurait été possible sans les travaux menés à McGill dans les années 1950 : « Dépouillées de leurs bizarres excès, les expériences du Dr Cameron, inspirées des percées réalisées auparavant par le Dr Hebb, ont servi de fondements scientifiques à la méthode de torture psychologique en deux temps appliquée par la CIA[57]. »

Là où la méthode *Kubark* était enseignée, on assista à l'émergence de schémas très nets – tous conçus pour induire, optimiser et soutenir le choc : on capture les prisonniers de manière à les perturber et à les désorienter le plus possible, tard la nuit ou tôt le matin, conformément aux instructions du manuel. Aussitôt, on leur bande les yeux et on les coiffe d'une cagoule, puis on les dénude et on les bat, avant de

* Une question de torture. les méthodes d'interrogatoire de la CIA, de la guerre froide à la guerre contre le terrorisme. (*N.d.t.*)

les soumettre à diverses formes de privation sensorielle. Du Guatemala au Honduras, du Vietnam à l'Iran, des Philippines au Chili, les électrochocs sont omniprésents.

L'influence de Cameron et du projet MKUltra n'explique bien sûr pas tout. La torture, qui suppose toujours un certain degré d'improvisation, s'appuie à la fois sur des méthodes apprises et sur la brutalité humaine instinctive, qui se manifeste partout dès lors que règne l'impunité. Dès le milieu des années 1950, les soldats français faisaient couramment appel aux électrochocs contre les combattants pour la liberté en Algérie, souvent avec l'aide de psychiatres[58]. Au cours de cette période, de hauts gradés français se rendirent à l'école de lutte contre la «guérilla» de Fort Bragg, en Caroline du Nord, pour diriger des ateliers et initier les élèves aux méthodes utilisées en Algérie[59]. Il est clair, cependant, que le modèle mis au point par Cameron, c'est-à-dire le recours massif aux électrochocs comme moyen de provoquer la souffrance, certes, mais aussi de gommer la personnalité, fit une forte impression sur la CIA. En 1966, l'agence dépêcha à Saigon trois psychiatres équipés d'un Page-Russell, appareil de prédilection de Cameron. On l'utilisa de façon si intensive que certains prisonniers y laissèrent leur peau. McCoy écrit : «Dans les faits, on cherchait à établir sur le terrain si les méthodes de "déstructuration" mises au point par Ewen Cameron à McGill permettaient effectivement de modifier le comportement humain[60].»

Les responsables du renseignement des États-Unis avaient rarement l'occasion d'adopter une telle approche pratique. À partir des années 1970, les agents américains jouèrent plutôt le rôle de mentors ou de formateurs – de préférence à celui d'interrogateurs. Les témoignages des survivants de la torture en Amérique centrale sont truffés d'allusions à de mystérieux individus parlant anglais qui vont et viennent dans les prisons, soufflent des questions et formulent des suggestions. Dianna Ortiz, religieuse américaine enlevée et emprisonnée au Guatemala en 1989, affirme que les hommes qui l'ont violée et brûlée avec des cigarettes relevaient d'un homme qui parlait l'espagnol avec un fort accent américain et que les autres appelaient «patron[61]». Jennifer Harbury, dont le mari a été torturé et tué par un officier guatémaltèque à la solde de la CIA, rapporte de nombreux cas semblables dans un important ouvrage intitulé *Truth, Torture and the American Way*[62].

Bien qu'entériné par les administrations qui se succédèrent à Washington, le rôle joué par les États-Unis dans ces guerres sales devait, pour des raisons évidentes, demeurer secret. La torture, physique ou psychologique, va à l'encontre de l'interdiction générale de «toute forme quelconque de torture ou de cruauté» définie dans les Conventions de Genève et dans le code unifié de justice militaire (*Uniform Code of Military Justice*) de l'armée des États-Unis, qui proscrit la «cruauté» et l'«oppression» des prisonniers[63]. À la page 2 du manuel *Kubark*, on prévient le lecteur que l'utilisation des méthodes qu'il présente entraîne «de sérieux risques de poursuites judiciaires». Dans la version de 1983, la mise en garde est encore plus explicite : «Le recours à la force, à la torture mentale, aux menaces, aux insultes et aux traitements inhumains ou désagréables de toute nature dans le cadre d'un interrogatoire est proscrit par les lois internationales et nationales[64].» Autrement dit, les enseignements des agents étaient illégaux et, par là même, voués à la clandestinité. Interrogés à ce sujet, les Américains répondaient qu'ils initiaient des élèves des pays en voie de développement aux méthodes modernes et professionnelles de maintien de l'ordre – et qu'ils ne pouvaient être tenus responsables des «excès» commis en dehors de leurs salles de classe.

Au lendemain du 11 septembre 2001, la longue habitude qu'on avait de présenter des démentis plausibles fut mise au rancart. Les attentats terroristes contre le World Trade Center et le Pentagone provoquèrent un choc différent de ceux qu'on imaginait dans les pages du manuel *Kubark*, mais leurs effets furent remarquablement similaires : profonde confusion, peur et angoisse extrêmes, régression collective. À l'image d'un interrogateur qui s'érige en «figure paternelle», l'administration Bush ne tarda pas à exploiter cette peur pour camper le rôle du parent protecteur, prêt à défendre par tous les moyens «la patrie» et ses «enfants» vulnérables. Le renversement de la politique américaine – que résume à merveille la tristement célèbre formule du vice-président Dick Cheney, selon laquelle les États-Unis devaient désormais intervenir du «côté obscur» des choses – ne marque pas pour autant l'adoption par l'administration Bush de tactiques qu'auraient rejetées les administrations antérieures, réputées plus humaines (ainsi que le prétendirent de trop nombreux démocrates en invoquant ce que l'historien Garry Wills qualifie de mythe typiquement américain de l'«innocence originelle[65]»). La véritable différence, c'est que des activités que les États-Unis menaient jusque-là par procuration, d'assez loin pour pouvoir plaider l'ignorance, seraient désormais prises en charge sans faux-fuyants et ouvertement défendues.

Malgré toutes les rumeurs entourant l'externalisation de la torture, la véritable innovation de l'administration Bush fut au contraire son «internalisation» : les prisonniers sont maintenant torturés par des ressortissants américains dans des prisons exploitées par les États-Unis ou directement transportés vers des pays tiers à bord d'avions américains en vertu du programme de «restitution extraordinaire» (*extraordinary rendition*). C'est en cela que le régime Bush se distingue : après les attentats du 11 septembre, il osa, sans vergogne, revendiquer le droit de pratiquer la torture. Il s'exposait de la sorte à des poursuites judiciaires – problème auquel il remédia en modifiant la loi. L'enchaînement est bien connu : habilité à agir par George W. Bush, le secrétaire à la Défense de l'époque, Donald Rumsfeld, décréta que les prisonniers capturés en Afghanistan n'étaient pas visés par les Conventions de Genève. Motif invoqué? Ils étaient des «combattants ennemis», et non des «prisonniers de guerre» – point de vue que confirma le conseiller juridique de la Maison-Blanche de l'époque, Alberto Gonzales (qui devint plus tard secrétaire à la Justice)[66]. Ensuite, Rumsfeld approuva une série de méthodes d'interrogatoire spéciales aux fins de la guerre contre le terrorisme, y compris celles qui figuraient dans les manuels de la CIA : «l'isolement pendant un maximum de trente jours», «la privation de lumière et de stimuli auditifs», «l'utilisation d'une cagoule pendant le transport et l'interrogatoire d'un détenu», «la confiscation des vêtements» et «l'exploitation des phobies des prisonniers (par exemple la peur des chiens) pour intensifier le stress[67]». Selon la Maison-Blanche, la torture demeurait interdite. Désormais, cependant, la douleur infligée, pour être assimilable à de la torture, devait être «d'une intensité équivalente à celle dont s'accompagne une blessure physique grave, de l'ordre de la défaillance organique, par exemple*[68]». En vertu des nouvelles règles, le gouvernement des États-Unis était enfin autorisé à utiliser les méthodes qu'il avait mises au point dans les années 1950 dans le secret et le déni. Qui plus est, il pouvait le faire ouvertement, sans craindre les poursuites

---

* Sous la pression des législateurs du Congrès et du Sénat ainsi que de la Cour suprême, l'administration Bush fut contrainte d'adoucir sa position, en particulier après l'adoption de la loi sur les commissions militaires (*Military Commissions Act*) de 2006. Même si la Maison-Blanche invoque désormais la loi pour affirmer qu'elle a renoncé à la torture sous toutes ses formes, d'énormes échappatoires permettent à des agents de la CIA et à ses mandataires de continuer à utiliser les méthodes décrites dans le manuel *Kubark*, ainsi de la privation sensorielle et la surcharge de stimuli, et d'autres techniques «novatrices», comme les noyades simulées (*water-boarding*). Avant de signer la loi, le président Bush l'assortit d'une «déclaration de signature» l'autorisant à «interpréter à sa discrétion la signification et l'application des Conventions de Genève». Le *New York Times* qualifia la mesure de «réécriture unilatérale de plus de deux cents ans de droit et de tradition».

judiciaires. En février 2006, l'Intelligence Science Board, organe consultatif de la CIA, publia le rapport d'un interrogateur chevronné du secrétariat de la Défense où il est dit, en toutes lettres, qu'« une lecture attentive du manuel *Kubark* est essentielle pour quiconque participe à des interrogatoires[69] ».

L'une des premières personnes confrontée à cet ordre nouveau fut José Padilla, citoyen américain et ex-membre d'un gang. Arrêté à l'aéroport O'Hare de Chicago en mai 2002, il fut accusé d'avoir eu l'intention de fabriquer une « bombe sale ». Au lieu de l'inculper et de le confier au système judiciaire, on le déclara « combattant ennemi », ce qui eut pour effet de le déposséder de tous ses droits. Padilla, détenu dans une prison de la Marine américaine de Charleston, en Caroline du Sud, affirme qu'on lui a injecté une drogue, du LSD ou de la PCP, croit-il, et qu'il a été soumis à un intense régime de privation sensorielle. Il était gardé dans une cellule minuscule dont on avait obscurci les fenêtres, horloge et calendrier lui étaient interdits. S'il sortait de sa cellule, c'était les fers aux pieds, des lunettes noires sur les yeux et de lourds écouteurs sur les oreilles. Il fut gardé dans ces conditions pendant 1 307 jours. Pendant ce temps, il n'eut de contacts qu'avec ses interrogateurs, qui, pendant les séances, pilonnaient de lumières et de sons violents ses sens atrophiés par les privations[70].

Padilla eut droit à une audience judiciaire en décembre 2006, même si, entre-temps, les accusations relatives à la fabrication d'une bombe sale, à l'origine de son arrestation, avaient été retirées. On l'accusait plutôt d'avoir eu des liens avec des terroristes. L'homme ne put pas grand-chose pour se défendre : selon des témoignages d'experts, les méthodes de régression mises au point par Cameron avaient entièrement détruit l'adulte que Padilla avait été, ce qui était précisément leur fonction : « Les tortures soutenues que M. Padilla a subies ont laissé des cicatrices à la fois psychologiques et physiques, affirma son avocat. Le traitement infligé à mon client par le gouvernement l'a dépouillé de son identité personnelle. » Un psychiatre chargé d'évaluer l'homme le déclara « incapable de se défendre[71] ». Le juge nommé par Bush statua pourtant que Padilla était apte à subir son procès. Ce qu'il y a d'extraordinaire dans l'affaire Padilla, c'est que l'homme a fini par être entendu par un tribunal. Des milliers d'autres personnes détenues dans des prisons administrées par les États-Unis – et qui, au contraire de Padilla, n'ont pas la nationalité américaine – furent soumises au même régime sans que le silence soit rompu au moyen d'une procédure civile.

Nombreux sont ceux qui croupissent à Guantánamo. Mamdouh Habib, un Australien qui y a été incarcéré, affirme que «Guantánamo Bay est une expérience scientifique qui porte sur le lavage de cerveau[72]». À la lumière des témoignages, des rapports et des photos en provenance de Guantánamo, on pourrait en effet croire que l'Institut Allan Memorial des années 1950 a été transporté à Cuba. Dès les premières heures de leur détention, les prisonniers sont soumis à un intense régime de privation sensorielle; on leur fait porter une cagoule, des lunettes noires et de lourds écouteurs qui ne laissent passer aucun bruit. Ils sont confinés dans des cellules d'isolement pendant des mois. Les rares fois où ils en sortent, on les bombarde de stimuli : des chiens qui jappent, des lumières stroboscopiques et des bandes sur lesquelles passent en boucle des pleurs de bébés, de la musique à tue-tête et des miaulements de chats.

Pour de nombreux prisonniers, ces méthodes ont eu un effet comparable à celui qui fut observé à l'Institut Allan Memorial dans les années 1950, à savoir une régression totale. Un prisonnier libéré, citoyen britannique, a déclaré à son avocat que toute une section de la prison, le camp Delta, abritait désormais les détenus (ils seraient «au moins 50») qui sont aujourd'hui dans un état de délire permanent[73]. Dans une lettre du FBI au Pentagone qui a été déclassifiée, on décrit un prisonnier de grande valeur qui a été soumis à «une intense privation sensorielle pendant plus de trois mois» et qui «affiche des comportements associés à des traumatismes psychologiques extrêmes (parler à des personnes absentes, entendre des voix, rester accroupi dans une cellule pendant des heures, un drap sur la tête)[74]». James Yee, ex-aumônier musulman de l'armée américaine ayant travaillé à Guantánamo, confirme que les détenus du camp Delta manifestent les symptômes classiques d'une extrême régression : «Je m'arrêtais pour leur parler et ils me répondaient d'une petite voix enfantine en tenant des propos décousus. Nombre d'entre eux chantaient des comptines à tue-tête et les répétaient sans cesse. D'autres grimpaient sur leur lit de fer et se comportaient de façon puérile. En les voyant, j'ai songé à un jeu auquel nous jouions, mes frères et moi, quand nous étions enfants.» En janvier 2007, la situation s'est sensiblement détériorée : 165 détenus ont été déplacés au camp Six, aile nouvelle dont les cellules d'isolement ne permettent aucun contact avec l'extérieur. Sabin Willett, avocat qui représente plusieurs prisonniers de Guantánamo, a lancé un avertissement : si les choses ne changent pas, «vous allez vous retrouver avec un asile de fous sur les bras[75]».

Des groupes de défense des droits de l'homme font valoir que la prison de Guantánamo, aussi horrible soit-elle, est en fait le meilleur centre d'interrogatoire administré par les États-Unis en territoire étranger : la Croix-Rouge et des avocats y exercent en effet une certaine surveillance. Des détenus en nombre indéterminé ont disparu dans le réseau de «sites noirs» répartis aux quatre coins de la planète ou ont été expédiés par des agents américains vers des prisons étrangères en vertu de la procédure de restitution extraordinaire. Les prisonniers qui sont sortis de ce cauchemar affirment avoir été soumis à tout l'arsenal des méthodes de choc de Cameron.

L'imam italien Hassan Mustafa Osama Nasr fut enlevé dans les rues de Milan par un groupe composé d'agents de la CIA et de membres de la police secrète italienne. «Je n'avais aucune idée de ce qui se passait, écrivit-il plus tard. Les hommes m'ont frappé à l'abdomen et roué de coups. Ils ont recouvert mon visage et ma tête de larges bouts de ruban adhésif. Ils ont juste percé un trou pour me laisser respirer.» Ils l'expédièrent aussitôt en Égypte, où, pendant quatorze mois, il fut incarcéré dans une cellule sans lumière, en compagnie «de rats et de cafards qui me passaient sur le corps». Détenu en Égypte jusqu'en février 2007, Nasr réussit néanmoins à faire sortir en douce une lettre manuscrite de onze pages dans laquelle il décrivait en détail les mauvais traitements dont il était victime[76].

Il était fréquemment victime d'électrochocs, écrivit-il. Selon un article du *Washington Post*, il était «attaché à un cadre métallique surnommé "la Fiancée" et bombardé de coups de pistolet électrique». À d'autres moments, «on le ligotait à un matelas mouillé posé à même le sol. Pendant qu'un interrogateur s'asseyait sur une chaise en bois perchée sur les épaules du prisonnier, un autre tournait un cadran. Les ressorts du matelas étaient alors parcourus de courants électriques[77]». Selon Amnesty International, Nasr aurait aussi subi des décharges électriques sur les testicules[78].

On a des raisons de croire qu'il ne s'agit pas d'un cas isolé de recours à la torture électrique sur des prisonniers capturés par les États-Unis. Or ce fait est totalement passé sous silence dans la plupart des discussions sur la question de savoir si les États-Unis pratiquent la torture ou se contentent de faire appel à des «méthodes créatives» d'interrogatoire. Jumah al-Dossari, prisonnier de Guantánamo qui a tenté de s'ôter la vie à plus d'une dizaine de reprises, a présenté à son avocat une déclaration écrite dans laquelle il affirme que, pendant qu'il était détenu par les

États-Unis à Kandahar, «l'enquêteur est arrivé avec un petit appareil semblable à un portable. Il s'en servait pour me donner des chocs électriques. Il l'a utilisé sur mon visage, mon dos, mes bras, mes jambes et mes organes génitaux[79]». Quant à Murat Kurnaz, originaire d'Allemagne, il a eu droit à un traitement analogue dans une prison administrée par les États-Unis à Kandahar. «C'était au début. Il n'y avait pas de règles. Ils avaient le droit de faire n'importe quoi. On nous battait sans arrêt. On nous administrait des électrochocs. On me plongeait la tête dans l'eau[80].»

L'IMPOSSIBLE RECONSTRUCTION

Vers la fin de notre première rencontre, je demande à Gail de me parler de ses «rêves électriques». Elle rêve souvent, dit-elle, de lits disposés en rangées et de patients qui glissent dans un sommeil artificiel ou en émergent. «J'entends des gens crier, gémir, grogner, dire : "Non, non, non." Je me souviens de mes réveils dans cette pièce. J'étais couverte de sueur. J'avais la nausée. Je vomissais. J'avais une drôle de sensation dans la tête. Comme si j'avais une tache au lieu d'une tête.» Pendant qu'elle fait cette description, Gail, affalée dans son fauteuil bleu, me semble très lointaine. Sa respiration devient sifflante. Elle baisse ses paupières et je les vois clignoter. Elle pose la main sur sa tempe droite et, d'une voix pâteuse où je sens l'effet des médicaments, elle dit : «J'ai un flash-back. Parlez-moi de l'Irak pour me distraire. Dites-moi l'enfer que c'était.»

Je me creuse la tête à la recherche d'un récit de guerre adapté à cette circonstance particulière et je me rabats sur une anecdote plutôt inoffensive sur la vie dans la Zone verte. Le visage de Gail se détend peu à peu, et elle respire plus profondément. Ses yeux bleus fixent de nouveau les miens.

— Merci, dit-elle. J'ai eu un flash-back.

— Je sais.

— Comment?

— C'est vous qui me l'avez dit.

Elle se penche et écrit quelques mots sur un bout de papier.

Ce soir-là, après avoir quitté Gail, je réfléchis à ce que je ne lui avais pas raconté. Ce que j'aurais voulu lui dire, sans pouvoir m'y résoudre, c'est qu'elle-même me rappelait l'Irak. Je ne peux m'empêcher de penser que sa situation de femme victime de chocs et celle de l'Irak, pays victime de chocs, sont d'une certaine façon reliées, qu'elles constituent des manifestations différentes de la même logique terrifiante.

Les théories de Cameron se fondaient sur l'hypothèse suivante : en faisant régresser ses patients jusqu'à un état chaotique, il créerait les conditions nécessaires à leur «renaissance» en tant que citoyens modèles et sains d'esprit. Mince réconfort pour Gail, dont la mémoire est en lambeaux et la colonne vertébrale parsemée de fractures, mais Cameron voyait son acte de destruction comme une forme de création, un cadeau qu'il offrait à des patients qui, après avoir été soumis à son implacable entreprise de déstructuration, auraient le privilège de revivre.

Sur ce front, l'échec de Cameron est spectaculaire. Peu importe l'état de régression auquel ils furent réduits, ses patients n'absorbèrent ni n'acceptèrent jamais les messages que les bandes répétaient inlassablement. Si, s'agissant de détruire ses patients, l'homme avait du génie, il ne sut jamais les recréer. Un suivi effectué à l'Institut Allan Memorial après le départ de Cameron montra que 75 % de ses anciens patients étaient plus mal en point après les traitements qu'avant leur arrivée à l'hôpital. Plus de la moitié de ceux qui occupaient un emploi à temps plein avant leur hospitalisation n'étaient plus en mesure de travailler. Bon nombre d'entre eux souffraient, à l'instar de Gail, de maux physiques et psychologiques nouveaux. La «confrontation psychique» ne fonctionnait pas, même pas en partie, et l'établissement finit par en bannir la pratique[81].

Le problème, évident avec le recul, réside dans la prémisse sur laquelle reposait la théorie de Cameron : l'idée qu'il faut faire table rase pour que la guérison soit possible. Cameron était persuadé qu'il lui suffisait d'anéantir les habitudes, les schémas mentaux et les souvenirs de ses patients pour parvenir à la page blanche, immaculée. Il eut beau administrer des chocs et des médicaments avec obstination, tout faire pour désorienter les sujets, jamais il ne parvint à ses fins. En fait, c'est le contraire qui se produisit : plus il les bombardait, plus ses patients se désagrégeaient. Leur esprit n'était pas «nettoyé». Les sujets se trouvaient plutôt dans un état pitoyable, leur mémoire fracturée, leur confiance trahie.

Les partisans du capitalisme du désastre sont atteints de la même incapacité à établir une distinction entre destruction et création, entre le mal et le remède. J'ai souvent eu cette impres-sion lorsque, en Irak, je balayais nerveusement des yeux le paysage meurtri, à l'affût de la prochaine explosion. Sûrs du pouvoir rédempteur des chocs, les architectes de l'invasion américano-britannique s'imaginaient que le recours à la force serait si saisissant et si écrasant que les Irakiens sombreraient dans un état d'apathie, un peu comme celui que décrivent les auteurs du manuel *Kubark*. Profitant de ce bref moment d'abattement, les envahisseurs feraient subir au pays une nouvelle série de chocs – économiques ceux-là – qui plaqueraient une démocratie «libérale» modèle sur la page blanche que constituait l'Irak d'après l'invasion.

Sauf qu'il n'y avait pas de page blanche. Rien que des gravats et des gens brisés et furieux – qui, lorsqu'ils résistèrent, furent soumis à de nouveaux chocs, pour certains inspirés des tourments subis par Gail Kastner des années plus tôt. «Lorsqu'il s'agit de tout casser, nous sommes doués. Le jour où je pourrai consacrer autant de temps à la reconstruction qu'aux combats sera pour moi un très bon jour», fit observer le général Peter W. Chiarelli, commandant de la Première Division de cavalerie de l'armée des États-Unis, un an et demi après la fin officielle de la guerre[82]. Ce jour-là ne se leva jamais. Comme Cameron, les docteurs chocs de l'Irak savent détruire, mais ils semblent incapables de reconstruire.

CHAPITRE DEUX

L'autre docteur choc

Milton Friedman et la quête
d'un laboratoire du laisser-faire

Les technocrates de l'économie arrivent à bricoler une réforme de la fiscalité ici, de nouvelles dispositions sur la sécurité sociale là, ou encore un nouveau régime de taux de change ailleurs, mais ils ne jouissent jamais du luxe d'une page blanche sur laquelle déployer, dans tout son épanouissement, pour ainsi dire, le cadre de politique économique qu'ils préconisent.

Arnold Harberger, professeur de sciences économiques
de l'université de Chicago, 1998[1].

Peu de milieux universitaires jouissent d'une mythification aussi intense que celle qui s'attache au département de sciences économiques de l'université de Chicago dans les années 1950 – lieu imbu de la conscience d'être non seulement une école, mais de surcroît, une école de pensée. Loin de se contenter de former des étudiants, le département bâtissait et consolidait l'école de sciences économiques de Chicago, invention d'une clique d'universitaires conservateurs dont les idées constituaient un rempart révolutionnaire contre la pensée dominante de l'époque, résolument tournée vers l'étatisme. Franchir les portes de l'immeuble des sciences sociales, au-dessus desquelles trônaient les mots *Science Is Measurement* («La science, c'est la mesure»), et pénétrer dans la célèbre cafétéria, où les étudiants exerçaient leurs pouvoirs intellectuels en débattant des théories de leurs titans de professeurs, ce n'était pas travailler pour obtenir un banal diplôme. C'était s'engager dans un combat. Pour reprendre les paroles de Gary Becker, économiste conservateur et lauréat du prix Nobel : « Nous étions des guerriers en lutte contre pratiquement tout le reste de la profession[2]. »

Comme le département de psychiatrie de McGill au cours de la même période, le département de sciences économiques de l'université de Chicago était asservi à un homme ambitieux et charismatique qui s'était donné pour mission de révolutionner sa profession de fond en comble. Cet homme, c'était Milton Friedman. Même si ce dernier avait de nombreux collègues et maîtres à penser qui croyaient aussi fermement que lui aux vertus du laisser-faire absolu, c'est son énergie qui insufflait à l'école sa ferveur révolutionnaire. « On me demandait : "Qu'est-ce qui t'excite tant ? Tu as rendez-vous avec une jolie femme ?" se souvient Becker. Je répondais : "Non, je m'en vais à un cours d'économie !" Étudier avec Milton, c'était franchement électrisant[3]. »

La mission de Friedman, comme celle de Cameron, reposait sur un rêve : revenir à l'état de santé « naturel », celui où tout est en équilibre, celui d'avant les distorsions causées par les interventions humaines. Là où Cameron projetait de ramener l'esprit humain à cet état vierge primordial, Friedman envisageait de déstructurer les sociétés et de rétablir un capitalisme pur, purgé de toutes les ingérences – réglementation gouvernementale, entraves au commerce et groupes d'intérêts particuliers. Comme Cameron encore, Friedman était d'avis que la seule façon de revenir à la pureté originelle consistait à faire délibérément subir au « patient » (ici l'économie dénaturée) des chocs douloureux : seule une « pilule amère » pouvait avoir raison des distorsions et des modèles défectueux. Cameron utilisait l'électricité pour provoquer des chocs ; Friedman, lui, préconisait la stratégie politique – le traitement de choc qu'il prescrivait aux politiciens audacieux pour remettre sur pied des pays mal en point. Au contraire de Cameron, qui était en mesure de faire sans attendre l'essai de ses théories sur ses patients involontaires, Friedman eut besoin de quelques décennies et d'une série de tours et détours pour arriver enfin à mettre en application ses rêves d'oblitération radicale et de création du réel.

Frank Knight, l'un des fondateurs de l'école de Chicago, estimait que les professeurs avaient pour tâche d'« inculquer » à leurs étudiants la croyance selon laquelle chaque théorie économique est « un élément sacré du système » et non une simple hypothèse ouverte à la discussion[4]. Au cœur des enseignements sacrés de l'école de Chicago figurait la conviction suivante : les forces économiques – l'offre et la demande, l'inflation et le chômage – s'apparentent aux forces de la nature, fixes et immuables. Au sein du libre marché absolu imaginé dans les cours et les manuels de l'école de Chicago, ces forces sont en équilibre parfait, l'offre influant sur la demande à la manière dont la Lune attire les marées. Si l'économie était victime d'une inflation élevée, c'était toujours, selon le strict monétarisme de Friedman, parce que des décideurs mal avisés avaient laissé entrer trop d'argent dans le système au lieu de permettre au marché de trouver son propre équilibre. De la même façon que les écosystèmes se régissent et s'équilibrent eux-mêmes, le marché, pour peu qu'on le laisse se débrouiller sans ingérence, créera, au juste prix, la quantité précise de produits requise. Les produits en question seront fabriqués par des travailleurs qui gagnent exactement assez d'argent pour pouvoir les acheter – bref, c'est l'Éden du plein-emploi, de la créativité illimitée et de l'inflation zéro.

Selon Daniel Bell, sociologue de Harvard, cet attachement à un système idéalisé est la caractéristique principale du libéralisme économique radical. Le capitalisme apparaît alors comme un joyau fait d'«une série de mouvements précieux» ou comme «un mouvement d'horloge céleste [...] une œuvre d'art si fascinante qu'on songe aux célèbres tableaux d'Apelle de Cos, qui peignit une grappe de raisins à ce point réalistes que les oiseaux venaient les picorer[5]».

Le défi auquel Friedman et ses collègues étaient confrontés consistait à prouver qu'un marché réel pouvait être à la hauteur de leurs fantasmes délirants. Friedman se targua toujours d'aborder l'économie comme une science aussi exacte et rigoureuse que la physique ou la chimie. Les praticiens des sciences exactes avaient toutefois l'avantage de pouvoir invoquer le comportement des éléments pour prouver leurs théories. Friedman n'avait pas à sa disposition d'économie réelle qui lui permette de montrer que, en l'absence de toute «distorsion», il ne resterait qu'une société saine où règne l'abondance : aucun pays, en effet, ne répondait aux critères du laisser-faire absolu. Incapables de tester leurs théories dans des banques centrales et des ministères du Commerce, Friedman et ses collègues se contentaient d'élaborer des équations et des modèles informatiques complexes et ingénieux, qu'ils présentaient ensuite lors d'ateliers tenus dans le sous-sol de l'immeuble des sciences sociales.

C'est l'amour des chiffres et des systèmes qui attira Friedman vers les sciences économiques. Dans son autobiographie, il dit avoir été converti lorsqu'un professeur de géométrie inscrivit le théorème de Pythagore au tableau noir et qu'ensuite, impressionné par son élégance, il cita des vers du poème de John Keats intitulé *Ode sur une urne grecque* : « "Beauté, c'est Vérité, Vérité, c'est Beauté" – voilà tout/Ce que vous savez sur terre, tout ce qu'il vous faut savoir[6]. » Friedman transmit sa passion d'un splendide système universel à des générations d'économistes – en même temps qu'une aspiration à la simplicité, à l'élégance et à la rigueur.

Comme toute foi intégriste, la science économique prônée par l'école de Chicago forme, pour ses tenants, une boucle fermée. La prémisse de départ, c'est que le libre marché est un système scientifique parfait dans lequel des particuliers, agissant dans leur propre intérêt, créent pour tous le plus d'avantages possibles. Il s'ensuit inéluctablement que toute défaillance – inflation élevée ou chômage en hausse spectaculaire – vient du fait que le marché n'est pas entièrement libre. Des ingérences, des distorsions sont forcément à l'œuvre. La solution de l'école de Chicago est toujours la même : une application plus rigoureuse et plus complète des principes de base.

Au moment de la mort de Friedman en 2006, les auteurs de nécrologies multiplièrent les éloges de son immense héritage. L'un d'eux accoucha de l'affirmation suivante : « Le mantra de Milton – libéralisation des marchés et des prix, choix des consommateurs et liberté économique – est responsable de la prospérité mondiale dont nous jouissons aujourd'hui[7]. » C'est en partie vrai. En revanche, la nature de cette prospérité – ses origines ainsi que la polarisation qu'elle crée entre nantis et déshérités – fait l'objet de contestations. Ce qui est irréfutable, c'est le fait que le libéralisme économique défendu par Friedman et les brillantes stratégies qu'il préconise pour l'imposer procurent à quelques-uns une extrême prospérité et une liberté quasi totale – laquelle leur permet de contourner les règlements et la fiscalité, de faire fi des frontières nationales et d'accumuler de nouvelles richesses.

Le talent d'accoucher d'idées rentables semble remonter à la petite enfance de Friedman, alors que ses parents, des immigrants hongrois, faisaient l'acquisition d'une fabrique de vêtements à Rahway au New Jersey. L'appartement familial se trouvait dans le même bâtiment que l'usine, qui, selon Friedman lui-même, «serait aujourd'hui qualifié d'atelier de misère[8]». Pour les propriétaires de *sweat shops*, c'était une époque effervescente : des marxistes et des anarchistes syndiquaient les travailleurs immigrants, les aidaient à revendiquer une plus grande sécurité au travail et des week-ends de congé – et, lors d'assemblées tenues à la fin de leur quart de travail, débattaient de la théorie de la propriété des ouvriers. En tant que fils du patron, Friedman entendait sans doute un point de vue très différent sur ces questions. En fin de compte, la fabrique de son père fit faillite, mais, à l'occasion de conférences et d'apparitions télévisées, Friedman évoquait souvent ce cas, qu'il citait en exemple pour affirmer les avantages du capitalisme déréglementé. Selon lui, c'était la preuve que les emplois les moins désirables et les moins réglementés sont tout de même le premier barreau de l'échelle qui mène à la liberté et à la prospérité.

La séduction exercée par l'école de Chicago s'explique en partie comme suit : à une époque où les idées gauchistes radicales touchant au pouvoir des travailleurs gagnaient du terrain un peu partout dans le monde, le modèle économique qu'elle proposait était un moyen tout aussi radical et empreint d'idéalisme de favoriser les intérêts des propriétaires. À en croire Friedman, il ne cherchait pas à défendre le droit des propriétaires d'ateliers de payer des salaires de famine. Ses idées s'inscrivaient plutôt dans une quête de la forme la plus pure possible de démocratie participative, puisque, dans l'économie libérale, «chacun peut, si j'ose dire, voter pour la couleur de cravate qui lui plaît[9]». Là où les gauchistes promettaient de libérer les salariés des patrons, les citoyens des dictateurs et les pays colonisés de la domination impériale, Friedman promettait la «liberté individuelle», projet qui élevait des citoyens atomisés au-dessus de toute entreprise collective et leur permettait d'affirmer leur liberté absolue par leurs choix de consommation. «Ce qui était particulièrement emballant, se souvient l'économiste Don Patinkin, qui étudia à l'université de Chicago dans les années 1940, c'était justement les attributs qui rendaient le marxisme populaire auprès d'autres jeunes de l'époque, c'est-à-dire la simplicité conjuguée à une apparente complétude logique, l'idéalisme jumelé au radicalisme[10].» Aux marxistes, l'utopie ouvrière, et à l'école de Chicago, l'utopie corporatiste : les deux camps promettaient la perfection et l'équilibre, à condition qu'on leur laissât les coudées franches.

La question, comme toujours, était celle des moyens. Comment parvenir au nirvana ? Les marxistes se prononçaient sans équivoque en faveur de la révolution, c'est-à-dire l'abolition du système en place et son remplacement par le socialisme. La réponse de l'école de Chicago n'était pas aussi claire. Les États-Unis formaient déjà un pays capitaliste, mais, du point de vue de Friedman et de ses disciples, à peine. Aux États-Unis comme dans toutes les nations réputées capitalistes, ils voyaient des ingérences partout. Pour que les produits fussent abordables, les politiciens fixaient les prix ; pour prévenir l'exploitation à outrance, ils imposaient un salaire minimum ; pour garantir l'accès universel à l'éducation, ils laissaient les écoles aux mains de l'État. Ces mesures donnaient l'impression de venir en aide aux gens, mais Friedman et ses collègues croyaient fermement – et « prouvèrent » à l'aide de leurs modèles – qu'elles causaient des préjudices inestimables à l'équilibre du marché et à la capacité de ses divers indices à communiquer entre eux. L'école de Chicago avait donc une mission purificatrice : débarrasser le marché des ingérences et le laisser donner sa pleine mesure en toute liberté.

C'est d'ailleurs pour cette raison que l'école de Chicago ne considérait pas le marxisme comme son véritable ennemi. Le problème venait plutôt des keynésiens des États-Unis, des sociaux-démocrates d'Europe et des développementalistes de ce qu'on appelait à l'époque le tiers-monde. Ces gens-là étaient des partisans non pas de l'utopie, mais bien de l'économie mixte, c'est-à-dire, aux yeux des membres de l'école de Chicago, un détestable système fourre-tout où cohabitent le capitalisme pour ce qui est de la fabrication et de la distribution des biens de consommation, le socialisme pour ce qui est de l'éducation et de l'étatisation de services essentiels tels que l'approvisionnement en eau, assortis de toutes sortes de lois destinées à tempérer les excès du capitalisme. À l'instar du fondamentaliste religieux qui respecte à contrecœur les intégristes d'autres confessions, voire les athées, mais n'éprouve que dédain pour les croyants qu'il juge tièdes, les membres de l'école de Chicago déclarèrent la guerre aux partisans de l'économie mixte. Que souhaitaient-ils, au juste ? Pas exactement une révolution, mais une réforme capitaliste, un retour au capitalisme sans tache d'avant la faute.

Le purisme de Friedman vient en grande partie de son gourou personnel, Friedrich Hayek, qui enseigna lui aussi pendant un moment à l'école de Chicago durant les années 1950. L'austère Autrichien mettait ses contemporains en garde : les interventions du gouvernement dans l'économie entraîneraient la société sur «la route de la servitude», et il fallait donc les éradiquer[11]. Selon Arnold Harberger, professeur depuis longtemps à Chicago, «les Autrichiens», ainsi qu'on surnommait cette sous-clique au sein d'une clique, faisaient preuve de tant de zèle qu'ils jugeaient les interventions de l'État non seulement mauvaises, mais «maléfiques [...] Figurez-vous une image très jolie, mais extrêmement complexe, en parfaite harmonie avec elle-même. S'il y a une tache, même minuscule, là où il ne doit pas y en avoir, eh bien, c'est terrible... C'est un défaut qui dépare cette beauté[12]».

En 1947, année au cours de laquelle Friedman s'associa à Hayek pour former la Société du Mont-Pèlerin, club d'économistes libéraux nommé d'après son siège en Suisse, l'idée selon laquelle on devait laisser l'entreprise privée gouverner le monde comme elle l'entend ne pouvait guère s'exprimer à haute voix dans la bonne société. Le souvenir du krach boursier de 1929 et de la Grande Dépression qui suivit – économies d'une vie volatilisées d'un coup, suicides, soupes populaires et réfugiés – était trop frais dans les mémoires. Devant l'ampleur de la catastrophe imputable aux marchés, les citoyens avaient exigé une forme de gouvernement clairement interventionniste. La Dépression ne signa pas l'arrêt de mort du capitalisme, mais, ainsi que John Maynard Keynes l'avait prévu quelques années plus tôt, elle marqua «la fin du laisser-faire» – la fin de l'autoréglementation du marché[13]. Des années 1930 aux années 1950, on choisit sans honte de «faire» au lieu de «laisser faire». À l'éthos du «faisable» caractéristique du New Deal succéda l'effort de guerre : lancement de travaux publics pour créer les emplois dont on avait le plus grand besoin et création de nouveaux programmes sociaux ayant pour but de dissuader les gens de se tourner vers la gauche radicale. À l'époque, la notion de compromis entre la gauche et la droite n'était pas considérée comme «sale». Plusieurs y voyaient plutôt l'expression d'une noble mission visant à éviter l'avènement d'un monde dans lequel, comme l'écrivit Keynes au président Franklin D. Roosevelt en 1933, «l'orthodoxie et la révolution luttent l'une contre l'autre[14]». John Kenneth Galbraith, héritier spirituel de Keynes aux États-Unis, indiqua que les politiciens comme les économistes devaient d'abord «[é]viter une crise et empêcher le chômage[15]».

La Deuxième Guerre mondiale donna à la lutte contre la pauvreté un caractère encore plus urgent. Le nazisme s'était enraciné en Allemagne à la faveur d'une terrible dépression, provoquée par les redressements punitifs imposés après la

Première Guerre mondiale et aggravée par le krach de 1929. Bien avant, Keynes avait lancé une mise en garde. Face au problème de la pauvreté en Allemagne, disait-il, le laisser-faire risquait d'avoir des conséquences désastreuses : « La vengeance, nous pouvons le prédire, ne se fera pas attendre[16]. » À l'époque, on ne l'entendit pas. Au moment de la reconstruction de l'Europe après la Deuxième Guerre mondiale, les puissances occidentales adoptèrent le principe suivant : les économies de marché devaient garantir une dignité élémentaire suffisante pour dissuader des citoyens désillusionnés de se tourner de nouveau vers une idéologie plus attrayante, qu'elle fût fasciste ou communiste. C'est cet impératif pragmatique qui présida à la création de la quasi-totalité des mesures que nous associons aujourd'hui au capitalisme « humain » – la sécurité sociale aux États-Unis, le régime public d'assurance-maladie au Canada, l'assistance publique en Grande-Bretagne et les mesures de protection des travailleurs en France et en Allemagne.

Dans les pays en voie de développement, on observait la montée d'un mouvement analogue, mais plus radical, généralement connu sous le nom de « développementalisme » ou de nationalisme du tiers-monde. Les économistes partisans de cette doctrine soutenaient que leurs pays ne pourraient enfin échapper au cycle de la pauvreté que s'ils appliquaient une stratégie d'industrialisation à l'intérieur de leurs frontières au lieu de miser sur l'exportation de leurs ressources naturelles (dont les prix étaient d'ailleurs à la baisse) vers l'Europe et l'Amérique du Nord. Ils préconisaient la réglementation, voire la nationalisation, du pétrole, des ressources minières et d'autres secteurs clés comme moyens d'affecter un pourcentage plus élevé des profits à des programmes de développement gouvernementaux.

Dans les années 1950, les développementalistes, comme les keynésiens et les sociaux-démocrates des pays riches, avaient à leur crédit des réussites impressionnantes. Le laboratoire le plus avancé des premiers se trouvait à l'extrémité méridionale de l'Amérique latine, connue sous le nom de « cône sud » : le Chili, l'Argentine, l'Uruguay et certaines régions du Brésil. L'épicentre en était la Commission économique des Nations Unies pour l'Amérique latine, dont le siège se trouvait à Santiago, au Chili, et que l'économiste Raúl Prebisch dirigea de 1950 à 1963. Ce dernier initia des économistes aux théories développementalistes et fit d'eux des conseillers stratégiques qu'il dépêcha auprès des gouvernements des quatre coins du continent. Des politiciens nationalistes comme Juan Perón d'Argentine mirent résolument leurs idées en pratique : ils investirent massivement des fonds publics dans des projets d'infrastructures tels que des autoroutes et des aciéries, versèrent à des entreprises de généreuses subventions pour la construction de nouvelles usines où fabriquer des voitures et des lave-linge et barrèrent la voie aux importations étrangères au moyen de droits tarifaires élevés.

Durant cette étourdissante période d'expansion, le cône sud prit des allures plus européennes et nord-américaines que le reste de l'Amérique du Sud et d'autres régions du tiers-monde. Les travailleurs des nouvelles usines formèrent des syndicats puissants qui leur négocièrent des salaires dignes de la classe moyenne, et leurs enfants s'inscrivirent dans les universités publiques toutes neuves. L'écart béant entre l'élite des clubs de polo de la région et les masses paysannes commença à s'amenuiser. Dans les années 1950, l'Argentine s'enorgueillissait de posséder la plus importante classe moyenne du continent. Son voisin, l'Uruguay, avait un taux d'alphabétisation de 95 % et offrait des soins de santé gratuits à tous ses citoyens. Le développementalisme était une réussite si éclatante que le cône sud de l'Amérique latine devint un puissant symbole rassembleur pour les pays pauvres du monde. La preuve était faite : en appliquant avec vigueur des politiques réfléchies et pragmatiques, on pouvait bel et bien réduire l'écart entre le premier monde et le tiers-monde.

Les réussites de l'économie dirigée – obtenues par les keynésiens au nord et les développementalistes au sud – furent accueillies sombrement au département de sciences économiques de l'université de Chicago. Les présidents et les premiers ministres recrutaient les grands rivaux de Harvard, de Yale et d'Oxford pour les aider à maîtriser la bête féroce que représentait le marché. Presque personne ne s'intéressait aux audacieuses idées de Friedman, qui recommandait de laisser la bête plus libre que jamais. Cependant, quelques personnages haut placés manifestaient encore un intérêt marqué pour les idées de l'école de Chicago.

Pour les patrons des multinationales américaines, confrontées à des pays en voie de développement beaucoup moins accueillants que naguère et à des syndicats plus puissants et plus revendicateurs, les années de l'après-guerre furent particulièrement éprouvantes. L'économie connaissait une croissance rapide et créait une richesse considérable, mais les propriétaires et les actionnaires devaient en redistribuer une grande partie en impôts et en salaires. Tout le monde se tirait bien d'affaire, mais un retour aux conditions d'avant le New Deal aurait permis à quelques-uns de s'enrichir encore davantage.

La révolution keynésienne, fondée sur le refus du laisser-faire, coûtait cher au secteur privé. De toute évidence, il fallait organiser une contre-révolution pour faire échec au keynésianisme et revenir à un capitalisme encore moins réglementé qu'avant la Dépression. Wall Street n'était pas en mesure d'entreprendre seule une telle croisade – du moins pas dans le contexte de l'époque. Si Walter Wriston, président de la Citibank et ami personnel de Friedman, avait plaidé en faveur de l'abolition du salaire minimum et de l'impôt des sociétés, on l'aurait naturellement accusé d'être un vil exploiteur. C'est là qu'intervint l'école de Chicago. Il apparut rapidement que les mêmes arguments, défendus par Friedman, brillant mathématicien et redoutable orateur, prenaient une tout autre dimension. On pouvait les rejeter en les qualifiant d'erronés, mais ils bénéficiaient d'une aura d'impartialité scientifique. Le point de vue de l'entreprise passait désormais par le filtre d'établissements universitaires ou quasi universitaires. L'école de Chicago croulait sous les dons. Bientôt, elle accoucha du réseau mondial de *think tanks* conservateurs qui allaient abriter et nourrir les fantassins de la contre-révolution.

On en revint au message que martelait obstinément Friedman : le New Deal était la cause de tous les maux. C'est à partir de cette ère, dit-il, que «de nombreux pays, y compris le mien, sombrèrent dans l'erreur[17]». Pour remettre le gouvernement sur la bonne voie, Friedman, dans son premier livre grand public, *Capitalisme et liberté*, énonça ce qui allait devenir le credo du libéralisme économique mondial et, aux États-Unis, le fondement du mouvement néoconservateur.

D'abord, le gouvernement devait éliminer l'ensemble des règles et règlements qui entravaient la réalisation de profits. Ensuite, il devait vendre tous les actifs que des entreprises privées pouvaient administrer à profit. Enfin, il devait réduire de façon draconienne le financement des programmes sociaux. À propos de cette démarche en trois temps – déréglementation, privatisation, réduction des dépenses –, Friedman fournissait d'amples détails. Les impôts, s'il en faut, doivent être réduits au minimum ; les riches et les pauvres doivent être assujettis au même taux uniforme. Les sociétés doivent pouvoir vendre leurs produits dans le monde entier, et les gouvernements ne doivent rien faire pour protéger la propriété et les industries locales. Tous les prix, y compris celui de la main-d'œuvre, doivent être déterminés par le marché, sans salaire minimum fixé par la loi. Friedman préconisait la privatisation des services de santé, de la poste, de l'éducation, des caisses de retraite et même des parcs nationaux. Bref, il en appelait, sans la moindre gêne, au démantèlement du New Deal – la trêve fragile entre l'État, l'entreprise privée et le mouvement ouvrier qui, au lendemain de la Grande Dépression, avait évité une révolte populaire. De haute lutte, les salariés avaient obtenu des protections, et l'État fournissait des services pour adoucir les rigueurs du marché. Les contre-révolutionnaires de l'école de Chicago, eux, voulaient mettre fin à tout cela.

Et ils ne s'arrêtaient pas là – ils revendiquaient l'expropriation de tout ce que les travailleurs et les gouvernements avaient bâti au cours de décennies de travaux publics frénétiques. Les actifs dont Friedman pressait le gouvernement de se départir étaient le produit d'années d'investissements de savoirs et de fonds publics. D'où leur valeur. Pour Friedman, cette richesse collective devait être, pour une raison de principe, cédée au secteur privé.

Bien qu'enrobée dans le langage des mathématiques et de la science, la vision de Friedman coïncidait point pour point avec les intérêts des grandes multinationales, qui, par nature, se montrent avides de nouveaux marchés déréglementés. Au premier stade de l'expansion capitaliste, le colonialisme – «découverte» de nouveaux territoires, confiscation de terres, exploitation des richesses minérales sans dédommagement pour les populations locales – avait assouvi l'appétit vorace des entreprises. La guerre de Friedman contre l'«État-providence» et le «gouvernement tentaculaire» promettait une nouvelle ère d'enrichissement rapide. Au lieu de conquérir de nouveaux territoires, on s'attaquerait cette fois à une nouvelle frontière, l'État, dont les services publics et les actifs seraient bradés pour une fraction de leur valeur.

LA GUERRE CONTRE LE DÉVELOPPEMENTALISME

Dans les États-Unis des années 1950, on était encore à des décennies de l'accès à des richesses d'une telle ampleur. Même avec un républicain convaincu comme Dwight Eisenhower à la Maison-Blanche, le genre de virage à droite que préconisait l'école de Chicago était impensable – les services publics et les protections des travailleurs jouissaient d'une trop grande popularité, et Eisenhower devait d'abord et avant tout assurer sa réélection. Bien que peu empressé de tourner le dos au keynésianisme chez lui, le président se montra enthousiaste à l'idée de combattre le développementalisme ailleurs. L'université de Chicago joua un rôle de premier plan dans cette campagne.

Lorsque Eisenhower entra en fonction en 1953, l'Iran était dirigé par un leader développementaliste, Mohammad Mossadegh, qui avait déjà nationalisé l'industrie pétrolière, et l'Indonésie était aux mains d'Achmed Sukarno, leader de plus en plus ambitieux qui évoquait la possibilité d'unir tous les gouvernements du tiers-monde pour former une superpuissance à l'égal de l'Occident et du bloc soviétique. Le secrétariat d'État des États-Unis s'inquiétait tout particulièrement de la réussite des politiques économiques nationalistes dans les pays du cône sud de l'Amérique latine. À l'époque où de vastes régions du monde se tournaient vers le stalinisme et le maoïsme, les projets développementalistes touchant la «substitution des importations» étaient plutôt centristes. Pourtant, l'idée selon laquelle l'Amérique latine méritait son propre New Deal avait de puissants adversaires. Les propriétaires féodaux du continent s'accommodaient volontiers du statu quo, qui leur assurait de généreux profits et un flot ininterrompu de paysans pauvres pour travailler dans les champs et les mines. Ces grands patrons s'indignaient de voir une partie de leurs profits affectée à l'édification d'autres secteurs et d'entendre les travailleurs réclamer la redistribution des terres, sans compter que le gouvernement fixait le prix des denrées alimentaires à un niveau artificiellement bas pour permettre aux citoyens de se nourrir. Les sociétés américaines et européennes présentes en Amérique latine commencèrent à exprimer des craintes analogues auprès de leurs gouvernements respectifs : leurs produits étaient refoulés aux frontières et leurs employés exigeaient des salaires plus élevés. Fait encore plus préoccupant, il était de plus en plus question de tout nationaliser, des banques aux mines appartenant à des intérêts étrangers, pour financer le rêve latino-américain d'indépendance économique.

Sous la pression des grands intérêts commerciaux, un mouvement prit naissance dans les cercles de politique étrangère américains et britanniques. Ces derniers tentèrent d'enfermer les gouvernements développementalistes dans la logique binaire de la Guerre froide. Ne vous laissez pas berner par le vernis modéré et démocratique, prévenaient ces faucons : le nationalisme du tiers-monde est un premier pas sur la voie du communisme totalitaire et il faut le tuer dans l'œuf. Parmi les principaux défenseurs de cette théorie figuraient John Foster Dulles, secrétaire d'État d'Eisenhower, et son frère Allen Dulles, directeur de la toute nouvelle CIA. Avant d'occuper leur charge publique, l'un et l'autre avaient travaillé au légendaire cabinet d'avocats new-yorkais Sullivan & Cromwell, où ils avaient eu comme clients certaines des entreprises qui avaient le plus à perdre aux mains des développementalistes, notamment J. P. Morgan & Company, l'International Nickel Company, la Cuban Sugar Cane Corporation et la United Fruit Company[18]. L'accession au pouvoir des frères Dulles eut des résultats immédiats : en 1953 et 1954, la CIA organisa ses deux premiers coups d'État. Dans un cas comme dans l'autre, il s'agissait de gouvernements du tiers-monde qui s'inspiraient de Keynes bien plus que de Staline.

Le premier survint en 1953 lorsqu'un complot ourdi par la CIA eut raison de Mossadegh, qui fut remplacé par le chah, connu pour ses méthodes brutales. En 1954, l'agence parraina le renversement du régime guatémaltèque, à la demande expresse de la United Fruit Company. La société, qui avait l'oreille des frères Dulles depuis leur passage chez Sullivan & Cromwell, en voulait au président Jacobo Arbenz Guzmán d'avoir exproprié certaines de ses terres en friche (lesquelles leur furent du reste payées à leur juste prix) dans le cadre d'un vaste projet qui, pour reprendre ses mots, visait à «faire passer le Guatemala du statut de pays arriéré doté d'une économie à prédominance féodale à celui d'État capitaliste moderne» – objectif à l'évidence inacceptable[19]. Bientôt, Arbenz se fit montrer la porte, et la United Fruit Company reprit les rênes du pouvoir.

Éradiquer le développementalisme du cône sud, où il s'était enraciné beaucoup plus en profondeur, se révéla nettement plus difficile. Les moyens d'y parvenir firent l'objet de la discussion que deux Américains eurent à Santiago, au Chili, en 1953. Le premier était Albion Patterson, directeur de l'Administration de la coopération internationale des États-Unis au Chili – organisation qui donnerait naissance à l'Agence des États-Unis pour le développement international (USAID) – et le second, Theodore W. Schultz, directeur du département de sciences économiques de l'université de Chicago. Patterson s'inquiétait de plus en plus de l'influence qu'exerçaient Raúl

Prebisch et d'autres économistes «roses» d'Amérique latine. «Ce qu'il faut, c'est changer la formation des hommes, influer sur l'éducation, qui est très mauvaise», déclara-t-il à un collègue[20]. L'objectif était conforme à la conviction de Schultz, pour qui le gouvernement des États-Unis n'en faisait pas assez pour lutter contre le marxisme sur le plan intellectuel. «Les États-Unis doivent prendre acte des programmes économiques mis en œuvre à l'étranger. [...] nous voulons que les pays pauvres assurent leur salut économique en s'associant à nous et utilisent nos méthodes pour assurer leur développement économique», affirma-t-il[21].

Les deux hommes élaborèrent un plan qui, à terme, ferait de Santiago, foyer de la politique économique étatiste, tout le contraire : un laboratoire du libéralisme extrême. Milton Friedman avait enfin à sa disposition ce dont il rêvait depuis longtemps : un pays où mettre à l'épreuve ses chères théories. Le projet initial était fort simple : le gouvernement des États-Unis paierait des Chiliens pour étudier les sciences économiques dans ce qui, de l'avis général, était sûrement l'école la moins «rose» du monde – l'université de Chicago. Schultz et ses collègues recevraient par ailleurs des subventions pour se rendre au Chili, effectuer des recherches sur l'économie chilienne et initier des étudiants et des professeurs aux principes fondamentaux de l'école de Chicago.

Le projet se distinguait d'autres programmes américains de formation parrainant des étudiants latino-américains (et ils étaient nombreux) par ses assises ouvertement idéologiques. En choisissant l'école de Chicago – dont les professeurs prônaient avec obstination le démantèlement quasi total du gouvernement – pour assurer la formation des Chiliens, le secrétariat d'État des États-Unis tira une salve dans la guerre qu'il livrait au développementalisme. Dans les faits, il indiquait au Chili qu'il avait l'intention de décider des notions que ses élites étudiantes devaient apprendre, à l'exclusion des autres. C'était une ingérence si flagrante dans les affaires intérieures du pays que le doyen de l'université du Chili, lorsque Albion Patterson lui offrit une subvention pour mettre en place le programme d'échanges, refusa tout net. Il ne participerait qu'à condition d'avoir son mot à dire sur le choix des professeurs américains qui se chargeraient de la formation de ses étudiants. Patterson alla trouver le doyen d'un établissement moins prestigieux, l'université catholique du Chili, école beaucoup plus conservatrice qui n'avait pas de département de sciences économiques. Le doyen en question sauta sur l'occasion.

Le « projet Chili », ainsi qu'on le désignait à Washington et à Chicago, était né.

« Nous sommes ici pour concurrencer et non pour collaborer », dit Schultz à propos de l'école de Chicago. Il expliquait ainsi pourquoi le programme ne serait accessible qu'à quelques étudiants chiliens triés sur le volet[22]. Ce parti pris fut apparent dès le début : le projet Chili avait pour objectif de produire des combattants idéologiques qui gagneraient la guerre des idées contre les économistes « roses » de l'Amérique latine.

Dans le cadre du projet, lancé officiellement en 1956, cent étudiants chiliens firent des études supérieures à l'université de Chicago entre 1957 et 1970, aux frais des contribuables et de fondations des États-Unis. En 1965, on ouvrit le programme aux étudiants de toute l'Amérique latine, en particulier ceux de l'Argentine, du Brésil et du Mexique. L'expansion, financée par la Fondation Ford, donna naissance au Center for Latin American Economic Studies de l'université de Chicago. Dans le cadre de ce programme, de 40 à 50 Latino-Américains poursuivaient en tout temps des études supérieures en sciences économiques – ce qui représentait en gros le tiers des étudiants inscrits. Dans les programmes comparables de Harvard ou du MIT, il n'y avait que quatre ou cinq Latino-Américains. C'était une réussite remarquable : en moins d'une décennie, l'ultraconservatrice université de Chicago était devenue la destination de prédilection des Latino-Américains qui souhaitaient étudier les sciences économiques à l'étranger – fait qui aurait une incidence déterminante sur l'histoire de la région au cours des décennies à venir.

Endoctriner les visiteurs en les initiant à l'orthodoxie de l'école de Chicago devint une priorité de tous les instants. Arnold Harberger, économiste arborant la saharienne et parlant couramment l'espagnol, dirigeait le programme et veillait à ce que les Latino-Américains se sentent chez eux à Chicago. Marié à une Chilienne, il se décrivait comme un « missionnaire particulièrement dévoué[23] ». À l'arrivée des premiers Chiliens, Harberger créa un « atelier chilien » spécial, où les professeurs de l'université de Chicago, à la lumière de leur propre idéologie, expliquaient les maux du pays d'Amérique du Sud – et proposaient des solutions scientifiques pour y remédier.

« Soudain, le Chili et son économie étaient des sujets de conversation quotidiens au département », dit André Gunder Frank, qui étudia avec Friedman dans les années 1950 et devint un économiste développementaliste de réputation mondiale[24]. Toutes les politiques du Chili – le solide filet de sécurité sociale, la protection des industries nationales, les entraves au commerce, le contrôle des prix – étaient passées au peigne fin et jugées déficientes. On enseignait aux étudiants à traiter avec mépris les tentatives de réduction de la pauvreté, et nombre d'entre eux consacrèrent leur thèse de doctorat à la dissection des lubies du développementalisme latino-américain[25]. Au retour des fréquents séjours qu'il fit au Chili dans les années 1950 et 1960, Harberger, rapporta Gunder Frank, qualifiait les systèmes de santé et d'éducation de Santiago du Chili – les meilleurs du continent – d'«absurdes tentatives de vivre au-dessus de leurs moyens de la part de régions sous-développées[26]».

Au sein de la Fondation Ford, le financement d'un programme aux visées aussi ouvertement idéologiques suscitait des inquiétudes. Certains faisaient valoir que les seuls conférenciers latino-américains invités à s'adresser aux étudiants de Chicago étaient des diplômés du programme. «Bien que la qualité et l'influence de l'entreprise soient indéniables, son étroitesse idéologique représente une grave lacune, écrivit Jeffrey Puryear, spécialiste de l'Amérique latine de la fondation, dans une évaluation interne du programme. L'exposition à un point de vue unique ne sert pas bien les intérêts des pays en voie de développement[27].» Ce constat n'empêcha pas la Fondation de reconduire son financement.

Lorsqu'ils quittèrent Chicago pour rentrer dans leur pays, les Chiliens du premier contingent étaient «plus friedmaniens que Friedman lui-même», déclara Mario Zañartu, économiste de l'université catholique de Santiago*[28]. Nombre d'entre eux devinrent professeurs à l'université catholique et formèrent leur propre petite école de Chicago en plein cœur de Santiago – même programme d'études, mêmes textes en anglais, même inflexible prétention à la connaissance «pure» et «scientifique». En 1963, douze des treize professeurs à temps plein du département étaient passés par le programme de l'université de Chicago, et Sergio de Castro, l'un des premiers diplômés, fut nommé au poste de directeur[29]. Les étudiants chiliens n'avaient plus besoin de faire le voyage jusqu'aux États-Unis – des centaines d'entre eux purent suivre les cours de l'école de Chicago sans s'éloigner.

---

* Walter Heller, célèbre économiste du gouvernement Kennedy, se moqua un jour du culte que les disciples de Friedman vouaient à leur idole en les divisant en catégories : «Il y a des friedmanitous, des friedmaniens, des friedmanesques, des friedmaniques et des friedmaniaques.»

Dans la région, on appelait *los Chicago Boys* les étudiants qui avaient étudié à l'université de Chicago ou dans sa «franchise» de Santiago. Forts de nouveaux investissements d'USAID, les Chicago Boys devinrent, dans la région, les ambassadeurs enthousiastes d'idées que, en Amérique latine, on qualifiait de «néolibérales». Ils se rendirent en Argentine et en Colombie pour ouvrir de nouvelles franchises de l'université de Chicago. Leur but, selon un diplômé, était «de contribuer à la diffusion de ces connaissances dans toute l'Amérique latine, de combattre les points de vue idéologiques qui entravent la liberté et perpétuent la pauvreté et le sous-développement[30]».

Juan Gabriel Valdés, ministre des Affaires étrangères du Chili dans les années 1990, décrivit l'initiation de centaines d'économistes chiliens à l'orthodoxie de l'école de Chicago comme «un exemple frappant de transfert idéologique concerté des États-Unis vers un pays relevant de sa sphère d'influence [...] la formation de ces Chiliens est le fruit d'un projet conçu dans les années 1950 afin d'infléchir l'élaboration de la pensée économique chilienne». Il souligna également «l'introduction au Chili d'idées entièrement nouvelles, de notions alors totalement absentes du "marché des idées"[31]».

Rien de subtil à cette forme d'impérialisme intellectuel. Un problème se posait toutefois : les résultats n'étaient pas au rendez-vous. Selon un rapport présenté par l'université de Chicago à ses bailleurs de fonds du secrétariat d'État en 1957, «l'objectif central du projet» était de former la génération montante d'étudiants «appelés à s'occuper des affaires économiques du Chili[32]». Sauf que les Chicago Boys ne dirigeaient aucun pays. En fait, ils étaient plutôt laissés sur le carreau.

Dans le cône sud, au début des années 1960, le principal débat économique avait trait non pas aux mérites comparés du laisser-faire et du développementalisme, mais plutôt à la direction précise à imprimer à celui-ci. Les marxistes préconisaient des nationalisations tous azimuts et des réformes agraires radicales ; les centristes soutenaient que le renforcement de la coopération économique entre les pays de l'Amérique du Sud était essentiel. À cette condition seulement, disaient-ils, on réussirait à faire de la région un bloc commercial puissant capable de rivaliser avec l'Europe et l'Amérique du Nord. Aux urnes comme dans la rue, le cône sud penchait fortement à gauche.

En 1962, le Brésil s'engagea résolument dans cette voie sous la gouverne du président João Goulart, partisan du nationalisme économique dont le programme prévoyait une grande réforme agraire, la majoration des salaires et un audacieux projet ayant pour but de contraindre les multinationales à réinvestir une partie de leurs profits sur place au lieu de les sortir du pays, comme par enchantement, pour les verser à leurs actionnaires de New York et de Londres. En Argentine, une junte militaire s'efforçait de barrer la route à des exigences similaires en empêchant le parti de Juan Perón de prendre part aux élections. La mesure eut pour effet de radicaliser davantage toute une génération de jeunes péronistes qui, dans plusieurs cas, étaient prêts à prendre les armes pour reconquérir le pays.

C'est au Chili – épicentre de l'expérience de Chicago – que la défaite idéologique était la plus cuisante. Lors des élections historiques de 1970, le Chili avait glissé à gauche à un point tel que les trois principaux partis politiques étaient favorables à la nationalisation de la plus grande source de revenus du pays : les mines de cuivre, contrôlées par des géants américains de l'industrie minière[33]. Le projet Chili, en d'autres termes, était un coûteux ratage. En tant que combattants idéologiques engagés dans une lutte à finir avec leurs ennemis de gauche, les Chicago Boys avaient failli à leur mission. Non seulement l'échiquier politique poursuivait-il son déplacement vers la gauche, mais en plus les Boys étaient si marginaux qu'ils ne figuraient même pas dans le spectre électoral chilien.

Peut-être les choses en seraient-elles restées là – ce qui aurait eu pour effet de reléguer le projet Chili aux oubliettes de l'histoire – si un événement n'était pas venu sortir les Chicago Boys de l'obscurité : Richard Nixon fut élu président des États-Unis. Nixon «avait une politique étrangère imaginative et, au total, efficace», s'enthousiasma Friedman[34]. C'est au Chili que cette imagination s'exprima le mieux.

Nixon donna aux Chicago Boys et à leurs professeurs l'occasion dont ils rêvaient depuis longtemps : prouver que l'utopie capitaliste était plus qu'une théorie concoctée dans le sous-sol d'un immeuble universitaire – et rebâtir un pays de fond en comble. Au Chili, la démocratie ne s'était guère montrée accueillante envers les Chicago Boys ; la dictature se révélerait plus accommodante.

L'Unité populaire, parti de Salvador Allende, remporta les élections chiliennes de 1970 en promettant la nationalisation de vastes secteurs de l'économie contrôlés par des entreprises étrangères et locales. Allende incarnait un nouveau genre de révolutionnaire latino-américain : comme Che Guevara, il était médecin, mais, au contraire de celui-ci, il avait des airs de professeur au veston en tweed et non de guérillero romantique. Sur une estrade, il pouvait faire preuve d'une éloquence égale à celle de Fidel Castro, mais c'était un démocrate farouche, convaincu que le virage socialiste devait se faire par la voie des urnes et non à la pointe du fusil. En apprenant l'élection d'Allende à la présidence, Nixon aurait donné au directeur de la CIA, Richard Helms, un ordre devenu célèbre : « Faites crier l'économie[35]. » L'élection provoqua également des remous au département de sciences économiques de l'université de Chicago. Au moment de l'élection d'Allende, Arnold Harberger se trouvait au Chili. Dans une lettre, il rendit compte à ses collègues de la « tragédie » et précisa que « dans les cercles de droite, il était parfois question d'un renversement du gouvernement par des militaires[36] ».

Malgré les promesses d'Allende, qui s'était engagé à négocier des dédommagements équitables pour les sociétés qui perdraient des actifs et des investissements, les multinationales américaines craignaient que son élection ne déclenchât un mouvement qui gagnerait toute l'Amérique latine. Elles étaient nombreuses à refuser de perdre des marchés qui leur assuraient une part de plus en plus grande de leurs bénéfices nets. En 1968, 20 % des investissements étrangers des États-Unis étaient immobilisés en Amérique latine, et les entreprises américaines comptaient 5 436 filiales dans la région. Ces investissements engendraient des profits ahurissants. Au cours des 50 années précédentes, les sociétés minières avaient investi un milliard de dollars dans l'industrie chilienne du cuivre – la plus importante au monde –, mais elles avaient obtenu un rendement de 7,2 milliards de dollars[37].

Aussitôt Allende élu, l'Amérique corporatiste lui déclara la guerre, avant même son entrée en fonction. Le principal foyer d'activités était le comité spécial sur le Chili de Washington, groupe auquel appartenaient les grandes sociétés minières américaines ayant des intérêts au Chili, sans compter le leader de facto du groupe, l'International Telephone and Telegraph Company (ITT), qui détenait une participation de 70 % dans la compagnie de téléphone, dont la nationalisation était imminente. À diverses étapes des travaux, Purina, Bank of America et Pfizer Chemical y dépêchèrent aussi des délégués.

Le comité avait pour unique objectif de forcer Allende à renoncer aux nationalisations «en l'acculant à l'effondrement économique[38]». Ses membres n'étaient pas à court d'idées pour faire souffrir le nouveau président. Selon des procès-verbaux déclassifiés, les entreprises envisageaient de bloquer les prêts au Chili, «de s'arranger discrètement pour que les banques privées fassent de même, de discuter avec des banques étrangères aux mêmes fins, de différer de six mois les achats au Chili, d'utiliser la réserve américaine de cuivre au lieu du minerai du Chili et de provoquer une pénurie de devises américaines dans le pays». Et la liste ne s'arrêtait pas là[39].

Allende confia à un ami proche, Orlando Letelier, le poste d'ambassadeur à Washington. Celui-ci avait donc pour tâche de négocier les modalités des expropriations avec des entreprises qui, au même moment, complotaient dans l'intention de faire dérailler le gouvernement Allende. Letelier, bon vivant et extraverti qui arborait la moustache typique des années 1970, chanteur hors pair, était un chouchou des cercles diplomatiques. Son fils Francisco se souvient avec nostalgie avoir entendu son père entonner des chants populaires en s'accompagnant à la guitare lors de rassemblements d'amis dans leur appartement de Washington. Ce sont les meilleurs souvenirs qu'il garde de son père[40]. Malgré le charme et l'habileté de Letelier, les négociations n'avaient aucune chance d'aboutir.

En mars 1972, pendant les négociations tendues de Letelier avec l'ITT, Jack Anderson, chroniqueur affilié, fit paraître une série d'articles explosifs dans lesquels il révéla que la compagnie de téléphone avait comploté en secret avec la CIA et le secrétariat d'État pour empêcher l'investiture d'Allende, deux ans plus tôt. Au moment où ces accusations furent lancées, Allende était encore au pouvoir, et le Sénat des États-Unis, alors contrôlé par les démocrates, entreprit une enquête qui mit au jour une vaste conspiration : l'ITT avait offert un million de dollars en pots-de-vin aux forces d'opposition chiliennes et «tenté d'associer la CIA à un projet secret visant à manipuler les résultats des élections présidentielles chiliennes[41]».

Les auteurs du rapport du Sénat, rendu public en juin 1973, révélaient aussi que la société ITT, confrontée à l'échec de son plan et à l'arrivée au pouvoir d'Allende, était passée à une nouvelle stratégie conçue pour empêcher le nouveau président «de rester en poste pendant plus de six mois». Aux yeux du Sénat, la révélation la plus alarmante avait trait aux liens entre les cadres de l'ITT et le gouvernement des États-Unis. Des témoignages et des documents indiquaient clairement que la société avait été directement mêlée, aux plus hauts échelons, à l'établissement de la politique des États-Unis vis-à-vis du Chili. Dans une lettre, un des dirigeants de l'entreprise transmit un jour une suggestion au conseiller national pour la sécurité, Henry Kissinger : « À l'insu du président Allende, on devrait faire en sorte que toutes les sommes dévolues à l'aide américaine au Chili soient rangées dans la catégorie "à l'étude". » La société prit également la liberté de préparer une stratégie en dix-huit points à l'intention de l'administration Nixon, y compris un appel sans équivoque à un coup d'État militaire : « S'approcher de sources de confiance au sein de l'armée chilienne [...] attiser leur mécontentement vis-à-vis d'Allende et, ce faisant, les convaincre de la nécessité de son renversement[42]. »

Cuisiné par le comité du Sénat à propos des tentatives éhontées de l'ITT d'utiliser la puissance du gouvernement des États-Unis pour corrompre l'ordre constitutionnel du Chili et faire valoir ses propres intérêts économiques, le vice-président de la société, Ned Gerrity, sembla sincèrement perplexe. « Qu'y a-t-il de mal à défendre ses intérêts ? » demanda-t-il. Le comité répondit à la question dans son rapport : « L'intérêt personnel ne doit pas jouer un rôle indu dans l'établissement de la politique étrangère des États-Unis[43]. »

Pourtant, malgré des années de magouillages de la part des Américains – ceux de l'ITT ayant simplement fait l'objet d'un examen plus approfondi que les autres –, Allende, en 1973, demeurait au pouvoir. Des dépenses occultes de huit millions de dollars n'avaient pas suffi à affaiblir sa base. Aux élections parlementaires de mi-mandat, le parti d'Allende obtint même un appui populaire supérieur à celui qui l'avait porté au pouvoir en 1970. De toute évidence, l'envie d'un modèle économique différent avait des racines profondes au Chili, et la solution de rechange proposée par les socialistes gagnait du terrain. Les opposants d'Allende, qui préparaient son renversement depuis l'annonce des résultats des élections de 1970, comprirent que le seul fait de se débarrasser de l'homme ne réglerait pas tous les problèmes ; son successeur risquait fort de lui ressembler. On s'attela donc à l'élaboration d'un plan plus radical.

DEUX MODÈLES DE CHANGEMENT DE RÉGIME :
LE BRÉSIL ET L'INDONÉSIE

Les opposants d'Allende avaient étudié de près deux modèles de « changement de régime ». Le premier s'inspirait du Brésil, le second de l'Indonésie. Lorsque la junte brésilienne soutenue par les États-Unis et dirigée par le général Humberto Castello Branco prit le pouvoir en 1964, l'armée avait l'intention de mettre un terme aux programmes de lutte contre la pauvreté de João Goulart, certes, mais aussi d'ouvrir toutes grandes les frontières aux investissements étrangers. Au début, les généraux brésiliens tentèrent d'imposer leur programme de façon plutôt pacifique – il n'y eut ni recours flagrant à la brutalité ni arrestations de masse. On découvrit plus tard que certains « éléments subversifs » avaient été violemment torturés au cours de la période, mais ils étaient si peu nombreux (et le Brésil si grand) que presque personne n'était au courant. La junte eut également soin de préserver quelques vestiges de la démocratie, y compris une forme restreinte de liberté de la presse et de liberté de rassemblement – bref, un coup d'État de gentlemen.

À la fin des années 1960, de nombreux citoyens décidèrent de se prévaloir de ces libertés toutes limitées pour exprimer leur colère devant l'appauvrissement grandissant du Brésil, dont ils imputaient la responsabilité au programme de la junte, très favorable aux entreprises et conçu en grande partie par des diplômés de l'université de Chicago. En 1968, les marches de protestation, dont les plus importantes étaient organisées par les étudiants, se multiplièrent. Le régime chancelait. Tentant de s'accrocher au pouvoir à tout prix, la junte militaire changea radicalement de tactique : elle abolit toutes les libertés et recourut massivement à la torture. Selon la commission brésilienne de la vérité constituée plus tard, « les meurtres d'État devinrent monnaie courante[44] ».

Le coup d'État indonésien suivit une trajectoire très différente. Depuis la Deuxième Guerre mondiale, le pays était dirigé par le président Sukarno, véritable Hugo Chávez de l'époque (moins l'appétit électoral de ce dernier). Sukarno provoqua l'ire des pays riches en protégeant l'économie indonésienne, en redistribuant la richesse et en chassant le Fonds monétaire international et la Banque mondiale, qu'il accusa de servir de façade aux intérêts des multinationales occidentales. Bien que nationaliste et non communiste, Sukarno travaillait en étroite collaboration avec le Parti communiste, qui comptait trois millions de membres actifs. Les gouvernements des États-Unis et de la Grande-Bretagne étaient résolus à mettre un terme à son règne, et des documents déclassifiés montrent que, en haut lieu, on avait donné à la CIA l'ordre « de liquider le président Sukarno lorsque les circonstances s'y prêteraient[45] ».

Après quelques faux départs, l'occasion se présenta enfin en octobre 1965 : soutenu par la CIA, le général Suharto entreprit alors de se hisser au pouvoir et d'éradiquer la gauche. En secret, la CIA avait dressé une liste des principaux gauchistes du pays. Le document tomba dans les mains de Suharto. Pendant ce temps, le Pentagone lui fournissait des armes supplémentaires et des radios de campagne pour permettre aux forces indonésiennes de communiquer entre elles dans les coins les plus reculés de l'archipel. Suharto chargea ensuite ses soldats de traquer les gauchistes (ils étaient de 4 000 à 5 000) dont le nom figurait sur ce que la CIA appelait les «listes de cibles». L'ambassade des États-Unis était régulièrement tenue au courant de leurs progrès[46]. La CIA raya les noms au fur et à mesure, jusqu'au jour où elle fut certaine que la gauche indonésienne avait été annihilée. Robert J. Martens, qui travaillait à l'ambassade des États-Unis à Jakarta, participa à l'opération : «Nous avons beaucoup aidé l'armée, avoua-t-il à la journaliste Kathy Kadane, vingt-cinq ans après les faits. Les soldats ont probablement tué pas mal de gens, et j'ai du sang sur les mains, mais ce n'est pas si terrible. Il faut savoir porter un grand coup au moment décisif[47].»

Les listes servirent à la perpétration d'assassinats ciblés. Les massacres aveugles qui marquèrent aussi le règne de Suharto furent pour la plupart délégués aux étudiants religieux. Ces derniers, après avoir été sommairement entraînés par des militaires, furent envoyés dans les villages. Le chef de la marine leur avait donné l'ordre de débarrasser les campagnes des communistes. «Ravis, ils appelèrent leurs disciples, écrivit un reporter, puis ils glissèrent leurs couteaux et leurs pistolets dans leur ceinture, prirent leurs gourdins sur leurs épaules et se lancèrent dans la mission qu'ils avaient attendue avec impatience[48].» En à peine un peu plus d'un mois, au moins 500 000 personnes (et peut-être jusqu'à un million) furent tuées, «massacrées par milliers», selon le magazine *Time*[49]. Dans la province de Java-Est, «des voyageurs rapportèrent avoir vu des petites rivières et des ruisseaux littéralement obstrués par les cadavres, au point que la navigation était par endroits impossible[50]».

L'expérience indonésienne retint l'attention des particuliers et des institutions qui, à Washington et à Santiago, projetaient de renverser Salvador Allende. Ils s'intéressèrent non seulement à la brutalité de Suharto, mais aussi au rôle extraordinaire joué par des économistes indonésiens formés à l'université de la Californie à Berkeley. Ceux-ci constituaient ce qu'on appelait à l'époque la «mafia de Berkeley». Suharto sut se débarrasser de la gauche, mais c'est la mafia de Berkeley qui se chargea d'établir le programme économique sur lequel allait se bâtir l'avenir du pays.

Les parallèles avec les Chicago Boys sautent aux yeux. Les membres de la mafia de Berkeley avaient étudié aux États-Unis dans le cadre d'un programme créé en 1956 et financé par la Fondation Ford. À leur retour dans leur pays d'origine, ils avaient mis sur pied la copie conforme d'un département de sciences économiques occidental, en l'occurrence la faculté de sciences économiques de l'université de l'Indonésie. Ford envoya des professeurs américains à Jakarta pour constituer l'école, de la même façon que des professeurs de Chicago s'étaient rendus à Santiago pour créer le nouveau département de sciences économiques. «Ford avait le sentiment de former les types qui dirigeraient le pays une fois Sukarno chassé du pouvoir», expliqua sans détour John Howard, à l'époque directeur du programme international de recherche et de formation de Ford[51].

Les étudiants dont la formation avait été financée par Ford devinrent les chefs de file des groupes universitaires qui participèrent au renversement de Sukarno, et les membres de la mafia de Berkeley collaborèrent avec l'armée en mettant au point des «plans d'urgence» dans l'éventualité de la chute du gouvernement*[52]. Ces jeunes économistes exerçaient une influence considérable sur le général Suharto, qui ne connaissait rien à la haute finance. Selon le magazine *Fortune*, les membres de la mafia de Berkeley enregistrèrent sur des bandes des cours de sciences économiques que Suharto écoutait à la maison[53]. Lorsqu'ils se rencontraient, «le président Suharto ne se contentait pas d'écouter, il prenait des notes», dit l'un des membres du groupe avec fierté[54]. Un autre diplômé de Berkeley décrivit la collaboration en ces termes : nous «présentâmes à l'état-major de l'armée – élément crucial du nouvel ordre – un "livre de recettes" pour remédier aux graves problèmes de l'Indonésie. Le général Suharto, en tant que commandant en chef de l'armée, accepta les recettes et décida de faire de leurs auteurs ses conseillers en matière d'économie[55]». Suharto truffa

---

* Les professeurs américains participant au programme n'étaient pas tous emballés par le rôle qui leur était confié. «J'étais d'avis que l'université n'aurait pas dû se mêler de ce qui était en train de devenir une rébellion contre le gouvernement», dit Len Doyle, professeur de Berkeley nommé chef du programme économique indonésien de Ford. Ce point de vue lui valut d'être rappelé en Californie et remplacé.

effectivement son conseil des ministres de membres de la mafia de Berkeley et leur confia des postes clés, y compris ceux de ministre du Commerce et d'ambassadeur à Washington[56].

Au contraire des Chicago Boys, les membres de l'équipe économique de Suharto, qui avaient étudié dans une école moins marquée idéologiquement, ne s'opposaient pas radicalement à toute intervention de l'État. Ils étaient d'avis que le gouvernement avait un rôle à jouer dans la gestion de l'économie indonésienne et devait veiller à ce que les denrées essentielles, comme le riz, fussent vendues à des prix raisonnables. En revanche, les membres de la mafia de Berkeley n'auraient pu mieux accueillir les investisseurs étrangers désireux d'exploiter les immenses richesses minières et pétrolières du pays, que Richard Nixon décrivit comme « le joyau de l'Asie du Sud-Est[*57] ». Ils firent adopter des lois autorisant les sociétés étrangères à posséder 100 % des ressources et octroyèrent des exonérations d'impôt temporaires. Moins de deux ans plus tard, les plus grandes sociétés minières et énergétiques du monde se partageaient les richesses naturelles de l'Indonésie : le cuivre, le nickel, le bois de feuillus, le caoutchouc et le pétrole.

À ceux qui préparaient le renversement d'Allende au moment où le programme de Suharto se mettait en branle, le Brésil et l'Indonésie fournirent des exemples contrastés. Les Brésiliens avaient eu peu recours au traitement de choc. En fait, ils avaient attendu des années avant d'assouvir leur penchant pour la brutalité. Cette erreur avait failli leur être fatale, dans la mesure où elle donna aux opposants le temps de se ressaisir et de former des armées de guérilla gauchisantes. La junte avait rétabli le calme dans les rues, mais la montée de l'opposition avait retardé l'application de ses projets économiques.

Suharto, en revanche, avait montré que le recours à la répression « préemptive » plongeait le pays dans une sorte d'état de choc. C'est ce qui lui avait permis d'éliminer la résistance avant même qu'elle ne prît forme. Son recours à la force avait été si impitoyable – au-delà même des pires prévisions – qu'un peuple qui, à peine quelques semaines plus tôt, s'efforçait d'affirmer son indépendance était désormais si terrifié qu'il avait cédé le pouvoir absolu à Suharto et à ses hommes de main. Ralph McGehee, l'un des agents principaux de la CIA en poste à l'époque du coup d'État, déclara qu'il s'était agi

---

* Fait intéressant, Arnold Harberger fut embauché comme expert-conseil par le ministère des Finances de Suharto en 1975.

«d'une opération modèle. [...] Ce sont les grands événements sanglants orchestrés depuis Washington qui ont permis l'arrivée au pouvoir de Suharto. Cette réussite signifiait que l'expérience pourrait être répétée, encore et encore[58]».

L'autre leçon essentielle à retenir du cas de l'Indonésie avait trait au partenariat entre Suharto et la mafia de Berkeley. Parce que ses membres étaient prêts à occuper des postes de «technocrates» au sein du nouveau gouvernement et qu'ils avaient déjà converti Suharto à leur vision du monde, le coup d'État permit d'en finir avec la menace nationaliste, mais aussi de faire de l'Indonésie l'un des endroits les plus accueillants pour les multinationales.

Au moment où le mouvement en faveur du renversement d'Allende prenait de la vigueur, une mise en garde effrayante apparut en rouge sur les murs de Santiago : «Jakarta, c'est pour bientôt».

Peu de temps après l'élection d'Allende, ses opposants à l'intérieur du Chili se mirent à imiter l'approche indonésienne avec une précision quasi surnaturelle. L'université catholique, fief des Chicago Boys, devint l'épicentre de ce que la CIA appela la création d'«un climat propice à un coup d'État[59]». De nombreux étudiants rallièrent un mouvement fasciste, *Patria y Libertad*, et imitèrent ouvertement les jeunesses hitlériennes en marchant au pas de l'oie dans les rues. En septembre 1971, un an après l'arrivée au pouvoir d'Allende, les principaux chefs d'entreprises du Chili organisèrent une réunion d'urgence dans la ville côtière de Viña del Mar et élaborèrent une stratégie cohérente pour le changement de régime. Selon Orlando Sáenz, président de l'Association nationale des manufacturiers (organisation généreusement subventionnée par la CIA et les multinationales étrangères qui préparaient leur propre complot à Washington), l'assemblée décida que «le gouvernement Allende était incompatible avec la liberté au Chili et avec l'existence de l'entreprise privée et que la seule façon d'éviter la fin était de renverser le gouvernement». Les hommes d'affaires constituèrent une «cellule de guerre», dont une section serait en liaison avec l'armée ; l'autre, selon Sáenz, devait «préparer des programmes destinés à remplacer ceux du gouvernement et les transmettre systématiquement aux forces armées[60]».

Sáenz recruta quelques Chicago Boys, à qui il confia la tâche de concevoir les programmes de rechange et d'ouvrir un nouveau bureau près du palais présidentiel de Santiago[61].

Le groupe, dirigé par Sergio de Castro, diplômé de Chicago, et Sergio Undurraga, collègue de l'université catholique, commença à tenir des réunions secrètes hebdomadaires au cours desquelles ses membres élaboraient des projets radicaux de transformation de leur pays dans le plus pur esprit du néolibéralisme[62]. Selon l'enquête menée ultérieurement par le Sénat américain, « plus de 75 % » du financement du « groupe de recherche de l'opposition » venait directement de la CIA[63].

Pendant un certain temps, la planification du coup d'État suivit deux voies distinctes : les militaires préparaient l'extermination d'Allende et de ses partisans, tandis que les économistes préparaient l'extermination de leurs idées. Au moment où la solution violente semblait l'emporter, les deux camps ouvrirent un dialogue. Roberto Kelly, homme d'affaires associé au journal *El Mercurio*, financé par la CIA, agissait comme intermédiaire. Par son truchement, les Chicago Boys transmirent à l'amiral responsable un résumé de leurs idées, qui tenait en cinq pages. La marine signifia son approbation. À partir de ce jour, les Chicago Boys travaillèrent fébrilement pour être prêts à temps.

Au Chili, leur bible de cinq cents pages – programme économique détaillé dont s'inspira la junte dès les premiers jours – fut surnommée « la brique ». Selon les conclusions ultérieures d'un comité du Sénat, « des collaborateurs de la CIA participèrent à l'élaboration du programme d'ensemble sur lequel la junte fonda la plupart de ses décisions économiques importantes[64] ». Des dix principaux auteurs de « la brique », huit avaient étudié à l'université de Chicago[65].

Même si le renversement d'Allende fut universellement décrit comme un coup d'État militaire, Orlando Letelier, ambassadeur d'Allende à Washington, y vit l'accomplissement d'un partenariat entre l'armée et les économistes : « Les "Chicago Boys", ainsi qu'on les appelait au Chili, écrivit Letelier, convainquirent les généraux qu'ils ajouteraient à la brutalité que les militaires possédaient amplement les atouts intellectuels qui leur faisaient défaut[66]. »

Le coup d'État chilien s'assortit de trois types de chocs distincts, recette qui allait être suivie dans les pays voisins avant de resurgir, trois décennies plus tard, en Irak. La secousse imprimée par le coup d'État lui-même fut immédiatement suivie de deux types de choc différents. Le premier fut le « traitement de choc » capitaliste de Milton Friedman, méthode à laquelle des centaines d'économistes avaient été initiés à l'université de Chicago et dans ses diverses franchises. L'autre fut la recherche d'Ewen Cameron sur les électrochocs, les drogues et la privation sensorielle, source des techniques de torture codifiées dans le manuel *Kubark* et, par le truchement des programmes de formation de la CIA, enseignées aux policiers et aux militaires d'Amérique latine.

Ces trois formes de choc convergèrent sur les corps des Latino-Américains et sur le «corps» politique de la région, et soulevèrent un ouragan irrépressible de destructions et de reconstructions, d'annihilations et de créations qui se renforçaient mutuellement. Le choc provoqué par le coup d'État pava la voie à la thérapie de choc économique ; les chocs de la salle de torture terrorisaient quiconque aurait pu songer à faire obstacle aux chocs économiques. De ce laboratoire du réel émergea le premier État administré par l'école de Chicago. Dans la contre-révolution qu'elle avait lancée à l'échelle mondiale, celle-ci tenait enfin sa première victoire.

PARTIE 2

Le premier test

Un accouchement douloureux

Les théories de Milton Friedman lui ont valu le prix Nobel ; pour les Chiliens, ç'a été Pinochet.

Eduardo Galeano, *Jours et nuits d'amour et de guerre*, traduit de l'espagnol par Claude Couffon et Iliana Lolitch, 1987.

Je ne crois pas qu'on ait pu me considérer comme « mauvais ».

Milton Friedman, cité dans le *Wall Street Journal*, le 22 juillet 2006.

CHAPITRE TROIS

États de choc

La naissance sanglante de la contre-révolution

Le mal doit se faire tout d'une fois : comme on a moins de temps pour y goûter, il offensera moins [...].

Machiavel, *Le prince*, 1513, traduction de Jean Anglade[1].

Si cette méthode de choc est adoptée, il faut, je crois, l'annoncer publiquement et en détail et procéder sans tarder. Plus le public sera pleinement informé, et mieux ses réactions en faciliteront l'ajustement.

Milton Friedman dans une lettre au général Augusto Pinochet, le 21 avril 1975[2].

À propos des événements du 11 septembre 1973, le général Augusto Pinochet et ses partisans évitèrent toujours l'expression «coup d'État», à laquelle ils préféraient le mot «guerre». Et il est vrai que, ce jour-là, Santiago avait des allures de ville assiégée : des tanks faisaient feu en roulant lourdement sur les boulevards, et les immeubles du gouvernement étaient pris d'assaut par des avions de chasse. Cette guerre avait toutefois quelque chose d'inusité : il n'y avait qu'un seul camp.

Dès le début, en effet, Pinochet exerça une mainmise totale sur l'armée, la marine, les fusiliers marins (*marines*) et la police. En revanche, le président Salvador Allende avait refusé de constituer ses partisans en ligues de défense armées. Il ne disposait donc pas de forces propres. La seule résistance vint du palais présidentiel, La Moneda, et des toits environnants, où Allende et son cercle de fidèles tentèrent vaillamment de défendre le siège de la démocratie. Le combat était on ne peut plus inégal : même si seulement 36 partisans d'Allende étaient retranchés à l'intérieur du palais, l'armée lança 24 missiles contre eux[3].

Commandant vaniteux et changeant de l'opération, Pinochet (bâti comme le tank dans lequel il avait pris place) tenait à l'évidence à ce que l'événement fût aussi spectaculaire et aussi traumatisant que possible. Même si le coup d'État n'eut rien d'une guerre, il s'en donna les apparences – on pourrait y voir un précurseur de la doctrine du choc et de l'effroi à la sauce chilienne. Au contraire de l'Argentine voisine, qui, au cours des quatre décennies précédentes, avait·été dirigée par six gouvernements militaires, le Chili n'avait pas l'habitude d'une telle violence : il avait joui de 160 années d'ordre démocratique pacifique, dont les 41 qui précédaient sans interruption. À présent, le palais présidentiel était en flammes, le corps du président avait été emporté sur une civière, recouvert d'un linceul, et ses proches alliés, mis en joue par des militaires, gisaient face contre terre*. À quelques minutes de route du palais, Orlando Letelier, rentré depuis peu de Washington pour occuper les fonctions de ministre de la Défense, se rendit au travail comme à son habitude. Dès qu'il franchit le seuil de l'immeuble du ministère, douze soldats en tenue de combat l'encerclèrent, mitraillette à l'épaule[4].

Au cours des années précédentes, des instructeurs des États-Unis, issus pour la plupart de la CIA, avaient transformé les soldats chiliens en anticommunistes acharnés. Ils les avaient convaincus que les socialistes étaient des espions russes et qu'ils représentaient une force étrangère au sein de la nation – un «ennemi intérieur» typiquement chilien. En réalité, c'est l'armée elle-même qui, prête à recourir aux armes contre la population qu'elle avait pour mandat de protéger, faisait désormais figure d'ennemi intérieur.

Allende mort, ses ministres en captivité et les opposants éventuels se tenant cois, la junte, dès le milieu de l'après-midi, avait remporté sa grande bataille. Letelier et les autres prisonniers «de marque» furent conduits sur l'île Dawson, dans la portion sud du détroit de Magellan, où régnait un froid sibérien – un camp de travail soviétique, version Pinochet. La nouvelle junte militaire ne se contenta toutefois pas de tuer ou d'emprisonner les membres du gouvernement. Les généraux avaient compris : pour affirmir leur pouvoir, ils devaient terroriser le peuple, comme Suharto l'avait fait. Au cours des jours suivants, selon

---

* Allende fut retrouvé sans vie, une balle dans la tête. Encore aujourd'hui, on débat de la question de savoir s'il fut atteint par un des projectiles tirés contre La Moneda ou s'il préféra se supprimer plutôt que de laisser aux Chiliens le souvenir d'un président capitulant devant une armée d'insurrection. La deuxième hypothèse est la plus crédible.

un rapport déclassifié de la CIA[5], 13 500 civils furent arrêtés, entassés dans des camions et emprisonnés. Des milliers d'entre eux finirent dans les deux principaux stades de football de Santiago : le stade du Chili et le monumental stade national. Dans ce dernier, la mort remplaça le foot comme divertissement populaire. Des soldats se promenèrent dans les estrades en compagnie de collaborateurs au visage dissimulé par une cagoule qui désignaient les « éléments subversifs ». Les « élus » étaient emmenés dans des vestiaires et des balcons convertis en salles de torture improvisées. Des centaines de prisonniers furent exécutés. On aperçut bientôt des cadavres gisant le long des routes principales ou flottant dans des canaux urbains aux eaux troubles.

Pour être certain que la terreur ne se limiterait pas à la capitale, Pinochet fit appel à son commandant le plus sanguinaire, le général Sergio Arellano Stark : en hélicoptère, ce dernier fit la tournée des prisons des provinces septentrionales, où étaient détenus des « éléments subversifs ». Dans les villes et villages, Stark et son escadron de la mort ciblaient les prisonniers les mieux connus – jusqu'à 26 à la fois – et les exécutaient. On appela « caravane de la mort » la traînée sanglante que cette unité laissa dans son sillage au cours des quatre jours que dura la mission[6]. Peu de temps après, le pays tout entier avait compris : la résistance était synonyme de mort.

Même si Pinochet avait livré une bataille sans véritable adversaire, les effets furent tout aussi réels que ceux d'une guerre civile ou de l'envahissement par une puissance étrangère : au total, plus de 3 200 personnes furent exécutées ou disparurent, au moins 80 000 furent emprisonnées et 200 000 fuirent le pays pour des raisons politiques[7].

LE FRONT ÉCONOMIQUE

Les Chicago Boys attendirent le 11 septembre dans un état d'extrême fébrilité, galvanisés par l'approche du grand jour. Jusqu'à la fin, Sergio de Castro travailla avec son contact dans la marine et fit approuver les derniers chapitres de « la brique », page après page. Le jour du coup d'État, quelques-uns des Chicago Boys étaient campés devant les presses du journal de droite *El Mercurio*. Pendant que retentissaient les premiers coups de feu, ils faisaient des pieds et des mains pour que le document fût prêt à temps pour l'arrivée au pouvoir de la junte. Selon Arturo Fontaine, l'un des rédacteurs en chef du journal,

« ils firent fonctionner les presses sans arrêt pour reproduire le volumineux document ». Ils y arrivèrent – tout juste. Avant midi, le mercredi 12 septembre 1973, un exemplaire du plan ornait le bureau de chacun des généraux à qui allaient incomber des fonctions gouvernementales[8].

Les propositions contenues dans le document ressemblaient à s'y méprendre à celles que formule Friedman dans *Capitalisme et liberté* : privatisation, déréglementation et réduction des dépenses sociales – la trinité néolibérale, en somme. Les économistes chiliens formés aux États-Unis avaient tenté d'introduire ces idées en temps de paix, dans le cadre du débat démocratique, mais les citoyens les avaient rejetées. Et voilà que les Chicago Boys et leurs projets radicaux étaient de retour. Cette fois, cependant, le climat leur était nettement plus favorable. Dans le nouveau contexte, il suffisait qu'une poignée d'hommes en uniforme partageât leur point de vue. Leurs plus ardents adversaires politiques étaient morts, emprisonnés ou en fuite ; les avions de chasse et les caravanes de la mort tenaient la population en respect.

« Pour nous, c'était une révolution », dit Cristián Larroulet, l'un des conseillers économiques de Pinochet[9]. La description paraît assez juste. Le 11 septembre 1973 ne fit pas que mettre brutalement fin à la révolution socialiste pacifique amorcée par Allende. Ce fut le début de ce que *The Economist* qualifia plus tard de « contre-révolution » – la première victoire concrète de l'école de Chicago dans la campagne qu'elle avait amorcée pour annihiler les gains du développementalisme et du keynésianisme[10]. Au contraire de la révolution partielle d'Allende, modérée et ralentie par les aléas de la démocratie, cette révolte, soutenue par la force brute, jouit de la possibilité d'aller jusqu'au bout. Au cours des années suivantes, les politiques définies dans « la brique » furent imposées à titre de « remèdes » à des dizaines de pays confrontés à des crises diverses. Mais ce fut le Chili qui marqua la genèse de la contre-révolution, qui naquit dans la terreur.

José Piñera, diplômé du département de sciences économiques de l'université catholique et Boy de Chicago autoproclamé, faisait des recherches à Harvard au moment du coup d'État. En apprenant la bonne nouvelle, il rentra chez lui « pour participer à l'édification d'un nouveau pays – voué à la liberté – sur les cendres de l'ancien ». Selon Piñera, qui deviendrait ministre du Travail et des Mines, c'était « une véritable révolution [...] un mouvement radical, profond et durable vers la libéralisation des marchés[11] ».

Avant le coup d'État, Pinochet avait la réputation d'être respectueux, voire obséquieux, vis-à-vis de ses commandants civils, qu'il flattait sans cesse et à qui il donnait toujours raison. Devenu dictateur, Pinochet découvrit de nouvelles facettes de sa personnalité. Il s'installa au pouvoir avec une délectation convenante, se donna des airs de monarque et proclama que c'était « le destin » qui l'avait conduit à son poste. Sans tarder, il organisa un coup d'État dans le coup d'État pour détrôner les trois militaires avec qui il avait convenu de partager le pouvoir et ajouta à son titre de président celui de chef suprême de la nation. Il savourait les pompes et les rituels, preuves de sa légitimité, et ne manquait jamais une occasion d'enfiler son grand uniforme prussien, assorti d'une cape. Pour se déplacer dans Santiago, il privilégiait une caravane de Mercedes-Benz blindées, couleur or[12].

Pinochet était doué pour le pouvoir autoritaire, mais, à l'instar de Suharto, il ne connaissait rien à l'économie. C'était problématique dans la mesure où la campagne de sabotage orchestrée par l'ITT avait déstabilisé l'économie, qui s'écroulait. Bref, le général avait une crise en bonne et due forme sur les bras. D'entrée de jeu, il y eut, au sein de la junte, une lutte entre ceux qui préconisaient le simple retour au statu quo d'avant Allende et les Chicago Boys, qui défendaient un programme de libéralisation tous azimuts dont la mise en place prendrait des années. Pinochet, que ses nouveaux pouvoirs enchantaient, répugnait à l'idée d'avoir été un simple « nettoyeur » qui, après avoir rétabli l'ordre, n'avait plus qu'à tirer sa révérence. « Nous ne sommes pas un aspirateur. Nous n'avons pas débarrassé le pays du marxisme à la seule fin de le céder à messieurs les politiciens », disait-il[13]. La vision des Chicago Boys, celle d'un remaniement total du pays, souriait à sa nouvelle ambition. Comme Suharto avec la mafia de Berkeley, Pinochet fit aussitôt de quelques diplômés de Chicago – notamment Sergio de Castro, chef de file de facto du mouvement et principal auteur de « la brique » – ses proches conseillers économiques. Le surnom qu'il leur donna, *los technos* (les techniciens), était du reste conforme à la vision de l'école de Chicago, à savoir que le rétablissement d'une économie était une question relevant de la science, et non le résultat de choix humains subjectifs.

Pinochet avait beau tout ignorer de l'inflation et des taux d'intérêt, les *technos* parlaient un langage qu'il comprenait. Pour eux, l'économie était l'équivalent de forces naturelles redoutables auxquelles il fallait obéir : « Aller à l'encontre de la nature est improductif. À ce jeu, on se dupe soi-même », expliqua Piñera[14]. Pinochet lui donna raison : les gens, écrivit-il un jour, doivent se soumettre aux structures, car «la nature nous montre la nécessité de l'ordre et de la hiérarchie[15]». Cette prétention commune – recevoir des ordres de la nature et de ses lois supérieures – cimenta l'alliance entre les Chicago Boys et Pinochet.

Pendant les dix-huit premiers mois, Pinochet suivit fidèlement les prescriptions de l'école de Chicago : il privatisa certaines sociétés d'État (y compris des banques), autorisa de nouvelles formes de finance spéculative, ouvrit toutes grandes les frontières aux importations étrangères en abolissant les barrières qui protégeaient depuis longtemps les fabricants chiliens et réduisit les dépenses gouvernementales de 10 % – sauf pour l'armée, qui bénéficia d'une hausse substantielle de ses crédits[16]. Il élimina également le contrôle des prix, mesure radicale dans un pays qui réglementait depuis des décennies le prix de denrées de base comme le pain et l'huile de cuisson.

Les Chicago Boys avaient donné à Pinochet la ferme assurance que le retrait soudain du gouvernement de ces secteurs, pour peu qu'il se fît d'un seul coup, permettrait aux lois «naturelles» de l'économie de retrouver leur équilibre et que l'inflation – qu'ils apparentaient à une fièvre économique révélant la présence d'organismes malsains au sein du marché – disparaîtrait comme par magie. Ils se trompaient. En 1974, l'inflation atteignit 375 %, le niveau le plus élevé au monde. C'était près de deux fois plus que le point culminant observé sous Allende[17]. Le prix de denrées essentielles telles le pain explosa. En même temps, de nombreux Chiliens perdaient leur emploi : le flirt de Pinochet avec le libre-échange avait pour effet d'inonder le pays d'importations bon marché. Incapables de soutenir une telle concurrence, des entreprises locales fermaient leurs portes. Le taux de chômage atteignit des sommets et la faim se fit omniprésente. Dans le premier laboratoire de l'école de Chicago, c'était la débâcle.

Fidèles au dogme, Sergio de Castro et les autres Boys soutenaient que leur théorie n'était pas en cause. Le problème venait plutôt du fait que leurs prescriptions n'étaient pas appliquées avec assez de rigueur. Si l'économie ne s'était pas redressée et n'avait pas retrouvé son équilibre harmonieux, c'était en raison des «distorsions» qu'y avaient laissées près de cinquante années d'ingérence gouvernementale. Pour que l'expérience donnât les résultats attendus, Pinochet devait éliminer ces distorsions – sabrer davantage dans les dépenses, privatiser encore et accélérer le rythme des réformes.

À ce stade, de nombreux membres de l'élite commerciale du pays en avaient par-dessus la tête des aventures des Chicago Boys au royaume du capitalisme extrême. Les seuls bénéficiaires des réformes étaient les sociétés étrangères et une petite clique de financiers connus sous le nom de «piranhas», à qui la spéculation rapportait gros. Les petits fabricants qui avaient été de chauds partisans du coup d'État faisaient faillite les uns après les autres. Le président de l'Association nationale des manufacturiers, Orlando Sáenz – celui-là même qui avait proposé la participation des Chicago Boys au complot –, déclara que l'expérience était «l'un des plus retentissants échecs de notre histoire économique[18]». S'ils ne voulaient pas du socialisme d'Allende, les fabricants s'accommodaient volontiers de l'économie dirigée. «Le chaos financier dans lequel le Chili est plongé ne peut pas durer, dit Sáenz. Il faut investir de façon productive les ressources financières qui sont englouties par millions dans des opérations spéculatives louches, au vu et au su des chômeurs[19].»

Leur programme gravement compromis, les Chicago Boys et les piranhas (il y avait d'ailleurs de nombreux chevauchements entre les deux groupes) décidèrent que le moment était venu de prendre les grands moyens. En mars 1975, dans l'espoir de sauver l'expérience, Milton Friedman et Arnold Harberger s'envolèrent pour Santiago à l'invitation d'une grande banque chilienne.

Friedman fut accueilli par la presse, inféodée à la junte, comme une star, le gourou d'un ordre nouveau. Ses déclarations faisaient la une ; ses conférences universitaires étaient diffusées à la télévision nationale. Il eut droit à l'audience la plus importante qui fût : un entretien privé avec le général Pinochet.

Tout au long de son séjour, Friedman rabâcha le même thème : la junte était sur la bonne voie, mais elle devait adhérer aux préceptes du néolibéralisme avec encore plus de discipline. Dans des discours et des interviews, il utilisa une expression qui n'avait encore jamais été brandie dans le cadre d'une crise économique réelle : «traitement de choc». C'était, dit Friedman, «le seul remède possible. Absolument. Il n'y a pas d'autre solution à long terme[20]». En réponse à un journaliste local qui lui faisait observer que même Richard Nixon, alors président des États-Unis, imposait des contrôles pour modérer le libre marché, Friedman répondit sèchement : «Je n'approuve pas ces mesures. Je pense que nous ne devrions pas y avoir recours. Je m'oppose à toute ingérence du gouvernement dans l'économie, dans mon pays comme au Chili[21].»

Après sa rencontre avec Pinochet, Friedman nota ses impressions, qu'il reproduisit des années plus tard dans ses mémoires. Le général, observa-t-il, «était séduit par l'idée du traitement de choc, mais de toute évidence affligé par le chômage provisoire qu'il risquait de provoquer[22]». À l'époque, Pinochet était déjà connu dans le monde entier pour avoir ordonné des massacres dans des stades de football. Que le dictateur fût «affligé» par les coûts humains du traitement de choc aurait peut-être dû faire réfléchir Friedman. Au lieu de quoi, il surenchérit dans une lettre qu'il fit parvenir au général à la suite de leur rencontre. Tout en louant les décisions «extrêmement sages» du président, Friedman l'encourageait à réduire davantage les dépenses gouvernementales, «dans une proportion de 25 % [...] dans tous les secteurs, d'ici six mois», et à adopter en même temps un ensemble de politiques favorables à l'entreprise privée, le tout en vue de la «libéralisation complète des marchés». Selon les prévisions de Friedman, les centaines de milliers de personnes qui perdraient leur emploi dans la fonction publique trouveraient rapidement du travail dans le secteur privé, lequel serait bientôt florissant, grâce à l'élimination «du plus grand nombre possible d'obstacles[23]».

Friedman donna au général l'assurance qu'il pourrait, à condition de suivre ces conseils, s'arroger le mérite d'un «miracle économique»; il «jugulerait l'inflation en quelques mois»; quant au problème du chômage, il serait également «de courte durée – quelques mois tout au plus –, et la reprise serait rapide». Pinochet devait agir vite et de façon décisive. Friedman souligna à plusieurs occasions l'importance de la notion de «choc»; il utilisa le mot trois fois et fit valoir que «le gradualisme était impensable[24]».

Pinochet fut converti. Dans sa réponse, le chef suprême du Chili disait avoir pour Friedman «les plus grands et les plus respectueux égards»; il assura ce dernier que «le plan est appliqué à la lettre en ce moment même[25]». Immédiatement après la visite de Friedman, Pinochet congédia son ministre de l'Économie et le remplaça par Sergio de Castro, qu'il hissa par la suite au poste de ministre des Finances. De Castro truffa le gouvernement de Chicago Boys et nomma l'un d'entre eux à la tête de la banque centrale. Orlando Sáenz, qui s'était opposé aux licenciements massifs et aux fermetures d'usines, fut remplacé, à la tête de l'Association nationale des manufacturiers, par un personnage plus favorable à l'idée du traitement de choc. «Les industriels mécontents n'ont qu'à "aller au diable". Ce n'est pas moi qui vais les défendre», annonça le nouveau patron[26].

Libérés des récalcitrants, Pinochet et de Castro entreprirent le démantèlement de l'État-providence dans l'intention de donner naissance à l'utopie capitaliste pure. En 1975, d'un seul coup, ils réduisirent les dépenses gouvernementales de 27 % et ils continuèrent de sabrer à gauche et à droite jusqu'à ce que, en 1980, les dépenses ne fussent plus que la moitié de ce qu'elles avaient été sous Allende[27]. La santé et l'éducation furent les secteurs les plus durement touchés. Même le magazine *The Economist*, pourtant partisan du libéralisme économique, qualifia l'entreprise d'«orgie automutilatrice[28]». De Castro privatisa près de 500 banques et sociétés d'État. À des prix dérisoires par-dessus le marché, puisque l'objectif était de les remettre le plus rapidement possible à leur juste place dans l'ordre économique[29]. Sans pitié pour les entreprises locales, il élimina d'autres entraves au commerce : de 1973 à 1983, le secteur industriel perdit 177 000 emplois[30]. Au milieu des années 1980, le pourcentage de l'économie que représentait le secteur manufacturier tomba aux niveaux observés pendant la Deuxième Guerre mondiale[31].

L'expression «traitement de choc» décrivait à merveille les prescriptions de Friedman. Pinochet avait délibérément plongé son pays dans une profonde récession, sur la foi d'une théorie non éprouvée voulant qu'une contraction subite provoque un redressement de l'économie. Cette logique entretient une parenté frappante avec celle des psychiatres des années 1940 et 1950 qui, convaincus qu'il suffisait de provoquer volontairement des crises d'épilepsie pour redémarrer le cerveau de leurs patients, prescrivaient le recours massif aux électrochocs.

La théorie du choc économique repose en partie sur le rôle que jouent les attentes dans la mécanique inflationniste. Pour contenir l'inflation, il convient de modifier non seulement la politique monétaire, mais aussi le comportement des consommateurs, des employeurs et des travailleurs. Une soudaine volte-face déstabilise les populations et fait rapidement évoluer les attentes. On signale ainsi aux citoyens que les règles du jeu ont changé de façon radicale – les prix ne continueront pas à augmenter, et les salaires non plus. Selon cette théorie, plus vite les gens croiront que l'inflation a été maîtrisée, moins durera la douloureuse période de récession et de chômage élevé. En particulier dans des pays où la classe politique a été discréditée, seul un choc stratégique décisif est réputé pouvoir inculquer ces dures leçons au public*.

---

* Certains économistes de l'école de Chicago prétendent que la première tentative de traitement de choc eut lieu en Allemagne de l'Ouest le

L'idée de causer une récession ou une dépression est brutale dans la mesure où celle-ci entraînera forcément une pauvreté généralisée. Jusque-là, aucun dirigeant politique ne s'était montré disposé à mettre à l'épreuve pareille théorie. Qui veut assumer la responsabilité de ce que le magazine *Business Week* décrivit comme « un monde digne du docteur Folamour où la dépression est provoquée volontairement[32] » ?

Réponse : Pinochet. Au cours de la première année d'application de la thérapie de choc prescrite par Friedman, l'économie du Chili régressa de 15 % et le taux de chômage – qui n'avait été que de 3 % sous Allende – s'éleva à 20 %, du jamais vu au Chili, du moins à l'époque[33]. Le pays, en tout cas, se tordait de douleur sous l'effet des traitements. Et contrairement aux prévisions optimistes de Friedman, la crise du chômage dura des années et non des mois[34]. La junte, qui s'était approprié les métaphores de Friedman sur la santé économique, ne s'excusait pas : « Elle avait choisi cette voie, disait-elle, parce que c'était la seule qui s'attaquait directement au mal[35]. » Friedman était d'accord. À un journaliste qui lui demandait si « les coûts sociaux de ses politiques n'étaient pas excessifs », il répondit : « Sotte question[36]. » À un autre, il déclara : « Ma seule préoccupation, c'est qu'ils poussent assez fort et assez longtemps[37]. »

Fait intéressant, les critiques les plus percutantes de la thérapie de choc vinrent d'un des anciens étudiants de Friedman, André Gunder Frank. Pendant les études qu'il

---

20 juin 1948. Le ministre des Finances, Ludwig Erhard, élimina la plupart des contrôles des prix et introduisit une nouvelle devise. Ces mesures soudaines et imprévues secouèrent profondément l'économie et provoquèrent un chômage généralisé. Là, cependant, s'arrêtent les parallèles : les réformes d'Erhard ne touchaient que les prix et la politique monétaire. Elles ne s'accompagnèrent pas d'une compression des programmes sociaux ni de l'introduction rapide du libre-échange. On prit notamment de nombreuses mesures pour protéger les citoyens contre les chocs, par exemple en majorant les salaires. Même après le traitement de choc, l'Allemagne de l'Ouest répondait sans mal à la définition friedmanienne d'un État-providence quasi socialiste : le pays offrait des logements subventionnés, des pensions gouvernementales, des services de santé publics et un système d'éducation public. Le gouvernement exploitait et subventionnait toutes sortes de secteurs, de la compagnie de téléphone aux alumineries. Comme l'Allemagne de l'Ouest fut libérée de la tyrannie, il est de bon ton d'attribuer à Erhard l'invention de la thérapie de choc. La secousse imprimée par lui n'a toutefois pas grand-chose à voir avec les transformations en profondeur aujourd'hui associées au traitement de choc économique – cette méthode fut mise à l'essai par Friedman et Pinochet dans un pays qui venait tout juste de perdre sa liberté.

fit à l'université de Chicago dans les années 1950, Gunder Frank – originaire d'Allemagne – entendit tellement parler du Chili que, une fois titulaire d'un doctorat en sciences économiques, il décida d'aller voir de ses propres yeux le pays que ses professeurs avaient décrit comme une dystopie développementaliste mal administrée. Il aima ce qu'il vit et devint professeur à l'université du Chili, puis conseiller économique de Salvador Allende, pour qui il conçut un très grand respect. Boy de Chicago vivant au Chili et ayant rompu avec l'orthodoxie néolibérale de ses maîtres, Gunder Frank avait une perspective unique sur l'aventure économique du pays. Une année après que Friedman eut prescrit le choc maximal, Gunder Frank écrivait une « Lettre ouverte à Arnold Harberger et à Milton Friedman » dans laquelle il disait toute sa colère. Il y mit à profit l'éducation qu'il avait reçue à Chicago « pour examiner la réaction du patient à vos traitements[38] ».

Il détermina qu'une famille chilienne qui touchait ce qui, selon Pinochet, constituait un « salaire suffisant » devait consacrer environ 74 % de ses revenus à l'achat du pain, ce qui l'obligeait à rogner sur des « luxes » tels que le lait et les tickets d'autobus. Sous Allende, par comparaison, le lait, le pain et les tickets de transport en commun monopolisaient seulement 17 % du salaire d'un employé de l'État[39]. Nombreux étaient les enfants qui ne recevaient pas de lait à l'école non plus : en effet, l'une des premières mesures prises par la junte fut d'éliminer le programme de distribution de lait dans les établissements scolaires. À la suite de cette compression, qui ne fit qu'aggraver la situation des ménages, de plus en plus d'élèves s'évanouissaient en classe, et beaucoup cessèrent carrément de fréquenter l'école[40]. Gunder Frank établit un lien direct entre les politiques économiques brutales imposées par ses anciens condisciples et la violence à laquelle Pinochet avait soumis le pays. Les prescriptions de Friedman étaient si contraignantes, écrivit l'ancien Chicago Boy désabusé, qu'« elles n'auraient pu être appliquées sans les deux éléments qui les sous-tendaient toutes : la force militaire et la terreur politique[41] ».

Sans se laisser décourager, l'équipe économique de Pinochet s'engagea sur une voie encore plus expérimentale en introduisant les politiques les plus avant-gardistes de Friedman : le réseau d'écoles publiques fut remplacé par des écoles à charte auxquelles donnaient accès des bons d'études, les services de santé furent assujettis au principe de l'utilisateur payeur et les jardins d'enfants et les cimetières furent vendus au secteur privé. La mesure la plus radicale fut la privatisation de la sécurité sociale. L'instigateur du programme, José Piñera, déclara que l'idée lui en était venue à la lecture de *Capitalisme et liberté*[42]. On attribue en général à l'administration de George W. Bush la paternité de la « société de la propriété » (*society of ownership*), mais, en réalité, c'est le gouvernement de Pinochet qui, trente ans plus tôt, accoucha de l'idée d'une « nation de propriétaires ».

Le Chili s'aventurait désormais en terrain inconnu, et les partisans du libéralisme, habitués à discuter des mérites de telles politiques dans un contexte strictement théorique, suivaient la situation de près. « Les auteurs de traités de sciences économiques affirment que le monde devrait fonctionner de cette manière, mais où, sinon là-bas, peuvent-ils mettre leurs idées en pratique ? » s'émerveilla *Barron's*, magazine américain destiné aux gens d'affaires[43]. Dans un article sur le Chili comme « laboratoire expérimental d'un théoricien », le *New York Times* fit remarquer qu'« il est rare qu'un éminent économiste aux idées bien arrêtées ait l'occasion de mettre ses prescriptions à l'épreuve dans une économie très mal en point. Et il est encore plus rare que le client de l'économiste en question soit un pays autre que le sien[44] ». Nombreux furent ceux qui vinrent observer le laboratoire chilien, y compris Friedrich Hayek lui-même. Celui-ci se rendit au pays de Pinochet à quelques reprises et, en 1981, choisit Viña del Mar (la ville où le coup d'État avait été planifié) comme siège de la réunion régionale de la Société du Mont-Pèlerin, brain-trust de la contre-révolution.

LE MYTHE DU MIRACLE CHILIEN

Trois décennies après les faits, des partisans du libéralisme économique affirment encore que l'exemple du Chili donne pleinement raison à Friedman. À la mort de Pinochet en 2006 (survenue un mois après celle de Friedman), le *New York Times* attribua à l'ancien dictateur le mérite d'avoir « fait d'une économie en faillite la plus prospère de l'Amérique latine », tandis que le *Washington Post*, dans un éditorial, déclarait qu'« il avait mis en œuvre les politiques libérales à l'origine du miracle économique chilien[45] ». Pourtant, les coulisses du « miracle chilien » soulèvent encore aujourd'hui de vifs débats.

Pinochet demeura au pouvoir pendant dix-sept ans. Au cours de cette période, il changea d'orientation politique à plusieurs reprises. La croissance stable qu'on cite comme preuve de la réussite miraculeuse du pays ne débuta qu'au milieu des années 1980 – au moins dix ans après la thérapie de choc administrée par les Chicago Boys et longtemps après que Pinochet eut radicalement changé de cap. En 1982, l'économie chilienne, en dépit de la stricte application de la doctrine de Chicago, s'était effondrée : explosion de la dette nationale, retour de l'hyperinflation et taux de chômage de 30 % (dix fois plus élevé que sous Allende)[46]. C'est que les piranhas, les maisons financières à la Enron affranchies de toute réglementation par les Chicago Boys, avaient acheté les actifs du pays à crédit et accumulé une dette colossale de quatorze milliards de dollars[47].

L'instabilité était telle que Pinochet fut contraint d'agir exactement comme Allende l'avait fait : il nationalisa bon nombre des entreprises concernées[48]. Devant une telle débâcle, la quasi-totalité des Chicago Boys, Sergio de Castro y compris, perdirent leurs postes d'influence au sein du gouvernement. Des diplômés de Chicago qui exerçaient des fonctions importantes chez les piranhas firent l'objet d'enquêtes pour fraude et furent dépouillés de la façade de neutralité scientifique – essentielle à leur image de marque – qu'ils avaient cultivée avec soin.

Si le Chili échappa à l'effondrement économique total au début des années 1980, c'est uniquement parce que Pinochet n'avait pas privatisé Codelco, société minière d'État nationalisée par Allende. L'entreprise spécialisée dans l'extraction du cuivre générait 85 % des revenus d'exportation du pays. Au moment de l'éclatement de la bulle financière, l'État bénéficiait donc de rentrées de fonds régulières[49].

Il est évident que le Chili ne fut jamais un laboratoire du capitalisme pur, comme le claironnaient ses chantres. C'était plutôt un pays où une petite élite déjà bien nantie accumula rapidement d'immenses richesses – formule hautement profitable soutenue par l'endettement et financée à même le trésor public (qui dut, ensuite, tirer cette même élite de l'embarras). Quand on a expurgé du battage médiatique et de la rhétorique creuse l'analyse du « miracle », on comprend que le Chili de Pinochet et des Chicago Boys était non pas un État capitaliste axé sur le libéralisme économique, mais bien un État corporatiste. À l'origine, le mot « corporatisme » ou « corporativisme » désignait justement le modèle mussolinien d'État policier reposant sur une alliance des trois grands pouvoirs sociaux – le gouvernement, les entreprises et les syndicats –, lesquels s'entendent pour défendre l'ordre établi au nom du nationalisme. Ce que le Chili expérimenta sous

Pinochet constituait une évolution du corporatisme : l'alliance d'un État policier et de grandes entreprises qui se liguèrent pour livrer une guerre sans merci au troisième secteur – les travailleurs – afin d'augmenter la part de la richesse nationale qui leur revenait.

Cette guerre – que de nombreux Chiliens assimilent en toute logique à une offensive menée contre les pauvres et la classe moyenne – fonde la véritable histoire du «miracle économique» chilien. En 1988, une fois l'économie stabilisée et en croissance rapide, 45 % des habitants du pays vivaient sous le seuil de la pauvreté[50]. La tranche des 10 % de Chiliens les plus riches, en revanche, avait vu ses revenus augmenter de 83 %[51]. En 2007, le Chili demeurait l'une des sociétés les moins égalitaires du monde – sur 123 pays où les Nations Unies mesurent les inégalités, il se classait au 116e rang. C'est dire qu'il figurait à la huitième place sur la liste des pays où les inégalités sont les plus marquées[52].

Si, de l'avis des économistes de l'école de Chicago, un tel rendement fait du Chili un miracle, c'est peut-être parce que le traitement de choc ne visait pas le redressement économique. Peut-être avait-il pour but de faire exactement ce qu'il a accompli – aspirer la richesse vers le haut et, à force de chocs, refouler la classe moyenne dans le néant.

C'est en tout cas de cette manière qu'Orlando Letelier, ex-ministre de la Défense d'Allende, vit les choses. Après avoir passé un an dans les prisons de Pinochet, Letelier réussit à fuir le Chili grâce à une intense campagne de lobbying international. Observant l'appauvrissement rapide de son pays depuis sa terre d'exil, il écrivit en 1976 qu'«au cours des trois dernières années, on a enlevé des milliards de dollars aux salariés pour les donner aux capitalistes et aux propriétaires fonciers […] la concentration de la richesse est la règle et non un accident. Ce n'est pas le résultat marginal d'une situation difficile, comme la junte voudrait le faire croire au reste du monde. C'est au contraire la base d'un projet social. Bref, c'est une réussite politique provisoire et non un échec économique[53]».

Ce que Letelier ne pouvait savoir à l'époque, c'est que le Chili sous la férule de l'école de Chicago donnait un avant-goût de la nouvelle économie mondiale. Le modèle allait se répéter souvent, de la Russie à l'Argentine en passant par l'Afrique du Sud – en milieu urbain, une bulle de spéculation frénétique et des pratiques comptables douteuses génèrent des mégaprofits et un consumérisme effréné, alors que s'effondrent les usines fantômes et les infrastructures pourrissantes du développement de naguère ; environ la moitié de la population est carrément exclue de l'économie ; la corruption et le favoritisme échappent à tout contrôle ; les petites et moyennes entreprises d'État sont décimées ; la richesse passe du public au privé et les passifs du privé au public. En dehors de la bulle de richesse, au Chili, le miracle avait plutôt des airs de Grande Dépression. À l'intérieur du cocon hermétique, toutefois, les profits circulaient si librement et si rapidement que l'enrichissement rendu facile par les « réformes » inspirées de la stratégie du choc dopait en quelque sorte les marchés financiers. Et c'est pourquoi le monde de la finance, confronté aux contradictions manifestes de l'expérience du Chili, ne chercha pas à réévaluer les hypothèses sur lesquelles s'appuyait la stratégie du laisser-faire. Sa réponse s'apparenta plutôt à la logique du junkie : Où vais-je trouver ma prochaine dose ?

LA RÉVOLUTION S'ÉTEND, LES GENS DISPARAISSENT

Pendant un certain temps, les doses vinrent d'autres pays du cône sud de l'Amérique latine, où la contre-révolution de l'école de Chicago se répandit comme une traînée de poudre. Le Brésil était déjà sous la coupe d'une junte soutenue par les États-Unis, et quelques-uns des étudiants brésiliens de Friedman y occupaient des postes clés. Friedman se rendit au Brésil en 1973, au plus fort des brutales exactions du régime, et qualifia l'expérience économique en cours de « miracle[54] ». En Uruguay, les militaires organisèrent un coup d'État en 1973 et, l'année suivante, décidèrent d'adopter les mêmes méthodes économiques. Faute d'un nombre suffisant d'Uruguayens ayant étudié à l'université de Chicago, les généraux invitèrent « Arnold Harberger et [le professeur de sciences économiques] Larry Sjaastad de l'université de Chicago et leur équipe, qui comprenait des diplômés de Chicago originaires de l'Argentine, du Chili et du Brésil, à venir réformer le régime fiscal et la politique commerciale de l'Uruguay[55] ». Les effets sur la société jusqu'alors égalitaire de l'Uruguay furent immédiats : les salaires diminuèrent de 28 % et, pour la première fois, des hordes de « glaneurs » apparurent dans les rues de Montevideo[56].

L'Argentine joignit le mouvement en 1976 : cette année-là, une junte arrachait le pouvoir à Isabel Perón. Ainsi donc, l'Argentine, le Chili, l'Uruguay et le Brésil – faisant naguère office de vitrines du développementalisme – étaient désormais dirigés par des gouvernements militaires soutenus par les

111

États-Unis et servaient de laboratoires in vivo aux théories de l'école de Chicago.

Selon des documents brésiliens déclassifiés en mars 2007, les généraux argentins, quelques semaines avant de s'emparer du pouvoir, avaient communiqué avec Pinochet et la junte brésilienne et « défini les principales mesures que le régime devait prendre[57] ».

Malgré cette étroite collaboration, le gouvernement militaire argentin ne poussa pas tout à fait aussi loin que Pinochet l'expérience du néolibéralisme. À titre d'exemple, il ne privatisa ni les réserves pétrolières ni la sécurité sociale du pays (cela viendrait plus tard). En revanche, s'agissant de s'en prendre aux politiques et aux institutions qui avaient aidé les pauvres de l'Argentine à joindre les rangs de la classe moyenne, la junte suivit fidèlement l'exemple de Pinochet, entre autres en raison du grand nombre d'économistes argentins qui avaient étudié à Chicago.

Les tout nouveaux Chicago Boys de l'Argentine décrochèrent des postes importants au sein du gouvernement de la junte : secrétaire des Finances, président de la banque centrale et directeur de la recherche au service du Trésor du ministère des Finances, par exemple, ainsi que d'autres postes d'économistes de moindre importance[58]. Si les Boys argentins participèrent avec enthousiasme au gouvernement militaire, le poste d'économiste le plus important échut en l'occurrence à José Alfredo Martínez de Hoz. Celui-ci appartenait à l'aristocratie terrienne de Sociedad Rural, association d'éleveurs de bovins qui, depuis longtemps, contrôlait les exportations du pays. La haute société argentine s'était volontiers accommodée de l'ordre économique féodal : ses terres ne risquaient pas d'être redistribuées aux paysans et le prix de la viande ne serait pas réduit pour permettre à tout le monde de manger.

Martínez de Hoz avait été le président de Sociedad Rural, comme son père et son grand-père avant lui ; il siégeait également au conseil d'administration de quelques multinationales, comme Pan American Airways et ITT. Sa participation au gouvernement de la junte envoyait un signal clair : le coup d'État était une révolte des élites, une contre-révolution destinée à mettre un terme à 40 années d'avancées en faveur des travailleurs argentins.

La première mesure prise par Martínez de Hoz en tant que ministre de l'Économie fut d'interdire les grèves et d'autoriser les employeurs à licencier les travailleurs à leur guise. Il supprima le contrôle des prix, et le prix des aliments monta en flèche. Il était de plus déterminé à faire en sorte que l'Argentine redevînt un lieu hospitalier pour les multinationales étrangères. Il élimina les restrictions sur la propriété étrangère et, au cours des premières années, brada des centaines de sociétés d'État[59]. Ses mesures lui valurent de puissants admirateurs à Washington. Peu de temps après le coup d'État, d'après des documents déclassifiés, William Rogers, secrétaire d'État adjoint pour l'Amérique latine, dit à son patron, Henry Kissinger : « Martínez de Hoz est un type bien. Nous avons été en consultation pendant tout le processus. » Kissinger se montra si impressionné qu'il organisa une rencontre médiatisée avec Martínez de Hoz lors d'une des visites de ce dernier à Washington, « à titre symbolique ». Kissinger proposa également de passer quelques coups de fil pour soutenir l'Argentine dans ses efforts économiques. « Je vais téléphoner à David Rockefeller, dit-il au ministre des Affaires étrangères de la junte en faisant référence au président de la Chase Manhattan Bank. Et je vais aussi parler à son frère, le vice-président [des États-Unis, Nelson Rockefeller][60]. »

Pour attirer des investissements, l'Argentine prit un supplément publicitaire de 31 pages dans le magazine *Business Week*, produit par Burson-Marsteller, le géant des relations publiques. On y trouve la déclaration suivante : « Peu de gouvernements dans l'histoire ont autant favorisé l'investissement privé. [...] Nous avons lancé une véritable révolution sociale et nous cherchons des partenaires. Nous nous extirpons des griffes de l'étatisme, et nous sommes fermement convaincus de l'importance du secteur privé*[61]. »

Une fois de plus, les coûts humains étaient évidents : en moins d'un an, les salaires perdirent 40 % de leur valeur, des usines fermèrent leurs portes et la spirale de la pauvreté s'accentua vertigineusement. Avant l'arrivée au pouvoir de la junte, l'Argentine comptait moins de personnes vivant sous le seuil de la pauvreté que la France ou les États-Unis, à peine 9 %, et le taux de chômage n'était que de 4,2 %[62]. Le pays recommença à donner des signes de sous-développement, phénomène qu'on croyait désormais révolu. Les quartiers pauvres étaient privés d'eau, et des maladies évitables devinrent endémiques.

Au Chili, Pinochet avait été en mesure d'utiliser la politique économique pour éviscérer la classe moyenne grâce aux méthodes sanglantes et terrifiantes par lesquelles il avait accédé

---

* La junte était si pressée de vendre le pays aux enchères qu'elle annonçait « une remise de 10 % sur les terres où des projets seront mis en chantier dans les soixante jours ».

au pouvoir. S'ils répandaient la terreur avec une remarquable efficacité, ses avions de chasse et ses pelotons d'exécution eurent en revanche des effets désastreux sur les relations publiques du pays. Les comptes rendus des massacres perpétrés par Pinochet soulevèrent l'indignation partout dans le monde, et des militants européens et nord-américains firent pression sur leurs gouvernements respectifs pour qu'ils proscrivent les échanges avec le Chili – conséquence fort défavorable pour un régime déterminé à ouvrir le pays aux affaires.

Des documents brésiliens déclassifiés depuis peu révèlent que les généraux argentins, pendant qu'ils préparaient le coup d'État de 1976, voulaient « éviter une campagne internationale comme celle qui fut lancée contre le Chili[63] ». À cette fin, ils eurent recours à des méthodes de répression moins sensationnelles – des tactiques capables de semer la terreur sans alerter la presse internationale, toujours à l'affût de nouvelles de cette nature. Au Chili, Pinochet opta bientôt pour les disparitions. Au lieu d'assassiner ou même d'arrêter leurs proies au vu et au su de tous, les soldats les enlevaient, les transportaient dans des camps clandestins, les torturaient et, souvent, les tuaient, pour ensuite nier en bloc. Des cadavres furent entassés dans des fosses communes. Selon la commission de la vérité du Chili, constituée en mai 1990, la police secrète se débarrassa de certaines victimes en les laissant tomber dans la mer du haut d'hélicoptères « après leur avoir ouvert le ventre d'un coup de couteau pour les empêcher de flotter[64] ». Moins spectaculaires, les disparitions se révélèrent un moyen plus sûr encore que les massacres de semer la terreur. L'idée qu'on pût utiliser l'appareil d'État pour éliminer des gens était en effet profondément troublante.

Au milieu des années 1970, les disparitions étaient devenues, dans tout le cône sud, le principal instrument des juntes de l'école de Chicago pour imposer la loi et l'ordre. À cet égard, les généraux qui occupaient le palais présidentiel argentin firent preuve d'un zèle inégalé. On estime à 30 000 le nombre de personnes qui, à la fin de leur règne, avaient disparu[65]. Nombre d'entre elles furent, comme les Chiliens, jetées du haut d'avions dans les eaux boueuses du Río de la Plata.

La junte argentine possédait à merveille l'art d'établir un juste équilibre entre horreur publique et horreur privée : ses exactions étaient suffisamment visibles pour que chacun sût de quoi il retournait et, en même temps, assez secrètes pour lui permettre de tout nier. Au cours de ses premiers jours au pouvoir, la junte organisa une démonstration spectaculaire pour bien faire comprendre qu'elle était disposée à recourir à la solution létale : on fit sortir un homme d'une Ford Falcon (véhicule de prédilection de la police secrète), on le ficela au monument le plus imposant de Buenos Aires, l'obélisque de 67,5 mètres, et on le passa par les armes à la vue de tous.

Par la suite, les assassinats de la junte s'effectuèrent dans la clandestinité, mais ils demeurèrent bien présents. Les disparitions, qui faisaient toujours l'objet de démentis officiels, étaient des spectacles publics misant sur la complicité silencieuse de quartiers tout entiers. Lorsqu'une personne était ciblée, des véhicules militaires s'arrêtaient en grand nombre devant sa résidence ou son lieu de travail, et le pâté de maisons était bouclé. Souvent, un hélicoptère bourdonnait dans le ciel. En plein jour, devant les voisins, des policiers ou des soldats enfonçaient la porte et entraînaient la victime qui, souvent, criait son nom avant d'être embarquée dans une Ford Falcon. Elle espérait ainsi que la nouvelle de son enlèvement parviendrait à sa famille. Certaines opérations «secrètes» étaient encore plus audacieuses : il arrivait aux policiers de monter dans un autobus bondé et d'emmener une victime en la tirant par les cheveux ; à Santa Fe, un homme et une femme furent enlevés devant l'autel, le jour de leurs noces, dans une église remplie de fidèles[66].

La dimension publique de la terreur ne se limitait pas à l'enlèvement initial. Les prisonniers argentins étaient conduits dans l'un des camps de torture du pays, qui en comptait plus de 300[67]. Bon nombre d'entre eux avaient pignon sur rue dans des quartiers résidentiels densément peuplés. L'un des plus célèbres avait pour siège un ancien club sportif dans une rue passante de Buenos Aires. On en avait aménagé un dans une école du centre de Bahía Blanca et un autre dans une aile d'un hôpital en service. Autour de ces sites, des véhicules militaires roulant à vive allure allaient et venaient à des heures incongrues. Les murs mal isolés laissaient passer des cris. On transportait d'étranges paquets aux formes humaines. Les voisins enregistraient ces détails en silence.

Le régime uruguayen agissait avec une identique désinvolture : l'un de ses principaux centres de torture se trouvait dans des baraquements de la marine adossés au *boardwalk* de Montevideo, où les familles avaient l'habitude de se promener et de pique-niquer au bord de la mer. Sous la dictature, les lieux étaient déserts, les citadins s'employant consciencieusement à éviter d'entendre les cris[68].

Quand le moment venait de se débarrasser des cadavres, la junte argentine se montrait particulièrement négligente. Une promenade à la campagne tournait parfois au cauchemar à cause des fosses communes à peine dissimulées. On trouvait dans des poubelles publiques des cadavres auxquels il manquait les doigts et les dents (un peu comme aujourd'hui en Irak). Après un des «vols de la mort» de la junte, d'autres corps s'échouaient sur les rives du Río de la Plata, dans certains cas une demi-douzaine à la fois. Du haut d'hélicoptères, on laissait parfois tomber dans des champs cultivés une pluie de cadavres[69].

D'une façon ou d'une autre, tous les Argentins furent enrôlés en tant que témoins de la disparition de certains de leurs concitoyens. Pourtant, la plupart d'entre eux niaient être au courant de quoi que ce fût. Les Argentins ont une expression pour décrire l'état d'esprit dominant de ces années-là, le paradoxe qui consiste à savoir mais à fermer les yeux : «Nous ne savions pas ce que personne ne pouvait nier.»

Comme les personnes recherchées par les différentes juntes trouvaient souvent refuge dans les pays voisins, les gouvernements de la région collaboraient dans le cadre de la célèbre «Opération Condor» : avec l'aide d'un système informatique dernier cri fourni par Washington, les services du renseignement du cône sud partageaient des informations sur les «éléments subversifs» et accordaient des sauf-conduits qui permettaient à leurs agents respectifs de se livrer à la torture et d'effectuer des enlèvements sans se préoccuper des frontières. Le mécanisme entretient d'ailleurs une troublante ressemblance avec le réseau de «restitutions extraordinaires» aujourd'hui constitué par la CIA*[70].

Les juntes s'échangeaient aussi des informations sur les méthodes les plus efficaces pour tirer des renseignements de leurs prisonniers. Quelques Chiliens qu'on tortura dans le stade du Chili au lendemain du coup d'État observèrent la présence inattendue de militaires brésiliens qui fournissaient des conseils sur les sévices les plus scientifiques[71].

Au cours de cette période, il y eut d'innombrables échanges entre les régimes, dont bon nombre transitèrent par les États-Unis et la CIA. Une enquête menée en 1975 par le Sénat américain sur l'intervention des États-Unis au Chili révéla que

---

* L'opération latino-américaine s'inspirait des dispositions «Nuit et brouillard» prises par Hitler. En 1941, ce dernier décréta que les résistants des pays occupés par les nazis devaient être conduits en Allemagne, où ils «disparaîtraient dans la nuit et le brouillard». Des hauts gradés nazis se réfugièrent au Chili et en Argentine, et certains pensent qu'ils initièrent à ces méthodes les services du renseignement des pays du cône sud.

la CIA avait initié les militaires de Pinochet aux méthodes de «contrôle des éléments subversifs[72]». On a par ailleurs abondamment documenté la participation des États-Unis à la formation des policiers brésiliens et uruguayens aux méthodes d'interrogatoire. Selon des témoignages cités dans le rapport de la commission de la vérité intitulé *Brasil : Nunca Mais* (Brésil : plus jamais), publié en 1985, des officiers de l'armée suivirent des «cours de torture» officiels dans des unités de la police militaire, où ils étudièrent des diapositives montrant diverses méthodes d'une insoutenable cruauté. Pendant ces séances, on procédait à des «démonstrations pratiques» au cours desquelles des prisonniers étaient violemment brutalisés pendant qu'une centaine de sergents observaient et prenaient des notes. Selon le rapport, «l'une des premières personnes à introduire cette méthode au Brésil fut Dan Mitrione, policier américain. Mitrione, qui assura la formation des policiers à Belo Horizonte pendant les premières années du régime militaire brésilien, faisait enlever des mendiants dans les rues et les torturait dans les salles de cours pour enseigner à ses élèves comment créer, chez le prisonnier, une contradiction suprême entre le corps et l'esprit[73]». Mitrione se chargea ensuite de la formation des policiers de l'Uruguay, où, en 1970, il fut enlevé et tué par des guérilleros tupamaros. Le groupe révolutionnaire de gauche avait planifié l'opération afin de mettre au jour le rôle joué par Mitrione dans la formation des tortionnaires*. Selon un de ses anciens élèves, il affirmait, à l'instar des auteurs du manuel de la CIA, que la torture efficace était scientifique et non sadique. Sa devise? «La douleur opportune, selon le dosage opportun, au moment opportun[74].» Les résultats de cette formation ressortent dans tous les rapports sur les droits de l'homme concernant le cône sud pendant cette période. On y trouve de multiples références aux méthodes définies dans le manuel *Kubark* : arrestations tôt le matin, recours aux cagoules, périodes intensives d'isolement, administration de drogues, nudité forcée, électrochocs. Et partout, le terrible legs des expériences de McGill sur la régression provoquée volontairement.

Des prisonniers libérés après un séjour au stade national du Chili déclarèrent que de puissants projecteurs restaient allumés en permanence et que l'ordre des repas semblait volontairement altéré[75]. Des militaires obligèrent de nombreux prisonniers à

---

* L'épisode est à l'origine d'*État de siège*, magnifique film signé par Costa-Gavras en 1972.

porter une couverture sur la tête pour les empêcher de bien voir et entendre, pratique déconcertante dans la mesure où tous les prisonniers savaient qu'ils se trouvaient au stade. À cause de ces manipulations, dirent les détenus, ils n'arrivaient plus à distinguer le jour de la nuit, ce qui eut pour effet d'intensifier considérablement la panique et le choc provoqués par le coup d'État suivi de leur arrestation. C'était comme si on avait transformé le stade en laboratoire géant et que les prisonniers servaient de cobayes à d'étranges expériences de manipulation sensorielle.

Les méthodes de la CIA étaient reproduites de façon plus fidèle encore au Chili à la Villa Grimaldi, «célèbre pour ses "chambres chiliennes" – des compartiments en bois si exigus que les prisonniers ne pouvaient pas s'y agenouiller[76]» ni s'y allonger. Les détenus de la prison Libertad de l'Uruguay étaient envoyés à *la isla*, l'île : de minuscules cellules sans fenêtre où une ampoule nue restait allumée en permanence. Des prisonniers de grande valeur furent maintenus dans un état d'isolement absolu pendant plus de dix ans. «Nous commencions à croire que nous étions morts, que nos cellules étaient en réalité des tombes, que le monde extérieur n'existait pas, que le soleil était un mythe», déclara l'un d'eux, Mauricio Rosencof. Au cours d'une période de onze ans et demi, il vit le soleil pendant huit heures au total. Ses sens étaient si atrophiés qu'il «oublia les couleurs – il n'y avait pas de couleurs*[77]».

Dans l'un des plus grands centres de torture de l'Argentine, l'École de mécanique de la marine de Buenos Aires, la chambre d'isolement était surnommée la *capucha*, la cagoule. Juan Miranda, qui y passa trois mois, m'a raconté son séjour dans ce lieu sinistre : «Ils nous bandaient les yeux et nous mettaient une cagoule, puis ils nous enchaînaient les pieds et les mains et nous obligeaient à rester allongés sur un matelas en mousse toute la journée, dans le grenier de la prison. Je ne voyais pas les autres prisonniers. J'étais séparé d'eux par une feuille de contreplaqué. Lorsque les gardiens m'apportaient de la nourriture, ils me faisaient mettre face au mur et ils enlevaient la cagoule pour me permettre de manger. C'étaient les seuls

---

* En étroite collaboration avec des psychologues béhavioristes, les administrateurs de la prison Libertad mirent au point des méthodes de torture adaptées au profil psychologique de chacun des prisonniers – procédé aujourd'hui utilisé à Guantánamo Bay.

moments où j'étais autorisé à m'asseoir. Sinon, je devais rester couché tout le temps.» D'autres prisonniers argentins subissaient des privations sensorielles dans des cellules de la taille de cercueils appelées *tubos*.

On ne sortait de l'isolement que pour subir une séance de torture bien pire encore. Dans toute la région, les électrochocs étaient la méthode la plus employée. Pour répandre des courants électriques dans le corps des détenus, on avait recours à une multitude de variations : fils électriques, fils de téléphones de campagne de l'armée, aiguilles sous les ongles, des pinces sur les gencives, les mamelons, les organes génitaux, les oreilles, sur la bouche et les plaies ouvertes. On arrosait d'eau les prisonniers pour intensifier les chocs. On les ligotait à des tables ou, au Brésil, au «fauteuil du dragon». La junte argentine, qui comptait de nombreux éleveurs de bovins, s'enorgueillissait d'un raffinement de son cru – les prisonniers étaient placés sur un lit en métal appelé *parrilla* (le barbecue) et frappés à coups de *picana* (aiguillon à bétail).

Il est impossible d'établir le nombre exact de personnes qui passèrent par les salles de torture du cône sud, mais il se situe vraisemblablement entre 100 000 et 150 000. Des dizaines de milliers d'entre elles sont mortes[78].

ÊTRE TÉMOIN EN DES TEMPS DIFFICILES

Être de gauche, en ces temps-là, c'était être traqué. Ceux qui ne réussirent pas à partir en exil menaient une lutte de tous les instants pour échapper à la police secrète, multipliant les maisons sûres, les codes téléphoniques et les fausses identités. En Argentine, Rodolfo Walsh, célèbre journaliste d'enquête, mena ce genre de vie. Homme aux talents multiples et de tempérament sociable, auteur de romans policiers et de nouvelles récompensées par des prix, Walsh était de surcroît un limier de premier plan, capable de décrypter des codes militaires et d'espionner jusqu'aux espions eux-mêmes. Il connut son heure de gloire à Cuba, où il travaillait comme journaliste, en interceptant et en décodant un télex de la CIA. Il put ainsi éventer le secret entourant l'invasion de la baie des Cochons. Les renseignements ainsi obtenus permirent à Castro de se préparer et de se défendre en conséquence.

Lorsque la junte militaire précédente interdit le péronisme et étrangla la démocratie, Walsh décida de rejoindre les rangs du mouvement armé montonero au titre de spécialiste du renseignement*. Il se retrouva ainsi en tête de la liste des criminels les plus recherchés par les généraux. À chaque nouvelle disparition, on craignait que les informations arrachées à coups de *picana* ne conduisent la police à la maison sûre où sa partenaire Lilia Ferreyra et lui vivaient dans un petit village voisin de Buenos Aires.

Grâce à son vaste réseau de sources, Walsh fut en mesure de documenter les nombreuses exactions de la junte. Il dressa des listes de morts et de disparus, consigna l'emplacement des fosses communes et des centres de torture secrets. Il se targuait de connaître l'ennemi, mais, en 1977, il fut lui-même atterré par la furieuse brutalité de la junte argentine vis-à-vis de son peuple. Au cours de la première année du règne des militaires, de nombreux amis et collègues de Walsh disparurent dans les camps de la mort. Sa fille Vicki mourut aussi, à l'âge de 26 ans. Walsh était éperdu de chagrin.

Avec les Ford Falcon qui resserraient leur étau, vivre son deuil en paix était exclu. Sachant que le temps lui était compté, Walsh décida de marquer à sa façon le premier anniversaire du règne de la junte : tandis que les journaux officiels portaient aux nues les généraux, présentés comme les sauveurs du pays, lui-même décrirait sans détour la dépravation dans laquelle le pays avait sombré. Sa «Lettre ouverte d'un écrivain à la junte militaire», Walsh la composa «sans espoir d'être entendu, certain d'être persécuté, mais fidèle à l'engagement que j'ai pris il y a longtemps de porter témoignage en des temps difficiles[79]».

La lettre ouverte condamnait de manière décisive la terreur d'État et le système économique qu'elle soutenait. Walsh avait l'intention de la faire circuler par les mêmes canaux clandestins que ses autres communiqués : préparer dix copies, les déposer dans dix boîtes aux lettres différentes à l'intention de dix contacts sûrs qui, eux-mêmes, les achemineraient à d'autres. «Je tiens à ce que ces fumiers sachent que je suis encore là, que

---

* Le mouvement montonero fut formé en réaction à la dictature précédente. Le péronisme était interdit et Juan Perón, depuis sa terre d'exil, invita ses jeunes partisans à s'armer et à lutter pour le rétablissement de la démocratie. Ils le firent effectivement, et les montoneros – au moyen d'attaques armées et d'enlèvements – jouèrent un rôle de premier plan en forçant, en 1973, la tenue d'élections auxquelles participa un candidat péroniste. De retour au pouvoir, Perón, menacé par le soutien populaire dont bénéficiaient les montoneros, encouragea des escadrons de la mort composés de partisans de la droite à se lancer à leurs trousses. C'est pour cette raison que le groupe – sujet de vives controverses – était déjà très affaibli au moment du coup d'État de 1976.

je suis vivant et que j'écris », dit Rodolfo à Lilia en s'installant devant sa machine à écrire Olympia[80].

La lettre débute par une dénonciation de la campagne de terreur menée par les généraux, du recours « à la torture extrême, continue et métaphysique » et du rôle joué par la CIA dans la formation de la police argentine. Après avoir énuméré avec force détails les méthodes utilisées et l'emplacement des fosses communes, Walsh change de registre : « Ces événements, qui bouleversent la conscience du monde civilisé, ne constituent toutefois pas les pires sévices infligés au peuple argentin ni les pires violations des droits de l'homme dont vous vous êtes rendus coupables. C'est dans la politique économique du gouvernement que l'on découvre non seulement l'explication des crimes, mais aussi une atrocité plus terrible qui a pour effet de châtier des millions d'êtres humains en les condamnant à une misère planifiée. [...] Il suffit de se promener pendant quelques heures dans le grand Buenos Aires pour constater à quelle vitesse cette politique transforme la ville en un "bidonville" de dix millions d'habitants[81]. »

Le système décrit par Walsh, c'est le néolibéralisme de l'école de Chicago, le modèle économique qui allait balayer le monde. En s'enracinant en Argentine au cours des décennies suivantes, il finit par condamner plus de la moitié de la population à vivre sous le seuil de la pauvreté. Aux yeux de Walsh, il s'agissait non pas d'un accident de parcours, mais bien de l'exécution d'un plan visant à imposer la « misère planifiée ».

Il signa la lettre le 24 mars 1977, exactement un an après le coup d'État. Le lendemain matin, Lilia Ferreyra et lui se rendirent à Buenos Aires. Ils se répartirent les enveloppes et les postèrent dans des boîtes aux lettres des quatre coins de la ville. Quelques heures plus tard, Walsh se rendit à un rendez-vous avec la famille d'un collègue disparu. C'était un piège : quelqu'un avait parlé sous la torture et dix hommes armés l'attendaient autour de la maison. « Ramenez-moi ce fumier en vie. Il est à moi », aurait déclaré l'amiral Massera, l'un des trois chefs de la junte. Walsh avait pour devise : « Le crime, ce n'est pas de parler ; c'est de se faire prendre. » Il tira son arme et ouvrit le feu. L'un des soldats fut blessé, et les autres ripostèrent. À l'arrivée de la voiture à l'École de mécanique de la marine, Walsh était déjà mort. Son corps fut brûlé et jeté dans une rivière[82].

Les juntes du cône sud de l'Amérique latine ne cachaient pas leur ambition révolutionnaire de redéfinir leurs sociétés respectives, mais elles étaient suffisamment futées pour nier en public ce dont Walsh les accusait : recourir massivement à la violence pour réaliser des objectifs économiques, lesquels, en l'absence d'un mécanisme ayant pour effet de terroriser le public et d'éliminer les obstacles, auraient certainement suscité une révolte populaire.

Dans la mesure où elles reconnaissaient les assassinats commis par l'État, les juntes invoquaient la lutte qu'elles livraient contre de dangereux terroristes marxistes, financés et contrôlés par le KGB. Si elles avaient recours à de « sales » tactiques, c'était uniquement parce que leur ennemi était monstrueux. Utilisant un langage qui semble aujourd'hui étrangement familier, l'amiral Massera évoqua « une guerre pour la liberté et contre la tyrannie [...] une guerre contre ceux qui préconisent la mort et pour ceux qui préconisent la vie [...] Nous nous battons contre les nihilistes, contre les agents de la destruction dont le seul objectif est la destruction elle-même, même s'ils dissimulent leurs véritables intentions derrière des croisades sociales[83] ».

Dans les mois ayant précédé le coup d'État au Chili, la CIA finança une campagne de propagande massive présentant Salvador Allende comme un dictateur déguisé, un intrigant machiavélique qui s'était servi de la démocratie constitutionnelle pour accéder au pouvoir et s'apprêtait à imposer un État policier soviétique qui emprisonnerait les Chiliens à jamais. En Argentine et en Uruguay, les plus importants groupes de guérilla de gauche – les montoneros et les tupamaros – étaient dépeints comme présentant de si grandes menaces pour la sécurité nationale que les généraux n'avaient d'autre choix que de suspendre la démocratie, de s'accaparer les pouvoirs de l'État et de les écraser sans pitié.

Dans tous les cas, la menace était grossièrement exagérée, voire inexistante. Parmi d'autres révélations, l'enquête du Sénat de 1975 montra que, d'après les rapports des services du renseignement des États-Unis, Allende ne représentait pas une menace pour la démocratie[84]. Les montoneros de l'Argentine et les tupamaros de l'Uruguay étaient pour leur part des groupes armés bénéficiant d'un soutien populaire considérable, capables de lancer des raids audacieux contre des cibles militaires ou industrielles, mais, au moment où la junte militaire s'assura un pouvoir absolu en Uruguay, les tupamaros étaient complètement démantelés ; quant aux montoneros de l'Argentine, ils furent écrasés dans les six mois suivant l'instauration d'une dictature qui s'étira sur sept ans (raison pour laquelle Walsh dut prendre le maquis). Des documents déclassifiés du secrétariat d'État attestent que, le 7 octobre 1976, César Augusto Guzzetti, ministre des Affaires étrangères de la junte, informa Henry Kissinger que « les organisations terroristes ont été démantelées ». Après cette date, la junte continua à faire disparaître des dizaines de milliers de citoyens[85].

Pendant des années, le secrétariat d'État des États-Unis présenta également les « guerres sales » menées dans le cône sud comme des batailles rangées opposant des militaires et de dangereuses guérillas. Il y avait parfois des dérapages, certes, mais les combattants méritaient quand même une aide économique et militaire. De plus en plus de preuves indiquent que Washington avait conscience de soutenir au Chili et en Argentine des opérations militaires d'une tout autre nature.

En mars 2006, les archives de la sécurité nationale des États-Unis à Washington déclassifièrent le procès-verbal d'une réunion du secrétariat d'État tenue deux jours avant le coup d'État en Argentine. À cette occasion, William Rogers, secrétaire d'État adjoint pour l'Amérique latine, dit à Kissinger « qu'il faut prévoir pour bientôt pas mal de répression et probablement des effusions de sang en Argentine. Je pense que les terroristes mais aussi les dissidents des syndicats et leurs partis politiques vont passer un mauvais quart d'heure[86] ».

Les événements lui donnèrent raison. La vaste majorité des victimes de l'état de terreur furent non pas des membres de groupes armés, mais bien des militants non violents travaillant dans des usines, des exploitations agricoles, des bidonvilles et des universités. C'étaient des économistes, des artistes, des psychologues et des militants de gauche. Ils sont morts à cause non pas de leurs armes (la plupart n'en avaient pas), mais de leurs convictions. Dans le cône sud, berceau du capitalisme contemporain, la « guerre contre le terrorisme » fut en réalité une guerre contre les entraves à l'ordre nouveau.

CHAPITRE QUATRE

Faire table rase

Ou comment la terreur fait son œuvre

En Argentine, l'extermination n'est ni spontanée, ni aléatoire, ni irrationnelle ; il s'agit au contraire de la destruction systématique d'une « bonne partie » d'un groupe national argentin, l'intention étant de transformer le groupe en question et de redéfinir sa façon d'être, ses relations sociales, son destin, son avenir.

Daniel Feierstein, sociologue argentin, 2004[1].

Mon unique but était de rester en vie jusqu'au lendemain. [...] Mais il ne s'agissait pas seulement de survivre, je devais survivre *en tant que moi.*

Mario Villani, survivant de quatre années d'emprisonnement dans des camps de torture argentins[2].

En 1976, Orlando Letelier retourna à Washington, en qualité non plus d'ambassadeur, mais de militant et membre d'un *think tank* progressiste, l'Institute for Policy Studies. Hanté par la pensée de ses amis et collègues soumis à la torture dans les camps de la junte, Letelier utilisa sa toute nouvelle liberté pour dénoncer les crimes de Pinochet et défendre le bilan d'Allende contre la machine de propagande de la CIA.

Le travail des militants portait ses fruits, et Pinochet était condamné de toutes parts pour son attitude dans le dossier des droits de l'homme. Ce qui irritait Letelier, économiste de formation, c'était de voir que la communauté internationale, indignée par les exécutions sommaires et le recours aux électrochocs dans les prisons, restait quasiment muette sur la question de la thérapie de choc économique. Les banques internationales, elles, enivrées par l'adoption des « principes de la libéralisation des marchés», inondaient la junte de prêts. Letelier rejetait une hypothèse répandue selon laquelle la junte avait deux projets distincts et faciles à séparer : d'une part, une audacieuse tentative de transformation de l'économie et, d'autre part, un régime maléfique de terreur et de tortures. En fait, il n'y avait qu'un seul projet, soutenait l'ex-ambassadeur, et la terreur était le moteur principal de la transition vers le libre marché.

«On présente (et on condamne) souvent les violations des droits de l'homme, la brutalité institutionnelle, les contrôles draconiens et l'élimination de toutes les formes de dissidence comme des phénomènes entretenant des liens indirects, voire inexistants, avec les politiques classiques de "libéralisation économique" effrénée imposées par la junte militaire», écrivit Letelier dans un essai incisif publié dans *The Nation*. Il ajoutait que «la vision particulièrement commode d'un système social dans lequel la "liberté économique" et la terreur politique coexistent sans jamais se croiser permet aux partisans du régime financier de soutenir leur idéal de "liberté" tout en feignant de défendre les droits de l'homme[3]».

Letelier alla jusqu'à écrire que Milton Friedman, en tant qu'«architecte intellectuel et conseiller officieux de l'équipe d'économistes qui a pris les commandes de l'économie chilienne», portait une partie de la responsabilité des crimes de Pinochet. Il rejetait la défense de Friedman, qui soutenait que, en plaidant en faveur de la thérapie de choc, il ne faisait que fournir des conseils «techniques». L'«établissement d'une "économie privée" libre et le contrôle de l'inflation à la Friedman», affirma Letelier, ne pouvaient pas se faire par des moyens pacifiques. «Le projet économique doit être imposé de force. Dans le cas du Chili, cela s'est traduit par l'élimination de milliers de personnes, la création de camps de concentration partout au pays et l'incarcération de plus de 100 000 personnes en trois ans. [...] Au Chili, la régression pour la majorité et la "liberté économique" pour une poignée de privilégiés sont l'envers et l'endroit de la même médaille.» Il existait, écrivit-il encore, «une harmonie intrinsèque» entre le «libre marché» et la terreur illimitée[4].

L'article polémique de Letelier parut à fin du mois d'août 1976. Moins d'un mois plus tard, le 21 septembre, l'économiste de 44 ans prenait sa voiture pour se rendre à son bureau du centre-ville de Washington. Tandis qu'il traversait le quartier des ambassades, une bombe télécommandée dissimulée sous son siège explosa. La voiture sauta et Letelier perdit ses deux jambes sur le coup. Laissant sur le pavé un pied arraché, on le transporta à l'hôpital George Washington, où il fut déclaré mort à son arrivée. Dans la voiture, l'ex-ambassadeur était accompagné d'une collègue américaine de vingt-cinq ans, Ronni Moffit, qui succomba elle aussi à ses blessures[5]. C'était le crime le plus scandaleux et le plus provocant commis par Pinochet depuis le coup d'État lui-même.

Une enquête du FBI révéla que la bombe était l'œuvre d'un haut gradé de la police secrète de Pinochet, Michael Townley, qui fut plus tard condamné par une cour fédérale des États-Unis. Les assassins avaient été admis dans le pays sur la foi de faux passeports. La CIA était au courant[6].

Au moment de sa mort en 2006, à l'âge de 91 ans, Pinochet était en attente de multiples procès relatifs aux crimes commis durant son règne – meurtres, enlèvements, torture, corruption et évasion fiscale. Pendant des décennies, la famille d'Orlando Letelier avait tenté de le faire traduire en justice pour l'attentat de Washington ; elle cherchait aussi à forcer le FBI à ouvrir ses dossiers sur l'événement. C'est le dictateur qui eut le dernier mot en rendant l'âme, en échappant à la justice et en publiant une lettre posthume dans laquelle il défendait le coup d'État et le « recours à la rigueur maximale » comme moyens de conjurer une « dictature du prolétariat. [...] Que n'eussé-je donné pour que l'intervention militaire du 11 septembre 1973 ne fût pas nécessaire ! écrivit Pinochet. Que n'eussé-je donné pour que l'idéologie marxiste-léniniste n'eût pas envahi notre patrie[7] ! »

Les criminels des années de terreur de l'Amérique latine n'ont pas tous eu la même chance que Pinochet. En septembre 2006, vingt-trois ans après la fin de la dictature militaire argentine, l'un des principaux artisans de la terreur, Miguel Osvaldo Etchecolatz, commissaire de police de la province de Buenos-Aires pendant les années de la dictature, fut enfin condamné à la prison à perpétuité.

Au cours du procès historique, Jorge Julio López, témoin principal, fut porté disparu. López avait déjà disparu dans les années 1970 avant d'être brutalement torturé, puis relâché – et voilà que tout recommençait. En Argentine, López devint la première personne à avoir « disparu » deux fois[8]. Dans le courant de l'hiver austral de 2007, il manquait toujours à l'appel, et les policiers étaient convaincus que son enlèvement constituait un avertissement lancé aux témoins éventuels – bref, un retour aux méthodes des années de terreur.

Âgé de 55 ans, le juge Carlos Rozanski de la cour fédérale de l'Argentine déclara Etchecolatz coupable de six chefs d'accusation pour homicide, de six pour emprisonnement illégal et de sept pour torture. En rendant son verdict, le juge prit une mesure extraordinaire. Il affirma en effet que la condamnation ne rendait pas justice à la nature des accusations et que, « au nom de l'édification de la mémoire collective », il devait ajouter qu'il s'agissait « de crimes contre l'humanité commis dans le contexte du génocide que connut la République argentine entre 1976 et 1983[9] ».

Le juge joua ainsi son rôle dans la réécriture de l'histoire de son pays. La phrase signifiait que les assassinats de gauchistes des années 1970 ne s'inscrivaient pas dans le cadre d'une « guerre sale » au cours de laquelle les belligérants de deux camps s'étaient affrontés et avaient commis divers crimes, ainsi que le voulait l'histoire officielle. Les disparus n'avaient pas non plus été les simples victimes de dictateurs déments, sadiques et ivres de pouvoir. L'entreprise avait un caractère plus scientifique, plus terriblement rationnel. Pour reprendre les mots du magistrat, on avait assisté à « un projet d'extermination exécuté par les dirigeants du pays[10] ».

Rozanski expliqua que les meurtres s'inscrivaient dans le cadre d'un système planifié depuis longtemps et appliqué aux quatre coins du pays dans l'intention manifeste de détruire certains secteurs de la société en s'en prenant aux personnes qui les représentaient. Par « génocide », on entend une tentative de faire disparaître un groupe et non un ensemble de particuliers ; par conséquent, argua le juge, on avait, dans ce cas, affaire à un génocide[11].

Rozanski savait que l'utilisation du mot « génocide », dans ce contexte, était contestable, et il rédigea un long arrêt pour justifier son choix. Dans la Convention sur le génocide de l'ONU, reconnaissait-il, le génocide est défini comme un crime « commis dans l'intention de détruire, ou tout ou en partie, un groupe national, ethnique, racial ou religieux ». Le texte ne s'applique donc pas à l'élimination d'un groupe ciblé pour ses convictions politiques – mais Rozanski n'estimait pas l'exclusion légitime en droit[12]. Soulignant un chapitre peu connu de l'histoire de l'ONU, il expliqua que, le 11 décembre 1946, l'Assemblée générale des Nations Unies, en réaction à l'holocauste nazi, adopta à l'unanimité une résolution interdisant les actes de génocide, que les « groupes raciaux, religieux, *politiques* et autres, aient été détruits entièrement ou en partie[13] ». Le mot « politiques » fut supprimé deux ans plus tard, sur l'insistance de Staline. Si la destruction de «groupes politiques» était génocidaire, les purges sanglantes du dictateur et son recours aux emprisonnements massifs d'opposants politiques auraient répondu à la définition. Staline rallia suffisamment d'autres chefs d'État qui tenaient à se réserver le droit d'éliminer leurs opposants politiques pour qu'on abandonnât le mot[14].

Rozanski précisa que la définition initiale de l'ONU lui semblait beaucoup plus légitime dans la mesure où elle n'avait pas fait l'objet d'un compromis intéressé*. Il citait également le jugement d'une cour nationale espagnole qui, en 1998, avait traduit en justice un tortionnaire argentin notoire. Ce tribunal avait lui aussi statué que la junte militaire argentine s'était rendue coupable du «crime de génocide»; selon lui, le groupe que la junte se proposait d'éliminer se composait des «citoyens qui ne se conformaient pas au modèle que les auteurs de la répression jugeaient convenir au nouvel ordre instauré dans le pays[15]». L'année suivante, en 1999, le juge espagnol Baltasar Garzón, célèbre pour avoir émis un mandat d'arrestation contre Augusto Pinochet, soutint lui aussi que l'Argentine avait été victime d'un génocide. Il essaya à son tour de préciser la nature du groupe visé par la tentative d'extermination. Le but de la junte, écrivit-il, était d'«établir un nouvel ordre, comme celui qu'Hitler avait cherché à imposer en Allemagne, ordre dans lequel certains types de personnes n'avaient pas de place». Les personnes en question «se trouvaient dans des secteurs qui faisaient obstacle à la configuration idéale de la nouvelle nation argentine[16]».

Du point de vue du nombre de victimes, il n'y a bien sûr aucune comparaison possible entre les événements qui marquèrent l'Allemagne nazie ou le Rwanda de 1994 et les crimes commis par les dictatures corporatistes d'Amérique latine durant les années 1970. Si le génocide est synonyme d'holocauste, les crimes commis dans le cône sud n'appartiennent pas à la même catégorie. Si, en revanche, «génocide» signifie, comme l'affirmèrent les tribunaux mentionnés plus haut, une tentative concertée d'oblitération de groupes s'opposant à la réalisation d'un projet politique, l'Argentine – mais aussi, à des degrés

---

* Le code pénal de nombreux pays, dont le Portugal, le Pérou et le Costa Rica, interdit les actes de génocide et comprend des définitions qui incluent nommément les groupements politiques ou les «groupes sociaux». Le droit français est encore plus large : le génocide y est défini comme un projet visant à détruire tout ou partie d'«un groupe déterminé à partir de tout critère arbitraire».

divers, d'autres pays de la région transformés en laboratoires de l'école de Chicago – fut bel et bien victime d'une telle opération. Dans ces pays, les gens qui «faisaient obstacle à l'idéal» étaient des gauchistes de toutes allégeances : des économistes, des bénévoles de soupes populaires, des syndicalistes, des musiciens, des militants d'organisations agricoles, des politiciens. Les membres de ces groupes firent les frais d'une stratégie régionale (qui transcendait les frontières grâce à l'Opération Condor) claire et concertée qui avait pour but de déraciner et d'éradiquer la gauche.

Depuis la chute du communisme, on amalgame liberté des marchés et liberté des citoyens pour les fondre dans une idéologie unique qui prétend constituer le seul rempart de l'humanité contre le retour d'une histoire jalonnée de fosses communes, de charniers et de salles de torture. Dans le cône sud de l'Amérique latine, pourtant, premier endroit où la religion contemporaine du libéralisme sans entraves sortit des sous-sols de l'université de Chicago pour entrer dans le réel, la démocratie ne fut pas au rendez-vous. En fait, la nouvelle religion entraîna le renversement de la démocratie dans tous les pays où elle fut instaurée. Et elle n'apporta pas la paix : au contraire, elle requit l'assassinat de dizaines de milliers de personnes et la torture de 100 000 à 150 000 citoyens.

Il y avait, comme l'écrivit Letelier, une «harmonie interne» entre la volonté de purifier certains secteurs de la société et l'idéologie qui sous-tendait le projet. Les Chicago Boys et leurs professeurs, qui prodiguaient des conseils et occupaient des postes de haut rang au sein des régimes militaires du cône sud, avaient foi en un capitalisme par nature puriste. Leur système reposait entièrement sur la croyance dans l'«ordre» et l'«équilibre», sur la nécessité de supprimer les ingérences et les «distorsions». C'est pour cette raison qu'un régime résolu à appliquer fidèlement leur théorie ne peut tolérer la présence de conceptions du monde qui risqueraient de le contredire ou de l'affaiblir. L'idéal ne peut être atteint qu'au prix d'un monopole idéologique, faute duquel les indices économiques souffrent de distorsion de sorte que l'équilibre de tout le système s'en ressent.

Les Chicago Boys n'auraient pu choisir une contrée moins propice à cette expérience absolutiste que le cône sud de l'Amérique latine des années 1970. En raison de l'extraordinaire montée du développementalisme, la région se présentait comme une cacophonie de politiques que l'école de Chicago considérait précisément comme souffrant de distorsions ou «contraires aux principes de l'économie». Plus important encore, elle grouillait de mouvements populaires et intellectuels nés en réaction au capitalisme du laisser-faire. De telles vues n'avaient rien de marginal. Elles reflétaient au contraire le point de vue de la majorité, ainsi que le montraient bon an mal an les résultats électoraux de plusieurs pays. Bref, la métamorphose préconisée par l'école de Chicago avait autant de chances d'être favorablement accueillie dans le cône sud qu'une révolution prolétarienne à Beverly Hills.

Avant que la campagne de terreur ne frappât l'Argentine, Rodolfo Walsh avait écrit : «Rien, ni la prison ni la mort, ne peut nous arrêter : il est impossible d'emprisonner ou d'assassiner tout un peuple et la vaste majorité des Argentins [...] sait que le peuple ne peut être sauvé que par le peuple[17].» En voyant les tanks s'avancer implacablement vers le palais présidentiel, Salvador Allende avait lancé à la radio un ultime appel porteur du même défi : «Je suis certain que les graines que nous avons semées dans la conscience de milliers et de milliers de braves Chiliens ne pourront pas être arrachées définitivement, dit-il. Ils ont la force. Ils peuvent nous subjuguer, mais ils ne réussiront, ni par le crime ni par la force, à mettre un terme au progrès social. L'Histoire nous appartient, et c'est le peuple qui la fait[18].»

Ces vérités, les commandants des juntes de la région et leurs économistes complices les connaissaient bien. Un vétéran de quelques coups d'État militaires en Argentine s'expliqua sur la mentalité des siens : «En 1955, nous pensions que le problème venait de [Juan] Perón, alors nous l'avons démis de ses fonctions. En 1976, nous avons compris que le problème venait en fait de la classe ouvrière[19].» Le «problème», bien enraciné et répandu, était le même dans toute la région. Pour que la révolution néolibérale eût des chances de réussir, la junte devait donc réaliser ce qu'Allende avait déclaré impossible – arracher les graines semées pendant le virage à gauche de l'Amérique latine. Dans la déclaration de principes qu'elle rendit publique au lendemain du coup d'État, la dictature de Pinochet décrivait d'ailleurs sa mission comme «une opération longue et exhaustive visant à changer la mentalité des Chiliens» en écho à la déclaration faite vingt ans plus tôt par Albion Patterson d'USAID, parrain du projet Chili : «Ce qu'il faut, c'est changer la formation des hommes[20].»

Mais comment y parvenir? Les graines auxquelles Allende avait fait allusion ne se laissaient pas réduire à une seule idée ni même à un seul groupe de partis politiques et de syndicats. Dans les années 1960 et au début des années 1970, en Amérique latine, la gauche représentait la culture de masse dominante – la poésie de Pablo Neruda, le folklore de Victor Jara et de Mercedes Sosa, la théologie de la libération de prêtres du tiers-monde, le théâtre émancipateur d'Augusto Boal, la pédagogie radicale de Paulo Freire, le journalisme révolutionnaire d'Eduardo Galeano et de Walsh lui-même. La gauche, c'étaient aussi les martyrs et les héros légendaires de l'histoire ancienne et récente, de José Gervasio Artigas à Che Guevara en passant par Simón Bolívar. En entreprenant de faire mentir la prophétie d'Allende et d'éradiquer le socialisme, les juntes déclaraient la guerre à toute une culture.

Cet impératif se faisait d'ailleurs sentir dans les principales métaphores utilisées par les régimes militaires du Brésil, du Chili, de l'Uruguay et de l'Argentine, à savoir les clichés fascistes du « nettoyage », du « récurage », de l'« éradication » et de la « guérison ». Au Brésil, les arrestations de gauchistes par la junte avaient pour nom de code *Operação Limpeza* (Opération nettoyage). Le jour du coup d'État, Pinochet qualifia Allende et son conseil des ministres de « saletés en passe de ruiner le pays[21] ». Un mois plus tard, il s'engageait à « extirper les racines du mal au Chili », à procéder à un « nettoyage moral » de la nation, qu'il « purifierait de ses vices », faisant écho à l'auteur du Troisième Reich, Alfred Rosenberg, selon lequel il fallait « balayer cette pourriture[22] ».

Du nettoyage des cultures

Au Chili, en Argentine et en Uruguay, les juntes orchestrèrent des opérations massives de nettoyage idéologique : elles brûlèrent des livres de Freud, de Marx et de Neruda, fermèrent des centaines de journaux et de magazines, occupèrent les universités, interdirent les grèves et les assemblées politiques.

Certaines de leurs attaques les plus virulentes furent réservées aux économistes « roses » que les Chicago Boys n'avaient pas réussi à vaincre avant les coups d'État. À l'université du Chili – rivale de l'université catholique, port d'attache des Chicago Boys –, des centaines de professeurs furent licenciés pour « manquement à leurs devoirs moraux » (dont André Gunder Frank, dissident de l'école de Chicago qui écrivit à ses anciens professeurs des lettres pleines de fureur[23]). Pendant le coup d'État, rapporta Gunder Frank, « six étudiants furent tués à vue dans l'entrée principale de l'école de sciences économiques afin de servir d'exemples[24] ». Lorsque la junte argentine s'arrogea le pouvoir, des soldats entrèrent à l'université du Sud, à Bahía Blanca, et emprisonnèrent dix-sept professeurs qui furent accusés d'« enseigner la sédition ». Une fois de plus, la plupart d'entre eux étaient issus du département de sciences économiques[25]. « Il faut détruire les sources qui alimentent, forment et endoctrinent les éléments subversifs », déclara l'un des généraux lors d'une conférence de presse[26]. Au total, 8 000 éducateurs de gauche « à l'idéologie suspecte » firent l'objet d'une purge dans le cadre de l'« opération clarté[27] ». Dans les écoles secondaires, on interdit les présentations en groupe – signes d'un esprit collectif latent menaçant la « liberté individuelle[28] ».

À Santiago, le légendaire chanteur folk de gauche Victor Jara fit partie du contingent de prisonniers conduits au stade du Chili. Le traitement qu'on lui réserva illustre on ne peut plus clairement la volonté du régime de réduire la culture au silence. D'abord, des soldats lui brisèrent les doigts pour l'empêcher de jouer de la guitare, puis, selon la commission de la vérité et de la réconciliation du Chili, ils criblèrent son corps de 44 balles[29]. Enfin, pour être sûr que Jara ne pût inspirer personne depuis l'au-delà, le régime ordonna la destruction de toutes les bandes maîtresses de ses chansons. Mercedes Sosa, chanteuse argentine, fut contrainte de s'exiler, le dramaturge révolutionnaire Augusto Boal fut torturé et dut fuir le Brésil, Eduardo Galeano quitta l'Uruguay et Walsh fut assassiné dans les rues de Buenos Aires. Une culture tout entière était en voie d'extermination méthodique.

Pendant ce temps, une nouvelle culture aseptisée et purifiée voyait le jour. Au début des dictatures chilienne, argentine et uruguayenne, les seuls rassemblements publics autorisés étaient les démonstrations de force militaires et les matchs de football. Au Chili, les femmes qui portaient le pantalon risquaient l'emprisonnement ; les hommes qui avaient les cheveux longs s'exposaient au même danger. « Dans toute la république, un nettoyage en profondeur est en cours », put-on lire dans un éditorial d'un journal argentin contrôlé par la junte. On y plaidait également en faveur de l'effacement systématique des graffiti gauchistes : « Bientôt, les surfaces luiront de nouveau, libérées du cauchemar par les forces conjuguées du savon et de l'eau[30]. »

Au Chili, Pinochet était déterminé à mettre un terme à une habitude que le peuple avait prise : descendre dans la rue.

Les moindres rassemblements étaient dispersés au moyen de canons à eau, l'outil de contrôle des foules que privilégiait le général. La junte avait à sa disposition des centaines de ces appareils suffisamment petits pour pouvoir être hissés sur les trottoirs, et les soldats s'en servirent pour tremper jusqu'à l'os des écoliers en train de distribuer des tracts. Lorsque les pleureurs se faisaient trop bruyants, les cortèges funèbres étaient eux aussi réprimés. Surnommés *guanacos*, d'après un type de lama connu pour son habitude de cracher, les omniprésents canons à eau, qui repoussaient les gens comme s'ils étaient de vulgaires déchets humains, laissaient les rues luisantes, nettes et désertes.

Peu de temps après le coup d'État, la junte chilienne publia un décret exhortant les citoyens à «contribuer au nettoyage de votre patrie» en dénonçant les «extrémistes» étrangers et les «fanatiques chiliens[31]».

QUI FUT TUÉ – ET POURQUOI?

La majorité des victimes de rafles étaient non pas des «terroristes», comme le voulait la rhétorique de l'époque, mais bien des personnes que les juntes considéraient comme des obstacles à la réalisation de leur programme économique. Il y avait parmi elles de véritables adversaires du régime, mais nombre d'entre eux incarnaient simplement des valeurs jugées contraires à celles de la révolution.

Un examen de l'heure et de la date des disparitions répertoriées dans les rapports des commissions des droits de l'homme et des commissions de la vérité corrobore la nature systématique de la campagne de nettoyage. Au Brésil, la répression de masse ne débuta qu'à la fin des années 1960, à une exception près : dès le début du coup d'État, des soldats arrêtèrent les dirigeants des syndicats dans les usines et les grandes exploitations agricoles. Selon *Brasil : Nunca Mais*, ils furent emprisonnés et, dans de nombreux cas, torturés, «simplement parce qu'ils s'inspiraient d'une philosophie politique contraire à celle des autorités». Dans le rapport publié par la Commission de la vérité, qui se fonde sur les dossiers judiciaires de l'armée, on souligne que le Commandement général des travailleurs (CGT), principale coalition syndicale, revient sans cesse dans les actions en justice de la junte, tel un «démon omniprésent qu'il faut exorciser». Les auteurs du rapport en viennent à la conclusion suivante : «les autorités qui ont pris le pouvoir en 1964 ont eu soin de "nettoyer ce secteur" » parce qu'elles « craignaient la généralisation de [...] la résistance des syndicats à leurs programmes économiques, fondés sur la réduction des salaires et la dénationalisation de l'économie[32] ».

Au Chili et en Argentine, les juntes profitèrent du chaos initial engendré par le coup d'État pour lancer de violentes attaques contre le mouvement syndical. De toute évidence, les opérations avaient été planifiées avec soin : elles débutèrent en effet le jour même. Au Chili, tandis que tous les regards étaient tournés vers le palais présidentiel, d'autres bataillons furent envoyés dans les « usines des "régions industrielles", où les troupes menèrent des raids et procédèrent à des arrestations ». Durant les jours qui suivirent, indique-t-on dans le rapport de la Commission de la vérité et de la réconciliation, d'autres usines furent prises d'assaut, « ce qui se traduisit par des arrestations massives de travailleurs, dont certains furent tués ou disparurent[33] ». En 1976, les travailleurs et les paysans comptaient pour 80 % des prisonniers politiques du Chili[34].

Le rapport de la Commission de la vérité de l'Argentine (*Nunca más*) fait état du même genre de frappes chirurgicales contre les syndicats : « Nous remarquons qu'une forte proportion des opérations menées [contre les travailleurs] l'ont été le jour même du coup d'État ou peu après[35]. » Parmi la liste des attaques lancées contre des usines, un témoignage montre éloquemment que la junte se servait du « terrorisme » comme prétexte pour s'en prendre à des militants syndicaux non violents. Graciela Geuna, prisonnière politique du camp de torture connu sous le nom de La Perla, raconta que les soldats qui la gardaient avaient manifesté des signes d'agitation devant l'imminence d'une grève dans une centrale électrique. La grève serait « une importante illustration de la résistance à la dictature militaire », et la junte tenait absolument à l'éviter. Alors, dit Geuna, « les soldats de l'unité ont décidé de déclarer la grève illégale ou, comme ils le disaient, de la "montonériser" » (du nom du groupe de guérilla que l'armée avait déjà démantelé). Les grévistes n'avaient rien à voir avec les montoneros, mais c'était sans importance. Les « soldats de La Perla ont imprimé eux-mêmes des tracts – qu'ils signaient "Les montoneros" – invitant les ouvriers de la centrale à débrayer ». Ces documents constituèrent la « preuve » dont ils avaient besoin pour enlever et tuer les dirigeants syndicaux[36].

Souvent, les attaques lancées contre les syndicalistes étaient menées en étroite concertation avec les propriétaires des usines. Des poursuites judicaires intentées au cours des dernières années fournissent les exemples les mieux documentés de la complicité directe de filiales de certaines multinationales étrangères.

Dans les années ayant précédé le coup d'État en Argentine, la montée du militantisme de gauche avait eu des effets économiques et personnels sur les sociétés étrangères : entre 1972 et 1976, cinq cadres du fabricant de voitures Fiat furent assassinés[37]. Le sort de ces entreprises changea radicalement le jour où la junte prit le pouvoir et introduisit les politiques de l'école de Chicago, car elles avaient désormais la possibilité d'inonder le marché d'importations, de réduire les salaires, de licencier à leur guise et de retourner les profits dans leurs pays respectifs, sans avoir à se soucier de la réglementation.

Quelques multinationales exprimèrent leur gratitude avec effusion. Pour marquer le premier anniversaire du règne militaire argentin, la Ford Motor Company prit une pleine page de publicité dans les quotidiens et s'allia ouvertement avec le régime : « 1976 : une fois de plus, l'Argentine trouve sa voie. 1977 : nouvelle année de confiance et d'espérance pour les Argentins de bonne volonté. Ford Argentine et ses employés s'engagent à lutter pour faire advenir le grand destin de la Patrie[38]. » Les sociétés étrangères ne se contentèrent pas de remercier les juntes de leur beau travail ; certaines participèrent activement aux campagnes de terreur. Au Brésil, quelques multinationales se liguèrent et mirent sur pied leurs propres escadrons de tortionnaires privés. Au cours de l'hiver austral de 1969, au moment où la junte entrait dans sa phase la plus brutale, on créa ainsi un corps policier extrajudiciaire appelé « Opération Bandeirantes », connue sous le nom d'OBAN. Composé d'officiers de l'armée, le groupe était financé, selon le rapport *Brasil: Nunca Mais*, par « diverses multinationales, dont Ford et General Motors ». Indépendante de l'armée et de la police, OBAN avait « toute la latitude et l'impunité nécessaires relativement aux méthodes d'interrogatoire », lit-on dans le rapport. Bientôt, le groupe eut la réputation de faire preuve d'un sadisme inégalé[39].

Cependant, c'est en Argentine que la participation de la filiale locale de Ford à l'appareil de la terreur fut la plus évidente. La société fournissait des voitures à l'armée, et les berlines Ford Falcon vertes servirent à des milliers d'enlèvements et de disparitions. Le psychologue et dramaturge argentin Eduardo Pavlovsky dit que la voiture était l'« expression symbolique de la terreur, la mort sur roues[40] ».

Ford approvisionnait la junte en véhicules, et la junte rendait à son tour des services à Ford en débarrassant les chaînes de montage des syndicalistes encombrants. Avant le coup d'État, la société avait été contrainte d'accorder d'importantes concessions à ses employés : une pause d'une heure au lieu de vingt minutes à midi, et l'affectation de 1 % du chiffre des ventes à des programmes de services sociaux. La situation changea du tout au tout lorsque, au lendemain du coup d'État, s'amorça la contre-révolution. L'usine de Ford, en banlieue de Buenos Aires, fut transformée en camp armé ; au cours des semaines suivantes, ses terrains grouillèrent de véhicules militaires, y compris des tanks, et des hélicoptères bourdonnaient dans le ciel. Selon les témoignages de travailleurs, cent soldats étaient cantonnés en permanence à l'usine[41]. « C'était comme si Ford était en guerre. Et l'ennemi, c'était nous, les travailleurs », dit Pedro Troiani, l'un des délégués syndicaux[42].

Des soldats patrouillaient, enlevaient et recouvraient d'une cagoule les syndiqués les plus actifs, obligeamment désignés par les contremaîtres. Troiani fut l'un de ceux qu'on arracha à la chaîne de montage. « Avant de m'emmener, dit-il, ils m'ont fait défiler dans l'usine, pour que tout le monde me voie bien. C'était la méthode utilisée par Ford pour se débarrasser du syndicalisme[43]. » Le plus étonnant restait à venir : au lieu d'être conduits dans une prison voisine, les captifs, selon Troiani et d'autres, étaient emmenés dans un centre de détention aménagé dans l'usine elle-même. Dans leur milieu de travail, là où, quelques jours plus tôt, ils avaient discuté des modalités de leur convention collective, les travailleurs étaient battus, roués de coups de pieds et, dans deux cas, soumis à des électrochocs[44]. Ils furent ensuite transférés dans des prisons extérieures, où la torture se poursuivit pendant des semaines et, dans certains cas, des mois[45]. Selon les avocats des travailleurs, au moins 25 représentants syndicaux de Ford furent enlevés au cours de cette période, et la moitié d'entre eux furent détenus sur les terrains de l'entreprise, dans un lieu que les groupes de défense des droits de l'homme de l'Argentine voudraient voir inscrit sur une liste officielle d'anciens centres de détention clandestins[46].

En 2002, des procureurs fédéraux déposèrent des accusations pénales contre Ford Argentine au nom de Troiani et de quatorze autres travailleurs. Motif invoqué ? Aux yeux de la loi, la compagnie était responsable de la répression effectuée dans ses installations. « Ford [Argentine] et ses cadres ont participé à l'enlèvement de leurs travailleurs, et je pense qu'ils doivent en assumer la responsabilité », dit Troiani[47]. Mercedes-Benz (filiale de DaimlerChrysler) fait face à une procédure similaire à la suite d'allégations selon lesquelles la société, dans les années 1970, aurait collaboré avec l'armée pour purger une de ses usines de ses dirigeants syndicaux. Elle aurait divulgué le nom et l'adresse de seize de ses employés qui, plus tard, disparurent. On ne revit jamais quatorze d'entre eux[48].

À la fin de la dictature, selon l'historienne Karen Robert, spécialiste de l'Amérique latine, « la quasi-totalité des délégués d'usines des plus grandes sociétés du pays [...] comme Mercedes-Benz, Chrysler et Fiat Concord, avaient disparu[49] ». Ford et Mercedes-Benz nient toute implication de leurs cadres dans la répression. Les affaires sont toujours en cours d'instruction.

Les syndicalistes ne furent pas les seules victimes d'attaques préemptives – quiconque représentait une vision de la société fondée sur des valeurs autres que pour le profit se retrouvait dans la mire des juntes. Dans la région, les agriculteurs associés à la lutte pour la réforme agraire furent victimes d'agressions particulièrement brutales. Les dirigeants des ligues agraires argentines – qui avaient répandu des idées incendiaires sur le droit des paysans à posséder la terre – furent traqués et torturés, souvent dans les champs qu'ils cultivaient, devant toute la communauté. Utilisant les batteries de leur camion pour alimenter leurs *picanas*, les soldats retournaient l'omniprésent instrument agricole contre les paysans eux-mêmes. Pendant ce temps, les politiques économiques de la junte faisaient la fortune des propriétaires terriens et des éleveurs de bétail. En Argentine, Martínez de Hoz avait déréglementé le marché de la viande, et les prix avaient augmenté de 700 %, d'où des profits records[50].

Dans les bidonvilles, les cibles des attaques préemptives étaient les travailleurs communautaires (dont bon nombre étaient rattachés à des églises) qui s'efforçaient d'organiser les secteurs les plus pauvres de la société pour obtenir des services de santé, des HLM et des places à l'école – qui revendiquaient, en d'autres mots, l'État-providence que les Chicago Boys s'étaient donné pour tâche de démanteler. « Les pauvres n'auront plus de bons Samaritains pour s'occuper d'eux ! » lança-t-on à Norberto Liwsky, médecin argentin, « pendant qu'on donnait des chocs électriques à mes gencives, mes mamelons, mes organes génitaux, mon abdomen et mes oreilles[51] ».

Un prêtre argentin ayant collaboré avec la junte expliqua la philosophie de celle-ci : « L'ennemi, c'était le marxisme. Le marxisme au sein de l'Église, disons, et dans la mère patrie – le danger que présentait l'avènement d'une nouvelle nation[52]. » C'est sans doute l'éventualité de cette « nouvelle nation » qui explique le jeune âge d'un si grand nombre de victimes des juntes. En Argentine, 81 % des 30 000 disparus avaient entre seize et trente ans[53]. « Nous préparons aujourd'hui les vingt prochaines années », déclara un tortionnaire notoire à l'une de ses victimes[54].

Au nombre des plus jeunes figura un groupe d'élèves du secondaire qui, en septembre 1976, s'unirent pour réclamer une diminution du prix des tickets d'autobus. Cette action collective convainquit la junte que l'esprit de ces jeunes avait été infecté par le virus du marxisme, et elle réagit avec une fureur génocidaire en torturant et en tuant six des élèves qui avaient osé formuler cette requête subversive[55]. Miguel Osvaldo Etchecolatz, le commissaire de police, finalement condamné en 2006, fut l'un des principaux artisans de cette opération.

Le schéma des disparitions transparaissait clairement : pendant que les thérapeutes de choc s'efforçaient de supprimer tous les vestiges du collectivisme au sein de l'économie, les troupes de choc éliminaient les représentants de cet éthos dans les rues, les universités et les usines.

Dans des moments d'inattention, certains des principaux acteurs de la métamorphose économique admirent que l'atteinte de leurs objectifs exigeait la répression massive. Victor Emmanuel, relationniste de Burson-Marstheller, entreprise chargée de la promotion à l'international du nouveau régime favorable aux entreprises, déclara ainsi à une chercheuse que la violence était nécessaire à l'ouverture de l'économie « protectrice et étatiste » de l'Argentine. « Personne, absolument personne n'investit dans un pays déchiré par une guerre civile », dit-il en admettant que les victimes n'étaient pas toutes des guérilleros. « Beaucoup d'innocents ont sans doute perdu la vie, déclara-t-il à l'auteur Marguerite Feitlowitz, mais, compte tenu de la situation, le recours à une force immense s'imposait[56]. »

Sergio de Castro, Boy de Chicago et ministre de l'Économie de Pinochet responsable de la mise en œuvre du traitement de choc, avoua qu'il n'aurait jamais pu parvenir à ses fins sans la poigne de fer de Pinochet. « L'opinion publique [nous] était très défavorable. Nous avons donc eu besoin du soutien d'une forte personnalité pour appliquer la politique. Nous avons eu la chance que le président Pinochet comprenne et ait la force de résister aux critiques. » De Castro laissa aussi entendre qu'un « gouvernement autoritaire » était mieux équipé pour préserver la liberté économique en raison de l'utilisation « impersonnelle » qu'il faisait du pouvoir[57].

Comme presque partout où règne la terreur d'État, les assassinats ciblés visaient deux objectifs. Premièrement, ils éliminaient des entraves concrètes – les personnes les plus susceptibles de riposter. Deuxièmement, la disparition des « fauteurs de troubles » constituait un avertissement sans équivoque pour quiconque aurait eu des velléités de résistance : on supprimait ainsi de futurs obstacles.

Les résultats étaient d'ailleurs probants. « Nous étions désorientés et angoissés, dociles et prêts à obéir aux ordres [...] les gens régressaient ; ils devenaient plus dépendants et craintifs », dit le psychiatre chilien Marco Antonio de la Parra[58]. Ils étaient, en d'autres mots, en état de choc. Lorsque les chocs économiques entraînèrent une augmentation vertigineuse des prix et une diminution des salaires, les rues du Chili, de l'Argentine et de l'Uruguay restèrent calmes et désertes. Il n'y eut pas d'émeutes du pain, pas de grèves générales. Les familles enduraient la situation en silence, sautaient des repas et nourrissaient leurs bébés de maté, thé traditionnel ayant pour effet de supprimer la faim. Avant l'aube, les gens marchaient pendant des heures pour se rendre au travail, afin d'économiser le prix d'un ticket d'autobus. Ceux qui mouraient à cause de la malnutrition ou de la typhoïde étaient enterrés discrètement.

Une décennie plus tôt à peine, grâce à l'explosion des secteurs industriels, à l'ascension rapide de la classe moyenne et à de solides systèmes de santé et d'éducation, le cône sud incarnait l'espoir pour les pays en voie de développement. Désormais, riches et pauvres appartenaient à des mondes économiques différents : les nantis obtenaient le titre de citoyens honoraires de l'État de la Floride, cependant que les déshérités étaient repoussés dans les limbes du sous-développement. La dynamique ne ferait que s'accentuer sous l'effet des « restructurations » néolibérales qui succédèrent aux dictatures. Les pays du cône sud, qui ne servaient plus d'exemples ni de sources d'inspiration, lançaient un avertissement terrifiant aux nations pauvres qui croyaient pouvoir s'arracher au tiers-monde. La conversion imita celle que les prisonniers subissaient dans les centres de torture des juntes : il ne suffisait pas de parler, il fallait renoncer à ses convictions les plus précieuses, trahir ses êtres chers et ses enfants. On appelait *quebrados*, les brisés, ceux qui craquaient. Il en allait de même pour le cône sud : la région n'était pas que meurtrie, elle était cassée, *quebrada*.

DE LA TORTURE COMME THÉRAPIE

Si les politiques avaient pour but d'extirper le collectivisme de la culture, la torture pratiquée dans les prisons cherchait à l'extirper des cerveaux et des esprits. Ainsi que l'affirmait la junte dans un éditorial de 1976 : « Les esprits doivent être nettoyés, eux aussi, car c'est là que l'erreur prend naissance[59]. »

De nombreux tortionnaires se donnaient des airs de médecins et de chirurgiens. À l'instar des économistes de l'école de Chicago prêts à imposer leurs traitements de choc douloureux mais nécessaires, ces interrogateurs s'imaginaient que les électrochocs et les autres supplices qu'ils faisaient subir à leurs victimes avaient des vertus thérapeutiques – ils les administraient comme des médicaments aux prisonniers qui, dans les camps, étaient souvent désignés par le mot *apestosos*, au sens de sales, malades, voire pestiférés. Ils entendaient les guérir de la maladie du socialisme, de l'envie de se tourner vers l'action collective*. Les traitements étaient atroces, certes, et risquaient même de se révéler mortels – mais le tortionnaire agissait pour le bien du patient. « Quand un bras est gangrené, il faut le couper, non ? » répondit un jour Pinochet, agacé, en réaction à des critiques touchant ses violations des droits de l'homme[60].

Dans les témoignages dont font état les rapports des commissions de la vérité de la région, les prisonniers évoquent un système conçu pour les contraindre à trahir le principe qui fondait leur identité. Pour les gauchistes latino-américains, ce principe était ce que l'historien radical argentin Osvaldo Bayer appelait la « seule théologie transcendantale : la solidarité[61] ». Les tortionnaires comprenaient bien l'importance de la solidarité et s'employaient, à grand renfort d'électrochocs, à ôter aux prisonniers le désir des connexions sociales. Bien sûr, tous

---

* Ainsi, la boucle était bouclée, et les électrochocs retrouvaient leur vocation première, celle de méthode d'exorcisme. On attribue à un médecin suisse du XVIIIᵉ siècle la première utilisation de l'électrocution à des fins médicales. Convaincu que la maladie mentale était l'œuvre du Malin, il obligeait le patient à tenir un fil qu'il reliait à une machine produisant de l'électricité statique, à raison d'un choc par démon. Le patient était ensuite déclaré guéri.

les interrogatoires ont officiellement pour but d'obtenir des informations précieuses et, par conséquent, d'encourager la trahison, mais de nombreux prisonniers soutiennent que leurs tortionnaires étaient beaucoup moins intéressés par les renseignements, qu'ils possédaient en général déjà, que par l'acte qui consiste à se renier soi-même. L'exercice avait pour but d'obliger les détenus à causer des préjudices irréparables à la portion d'eux-mêmes qui valorisait par-dessus tout l'entraide et faisait d'eux des militants. C'étaient la honte et l'humiliation qui venaient la remplacer.

Parfois, les trahisons échappaient entièrement à la volonté du prisonnier. C'est ainsi que l'Argentin Mario Villani avait son agenda sur lui lorsqu'il fut enlevé. Les détails d'un rendez-vous qu'il avait pris avec un camarade y figuraient. Les soldats s'y présentèrent à sa place, et un militant de plus fut englouti par l'appareil de la terreur. Pour torturer Villani, les interrogateurs lui dirent qu'«ils avaient capturé Jorge parce qu'il était venu à leur rendez-vous. Ils savaient que cette information le tourmenterait bien davantage qu'une décharge de 220 volts. Presque rien n'est plus intolérable que le remords[62] ».

Dans ce contexte, avoir des égards pour un autre prisonnier, par exemple soigner ses blessures ou partager avec lui sa maigre pitance, constituait l'acte de rébellion par excellence. Ces gestes, s'ils étaient découverts, valaient à leurs auteurs de sévères punitions. On mettait tout en œuvre pour incliner les prisonniers au plus grand individualisme possible, notamment en leur proposant des pactes faustiens : choisir, par exemple, entre se faire torturer de nouveau ou laisser torturer un autre détenu. Dans certains cas, les prisonniers étaient à ce point brisés qu'ils acceptaient de donner des coups de *picana* à leurs camarades ou de renier leurs anciennes convictions devant les caméras de la télévision. Pour les tortionnaires, ces prisonniers représentaient l'ultime triomphe : non contents d'avoir renoncé à la solidarité, ils avaient, pour survivre, succombé à l'éthos impitoyable du capitalisme néolibéral : «défendre ses intérêts», pour reprendre les mots du cadre de l'ITT*[63].

---

* On trouve l'expression contemporaine de cette méthode de fracture de la personnalité dans la façon dont l'islam est utilisé comme arme contre les musulmans détenus dans des prisons administrées par les États-Unis. Dans la multitude de témoignages qui émanent d'Abou Ghraïb et de Guantánamo Bay, deux formes de mauvais traitements reviennent constamment : la nudité et la profanation des pratiques religieuses islamiques, qu'il s'agisse de forcer les prisonniers à se raser la barbe ou à piétiner le Coran, de les enrouler dans des drapeaux israéliens, d'adopter des poses associées aux homosexuels

Les deux groupes de docteurs chocs à l'œuvre dans le cône sud – les généraux et les économistes – décrivaient leur travail à l'aide de métaphores quasi identiques. Friedman apparentait son rôle au Chili à celui d'un médecin offrant « des conseils médicaux techniques au gouvernement chilien afin d'enrayer une peste » – la « peste de l'inflation[64] ». Arnold Harberger, directeur du programme latino-américain à l'université de Chicago, alla encore plus loin. Dans une conférence prononcée devant de jeunes économistes en Argentine, longtemps après la fin de la dictature, il affirma que les bons économistes étaient en eux-mêmes le traitement – qu'ils servaient d'« anticorps capables de combattre les idées et les politiques anti-économiques[65] ». Le ministre des Affaires étrangères de la junte argentine, César Augusto Guzzetti, déclara que « le corps social du pays, lorsqu'il est infecté par une maladie qui pourrit ses entrailles, génère des anticorps. On ne doit pas confondre ces derniers avec les microbes. Une fois que le gouvernement aura contrôlé et détruit la guérilla, l'action des anticorps cessera de se faire sentir, ainsi qu'on le constate déjà aujourd'hui. Dans un corps malade, il s'agit simplement d'une réaction naturelle[66] ».

Ce langage participe évidemment du genre de construction intellectuelle qui permit aux nazis d'affirmer qu'en tuant les membres de la société jugés « malades », ils guérissaient le « corps national ». Le médecin nazi Fritz Klein déclarait : « Je veux préserver la vie. Par respect pour la vie humaine, je dois procéder à l'ablation du membre gangrené d'un corps malade. Les juifs sont le membre gangrené du corps de l'humanité. » Les khmers rouges justifièrent dans les mêmes termes leurs massacres au Cambodge : « Ce qui est pourri doit être retranché[67]. »

---

et même de les toucher à l'aide de faux sang menstruel. Moazzam Begg, ex-prisonnier de Guantánamo Bay, dit avoir été fréquemment rasé de force. Un gardien disait : « C'est ça qui vous dérange, vous, les musulmans, pas vrai ? » L'islam était profané non pas parce que les gardiens haïssaient cette religion (même si on ne peut l'exclure), mais bien parce qu'il était adoré par les détenus. Comme la torture a pour but de fracturer la personnalité, il faut, de façon systématique, déposséder le prisonnier de tout ce qui compose son moi – ses vêtements comme ses convictions les plus précieuses. Dans les années 1970, on s'en prenait à la solidarité sociale ; aujourd'hui, on s'attaque à l'islam.

C'est dans le traitement que la junte argentine réservait aux enfants de son réseau de centres de torture que les parallèles sont les plus choquants. Dans la Convention sur le génocide de l'ONU, on précise que les « mesures visant à entraver les naissances au sein du groupe » et le « transfert forcé d'enfants du groupe à un autre groupe » constituent des pratiques génocidaires[68].

On estime à 500 le nombre de bébés nés dans les centres de torture de l'Argentine. Ces nouveau-nés furent aussitôt intégrés au projet visant à redéfinir la société et à créer une nouvelle espèce de citoyens modèles. Après une brève période d'allaitement, des centaines de bébés furent vendus ou donnés à des couples, pour la plupart directement liés à la dictature. Les enfants furent élevés dans le respect des valeurs du capitalisme et du christianisme jugées « normales » et saines par la junte. Selon les *Abuelas de la Plaza de Mayo* (Grands-mères de la place de Mai), groupe de défense des droits de l'homme qui retrouva patiemment la trace de dizaines d'enfants dans cette situation, les intéressés ne furent jamais informés de leurs origines[69]. Les parents des bébés, considérés comme irrécupérables, furent presque toujours tués dans les camps. Les vols de bébés ne relevaient en rien d'aberrations individuelles, mais tout au contraire d'opérations concertées menées par l'État. Dans le cadre d'un procès, on produisit comme preuve un document officiel du ministère de l'Intérieur daté de 1977 et intitulé « Directives concernant les enfants mineurs de dirigeants politiques ou syndicaux dont les parents sont détenus ou portés disparus[70] ».

Ce chapitre de l'histoire de l'Argentine entretient des ressemblances troublantes avec les vols massifs d'enfants autochtones pratiqués aux États-Unis, au Canada et en Australie. Enlevés à leur famille, les enfants en question étaient envoyés dans des pensionnats, où on leur interdisait de parler leur langue maternelle et où, à force de coups, on les « blanchissait ». Dans l'Argentine des années 1970, la même logique suprématiste, fondée non sur la race mais sur les convictions politiques, la culture et la classe sociale, était clairement à l'œuvre.

L'un des liens les plus évocateurs entre les assassinats politiques et la révolution néolibérale ne fut mis au jour que quatre ans après la fin de la dictature argentine. En 1987, les membres d'une équipe cinématographique tournaient dans le sous-sol des Galerías Pacífico, l'un des centres commerciaux les plus huppés de Buenos Aires, lorsqu'ils tombèrent, horrifiés, sur un centre de torture abandonné. Pendant la dictature, apprit-on, le premier corps d'armée cachait certains disparus dans les entrailles du centre commercial. Sur les murs du donjon, on pouvait encore lire les messages désespérés laissés par des prisonniers morts depuis longtemps : noms, dates, appels à l'aide[71].

Aujourd'hui, les Galerías Pacífico sont le joyau du district commercial de Buenos Aires, la preuve de l'accession de la ville au rang de capitale mondiale de la consommation. Des plafonds en voûte et des fresques richement décorées encadrent un large éventail de boutiques de marque (Christian Dior, Ralph Lauren, Nike) inaccessibles à la vaste majorité des habitants du pays, mais bon marché pour les étrangers qui envahissent la ville pour profiter de la dépréciation de la devise.

Pour les Argentins qui connaissent leur histoire, le centre commercial constitue un rappel cruel : de la même façon qu'une conquête capitaliste plus ancienne fut bâtie sur les fosses communes des autochtones du pays, le projet de l'école de Chicago en Amérique latine fut échafaudé, au sens propre, sur des camps de torture secrets où disparurent des milliers de personnes qui croyaient en un pays différent.

CHAPITRE CINQ

«Aucun rapport»
Comment une idéologie fut purifiée de ses crimes

Milton [Friedman] est l'incarnation de cette vérité selon laquelle «les idées ont des conséquences».

Donald Rumsfeld, secrétaire à la Défense des États-Unis, mai 2002[1].

Les citoyens étaient en prison pour que les prix fussent en liberté.

Eduardo Galeano, 1990[2].

Pendant un bref moment, on eut l'impression que les crimes commis dans le cône sud allaient revenir hanter le mouvement néolibéral, qu'ils allaient le discréditer avant qu'il n'eût trouvé de nouveaux laboratoires. Au lendemain du fatidique voyage de Milton Friedman au Chili en 1975, Anthony Lewis, chroniqueur au *New York Times*, posa une question simple mais incendiaire : «Si ce n'est qu'au prix d'une répression qu'on peut appliquer à la lettre la théorie économique de Chicago, ses auteurs ont-ils une part de responsabilité dans la situation au Chili[3]?»

Après le meurtre d'Orlando Letelier, des militants reprirent le flambeau et réclamèrent qu'on tînt l'«architecte intellectuel» de la révolution économique pour responsable des coûts humains de ses politiques. À cette époque, Milton Friedman ne pouvait prononcer une conférence sans être pris à partie par quelqu'un qui citait Letelier. À l'occasion de quelques soirées données en son honneur, il dut entrer par les cuisines.

Des étudiants de l'université de Chicago furent si troublés d'apprendre que leurs professeurs avaient collaboré avec la junte qu'ils réclamèrent la tenue d'une enquête interne. Certains universitaires les soutinrent, notamment l'économiste autrichien Gerhard Tintner, qui, dans les années 1930, avait fui le fascisme européen pour s'établir aux États-Unis. Tintner compara le Chili de Pinochet à l'Allemagne d'Hitler et établit un parallèle entre Friedman en tant qu'allié de Pinochet et les technocrates allemands au service du Troisième Reich. (Friedman riposta en accusant ses détracteurs de « nazisme[4] ».)

Friedman et Arnold Harberger s'attribuaient volontiers le mérite des miracles économiques réalisés par leurs Boys latino-américains. Tel un père gonflé de fierté, Friedman, en 1982, écrivit dans le magazine *Newsweek* que « les Chicago Boys [...] outre de remarquables qualités intellectuelles et administratives, avaient le courage de leurs convictions et faisaient preuve de dévouement dans la mise en application de celles-ci ». Quant à Harberger, il déclara : « Je suis fier de mes étudiants, plus fier que de tout ce que j'ai écrit. En fait, le groupe latino-américain m'appartient bien davantage que ma contribution à l'avancement des connaissances[5]. » Au moment d'établir les coûts humains des « miracles » de leurs étudiants, cependant, les deux hommes, tout d'un coup, ne voyaient aucun rapport.

« Malgré mon profond désaccord avec le système politique autoritaire du Chili, écrit Friedman dans sa chronique du magazine *Newsweek*, je ne vois pas ce qu'il y a de mal, pour un économiste, à fournir des conseils économiques techniques au gouvernement chilien[6]. »

Selon les mémoires de Friedman, Pinochet avait tenté de diriger l'économie tout seul au cours de ses deux premières années au pouvoir, et ce n'était qu'« en 1975, au moment où l'inflation sévissait toujours et où une récession mondiale plongeait le Chili dans la dépression, [que] le général Pinochet s'était tourné vers les "Chicago Boys"[7] ». Il s'agit là d'un cas flagrant de révisionnisme – les Boys étaient à l'œuvre avant même le coup d'État, et les transformations économiques débutèrent le jour où la junte prit le pouvoir. À d'autres occasions, Friedman alla même jusqu'à affirmer que le règne de Pinochet – dix-sept années de dictature au cours desquelles on tortura des dizaines de milliers de personnes – avait été tout le contraire d'une fracture violente de la démocratie : « Ce qui compte vraiment, dans le dossier chilien, c'est que la libéralisation des marchés a donné naissance à une société libre », dit-il[8].

Trois semaines après l'assassinat de Letelier survint un événement qui fit oublier la question du rapport entre les crimes de Pinochet et le mouvement de l'école de Chicago.

En effet, Milton Friedman reçut le prix Nobel d'économie 1976 pour ses travaux «originaux et importants» concernant la relation entre inflation et chômage[9]. Dans son discours de réception, Friedman soutint que les sciences économiques sont aussi rigoureuses et objectives que des disciplines comme la physique, la chimie et la médecine, puisqu'elles se fondent elles aussi sur l'analyse impartiale des faits. Il passa habilement sous silence le fait que la théorie pour laquelle il était récompensé était démentie par les soupes populaires, les flambées de typhoïde et les fermetures d'usines au Chili, où régnait le seul régime assez impitoyable pour mettre ses idées en pratique[10].

Un an plus tard, un autre événement contribuait à fixer les paramètres du débat sur le cône sud : Amnesty International remporta le prix Nobel de la Paix, notamment en raison de sa courageuse dénonciation des violations des droits de l'homme au Chili et en Argentine. En réalité, le prix Nobel d'économie n'a rien à voir avec celui de la paix ; il est attribué par un comité différent dans une ville différente. De loin, cependant, on eût dit que le jury le plus prestigieux du monde, en décernant ces deux prix, avait rendu son verdict : certes il fallait dénoncer les chocs infligés dans les salles de torture ; néanmoins le traitement de choc économique était une entreprise louable – entre les deux, il n'y avait, ainsi que l'avait écrit Letelier avec une ironie amère, «aucun rapport[11]».

LES ŒILLÈRES DES «DROITS DE L'HOMME»

La mise en place de ce clivage, de ce pare-feu intellectuel n'est pas uniquement attribuable à la négation, par les économistes de l'école de Chicago, de tout lien entre leurs politiques et le recours à la terreur. Autre facteur aggravant : les actes de terreur étaient présentés comme des «violations des droits de l'homme» au sens restreint, et non comme des outils utilisés à des fins politiques et économiques précises. S'il en était ainsi, c'était en partie parce que le cône sud des années 1970 ne servait pas seulement de laboratoire à un nouveau modèle éco-nomique. Il était aussi le laboratoire d'un modèle de militantisme relativement nouveau : le mouvement interna-tional de défense des droits de l'homme, fondé sur les militants de la base. Ce mouvement contribua indiscutablement à mettre un terme aux pires exactions des juntes. Mais en insistant uniquement sur les crimes et non sur les raisons qui les sous-tendaient, il dissociait l'idéologie de l'école de Chicago du bain de sang en cours et lui permettait de garder sa réputation intacte.

Le dilemme remonte à la création du mouvement moderne de défense des droits de l'homme, qui coïncida avec l'adoption de la Déclaration universelle des droits de l'homme par l'ONU en 1948. Aussitôt rédigé, le document devint une sorte de bélier partisan : pendant la Guerre froide, les deux camps s'en servaient pour s'accuser mutuellement d'être le prochain Hitler. En 1967, des articles de journaux révélèrent que la Commission internationale de juristes, éminent groupe de défense des droits de l'homme qui se focalisait sur les abus des Soviétiques, n'était pas l'arbitre impartial qu'il prétendait incarner : l'organisation recevait en effet des fonds secrets de la CIA[12].

C'est dans cette atmosphère pour le moins chargée qu'Amnesty International élabora sa doctrine fondée sur la stricte impartialité : l'organisation, qui ne serait financée que par ses membres, demeurerait absolument indépendante «de tout gouvernement, de toute idéologie politique, de tout intérêt économique et de toute religion». Soucieuse de prouver qu'elle n'utilisait pas la défense des droits de l'homme pour faire avancer un programme politique particulier, l'organisation demanda à chacune de ses sections d'«adopter» en même temps trois prisonniers de conscience venus de trois blocs différents (pays communiste, pays occidental, pays du tiers-monde[13]). La position d'Amnesty, emblématique de l'ensemble du mouvement à l'époque, se définissait comme suit : puisque les violations des droits de l'homme, par nature indéfendables, étaient un mal universel, il n'était pas nécessaire de déterminer les causes des abus. Il suffisait de les documenter de la manière la plus méticuleuse et la plus crédible possible.

Ce principe détermina la façon dont on rendit compte de la campagne de terreur dans le cône sud. Surveillés et harcelés sans cesse par la police secrète, les groupes de défense des droits de l'homme envoyèrent des délégations en Argentine, en Uruguay et au Chili. Leurs membres avaient pour tâche d'interviewer des centaines de victimes de la torture ainsi que leurs proches. Ils essayaient aussi d'avoir accès aux détenus dans les prisons. Comme les médias indépendants étaient interdits et que les juntes niaient leurs crimes, ces témoignages constituaient la principale source de documentation d'une histoire dont les pouvoirs en place tenaient à ce qu'elle ne fût jamais écrite. Bien qu'important, ce travail a ses limites : les rapports se composent de listes, couchées en langue juridique, de méthodes de torture à vous retourner l'estomac, accompagnées de renvois aux chartes des Nations Unies auxquelles celles-ci contreviennent.

Dans le rapport sur l'Argentine produit par Amnesty International en 1976, document capital qui fait la lumière sur les atrocités commises par la junte et justifie amplement le prix Nobel décerné à l'organisation, ce parti pris restrictif pose tout particulièrement problème. Malgré son exhaustivité, le rapport ne dit rien des causes des abus. Il soulève simplement la question de savoir dans quelle mesure les violations étaient explicables ou nécessaires à la sécurité – selon le prétexte officiel invoqué par la junte pour justifier la «guerre sale[14]». Après avoir examiné la preuve, les auteurs du rapport concluent que la menace présentée par les guérillas de gauche était sans commune mesure avec la répression exercée par l'État.

N'y avait-il toutefois pas un autre objectif ayant pour effet de rendre la violence «explicable ou nécessaire»? Sur ce point, Amnesty International garde le silence. Nulle mention, dans le rapport de 92 pages, de la réforme économique radicale entreprise par la junte. Rien sur l'aggravation de la pauvreté ni sur le spectaculaire renversement des programmes de redistribution de la richesse, bien que cette politique fût au cœur du programme argentin. Amnesty énumère les lois et les décrets qui violent les libertés civiles, mais ne dit rien des décrets économiques qui ont entraîné une diminution des salaires et une flambée des prix, contrevenant ainsi au droit au logement et à la nourriture – également enchâssé dans la charte de l'ONU. Si le projet économique révolutionnaire de la junte avait été examiné, ne fût-ce que de manière superficielle, les raisons du recours à des formes de répression extraordinaires auraient sauté aux yeux. On aurait également compris pourquoi de si nombreux prisonniers de conscience défendus par Amnesty International étaient de paisibles syndicalistes et travailleurs sociaux.

Autre omission de taille : dans le rapport d'Amnesty International, les acteurs se limitent à l'armée et aux extrémistes de gauche. Les autres joueurs – le gouvernement des États-Unis, la CIA, les propriétaires terriens et les multinationales – sont laissés dans l'ombre. Si on fait abstraction du projet plus vaste, soutenu par des intérêts puissants, qui visait à imposer le capitalisme «pur» en Amérique latine, les actes de sadisme répertoriés n'ont aucun sens – ce sont de tristes événements aléatoires flottant librement dans l'éther politique, condamnables, mais incompréhensibles.

Toutes les actions du mouvement de défense des droits étaient assujetties à des restrictions importantes, quoique pour des motifs toujours différents. Dans les pays concernés, les premiers indicateurs de la terreur étaient les parents et les amis des victimes, mais ils ne pouvaient pas parler librement. S'ils évoquaient les programmes politiques ou économiques à l'origine des disparitions, ils risquaient de disparaître à leur tour. Les plus célèbres militantes à émerger, malgré le climat dangereux, furent les Mères de la Plaza de Mayo, connues en Argentine sous le nom de *Madres*. Ces dernières, qui défilaient chaque semaine devant le siège du gouvernement à Buenos Aires, n'osaient pas brandir des pancartes de protestation. Elles tenaient plutôt des photos de leurs enfants disparus portant la légende : *¿Dónde están?* (Où sont-ils ?) Au lieu de crier des slogans, elles tournaient en silence, la tête couverte d'un foulard sur lequel étaient brodés les noms de leurs enfants. Même si bon nombre de *Madres* avaient des convictions politiques bien arrêtées, elles se présentaient non pas en contestataires du régime, mais en simples mères éplorées, attendant désespérément de savoir ce qu'étaient devenus leurs enfants innocents*.

Au Chili, le plus important groupe de défense des droits de l'homme était le Comité pour la paix, composé de politiciens d'opposition, d'avocats et de dirigeants religieux. Ces militants de longue date savaient pertinemment que les luttes menées pour faire cesser la torture et libérer les opposants politiques n'étaient qu'un des fronts dans la bataille beaucoup plus vaste visant au contrôle des richesses du pays. Pour éviter de devenir eux-mêmes des victimes du régime, toutefois, ils abandonnèrent leurs traditionnelles dénonciations gauchisantes de la bourgeoisie et adoptèrent la toute nouvelle terminologie des « droits universels », débarrassée d'allusions aux riches et aux pauvres, aux faibles et aux forts, au Nord et au Sud. Les partisans de cette vision du monde, si populaire en Amérique du Nord et en Europe, se contentaient d'affirmer que chacun avait droit à un procès juste et équitable, sans traitements cruels, inhumains et dégradants. Simple affirmation, sans interrogation sur le pourquoi. En s'initiant au mélange de jargon

---

* À la fin de la dictature, les *Madres* comptèrent parmi les critiques les plus virulents du nouvel ordre économique argentin et elles le restent encore aujourd'hui.

juridique et de récits de vie qui caractérise le lexique des droits de l'homme, les membres du Comité pour la paix comprirent que leurs *compañeros* étaient en réalité des prisonniers de conscience dont le droit à la liberté de pensée et d'expression, protégé par les articles 18 et 19 de la Déclaration universelle des droits de l'homme, avait été violé.

Pour les personnes qui vivaient sous la dictature, le nouveau langage était essentiellement un code. À l'instar des musiciens qui, au moyen d'adroites métaphores, dissimulaient des messages politiques dans les paroles de leurs chansons, elles enrobaient leurs idées de gauche d'un jargon juridique – façon de s'engager dans la politique sans jamais prononcer le mot*.

Lorsque la campagne de terreur latino-américaine attira l'attention du mouvement international de défense des droits, qui croissait à vive allure, les militants concernés avaient leurs propres raisons d'éviter de parler de politique.

FORD SUR FORD

Le refus d'établir un lien entre l'appareil responsable de la terreur d'État et le projet idéologique qu'il soutenait est caractéristique de presque toute la documentation relative à la défense des droits de l'homme produite durant cette période. Si les réticences d'Amnesty International s'expliquent par la volonté de garder son impartialité dans le contexte des tensions de la Guerre froide, un autre facteur entrait en considération pour quantité d'autres groupes : l'argent. En effet, leur plus importante source de financement était – et de loin – la Fondation Ford, alors la plus grande organisation philanthropique du monde. Dans les années 1960, elle n'affectait qu'un petit pourcentage de son budget à la défense des droits, mais, durant les années 1970 et 1980, elle consacra à cette seule activité, en Amérique latine, la somme ahurissante de trente millions de dollars. Elle soutenait tout autant des groupes latino-américains comme le Comité pour la paix du

---

* Malgré ces précautions, les militants n'étaient jamais à l'abri de la terreur. Les prisons chiliennes étaient remplies d'avocats spécialisés dans la défense des droits et la junte confia à un de ses principaux tortionnaires le mandat d'infiltrer les *Madres* en se faisant passer pour un parent éploré. En décembre 1977, le groupe fut victime d'une rafle : douze mères disparurent pour de bon, y compris la dirigeante du groupe, Azucena de Vicenti, ainsi que deux religieuses françaises.

Chili que de nouveaux groupes américains comme Americas Watch[15].

Avant les coups d'État, le rôle de la Fondation Ford dans le cône sud consistait principalement à financer la formation d'universitaires, surtout dans les domaines de l'économie et de l'agronomie, en étroite collaboration avec le secrétariat d'État[16]. Frank Sutton, adjoint au vice-président de la division internationale de Ford, expliquait en ces termes la philosophie de l'organisation : « Pas de pays moderne sans une élite moderne[17]. » Même si elles s'inscrivaient de plain-pied dans la logique de la Guerre froide, qui consistait à offrir une solution de rechange au marxisme révolutionnaire, les subventions accordées à des universitaires par la Fondation Ford ne trahissaient pas un parti pris flagrant envers la droite – les étudiants latino-américains étaient envoyés dans un large éventail d'universités américaines et des fonds étaient versés à diverses universités latino-américaines, dont certains établissements publics ayant la réputation d'être à gauche.

Il y eut toutefois quelques exceptions notables. La Fondation, on l'a vu, était le principal bailleur de fonds du Program of Latin American Economic Research and Training de l'université de Chicago, qui produisit des centaines de Chicago Boys. Ford finançait également un programme parallèle à l'université catholique de Santiago, conçu pour inciter des étudiants du premier cycle des pays voisins à venir parfaire leur formation sous la houlette des Chicago Boys. Qu'elle le voulût ou non, la Fondation Ford contribua plus que quiconque à financer la diffusion de cette idéologie. Sur ce plan, sa participation fut même supérieure à celle du gouvernement des États-Unis[18].

L'installation au pouvoir des Chicago Boys aux côtés de Pinochet, à la faveur d'une pluie de balles, ne fit rien pour l'image de marque de la Fondation Ford. Les Boys étaient subventionnés conformément à la mission de la Fondation, soit « renforcer les institutions économiques pour favoriser l'atteinte d'objectifs démocratiques[19] ». Et voilà que les institutions économiques que la Fondation avait contribué à bâtir à Chicago comme à Santiago jouaient un rôle de premier plan dans le renversement de la démocratie chilienne et que leurs anciens étudiants s'apprêtaient à mettre leur éducation à profit dans un contexte d'une révoltante brutalité. Surcroît de complication pour la Fondation, c'était la deuxième fois en quelques années que ses protégés choisissaient la voie de la violence pour accéder au pouvoir, la première occurrence ayant été la montée fulgurante de la mafia de Berkeley après le coup d'État sanglant de Suharto en Indonésie.

Ford avait bâti de toutes pièces le département de sciences économiques de l'université de l'Indonésie, mais, au moment de l'arrivée au pouvoir de Suharto, note un document interne de Ford, «le gouvernement recruta la quasi-totalité des économistes formés par le programme». Il ne restait pratiquement plus personne pour se charger de la formation des étudiants[20]. L'année 1974 fut marquée par des émeutes nationalistes visant à dénoncer la «subversion» de l'économie par des forces étrangères. La Fondation Ford devint la cible de la grogne populaire – c'était elle, faisait-on valoir, qui avait formé les économistes de Suharto, responsables de la vente des richesses pétrolières et minérales à des multinationales occidentales.

Entre les Chicago Boys et la mafia de Berkeley, entre le Chili et l'Indonésie, la Fondation Ford était en voie de se tailler une réputation peu enviable : les diplômés de ses deux programmes phares étaient à la tête des dictatures de droite les plus brutales du monde. Même si la Fondation ne pouvait pas savoir que les idées inculquées à ses diplômés seraient appliquées de façon aussi barbare, des questions gênantes se posaient. Pourquoi une fondation vouée à la paix et à la démocratie se retrouvait-elle plongée jusqu'au cou dans l'autoritarisme et la violence?

Sous le coup de la panique, d'un accès de conscience sociale ou d'un mélange des deux, la Fondation Ford s'attaqua au problème soulevé par les dictatures à la manière de toute bonne entreprise, c'est-à-dire en se montrant proactive. Au milieu des années 1970, elle cessa d'être productrice d'«expertise technique» pour ce qu'on appelait le tiers-monde et se transforma en principal bailleur de fonds de groupes de défense des droits de l'homme. La volte-face fut particulièrement ressentie en Indonésie et au Chili. Dans ces pays, la gauche avait été oblitérée par les régimes que Ford avait contribué à créer. Et c'était maintenant Ford qui finançait une nouvelle génération d'avocats, véritables croisés déterminés à faire libérer les centaines de milliers de prisonniers politiques détenus par les régimes en question.

Parce qu'elle s'était gravement compromise, la Fondation Ford, lorsqu'elle se lança dans la défense des droits de l'homme, prit soin de circonscrire la question le plus étroitement possible. Elle favorisa donc les groupes qui campaient leur action dans des combats légalistes pour la «règle de droit», la «transparence» et la «bonne gouvernance». Un des agents de la Fondation résumait en ces termes l'attitude de Ford au Chili : «Comment intervenir sans nous mêler de politique[21]?» Que Ford fût une institution foncièrement conservatrice habituée à travailler dans le cadre de la politique étrangère officielle des États-Unis, et non à contre-courant de celle-ci, n'était pas le seul facteur en cause*. Toute enquête sérieuse sur les objectifs servis par la répression au Chili serait du reste immanquablement remontée jusqu'à la Fondation, au risque de mettre au jour le rôle qu'elle avait joué dans l'endoctrinement des dirigeants du pays par une secte d'économistes fondamentalistes.

Se posait aussi, en particulier pour les militants à l'œuvre sur le terrain, l'inéluctable question de l'association de la Fondation à la Ford Motor Company, avec laquelle elle entretenait des liens complexes. Aujourd'hui, la Fondation Ford est entièrement indépendante du fabricant de voitures et des héritiers de la famille, mais ce n'était pas le cas dans les années 1950 et 1960, à l'époque où elle finançait des projets éducatifs en Asie et en Amérique latine. Elle avait vu le jour en 1936 grâce à une donation d'actions de trois cadres de la Ford Motor, dont Henry et Edsel Ford. Au fur et à mesure qu'elle s'enrichissait, la Fondation affirma son indépendance, mais elle ne vendit ses dernières actions de la Ford Motor qu'en 1974, un an après le coup d'État au Chili et quelques années après le coup d'État en Indonésie. Par ailleurs, des membres de la famille Ford siégèrent à son conseil d'administration jusqu'en 1976[22].

Dans le cône sud, la contradiction laissait abasourdi : la meilleure et souvent la seule chance de mettre un terme aux abus consistait à obtenir du financement de la part de l'entreprise la plus intimement mêlée à l'appareil de la terreur – notamment accusée d'avoir aménagé un centre de torture secret dans ses usines et d'avoir joué un rôle dans la disparition de certains de ses travailleurs. En finançant des campagnes de défense des droits, la Fondation Ford sauva de nombreuses vies au cours de ces années-là. On doit lui attribuer au moins une partie du mérite d'avoir persuadé le Congrès des États-Unis de réduire son aide militaire à l'Argentine et au Chili,

---

* Dans les années 1950, la Fondation Ford servit souvent de paravent à la CIA. L'agence pouvait ainsi faire parvenir des fonds à des universitaires et à des artistes antimarxistes qui ne savaient pas d'où venait l'argent, ainsi que le montre abondamment Frances Stonor Saunders dans *Qui mène la danse ? La CIA et la Guerre froide culturelle*. La Fondation Ford n'a financé ni Amnesty International ni le plus radical des groupes latino-américains de défense des droits de l'homme, les Mères de la Plaza de Mayo.

ce qui, petit à petit, força les juntes du cône sud à renoncer à leurs tactiques de répression les plus brutales. L'aide de la Fondation avait toutefois un prix, qu'elle en fût consciente ou non, et c'était celui de l'honnêteté intellectuelle du mouvement de défense des droits de l'homme. La décision de la Fondation de participer au mouvement, mais «sans faire de politique», créa un contexte dans lequel il était pratiquement impossible de soulever la question des causes profondes de la violence qu'on documentait avec tant de soin. Pourquoi existait-elle? Quels intérêts servait-elle?

Cette omission faussa considérablement le récit qu'on a fait de la révolution néolibérale; les stigmates entourant les circonstances extraordinairement violentes de sa naissance furent presque tous gommés. De la même façon que les économistes de Chicago n'avaient rien à dire sur la torture (qui ne relevait pas de leur domaine de compétences), les groupes de défense des droits de l'homme avaient peu à raconter sur les transformations radicales en cours dans la sphère économique (cette question échappait à leur champ juridique étroit).

L'un des plus importants rapports sur les droits de l'homme de l'époque, *Brasil : Nunca Mais*, montre bien que la répression et la réforme économique faisaient partie d'un seul et même projet. Fait significatif, c'est le seul rapport d'une commission de la vérité à avoir été publié sans l'aide du gouvernement ou d'une fondation étrangère. Il s'appuie sur les dossiers des tribunaux militaires, photocopiés au fil des ans par de courageux avocats et militants religieux, à une époque où le pays était toujours soumis à la dictature militaire. Après avoir décrit minutieusement les crimes les plus horribles, les auteurs posent la question centrale que tous les autres ont évitée avec soin : Pourquoi? Sur un ton très terre-à-terre, ils répondent : «Extrêmement impopulaire dans la plupart des secteurs sociaux, la politique économique dut être appliquée par la force[23].»

Le modèle économique radical qui prit racine pendant la dictature se révéla plus durable que les généraux qui l'avaient mis en œuvre. Longtemps après que les soldats eurent retrouvé leurs casernes et que les Latino-Américains eurent regagné la possibilité d'élire leurs gouvernements, la logique de l'école de Chicago demeurait solidement ancrée.

Claudia Acuña, journaliste et éducatrice argentine, m'a raconté un jour combien il avait été difficile, dans les années

1970 et 1980, de comprendre que la violence n'était pas le but de la junte, mais simplement un moyen : «Les violations des droits de l'homme étaient si outrancières, si incroyables, qu'y mettre fin devenait une priorité. Or si nous avons réussi à détruire les centres de torture, nous avons été impuissants à nous défaire du programme économique que les militaires ont mis en place et qui est encore en vigueur aujourd'hui.»

En fin de compte, la «misère planifiée» fit bien plus de victimes que les balles, ainsi que Rodolfo Walsh l'avait prédit. D'une certaine manière, on traita le cône sud de l'Amérique latine des années 1970 comme le théâtre d'un meurtre, alors que la région avait plutôt été victime d'une attaque à main armée d'une violence inouïe. «C'était comme si le sang des disparus cachait le coût du programme économique», me dit Acuña.

Le débat relatif à la dissociation des droits de l'homme de toute question politique et économique n'est pas propre à l'Amérique latine ; ces questions se posent chaque fois que des États utilisent la torture comme arme politique. Malgré l'aura de mystère qui l'entoure et la réaction bien compréhensible qui pousse à la traiter comme une aberration échappant au cadre du politique, la torture n'a rien de compliqué ni de mystérieux. Outil de coercition on ne peut plus rudimentaire, elle surgit chaque fois qu'un despote ou un occupant étranger ne dispose pas du soutien nécessaire pour régner : Marcos aux Philippines, le shah en Iran, Saddam en Irak, les Français en Algérie, les Israéliens dans les territoires occupés, les États-Unis en Irak et en Afghanistan. On pourrait multiplier les exemples. La généralisation des mauvais traitements infligés aux prisonniers traduit presque toujours la volonté d'imposer un régime – politique, religieux ou économique – rejeté par un fort pourcentage de la population. Les écologistes définissent un écosystème par la présence de certaines «espèces indicatrices» de plantes et d'oiseaux ; la torture est l'espèce indicatrice d'un régime qui, même s'il a été dûment élu, est engagé dans un projet profondément antidémocratique.

En tant que moyen de soutirer des renseignements à un prisonnier, la torture est notoirement peu fiable, mais pour terroriser et contrôler les populations, elle n'a pas son pareil. D'où, dans les années 1950 et 1960, l'exaspération des Algériens face à la gauche française qui, si elle manifestait de l'indignation en apprenant que les soldats français électrocutaient des combattants de la liberté ou les soumettaient à des simulations de noyades, n'était pas prête à lever le petit doigt pour mettre un terme à l'occupation responsable du mal.

En 1962, Gisèle Halimi, avocate française qui représentait plusieurs Algériennes torturées et violées en prison, écrivait, excédée : «Les mots étaient les mêmes. Depuis que l'on torturait en Algérie, les mêmes mots, les mêmes indignations, les mêmes signatures, les mêmes promesses. Ce mécanisme routinier n'avait ni diminué le nombre des électrodes ou des baignoires, ni supprimé radicalement ceux qui les maniaient.» Sur le même sujet, Simone de Beauvoir renchérit : «Il serait vain de s'indigner ; protester aujourd'hui au nom de la morale contre des "excès" ou des "abus", c'est une aberration qui ressemble à de la complicité. Il n'y a nulle part d'abus ou d'excès, mais partout un système[24].»

Ce qu'elle veut dire, c'est qu'il n'y a pas de façon humaine d'occuper un pays ou de diriger un peuple contre sa volonté. Selon Beauvoir, deux choix s'offrent alors : ou bien vous acceptez l'occupation et toutes les méthodes qui la rendent possible, «ou bien vous refusez non seulement certains procédés, mais la fin qui les autorise et les réclame». Aujourd'hui, la même sombre alternative se présente en Irak et en Israël/Palestine, comme dans le cône sud des années 1970. De la même façon qu'il n'est pas de manière douce et agréable d'occuper un pays contre la volonté de sa population, il n'est pas de manière pacifique de déposséder des millions de citoyens de ce dont ils ont besoin pour vivre dans la dignité, et c'est précisément ce que les Chicago Boys étaient résolus à faire. Le vol – d'un territoire ou d'un mode de vie – suppose un recours à la force ou au moins une menace crédible, raison pour laquelle les voleurs portent des armes et, dans bien des cas, s'en servent. Bien que répugnante, la torture est souvent un moyen tout à fait rationnel de parvenir à des fins précises ; en fait, c'est parfois le seul. D'où une question plus profonde, que personne ou presque ne souleva à l'époque en Amérique latine : la violence est-elle inhérente au néolibéralisme ? L'atteinte de ses objectifs requiert-elle un cycle de purification politique brutale suivie d'une opération de nettoyage axée sur la défense des droits de l'homme ?

À ce propos, on doit à Sergio Tomasella, producteur de tabac et secrétaire général des ligues agraires de l'Argentine – qui fut emprisonné pendant cinq ans et torturé, ainsi que sa femme et nombre de ses parents et amis – un témoignage des plus touchants*. En mai 1990, Tomasella, qui habitait la province

---

* Ce passage se fonde sur l'ouvrage inspirant de Marguerite Feitlowitz intitulé *A Lexicon of Terror*.

rurale de Corrientes, prit un autocar de nuit à destination de Buenos Aires afin d'aller ajouter sa voix au concert de celles qu'entendait le tribunal argentin contre l'impunité dans le cadre de ses audiences sur les violations des droits de l'homme commises sous la dictature. Le témoignage de Tomasella fut différent de celui des autres. En habit de ferme et bottes de travail, il expliqua qu'il avait été victime d'une guerre de longue date opposant les paysans pauvres qui revendiquent des terres pour former des coopératives aux grands éleveurs qui, dans sa province, possèdent la moitié du territoire. «C'est un fil continu – ceux qui ont dépossédé les Indiens de leurs terres continuent de nous opprimer en nous imposant des structures féodales[25]. »

À son avis, il était impossible de dissocier les mauvais traitements dont les membres des ligues agraires tels que lui-même avaient été victimes des gigantesques intérêts économiques qui avaient tout à gagner de la meurtrissure de leurs corps et de la destruction de leurs réseaux de militants. Au lieu de nommer les soldats qui lui avaient infligé des coups et des blessures, il choisit de désigner les entreprises, tant argentines qu'étrangères, qui profitaient de la dépendance économique permanente du pays. «Des monopoles étrangers nous imposent des cultures, des engrais chimiques qui polluent notre terre, une technologie et une idéologie, dit-il. Ils le font par l'entremise de l'oligarchie qui possède la terre et domine la politique. Il faut se rappeler que l'oligarchie elle-même est sous la tutelle des mêmes monopoles – Ford Motors, Monsanto, Philip Morris. C'est la *structure* qu'il faut changer. C'est ça que je suis venu dire. Voilà tout. »

Un tonnerre d'applaudissements retentit dans la salle. Et Tomasella de conclure son témoignage par ces mots : «Je crois que la vérité et la justice triompheront un jour. Il faudra des générations. Si je dois mourir, qu'il en soit ainsi. Un jour, nous vaincrons. En attendant, je connais l'ennemi, et l'ennemi sait qui je suis[26]. »

La première aventure des Chicago Boys aurait dû servir de mise en garde à l'humanité : leurs idées sont des idées dangereuses. Mais parce qu'on omit de tenir l'idéologie responsable des crimes commis dans son premier laboratoire, cette sous-culture d'idéologues impénitents, bénéficiant d'une impunité de facto, se trouva libre de parcourir le monde à la recherche de nouvelles conquêtes. Ces jours-ci, nous sommes une fois de plus confrontés à des massacres corporatistes, et des pays sont victimes d'actes d'une ahurissante violence militaire visant à les transformer en économies «libres» modèles; les disparitions et la torture font un retour en force. Une fois de plus, tout se passe comme si, entre les objectifs de la libéralisation des marchés et la nécessité d'une telle brutalité, il n'y avait «aucun rapport».

PARTIE 3

Survivre à la démocratie
Un arsenal de lois

Un conflit armé entre nations nous horrifie. Mais la guerre économique ne vaut pas mieux qu'un conflit armé. Ce dernier est comme une intervention chirurgicale. Une guerre économique est une torture prolongée. Et ses ravages ne sont pas moins cruels que ceux que décrivent si bien les ouvrages sur la guerre. Nous nous préoccupons moins de la guerre économique parce que nous sommes habitués à ses effets mortels. [...] Le mouvement contre la guerre est juste. Je prie pour sa réussite. Je crains pourtant qu'il ne soit voué à l'échec s'il ne s'en prend pas à la racine du mal : l'avidité humaine.

M. K. Gandhi, « Non-Violence – The Greatest Force », 1926.

CHAPITRE SIX

Une guerre salvatrice

Le thatchérisme et ses ennemis utiles

Est souverain celui qui déclare l'état d'urgence.

Carl Schmitt, avocat nazi[1].

À son retour du Chili, en 1981, Friedrich Hayek, saint patron de l'école de Chicago, était si impressionné par Augusto Pinochet et les Chicago Boys qu'il écrivit sur-le-champ une lettre à son amie Margaret Thatcher, première ministre de Grande-Bretagne. Il la priait instamment de s'inspirer de ce pays sud-américain pour transformer l'économie keynésienne de la Grande-Bretagne. Thatcher et Pinochet deviendraient plus tard de grands amis. À l'époque où le général vieillissant était assigné à résidence en Angleterre – il y faisait face à des accusations de génocide, de torture et de terrorisme –, Thatcher lui rendit d'ailleurs une visite qui fit la une des journaux.

La première ministre britannique était bien au fait de ce qu'elle appelait «la remarquable réussite de l'économie chilienne». Elle y voyait un «exemple frappant de réforme économique dont nous pouvons tirer de nombreuses leçons». Malgré toute l'admiration qu'elle vouait à Pinochet, Thatcher ne se montra nullement enthousiaste lorsque Hayek lui suggéra pour la première fois d'imiter les politiques du général. En février 1982, elle exposait le problème en toute franchise dans une lettre privée adressée à son gourou intellectuel : «Vous conviendrez, j'en suis sûre, que certaines des mesures prises au Chili seraient inacceptables en Grande-Bretagne, où il existe des institutions démocratiques qui nécessitent un degré élevé de consensus social. Notre réforme devra respecter nos traditions et notre Constitution. Par moments, les progrès peuvent paraître cruellement lents[2]. »

En clair, le recours aux chocs à la mode de l'école de Chicago n'était pas possible dans une démocratie comme la Grande-Bretagne. Thatcher en était à la troisième année de son premier mandat, et sa popularité déclinait à vue d'œil : elle n'allait pas se condamner à la défaite en prenant des mesures aussi radicales et impopulaires que celles que lui proposait Hayek.

Pour Hayek et le mouvement qu'il représentait, la situation était décourageante. L'expérience du cône sud avait généré des profits spectaculaires (pour un petit nombre de privilégiés, il est vrai), et les multinationales de plus en plus mondialisées se montraient avides de nouveaux territoires – dans les pays en voie de développement, bien sûr, mais aussi dans les pays occidentaux, où les États administraient des actifs encore plus lucratifs et plus attirants pour les entreprises : réseaux téléphoniques, compagnies aériennes, chaînes de télévision, compagnies d'électricité. Si un tel programme avait des partisans dans les pays riches, Thatcher et le président américain de l'époque, Ronald Reagan, n'étaient pas en reste.

En 1981, le magazine *Fortune* publia un article exaltant les vertus du «meilleur des mondes incarnant la doctrine économique de Reagan : le Chili». Obnubilé par «les superbes boutiques débordant de produits de luxe» et «les rutilantes voitures japonaises» qu'on voyait partout à Santiago, l'auteur de l'article passa sous silence l'omniprésente répression ainsi que l'explosion des bidonvilles. «Que nous apprend l'exemple du Chili sur l'orthodoxie économique?» demanda-t-il avant de fournir la réponse : «Si un petit pays sous-développé peut vivre selon le principe de la libre concurrence, notre économie infiniment plus riche en est sûrement capable, elle aussi[3].»

Cependant, ainsi que la lettre de Thatcher l'indiquait clairement, les choses n'étaient pas tout à fait aussi simples. C'est que des dirigeants élus ne peuvent pas faire abstraction du jugement que les électeurs portent sur leur travail, lequel fait périodiquement l'objet d'une évaluation. Au début des années 1980, malgré la présence de Thatcher et de Reagan au pouvoir et celle d'influents conseillers tels que Hayek et Friedman dans les coulisses, rien n'indiquait clairement que le genre de programme économique radical imposé avec une violence inouïe dans le cône sud serait un jour possible en Grande-Bretagne et aux États-Unis.

La déception qu'avaient connue Friedman et son mouvement aux États-Unis dix ans plus tôt, alors que Richard Nixon lui-même était à la Maison-Blanche, semblait confirmer cette perception. S'il avait aidé les Chicago Boys à prendre le pouvoir au Chili, Nixon avait adopté une politique intérieure toute différente – incohérence que Friedman ne lui pardonnerait jamais. Lorsque Nixon prit ses fonctions en 1969, Friedman crut qu'il allait enfin pouvoir lancer la contre-révolution qui mettrait fin à l'héritage du New Deal aux États-Unis. «Rares furent les présidents qui affirmèrent une philosophie aussi compatible avec la mienne», écrivit-il dans ses mémoires[4]. Les deux hommes se rencontrèrent fréquemment dans le Bureau ovale, et Nixon nomma quelques amis et collègues de Friedman à des postes influents. Mentionnons par exemple George Shultz, que Friedman recruta pour le compte de Nixon, et Donald Rumsfeld, alors âgé de trente-sept ans. Dans les années 1960, Rumsfeld avait assisté à des ateliers de l'université de Chicago, expérience qu'il décrivit plus tard en termes dithyrambiques. Selon Rumsfeld, Friedman et ses collègues étaient «un aréopage de génies», aux pieds desquels lui-même et d'autres «jeunes chiots» venaient «apprendre. [...] J'étais incroyablement privilégié[5]». Friedman, qui entretenait de solides liens personnels avec le président et dont les disciples dictaient les politiques économiques du pays, avait tout lieu de croire que ses idées seraient bientôt mises en pratique dans l'économie la plus importante du monde.

En 1971, cependant, l'économie américaine était en dépression : le taux de chômage grimpait sans cesse et l'inflation faisait des ravages. S'il suivait les conseils de Friedman, qui préconisait le laisser-faire, Nixon savait pertinemment que des millions d'électeurs en colère lui indiqueraient la porte. Il décida plutôt de réglementer le prix de biens de première nécessité tels que les loyers et le pétrole. Friedman s'indigna : parmi toutes les «distorsions» gouvernementales possibles, le contrôle des prix était de loin la pire. Il y voyait «un cancer susceptible de détruire la capacité de fonctionnement d'un système[6]».

Plus honteux encore, aux yeux de Friedman, c'étaient ses propres disciples qui se chargeaient de l'application de la doctrine keynésienne : Rumsfeld, responsable du programme de contrôle des prix et des salaires, relevait de Shultz, qui dirigeait à l'époque l'Office of Management and Budget. Un jour, Friedman téléphona à Rumsfeld à la Maison-Blanche pour passer un savon à son ancien «jeune chiot». Selon Rumsfeld, Friedman lui dit : «Cessez ce petit jeu immédiatement.» Lorsque le bureaucrate novice répondit que les mesures semblaient donner de bons résultats – l'inflation diminuait, l'économie prenait de la vigueur –, Friedman riposta que c'était le pire crime d'entre tous : « Les gens vont croire que vous êtes responsables [...] Ils vont retenir la mauvaise leçon[7]. » C'est effectivement ce qui se produisit, et Nixon fut réélu l'année suivante avec 60 % de la faveur populaire. Au cours de son deuxième mandat, Nixon s'éloigna davantage de l'orthodoxie friedmanienne en faisant adopter un grand nombre de lois qui imposaient à l'industrie des normes plus sévères en matière d'environnement et de sécurité. « Aujourd'hui, nous sommes tous keynésiens », proclama Nixon dans un élan d'enthousiasme mémorable. C'était l'insulte suprême[8]. Le sentiment de trahison ressenti par Friedman fut tel qu'il décrira plus tard Nixon comme « le plus socialiste des présidents américains du xxe siècle[9] ».

La leçon infligée par Nixon était dure. Le professeur de l'université de Chicago avait fondé son mouvement sur l'équivalence entre capitalisme et liberté. Pourtant, les citoyens libres avaient tendance à bouder les politiciens qui suivaient ses conseils. Pis encore, les seuls régimes disposés à mettre en pratique sa doctrine libérale étaient des dictatures – où la liberté brillait par son absence. Ruminant la trahison dont ils avaient été victimes chez eux, les bonzes de l'école de Chicago traversèrent donc les années 1970 en butinant d'une junte à l'autre. Dans presque tous les pays soumis à des dictatures militaires de droite, la présence de l'université de Chicago se faisait sentir. En 1976, Harberger intervint en tant qu'expert-conseil auprès du régime militaire de la Bolivie, et il accepta un diplôme honorifique de l'université argentine de Tucuman en 1979, à une époque, donc, où les universités étaient contrôlées par la junte[10]. Beaucoup plus loin, en Indonésie, il conseillait Suharto et la mafia de Berkeley. Friedman prépara un programme de libéralisation économique à l'intention du Parti communiste chinois (connu pour ses pratiques répressives) lorsque ce dernier décida de se convertir à l'économie de marché[11].

Stephen Haggard, fervent politologue néolibéral de l'université de la Californie, admit la « triste réalité » : « Parmi les tentatives de réforme les plus ambitieuses menées dans des pays en voie de développement, certaines firent suite à un coup d'État. » Outre le cône sud et l'Indonésie, il citait la Turquie, la Corée du Sud et le Ghana. Les réussites ne se limitaient toutefois pas aux pays ayant fait l'objet d'un putsch : des États à parti unique comme le Mexique, Singapour, Hong Kong et Taiwan avaient emprunté la même voie. Réfutant la thèse centrale de Friedman, Haggard en venait à la conclusion que « les bonnes choses – comme la démocratie et la politique économique dictée par le marché – ne vont pas toujours bien ensemble[12] ». En fait, au début des années 1980, *il n'y avait pas un seul exemple* de démocratie pluraliste où le libre marché régnât en maître.

Les gauchistes des pays en voie de développement soutiennent depuis longtemps que la mise en place d'une véritable démocratie, à condition que des règles équitables empêchent les entreprises de truquer les élections, entraînerait forcément une redistribution de la richesse. La logique qui sous-tend une telle affirmation est d'une grande simplicité : dans ces pays, il y a beaucoup plus de pauvres que de riches. Les démunis, qui forment la majorité, s'intéressent aux politiques susceptibles de se traduire directement par la redistribution des terres, et par une majoration des salaires – et non à la théorie selon laquelle l'argent des riches finit par profiter aux pauvres, suivant le principe de la percolation. Libres de voter dans le cadre d'une procédure raisonnablement équitable, les citoyens éliront les politiciens les plus susceptibles de leur fournir des emplois et des terres, et non ceux qui brandissent de nouvelles promesses touchant à la libéralisation des marchés.

Pour toutes ces raisons, Friedman avait passé beaucoup de temps à cultiver un paradoxe intellectuel : en tant qu'héritier d'Adam Smith, il était fermement convaincu que les humains sont régis par l'intérêt personnel et que la société se tire mieux d'affaire lorsque l'intérêt personnel gouverne la plupart des activités – sauf en ce qui concerne un petit détail sans importance appelé droit de vote. Puisque la plupart des habitants de la planète (y compris aux États-Unis) sont pauvres ou touchent moins que le salaire moyen dans leur pays respectif, il est dans leur intérêt à court terme de voter pour les politiciens qui promettent de redistribuer la richesse à partir du haut vers le bas[13]. Allan Meltzer, ami de longue date de Friedman et, comme lui, économiste monétariste, exposait le dilemme en ces termes : « Les votes sont répartis de façon plus égale que les revenus. [...] Les électeurs qui ont des revenus médians ou inférieurs à ce seuil ont avantage à ce que des revenus soient redistribués en leur faveur. » Selon Meltzer, cette réaction était le « prix à payer pour avoir un gouvernement démocratique et la liberté politique ». Il ajoutait toutefois que « les Friedman [Milton et Rose, sa femme] nageaient contre ce fort courant. Ils n'ont pu ni le stopper ni l'inverser, mais ils ont eu une grande influence sur la façon dont pensent les gens en général et les politiciens en particulier[14] ».

De l'autre côté de l'Atlantique, Margaret Thatcher risquait une version anglaise du friedmanisme en défendant ce qui deviendrait «la société de la propriété». En Grande-Bretagne, cet effort se concentrait sur les logements subventionnés ou les immeubles locatifs municipaux, auxquels Thatcher, convaincue que l'État n'avait rien à faire dans le marché du logement, s'opposait pour des motifs philosophiques. Ces immeubles étaient occupés par des gens qui ne voteraient jamais pour les Conservateurs parce qu'il n'était pas dans leur intérêt économique de le faire; en revanche, s'ils étaient intégrés au marché, croyait Thatcher, ils commenceraient à s'identifier aux mieux nantis, hostiles à l'idée de la redistribution. C'est donc dans cette optique qu'elle offrit aux occupants de logements publics d'acheter leur appartement à prix réduit. Ceux qui en avaient les moyens devinrent propriétaires, cependant que les autres voyaient leur loyer quasiment doubler. La stratégie était claire : diviser pour régner. Les résultats furent du reste probants : les locataires continuèrent de s'opposer à Thatcher et le nombre de sans-abri augmenta sensiblement dans les rues des grandes villes, mais les sondages révélèrent que plus de la moitié des nouveaux propriétaires étaient désormais favorables aux Tories[15].

Même si la vente des logements offrit une lueur d'espoir concernant la coexistence entre politique économique de droite et démocratie, Thatcher semblait destinée à perdre son poste après un seul mandat. En 1979, elle avait fait campagne en clamant que «le Parti travailliste n'est pas la solution», mais, depuis qu'elle était au pouvoir, tant le nombre de chômeurs que le taux d'inflation avaient doublé[16]. Elle avait tenté de s'attaquer, sans succès, à l'un des plus puissants syndicats du pays, celui des mineurs. Seulement trois ans après, la cote de popularité personnelle de Thatcher passait sous la barre des 25 %. Ce score, inférieur à celui de George W. Bush aux pires moments de sa présidence, constituait un record absolu pour un premier ministre britannique en exercice. La cote de popularité de l'ensemble de son gouvernement avait chuté à 18 %[17]. À la veille des élections générales, le thatchérisme risquait de connaître une fin précoce et peu glorieuse, longtemps avant d'avoir atteint ses objectifs les plus ambitieux : privatiser massivement et briser les syndicats de cols bleus. C'est dans ces circonstances éprouvantes que Thatcher écrivit à Hayek pour l'informer poliment qu'une transformation comme celle du Chili était «inacceptable» en Grande-Bretagne.

Le premier mandat catastrophique de Thatcher confirmait les leçons tirées des années Nixon : les politiques radicales et très lucratives préconisées par l'école de Chicago n'étaient pas compatibles avec la démocratie. De toute évidence, la thérapie de choc économique devait, pour avoir des chances de réussir, bénéficier d'une secousse d'un autre ordre – coup d'État ou recours à la torture.

Perspective d'autant plus inquiétante pour Wall Street que, au début des années 1980, les régimes autoritaires des quatre coins du monde – Iran, Nicaragua, Équateur, Pérou, Bolivie – s'écroulaient comme des châteaux de cartes. Bon nombre d'autres seraient entraînés par ce que Samuel Huntington, politologue conservateur, appellerait la « troisième vague » de la démocratie[18]. Cette évolution était préoccupante. Comment empêcher un nouvel Allende de gagner votes et appuis populaires grâce à des politiques populistes ?

En 1979, Washington avait vu ce scénario se déployer sous ses yeux en Iran et au Nicaragua. En Iran, le chah, soutenu par les États-Unis, fut renversé par une coalition de gauchistes et d'islamistes. Pendant que les otages et les ayatollahs faisaient la une des journaux, l'aspect économique du programme soulevait de vives inquiétudes à Washington. Le régime islamique, qui n'avait pas encore cédé à l'autoritarisme pur, nationalisa le secteur bancaire et instaura un programme de redistribution des terres. En rupture flagrante avec les politiques de libre-échange du chah, il limita aussi les importations et les exportations[19]. Au Nicaragua, cinq mois plus tard, Anastasio Somoza Dabayle, dictateur soutenu par les États-Unis, fut détrôné à la faveur d'un soulèvement populaire et remplacé par un gouvernement sandiniste de gauche. Ce dernier limita les importations et, à l'exemple des Iraniens, nationalisa le secteur bancaire.

L'avènement d'un libre marché mondial semblait désormais un rêve lointain. Au début des années 1980, donc moins de dix ans après son déclenchement, la révolution des disciples de Friedman risquait de succomber à une nouvelle vague populiste.

LA GUERRE À LA RESCOUSSE

Puis, six semaines après que Thatcher eut écrit à Hayek, un événement la fit changer d'idée et infléchit le cours de la croisade corporatiste : le 2 avril 1982, l'Argentine envahit les Malouines, vestige du règne colonial britannique. La guerre des Malouines (ou des Malvinas pour les Argentins) passa à la postérité comme un conflit brutal mais relativement mineur. À l'époque, les Malouines semblaient n'avoir aucune importance stratégique. La défense et le maintien de l'archipel, situé au large de l'Argentine, à des milliers de kilomètres de la Grande-Bretagne, se révélaient coûteux. L'Argentine n'en avait que faire, même si la présence d'un avant-poste britannique dans ses eaux était considérée comme un affront à la fierté nationale. Le grand écrivain argentin Jorge Luis Borges résuma le conflit territorial en des termes cinglants : c'était, dit-il, «un combat pour un peigne mené par deux chauves[20] ».

D'un point de vue militaire, la bataille, qui dura onze semaines, ne revêt pratiquement aucune importance historique. On mésestime toutefois l'énorme impact qu'elle eut sur la libéralisation des marchés : c'est la guerre des Malouines qui donna à Thatcher le prétexte politique dont elle avait besoin pour introduire le tout premier programme de transformation capitaliste radicale d'une démocratie libérale occidentale.

Les deux camps en présence avaient de bonnes raisons de vouloir la guerre. En 1982, l'économie argentine croulait sous le poids de la dette et de la corruption, et les campagnes de défense des droits de l'homme prenaient de l'ampleur. Une nouvelle junte commandée par le général Leopoldo Galtieri fit le calcul suivant : la seule force plus puissante que la colère provoquée par la suppression de la démocratie était le sentiment anti-impérialiste, que Galtieri attisa habilement à la suite du refus des Britanniques de rétrocéder les îles. Peu après, la junte plantait le drapeau blanc et bleu de l'Argentine dans le sol rocailleux de cet avant-poste, et le pays tout entier l'applaudit.

Thatcher, qui vit dans la prise des Malouines une ultime occasion de renverser sa situation politique, entra immédiatement en mode de combat à la Churchill. Jusque-là, elle avait traité avec dédain les Malouines, qui représentaient un fardeau pour l'État. Elle avait réduit les subventions et annoncé d'importantes compressions du budget de la marine, y compris les cuirassés qui assuraient la défense des îles – autant de mesures qui, aux yeux des généraux argentins, signifiaient que la Grande-Bretagne était prête à céder le territoire. (Un des biographes de Thatcher écrivit d'ailleurs que la politique de la première ministre à l'égard des Malouines «équivalait presque à inviter l'Argentine à les envahir[21] ».) Pendant la crise qui précéda la guerre, les critiques de tous les horizons politiques accusèrent Thatcher d'utiliser l'armée à ses propres fins. «L'objet du conflit, déclara le député travailliste Tony Benn,

c'est la réputation de Mme Thatcher, et non les Malouines.»
Dans le *Financial Times*, journal conservateur, on lut ceci :
«Ce qui est déplorable, c'est que cette question est rapidement
en voie d'être récupérée et mise au service de divergences
internes sans rapport avec le conflit. La fierté du gouvernement
argentin n'est pas seule en cause. La réputation et peut-être
même la survie du gouvernement tory de la Grande-Bretagne
sont en jeu[22].»

Pourtant, malgré le sain cynisme affiché avant l'éclatement
du conflit, le pays fut emporté, une fois les troupes déployées,
par ce qu'un projet de résolution du Parti travailliste qualifia
d'«état d'esprit chauvin et militariste» : la défense des Malouines
devint en quelque sorte le baroud d'honneur d'un empire
britannique à l'étoile pâlissante[23]. Thatcher loua l'«esprit des
Malouines» qui déferlait sur la nation : en pratique, cela voulait
dire qu'on n'entendait plus les slogans hostiles comme *Ditch
the Bitch !* (Laissez tomber la salope !), et que les t-shirts sur
lesquels on lisait *Up Your Junta !* (Que la junte aille se faire
mettre !) se vendaient comme des petits pains[24]. Ni Londres ni
Buenos Aires ne tentèrent vraiment de calmer le jeu. Thatcher
refusa l'aide de l'ONU, comme Bush et Blair le feraient à la
veille de l'invasion de l'Irak ; les sanctions et les négociations
ne présentaient pour elle aucun intérêt. D'un côté comme de
l'autre, on avait besoin d'une victoire glorieuse.

Thatcher se battait pour son avenir politique – et ce fut
un triomphe spectaculaire. Au lendemain de la victoire des
Malouines, qui coûta la vie à 255 soldats britanniques et à
655 Argentins, la première ministre faisait figure d'héroïne,
et son surnom de «dame de fer», autrefois péjoratif, se mua
en louange[25]. Les sondages reflétaient cette transformation :
la cote de popularité personnelle de Thatcher fit plus que
doubler pendant le conflit, passant de 25 % au début à 59 % à
la fin – renversement qui pava la voie à une victoire décisive
aux élections de l'année suivante[26].

Le nom de code de la riposte britannique à l'invasion
argentine était «Operation Corporate». Bien que bizarre, il se
révéla prémonitoire. Thatcher utilisa l'énorme popularité que
lui valut la victoire pour lancer la révolution corporatiste qui,
ainsi qu'elle l'avait elle-même avoué à Hayek, était impossible
avant la guerre. Lorsque les mineurs de charbon déclenchèrent
la grève, en 1984, Thatcher fit comme si l'impasse était le
prolongement de la guerre des Malouines et exigeait la
même brutale détermination. Elle eut alors cette formule
mémorable : «Nous avons dû nous battre contre l'ennemi

extérieur aux Malouines ; nous devons maintenant nous battre contre l'ennemi intérieur, qui est beaucoup plus coriace, mais tout aussi dangereux pour la liberté[27]. » Ayant transformé les travailleurs britanniques en « ennemi intérieur », Thatcher lança contre les grévistes toute la force de l'État. Au cours d'une seule confrontation parmi de nombreuses autres, 8 000 policiers anti-émeute armés de matraques, dont bon nombre à cheval, prirent d'assaut des manifestants et laissèrent 700 blessés dans leur sillage. À la fin du long conflit, le nombre de blessés s'élevait d'ailleurs à plusieurs milliers. Comme le montre le journaliste du *Guardian*, Seumas Milne, dans une étude magistrale de la grève, *The Enemy Within. Thatcher's Secret War against the Miners*, la première ministre pressa les services de sécurité d'intensifier la surveillance du syndicat et, en particulier, de son président, Arthur Scargill. Il en résulta « la plus ambitieuse opération de contre-surveillance jamais organisée en Grande-Bretagne ». Le syndicat fut infiltré par de multiples agents et informateurs, et tous ses téléphones furent placés sur écoute, au même titre que les appareils de ses dirigeants et même celui du petit restaurant qu'ils fréquentaient. À la Chambre des communes, on laissa entendre que le président du syndicat était un agent du M15 chargé de « déstabiliser et de saboter le syndicat ». L'homme en question nia tout en bloc[28].

Nigel Lawson, chancelier de l'Échiquier de la Grande-Bretagne pendant la grève, expliqua que le gouvernement Thatcher considérait le syndicat comme son ennemi : « C'était comme s'armer en prévision de l'affrontement avec Hitler dans les années 1930, déclara-t-il dix ans plus tard. Il fallait se préparer[29]. » Comme au moment de la guerre des Malouines, on était peu intéressé à négocier. L'essentiel, c'était de briser le syndicat, peu importait à quel prix (et comme il fallait mobiliser trois mille policiers supplémentaires chaque jour, les coûts étaient énormes). Colin Naylor, un sergent de police par intérim aux avant-postes du conflit, le qualifia de « guerre civile[30] ».

En 1985, Thatcher gagna aussi cette guerre-là : les travailleurs avaient faim et ne purent plus tenir ; en fin de compte, 966 d'entre eux furent congédiés[31]. Revers dévastateur pour l'un des syndicats les plus puissants de la Grande-Bretagne. Le message envoyé aux autres était limpide : si Thatcher était prête à tout sacrifier pour mater les mineurs de charbon, dont le pays avait besoin pour s'éclairer et se chauffer, il serait suicidaire pour des syndicats plus faibles et produisant des biens et des services moins essentiels de contester le nouvel ordre économique. Mieux valait accepter docilement l'offre du gouvernement. Quelques mois après son arrivée à la Maison-Blanche, Ronald Reagan avait lancé un message similaire en réaction à une grève des contrôleurs aériens. En ne se présentant pas au travail, déclara-t-il, «ils ont renoncé à leur emploi, et leurs contrats de travail seront résiliés». Il congédia d'un seul coup 11 400 travailleurs exerçant un métier essentiel – choc dont le mouvement syndical des États-Unis ne s'est pas encore complètement remis[32].

En Grande-Bretagne, Thatcher utilisa sa double victoire contre l'Argentine et les mineurs pour faire faire un bond considérable à son programme économique radical. Entre 1984 et 1988, le gouvernement privatisa notamment les sociétés British Telecom, British Gas, British Airways, British Airport Authority et British Steel, sans compter la vente de sa participation dans British Petroleum.

Un peu comme les attentats terroristes du 11 septembre 2001 allaient offrir à un président impopulaire la possibilité de lancer une campagne massive de privatisation (celle, dans le cas de Bush, de la sécurité, de la guerre et de la reconstruction), Thatcher profita de sa guerre pour entreprendre la première grande mise aux enchères d'intérêts publics dans une démocratie occidentale. Telle fut la véritable «Operation Corporate» qui, au contraire de l'autre, eut des conséquences historiques. L'exploitation de la guerre des Malouines avait prouvé à l'évidence que la mise en place d'un programme économique inspiré de l'école de Chicago pouvait se réaliser sans coup d'État militaire ni recours à la torture. Thatcher montra qu'il suffisait d'une crise politique capable de mobiliser la population pour imposer à une démocratie une version partielle de la thérapie de choc.

Malgré tout, Thatcher avait eu besoin d'un ennemi pour unifier le pays et d'un concours de circonstances extraordinaire justifiant l'utilisation de mesures et de méthodes de répression d'urgence – besoin, en somme, d'une crise grâce à laquelle elle put avoir l'air ferme et efficace, et non cruelle et rétrograde. Le conflit l'avait admirablement servie, mais, dans les années 1980, la guerre des Malouines était une anomalie, un rappel des différends coloniaux d'antan. Si les années 1980 devaient marquer l'avènement d'une ère nouvelle de paix et de démocratie, comme beaucoup l'affirmaient, les affrontements comme celui des Malouines seraient trop rares pour servir de moteur à un projet politique mondial.

C'est en 1982 que Milton Friedman rédigea les lignes essentielles, vouées à un retentissement considérable, qui résument le mieux la stratégie du choc : « Seule une crise – réelle ou supposée – peut produire des changements. Lorsqu'elle se produit, les mesures à prendre dépendent des idées en vigueur dans le contexte. Telle est, me semble-t-il, notre véritable fonction : trouver des solutions de rechange aux politiques existantes et les entretenir jusqu'à ce que le politiquement impossible devienne politiquement inévitable[33]. » En cette nouvelle ère de la démocratie, le mouvement fit de ces mots son mantra. Allan Meltzer développa la réflexion : « Les idées sont des solutions de rechange en attente d'une crise pour servir de catalyseur au changement. Le modèle d'influence proposé par Friedman consistait à légitimer les idées, à les rendre tolérables et dignes d'être mises à l'essai à la première occasion[34]. »

Le genre de crise que Friedman avait en tête était économique et non militaire. Il avait compris que, en temps normal, les décisions économiques dépendent d'intérêts divergents – les travailleurs veulent des emplois et des augmentations de salaire, les propriétaires revendiquent des impôts peu élevés et une régulation réduite au minimum, et que c'est aux politiciens qu'il incombe d'établir un équilibre entre ces forces contradictoires. En revanche, lorsque survient une crise économique suffisamment grave – dépréciation marquée d'une devise, effondrement du marché, forte récession –, tout vole en éclats, et les dirigeants sont libres de faire le nécessaire (ou ce qu'ils considèrent comme tel) pour résoudre la crise dans laquelle est plongé le pays. Les crises sont, d'une certaine façon, les zones franches de la démocratie – des « moments vacants » au cours desquels les règles habituelles touchant le consentement et le consensus ne semblent pas s'appliquer.

L'idée selon laquelle l'effondrement du marché peut déclencher des changements révolutionnaires bénéficie, à l'extrême gauche, d'une longue tradition : on songe en particulier à la théorie bolchevique voulant que l'hyperinflation, en détruisant la valeur de l'argent, rapproche un peu plus les masses de la destruction du capitalisme lui-même[35]. Cette théorie explique pourquoi certains gauchistes sectaires s'emploient sans cesse à calculer dans quelles conditions précises le capitalisme aboutira à « la grande crise », un peu comme les évangélistes chrétiens guettent les signes du Ravissement. Au milieu des années 1980, cette idée communiste connut un spectaculaire regain de popularité sous l'impulsion des économistes de l'école de Chicago, qui raisonnaient comme suit : s'il peut provoquer une révolution à gauche, l'effondrement du marché peut aussi déclencher la contre-révolution à droite. On baptisa cette théorie «hypothèse de la crise[36]».

En s'intéressant aux crises, Friedman tentait clairement de tirer la leçon des victoires de la gauche au lendemain de la Grande Dépression : lorsque les marchés s'effondrèrent, Keynes et ses disciples, qui prêchaient jusque-là dans le désert, étaient fin prêts à faire valoir leurs idées, c'est-à-dire les solutions du New Deal. Dans les années 1970 et 1980, Friedman et les entreprises qui le soutenaient avaient tenté de reproduire la même dynamique en mettant au point leur propre programme intellectuel en cas de désastre. Ils constituèrent patiemment un réseau de *think tanks* de droite, notamment Heritage et Cato, et produisirent le plus important véhicule de la pensée de Friedman, la série télévisée en dix épisodes présentée par PBS, *Free to Choose* – financée par quelques-unes des plus importantes entreprises du monde, dont Getty Oil, Firestone Tire & Rubber Co., PepsiCo., General Motors, Bechtel et General Mills[37]. Au moment où la crise éclaterait, résolut Friedman, les idées et les solutions viendraient de lui et de ses Chicago Boys.

Lorsqu'il élabora la théorie des crises, au début des années 1980, les États-Unis, sous l'effet conjugué de taux de chômage et d'inflation élevés, étaient en récession. Les politiques de l'école de Chicago, alors connues sous le nom de «Reaganomics» (doctrine économique de Reagan), exerçaient une influence certaine à Washington. Cependant, même Reagan n'osa pas administrer à son pays le genre d'électrochoc généralisé dont rêvait Friedman, du genre de celui qu'il avait recommandé pour le Chili.

Une fois de plus, ce fut un pays d'Amérique latine qui servit de laboratoire à la théorie des crises de Friedman – à la différence qu'en l'occurrence, la charge fut menée non pas par les Chicago Boys, mais bien par un docteur choc nouveau genre, mieux adapté aux réalités de la nouvelle ère démocratique.

CHAPITRE SEPT

Le nouveau docteur choc

Quand la guerre économique supplante la dictature

> On peut comparer la situation de la Bolivie à celle d'un malade atteint du cancer. Le pays sait qu'il fait face à l'intervention dangereuse et douloureuse que la stabilisation monétaire et un certain nombre d'autres mesures ne manqueront pas de constituer. Et pourtant, il n'a pas d'autre choix.
>
> Cornelius Zondag, conseiller économique américain en Bolivie, 1956[1].

> L'utilisation du cancer dans le discours politique encourage le fatalisme et justifie des mesures « rigoureuses » – tout en renforçant l'idée largement répandue que cette maladie est obligatoirement mortelle. Le concept même de la maladie n'est jamais innocent. Mais on pourrait répondre que les métaphores liées au cancer portent en elles, et implicitement, l'idée de génocide.
>
> Susan Sontag, *La maladie comme métaphore*, traduit de l'anglais par Marie-France de Paloméra, 1993[2].

En 1985, la Bolivie était entraînée par la vague démocratique qui déferlait sur les pays en voie de développement. Au cours de dix-huit des vingt et une années précédentes, les Boliviens avaient vécu sous une forme ou une autre de dictature. Ils avaient enfin l'occasion de choisir leur président dans le cadre d'élections générales.

À l'époque, cependant, gagner le contrôle de l'économie bolivienne tenait davantage de la punition que de la récompense : l'endettement était si astronomique que les intérêts dus excédaient le budget national dans son entier. Un an plus tôt, en 1984, l'administration de Ronald Reagan avait précipité le pays dans la crise en finançant une attaque sans précédent contre les producteurs de coca, arbrisseau dont les feuilles vertes peuvent servir à la fabrication de la cocaïne. Le siège, qui eut pour effet de transformer une grande partie du pays en zone de guerre, ne fit pas qu'anéantir le commerce de la coca. Il priva la Bolivie d'environ la moitié de ses revenus d'exportation, d'où la débâcle économique. Le *New York Times* expliqua la situation ainsi : « Lorsque l'armée entra dans le Chapare en août et ferma à cette hauteur le pipeline des narcodollars, l'onde de choc se fit aussitôt sentir sur le marché noir, où les transactions s'effectuaient en dollars [...] moins d'une semaine après l'occupation du Chapare, le gouvernement fut contraint de réduire le cours du peso de plus de moitié. » Quelques mois plus tard, l'inflation s'était multipliée par dix, et des milliers de Boliviens quittaient leur pays à destination de l'Argentine, du Brésil, de l'Espagne ou des États-Unis, dans l'espoir de trouver du travail[3].

C'est dans ce contexte hautement instable, alors que l'inflation s'élevait à 14 000 %, que la Bolivie s'engagea dans les élections nationales historiques de 1985. S'y affrontaient deux personnages bien connus des citoyens : Hugo Banzer, leur ex-dictateur, et Víctor Paz Estenssoro, leur ancien président élu. Le résultat du vote était très serré, et il reviendrait au Congrès de désigner le vainqueur, mais l'équipe de Banzer était sûre de l'avoir emporté. Avant l'annonce officielle, le parti retint les services d'un économiste peu connu de trente ans, Jeffrey Sachs, à qui il confia le mandat d'élaborer un plan de lutte contre l'inflation. Étoile montante du département des sciences économiques de Harvard, Sachs, qui accumulait les prix universitaires, était l'un des plus jeunes professeurs permanents de l'université. Quelques mois plus tôt, une délégation de politiciens boliviens avait visité Harvard et vu Sachs à l'œuvre. L'assurance du jeune professeur les avait impressionnés – il avait affirmé qu'il lui suffirait d'une journée pour régler la crise inflationniste de leur pays. Sachs n'avait aucune expérience des pays en voie de développement, mais, écrivit-il, « je croyais savoir tout ce qui méritait d'être su » au sujet de l'inflation[4].

Sachs avait été marqué par les réflexions de Keynes sur le lien entre l'hyperinflation et l'essor du fascisme en Allemagne au lendemain de la Première Guerre mondiale. L'accord de paix imposé à l'Allemagne avait plongé le pays dans une grave crise économique – il affichait un taux d'hyperinflation de 3,25 millions % en 1923 –, laquelle avait été aggravée, quelques années plus tard, par la Grande Dépression. Le pays, qui faisait face à un taux de chômage de 30 % et à la colère généralisée inspirée par ce qui était perçu comme une conspiration mondiale, fut pour le nazisme un terreau fertile.

Sachs se plaisait à citer la mise en garde de Keynes : «Il n'y a pas de moyen plus ingénieux et plus sûr de saper les fondements de l'ordre social que d'avilir la monnaie. Toutes les forces cachées des lois économiques œuvrent fatalement dans ce sens [...][5].» Sachs partageait le point de vue de Keynes, pour qui les économistes avaient le devoir sacré de supprimer à tout prix ces forces de destruction. «Ce que j'ai trouvé chez Keynes, dit Sachs, c'est une profonde tristesse et le sentiment que tout risque de se détraquer complètement. Sans oublier que nous avons commis une incroyable bêtise en laissant l'Allemagne tomber en ruine[6].» Sachs déclara également à des journalistes que Keynes, économiste et globe-trotter engagé, était pour lui un modèle.

Bien qu'il fût d'accord avec Keynes pour dire qu'il fallait utiliser la force de l'économie pour combattre la pauvreté, Sachs était un pur produit de l'Amérique de Reagan. Sous l'influence de Friedman, cette dernière, en 1985, rejetait bruyamment tout ce que Keynes représentait. Dans les départements de sciences économiques des universités de l'Ivy League, dont Harvard fait partie, les préceptes de l'école de Chicago quant à la suprématie des marchés étaient rapidement en voie de devenir l'orthodoxie incontestée, et Sachs suivit le mouvement. Chez Friedman, il admirait «la foi dans les marchés, l'importance accordée à la bonne gestion monétaire», qu'il considérait comme «beaucoup plus précise que les arguments structuralistes ou pseudo-keynésiens flous qu'on entend fréquemment dans les pays en voie de développement[7]».

Ces arguments «flous», c'étaient ceux qui, une décennie plus tôt, avaient été violemment étouffés en Amérique latine – la conviction que le continent, pour échapper à la pauvreté, devait rompre avec les structures coloniales de la propriété au moyen de politiques interventionnistes telles que la réforme agraire, les mesures protectionnistes et les subventions au commerce, la nationalisation des ressources naturelles et la création de coopératives de travail. Ces changements structurels n'intéressaient nullement Sachs. Sans rien savoir (ou presque) de la Bolivie, de l'exploitation coloniale dont elle était depuis longtemps victime, de l'élimination de ses habitants autochtones et des gains obtenus de haute lutte lors de la

178

révolution de 1952, il était persuadé que le mal de la Bolivie, outre l'hyperinflation, relevait d'«une vision romantique du socialisme», en somme le genre de lubie développementaliste qu'une génération antérieure d'économistes formés aux États-Unis avait tenté d'éliminer du cône sud[8].

En contradiction avec l'orthodoxie de l'école de Chicago, cependant, Sachs était d'avis que toute politique de libéralisation des marchés devait s'accompagner de mesures d'allégement de la dette et d'une aide gouvernementale généreuse. C'est dire que, pour le jeune économiste de Harvard, la main invisible ne suffisait pas. Cette divergence finirait par inciter Sachs à prendre ses distances par rapport à ses collègues plus portés sur le laisser-faire et à consacrer ses efforts exclusivement sur l'aide. Le divorce n'interviendrait toutefois que des années plus tard. En Bolivie, l'idéologie hybride de Sachs se traduisit uniquement par d'étranges contradictions. À sa descente de l'avion à La Paz, par exemple, au moment où il respirait l'air andin pour la première fois, il s'imagina sous les traits d'un Keynes des temps modernes débarquant pour sauver les Boliviens du «chaos et du désordre» de l'hyperinflation*. Même si le principe central du keynésianisme est que les pays aux prises avec une grave récession devraient dépenser pour stimuler l'économie, Sachs retint l'approche contraire. Il conseilla au gouvernement d'opter pour l'austérité et de majorer les prix, malgré la crise – bref, il leur resservit la recette employée au Chili, laquelle avait produit, selon *Business Week*, «un monde à la docteur Folamour où la dépression est provoquée volontairement[9]».

Le conseil de Sachs à Banzer était sans équivoque : seule une thérapie de choc sortirait la Bolivie de la crise de l'hyperinflation. Il proposa de multiplier par dix le prix du pétrole et recommanda une série d'autres déréglementations des prix et de compressions budgétaires. Dans un discours prononcé devant la chambre de commerce américano-bolivienne, il affirma une fois de plus que l'hyperinflation pouvait être éliminée en une seule journée, évoquant «la surprise et le ravissement de la foule à cette idée», dit-il[10]. Comme Friedman, Sachs était fermement convaincu qu'un choc stratégique brutal était capable de «sortir une économie de l'impasse – celle du socialisme, celle de la corruption

---

* La victoire sur l'hyperinflation n'a sauvé l'Allemagne ni de la dépression ni du fascisme, contradiction que Sachs, qui persiste à recourir à cette analogie, n'a jamais relevée.

endémique ou encore celle de la planification centrale – pour la transformer en une économie de marché normale[11] ».

À l'époque où Sachs faisait ces audacieuses promesses, l'issue des élections boliviennes demeurait incertaine. L'ancien dictateur Hugo Banzer agissait comme s'il en était le vainqueur, mais son rival, Víctor Paz Estenssoro, n'avait pas pour autant renoncé au pouvoir. Pendant la campagne électorale, ce dernier avait fourni peu de détails sur les mesures qu'il entendait prendre pour juguler l'inflation. Cependant, il avait été élu à la présidence à trois reprises, la dernière en 1964, avant d'être renversé par un coup d'État. C'était celui qui avait incarné la transformation développementaliste de la Bolivie en nationalisant de grandes mines d'étain, en commençant à distribuer des terres aux paysans autochtones et en défendant le droit de vote de tous les Boliviens. À l'instar de l'Argentin Juan Perón, Paz, qui changeait souvent d'allégeance pour s'accrocher au pouvoir ou pour effectuer un retour, était un personnage complexe et omniprésent dans le paysage politique. Pendant la campagne de 1985, l'homme vieillissant que Paz était alors se réclama de son passé «nationaliste révolutionnaire» et fit de vagues déclarations à propos de la «responsabilité budgétaire». Paz n'était pas un socialiste, mais il n'était pas non plus un néolibéral de l'école de Chicago – du moins, c'est ce que croyaient les Boliviens[12].

Comme la désignation du président revenait finalement au Congrès, toute cette période fut marquée par des jeux de coulisses et des négociations serrées entre les partis, le Congrès et le Sénat. Un sénateur nouvellement élu finit par jouer un rôle déterminant : Gonzalo Sánchez de Lozada (connu en Bolivie sous le nom de Goni). Il avait vécu aux États-Unis pendant si longtemps qu'il parlait l'espagnol avec un fort accent américain ; à son retour en Bolivie, il était devenu l'un des hommes d'affaires les plus riches du pays. Il était propriétaire de Comsur, la deuxième mine privée en importance de la Bolivie, bientôt appelée à devenir la première. Jeune, Goni avait étudié à l'université de Chicago. Sans être économiste, il était fortement influencé par les idées de Friedman, susceptibles d'avoir des répercussions extraordinairement rentables pour le secteur minier qui, en Bolivie, était largement contrôlé par l'État. Lorsque Sachs exposa son programme de choc pour la Bolivie, Goni fut impressionné.

Les détails entourant les négociations tenues en coulisses demeurent secrets à ce jour, mais les résultats ne se firent pas attendre. Le 6 août 1985, c'est Paz qui était assermenté comme président de la Bolivie. Quatre jours plus tard à peine, il nommait Goni à la tête de l'équipe bipartisane ultrasecrète chargée de mener tambour battant une restructuration radicale de l'économie. Le groupe utilisa la thérapie de choc proposée par Sachs comme point de départ, mais il alla beaucoup plus loin. En fait, il recommanda le démantèlement de tout le modèle économique centré sur l'État que Paz en personne avait construit des décennies auparavant. À l'époque, Sachs était de retour à Harvard, mais il dit qu'il «fut heureux d'entendre que l'ADN [le parti de Banzer] avait fourni une copie de son plan de stabilisation au nouveau président et à son équipe[13]».

Le parti de Paz ignorait tout de l'accord que son chef avait conclu. À l'exception du ministre des Finances et du ministre de la Planification, qui faisaient partie du groupe secret, Paz ne révéla même pas au conseil des ministres l'existence de l'équipe économique d'urgence[14].

Pendant dix-sept jours d'affilée, celle-ci se réunit dans le salon du véritable palais où habitait Goni. «Nous nous sommes terrés là-haut de façon prudente, presque clandestine», dit le ministre de la Planification de l'époque, Guillermo Bedregal, dans une interview donnée en 2005, au cours de laquelle des détails furent révélés pour la première fois*[15]. Il s'agissait en fait d'un projet de restructuration de l'économie nationale si radical et si vaste qu'aucune démocratie n'avait encore fait l'objet d'une tentative de ce genre. Le président Paz était convaincu que la seule façon de l'imposer consistait à agir le plus vite et le plus soudainement possible. Ainsi, les syndicats et les groupes de paysans, connus pour leur militantisme, seraient pris au dépourvu et n'auraient pas le temps d'orchestrer une riposte. C'est du moins ce qu'il espérait. Selon Goni, Paz répétait : «Si vous devez agir, faites-le tout de suite. Je ne pourrai pas opérer deux fois[16].» Les raisons de la volte-face de Paz demeurent encore aujourd'hui nébuleuses. Il mourut en 2001 sans dire s'il avait accepté d'adopter la thérapie de choc de Banzer en échange de la présidence ou s'il avait subi une conversion idéologique sincère. Edwin Corr, ambassadeur des États-Unis en Bolivie à l'époque, m'a fourni quelques indices à ce sujet. Il avait rencontré tous les partis, me dit-il, et établi clairement

---

* Pendant deux décennies, les Boliviens ignorèrent comment avait été conçue la thérapie de choc à laquelle ils furent soumis. En août 2005, vingt ans après la rédaction du décret officiel, la journaliste bolivienne Susan Velasco Portillo interviewa les membres de l'équipe économique d'urgence, et quelques-uns d'entre eux fournirent des renseignements sur l'opération clandestine. Le présent compte rendu repose principalement sur ces souvenirs.

que la Bolivie, si elle s'engageait sur la voie du traitement de choc, bénéficierait de l'aide des États-Unis.

Après dix-sept jours, le ministre de la Planification, Bedregal, avait en main un projet de thérapie de choc. Au programme : élimination des subsides alimentaires, suppression quasi totale de la réglementation des prix et augmentation de 300 % du prix du pétrole[17]. Même si le coût de la vie allait monter en flèche dans un pays terriblement pauvre, le projet s'assortissait d'un gel d'un an des salaires déjà très bas des fonctionnaires de l'État. Il exigeait enfin d'importantes compressions des dépenses gouvernementales, l'ouverture complète des frontières de la Bolivie aux importations et la rationalisation des sociétés d'État, signe avant-coureur de leur privatisation. La Bolivie avait échappé à la révolution néolibérale imposée au reste du cône sud dans les années 1970 ; elle allait maintenant rattraper le temps perdu.

Même une fois la rédaction des nouveaux textes de loi terminée, les membres de l'équipe d'urgence se gardèrent bien d'en dévoiler le contenu aux représentants élus de la Bolivie et encore moins aux électeurs, qui n'avaient pas entériné une telle initiative. Il leur restait une ultime tâche à mener à bien. Ils se rendirent en délégation au bureau du représentant du Fonds monétaire international en Bolivie pour lui faire part de leur intention. La réponse de ce dernier fut à la fois enthousiaste et troublante : « C'est l'accomplissement du rêve de tous les fonctionnaires du FMI. En cas d'échec, heureusement, je bénéficie de l'immunité diplomatique et je n'aurai qu'à sauter dans un avion pour m'enfuir[18]. »

Les auteurs du projet n'avaient pas une telle porte de sortie à leur disposition, et quelques-uns étaient terrifiés à l'idée de la réaction de leurs concitoyens. « Ils vont nous tuer », prédit Fernando Prado, le cadet du groupe. Bedregal, l'auteur principal, s'efforça de raffermir la détermination de ses collègues en les comparant à l'équipage d'un avion de chasse lancé contre l'ennemi : « Nous devons agir comme le pilote d'Hiroshima. Lorsqu'il a lâché la bombe, il ne savait pas ce qu'il faisait, mais, en voyant la fumée, il a dit : "Oh ! Pardon !" Et nous devons faire exactement la même chose : lâcher les mesures prévues par le plan et dire "Oh ! Pardon[19]". »

L'idée qu'un changement de politique doit être mené comme une attaque militaire surprise est un thème cher aux apôtres de la thérapie de choc économique. Dans *Shock and Awe. Achieving Rapid Dominance*, doctrine militaire des États-Unis de 1996 qui servit de fondement à l'invasion de l'Irak en

2003, les auteurs affirment que l'envahisseur devrait « investir l'environnement de l'adversaire et paralyser ou surcharger ses perceptions et sa compréhension des événements pour le rendre incapable de résister[20] ». Le choc économique opère de la même façon : l'hypothèse de base, c'est que les gens sont en mesure de réagir à un changement progressif – un programme de santé supprimé par-ci, une entente commerciale signée par-là –, mais que, quand des dizaines de changements arrivent en même temps, de tous les côtés, ils ont le sentiment que leurs efforts seront futiles et ils baissent les bras.

Dans l'espoir de créer un tel sentiment d'impuissance, les planificateurs boliviens exigèrent l'adoption simultanée de toutes leurs mesures radicales, dans les cent jours de la création du nouveau gouvernement. Au lieu de présenter chacun des volets du projet et le texte de loi s'y rapportant (le nouveau code des impôts, la nouvelle loi sur les prix, etc.), l'équipe de Paz insista pour que la révolution au grand complet tînt dans un seul et unique décret gouvernemental, le D.S. (*Decreto Supremo*) 21060. Ce dernier renfermait 220 lois régissant tous les aspects de la vie économique du pays. Du point de vue de l'ampleur et de l'ambition, il était à l'égal de « la brique », le volumineux projet préparé par les Chicago Boys en prévision du coup d'État de Pinochet. Selon ses auteurs, le projet devait être approuvé ou rejeté en bloc : pas de modifications possibles. Sur le plan économique, c'était l'équivalent de la doctrine du « choc et de l'effroi ».

Une fois le document achevé, l'équipe en fit cinq copies : une pour Paz, une pour Goni et une pour le ministre du Trésor. L'identité des destinataires des deux autres – le chef de l'armée et le chef de la police – montre que Paz et les membres de son équipe savaient parfaitement que le projet serait considéré comme un acte de guerre. Les ministres de Paz, eux, restaient dans l'ignorance : ils avaient encore la fausse impression de travailler pour l'homme qui, des années auparavant, avait nationalisé les mines et redistribué les terres.

Trois semaines après son assermentation comme président, Paz réunit enfin son conseil des ministres pour lui faire part de la surprise qu'il lui réservait. Il ordonna qu'on fermât les portes des chambres du pouvoir et « donna aux secrétaires la consigne de retenir tous les appels des ministres ». Bedregal lut les soixante pages du document à voix haute devant un auditoire médusé. Il était si nerveux, confessa-t-il, que son « nez s'est mis à saigner quelques minutes plus tard ». Paz précisa que le décret n'était pas ouvert à la discussion. En vertu d'une autre entente conclue en coulisses, il s'était déjà assuré l'appui du parti d'opposition de droite dirigé par Banzer. Les dissidents n'avaient qu'à démissionner. «Je ne suis pas d'accord», déclara le ministre de l'Industrie. «Alors, partez», répondit Paz. Le ministre n'en fit rien. Comme l'inflation continuait de flamber et que les États-Unis avaient laissé entendre qu'ils verseraient une aide financière considérable en cas d'application de la thérapie de choc, nul n'osa faire d'opposition. Deux jours plus tard, dans le cadre d'un discours présidentiel télévisé intitulé «La Bolivie se meurt», Paz lâchait «la brique» bolivienne sur une population sans méfiance.

Sachs avait eu raison de prédire que les majorations de prix mettraient un terme à l'hyperinflation. Moins de deux ans plus tard, l'inflation avait été réduite à 10 %, résultat objectivement très impressionnant[21]. En revanche, les autres éléments de l'héritage néolibéral bolivien sont beaucoup plus problématiques. Tous les économistes s'entendent pour dire qu'une inflation galopante cause de graves préjudices, qu'elle entraîne une situation intenable et qu'elle doit être jugulée – démarche qui, pendant la période d'ajustement, engendre des souffrances considérables. Le débat a plutôt trait aux méthodes de mise en œuvre d'un programme crédible et à l'identité des personnes qui, dans une société donnée, auront à assumer l'essentiel du fardeau. Ricardo Grinspun, professeur de sciences économiques de l'université York et spécialiste de l'Amérique latine, explique que, dans la tradition keynésienne ou développementaliste, on cherche à mobiliser des appuis et à répartir le fardeau «grâce à une négociation à laquelle sont associés les principaux groupes touchés – le gouvernement, les employeurs, les agriculteurs, les syndicats et ainsi de suite. De cette manière, les parties s'entendent sur des politiques relatives aux revenus, par exemple les prix et les salaires, au moment même où des mesures de stabilisation sont adoptées». À l'opposé, poursuit Grinspun, «l'approche orthodoxe consiste à transférer tous les coûts sociaux sur les pauvres au moyen de la thérapie de choc». C'est exactement ce qui arriva en Bolivie, me dit-il.

Comme Friedman l'avait promis pour le Chili, la libéralisation des échanges commerciaux devait se solder par la création d'emplois pour les nouveaux chômeurs. Il n'en fut rien. Le taux de chômage, qui était de 20 % au moment des élections, se situait entre 25 et 30 % deux ans plus tard[22]. La société minière d'État – celle que Paz avait nationalisée dans les années 1950 – vit ses effectifs passer de 28 000 à 6 000 employés[23].

Le salaire minimum ne recouvra jamais sa valeur initiale. Deux ans après l'entrée en vigueur du programme, le salaire réel avait diminué de 40 %. Pendant un certain temps, la baisse fut même de 70 %[24]. En 1985, année de l'imposition de la thérapie de choc, le revenu moyen par habitant s'élevait à 845 $; deux ans plus tard, il n'était plus que de 789 $. C'est le système de mesure utilisé par Sachs et le gouvernement qui aboutit à ces résultats. Malgré l'absence de progrès dont il témoigne, il ne rend absolument pas compte de la dégradation de la qualité de vie de nombreux Boliviens. On établit le revenu moyen en additionnant les revenus totaux du pays et en divisant la somme par le nombre d'habitants, méthode qui permet de faire l'impasse sur le fait que la thérapie de choc eut sur la Bolivie les mêmes répercussions que sur le reste de la région : une petite élite s'enrichit considérablement, tandis que de très nombreux membres de ce qui avait été la classe ouvrière furent carrément exclus de l'économie et considérés comme excédentaires. En 1987, les paysans boliviens, les *campesinos*, gagnaient en moyenne 140 $ par année, soit le cinquième du «revenu moyen[25]». C'est le problème quand on calcule une moyenne : les écarts profonds sont gommés.

Un des dirigeants du syndicat des paysans expliqua que «les statistiques du gouvernement ne rendent pas compte du nombre croissant de familles contraintes de vivre dans des tentes, des milliers d'enfants victimes de malnutrition qui ne reçoivent qu'un bout de pain et une tasse de thé par jour, des centaines de *campesinos* venus dans la capitale à la recherche d'un emploi et qui finissent par faire la manche dans les rues[26]». Telle était l'histoire cachée de la thérapie de choc en Bolivie : des centaines de milliers d'emplois à temps plein ouvrant droit à pension furent remplacés par des emplois précaires n'offrant aucune protection. Entre 1983 et 1988, le nombre de Boliviens admissibles à la sécurité sociale diminua de 61 %[27].

Sachs, qui revint en Bolivie comme conseiller au milieu de la transition, s'opposa à une majoration des salaires proportionnelle à l'augmentation du prix de la nourriture et de l'essence. Il préconisa plutôt la constitution d'un fonds d'urgence pour venir en aide aux personnes les plus durement touchées – en d'autres termes, un sparadrap sur une plaie désormais béante. Revenu en Bolivie à la demande de Paz Estenssoro, Sachs travaillait directement sous les ordres du président. On se souvient de lui comme d'un homme inflexible. Selon Goni (qui deviendrait plus tard président de la Bolivie), Sachs encouragea les dirigeants à rester fermes malgré la grogne engendrée par les coûts humains de la thérapie de choc : « Lors de ses visites, [Sachs] disait : "Écoutez, l'approche progressive ne marche pas. Lorsque la situation devient incontrôlable, on doit tout arrêter, comme quand on administre un médicament. Il faut prendre des mesures radicales, sinon le patient risque de mourir[28]." »

L'une des conséquences immédiates de cette détermination fut que de nombreux Boliviens parmi les plus pauvres se tournèrent vers la culture de la coca, qui rapportait en gros dix fois plus que les autres récoltes (ironique évolution quand on songe qu'au départ la crise économique fut déclenchée par le siège des États-Unis contre les producteurs de coca[29]). En 1989, selon certaines estimations, un travailleur sur dix était, d'une manière ou d'une autre, associé soit à la culture de la coca, soit aux industries liées à la cocaïne[30]. Parmi ces travailleurs figuraient les membres de la famille d'Evo Morales, futur président de la Bolivie et ex-dirigeant du syndicat des producteurs de coca, connu pour son militantisme.

L'industrie de la coca joua un rôle déterminant dans la reconstruction de l'économie bolivienne et dans la maîtrise de l'inflation (fait aujourd'hui admis par les historiens, même si Sachs n'en dit mot quand il raconte comment ses réformes ont eu raison de l'inflation[31]). Deux ans à peine après l'explosion de la « bombe atomique », les exportations de drogues illicites généraient plus de revenus pour la Bolivie que le total de ses exportations licites, et on estime que 350 000 personnes gagnaient leur vie dans l'un ou l'autre des secteurs de ce négoce. « Pour le moment, fit observer un banquier étranger, l'économie de la Bolivie est accro à la cocaïne[32]. »

Au lendemain de la thérapie de choc, rares étaient ceux qui, en dehors de la Bolivie, discutaient de répercussions aussi complexes. Ils racontaient une histoire beaucoup plus simple : selon le *Boston Magazine*, un jeune et audacieux professeur de Harvard avait, presque à lui tout seul, « sauvé l'économie de la Bolivie, assaillie par l'inflation[33] ». La victoire sur l'inflation orchestrée par Sachs suffit à faire de la Bolivie l'incarnation même du triomphe de la doctrine néolibérale, « la plus remarquable réussite des temps modernes », selon *The Economist*[34]. Grâce au « miracle bolivien », Sachs acquit le statut de vedette dans de puissants cercles financiers. Il devint ainsi le plus grand spécialiste des économies en crise : au cours des années suivantes, l'Argentine, le Pérou, le Brésil, l'Équateur et le Venezuela firent appel à ses services.

Si Sachs eut droit à un tel concert de louanges, ce n'est pas uniquement pour avoir maîtrisé l'inflation dans un pays pauvre. En fait, il avait accompli ce que plusieurs jugeaient impossible : mener à bien une transformation néolibérale radicale au sein d'un pays démocratique et sans le secours d'une guerre – bref, opérer un changement beaucoup plus profond que ceux qu'avaient tentés Thatcher et Reagan. Sachs était pleinement conscient de l'importance historique de son exploit : « La Bolivie fut à mon avis le premier pays où le changement économique institutionnel s'est uni à la réforme démocratique, déclara-t-il des années plus tard. Et la Bolivie, beaucoup mieux que le Chili, a montré qu'il est possible de marier la libéralisation politique et la démocratie à la libéralisation économique. Que les deux puissent agir en parallèle et se renforcer l'une l'autre constitue une leçon extrêmement importante[35]. »

La comparaison avec le Chili n'était pas fortuite. Grâce à Sachs – « évangéliste du capitalisme démocratique », selon la description du *New York Times* –, la thérapie de choc s'était enfin débarrassée des relents des dictatures et des camps de la mort qui lui collaient à la peau depuis le voyage fatidique de Friedman à Santiago, dix ans plus tôt[36]. Sachs avait prouvé, confondant ainsi les détracteurs du mouvement, que la croisade néolibérale pouvait non seulement survivre à la vague démocratique qui déferlait sur le monde, mais encore surfer sur elle. Et Sachs, avec son admiration pour Keynes et son engagement franchement idéaliste en faveur des pays en voie de développement, était le candidat idéal pour diriger cette croisade dans une époque plus douce, plus paisible.

La gauche bolivienne avait pris l'habitude de qualifier le décret de Paz de *pinochetismo económico* – de pinochétisme économique[37]. Du point de vue du monde des affaires, à l'intérieur comme à l'extérieur de la Bolivie, tel était justement le but de l'opération : la Bolivie avait imposé une thérapie de choc à la Pinochet, mais sans un Pinochet à sa tête – dans le contexte d'un gouvernement de centre-gauche par-dessus le marché. Comme disait un banquier bolivien admiratif : « Ce qu'a accompli Pinochet avec une baïonnette, Paz l'a réussi dans un cadre démocratique[38]. »

L'histoire du miracle bolivien fut racontée à l'envi dans des articles de journaux et de magazines, au fil des portraits de Sachs, dans le best-seller de Sachs lui-même et dans des documentaires comme la série télévisée en trois volets de PBS intitulée *Commanding Heights. The Battle for the World Economy.* Le seul problème, c'est qu'elle est fausse. L'exemple de la Bolivie prouva bien qu'il était possible de soumettre au traitement de choc un pays où des élections venaient de se tenir, mais pas qu'on pouvait le faire de façon démocratique, sans recourir à la répression – en fait, il montrait que c'était encore et toujours le contraire.

Et d'abord, le président Paz n'avait pas reçu des électeurs boliviens le mandat de remodeler de fond en comble l'architecture économique du pays. Pendant sa campagne, il avait privilégié la défense d'un programme nationaliste, qu'il abandonna abruptement à la faveur d'une négociation en coulisses. Quelques années plus tard, John Williamson, influent économiste néolibéral, inventa une expression pour définir le tour de passe-passe de Paz : *voodoo politics* (politique vaudou ou vaudouisante). La plupart des gens préfèrent parler simplement de mensonge[39]. Et ce n'était pas la seule anomalie dans la fiction relative au respect de la démocratie.

Comme il fallait s'y attendre, de nombreux anciens partisans du président Paz se sentirent floués, et des dizaines de milliers d'entre eux descendirent dans les rues pour faire échec à un plan qui, en pratique, entraînerait des licenciements et aggraverait la famine. La principale opposition vint de la plus importante fédération syndicale du pays : elle ordonna une grève générale qui mit l'industrie au point mort. À côté de la réaction de Paz, la guerre de Thatcher contre les mineurs semble bien pusillanime. Paz déclara immédiatement l'«état de siège», et les tanks de l'armée défilèrent dans les rues de la capitale, où régnait un strict couvre-feu. Pour voyager à l'intérieur de leur propre pays, les Boliviens avaient désormais besoin de laissez-passer spéciaux. La police anti-émeute effectua des rafles dans des bureaux syndicaux, une université, une station de radio et quelques usines. Les manifestations et les assemblées publiques furent interdites ; toute réunion devait être autorisée par l'État[40]. Dans les faits, l'opposition politique fut interdite – exactement comme elle l'avait été durant la dictature de Banzer.

Pour nettoyer les rues, la police arrêta 1 500 manifestants, dispersa les attroupements au moyen de gaz lacrymogènes et tira sur des grévistes qui, selon la version officielle, avaient attaqué des policiers[41]. Paz prit d'autres mesures pour museler définitivement l'opposition. Tandis que les dirigeants de la fédération syndicale observaient une grève de la faim, il ordonna à la police et à l'armée de réunir les 200 syndicalistes les plus éminents du pays, de les entasser dans des avions et de les conduire dans des prisons reculées de l'Amazonie[42]. Selon l'agence de presse Reuters, il y avait au nombre des détenus «les chefs de la fédération des travailleurs et d'autres syndicalistes de premier plan»; on les transporta vers «des villages isolés du bassin amazonien, dans le nord de la Bolivie, où leurs mouvements [étaient] restreints[43]». C'était un enlèvement de masse assorti d'une demande de rançon : les prisonniers ne seraient libérés que si les syndicats mettaient un terme à leurs protestations, exigence à laquelle ils finirent par se plier. Pendant ces années-là, Filemon Escobar était mineur et militant syndical actif. Dans une interview téléphonique qu'il m'a récemment accordée depuis la Bolivie, il conte : «On a cueilli les chefs syndicaux en pleine rue et on les a conduits dans la jungle, où les moustiques les ont dévorés vivants. À leur retour, le plan économique était en place.» Selon Escobar, «le gouvernement a emmené les syndicalistes dans la jungle pour faire avancer son plan économique sans encombres et non pour les torturer ou les tuer».

L'état de siège demeura en vigueur pendant trois mois. Comme le plan fut mis en place en cent jours, le pays, dans les faits, fut bouclé pendant l'application décisive du traitement de choc. Un an plus tard, lorsque le gouvernement Paz procéda à des mises à pied massives dans les mines d'étain, les syndicats prirent de nouveau les rues d'assaut et on assista au même enchaînement dramatique : un nouvel état de siège fut proclamé, et deux appareils de l'armée de l'air de la Bolivie transportèrent 100 des plus importants syndicalistes du pays vers des camps d'internement des plaines tropicales de la Bolivie. Cette fois, il y avait, au nombre des victimes d'enlèvements, deux ex-ministres du Travail et un ancien sénateur – rappel de la «prison VIP» de Pinochet où Orlando Letelier avait été conduit. Les syndicalistes demeurèrent dans des camps pendant deux semaines et demie, jusqu'à ce que, une fois de plus, les syndicats mettent un terme à leurs protestations et à leur grève de la faim[44].

On avait en quelque sorte affaire à une junte «soft». Pour que le régime pût imposer la thérapie de choc, certaines personnes devaient disparaître – ne fût-ce qu'à titre provisoire. Bien que moins brutales, assurément, ces disparitions servaient les mêmes fins que celles des années 1970. Internés, les syndicalistes boliviens ne furent pas en mesure de s'opposer aux réformes, et leur absence permit l'éradication économique de secteurs complets de la main-d'œuvre. Les nouveaux chômeurs finirent par s'entasser dans les quartiers pauvres et les bidonvilles de la capitale, La Paz.

À son arrivée en Bolivie, Sachs cita la mise en garde de Keynes, selon laquelle la débâcle économique engendre le fascisme, ce qui ne l'empêcha pas de prescrire des mesures si draconiennes qu'il fallut recourir à des méthodes quasi fascistes pour les appliquer.

À l'époque, la presse internationale rendit compte du coup de force du gouvernement de Paz, mais seulement dans le cadre de la couverture d'un jour ou deux qu'elle accordait aux émeutes dont l'Amérique latine avait été coutumière. Dans le compte rendu du triomphe des «réformes néolibérales» en Bolivie, cependant, on ne fit aucune allusion aux circonstances (un peu comme on passe très souvent sous silence la symbiose entre la violence de Pinochet et le «miracle économique» du Chili). Si Jeffrey Sachs n'appela pas lui-même la police anti-émeute, et si ce n'est pas lui non plus qui déclara l'état de siège, il consacre un chapitre de son livre intitulé *The End of Poverty* à la victoire de la Bolivie contre l'inflation. S'il s'arroge volontiers une part du mérite de cette opération, il ne dit rien de la répression à laquelle il fallut recourir pour mettre le plan en place. Il se contente d'évoquer au passage les «moments tendus qui marquèrent les mois suivant l'instauration du programme de stabilisation[45] ».

Dans d'autres comptes rendus, on gomme jusqu'à cet aveu oblique. Goni affirma même qu'«on a accompli la stabilisation dans un cadre démocratique, sans brimer les libertés individuelles et sans empêcher les gens de s'exprimer[46] ». Un ministre du gouvernement Paz présenta une évaluation moins idéalisée en affirmant que ses collègues et lui «s'étaient comportés comme des porcs autoritaires[47] ».

Une belle dissonance constitue peut-être l'héritage le plus durable de l'expérience bolivienne de la thérapie de choc. L'exemple de la Bolivie montra que ce traitement s'accompagnait inévitablement d'attaques iniques contre les institutions démocratiques et les groupes sociaux gênants. Il montra également que la croisade corporatiste pouvait avancer par des moyens grossièrement autoritaires et être malgré tout saluée comme démocratique du simple fait que des élections avaient été tenues, même si on supprimait par la suite les libertés civiles et qu'on faisait fi des volontés démocratiques. (Dans les années à venir, la leçon allait se montrer profitable à un grand nombre de leaders, dont le Russe Boris Eltsine.) Ainsi, la Bolivie servit de modèle à une nouvelle forme d'autoritarisme plus acceptable, à une forme de coup d'État civil mené par des politiciens et des économistes en complet-veston plutôt que par des militaires en uniforme – le tout dans le cadre officiel d'un régime démocratique en forme de coquille vide.

CHAPITRE HUIT

Du bon usage des crises

Le marketing de la thérapie de choc

> Pourquoi bouleverser mon cerveau et anéantir ma mémoire,
> qui représentent mon capital, et me mettre en faillite ? Le
> remède fut admirable, mais nous avons perdu le patient !
>
> Ernest Hemingway, à propos du traitement aux électrochocs
> qu'il a subi peu de temps avant de se suicider, 1961[1].

La leçon que Jeffrey Sachs retint de sa première aventure internationale fut qu'on pouvait mettre un terme à l'hyperinflation, à condition de lui opposer des mesures draconiennes. Il s'était rendu en Bolivie et avait terrassé le monstre. Affaire classée.

John Williamson, l'un des plus influents économistes de droite de Washington et important conseiller du FMI et de la Banque mondiale, suivit de près l'expérience de Sachs en Bolivie et constata un phénomène beaucoup plus important. Le traitement de choc fut à ses yeux une sorte de *big bang* – une percée décisive dans la campagne visant à appliquer la doctrine de l'école de Chicago dans le monde entier[2]. C'était affaire de tactique beaucoup plus que d'économie.

De manière peut-être involontaire, Sachs avait prouvé que la théorie des crises de Friedman était rigoureusement exacte. L'hyperinflation bolivienne fut le prétexte qu'on invoqua pour faire avancer un programme qui, en temps normal, aurait été politiquement impossible. La Bolivie, dernier bastion de Che Guevara, possédait un mouvement syndical fort et militant de même qu'une solide tradition de gauche. Pourtant, elle avait été contrainte d'accepter une thérapie de choc draconienne au nom de la stabilisation d'une monnaie emballée.

Au milieu des années 1980, quelques économistes avaient observé qu'une véritable hyperinflation provoquait les mêmes effets qu'une guerre militaire – favoriser la peur et la confusion, déclencher des vagues de réfugiés et causer un grand nombre de pertes en vies humaines[3]. Il était frappant de constater que, en Bolivie, l'hyperinflation avait joué le même rôle que la «guerre» de Pinochet au Chili et la guerre des Malouines de Margaret Thatcher – elle avait créé un contexte propice à l'imposition de mesures d'urgence, un état d'exception au cours duquel les règles démocratiques pouvaient être suspendues et les rênes de l'économie confiées à l'équipe de spécialistes réunis dans le salon de Goni. Pour les purs et durs de l'école de Chicago comme Wiliamson, l'hyperinflation n'était donc pas un problème à régler, comme le croyait Sachs. C'était au contraire une fabuleuse occasion à saisir.

Dans les années 1980, les occasions de ce genre ne manquèrent pas. En fait, un grand nombre de pays en voie de développement, en particulier en Amérique latine, étaient alors en proie à l'hyperinflation. La crise résultait de deux phénomènes dont les institutions financières de Washington étaient responsables. Le premier avait trait à l'insistance de ces dernières pour que les dettes illégitimes accumulées sous les dictatures fussent assumées par les nouvelles démocraties. Le second, c'était la décision (inspirée par Friedman) prise par la Réserve fédérale des États-Unis d'autoriser l'augmentation en flèche des taux d'intérêt, ce qui se traduisit, du jour au lendemain, par une hausse vertigineuse des sommes dues.

Le transfert d'une dette odieuse

L'Argentine représente un cas d'école. En 1983, après l'effondrement de la junte consécutif au ratage des Malouines, les Argentins élirent Raúl Alfonsín à la présidence. Le pays libéré depuis peu était au bord de l'explosion sous l'effet de la «bombe de l'endettement». Dans le cadre de ce que la junte sortante qualifia de «transition digne» vers la démocratie, Washington insista pour que le nouveau gouvernement acceptât de rembourser les dettes accumulées par les généraux. Pendant le règne de la junte, la dette nationale du pays était passée de 7,9 milliards de dollars l'année précédant le coup d'État à 45 milliards de dollars au moment de la passation des pouvoirs. Les principaux créanciers : le Fonds monétaire international, la Banque mondiale, l'Export-Import Bank des États-Unis et des banques privées américaines. La même situation se répétait dans toute la région. En Uruguay, la dette, qui s'élevait à 500 millions de dollars au moment de l'arrivée de la junte, se chiffrait à cinq milliards à son départ – fardeau énorme pour un pays de trois millions d'habitants. Au Brésil, cas le plus spectaculaire, les généraux, qui avaient pris le pouvoir en 1964 en promettant de mettre de l'ordre dans les finances publiques, trouvèrent le moyen de faire passer la dette de trois milliards de dollars à 103 milliards de dollars en 1985[4].

À l'époque des transitions vers la démocratie, de solides arguments moraux et juridiques furent soulevés à propos de la nature inique de ces dettes : il ne fallait pas obliger les peuples tout juste libérés à acquitter la note laissée par leurs oppresseurs et leurs persécuteurs. C'était particulièrement vrai dans le cône sud, où, pendant les années de dictature, une bonne part des crédits étrangers avait été versée directement à l'armée et à la police – en échange d'armes à feu, de canons à eau et de salles de torture dernier cri. Au Chili, par exemple, des prêts contribuèrent au triplement des dépenses militaires, tandis que les effectifs passaient de 47 000 en 1973 à 85 000 en 1980. En Argentine, selon la Banque mondiale, les généraux affectèrent une bonne partie des sommes empruntées, environ dix milliards de dollars, à des achats militaires[5].

Quant au reste de l'argent, il disparut purement et simplement, du moins en grande partie. Le règne des juntes fut marqué par la corruption – avant-goût de la dépravation qui guettait les pays où les mêmes politiques économiques effrénées allaient être appliquées, ainsi de la Russie, de la Chine et de la « zone de libre-corruption » de l'Irak occupé (pour reprendre l'expression d'un conseiller américain désenchanté[6]). Selon un rapport du Sénat des États-Unis publié en 2005, Pinochet disposait d'un réseau byzantin d'au moins 125 comptes de banque étrangers secrets inscrits au nom de membres de sa famille ou au sien (écrits de multiples façons). Ces comptes, dont les plus notoires se trouvaient placés à la Riggs Bank de Washington, DC, totalisaient quelque 27 millions de dollars[7].

On reprocha à la junte argentine d'être encore plus âpre au gain. En 1984, l'architecte du programme économique, José Martínez de Hoz, accusé de fraude relativement au versement d'une importante subvention gouvernementale à l'une des entreprises qu'il dirigeait auparavant, fut arrêté (on rendit par la suite un arrêt de non-lieu[8]). La Banque mondiale suivit ensuite la piste de 35 milliards de dollars empruntés à l'étranger par la junte et constata que 19 milliards – 54 % du total – avaient été virés offshore. Des fonctionnaires suisses confirmèrent qu'une grande partie des fonds avait été versée sur des comptes anonymes[9]. La Réserve fédérale des États-Unis observa que, en 1980 seulement, la dette de l'Argentine s'accrut de neuf milliards de dollars ; la même année, les sommes déposées à l'étranger par des citoyens argentins augmentèrent de 6,7 milliards de dollars[10]. Larry Sjaastad, célèbre professeur de l'université de Chicago ayant personnellement formé nombre de Chicago Boys de l'Argentine, qualifia ces milliards manquants (volés sous le nez de ses ex-étudiants) de « plus grande fraude du xxe siècle*[11] ».

Les escrocs de la junte allaient jusqu'à associer leurs victimes à leurs crimes. Au centre de torture de l'École de mécanique de la Marine de Buenos Aires, on tirait fréquemment de leur cachot les détenus ayant de solides compétences linguistiques ou une formation universitaire pour leur faire exécuter les tâches administratives de leurs ravisseurs. Une survivante, Graciela Daleo, reçut ainsi l'ordre de taper un document informant les officiers des paradis fiscaux à l'étranger où ils pouvaient abriter les sommes qu'ils escroquaient[12].

Le reste de la dette nationale servit principalement au paiement d'intérêts et au renflouement louche d'entreprises privées. En 1982, juste avant l'effondrement de la dictature argentine, la junte accorda une dernière faveur au secteur privé. Domingo Cavallo, président de la banque centrale du pays, annonça que l'État assumerait les dettes des multinationales et des entreprises argentines qui, à l'instar des piranhas du Chili, avaient été acculées à la faillite à force de contracter des emprunts. En vertu de cet arrangement commode, les entreprises conservaient la propriété de leurs actifs et de leurs profits, tandis qu'il revenait aux Argentins d'éponger les quinze à vingt milliards de dollars de dettes qu'elles avaient accumulées. Parmi les sociétés qui bénéficièrent de ces largesses, mentionnons Ford Motor Argentina, Chase Manhattan, Citibank, IBM et Mercedes-Benz[13].

Les tenants du non-remboursement de ces dettes accumulées de façon illégitime soutinrent que les prêteurs savaient – ou auraient dû savoir – que l'argent était utilisé aux fins de la répression et de la corruption. Ce point de vue a été récemment corroboré lorsque le secrétariat d'État déclassifia la transcription d'un entretien du 7 octobre 1976 entre Henry Kissinger, à l'époque secrétaire d'État, et le ministre des Affaires étrangères

---

* C'était peut-être vrai à l'époque, mais le siècle n'était pas encore terminé – l'expérience de l'école de Chicago en Russie restait à venir.

de l'Argentine sous la dictature, César Augusto Guzzetti. Après une discussion entourant le tollé soulevé par les violations des droits de l'homme qu'avait commises la junte, Kissinger déclarait : « Écoutez, nous tenons à votre réussite. C'est notre position fondamentale. Pour ma part, je suis vieux jeu, et je crois qu'il faut épauler ses amis. [...] Plus vite vous arriverez à vos fins, mieux ce sera. » Ensuite, Kissinger abordait la question des prêts et encouragea Guzzetti à faire appel à la plus grande aide étrangère possible. Il l'incitait à agir au plus vite, avant que « le problème des droits de l'homme » ne liât les mains du gouvernement des États-Unis. « Deux prêts vous attendent à la banque », déclarait Kissinger en faisant allusion à la Banque interaméricaine de développement. « Nous n'avons pas l'intention de nous y opposer. » Et de donner des instructions au ministre : « Présentez vos demandes à l'Export-Import Bank. Nous souhaitons la réussite de votre programme économique et nous allons vous aider du mieux que nous pouvons[14]. »

La transcription de cet entretien montre que le gouvernement des États-Unis approuva les prêts consentis à la junte en sachant pertinemment qu'ils seraient utilisés dans le cadre d'une campagne de terreur. Au début des années 1980, ce sont donc ces dettes odieuses que Washington obligea le nouveau gouvernement démocratique de l'Argentine à rembourser.

LE CHOC DE L'ENDETTEMENT

En elles-mêmes, les dettes auraient constitué un énorme fardeau pour les nouvelles démocraties. Ce fardeau était toutefois destiné à s'alourdir considérablement. Un autre genre de choc faisait la une : le choc Volcker, expression qu'utilisèrent les économistes pour décrire l'impact de la décision prise par le président de la Réserve fédérale, Paul Volcker, à savoir de hausser les taux d'intérêt de façon spectaculaire aux États-Unis et de les laisser grimper jusqu'à 21 %, sommet atteint en 1981 – tendance qui se maintint d'ailleurs jusqu'au milieu des années 1980[15]. Aux États-Unis, la hausse des taux d'intérêt entraîna une vague de faillites ; en 1983, le nombre de personnes incapables de rembourser leurs emprunts hypothécaires tripla[16].

C'est toutefois à l'extérieur des États-Unis que les chocs les plus violents se firent sentir. Dans les pays en voie de développement lourdement endettés, le choc Volcker – également connu sous le nom de « choc de la dette » ou de « crise de la dette » – eut l'effet d'un coup de pistolet électrique géant tiré depuis Washington, provoquant des convulsions dans les pays touchés. La montée vertigineuse des taux se traduisait par une hausse équivalente des intérêts sur les prêts étrangers ; pour les honorer, les pays devaient souvent contracter d'autres prêts. La spirale de l'endettement était née. En Argentine, la dette déjà énorme laissée par la junte, 45 milliards de dollars, crût rapidement et s'établit à 65 milliards de dollars en 1989. La même situation se répéta dans les pays pauvres du monde entier[17]. C'est après le choc Volcker que la dette du Brésil explosa, passant de 50 milliards à 100 milliards de dollars en six ans. De nombreux pays d'Afrique ayant contracté des emprunts massifs dans les années 1970 vécurent le même drame : pendant cette courte période, la dette du Nigeria passa de 9 milliards à 29 milliards de dollars[18].

Les chocs économiques subis par les pays en voie de développement dans les années 1980 ne s'arrêtèrent pas là. Chaque fois que le prix d'un produit d'exportation tel que le café ou l'étain diminue de dix pour cent, on assiste à un « choc des prix ». Selon le FMI, les pays en voie de développement connurent 25 chocs de ce genre entre 1981 et 1983 ; entre 1984 et 1987, au sommet de la crise de la dette, ils furent victimes de 140 autres chocs de cette nature, qui eurent pour effet d'alourdir davantage leur endettement[19]. La Bolivie fut frappée de plein fouet en 1986, l'année même où elle dut avaler la pilule amère de Jeffrey Sachs et se soumettre à une métamorphose capitaliste. Le prix de l'étain, principal produit d'exportation bolivien (en dehors de la coca), chuta de 55 %. L'économie fut dévastée, sans que le pays y fût pour rien. (C'était justement le genre de dépendance envers les exportations de matières premières que l'économie développementaliste des années 1950 et 1960 avait tenté de combattre – une idée récusée « floue » par l'establishment économique du Nord.)

En un sens, la théorie des crises de Friedman se renforçait désormais d'elle-même. Plus l'économie mondiale se pliait à ses prescriptions (fluctuation des taux d'intérêt, déréglementation des prix, économies tournées vers l'exportation), et plus le système était vulnérable à des crises, d'où une multiplication du genre de débâcles qui, ainsi que Friedman l'avait prévu, incitaient les gouvernements à suivre davantage de ses conseils radicaux.

Ainsi se fabriquent les crises à la mode de l'école de Chicago. On laisse des sommes colossales parcourir librement la planète à la vitesse grand V, tandis que les spéculateurs sont autorisés à miser sur la valeur d'absolument tout, du cacao aux devises. Il en résulte une colossale instabilité. Comme les politiques de libre-échange encouragent les pays pauvres à maintenir leur dépendance vis-à-vis des exportations de matières premières telles que le café, le cuivre, le pétrole ou le blé, ces derniers risquent tout particulièrement de se laisser enfermer dans le cercle vicieux d'une crise sans fin. Une baisse soudaine du cours du café plonge des économies tout entières dans la dépression, laquelle est aggravée par les *traders* qui, constatant les difficultés financières d'un pays, spéculent contre sa devise, dont la valeur dégringole. Si, par surcroît, les taux d'intérêt augmentent en flèche, la dette nationale gonfle du jour au lendemain. On a là réunis tous les ingrédients d'une débâcle économique.

Les partisans de l'école de Chicago tendent à présenter la période qui débute au milieu des années 1980 comme celle de la marche harmonieuse et triomphante de leur idéologie : emportés par la vague démocratique, disent-ils, différents pays, sous l'effet d'une révélation collective, se sont rendu compte que la liberté des individus et celle des marchés allaient de pair. Cette révélation a toujours relevé de la fiction. La vérité, c'est que les citoyens, au moment où ils accédaient à la liberté tant attendue et échappaient au choc des salles de torture sous le gouvernement d'un Ferdinand Marcos aux Philippines et d'un Juan María Bordaberry en Uruguay, étaient frappés de plein fouet par des chocs économiques – choc de la dette, des prix, des devises – causés par une économie mondiale de plus en plus déréglementée et turbulente.

À propos de l'effet multiplicateur des autres chocs sur la crise de la dette, l'expérience de l'Argentine est tristement représentative. Raúl Alfonsín prit le pouvoir en 1983, au moment où le choc Volcker faisait pleinement sentir ses effets. Le gouvernement fut donc en mode de gestion de crise dès le premier jour. En 1985, l'inflation était si élevée qu'Alfonsín fut contraint d'introduire une toute nouvelle devise, l'austral. Son pari était qu'un nouveau début l'aiderait à reprendre la situation en main. Moins de quatre ans plus tard, les prix avaient monté au point que d'immenses émeutes du pain éclatèrent. Les restaurateurs argentins utilisaient des billets de banque pour tapisser les murs de leurs établissements parce qu'ils coûtaient moins cher que le papier. En juin 1989, mois durant lequel les prix montèrent de 203 %, Alfonsín abandonnait la partie : à cinq mois de la fin de son mandat, il présentait sa démission et déclenchait des élections générales anticipées[20].

D'autres issues s'offraient aux politiciens dans la même situation qu'Alfonsín. Celui-ci aurait pu refuser de rembourser la dette colossale de l'Argentine. Il aurait pu s'associer aux gouvernements des pays voisins, en proie à une crise du même ordre, pour former un cartel de débiteurs. Ces gouvernements auraient pu créer un marché commun fondé sur les principes développementalistes, dynamique amorcée alors que la région était déchirée par des régimes militaires sadiques. À l'époque, le défi avait pour une bonne part trait à l'héritage laissé aux nouvelles démocraties par la terreur d'État. Dans les années 1980 et 1990, un grand nombre de pays en voie de développement avaient en quelque sorte la «gueule de bois» de l'après-terreur : libres sur papier, ils étaient malgré tout méfiants et prudents. Dans des pays émergeant tout juste de sombres années de dictature, rares étaient les politiciens élus disposés à risquer une autre série de coups d'État soutenus par les Américains en défendant des politiques comme celles qui avaient justement provoqué les putschs des années 1970 – d'autant que les officiers de l'armée qui les avaient menés, ayant réussi à négocier l'immunité, avaient pour la plupart échappé à la prison et observaient la situation du fond de leurs casernes.

En raison de cette réticence bien compréhensible à l'idée de partir en guerre contre les institutions de Washington auxquelles les sommes étaient dues, les nouvelles démocraties frappées par la crise n'avaient d'autre choix que de jouer selon les règles imposées par leurs créanciers. Au début des années 1980, d'ailleurs, les règles en question devinrent soudain beaucoup plus strictes. Pourquoi? Parce que le choc de la dette coïncida précisément – et le hasard n'y est pour rien – avec l'avènement d'une ère nouvelle dans les relations Nord-Sud. Désormais, on n'avait pratiquement plus besoin des dictatures militaires. L'époque de l'«ajustement structurel» – la dictature de la dette – avait débuté.

D'un point de vue philosophique, Milton Friedman ne croyait ni au FMI ni à la Banque mondiale : ils représentaient à ses yeux des exemples classiques de court-circuitage des délicats indices du libre marché par l'État tentaculaire. Il y a donc quelque ironie à constater qu'un genre de «convoyeur» virtuel acheminait les Chicago Boys vers les gigantesques sièges sociaux de ces institutions de la 19ᵉ Rue de Washington, DC, où ils s'emparèrent d'un grand nombre de postes de premier plan.

Arnold Harberger, ex-directeur du programme latino-américain de l'université de Chicago, se vante souvent du nombre de ses diplômés qui décrochèrent d'importants postes au FMI et à la Banque mondiale. « À une certaine époque, quatre économistes en chef régionaux de la Banque mondiale avaient étudié sous ma direction. L'un d'eux, Marcelo Selowsky, est ensuite devenu l'économiste en chef du secteur tout neuf de l'ex-Empire soviétique, ce qui représente le poste le plus important du genre de toute la Banque. Et vous savez qui l'a remplacé ? Un autre de mes étudiants, Sebastian Edwards. Il est bon de voir ces hommes faire leur chemin et je suis fier d'avoir participé à leur formation[21]. » Autre étoile montante : Claudio Loser, Argentin qui obtint un diplôme de l'université de Chicago en 1971. Il accéda au poste de directeur du service de l'hémisphère occidental et par là même devint le principal responsable de l'Amérique latine*. Les Chicago Boys occupaient également des postes clés au FMI, y compris celui de numéro deux de l'institution, premier directeur général adjoint, de même que ceux d'économiste en chef, de directeur de la recherche et d'économiste principal du bureau africain[22].

Friedman avait beau s'opposer à ces institutions sur le plan philosophique, elles étaient en pratique idéalement positionnées pour appliquer sa théorie des crises. Confrontés aux chocs à répétition des années 1980, les pays endettés n'avaient d'autre choix que de s'adresser à la Banque mondiale et au FMI. Ils se heurtaient alors au mur d'orthodoxie dressé par les Chicago Boys, qui, en raison de leur formation, voyaient les catastrophes moins comme des problèmes à régler que comme de précieuses occasions qu'il fallait saisir au vol afin d'ouvrir de nouveaux territoires au libre marché. Les plus puissantes institutions financières du monde étaient guidées par la logique de l'exploitation des crises. Il s'agissait là d'une violation fondamentale de leurs principes fondateurs.

De même que l'ONU, la Banque mondiale et le FMI furent créés en réaction directe aux horreurs de la Deuxième Guerre mondiale. Pour éviter de répéter les erreurs qui avaient

---

* Loser fut congédié après l'effondrement de l'économie de l'Argentine en 2001. Un consensus se dégage : sous sa supervision, le FMI était tellement entiché des politiques néolibérales que Loser continua d'inonder les pays de prêts, à condition qu'ils continuent de réduire leurs dépenses et de privatiser leurs économies ; il négligea de tenir compte de leurs points faibles pourtant flagrants, le chômage endémique et l'omniprésence de la corruption par exemple – sans parler de la dette insoutenable contractée envers le FMI.

provoqué la montée du fascisme au cœur de l'Europe, les puissances mondiales se réunirent en 1944 à Bretton Woods, dans le New Hampshire, afin de mettre au point une nouvelle architecture économique. La Banque mondiale et le FMI, financés par les quotes-parts de leurs quarante-trois États membres fondateurs, reçurent le mandat explicite de prévenir de futurs chocs et bouleversements économiques comme ceux qui avaient déstabilisé l'Allemagne de Weimar. La Banque mondiale investirait à long terme dans le développement afin de tirer les pays des griffes de la pauvreté, tandis que le FMI agirait comme une sorte d'amortisseur des chocs mondiaux en faisant la promotion de politiques économiques ayant pour effet de réduire la spéculation financière et la volatilité des marchés. Lorsqu'un pays donnait l'impression de sombrer dans une crise, le FMI devait fournir des subventions et des prêts de stabilisation dans l'espoir de prévenir un enlisement[23]. Les deux institutions, dont les sièges sociaux se faisaient face à Washington, coordonneraient leurs actions.

John Maynard Keynes, chef de la délégation britannique, était persuadé que le monde avait enfin pris conscience des risques qu'il encourait en laissant les marchés se réglementer eux-mêmes. « Rares étaient ceux qui croyaient la chose possible », déclara Keynes à la fin de la conférence. Mais si les institutions demeuraient fidèles à leurs principes fondateurs, « la fraternité entre hommes sera devenue plus qu'une simple formule[24] ».

Le FMI et la Banque mondiale ne se montrèrent pas à la hauteur de cette vision universelle. D'entrée de jeu, le pouvoir fut réparti non pas comme à l'Assemblée générale de l'ONU, suivant le principe « un pays, un vote », mais bien en fonction de la taille de l'économie de chacun des pays – disposition qui conféra de facto aux États-Unis un droit de veto sur toutes les grandes décisions, l'Europe et le Japon exerçant une mainmise sur presque tout le reste. Lorsque Thatcher et Reagan accédèrent au pouvoir dans les années 1980, leurs administrations fortement idéologiques furent en mesure d'exploiter les deux institutions à leurs propres fins, d'y accroître rapidement leur influence et d'en faire les principaux véhicules de la croisade corporatiste.

La colonisation de la Banque mondiale et du FMI par les Chicago Boys se fit pour l'essentiel tacitement, mais elle devint officielle en 1989 lorsque John Williamson dévoila ce qu'il appela le « consensus de Washington ». Il s'agissait, dit-il, d'une liste de politiques économiques que les deux institutions considéraient comme essentielles à la bonne santé économique – «le noyau de principes admis par tous les économistes sérieux[25]». Au nombre de ces politiques faussement présentées comme techniques et consensuelles, on retrouvait des partis pris idéologiques très marqués : ainsi, toutes «les sociétés d'État devraient être privatisées» et «les entraves à l'implantation de sociétés étrangères devraient être abolies[26]». Une fois terminée, la liste se résumait ni plus ni moins à la trinité néolibérale friedmanienne : privatisations, déréglementation ou libre-échange et réductions draconiennes des dépenses gouvernementales. C'étaient ces politiques, dit Williamson, que «les pouvoirs en place à Washington s'efforçaient de faire adopter par les pays d'Amérique latine[27]». Joseph Stiglitz, ex-économiste en chef de la Banque mondiale qui compte parmi les derniers opposants à la nouvelle orthodoxie, écrivit : «Keynes doit se retourner dans sa tombe en voyant ce qu'est devenu son enfant[28].»

Les prêts de la Banque mondiale et du FMI s'étaient de tout temps accompagnés de recommandations touchant les politiques. Au début des années 1980, toutefois, les fonctionnaires, enhardis par la situation désespérée de certains pays en voie de développement, transformèrent ces recommandations en exigences inspirées du néolibéralisme radical. Lorsque des pays frappés par une crise s'adressaient au FMI pour obtenir un allégement de leur dette ou toucher des prêts d'urgence, le Fonds répondait en leur imposant des thérapies de choc tous azimuts, d'une ampleur comparable à celle de «la brique» rédigée par les Chicago Boys pour Pinochet et au décret en 220 lois concocté dans le salon de Goni en Bolivie.

Le FMI accoucha de son premier programme d'«ajustement structurel» complet en 1983. Pendant deux décennies, on informa tous les pays qui demandaient un prêt conséquent qu'ils devaient remanier leur économie de la cave au grenier. Davison Budhoo, économiste principal du FMI qui prépara des programmes d'ajustement structurel pour l'Amérique latine et l'Afrique tout au long des années 1980, admit plus tard que «tout le travail que nous avons accompli après 1983 reposait sur le sentiment de la mission qui nous animait : le Sud devait "privatiser" ou mourir ; à cette fin, nous avons créé le chaos économique ignominieux qui a marqué l'Amérique latine et l'Afrique de 1983 à 1988[29]».

Malgré cette nouvelle mission radicale (et extrêmement rentable), le FMI et la Banque mondiale prétendirent toujours agir dans l'intérêt de la stabilisation. Et puisque la banque avait encore pour mandat de prévenir les crises – et non de procéder à des réformes de la société ou à des mutations idéologiques –, la stabilisation devait servir de prétexte officiel. La vérité, c'est que, dans toute une série de pays, on utilisa la crise de l'endettement international pour faire méthodiquement avancer le programme de l'école de Chicago, fondé sur l'application impitoyable de la stratégie du choc de Friedman.

Les économistes de la Banque mondiale et du FMI l'admirent à l'époque, même si leurs aveux étaient en général couchés dans un langage économique codé et réservés aux auditoires spécialisés et aux publications destinées aux «technocrates». Dani Rodrik, économiste renommé de Harvard ayant beaucoup travaillé avec la Banque mondiale, décrivit l'«ajustement structurel» comme une habile stratégie de marketing. «C'est à la Banque mondiale, écrivit-il en 1994, que revient tout le mérite d'avoir inventé et mis en marché l'idée d'"ajustement structurel", concept en vertu duquel les réformes microéconomiques et macroéconomiques *font l'objet du même conditionnement. On présenta l'ajustement structurel comme une démarche que les pays devaient entreprendre pour sauver leurs économies de la crise.* Pour les gouvernements qui adhérèrent au programme, la distinction entre de bonnes politiques macroéconomiques capables de préserver un solde extérieur favorable et des prix stables, d'une part, et des politiques qui déterminent l'ouverture [comme le libre-échange], d'autre part, *fut occultée*[30]. »

Le principe était simple. Les pays en crise avaient désespérément besoin d'une aide d'urgence pour stabiliser leur devise ; lorsque les sauvetages financiers s'assortissaient de politiques relatives à la privatisation et au libre-échange, ils n'avaient donc d'autre choix que d'accepter le «forfait». L'astuce, c'est que les économistes savaient que le libre-échange ne ferait rien pour mettre un terme à la crise, mais cette information était «occultée» de main de maître. Sous la plume de Rodrik, c'était un compliment. Non seulement le regroupement de politiques sous un seul et même «emballage» forçait les pays pauvres à accepter l'orientation déterminée par Washington, mais en fait, c'était la seule manière de les convaincre d'«acheter» – et Rodrik disposait de chiffres pour appuyer ses affirmations à cet égard. Il avait étudié tous les pays qui avaient accepté des politiques radicales de libre-échange dans les années 1980 et n'avait trouvé «aucun exemple significatif de réforme commerciale dans un pays en voie de développement des années 1980 en dehors du cadre d'une grave crise économique[31] ».

C'était un aveu ahurissant. À ce moment de l'histoire, et la Banque et le Fonds clamaient sur tous les toits que les gouvernements du monde entier avaient vu la lumière et compris que les politiques du consensus de Washington étaient la seule voie vers la stabilité et donc la démocratie. Pourtant, on admettait, au sein même de l'establishment de Washington, que les pays en voie de développement n'acceptaient de s'y soumettre que sous la pression d'un amalgame de faussetés et de mesures d'extorsion pures et simples. Vous voulez sauver votre pays? Vendez-le à la pièce. Rodrik alla jusqu'à avouer que la privatisation et le libre-échange – deux des pierres angulaires du programme d'ajustement structurel – n'avaient aucun effet direct sur la stabilité. Prétendre le contraire, selon lui, c'était faire de la «mauvaise économie[32]».

Une fois de plus, l'Argentine – «élève modèle» du FMI pendant cette période – illustre clairement le fonctionnement de l'ordre nouveau. La crise de l'hyperinflation contraignit le président Alfonsín à la démission, et il fut remplacé par Carlos Menem, gouverneur péroniste d'une petite province. Ce dernier, qui portait un blouson de cuir et arborait des rouflaquettes, semblait assez coriace pour tenir tête aux créanciers et aux militaires toujours menaçants. Après de violentes tentatives d'éradication du parti péroniste et du mouvement syndical, l'Argentine avait dorénavant un président qui, pendant sa campagne électorale, avait défendu les syndicats et promis de renouer avec les politiques économistes nationalistes de Juan Perón. La transition fut marquée par des moments d'émotion semblables à ceux qui avaient salué l'élection de Paz en Bolivie.

La ressemblance, au bout du compte, était trop grande. Après une année au pouvoir, Menem, soumis à de fortes pressions par le FMI, se lança dans une campagne provocante de «politique vaudou». Élu comme symbole du parti qui s'était opposé à la dictature, Menem nomma Domingo Cavallo au poste de ministre de l'Économie et, de ce fait, réinstaura au pouvoir l'homme qui avait tiré le secteur privé d'affaires en le débarrassant de ses dettes – le cadeau d'adieu de la dictature[33]. Sa nomination fut ce que les économistes considèrent comme «un signal» – l'indice immanquable, en l'occurrence, que le nouveau gouvernement reprendrait à son compte l'expérience corporatiste amorcée par la junte et la poursuivrait. La bourse de Buenos Aires accorda à l'initiative l'équivalent d'une ovation : le jour de l'annonce de la nomination de Cavallo, on nota une augmentation de l'activité de 30 %[34].

À la recherche de soutien idéologique, Cavallo truffa le gouvernement d'anciens étudiants de Milton Friedman et d'Arnold Harberger. Presque tous les postes importants d'économistes furent occupés par des Chicago Boys : Roque Fernández, qui avait travaillé au FMI et à la Banque mondiale, était président de la banque centrale ; Pedro Pou, actif sous la dictature, en était le vice-président ; Pablo Guidotti, qui travaillait auparavant au FMI sous les ordres d'un autre ancien professeur de l'université de Chicago, Michael Mussa, était le principal conseiller de la banque centrale.

Sur ce plan, le cas de l'Argentine ne fut pas unique. En 1999, il y avait, parmi les diplômés d'origines diverses de l'école de Chicago, plus de vingt-cinq ministres et plus d'une douzaine de présidents de banques centrales – d'Israël au Costa Rica –, ce qui, pour un département universitaire, traduit une sphère d'influence extraordinaire[35]. En Argentine, comme dans nombre d'autres pays, les Chicago Boys formaient une sorte d'étau idéologique autour du gouvernement ; un groupe exerçait de la pression de l'intérieur, l'autre depuis Washington. À titre d'exemple, les délégations du FMI en Argentine étaient souvent dirigées par Claudio Loser, Boy de Chicago originaire de ce pays. Les rencontres qu'il avait avec le ministre des Finances et la banque centrale n'avaient rien de négociations entre adversaires. C'étaient au contraire des discussions collégiales entre amis, entre ex-camarades de classe de l'université de Chicago, entre ex-collègues de la 19e Rue. Un livre argentin sur l'effet de cette fraternité économique mondiale s'intitule avec à-propos *Buenos Muchachos*, allusion au film classique sur la mafia de Martin Scorsese, *Goodfellas* (*Les Affranchis*)[36].

Au sujet de ce qu'il fallait faire de l'économie de l'Argentine – et des moyens d'y parvenir –, les membres de cette fraternité s'entendaient comme larrons en foire. Le plan Cavallo, ainsi qu'on en vint à le désigner, reposait sur l'astucieux condition-nement mis au point par la Banque mondiale et le FMI : profiter du chaos et du désespoir engendrés par la crise de l'hyperinflation pour intégrer la privatisation au programme de sauvetage. Pour stabiliser le système monétaire, Cavallo réduisit les dépenses gouvernementales de façon draconienne et introduisit une nouvelle devise, le peso argentin, à parité avec le dollar américain. Moins d'un an plus tard, l'inflation avait chuté à 17,5 % ; quelques années plus tard, elle avait pratiquement disparu[37]. La monnaie fut donc stabilisée ; l'autre partie du programme, elle, était « occultée ».

Malgré les engagements pris envers les investisseurs étrangers, la dictature argentine avait laissé aux mains de l'État de vastes et désirables secteurs de l'économie, du transporteur aérien national aux impressionnantes réserves pétrolières de la Patagonie. Du point de vue de Cavallo et des Chicago Boys, la révolution n'était seulement qu'à moitié terminée. Ils étaient donc résolus à utiliser la crise économique pour achever le travail.

Au début des années 1990, l'État argentin vendit les richesses du pays si rapidement et si totalement que le projet surpassa de loin celui qu'avait connu le Chili dix ans plus tôt. En 1994, 90 % des sociétés d'État avaient été vendues à des entreprises privées, notamment Citibank, Bank Boston, les françaises Suez et Vivendi, les espagnoles Repsol et Telefónica. Avant les transactions, Menem et Cavallo avaient rendu un fier service aux nouveaux propriétaires : ils avaient licencié environ 700 000 travailleurs, selon les estimations de Cavallo. Certains estimèrent toutefois que le chiffre fut beaucoup plus élevé. Pendant la présidence de Menem, la société pétrolière nationale se délesta à elle seule de 27 000 salariés. Admirateur de Jeffrey Sachs, Cavallo qualifia cette opération de «thérapie de choc». Menem eut pour sa part une formule encore plus brutale. Dans un pays encore aux prises avec les traumatismes de la torture de masse, il parla d'«une intervention chirurgicale majeure réalisée sans anesthésie*[38] ».

Au milieu de la métamorphose, Menem fit la page couverture du magazine *Time*. Sous son visage souriant, apparaissant au milieu d'une fleur de tournesol, on lit : «Le miracle Menem[39] ». Et ce fut en effet un miracle – Menem et Cavallo avaient mené à bien un programme de privatisation pénible et radical sans déclencher une révolte nationale. Comment avaient-ils réussi pareil tour de force ?

---

* En janvier 2006, longtemps après le départ de Menem et de Cavallo, les Argentins eurent droit à des révélations surprenantes : le plan Cavallo n'était l'œuvre ni de Cavallo ni du FMI. Tout le programme de thérapie de choc imposé à l'Argentine au début des années 1990 avait été concocté en secret par JP Morgan et Citibank, deux des plus importants créanciers privés du pays. Dans le cadre d'un procès intenté contre le gouvernement argentin, l'éminent historien argentin Alejandro Olmos Gaona dévoila l'existence d'un stupéfiant document de 1 400 pages rédigé par les deux banques américaines pour le compte de Cavallo. Y «sont définies les politiques appliquées par le gouvernement à partir de 1992 [...] la privatisation des services publics, la réforme du droit du travail, la privatisation du régime de retraite. Tout est prévu dans les moindres détails [...] on s'imagine que le plan économique mis en œuvre dès 1992 était attribuable à Domingo Cavallo, mais c'est faux».

Des années plus tard, Cavallo expliquait : « L'hyperinflation est terrible pour les gens, en particulier les pauvres et les petits épargnants. Au bout de quelques heures ou de quelques jours, ils constatent que les augmentations de prix, à la vitesse de l'éclair, ont avalé leurs salaires. C'est pourquoi ils implorent le gouvernement : "Faites quelque chose." Et si le gouvernement a en main un bon plan de stabilisation, pourquoi n'en profiterait-il pas pour introduire d'autres réformes ? [...] les réformes les plus importantes ont eu trait à l'ouverture de l'économie, à la déréglementation et à la privatisation. La seule façon de mettre ces réformes en œuvre, à l'époque, c'était de profiter de l'occasion créée par l'hyperinflation : la population était prête à accepter des changements draconiens en échange d'une solution à ce problème et d'un retour à la normale[40]. »

À long terme, le programme de Cavallo eut des effets désastreux sur l'Argentine. À cause de la méthode qu'il choisit pour stabiliser la monnaie – le peso à parité avec le dollar US –, il devint si onéreux de produire des biens au pays que les usines locales ne furent pas en mesure de soutenir la concurrence des importations bon marché qui inondaient le pays. Les pertes d'emplois furent si nombreuses que plus de la moitié des Argentins finirent par se retrouver sous le seuil de la pauvreté. À court terme, cependant, le plan fonctionna à merveille : pendant que le pays était sous le choc de l'hyperinflation, Cavallo et Menem, subrepticement, avaient réussi à introduire la privatisation. La crise avait fait son œuvre.

Le tour de passe-passe réalisé par les dirigeants de l'Argentine relevait moins de l'économie que de la psychologie. Vétéran de la junte, Cavallo savait pertinemment que, en temps de crise – qu'il s'agît d'une crise financière ou, comme l'administration Bush l'illustrerait plus tard, d'un attentat terroriste –, les citoyens sont prêts à céder de vastes pouvoirs à quiconque prétend avoir une solution miracle.

Et c'est ainsi que la croisade amorcée par Friedman survécut au passage tant redouté vers la démocratie – au lieu de convaincre les électeurs de la justesse de leurs vues, ses tenants butinèrent habilement de crise en crise, profitèrent brillamment de débâcles économiques pour imposer des politiques qui lièrent les mains de nouvelles démocraties fragiles. Une fois la stratégie mise au point, les occasions semblèrent se multiplier. Le choc Volcker fut suivi de la « crise tequila » de 1994 au Mexique, de la « contagion asiatique » de 1997, de l'effondrement de la Russie en 1998 et, peu de temps après, de celui du Brésil. Lorsque les chocs et les crises donnaient l'impression de s'essouffler, d'autres – plus cataclysmiques encore – se manifestaient : tsunamis, ouragans, guerres et attentats terroristes. Le capitalisme du désastre prenait forme.

PARTIE 4

Perdu dans la transition
Pendant que nous pleurions, tremblions, dansions

Ces temps désespérés fournissent des occasions incomparables à ceux qui sont conscients de la nécessité d'une réforme économique fondamentale.

Stephan Haggard et John Williamson,
The Political Economy of Policy Reform, 1994.

CHAPITRE NEUF

Où l'on claque la porte au nez de l'Histoire

Une crise en Pologne, un massacre en Chine

Je vis dans une Pologne libérée, et je considère Milton Friedman comme l'un des principaux artisans intellectuels de la liberté de mon pays.

> Leszek Balcerowicz, ex-ministre des Finances
> de la Pologne, novembre 2006[1].

Décupler la valeur de son argent provoque la sécrétion de certaines substances chimiques dans l'estomac. Et cette substance est addictive.

> William Browder, gestionnaire de portefeuilles américain,
> à propos de l'investissement en Pologne
> aux premiers jours du capitalisme[2].

Il n'est pas question de cesser de manger de crainte de s'étouffer.

> *Quotidien du peuple*, journal officiel de l'État, à propos
> de la nécessité de poursuivre les réformes néolibérales au
> lendemain du massacre de la place Tiananmen[3].

Avant la chute du mur de Berlin, symbole décisif de l'effondrement du communisme, une autre image laissait déjà présager le démantèlement des barrières soviétiques : celle de Lech Walesa, électricien licencié à la moustache en guidon de vélo et aux cheveux en broussaille, qui grimpe sur une clôture métallique ornée de fleurs et de drapeaux à Gdańsk, en Pologne. La clôture protège le chantier naval Lénine et les milliers de travailleurs qui s'y sont barricadés pour protester contre la décision du Parti communiste d'augmenter le prix de la viande.

La grève des travailleurs était un défi sans précédent lancé au gouvernement inféodé à Moscou qui régnait sur la Pologne depuis 35 ans. L'issue du conflit était incertaine. Moscou enverrait-elle les tanks? Feraient-ils feu sur les ouvriers pour les obliger à reprendre le travail? La grève se prolongea et le chantier naval devint une poche de démocratie populaire au sein d'un pays autoritaire; les travailleurs formulèrent de nouvelles revendications. Ils ne voulaient plus que leurs vies fussent régies par des apparatchiks prétendant parler au nom de la classe ouvrière. Ils réclamaient un syndicat indépendant, autorisé à négocier et à faire la grève. Sans attendre la permission de qui que ce fût, ils votèrent en faveur de la formation d'un tel syndicat et l'appelèrent Solidarność (ou Solidarité)[4]. C'était en 1980, année où le monde tomba sous le charme de Solidarité et de son chef, Lech Walesa.

Walesa, alors âgé de 36 ans, était si parfaitement au diapason des aspirations des travailleurs polonais qu'on aurait pu croire à l'existence d'une communion spirituelle entre lui et eux. « Nous mangeons le même pain! » hurla-t-il dans le micro du chantier de Gdańsk. Référence aux antécédents ouvriers inattaquables de Walesa lui-même, mais aussi au rôle primordial joué par le catholicisme dans le nouveau mouvement révolutionnaire. Puisque le parti désapprouvait la religion, les ouvriers arboraient leur foi comme un badge de courage, faisaient la queue pour communier derrière les barricades. Walesa, à la fois pieux et bon vivant, inaugura le nouveau bureau de Solidarité en tenant un crucifix en bois dans une main et un bouquet de fleurs dans l'autre. Le moment venu d'entériner le premier accord historique entre Solidarité et le gouvernement, Walesa signa son nom à l'aide d'« un stylo souvenir géant à l'effigie du pape Jean-Paul II ». L'admiration était réciproque : le pape polonais dit à Walesa qu'il pensait à Solidarité dans ses prières[5].

À une vitesse affolante, Solidarité gagna les mines, les chantiers navals et les usines du pays. En moins d'un an, le syndicat comptait dix millions de membres – presque la moitié des Polonais en âge de travailler. Ayant arraché le droit de négocier, Solidarité commença à obtenir des gains concrets : la semaine de cinq jours au lieu de six et une plus grande participation dans la gestion des usines. Lassés de vivre dans un pays en adoration devant une classe ouvrière idéalisée mais qui maltraitait ses travailleurs en chair et en os, les membres de Solidarité dénoncèrent la corruption et la brutalité des fonctionnaires du Parti, qui rendaient des comptes non pas aux Polonais, mais bien à des bureaucrates lointains, retranchés à Moscou. Les désirs de démocratie et d'autodétermination réprimés par le règne du parti unique furent canalisés vers les syndicats locaux de Solidarité ; le Parti communiste subit un exode massif de ses membres.

Moscou comprit que le mouvement représentait la plus grave menace à laquelle son empire de l'Est avait fait face jusque-là. À l'intérieur de l'Union soviétique, l'opposition venait pour une large part de mouvements de défense des droits de l'homme, dont bon nombre se situaient à droite sur l'échiquier politique. Il était beaucoup plus difficile de présenter les membres de Solidarité comme des laquais du capitalisme – c'étaient des travailleurs qui avaient le marteau à la main et les pores de la peau incrustés de poussière de charbon, ceux-là mêmes qui, selon la rhétorique marxiste, auraient dû soutenir le Parti avec ardeur*. Pis encore, la vision de Solidarité était l'antithèse de celle du Parti : démocratique et non autoritaire, atomisée et non centralisée, participative et non bureaucratique. Et ses dix millions de membres avaient le pouvoir de paralyser l'économie de la Pologne. Comme le dit Walesa, persifleur, ses membres risquaient de perdre leurs batailles politiques, certes, « mais personne ne nous forcera à travailler. Si on veut nous obliger à construire des tanks, nous construirons des tramways. Si nous le voulons, les camions que nous assemblerons rouleront en marche arrière. Nous savons comment déjouer le système. Nous sommes ses élèves ».

L'engagement de Solidarité envers la démocratie incita même des membres du Parti à se rebeller de l'intérieur. « À une certaine époque, j'ai eu la naïveté de croire que seuls quelques êtres maléfiques étaient responsables des errements du Parti, déclara Marian Arendt, membre du comité central, à un journal polonais. Aujourd'hui, j'ai perdu mes illusions. Il y a un vice de forme dans l'ensemble, dans la structure tout entière[6]. »

En septembre 1981, les membres de Solidarité étaient prêts à faire passer leur mouvement à l'étape suivante. Quelque 900 travailleurs polonais se retrouvèrent à Gdańsk pour le premier congrès national du syndicat. À cette occasion, Solidarité se mua en un mouvement révolutionnaire doté d'un programme économique et politique, prêt à prendre le pouvoir. Voici un extrait du projet de Solidarité : « Nous

---

* Dans les années 1980, l'un des slogans les plus populaires de Solidarité était : « Le socialisme – OUI, ses distorsions – NON. » Ce qui sans aucun doute sonne mieux en polonais.

exigeons l'autonomie et une réforme démocratique à tous les niveaux de l'administration ainsi qu'un nouveau système socioéconomique combinant le présent projet, l'autonomie gouvernementale et l'économie de marché. » La pièce maîtresse reposait sur une transformation radicale des gigantesques sociétés d'État – où travaillaient des millions de membres de Solidarité –, qui s'affranchiraient du gouvernement et deviendraient des coopératives démocratiques de travailleurs. « L'entreprise socialisée, lisait-on dans le programme, devrait être l'unité structurelle de base de notre économie. Elle devrait être soumise à l'autorité d'un conseil de travailleurs représentant la collectivité et gérée par un administrateur nommé par concours et pouvant être démis de ses fonctions par le conseil[7]. » Walesa s'opposa à cette exigence : il craignait qu'une telle provocation n'entraînât le déclenchement de mesures de répression. D'autres soutinrent que le mouvement avait besoin d'un objectif, d'un espoir porteur d'avenir, pas d'un simple ennemi. Walesa perdit la partie, et le programme économique devint la politique officielle de Solidarité.

Les craintes de Walesa se révélèrent fondées. L'ambition grandissante de Solidarité effrayait et faisait fulminer Moscou. Soumis à d'intenses pressions, le général Wojciech Jaruzelski, dirigeant de la Pologne, décréta la loi martiale en décembre 1981. Dans la neige, les tanks prirent position autour des usines et des mines. Des milliers de membres de Solidarité firent l'objet de rafles policières, et ses chefs, y compris Walesa, furent arrêtés et emprisonnés. Dans le magazine *Time*, on écrivit : « L'armée et la police ont eu recours à la force pour disperser les travailleurs qui leur résistaient. À Katowice, où les mineurs ont riposté à coups de haches et de leviers, elles ont laissé au moins sept morts et des centaines de blessés dans leur sillage[8]. »

Solidarité dut passer dans la clandestinité, mais au cours des huit années d'État policier, sa légende ne fit que s'amplifier. En 1983, Walesa obtint le prix Nobel de la Paix, même si ses mouvements étaient toujours limités et qu'il ne put accepter la récompense en personne. « Le siège du lauréat du prix Nobel de la Paix est inoccupé, dit le représentant du comité Nobel lors de la cérémonie. Tendons l'oreille au discours muet qui monte de cette place vide. »

La place vide était une métaphore tout à fait valable dans la mesure où, à cette époque, chacun semblait trouver ce qu'il voulait dans Solidarité. Le comité Nobel y voyait un homme « qui n'avait d'autre arme que le recours à une grève pacifique[9] ».

Pour la gauche, c'était une forme de rédemption, une version du socialisme innocente des crimes de Staline et de Mao. Aux yeux de la droite, c'était la preuve que les États communistes accueillaient avec un déploiement de force brutale les formes de dissidence les plus modérées. Le mouvement de défense des droits de l'homme s'intéressait au sort des prisonniers de conscience. L'Église catholique avait trouvé un allié dans sa lutte contre l'athéisme communiste. Margaret Thatcher et Ronald Reagan décelèrent pour leur part une ouverture, une brèche dans la cuirasse soviétique, même si Solidarité se battait pour la défense de droits que les deux dirigeants occidentaux bafouaient allègrement chez eux. Plus l'interdiction se prolongeait, plus la mythologie entourant Solidarité gagnait en vigueur.

En 1988, la terreur de la répression initiale s'était estompée, et les travailleurs polonais reprirent leurs grèves de plus belle. Cette fois, l'économie était en chute libre, et le nouveau régime modéré de Mikhaïl Gorbatchev était au pouvoir à Moscou. Les communistes cédèrent. Ils légalisèrent Solidarité et acceptèrent la tenue d'élections éclair. Solidarité se scinda : à côté du syndicat, il y avait désormais une nouvelle aile, le Comité de citoyens Solidarité, qui participerait aux élections. Les deux organes étaient inextricablement liés : les dirigeants de Solidarité étaient candidats ; et comme, par ailleurs, la plate-forme électorale était floue, les seuls détails concernant un éventuel avenir sous Solidarité figuraient dans le programme économique du syndicat. Walesa lui-même ne fut pas candidat ; il préférait conserver son poste de chef de l'aile syndicale. Il fut toutefois le visage de la campagne, menée sous le thème suivant : «Avec nous, vous êtes plus en sécurité[10].» Les résultats furent humiliants pour les communistes et glorieux pour Solidarité : le mouvement remporta 260 des 261 sièges où il avait un candidat*. Manœuvrant en coulisses, Walesa fit nommer Tadeusz Mazowiecki au poste de premier ministre. Sans avoir le charisme de Walesa, celui-ci, rédacteur en chef de l'hebdomadaire de Solidarité, était considéré comme l'un des plus éminents intellectuels du mouvement.

---

* Les élections, qui constituèrent une percée, n'en étaient pas moins truquées : d'entrée de jeu, le Parti communiste s'était réservé 65 % des sièges de la chambre basse du Parlement. Malgré tout, la victoire de Solidarité fut si éclatante que le mouvement prit de facto les rênes du gouvernement.

Ainsi que les Latino-Américains venaient tout juste de l'apprendre, les régimes autoritaires ont pour habitude d'embrasser les principes de la démocratie au moment précis où leurs projets économiques sont sur le point d'imploser. La Pologne ne fit pas exception à la règle. Pendant des dizaines d'années, les communistes avaient multiplié les erreurs coûteuses et désastreuses, et la Pologne était au bord de l'effondrement économique. Walesa eut la formule célèbre (et prophétique) suivante : «Pour notre malheur, nous avons gagné!» Lorsque Solidarité prit le pouvoir, la dette s'élevait à 40 milliards de dollars et l'inflation à 600 %. Il existait une grave pénurie alimentaire et un marché noir florissant. De nombreuses usines fabriquaient des produits qui, faute de preneurs, pourrissaient dans des entrepôts[11]. L'entrée des Polonais dans la démocratie fut cruelle. Ils étaient enfin libres, mais rares étaient ceux qui avaient le loisir ou l'envie de célébrer : leurs bulletins de paie ne valaient plus rien. Ils passaient leurs journées à faire la queue pour acheter de la farine et du beurre si, par le plus grand des hasards, il y en avait cette semaine-là.

Tout l'été suivant son triomphe électoral, Solidarité fut paralysé par l'indécision. La vitesse à laquelle l'ordre ancien s'était écroulé et l'ampleur de la victoire avaient constitué en eux-mêmes des chocs. Les militants de Solidarité, qui, quelques mois plus tôt, fuyaient les agents de la police secrète, devaient désormais payer le salaire de ceux qui les avaient pourchassés. Et ils apprirent avec stupéfaction que l'État avait à peine de quoi honorer ses obligations. Plutôt que de bâtir l'économie postcommuniste dont il avait rêvé, le mouvement dut s'attaquer à une tâche beaucoup plus pressante : éviter l'effondrement total et la famine.

Les dirigeants de Solidarité ne voulaient plus de la poigne de fer que l'État exerçait sur l'économie, mais ils ne savaient pas par quoi la remplacer. Pour les militants de la base, c'était l'occasion de faire l'essai du programme économique. Si elles étaient converties en coopératives de travailleurs, raisonnaient-ils, les usines exploitées par l'État retrouveraient peut-être le chemin de la viabilité économique – la gestion par les employés avait des chances d'être plus efficace, d'autant qu'on n'aurait pas à supporter les dépenses supplémentaires liées aux bureaucrates du Parti. D'autres préconisaient une approche progressive comme celle de Gorbatchev à Moscou – une lente expansion dans les secteurs assujettis aux règles monétaires de l'offre et de la demande (augmentation du nombre de boutiques et de marchés autorisés) conjuguée à un fort secteur public calqué sur le modèle scandinave de la social-démocratie.

Comme l'Amérique latine avant elle, la Pologne dut, avant toutes choses, demander un allégement de sa dette pour sortir de la crise immédiate. En théorie, c'est le mandat du FMI : fournir des fonds de stabilisation pour prévenir les catastrophes économiques. Si un gouvernement méritait qu'on le tire d'affaire, c'était bien celui de Solidarité, qui, dans le bloc de l'Est, venait de signer la première victoire démocratique contre un régime communiste en 40 ans. Après tout, le Rideau de fer et le totalitarisme qu'il abritait avaient été voués aux gémonies pendant toute la Guerre froide ; les nouveaux dirigeants de la Pologne étaient en droit de s'attendre à un coup de main.

Et pourtant, on ne fit rien pour les aider. Désormais sous la coupe des économistes de l'école de Chicago, le FMI et le Trésor des États-Unis étudièrent les problèmes de la Pologne sous l'angle de la stratégie du choc. Confrontée à une grave crise économique, criblée de dettes et, de surcroît, désorientée par un rapide changement de régime, la Pologne était suffisamment affaiblie pour accepter une thérapie de choc radicale. Les perspectives financières étaient encore plus alléchantes qu'en Amérique latine : pour le capitalisme occidental, l'Europe de l'Est, où il n'existait pratiquement pas de marché de consommation, était un territoire vierge. Les actifs les plus précieux demeuraient la propriété de l'État et, à ce titre, étaient de parfaits candidats à la privatisation. De formidables occasions de profits s'offraient à ceux qui réagiraient les premiers.

Persuadé que le pourrissement de la situation inciterait le nouveau gouvernement à accepter une conversion totale au capitalisme sans entraves, le FMI laissa le pays s'enliser dans l'endettement et l'inflation. La Maison-Blanche, dirigée par George H. W. Bush, félicita Solidarité de sa victoire contre le communisme, mais indiqua clairement que l'administration américaine comptait sur Solidarité pour rembourser les dettes accumulées par le régime qui avait banni et emprisonné ses membres. Elle offrit une aide de 119 millions de dollars, maigre pitance pour un pays au bord de l'effondrement et qui avait besoin d'une restructuration en profondeur.

C'est dans ce contexte que Jeffrey Sachs, alors âgé de 34 ans, commença à travailler comme conseiller de Solidarité. Depuis les exploits qu'il avait accomplis en Bolivie, la rumeur entourant l'économiste confinait à la frénésie. Émerveillé de constater que l'homme réussissait à cumuler les fonctions de professeur et de docteur choc économique auprès d'une demi-douzaine de pays, le *Los Angeles Times* proclama que Sachs – qui conservait l'apparence juvénile d'un membre du club de débats de Harvard – était l'«Indiana Jones de l'économie[12]».

Sachs avait commencé son travail en Pologne avant la victoire électorale de Solidarité, à la demande du gouvernement communiste. Tout débuta par une visite d'une journée, à l'occasion de laquelle il rencontra des représentants du gouvernement communiste et de Solidarité. C'est George Soros, spéculateur et financier milliardaire, qui avait obtenu la participation de Sachs. Soros et Sachs se rendirent ensemble à Varsovie, où, dit Sachs, «j'ai informé Solidarité et le gouvernement polonais que j'étais disposé à faire davantage pour régler la crise financière qui s'aggravait[13]». Soros accepta de prendre à sa charge les coûts de l'établissement, par Sachs et son collègue, David Lipton, ardent économiste néolibéral travaillant à l'époque au FMI, d'une mission permanente en Pologne. Après l'éclatante victoire de Solidarité, Sachs commença à travailler en étroite collaboration avec le mouvement.

Bien qu'il fût libre, indépendant du FMI et du gouvernement des États-Unis, Sachs, aux yeux de nombreux cadres de Solidarité, possédait des pouvoirs quasi messianiques. Auréolé d'une réputation confinant à la légende, l'homme, qui avait l'oreille des décideurs à Washington, semblait détenir la clé de l'aide et de l'allégement de la dette, seul espoir du nouveau gouvernement. À l'époque, Sachs déclara que Solidarité devait tout simplement refuser de rembourser la dette dont il avait hérité et se dit persuadé de pouvoir réunir des appuis de trois milliards de dollars – une véritable fortune par rapport à ce qu'avait offert Bush[14]. Il avait aidé la Bolivie à obtenir des prêts du FMI et à renégocier les modalités du remboursement de sa dette. On n'avait donc aucune raison de mettre sa parole en doute.

Cette aide n'était toutefois pas gratuite : pour accéder aux contacts de Sachs et à ses pouvoirs de persuasion, Solidarité dut accepter ce que, dans la presse polonaise, on appela le «plan Sachs» ou la «thérapie de choc».

La solution polonaise fut encore plus radicale que la bolivienne : outre l'élimination immédiate des contrôles des prix et des coupes sombres dans les subventions, le plan Sachs prévoyait la vente au secteur privé des mines, des chantiers navals et des usines de l'État. C'était contraire au programme économique de Solidarité, fondé sur la propriété par les travailleurs. Même si les dirigeants du mouvement avaient cessé d'évoquer les dispositions les plus controversées du plan, elles demeuraient, pour de nombreux membres, des articles de foi. Sachs et Lipton rédigèrent en une nuit le projet de transition de la Pologne vers la thérapie de choc, qui comprenait quinze pages. Sachs affirma : «À l'époque, c'était, à ma connaissance, le premier plan exhaustif de transformation d'une économie socialiste en une économie de marché[15].»

Sachs était convaincu que la Pologne devait «faire le grand saut au-dessus du gouffre institutionnel» sans perdre un instant : sans parler de tous les autres problèmes auxquels il était confronté, le pays était au bord de l'hyperinflation. Une fois la spirale amorcée, dit-il, on allait assister à «un effondrement fondamental [...] à un pur et total désastre[16]».

Sachs rencontra en tête à tête des représentants de Solidarité pour leur expliquer le plan (certains entretiens durèrent jusqu'à quatre heures) ; il s'adressa aussi aux élus de la Pologne réunis en assemblée. Nombreux étaient les dirigeants de Solidarité à qui le plan déplaisait. Le mouvement était né en réaction aux fortes majorations de prix proposées par les communistes. Et voilà que Sachs leur recommandait de faire la même chose, mais à une échelle beaucoup plus grande. Ce dernier répondit que Solidarité s'en sortirait grâce «au capital de sympathie dont l'organisation bénéficiait, lequel était phénoménal et absolument essentiel[17]».

Les dirigeants de Solidarité n'avaient jamais pensé puiser dans ce capital de sympathie pour imposer à leurs militants des politiques qui leur causeraient d'extrêmes privations, mais les années qu'ils avaient passées dans la clandestinité et en exil les avaient aliénés de leur base. Comme l'explique le rédacteur en chef Przemyslaw Wielgosz, le tiers supérieur du mouvement «était dans les faits détaché du reste [...] ses appuis venaient non plus des usines et des industries, mais bien de l'Église[18]». Les dirigeants de Solidarité étaient à la recherche d'une solution rapide, aussi pénible fût-elle, et c'était précisément ce que Sachs proposait. «Est-ce que ça va marcher ? C'est tout ce que je veux savoir. Est-ce que ça va marcher ?» demanda Adam Michnik, l'un des intellectuels les plus réputés de Solidarité. Sans un instant d'hésitation, Sachs répondit : «C'est un bon plan. Ça va marcher*[19].»

---

*   Amer, Michnik affirma plus tard que «le pire aspect du communisme, c'est ce qui vient ensuite».

Sachs évoquait souvent la Bolivie comme modèle à suivre pour la Pologne, si souvent en fait que les Polonais se lassèrent bientôt d'entendre parler de ce pays : «J'aimerais bien visiter la Bolivie, affirma un des dirigeants de Solidarité. Je suis sûr que c'est très beau, très exotique. Je ne veux juste pas de la Bolivie *ici*.» Lech Walesa conçut à l'endroit de la Bolivie une antipathie particulièrement aiguë, ainsi qu'il s'en ouvrit à Gonzalo Sánchez de Lozada (Goni) lorsque les deux hommes se rencontrèrent à l'occasion d'un sommet, bien plus tard, à l'époque où ils étaient tous deux présidents. «Il s'est approché de moi, dit Goni, et a déclaré tout de go : "J'ai toujours voulu rencontrer un Bolivien, en particulier un président bolivien. Quand on voulait nous faire avaler une pilule amère, on nous citait toujours votre exemple. Nous devions le faire parce que les Boliviens l'avaient fait. Maintenant que je vous connais, je sais que vous n'êtes pas un mauvais bougre, mais, à l'époque, je vous détestais copieusement[20]."»

Lorsqu'il parlait de la Bolivie, Sachs omettait de dire ceci : pour imposer la thérapie de choc, le gouvernement avait, à deux occasions, déclaré l'état d'urgence, kidnappé et interné des dirigeants syndicaux – un peu comme la police secrète des communistes avait, à la faveur d'un état d'urgence relativement récent, enlevé et détenu des membres de Solidarité.

L'argument le plus convaincant, ainsi que beaucoup s'en souviennent à présent, résidait dans la promesse que faisait Sachs. Si elle suivait ses conseils, la Pologne cesserait d'être exceptionnelle et deviendrait «normale» – comme un «pays européen normal». Si Sachs avait raison et qu'il suffisait de démanteler les anciennes structures de l'État pour devenir à brève échéance un pays comme la France ou l'Allemagne, le jeu n'en valait-il pas la chandelle? Pourquoi mettre en œuvre le changement progressivement, au risque d'échouer, ou inventer une troisième voie nouvelle? L'Europe version instantanée était à portée de main. Selon les prévisions de Sachs, la thérapie de choc entraînerait des «bouleversements provisoires», à cause de la flambée des prix. «Mais lorsqu'ils se stabiliseront, les gens sauront à quoi s'en tenir[21].»

Sachs conclut une alliance avec le tout nouveau ministre des Finances, Leszek Balcerowicz, économiste de l'École centrale de planification et de statistiques de Varsovie. Au moment de sa nomination, on savait peu de choses des penchants idéologiques de Balcerowicz (officiellement, tous les économistes étaient socialistes), mais, bientôt, il apparut clairement que, après avoir dévoré sous le manteau une édition polonaise interdite de *La liberté du choix* de Friedman, il se considérait comme un Boy de Chicago honoraire. Cette lecture «nous a aidés, de nombreux autres et moi, à rêver d'un avenir de liberté aux heures les plus sombres du communisme», expliqua-t-il plus tard[22].

Le capitalisme fondamentaliste de Friedman était à des années-lumière des promesses que Walesa avait fait miroiter à la Pologne pendant l'été. La Pologne allait trouver une troisième voie plus généreuse, laquelle, déclara-t-il dans une interview accordée à Barbara Walters, serait «un mélange [...] Ce ne sera pas le capitalisme. Ce sera un système supérieur au capitalisme, qui rejette tout ce qu'il y a de néfaste dans le capitalisme[23]».

Aux yeux de plusieurs, la solution miracle proposée par Sachs et Balcerowicz n'était qu'un leurre. Au lieu de mettre la Pologne sur la voie de la bonne santé économique et de la normalité, la thérapie de choc décuplerait les problèmes liés à la pauvreté et à la désindustrialisation. «Notre pays est pauvre et faible, incapable de survivre à un tel choc», déclara un éminent médecin et défenseur du système de santé à Lawrence Weschler, journaliste du *New Yorker*[24].

Au cours des trois mois suivant leur victoire électorale historique et leur passage du statut de hors-la-loi à celui de législateur, les membres du cercle fermé de Solidarité débattirent, firent les cent pas, vociférèrent et grillèrent cigarette sur cigarette, incapables de décider de la marche à suivre. Chaque jour, le pays s'enfonçait un peu plus profondément dans la crise économique.

Du bout des lèvres

Le 12 septembre 1989, le premier ministre polonais, Tadeusz Mazowiecki, se leva devant le premier Parlement élu. Les dirigeants de Solidarité avaient enfin décidé de ce qu'ils entendaient faire de l'économie, mais seul un petit groupe d'initiés était au courant de l'option retenue. Serait-ce le plan Sachs, l'approche gradualiste de Gorbatchev ou le programme de Solidarité, fondé sur des coopératives de travailleurs?

Mazowiecki était sur le point de rendre le verdict lorsque, au milieu de son discours capital, et avant qu'il n'eût pu répondre à la question brûlante qui tenait le pays en haleine, un grave problème survint. Il se mit à vaciller, s'accrocha au lutrin et, selon un témoin, «pâlit, haleta et dit à mi-voix : "Je ne me sens pas très bien[25]."» Ses adjoints l'entraînèrent à l'extérieur de la chambre, tandis que les 415 députés se perdaient en conjectures. Une crise cardiaque? Un empoisonnement? Par qui? Les communistes? Les Américains?

Un étage plus bas, des médecins examinèrent Mazowiecki et lui firent subir un électrocardiogramme. Ce n'était ni un infarctus ni un empoisonnement. Le premier ministre souffrait simplement de «fatigue aiguë», d'un manque de sommeil et d'un surcroît de stress. Au bout de près d'une heure d'attente sous haute tension, il revint dans la salle, où il fut accueilli par un tonnerre d'applaudissements. «Excusez-moi, dit le studieux Mazowiecki. Mon état de santé est comme celui de l'économie polonaise[26].»

Le verdict fut enfin rendu : pour se remettre de sa propre «fatigue aiguë», la Pologne serait traitée aux électrochocs, suivant un régime particulièrement radical comprenant «la privatisation de sociétés d'État, la création de marchés financiers et d'une bourse des valeurs mobilières, une devise convertible et une transition de l'industrie lourde vers la production de biens de consommation» ainsi que des «coupures budgétaires» – immédiatement et partout à la fois[27].

Si le rêve de Solidarité avait débuté par l'énergique escalade d'une clôture métallique de Gdańsk par Walesa, la capitulation épuisée de Mazowiecki devant les partisans de la thérapie de choc en marqua la conclusion. En fin de compte, c'est l'argent qui avait tranché. Les membres de Solidarité ne décidèrent pas qu'ils avaient eu tort d'envisager une économie fondée sur le modèle coopératif. Ce sont leurs dirigeants qui se laissèrent convaincre qu'il fallait immédiatement soulager la Pologne des dettes de l'époque communiste et stabiliser la monnaie. Comme Henryk Wusec, l'un des plus ardents défenseurs des coopératives en Pologne, l'exprima à l'époque : «Avec du temps, nous aurions peut-être pu y arriver, mais c'est justement le temps qui nous fait défaut[28].» De son côté, Sachs trouva l'argent promis. Il aida la Pologne à conclure une entente avec le FMI et, pour stabiliser la monnaie, obtint un certain allégement de la dette et une aide d'un milliard de dollars – le tout, en particulier l'argent du FMI, étant strictement assujetti à l'acceptation par Solidarité de la thérapie de choc.

La Pologne était l'illustration type de la théorie des crises de Friedman : la désorientation consécutive à un changement politique rapide, conjuguée à la peur collective engendrée par l'effondrement économique, fait en sorte que la promesse d'une cure miracle – aussi illusoire soit-elle – est tout simplement trop alléchante. Halina Bortnowska, militante du mouvement de défense des droits de l'homme, expliqua la vitesse du changement au cours de cette période : « Notre façon de vivre, c'était comme la différence entre les années pour les humains et les années pour les chiens. [...] nous étions témoins de réactions semi-psychotiques. On ne peut pas s'attendre à ce que les gens agissent dans leur intérêt lorsque, à cause de la désorientation, ils ne savent plus en quoi consiste cet intérêt – ou s'en fichent complètement[29]. »

Balcerowicz, le ministre des Finances, a depuis longtemps admis qu'on avait délibérément exploité l'état de crise – façon, comme dans toutes les méthodes de choc, de réduire l'opposition à l'impuissance. S'il a réussi à introduire des mesures au contenu et à la forme contraires à la vision de Solidarité, c'est, dit-il, parce que la Pologne se trouvait dans ce qu'il qualifia de contexte de « politique extraordinaire ». D'après sa description, il s'agit d'une courte période au cours de laquelle la « politique normale » (consultations, discussions, débats) ne s'applique pas – en d'autres termes, une sorte de vide démocratique au sein d'une démocratie[30].

« Par définition, dit-il, la politique extraordinaire marque une nette rupture dans l'histoire d'un pays. Il peut s'agir d'une grave crise économique, d'un effondrement de l'ancien système institutionnel ou de la fin d'une domination extérieure (ou d'une guerre). Dans la Pologne de 1989, les trois conditions étaient réunies[31]. » En raison de ces circonstance extraordinaires, Balcerowicz put se soustraire à l'application régulière de la loi et imposer « une accélération radicale du processus législatif » pour faire adopter l'ensemble des programmes relatifs à la thérapie de choc[32].

Au début des années 1990, la théorie de Balcerowicz relative aux périodes de « politique extraordinaire » suscita un vif intérêt chez les économistes de Washington. Rien d'étonnant à cela : à peine deux mois après l'acceptation de la thérapie de choc par la Pologne, le monde fut témoin d'un événement qui changea le cours de l'histoire et conféra une importance planétaire à l'expérience polonaise. En novembre 1989, le mur de Berlin fut démantelé dans la joie, et la ville devint un festival de tous les possibles. Le drapeau de MTV fut planté dans les gravats, comme si Berlin-Est avait été un versant de la lune. Soudain, on eût dit que, comme les Polonais, la planète tout entière vivait en accéléré : l'Union soviétique était au bord de l'éclatement, l'apartheid sud-africain tirait à sa fin, les régimes autoritaires d'Amérique latine, d'Europe de l'Est et d'Asie continuaient à s'effondrer comme châteaux de cartes et d'interminables guerres s'achevaient enfin, de la Namibie au Liban. Partout, d'anciens régimes s'écroulaient, et ceux qui étaient appelés à les remplacer n'avaient pas encore pris forme.

Au bout de quelques années, on eut l'impression que la moitié du monde connaissait une période de «politique extraordinaire» ou était «en transition» – du nom qu'on donna aux pays libérés dans les années 1990 –, suspendu dans une sorte d'état intermédiaire entre le passé et l'avenir. Selon Thomas Carothers, un des chefs de file du soi-disant appareil pour la promotion de la démocratie mis en place par le gouvernement des États-Unis, «le nombre de pays "en transition" augmenta considérablement au début des années 1990, et près de 100 d'entre eux (environ 20 en Amérique latine, 25 en Europe de l'Est et en ex-URSS, 30 en Afrique sub-saharienne, 10 en Asie et 5 au Moyen-Orient) étaient, à des degrés divers, engagés dans une spectaculaire transition d'un modèle vers un autre[33]».

Nombreux étaient ceux qui soutenaient que tous ces changements, accompagnés de la chute de murs tant réels que métaphoriques, se traduiraient par la fin de l'orthodoxie idéologique. Affranchis de l'effet polarisateur des deux superpuissances ennemies, les pays auraient enfin la possibilité de choisir le meilleur des deux mondes – une forme hybride de liberté politique et de sécurité économique. Comme le déclara Gorbatchev, «des décennies de fascination exercée par le dogme et l'approche réglementaire ont fait leur temps. Aujourd'hui, nous souhaitons introduire un esprit authentiquement créatif[34]».

Dans les cercles de l'école de Chicago, ces propositions idéologiques hétéroclites étaient accueillies avec mépris. L'exemple de la Pologne avait clairement montré que les transitions chaotiques ouvraient la voie à des changements rapides, à condition que des hommes décidés agissent sans tarder. Le moment était venu d'initier les anciens pays communistes au friedmanisme pur et dur, et non à quelque compromis keynésien bâtard. Pour cela, avait décrété Friedman, il fallait que des zélateurs de l'école de Chicago fussent prêts à soumettre des solutions alors que tous les autres se posaient encore des questions et cherchaient des repères.

Au cours de cet hiver 1989 riche en péripéties se tint une sorte de réunion pour le renouveau de la foi des tenants de cette vision du monde. Elle eut lieu, comme de juste, à l'université de Chicago. L'occasion ? Un discours de Francis Fukuyama intitulé « La fin de l'histoire est-elle proche* ? ». Pour Fukuyama, haut gradé au secrétariat d'État des États-Unis, la stratégie des apôtres du capitalisme débridé était limpide : ne pas discuter avec les partisans d'une troisième voie, mais plutôt crier victoire de façon préemptive. Fukuyama était persuadé qu'il ne fallait ni abandon des extrêmes, ni meilleur des deux mondes, ni voie mitoyenne. La chute du communisme, dit-il, ne conduisait pas à « une "fin de l'idéologie" ou à une convergence entre capitalisme et socialisme. [...] elle déboucherait plutôt sur une victoire sans équivoque du libéralisme économique et politique ». Ce qui était fini, c'était non pas l'idéologie, mais l'« histoire en tant que telle[35] ».

L'allocution était financée par John M. Olin, depuis longtemps bailleur de fonds de la croisade idéologique de Milton Friedman et mécène à l'origine de la multiplication des groupes de réflexion de droite[36]. Synergie tout à fait appropriée, dans la mesure où Fukuyama ne faisait que réaffirmer la position de Friedman selon laquelle des marchés libres et des citoyens libres sont l'envers et l'endroit du même projet. Fukuyama fit hardiment pénétrer cette thèse en terrain nouveau en soutenant que la déréglementation des marchés dans la sphère économique, jumelée à la démocratie libérale dans la sphère politique, représentait « l'aboutissement de l'évolution idéologique de l'humanité [...] l'ultime forme de gouvernement humain[37] ». Non seulement démocratie et capitalisme radical se fondaient l'un dans l'autre, mais aussi dans la modernité, le progrès et la réforme. Les opposants à cette convergence étaient non seulement dans l'erreur, mais aussi « coincés dans l'histoire », pour reprendre les mots de Fukuyama, un peu comme s'ils étaient restés derrière après le Ravissement, tous les autres étant déjà passés, par pure transcendance, dans une dimension céleste « posthistorique[38] ».

L'argument était une merveilleuse illustration de la méthode d'évitement de la démocratie telle que peaufinée par l'école de Chicago. Tout comme le FMI avait réussi à introduire en douce la privatisation et le « libre-échange » en Amérique latine et en Afrique sous le couvert de programmes de « stabilisation » d'urgence, Fukuyama essayait d'intégrer le même programme fortement contesté à la vague de démocratisation qui déferlait de Varsovie à Manille. Fukuyama avait raison d'affirmer que

---

* Le discours servit de point de départ au livre que Fukuyama fit paraître trois ans plus tard, *La fin de l'histoire et le dernier homme*.

le droit de tous les citoyens de s'autogouverner de façon démocratique faisait l'objet d'un consensus de plus en plus fort et irrépressible, mais il n'y avait que dans les rêves les plus fous du secrétariat d'État que les citoyens en question réclamaient à grands cris un système économique qui les dépouillerait de leur sécurité d'emploi et entraînerait des licenciements massifs.

S'il y avait un véritable consensus, c'était celui-ci : pour quiconque avait échappé aux griffes de dictatures de gauche comme de droite, la démocratie signifiait une participation aux grandes décisions, et non l'application unilatérale et forcée de l'idéologie d'autrui. En d'autres termes, le principe universel que Fukuyama appelait le « droit souverain du peuple » *comprenait* le droit souverain d'établir les modalités de la distribution de la richesse au sein de son pays, depuis l'avenir des sociétés d'État jusqu'au financement des écoles et des hôpitaux. Un peu partout dans le monde, des citoyens étaient prêts à exercer leur droit démocratique (arraché de haute lutte), à être enfin les auteurs de leur destinée collective.

En 1989, l'histoire entra dans un tournant grisant, une période d'ouverture et de possibilité véritables. Ce n'est donc pas par hasard que Fukuyama, du haut de son perchoir au secrétariat d'État, choisit ce moment pour tenter de refermer le livre de l'histoire d'un coup sec. De la même façon, le hasard ne fut pour rien dans le fait que la Banque mondiale et le FMI choisirent cette même année d'instabilité pour annoncer le consensus de Washington. Il s'agissait manifestement d'une volonté de couper court à tout débat sur des idées économiques autres que la boucle fermée du libéralisme. Il s'agissait là de stratégies de confinement de la démocratie, conçues pour saper le genre d'autodétermination spontanée qui était – et avait toujours été – le principal obstacle à la croisade de l'école de Chicago.

Le choc de la place Tiananmen

En Chine, l'audacieuse affirmation de Fukuyama fut vite réfutée. Il prononça son discours en février 1989 ; deux mois plus tard, un mouvement pro-démocratie – sit-in et protestations de masse place Tiananmen – éclatait à Beijing. Fukuyama avait prétendu que la réforme démocratique et la réforme néolibérale étaient des jumelles inséparables. En Chine, le gouvernement prouvait exactement le contraire : il s'efforçait de déréglementer les salaires et les prix ainsi que d'ouvrir les marchés – tout en demeurant farouchement sourd aux appels lancés en faveur des libertés civiles et de la tenue d'élections. Les manifestants, en revanche, revendiquaient la démocratie, mais ils étaient nombreux à s'opposer au flirt du gouvernement avec le capitalisme déréglementé – fait pour l'essentiel passé sous silence par la presse occidentale dans sa couverture du mouvement. En Chine, la démocratie et le modèle économique prôné par l'école de Chicago n'allaient pas de pair ; au contraire, ils s'opposaient de part et d'autre des barricades dressées autour de la place Tiananmen.

Au début des années 1980, le gouvernement chinois, dirigé par Deng Xiaoping, tenait à tout prix à éviter la répétition des événements que venait tout juste de connaître la Pologne, où les travailleurs avaient été autorisés à former un mouvement autonome et à contester le monopole du Parti sur le pouvoir. Ce n'est pas que les dirigeants chinois tinssent mordicus à protéger les usines et les fermes collectives gouvernementales qui formaient la base de l'État communiste. Au contraire, Deng était si enthousiaste et si déterminé à l'idée de convertir la Chine à l'économie privée que, en 1980, son gouvernement invita Milton Friedman à venir initier des centaines de hauts fonctionnaires, de professeurs et d'économistes du Parti aux rudiments de l'économie néolibérale. «C'étaient des invités qui devaient présenter un billet pour entrer», dit Friedman à propos de ses auditoires de Beijing et de Shanghai. Son message central était le suivant : «Les citoyens ordinaires vivent beaucoup mieux dans les pays capitalistes que dans les pays communistes[39].» À titre d'exemple, Friedman citait Hong Kong, zone de capitalisme pur dont il admirait depuis longtemps «le caractère dynamique et novateur, attribuable aux libertés personnelles, au libre-échange, aux impôts peu élevés et aux ingérences minimales du gouvernement». Selon Friedman, Hong Kong, malgré l'absence de démocratie, était plus libre que les États-Unis, puisque le gouvernement y jouait un rôle moins grand dans l'économie[40].

La définition de la liberté de Friedman, selon laquelle les libertés politiques sont accessoires, voire inutiles, par rapport à la liberté commerciale sans entraves, cadrait à merveille avec celle qui prenait forme au Politburo chinois. Le Parti souhaitait ouvrir l'économie à la propriété privée et au consumérisme tout en conservant sa mainmise sur le pouvoir – projet en vertu duquel les hauts gradés du Parti et leurs proches profiteraient des meilleures occasions et réaliseraient les profits les plus alléchants lorsque les actifs de l'État seraient bradés. Selon cette vision de la «transition», les personnes qui dirigeaient le pays sous le régime communiste continueraient de le faire sous le régime capitaliste, à ce détail près que leur train de vie serait sensiblement amélioré. Loin de vouloir imiter le modèle des États-Unis, le gouvernement chinois s'inspirait de celui du Chili sous Pinochet : la liberté des marchés conjuguée à un contrôle politique autoritaire imposé au moyen d'une répression impitoyable.

Dès le départ, Deng comprit clairement que la répression serait indispensable. Sous Mao, l'État chinois avait exercé une mainmise brutale sur la population, éliminé les opposants et rééduqué les dissidents. Cependant, Mao réprimait au nom des ouvriers, en opposition à la bourgeoisie. Le Parti avait à présent l'intention de lancer sa propre contre-révolution et de demander aux travailleurs de renoncer à bon nombre de leurs avantages et à leur sécurité pour que les membres d'une petite minorité réalisent des profits mirobolants. Ce ne serait pas une mince affaire. Lorsque, en 1983, Deng ouvrit le pays aux investissements étrangers et réduisit les protections dont bénéficiaient les travailleurs, il ordonna la création de la Police armée du peuple (PAP), escouade anti-émeute volante comptant 400 000 membres chargés d'écraser tous les signes de «crimes économiques» (c'est-à-dire les grèves et les manifestations). Selon Maurice Meisner, historien de la Chine, «la Police armée du peuple avait des hélicoptères et des aiguillons à bétail américains dans son arsenal». Et «quelques unités suivirent une formation anti-émeute en Pologne», où elles étudièrent les tactiques utilisées contre Solidarité pendant la période d'application de la loi martiale[41].

Nombre de réformes imposées par Deng furent couronnées de succès et populaires – dans les campagnes, les agriculteurs reprirent leur vie en main et, dans les villes, le commerce renaquit de ses cendres. À la fin des années 1980, toutefois, Deng introduisit des mesures nettement impopulaires, en particulier auprès des travailleurs des milieux urbains : l'élimination des mesures de contrôle entraîna une flambée des prix, la suppression de la sécurité de l'emploi se traduisit par des vagues de chômage et les inégalités se creusèrent entre les gagnants et les perdants de la Chine nouvelle. En 1988, le Parti, confronté à un véritable contrecoup, dut revenir sur certaines mesures de déréglementation des prix. Face à la corruption et au népotisme d'un Parti arrogant, l'indignation montait. De nombreux citoyens chinois réclamaient une plus grande libéralisation des marchés, mais la «réforme» donnait de plus en plus l'impression d'être le nom de code du projet des dirigeants du Parti de se transformer en magnats ; en effet, ils furent nombreux à s'approprier frauduleusement les actifs qu'ils avaient naguère administrés en tant que bureaucrates.

L'expérience néolibérale était en péril, et on invita de nouveau Milton Friedman à venir en Chine – un peu comme les Chicago Boys et les piranhas avaient eu besoin de son aide lorsque, en 1975, leur programme avait provoqué un soulèvement populaire au Chili[42]. La visite remarquée du célèbre gourou du capitalisme était le coup de pouce parfait dont les « réformateurs » chinois avaient besoin.

Lorsqu'ils débarquèrent à Shanghai en 1988, Milton et Rose furent éblouis : de plus en plus, la Chine continentale ressemblait à Hong Kong. Malgré la colère qui couvait dans les couches populaires, le spectacle qui s'offrait à eux « raviva leur foi dans la toute-puissance de la liberté des marchés ». Ce fut, dit Friedman, « le moment le plus encourageant de l'expérience chinoise ».

En présence des médias officiels de l'État, Friedman eut une rencontre de deux heures avec Zhao Ziyang, secrétaire général du Parti communiste, et avec Jiang Zemin, alors secrétaire du parti du comité de Shanghai et futur président chinois. Le conseil de Friedman à Jiang reprenait dans les grandes lignes celui qu'il avait donné à Pinochet lorsque le projet chilien avait menacé de dérailler : gardez résolument le cap sans céder à la pression. « Je soulignai l'importance de la privatisation et des marchés libres et la nécessité de libéraliser d'un coup », écrivit Friedman. Dans une note de service adressée au secrétaire général du Parti communiste, il affirma qu'il fallait durcir la thérapie de choc, et non l'adoucir : « Les premières réformes de la Chine ont connu un succès retentissant. Le pays peut remporter d'autres victoires du même ordre en misant encore davantage sur *des marchés privés et libres*[43]. »

Peu après son retour aux États-Unis, Friedman, au souvenir des critiques que lui avait values son rôle de conseiller de Pinochet, écrivit « par pure espièglerie » au rédacteur en chef d'un journal étudiant pour dénoncer la politique des « deux poids, deux mesures » de ses détracteurs. Il rentrait d'un voyage de douze jours en Chine où, dit-il, « je fus surtout reçu par des instances gouvernementales ». Il avait rencontré des dirigeants communistes aux plus hauts échelons. Dans les campus universitaires des États-Unis, sa visite n'avait pourtant pas provoqué l'indignation des mouvements pour la défense des droits de l'homme, soulignait-t-il. « Incidemment, j'ai donné exactement les mêmes conseils à la Chine qu'au Chili.» Il concluait sur un sarcasme : «Devrais-je me préparer à crouler sous une avalanche de protestations pour avoir osé conseiller un gouvernement maléfique[44]?»

Quelques mois plus tard, cette lettre espiègle se teintait de sinistres couleurs lorsque le gouvernement chinois se mit à imiter quelques-unes des tactiques les plus iniques de Pinochet.

Le voyage de Friedman n'avait pas eu les effets escomptés. Les photos des journaux officiels sur lesquelles on voyait le professeur donner sa bénédiction aux bureaucrates du Parti ne suffirent pas à rallier la population. Au cours des mois suivants, les protestations s'intensifièrent et se durcirent. Les manifestations organisées par les étudiants en grève sur la place Tiananmen étaient le symbole le plus visible de l'opposition. Dans les médias occidentaux, ces manifestations historiques étaient presque universellement présentées comme une confrontation entre des étudiants modernes et idéalistes aspirant à des libertés démocratiques à l'occidentale et les membres d'une vieille garde autoritaire résolus à protéger l'État communiste. On assiste depuis peu à l'émergence d'une nouvelle analyse des événements de la place Tiananmen, lecture qui conteste la version officielle et situe le friedmanisme au cœur de la question. Cette nouvelle thèse est notamment défendue par Wang Hui, l'un des organisateurs des manifestations de 1989, qui figure aujourd'hui parmi les intellectuels les plus en vue de ce qu'on appelle la «nouvelle gauche» chinoise. Dans son livre de 2003 intitulé *China's New Order*, Wang explique que les manifestants représentaient un large éventail de la société chinoise – pas uniquement l'élite étudiante, mais aussi des travailleurs d'usines, de petits entrepreneurs et des enseignants. Ce sont les changements économiques «révolutionnaires» de Deng, cause de la diminution des salaires, de l'augmentation des prix et d'«une crise des licenciements et du chômage[45]», qui expliquaient le mécontentement populaire à l'origine des manifestations. Selon Wang, «ces changements furent le catalyseur de la mobilisation sociale de 1989[46]».

Les manifestations ne visaient pas les réformes économiques en elles-mêmes; elles ciblaient plutôt la nature carrément friedmanienne de ces dernières – leur rapidité, leur caractère impitoyable et le fait qu'elles étaient profondément anti-démocratiques. Wang affirme que l'appel aux élections et à la liberté d'expression des manifestants fut, dès le départ, intimement lié à la dissidence économique. Si les gens revendiquaient la démocratie, c'est parce que le Parti imposait des changements d'une portée révolutionnaire sans leur accord. «On s'entendait pour dire, écrit-il, qu'il fallait la démocratie pour surveiller l'équité des réformes et la réorganisation des avantages sociaux[47].»

Ces revendications obligèrent le Politburo à trancher de manière catégorique. Il ne dut pas choisir, comme on le prétendit souvent, entre démocratie et communisme, entre «réforme» et «vieille garde». Le calcul était beaucoup plus complexe : le Parti devait-il poursuivre l'imposition forcée de son programme néolibéral, ce qui l'obligerait à broyer les corps des manifestants? Devait-il céder à leurs demandes en faveur de la démocratie, renoncer à son monopole sur le pouvoir et risquer un grave recul du projet économique?

Convaincus que les réformes économiques et politiques demeuraient compatibles, certains réformateurs néolibéraux du Parti, en particulier le secrétaire général Zhao Ziyang, semblaient disposés à parier sur la démocratie. Des personnages plus puissants au sein du Parti n'étaient cependant pas prêts à courir ce risque. Le verdict tomba : l'État défendrait sa «réforme» économique en écrasant les manifestants.

Le 20 mai 1989, le gouvernement de la République populaire de Chine lançait clairement ce message en déclarant la loi martiale. Le 3 juin, les tanks de l'Armée populaire de libération foncèrent sur les manifestants et firent feu au hasard sur la foule. Des soldats se ruèrent sur les autobus où des manifestants avaient trouvé refuge et les battirent à coups de matraque. D'autres soldats enfoncèrent les barricades dressées autour de la place Tiananmen, où des étudiants avaient érigé une statue à la gloire de la Déesse de la démocratie, et arrêtèrent les organisateurs. Au même moment, des mesures de répression similaires se multipliaient partout dans le pays.

On ne saura jamais combien de personnes furent tuées ou blessées ces jours-là. Le Parti admet qu'il y en eut des centaines, et des rapports de témoins oculaires de l'époque font état de 2 000 à 7 000 décès. Quant aux blessés, il y en aurait eu jusqu'à 30 000. On assista ensuite à une véritable chasse aux sorcières contre les critiques et les opposants du régime. Quelque 40 000 d'entre eux furent arrêtés, des milliers furent emprisonnés et beaucoup – peut-être des centaines – furent exécutés. Comme en Amérique latine, le gouvernement réserva ses châtiments les plus durs aux ouvriers, qui représentaient la plus grave menace pour le capitalisme déréglementé. « La plupart des personnes arrêtées – et la quasi-totalité de celles qui furent exécutées – étaient des ouvriers. L'objectif était de toute évidence de terroriser la population ; il était bien connu que les personnes arrêtées étaient systématiquement battues et torturées », écrit Maurice Meisner[48].

Pour l'essentiel, la presse occidentale traita le massacre comme s'il s'était agi d'un nouvel exemple de la brutalité communiste : pendant la Révolution culturelle, Mao avait éliminé ses opposants ; à présent, Deng, le « boucher de Beijing », écrasait ses détracteurs sous l'œil inquisiteur d'un portrait géant de Mao. Un titre du *Wall Street Journal* laissait entendre que la réaction du gouvernement menaçait d'anéantir dix années de réforme[49] – comme si Deng avait été l'ennemi de ces réformes et non leur plus ardent défenseur, bien résolu à les faire entrer dans de tout nouveaux territoires.

Cinq jours après la répression sanglante, Deng, dans un discours à la nation, indiqua on ne peut plus clairement que ses agissements visaient à protéger le capitalisme et non le communisme. Après avoir déclaré que les manifestants étaient « la lie de la société », le président chinois réaffirma la détermination du Parti à poursuivre la thérapie de choc économique. « Bref, c'était un test, et nous l'avons réussi », dit Deng. Puis il ajouta : « Peut-être ces événements malheureux nous aideront-ils à mieux faire avancer la réforme et la politique d'ouverture, de façon plus régulière, voire plus rapide. [...] Nous n'avons pas eu tort. Il n'y a rien de mal dans les quatre principes cardinaux [de la réforme économique]. S'il y a un problème, c'est qu'ils n'ont pas été appliqués avec assez de rigueur*[50]. »

Orville Schell, sinologue et journaliste, résuma le choix de Deng comme suit : « Après le massacre de 1989, il dit en substance : "Nous n'allons pas stopper la réforme économique, mais nous allons mettre un terme à la réforme politique[51]." »

Pour Deng et le reste du Politburo, les possibilités offertes par le libre marché étaient désormais illimitées. De la même façon que la terreur à la Pinochet avait ouvert la voie au changement révolutionnaire, la place Tiananmen rendait possible une métamorphose radicale, sans risque de rébellion.

---

* Deng avait quelques défenseurs notables. Après le massacre, Henry Kissinger écrivit dans une page d'opinions que le Parti n'avait pas le choix. « Aucun gouvernement du monde n'aurait toléré que la place principale de sa capitale fût occupée pendant huit semaines par des dizaines de milliers de manifestants. [...] Une intervention musclée était inévitable. »

Si la vie des ouvriers et des paysans devenait plus difficile, deux choix s'offraient à eux : l'accepter tranquillement ou faire face à la furie de l'armée et de la police secrète. C'est donc dans ce climat de terreur à l'état brut que Deng entreprit ses plus ambitieuses réformes.

Avant Tiananmen, il avait dû renoncer à certaines mesures parmi les plus dures ; trois mois après le massacre, il les réintroduisit et donna suite à d'autres recommandations de Friedman, y compris la déréglementation des prix. Pour Wang Hui, «la mise en œuvre, après 1989, de réformes des marchés dont l'introduction avait échoué à la fin des années 1980» s'explique facilement. La raison, écrit-il, «c'est que la violence de 1989 prévint en quelque sorte un soulèvement populaire, ce qui permit au nouveau système de fixation des prix de prendre forme[52]». En d'autres termes, c'est le choc du massacre qui rendit possible la thérapie de choc.

Dans les trois années suivant le bain de sang, la Chine ouvrit toutes grandes ses portes aux investissements étrangers, notamment par le truchement de zones économiques spéciales créées aux quatre coins du pays. En annonçant ces initiatives, Deng rappela au pays qu'«au besoin, on prendra tous les moyens pour étouffer les bouleversements, dès les premiers signes d'agitation, au moyen de la loi martiale et même d'autres méthodes plus rigoureuses*[53]».

C'est cette vague de réformes qui fit de la Chine l'«atelier de misère» du monde, l'emplacement privilégié des usines de sous-traitance d'à peu près toutes les multinationales de la planète. Aucun pays n'offrait des conditions plus lucratives que la Chine : des impôts et des tarifs douaniers peu élevés, des fonctionnaires faciles à soudoyer et, par-dessus tout, une multitude de travailleurs bon marché qui, par peur des représailles, ne risquaient pas de réclamer de sitôt des salaires décents ou les protections les plus élémentaires.

Cette situation faisait l'affaire des investisseurs étrangers et du Parti. Selon une étude réalisée en 2006, 90 % des milliardaires chinois (chiffres établis en yuans) sont les enfants de cadres du Parti communiste. Environ 2 900 descendants du Parti – aussi connus sous le nom de «principicules» – se partagent une

---

* Comme le fait observer David Harvey, anthropologue de l'université de New York, ce n'est qu'après Tiananmen, au moment où Deng entreprit son célèbre voyage dans le sud du pays, que «le gouvernement central mit tout son poids dans la balance en faveur de l'ouverture au commerce extérieur et à l'investissement étranger direct».

fortune évaluée à 260 milliards de dollars[54]. Reflet fidèle de l'État corporatiste dont Pinochet fut le précurseur au Chili : un chassé-croisé en vertu duquel le milieu des affaires et les élites politiques unissent leurs pouvoirs pour éliminer les travailleurs en tant que force politique organisée. Aujourd'hui, on observe la même collaboration : en effet, les sociétés technologiques et les grandes entreprises de presse internationales aident l'État chinois à espionner ses citoyens et s'arrangent pour que les étudiants qui effectuent des recherches sur le Web – en tapant par exemple « massacre de la place Tiananmen » ou même « démocratie » – fassent chou blanc. « La création de la société de marché d'aujourd'hui, écrit Wang Hui, n'est pas la conséquence d'un enchaînement d'événements spontanés. Elle est plutôt le produit de la violence et de l'ingérence de l'État[55]. »

Parmi les vérités mises au jour par Tiananmen, mentionnons les sinistres similitudes entre les tactiques des régimes communistes autoritaires et celles de l'école de Chicago : une volonté commune de faire disparaître les opposants, d'éliminer les moindres formes de résistance et de tout recommencer à neuf.

Même si le massacre se produisit à peine quelques mois après qu'il eut encouragé les dirigeants chinois à poursuivre leurs mesures de libéralisation dures et impopulaires, Friedman ne croula pas « sous une avalanche de protestations pour avoir osé conseiller un gouvernement maléfique ». Fidèle à son habitude, il ne vit aucun lien entre les conseils qu'il avait donnés et la force qu'il avait fallu utiliser pour y donner suite. Tout en condamnant le recours à la répression par les Chinois, il continua à voir dans ce pays un exemple de « l'efficacité du libéralisme comme moyen de promouvoir la prospérité et la liberté[56] ».

Étrange coïncidence, le massacre de la place Tiananmen eut lieu le jour même où Solidarité remportait sa victoire historique et décisive aux élections polonaises – le 4 juin 1989. Chacun à sa façon, les deux événements illustrèrent le fonctionnement de la stratégie du choc. Dans les deux pays, on dut exploiter le choc et la peur pour imposer une transformation néolibérale. En Chine, où le gouvernement eut recours à la manière forte – terreur, tortures et assassinats –, le résultat, du point de vue des marchés, fut une réussite éclatante. En Pologne, où on s'en remit au choc de la crise économique et du changement rapide – sans recours manifeste à la violence –, les effets du choc finirent par s'estomper, et les résultats furent nettement plus ambigus.

En Pologne, la thérapie de choc, même si elle fut appliquée après des élections, bafoua la règle démocratique dans la mesure où elle allait directement à l'encontre des vœux de la vaste majorité des électeurs qui avaient choisi Solidarité. En 1992, 60 % des Polonais s'opposaient toujours à la privatisation de l'industrie lourde. Pour défendre ses recommandations impopulaires, Sachs prétendit que ces mesures s'imposaient et compara son rôle à celui d'un médecin dans une salle d'urgence : « Quand on vous amène un type dont le cœur a cessé de battre, vous lui ouvrez la cage thoracique sans vous préoccuper des cicatrices que vous risquez de laisser, dit-il. L'essentiel, c'est que le cœur recommence à battre. C'est un sacré gâchis. Mais vous n'avez pas le choix[57]. »

Une fois remis de l'intervention initiale, les Polonais eurent des questions à poser concernant le médecin et le traitement préconisé. En Pologne, la thérapie de choc, loin d'entraîner de simples « bouleversements provisoires », comme Sachs l'avait prédit, provoqua une dépression caractérisée : deux ans après l'introduction des premières mesures, la production industrielle avait diminué de 30 %. En raison des compressions gouvernementales et des produits importés bon marché qui inondaient le pays, le chômage monta en flèche. En 1993, il atteignit 25 % dans certaines régions – changement radical dans un pays où, sous le communisme, malgré ses abus et ses défauts, le phénomène était en gros inconnu. Si l'économie se rétablit peu à peu, le chômage demeura chronique. Selon les données les plus récentes de la Banque mondiale, le chômage se situe à 20 % en Pologne – le taux le plus élevé de toute l'Union européenne. Chez les moins de 24 ans, la situation est encore plus alarmante : en 2006, 40 % des jeunes travailleurs étaient sans emploi, deux fois plus que la moyenne de l'UE. Les chiffres concernant la pauvreté sont encore plus spectaculaires : en 1989, 15 % des Polonais vivaient sous le seuil de la pauvreté ; en 2003, ils étaient 59 % dans cette situation[58]. La thérapie de choc, qui eut pour effet d'amoindrir la sécurité d'emploi et d'augmenter considérablement le coût de la vie, n'était donc pas la route que la Pologne aurait dû emprunter pour devenir un des pays « normaux » de l'Europe (où les lois du travail sont strictes et les avantages sociaux généreux). Elle débouchait au contraire sur des inégalités criantes, comme dans tous les pays où la contre-révolution avait triomphé, du Chili à la Chine.

Que Solidarité, le parti des ouvriers polonais, eût présidé à la création de cette classe en état de précarité permanente était une trahison cruelle, laquelle donna naissance à une colère et à un cynisme profonds qui persistent encore aujourd'hui, au moins en partie. Les dirigeants de Solidarité ont de nos jours tendance à minimiser l'importance des origines socialistes du mouvement, Walesa ayant été jusqu'à affirmer que, dès 1980, il savait que Solidarité devrait «bâtir le capitalisme». À quoi Karol Modzelewski, militant et intellectuel de Solidarité qui passa huit ans et demi dans les prisons communistes, réplique, furieux : «Je n'aurais pas passé une semaine, un mois et encore moins huit ans et demi de ma vie en prison pour défendre le capitalisme[59] !»

Pendant les dix-huit premiers mois au pouvoir de Solidarité, les travailleurs crurent leurs héros sur parole : le mal était temporaire, une étape nécessaire sur la voie de l'accession de la Pologne à l'Europe moderne. Malgré le chômage endémique, ils organisèrent à peine quelques grèves et attendirent patiemment les effets bénéfiques de la thérapie de choc. Lorsque la reprise annoncée ne se matérialisa pas, du moins pour ce qui est des emplois, les membres de Solidarité furent simplement décontenancés : comment leur propre mouvement avait-il pu leur donner un niveau de vie inférieur à celui qu'ils avaient connu sous les communistes? «[Solidarité] m'a défendu quand j'ai formé un comité syndical en 1980, déclara un ouvrier de 41 ans. Lorsque j'ai demandé de l'aide, cette fois-ci, on m'a répondu que je devais souffrir pour le bien de la réforme[60].»

Au bout de dix-huit mois de «politique extraordinaire» en Pologne, les membres de Solidarité avaient eu leur compte et exigèrent la fin de l'expérience. Une nette recrudescence du nombre de grèves traduisit d'ailleurs l'insatisfaction croissante : en 1990, pendant la lune de miel dont bénéficia Solidarité, il y en eut seulement 250 ; en 1992, on en dénombra plus de 6 000[61]. Face aux pressions de la base, le gouvernement dut ralentir ses plus ambitieux projets de privatisation. À la fin de 1993 – année marquée par près de 7 500 grèves –, le secteur public détenait toujours 62 % de la base industrielle de la Pologne[62].

Que les travailleurs polonais aient réussi à stopper la privatisation systématique de leur pays montre que les réformes, aussi éprouvantes furent-elles, auraient pu être bien pires. La vague d'arrêts de travail sauva indéniablement des centaines de milliers d'emplois, lesquels auraient été perdus si ces entreprises réputées inefficaces avaient été autorisées à fermer leurs portes ou à rationaliser leurs activités avant d'être vendues à vil prix. Fait intéressant, l'économie de la Pologne commença à croître rapidement au cours de cette période, ce qui prouve, selon Tadeusz Kowalik, éminent économiste polonais et ex-membre de Solidarité, que ceux qui souhaitaient mettre les sociétés d'État au rancart pour cause d'inefficience et d'archaïsme étaient «manifestement dans l'erreur».

Outre les grèves, les travailleurs polonais trouvèrent un autre moyen d'exprimer leur colère vis-à-vis de leurs ex-alliés de Solidarité : ils utilisèrent la démocratie qu'ils avaient arrachée de haute lutte pour infliger de cuisantes défaites électorales au parti. Leur leader autrefois bien-aimé, Lech Walesa, n'y échappa pas non plus. Le 19 septembre 1993, Solidarité subit sa pire humiliation : à cette occasion, une coalition de partis de gauche, comprenant l'ancien Parti communiste (rebaptisé Alliance de la gauche démocratique), obtint 66 % des sièges au Parlement. À l'époque, le mouvement Solidarité s'était déjà fractionné en factions rivales. La faction syndicale obtint moins de 5 % du suffrage populaire et perdit le statut de parti officiel. Un nouveau parti dirigé par le premier ministre Mazowiecki ne recueillit que 10,6 % des votes – retentissant rejet de la thérapie de choc.

Pourtant, au cours des années à venir, au moment où des dizaines de pays se demandaient comment réformer leurs économies, les détails inopportuns – grèves, défaites électorales, renversements de politique – furent oubliés. On cita plutôt la Pologne en exemple, preuve que des métamorphoses néolibérales radicales peuvent être réalisées de façon démocratique et pacifique.

À l'instar de tant d'autres histoires de transition, celle-ci était pour l'essentiel un mythe. Mais le mythe était préférable à la vérité : en Pologne, on avait utilisé la démocratie comme une arme pour vaincre le néolibéralisme, dans les rues et dans les bureaux de vote. Pendant ce temps, en Chine, où le rouleau compresseur du capitalisme effréné avait écrasé la démocratie, place Tiananmen, le choc et la terreur déclenchaient l'une des vagues d'investissements les plus lucratives et les plus durables de l'histoire moderne. Encore un miracle né d'un massacre.

CHAPITRE DIX

Quand la démocratie naît dans les chaînes
La liberté étranglée de l'Afrique du Sud

> La réconciliation, cela veut dire que ceux que l'histoire a ignorés doivent sentir qu'il existe une différence qualitative entre la répression et la liberté. Pour ceux-là, la liberté se décline comme suit : avoir l'eau potable, l'électricité, un logement décent et un bon emploi, pouvoir envoyer ses enfants à l'école et bénéficier de services de santé. À quoi bon la transition si la qualité de vie des gens ne s'améliore pas ? Dans le cas contraire, le droit de vote ne sert à rien.
>
> Monseigneur Desmond Tutu, président de la commission de la vérité et de la réconciliation de l'Afrique du Sud, 2001[1].

> Avant de céder le pouvoir, le Parti nationaliste tient à l'émasculer. Il tente de négocier une sorte de troc en vertu duquel il renonce au droit de diriger le pays comme il l'entend en échange de celui d'empêcher les Noirs de le diriger comme ils l'entendent.
>
> Allister Sparks, journaliste sud-africain[2].

En janvier 1990, Nelson Mandela, âgé de 71 ans, s'assit dans sa cellule pour écrire un message à l'intention de ses partisans. La missive avait pour but de clore le débat entourant la question de savoir si 27 années d'emprisonnement, la plupart passées à l'île Robben, au large du Cap, avaient émoussé la volonté du chef de transformer l'économie de l'apartheid. Le message, qui ne comportait que deux phrases, trancha la question une fois pour toutes : « Nationaliser les mines, les banques et les industries en situation de monopole fait partie du programme de l'ANC, et tout changement ou toute modification à cet égard apparaît inconcevable. Nous soutenons et nous encourageons l'habilitation économique des Noirs, et celle-ci passe inévitablement par l'appropriation de certains secteurs de l'économie par l'État[3]. »

Contrairement à la prévision de Fukuyama, on n'avait pas encore assisté à la fin de l'histoire. En Afrique du Sud, la plus importante économie du continent africain, certaines personnes semblaient encore d'avis que le droit de confisquer et de redistribuer les biens mal acquis par leurs oppresseurs était essentiel à la liberté.

Cette conviction constituait le fondement de la politique du Congrès national africain (ANC) depuis 35 ans, depuis, en somme, son inclusion dans la déclaration des principes fondamentaux du parti, la Charte de la Liberté. En Afrique du Sud, l'élaboration de ce document relève de la légende populaire. Et pour cause. Tout débuta en 1955, au moment où le parti dépêcha 50 000 volontaires dans les townships et les campagnes. Ces derniers avaient pour tâche de recueillir auprès des gens les « conditions de la liberté » – vision d'un monde sans apartheid dans lequel tous les Sud-Africains exerceraient des droits égaux. Les revendications étaient notées à la main sur des petits bouts de papier : « Des terres pour ceux qui n'en ont pas », « Un salaire décent et des heures de travail réduites », « L'éducation gratuite et obligatoire pour tous, sans égard à la couleur, à la race ou à la nationalité », « Le droit de s'établir et de se déplacer librement », et ainsi de suite[4]. Les dirigeants du Congrès national africain firent la synthèse des exigences dans un document final, adopté officiellement le 26 juin 1955 à l'occasion du Congrès du Peuple organisé à Kliptown, township servant de « zone tampon » entre les Blancs de Johannesburg et les multitudes de Soweto. Environ 3 000 délégués – des Noirs, des Indiens, des Métis et quelques Blancs – s'installèrent dans un terrain vague pour voter les articles du document. Selon le compte rendu que fait Nelson Mandela du rassemblement, « la Charte fut lue à haute voix, chapitre après chapitre, en anglais, en sesotho et en xhosa. À chaque pause, la foule hurlait son approbation aux cris de *Afrika !* et de *Mayibuye[5] !* ». L'article premier, d'un air de défi, proclame : « Le peuple gouvernera ! »

Au milieu des années 1950, on était encore à des décennies de la réalisation de ce rêve. Le deuxième jour du Congrès, le rassemblement fut brutalement interrompu par la police, qui prétexta que les délégués fomentaient une trahison.

Pendant 30 ans, le gouvernement de l'Afrique du Sud, dominé par les Afrikaners blancs et les Britanniques, interdit l'ANC et tous les partis politiques qui projetaient d'abolir l'apartheid. Au cours de cette période de répression intense, la Charte de la Liberté, qui conservait sa capacité d'inspirer l'espoir et l'esprit de résistance, circula de main en main dans les cercles révolutionnaires clandestins. Dans les années 1980, une nouvelle génération de jeunes militants nés dans les townships s'en empara. Lassés de la patience et de la sagesse, prêts à tout pour mettre un terme à la domination des Blancs, les jeunes radicaux effrayaient leurs parents par leur intrépidité. Sans se faire d'illusions, ils envahirent les rues en scandant : « Ni les balles ni les gaz lacrymogènes ne nous arrêteront. » Ils subissaient des massacres, enterraient leurs amis, continuaient à chanter et à défiler. Interrogés sur l'identité de leur ennemi, les militants répondaient « l'apartheid » ou « le racisme » ; interrogés sur la cause qu'ils défendaient, ils étaient nombreux à répliquer « la liberté » et, souvent, « la Charte de la Liberté ».

Le document revendique le droit au travail, à un logement décent, à la liberté d'opinion et, aspect particulièrement radical, au partage de la richesse du pays le plus prospère d'Afrique, qui possède notamment les plus importants champs aurifères du monde. « La richesse nationale de notre pays, l'héritage de tous les Sud-Africains, sera rendue au peuple ; la propriété des richesses minérales enfouies dans le sol, des banques et des industries en situation de monopole sera transférée au peuple dans son ensemble ; le reste de l'industrie et du commerce sera contrôlé pour qu'il concoure au bien-être du peuple », proclame la Charte[6].

Au moment de sa rédaction, le document fut considéré par certains membres du mouvement de libération comme franchement centriste et, par d'autres, d'une inadmissible mollesse. Les panafricanistes reprochèrent à l'ANC de faire trop de concessions aux colonisateurs blancs. (Pourquoi l'Afrique du Sud appartiendrait-elle à tous, Noirs *et* Blancs ? demandèrent-ils. Les auteurs du manifeste auraient dû exiger, à l'exemple de Marcus Garvey, nationaliste noir de la Jamaïque, « l'Afrique aux Africains ! ») Les marxistes convaincus rejetèrent les revendications, jugées « petites-bourgeoises ». Il était contraire à l'esprit de la révolution de répartir la terre entre tous les citoyens ; selon Lénine, c'était la propriété privée elle-même qu'il fallait abolir.

Malgré leurs divergences, toutes les factions du mouvement de libération s'entendaient pour dire que l'apartheid n'était pas uniquement un système politique régissant le droit de vote et la liberté de mouvement. C'était aussi un système *économique* qui se servait du racisme pour imposer un ordre extrêmement lucratif en vertu duquel une petite élite blanche tirait d'énormes profits des mines, des exploitations agricoles et des usines de l'Afrique du Sud parce que les membres de la vaste majorité noire n'avaient pas le droit de posséder la terre et devaient fournir leur travail à une fraction seulement de sa valeur – en cas de rébellion, ils étaient battus et emprisonnés. Dans les mines, les Blancs gagnaient jusqu'à dix fois plus que les Noirs ; comme en Amérique latine, les grands industriels comptaient sur l'armée pour faire disparaître les ouvriers récalcitrants[7].

La Charte faisait état d'un consensus bien établi au sein du mouvement de libération, à savoir que la liberté ne serait pas assurée le jour où les Noirs prendraient les rênes du pouvoir. Il fallait aussi que les richesses enfouies dans le sol, confisquées de façon illégitime, fussent redistribuées à la société dans son ensemble. L'Afrique du Sud ne pouvait pas continuer à offrir un niveau de vie comparable à celui de la Californie aux Blancs et à celui du Congo aux Noirs, selon une description en vogue pendant l'apartheid. Au nom de la liberté, il faudrait trouver une sorte de moyen terme entre les deux.

C'est précisément ce que confirmaient les deux phrases écrites par Mandela dans sa prison : l'homme demeurait convaincu qu'il n'était pas de liberté possible sans redistribution. Comme de nombreux pays étaient «en transition», la déclaration avait d'énormes répercussions potentielles. Si l'ANC de Mandela prenait le pouvoir et nationalisait les banques et les mines, le précédent compliquerait la tâche aux économistes de l'école de Chicago qui, dans d'autres pays, écartaient d'emblée les propositions de cette nature, qualifiées de vestiges du passé, et soutenaient que seule la libéralisation complète des marchés était en mesure de corriger les inégalités criantes.

Le 11 février 1990, deux semaines après avoir écrit le texte en question, Mandela quittait la prison en tant qu'homme libre. Plus que quiconque dans le monde, il avait la stature d'un saint. Les townships de l'Afrique du Sud explosèrent de joie et réaffirmèrent que rien n'entraverait la marche vers la liberté. Au contraire de celui qui avait pris forme en Europe de l'Est, en proie à l'abattement, le mouvement sud-africain avait le vent en poupe. Pour sa part, Mandela subit un choc culturel aux proportions épiques. Devant le micro d'une caméra, il se demanda «si l'on n'avait pas inventé une arme dernier cri pendant que j'étais en prison[8]».

Le monde avait assurément beaucoup changé par rapport à celui qu'il avait quitté 27 ans auparavant. Au moment de son arrestation, en 1962, le continent africain était balayé par une vague de nationalisme tiers-mondiste ; à présent, il était déchiré par la guerre. Pendant sa détention, des révolutions socialistes s'étaient allumées et éteintes : Che Guevara avait été tué en Bolivie en 1967 ; Salvador Allende était mort pendant le coup d'État de 1973 ; le héros de la libération et président du Mozambique, Samora Machel, avait péri dans un mystérieux accident d'avion en 1986. La fin des années 1980 et le début des années 1990 avaient été marqués par la chute du mur de Berlin, la répression de la place Tiananmen et l'effondrement du communisme. Malgré tous ces changements, Mandela n'eut guère l'occasion de se mettre à jour. Dès sa libération, il dut guider son peuple vers la liberté tout en évitant des dangers bien réels : la guerre civile et la débâcle économique.

S'il existait une troisième voie entre le communisme et le capitalisme – une manière de démocratiser le pays et de redistribuer la richesse en même temps –, l'Afrique du Sud sous l'ANC était idéalement placée pour donner corps à ce rêve tenace. Pas seulement en raison de l'immense capital d'admiration et de soutien dont bénéficiait Mandela. La forme qu'avait prise la lutte contre l'apartheid au cours des années précédentes était tout aussi déterminante. Dans les années 1980, le mouvement avait acquis une dimension véritablement mondiale. En dehors de l'Afrique du Sud, son arme la plus efficace fut le boycott issu des produits non seulement des entreprises nationales, mais aussi des entreprises internationales qui faisaient des affaires avec l'État de l'apartheid. La stratégie avait pour but d'exercer sur le secteur privé des pressions suffisantes pour qu'il fût lui-même contraint d'exiger la fin de l'apartheid auprès de l'intransigeant gouvernement sud-africain. La campagne comportait également un volet moral : de nombreux consommateurs étaient d'avis que les sociétés qui avaient profité des lois instaurant la suprématie des Blancs devaient subir des sanctions financières.

Telle est justement l'attitude qui permit à l'ANC de rejeter l'orthodoxie néolibérale en vogue à l'époque. Comme on s'entendait de façon générale pour dire que les entreprises partageaient la responsabilité des crimes de l'apartheid, Mandela n'eut pas de mal à expliquer pourquoi certains secteurs de l'économie sud-africaine devaient être nationalisés, conformément aux prescriptions de la Charte de la Liberté. Il aurait pu invoquer le même argument pour montrer que les dettes accumulées sous l'apartheid représentaient un fardeau placé de façon illégitime sur les épaules du nouveau gouvernement élu au scrutin populaire. Face à une telle indiscipline, le FMI, le Trésor des États-Unis et l'Union européenne auraient poussé les hauts cris, certes, mais Mandela était une figure de la sainteté – l'appui populaire aurait malgré tout été considérable.

Nous ne saurons jamais qui l'aurait emporté. En effet, entre le moment où Mandela écrivit sa lettre de prison et l'éclatante victoire électorale de l'ANC, en 1994, à la faveur de laquelle il devint président, la hiérarchie du parti décida qu'elle ne devait pas utiliser le prestige dont elle bénéficiait auprès des couches populaires pour saisir et redistribuer les richesses volées. Au lieu d'un compromis entre la Californie et le Congo, l'ANC adopta donc des politiques qui creusèrent les inégalités et aggravèrent le problème de la criminalité à un point tel que les écarts qu'on observe aujourd'hui en Afrique du Sud se rapprochent plutôt de ceux qui séparent Beverly Hills de Bagdad. Le pays est à présent l'illustration vivante de ce qui se produit lorsque la réforme économique est dissociée de la transformation politique. Sur le plan politique, les Sud-Africains ont le droit de vote, bénéficient de libertés civiles et vivent selon la règle de la majorité. Sur le plan économique, pourtant, l'Afrique du Sud a supplanté le Brésil au titre de nation où les inégalités sont les plus prononcées au monde.

En 2005, je me rendis en Afrique du Sud dans l'espoir de comprendre ce qui avait pu convaincre Mandela, dans les années charnières de 1990 à 1994, d'opter pour une voie qu'il avait sans la moindre équivoque qualifiée d'«inconcevable».

Lorsqu'il entama des négociations avec le Parti national, qui détenait alors le pouvoir, l'ANC avait la ferme intention d'éviter le genre de cauchemar qu'avait connu le Mozambique voisin lorsque le mouvement indépendantiste avait mis fin à la domination coloniale du Portugal en 1975. Avant de partir, les Portugais, vindicatifs, piquèrent une dernière crise : ils déversèrent du béton dans les cages d'ascenseur, démolirent les tracteurs et emportèrent tout ce qu'ils purent. L'ANC, lui, réussit à négocier une passation des pouvoirs relativement paisible. Cependant, il ne fut pas en mesure d'empêcher les anciens dirigeants de semer le désordre en se dirigeant vers la sortie. Au contraire des Portugais, les membres du Parti national ne sabotèrent pas les cages d'ascenseur. Leurs tactiques, tout aussi dévastatrices, furent beaucoup plus subtiles : tout était dans le détail des négociations historiques.

Les pourparlers sur les modalités de la fin de l'apartheid se tinrent suivant deux axes qui se recoupaient fréquemment, l'un politique, l'autre économique. Les sommets politiques auxquels participèrent Nelson Mandela et F. W. de Klerk, chef du Parti national, monopolisèrent évidemment une grande partie de l'attention.

Dans ces négociations, la stratégie de de Klerk consistait à préserver le plus de pouvoir possible. Il ne ménagea aucune tentative : faire du pays une fédération, garantir un droit de veto aux partis minoritaires, réserver aux minorités ethniques un certain nombre de sièges au sein des structures gouvernementales – n'importe quoi pour éviter la majorité simple, qui, croyait-il, se traduirait forcément par des expropriations massives des terres et par la nationalisation de nombreuses sociétés. Comme le résuma plus tard Mandela, « le Parti national essayait de préserver la suprématie des Blancs avec notre consentement ». De Klerk avait des armes et de l'argent à l'appui de ses prétentions, mais son opposant jouissait du soutien de millions d'individus. Mandela et son négociateur en chef, Cyril Ramaphosa, l'emportèrent sur presque tous les fronts[9].

Parallèlement à ces sommets souvent explosifs se tenaient des négociations économiques beaucoup plus discrètes, dirigées, du côté de l'ANC, par Thabo Mbeki, étoile montante du parti qui allait devenir président de l'Afrique du Sud. En observant l'évolution des pourparlers politiques, le Parti national comprit que le Parlement tomberait bientôt aux mains de l'ANC. En tant que représentant des élites sud-africaines, il investit donc son énergie et sa créativité dans les négociations économiques. Les Blancs de l'Afrique du Sud n'avaient pas réussi à empêcher les Noirs de prendre le pouvoir, mais ils ne renonceraient pas si facilement aux richesses qu'ils avaient accumulées sous l'apartheid.

Dans le cadre de ces négociations, le gouvernement de F. W. de Klerk adopta une stratégie en deux volets. S'inspirant du consensus de Washington, selon lequel il n'existe qu'une seule façon de diriger une économie, il qualifia les principaux secteurs décisionnels relatifs à l'économie – par exemple la politique commerciale et la banque centrale – de « techniques » ou d'« administratifs ». Il eut ensuite recours à un large éventail de nouveaux outils stratégiques – accords commerciaux internationaux, innovations dans le domaine du droit constitutionnel et programmes d'ajustement structurel – pour céder le contrôle de ces centres de pouvoir à des experts, économistes et fonctionnaires prétendument impartiaux du FMI, de la Banque mondiale, de l'Accord général sur les tarifs douaniers et le commerce (GATT) et du Parti national – bref, n'importe qui sauf les combattants pour la liberté de l'ANC. On assista donc à la balkanisation non pas du territoire géographique (que de Klerk avait tenté d'imposer), mais bien de l'économie.

Le plan fut mené à bien sous le nez des dirigeants de l'ANC qui, naturellement, se préoccupaient davantage de la lutte pour le contrôle du Parlement. Ce faisant, l'ANC omit de se prémunir contre une stratégie beaucoup plus insidieuse – essentiellement, une police d'assurance complexe ayant pour effet d'éviter que les dispositions économiques de la Charte de la Liberté ne fussent inscrites dans les lois de l'Afrique du Sud. « Le peuple gouvernera » deviendrait bientôt réalité, mais la sphère sur laquelle il régnerait se rétrécissait comme peau de chagrin.

Pendant que se déroulaient ces négociations tendues entre rivaux, l'ANC préparait fébrilement ses membres à l'accession au pouvoir. Des équipes d'économistes et d'avocats du parti formèrent des groupes de travail chargés de définir les modalités précises de la transformation des promesses de la Charte de la Liberté, notamment dans les secteurs du logement et de la santé, en politiques concrètes. Le plus ambitieux de ces plans fut *Make Democracy Work* (Mettons la démocratie en marche), programme économique pour l'Afrique du Sud d'après l'apartheid préparé pendant les négociations au sommet. Ce qu'ignoraient les militants, c'est que, pendant qu'ils planchaient sur leurs plans audacieux, l'équipe chargée des négociations économiques faisait des concessions qui rendraient leur mise en application strictement impossible. « Le projet était mort avant même d'avoir vu le jour », me dit l'économiste Vishnu Padayachee à propos de *Make Democracy Work*. Lorsque l'ébauche fut terminée, en effet, « les règles avaient changé du tout au tout ».

L'un des rares économistes de l'ANC à posséder une formation classique, Padayachee avait été recruté pour jouer un rôle de premier plan au sein du projet (« je m'occupais des calculs », dit-il). La plupart des collègues avec qui il assista à ces longues réunions stratégiques accédèrent à des postes prestigieux au sein du gouvernement de l'ANC, mais pas lui. Il refusa toutes les propositions, préférant poursuivre une carrière universitaire à Durban, où il enseigne, écrit et exploite Ike's Bookstore, établissement très apprécié nommé d'après Ike Mayet, premier libraire non blanc d'Afrique du Sud. C'est là, au milieu d'exemplaires préservés avec soin de vieux livres d'histoire sud-africaine épuisés, que nous nous sommes rencontrés pour discuter de la transition.

Padayachee entra dans la lutte pour la libération durant les années 1970 en tant que conseiller du mouvement syndical sud-africain. « À cette époque-là, nous avions tous la Charte de Liberté collée derrière notre porte », explique-t-il. Je lui demandai alors à quel moment il avait compris que les promesses économiques qu'elle renfermait ne seraient jamais réalisées. Il me répondit qu'il a commencé à s'en douter à la fin de 1993 lorsque lui-même et l'un de ses collègues de l'équipe *Make Democracy Work* avaient reçu un coup de fil de la part des négociateurs, qui en étaient au dernier stade de leurs tractations avec le Parti national. On avait besoin d'un document de travail sur les avantages et les inconvénients qu'il y avait à faire de la banque centrale d'Afrique du Sud une entité autonome, tout à fait indépendante du gouvernement élu – et on le voulait pour le lendemain matin.

« Nous avons vraiment été pris par surprise », déclara Padayachee, à présent quinquagénaire. Il avait fait des études supérieures à l'université Johns Hopkins de Baltimore. Même parmi les économistes néolibéraux des États-Unis, l'idée d'une banque centrale indépendante était considérée comme marginale, le dada d'une poignée d'idéologues de l'école de Chicago persuadés que les banques nationales devaient être gouvernées comme des républiques indépendantes à l'intérieur des États, loin de l'ingérence des législateurs élus*[10]. Pour Padayachee et ses collègues, convaincus que la politique monétaire devait au contraire être mise au service des « grands objectifs de croissance, de création d'emplois et de redistribution » du nouveau gouvernement, la position de l'ANC ne faisait aucun doute : « Pas de banque centrale indépendante en Afrique du Sud. »

Padayachee et l'un de ses collègues passèrent la nuit à rédiger un document dans lequel ils fournissaient à l'équipe de négociation des arguments à opposer à la proposition surprise du Parti national. Si la banque centrale (appelée Reserve Bank en Afrique du Sud) était détachée du reste du gouvernement, l'ANC ne serait peut-être pas en mesure de respecter les promesses de la Charte de la Liberté. Et si la banque centrale ne relevait pas du gouvernement de l'ANC, à qui, au juste, rendrait-elle des comptes ? Au FMI ? À la bourse

---

* Milton Friedman répétait souvent en manière de plaisanterie que, s'il ne tenait qu'à lui, les banques centrales reposeraient sur la « science économique » et seraient administrées par des ordinateurs géants – nul besoin de la présence d'humains.

de Johannesburg ? De toute évidence, le Parti national cherchait un moyen détourné de s'accrocher au pouvoir malgré sa défaite aux urnes – stratégie à laquelle il fallait résister à tout prix. « Le Parti national engrangeait le plus de concessions possibles, dit Padayachee. Ça, au moins, c'était clair. »

Padayachee faxa le document le lendemain matin et attendit des nouvelles pendant des semaines. « Puis, un jour, nous nous sommes informés de la situation. "Nous avons lâché ce morceau-là", nous a-t-on répondu. » Non seulement la banque centrale constituerait-elle une entité autonome au sein de l'État, son indépendance étant enchâssée dans la nouvelle Constitution, mais en plus, elle serait dirigée par l'homme qui la pilotait sous l'apartheid, Chris Stals. Et l'ANC n'avait pas renoncé qu'à la banque centrale : aux termes d'une autre concession majeure, Derek Keyes, ministre des Finances blanc sous l'apartheid, demeurerait en fonction – de la même façon que les ministres des Finances et les directeurs des banques centrales sous la dictature argentine avaient réussi à se maintenir en poste une fois la démocratie rétablie. Le *New York Times* fit l'éloge de Keyes, présenté comme « l'apôtre en chef d'un gouvernement frugal et sympathique à l'entreprise privée[11] ».

« Jusque-là, dit Padayachee, nous étions optimistes. Nous menions une lutte révolutionnaire, bon sang ! Il allait forcément en sortir quelque chose de bon. » En apprenant que la banque centrale et le Trésor demeureraient aux mains de leurs anciens titulaires sous l'apartheid, il comprit que « le projet de transformation de l'économie allait tomber à l'eau ». Je lui demandai s'il croyait que les négociateurs avaient conscience de ce qu'ils avaient perdu. Après un moment d'hésitation, il répondit : « Franchement, non. » C'était le jeu de la négociation. « Dans un tel contexte, il faut céder des choses, et c'est ça que nous avons cédé. C'était du donnant-donnant. »

Du point de vue de Padayachee, il n'y eut donc pas de trahison majeure de la part des dirigeants de l'ANC. Seulement, l'adversaire leur dama le pion à propos d'une série d'enjeux qui, à l'époque, semblaient accessoires. Il se révéla en fin de compte que la libération de l'Afrique du Sud en dépendait.

Les négociations conclues, l'ANC se trouva donc empêtré dans un filet d'un nouveau genre, fait de règles et de règlements obscurs, tous conçus pour confiner et restreindre le pouvoir des élus. Lorsque le filet se referma sur le pays, seules quelques personnes remarquèrent sa présence. Puis, une fois installé au pouvoir, le nouveau gouvernement essaya de manœuvrer librement et de faire bénéficier ses électeurs des effets tangibles de la libération qu'ils escomptaient et en faveur desquels ils s'étaient prononcés. Mais alors les mailles du filet se resserrèrent et l'administration constata que ses pouvoirs étaient étroitement circonscrits. Patrick Bond, conseiller économique au bureau de Mandela pendant les premières années au pouvoir de l'ANC, se souvient de la blague que l'on se répétait en interne : « Nous avons l'État. Où est le pouvoir ? » Lorsqu'il tenta de donner corps aux promesses de la Charte de la Liberté, le nouveau gouvernement se rendit compte que le pouvoir était bel et bien ailleurs.

S'agissait-il de redistribuer les terres ? Impossible. À la dernière minute, les négociateurs avaient accepté qu'on inscrivît dans la Constitution une disposition protégeant la propriété privée sous toutes ses formes. La réforme agraire était dès lors pratiquement impossible. De créer des emplois pour des millions de chômeurs ? Hors de question. Des centaines d'usines étaient sur le point de fermer leurs portes parce que l'ANC avait signé les accords du GATT, précurseur de l'Organisation mondiale du commerce, qui interdisaient le versement de subventions aux chaînes de montage de voitures et aux usines de textile. De distribuer des médicaments contre le sida dans les townships, où la maladie se propageait à un rythme affolant ? C'était contraire aux engagements relatifs à la protection des droits de propriété intellectuelle, auxquels l'ANC avait souscrit (sans débat public) dans le prolongement des accords du GATT. De construire des logements nouveaux et plus grands pour les pauvres ou de fournir de l'électricité gratuite dans les townships ? Hélas, la dette, que le gouvernement de l'apartheid avait refilée en douce au nouveau, grevait lourdement le budget. D'imprimer plus d'argent ? Il fallait en parler au président de la banque centrale, homme de l'apartheid. De rendre l'eau gratuite pour tous ? Peu probable. Dans le domaine des services publics, la Banque mondiale, avec son vaste contingent d'économistes, de chercheurs et de stagiaires en résidence (une « banque de connaissances » autoproclamée), imposait la conclusion de partenariats avec le secteur privé. Le gouvernement voulait-il adopter des mesures de contrôle de la devise pour le prémunir contre la spéculation déchaînée ? Ce faisant, il contreviendrait à l'accord de 850 millions de dollars commodément conclu avec le FMI juste avant les élections. Pouvait-il hausser le salaire minimum pour réduire les écarts salariaux qui s'étaient creusés sous l'apartheid ? Pas question. L'accord signé avec le FMI prévoyait la « contrainte salariale[12] ». Et il ne fallait surtout pas songer à se soustraire à ces obligations – toute entorse serait considérée comme la preuve d'une dangereuse duplicité nationale, d'un engagement vacillant envers la « réforme », d'une absence de « système réglementaire ». Il en résulterait l'affaissement de la devise, une réduction de l'aide et la fuite des capitaux. En somme, l'Afrique du Sud était à la fois libre et captive. Les lettres d'acronymes sibyllins étaient autant de fils qui liaient les mains du nouveau gouvernement.

Rassool Snyman, militant antiapartheid de longue date, me décrivit le piège en ces termes : « Ils ne nous ont jamais libérés. La chaîne que nous avions au cou, ils l'ont mise à nos chevilles. » Selon Yasmin Sooka, éminente militante pour les droits de l'homme, la transition, « c'étaient les entreprises qui disaient : "Nous allons tout garder et vous [l'ANC] n'aurez le pouvoir que pour la forme." […] Vous pouvez avoir le pouvoir politique, donner l'apparence de gouverner, mais c'est ailleurs que s'exerce la véritable gouvernance*[13] ». Dynamique d'infantilisation fréquemment imposée aux pays dits en transition – on donne au nouveau gouvernement les clés de la maison, mais pas la combinaison du coffre-fort.

Je voulais notamment comprendre comment tout cela avait pu se produire au terme d'une lutte pour la liberté aux dimensions proprement épiques, comment les chefs de file du mouvement de libération avaient pu céder sur le front de l'économie, mais aussi comment la base de l'ANC – des

---

* Les Chicago Boys en poste au Chili furent, comme il convient, les précurseurs du capitalisme à l'épreuve de la démocratie ou de ce qu'eux-mêmes appelaient la « nouvelle démocratie ». Avant de céder le pouvoir au gouvernement élu après les dix-sept ans au pouvoir de la junte, les Chicago Boys chiliens remanièrent la Constitution et les tribunaux afin qu'il fût pratiquement impossible de rescinder les lois révolutionnaires. Ils avaient même plusieurs noms pour désigner cette démarche : construire une « démocratie technicisée », une « démocratie protégée » ou, pour reprendre l'expression de José Piñera, jeune ministre de Pinochet, l'« isoler contre la politique ». Alvaro Bardón, sous-secrétaire à l'Économie de Pinochet, expliqua le raisonnement classique de l'école de Chicago : « Si nous admettons que l'économie est une science, nous devons immédiatement convenir que le gouvernement ou la structure politique exerce moins de pouvoir, la responsabilité de prendre des décisions économiques leur échappant à tous deux. »

gens qui avaient consenti de terribles sacrifices – avait pu les y autoriser. Pourquoi les militants de la base n'avaient-ils pas forcé l'ANC à tenir les promesses formulées dans la Charte de la Liberté ? Pourquoi ne s'étaient-ils pas révoltés contre pareilles concessions ?

J'ai posé la question à William Gumede, militant de l'ANC de la troisième génération qui, en tant que leader étudiant pendant la transition, passa ces années tumultueuses dans la rue. « Tout le monde suivait les négociations politiques, dit-il au souvenir des sommets Mandela-de Klerk. S'il y avait eu des problèmes de ce côté, d'énormes manifestations auraient éclaté. Mais lorsque les négociateurs de la table économique présentaient leurs rapports, personne ne les écoutait. C'était, croyait-on, technique. » Mbeki encourageait cette perception des choses en affirmant que les pourparlers étaient « administratifs », sans intérêt pour le commun des mortels (un peu comme les Chiliens avec leur « démocratie technicisée »). Par conséquent, me confia Gumede, exaspéré : « Nous avons raté le coche ! Nous sommes passés à côté des véritables enjeux. »

Gumede, devenu l'un des journalistes d'enquête les plus respectés d'Afrique du Sud, dit qu'il a fini par comprendre que c'étaient ces discussions « techniques » qui avaient décidé du sort de son pays – même si, à l'époque, ils étaient peu nombreux à s'en rendre compte. Comme d'autres de mes interlocuteurs avant lui, Gumede me rappella que l'Afrique du Sud, tout au long de la période de transition, fut au bord de la guerre civile : des gangs armés par le Parti national semaient la terreur dans les townships, la police perpétrait des massacres, des chefs de file du mouvement étaient assassinés et on redoutait le bain de sang. « Je me concentrais sur la politique – l'action collective, les virées à Bisho [siège d'une confrontation décisive entre la police et les manifestants]. Je criais : "Qu'on nous débarrasse de ces types !" se souvient Gumede. Mais je me trompais de combat – la vraie bataille était livrée sur le front économique. Je m'en veux d'avoir été naïf à ce point. Je croyais avoir assez de maturité politique pour comprendre. Comment ai-je pu ne pas me rendre compte de ce qui se passait ? »

Depuis, Gumede a rattrapé le temps perdu. Lors de notre rencontre, il était au milieu de la tempête provoquée par la parution de son dernier livre, *Thabo Mbeki and the Battle for the Soul of the ANC* (Thabo Mbeki et la bataille pour l'âme de l'ANC). Il s'agit d'un compte rendu circonstancié des négociations au cours desquelles l'ANC a abandonné la souveraineté économique du pays pendant des réunions auxquelles Gumede, occupé ailleurs, n'avait pu assister. «J'ai écrit ce livre sous le coup de la colère, me dit-il. Contre le parti et contre moi-même.»

On a du mal à imaginer une issue différente. Si Padayachee a raison et que même les négociateurs de l'ANC n'étaient pas conscients de l'importance des concessions qu'ils faisaient, comment les militants de la base auraient-ils pu renverser la vapeur?

À l'époque décisive de la signature des accords, les Sud-Africains vivaient dans un état de crise permanent, ballottés entre l'exultation, au moment de la libération de Mandela, et la rage à l'annonce de la mort de Chris Hani – jeune militant que plusieurs espéraient voir succéder à Mandela –, tombé sous les balles d'un assassin raciste. Hormis une poignée d'économistes, personne n'avait envie de parler de l'indépendance de la banque centrale, sujet soporifique par excellence, même quand tout va bien par ailleurs. Selon Gumede, la plupart des gens se disaient que l'ANC, une fois bien en selle, n'aurait qu'à revenir sur les compromis faits à la table de négociation. «Nous allions former le gouvernement, dit-il. Nous verrions cela ultérieurement.»

Ce que ne comprenaient pas les militants, c'est que les pourparlers en cours avaient pour effet d'altérer la nature même de la démocratie et que, une fois les mailles du filet refermées sur leur pays, il n'y aurait pas d'«ultérieurement».

Au cours de ses deux premières années au pouvoir, l'ANC tenta d'utiliser les ressources limitées dont il disposait pour procéder à la redistribution promise. Il y eut un tourbillon d'investissements publics – on fit construire plus de 100 000 maisons pour les démunis et des millions d'autres furent approvisionnées en eau et en électricité ou branchées au réseau téléphonique[14]. Puis, selon le scénario bien connu, le gouvernement, criblé de dettes et pressé par des entités internationales de privatiser ces services, commença à augmenter les prix. Dix ans après l'arrivée au pouvoir de l'ANC, des millions de nouveaux clients s'étaient fait couper l'eau et l'électricité, faute de pouvoir acquitter leurs factures*. En 2003, au moins 40 % des nouvelles

---

* En Afrique du Sud, la question de savoir si le nombre de personnes qui se sont fait couper ces nouveaux services est supérieur à celui des nouveaux abonnés suscite d'âpres débats. Au moins une étude digne de foi montre qu'il y a eu plus de coupures que de branchements : le gouvernement dit

lignes téléphoniques n'étaient plus en service[15]. Et «les banques, les mines et les industries en situation de monopole» que Mandela entendait privatiser étaient toujours aux mains des quatre méga-conglomérats appartenant à des Blancs qui contrôlaient 80 % de la bourse de Johannesburg[16]. En 2005, les Noirs possédaient ou contrôlaient seulement 4 % des sociétés inscrites à la bourse[17]. L'année suivante, les Blancs, qui ne comptaient que pour 10 % de la population, monopolisaient toujours 70 % des terres de l'Afrique du Sud[18]. Plus alarmant encore, le gouvernement de l'ANC a passé beaucoup plus de temps à nier la gravité de la crise du sida qu'à procurer aux quelque cinq millions de personnes infectées par le VIH les médicaments capables de leur sauver la vie. Au début de 2007, on notait toutefois certains signes de progrès encourageants[19]. Le chiffre le plus frappant est peut-être celui-ci : depuis 1990, année de la libération de Mandela, l'espérance de vie moyenne des Sud-Africains a diminué de treize ans[20].

Ces faits et ces chiffres sont la conséquence de la décision fatidique prise par les dirigeants de l'ANC une fois qu'ils eurent compris qu'ils s'étaient fait avoir dans le cadre des négociations économiques. Dès lors, le parti pouvait tenter de lancer un deuxième mouvement de libération pour se dépêtrer du filet asphyxiant créé pendant la période de transition. Il pouvait aussi accepter les pouvoirs limités qui lui étaient dévolus et s'accommoder du nouvel ordre économique. Les dirigeants choisirent la seconde option. Au lieu d'axer sa politique sur la redistribution de la richesse actuelle du pays – cœur de la Charte de la Liberté à laquelle il devait d'être au pouvoir –, l'ANC, une fois au gouvernement, accepta la logique dominante selon laquelle son seul espoir consistait à attirer des investisseurs étrangers. Ceux-ci créeraient une nouvelle richesse dont les bénéfices finiraient par profiter aux pauvres. Pour que l'effet de percolation eût des chances de réussir, toutefois, le gouvernement de l'ANC devait modifier radicalement son comportement et se rendre plus attractif aux yeux des investisseurs.

Ce n'était pas une mince tâche, ainsi que Mandela l'avait compris. Le jour où il fut libéré, le marché boursier sud-africain s'effondra ; la devise sud-africaine, le rand, perdit 10 % de sa valeur[21]. Quelques semaines plus tard, la société diamantaire De Beers fit passer son siège social de l'Afrique du Sud à la Suisse[22].

---

avoir raccordé neuf millions de personnes au réseau d'aqueducs, et l'étude fait état de dix millions d'interruptions de service.

Trois décennies plus tôt, au moment de l'emprisonnement de Mandela, ce genre de sanction instantanée de la part des marchés aurait été inimaginable. Dans les années 1960, les multinationales n'avaient pas l'habitude de changer de nationalité sur un coup de tête. À cette époque-là, le système monétaire mondial demeurait fermement arrimé à l'étalon-or. À présent, la devise sud-africaine avait été dépouillée de ses protections, les entraves au commerce avaient été abolies et la majorité des échanges relevait de la spéculation à court terme.

Le marché, volatil, ne voyait pas d'un bon œil la libération de Mandela. Qui plus est, il aurait suffi d'une parole malheureuse de sa part ou d'un des dirigeants de l'ANC pour provoquer un sauve-qui-peut chez les membres de la «horde électronique[23]», ainsi que Thomas Friedman, chroniqueur au *New York Times*, les surnomma à juste titre. La débandade qui salua la libération de Mandela ne fut que le début du bras de fer qui s'amorçait entre l'ANC et les marchés financiers – dialogue de choc à la faveur duquel le parti s'initia aux nouvelles règles du jeu. Chaque fois qu'un cadre du parti laissait entendre que la Charte de la Liberté tant redoutée serait mise en application, le marché réagissait violemment et le rand se trouvait en chute libre. Les règles étaient simples et rudimentaires, formulées à coups de grognements électroniques : justice – trop cher, vendez ; statu quo – c'est bon, achetez. Lorsque, peu après sa libération, Mandela évoqua de nouveau la nationalisation à l'occasion d'un déjeuner privé en compagnie de puissants hommes d'affaires, «l'All-Gold Index diminua de 5 %[24]».

Pour peu qu'elles fussent teintées d'un radicalisme latent, même les mesures qui n'avaient en apparence rien à voir avec le monde financier provoquaient des remous. Lorsque Trevor Manuel, ministre de l'ANC, qualifia le rugby sud-africain de «jeu pour la minorité blanche», parce que l'équipe ne comptait aucun joueur noir, le rand fut une nouvelle fois durement touché[25].

De tous les obstacles auxquels se heurtait le nouveau gouvernement, le marché se révéla le plus contraignant. D'une certaine façon, c'est là le génie du capitalisme sans entraves : il s'auto-renforce. Une fois les pays ouverts aux humeurs caractérielles du marché mondial, tout manquement à l'orthodoxie de l'école de Chicago est aussitôt puni par les *traders* de New York et de Londres, qui se liguent contre la devise du pays coupable. Il en résulte une aggravation de la crise qui force les responsables à contracter de nouveaux prêts, assortis de nouvelles conditions. Mandela dénonça le piège en 1997, à l'occasion de la conférence annuelle de l'ANC : « À cause de la mobilité du capital et de la mondialisation des marchés financiers et autres, les pays ne peuvent plus définir leur politique économique sans tenir compte de la réaction probable des marchés[26]. »

Dans les rangs de l'ANC, seul Thabo Mbeki, bras droit de Mandela pendant son mandat et, bientôt, successeur du président, semblait savoir ce qu'il fallait faire pour mettre un terme aux chocs. Mbeki avait passé une bonne partie de ses années d'exil en Angleterre. Avant de s'établir à Londres, il avait étudié à l'université du Sussex. Dans les années 1980, tandis que les townships de son pays étaient inondés de gaz lacrymogènes, il respirait les vapeurs du thatchérisme. De tous les dirigeants de l'ANC, Mbeki était celui qui frayait le plus facilement avec les chefs d'entreprises. Avant la libération de Mandela, il avait d'ailleurs organisé quelques rencontres secrètes avec des cadres qu'effrayait la perspective du pouvoir de la majorité noire. En 1985, après avoir passé la soirée à boire du scotch en compagnie de Mbeki et d'un groupe d'hommes et de femmes d'affaires sud-africains dans un *lodge* de chasse zambien, Hugh Murray, rédacteur en chef d'un prestigieux magazine économique, déclara : « Le numéro un de l'ANC a le remarquable talent d'inspirer la confiance, même dans les situations les plus tendues[27]. »

Mbeki était persuadé que l'ANC devait, pour calmer les marchés, inspirer cette même confiance digne d'un club de gentlemen à une échelle beaucoup plus vaste. Selon Gumede, Mbeki se chargea en quelque sorte d'initier son parti au néolibéralisme. On avait libéré l'animal qu'était le marché, expliqua ce dernier. Impossible de l'apprivoiser. Il fallait le nourrir de ce dont il était avide : de la croissance, toujours plus de croissance.

Au lieu d'ordonner la nationalisation des mines, Mandela et Mbeki rencontrèrent donc périodiquement Harry Oppenheimer, ex-président des géants miniers Anglo American et De Beers, symboles économiques de l'apartheid. Peu après les élections de 1994, ils soumirent même le programme économique de l'ANC à l'approbation d'Oppenheimer et y apportèrent des modifications importantes en réponse à ses préoccupations de même qu'à celles d'autres grands industriels[28]. Dans l'espoir d'éviter un nouveau choc financier, Mandela, à l'occasion de sa première interview comme président, eut soin de se distancier de ses déclarations antérieures en faveur de la nationalisation : «Dans nos politiques économiques [...] il n'y a pas une seule référence à la nationalisation, et ce n'est pas accidentel, dit-il. Il n'y a aucun slogan qui nous associe à l'idéologie marxiste*[29].» La presse financière applaudissait cette conversion : «Bien que l'ANC possède encore une aile gauche puissante, écrivit le *Wall Street Journal*, M. Mandela, depuis quelque temps, s'exprime comme Margaret Thatcher plutôt que comme le révolutionnaire de gauche qu'on avait cru voir en lui[30].»

L'ANC, cependant, traînait le souvenir de son passé radical comme un boulet. Malgré les efforts que le parti déployait pour se montrer rassurant, le marché ne cessait de lui infliger des chocs violents : en 1996, au cours d'un seul mois, le rand perdit 20 % de sa valeur. Au pays, l'hémorragie de capitaux se poursuivait, à mesure que les riches d'Afrique du Sud, nerveux, transféraient leur argent à l'étranger[31].

Mbeki réussit à convaincre Mandela qu'il devait rompre définitivement avec son passé. L'ANC devait se doter d'un tout nouveau programme économique – un plan audacieux, percutant et spectaculaire qui indiquerait, en des termes que les marchés sauraient décoder, que l'ANC était prêt à adhérer au consensus de Washington.

Comme en Bolivie, où la thérapie du choc fut concoctée en secret, à la manière d'une opération militaire clandestine, seuls les plus proches collaborateurs de Mbeki savaient qu'un nouveau programme économique était en chantier et que celui-ci était très différent des promesses faites aux élections de 1994. À propos des membres de l'équipe, Gumede écrit : «tous étaient tenus au secret et, parce qu'on craignait que l'aile gauche n'eût vent du plan Mbeki, la démarche fut entourée d'un voile de mystère[32]». L'économiste Stephen Gelb, qui prit part à la préparation du nouveau programme, admit que «c'était la "réforme venue d'en haut" par excellence» et que «les arguments en faveur de l'isolement et de l'autonomie des décideurs par rapport aux pressions populaires ont été poussés à l'extrême[33]». (L'accent mis sur le secret et l'isolement est d'autant plus ironique que, pendant qu'il était soumis à la tyrannie de l'apartheid, l'ANC avait eu recours à une démarche remarquablement ouverte et participative pour accoucher de la Charte de la Liberté. Désormais,

---

* En fait, le programme économique officiel de l'ANC, auquel le parti devait son élection, prévoyait «une croissance du secteur public dans des domaines stratégiques, notamment grâce à la nationalisation». Par ailleurs, la Charte de la Liberté était toujours le manifeste du parti.

en vertu du nouvel ordre démocratique, le parti devait dissimuler ses projets économiques à ses propres militants.)

En juin 1996, Mbeki dévoila les résultats : un traitement de choc néolibéral pour l'Afrique du Sud. Au menu : de nouvelles privatisations, des compressions des dépenses gouvernementales, des «assouplissements» des conditions de travail, une plus grande libéralisation des échanges et une déréglementation encore plus poussée des flux monétaires. Selon Gelb, le projet avait pour objectif principal de «signaler aux investisseurs potentiels l'adhésion du gouvernement (et en particulier de l'ANC) à l'orthodoxie dominante[34]». Pour être bien certain que les *traders* de New York et de Londres l'entendraient haut et fort, Mbeki, à l'occasion du lancement public du programme, railla : «Disons que je suis thatchériste[35].»

La thérapie de choc est toujours un spectacle donné à l'intention des marchés – cela fait du reste partie de la théorie qui la soutient. Le marché boursier raffole des coups de théâtre qui font grimper en flèche le prix des actions. En général, il s'agit d'un premier appel public à l'épargne, de l'annonce d'une gigantesque fusion ou du recrutement d'un PDG vedette. Lorsque des économistes pressent des pays d'annoncer une thérapie de choc tous azimuts, ils essaient entre autres de recréer le même genre de frénésie au sein du marché et de provoquer une ruée – sauf que, dans ce cas, ils vendent non pas des titres, mais bien un pays. La réponse espérée? «Achetez des actions argentines!» «Achetez des obligations boliviennes!» Une approche plus lente et plus prudente serait moins brutale, mais elle priverait le marché de ces bulles, à la faveur desquelles se réalisent des fortunes. Par ailleurs, la thérapie de choc est toujours un pari risqué. Dans le cas de l'Afrique du Sud, ce fut un échec. Le geste grandiose de Mbeki ne stimula pas l'investissement à long terme. Il ne fit qu'aviver la spéculation et entraîner une nouvelle dépréciation de la devise.

LE CHOC DE LA BASE

«Le nouveau converti fait toujours preuve d'un zèle excessif. Plus que tout autre, il tient à plaire», me dit Ashwin Desai, écrivain de Durban, lorsque nous nous sommes rencontrés pour parler de ses souvenirs de la transition. Desai, emprisonné pendant la lutte pour la libération, établit un parallèle entre la psychologie des prisonniers et le comportement de l'ANC au pouvoir. « En prison, dit-il, si vous vous faites bien voir du directeur, vous aurez droit à un traitement de faveur. De toute évidence, la même logique s'est transposée dans l'action de certains membres de la société sud-africaine. En un sens, ils voulaient prouver qu'ils étaient les meilleurs prisonniers. Et même qu'ils étaient des prisonniers plus disciplinés que ceux des autres pays. »

Les militants de l'ANC se révélèrent cependant beaucoup plus turbulents – d'où la nécessité d'un nouveau resserrement de la discipline. Selon Yasmin Sooka, l'un des membres de la commission pour la vérité et la réconciliation d'Afrique du Sud, la mentalité des partisans de la discipline imprégnait tous les aspects de la transition – y compris la quête de justice. Après avoir passé des années à entendre des témoignages faisant état de tortures, d'assassinats et de disparitions, la commission s'intéressa aux gestes de réparation. La vérité et le pardon avaient leur importance, certes, mais il fallait aussi songer à indemniser les victimes et les membres de leur famille. Il était insensé d'obliger le nouveau gouvernement à s'en charger, les crimes n'étant pas les siens. Par ailleurs, les sommes qu'il affecterait au redressement des torts commis sous l'apartheid ne pourraient pas servir à la construction de logements et d'écoles pour les pauvres de la nation libérée depuis peu.

Certains commissaires étaient d'avis que les multinationales qui avaient profité de l'apartheid devraient être tenues de payer les réparations. En fin de compte, la commission se contenta de recommander que les entreprises versent un modeste impôt ponctuel de 1 % pour constituer un fonds à l'intention des victimes. C'est ce qu'elle appela l'« impôt de la solidarité ». Sooka s'attendait à ce que l'ANC se prononçât en faveur de cette recommandation éminemment raisonnable ; en l'occurrence, le gouvernement, alors dirigé par Mbeki, refusa d'obliger les entreprises à payer des réparations ou à verser l'impôt de la solidarité, par crainte que le marché n'y vît un signe d'hostilité envers le secteur privé. « Le président a décidé de ne pas obliger les entreprises à assumer leurs responsabilités, me dit Sooka. C'est aussi simple que ça. » En fin de compte, le gouvernement, comme le craignait la commission, versa une fraction des sommes demandées en puisant dans son propre budget.

On cite souvent la Commission pour la vérité et la réconciliation d'Afrique du Sud comme modèle de mécanisme fructueux d'« établissement de la paix », exportable vers d'autres zones de conflit, du Sri Lanka à l'Afghanistan. Beaucoup de ceux qui y participèrent sont toutefois nettement plus ambivalents. En dévoilant son rapport final, en mars 2003, le président de la commission, l'archevêque Desmond Tutu, montra aux journalistes que la liberté était encore loin : «Comment expliquer qu'une personne noire se réveille aujourd'hui dans un ghetto sordide, dix ans après l'accession du pays à la liberté? Cette même personne va travailler en ville, où les Blancs sont majoritaires et vivent dans de véritables palais. Puis, à la fin de la journée, il retrouve la misère. Franchement, je me demande pourquoi les gens comme lui ne disent pas : "Au diable la paix. Au diable Tutu et la Commission de la vérité[36]." »

Sooka, qui préside aujourd'hui la Fondation pour les droits de l'homme d'Afrique du Sud, dit que les audiences de la Commission, si elles ont permis de traiter ce qu'elle appelle «les manifestations extérieures de l'apartheid, comme la torture, les sévices extrêmes et les disparitions», ont laissé «totalement dans l'ombre» le système économique qui a profité de ces abus – rappel des préoccupations relatives à l'ignorance des «droits de l'homme» exprimées par Orlando Letelier 30 ans plus tôt. Si elle pouvait tout reprendre depuis le début, dit Sooka, «je ferais les choses autrement. Je m'intéresserais aux *systèmes* de l'apartheid, dont la question agraire, et j'examinerais de très près le rôle des multinationales et du secteur minier, parce que, à mon avis, c'est là que se trouve la véritable source des maux de l'Afrique du Sud [...] Je me pencherais sur les effets systématiques des politiques de l'apartheid, et je ne consacrerais qu'une seule séance à la torture. Quand on se concentre sur la torture, me semble-t-il, on perd de vue les intérêts qu'elle sert, et c'est là que commence le révisionnisme».

LES RÉPARATIONS À CONTRE-COURANT

Il est particulièrement injuste que l'ANC ait refusé d'obliger les entreprises à verser des réparations, alors que, comme le souligne Sooka, le gouvernement continue de rembourser les dettes accumulées sous l'apartheid. Au cours de ses premières années au pouvoir, le nouveau gouvernement affecta annuellement 30 milliards de rands (environ 4,5 milliards de dollars) au service de la dette – somme qui contraste vivement avec les réparations dérisoires de 85 millions de dollars qu'il finit par verser aux 19 000 victimes de meurtres et de tortures de l'apartheid et aux membres de leur famille. Aux yeux de

Nelson Mandela, le fardeau de la dette était le principal obstacle à la réalisation des promesses contenues dans la Charte de la Liberté : «Ces 30 milliards [de rands], nous ne les avions pas pour construire des maisons, comme nous l'avions prévu, faire en sorte que nos enfants fréquentent les meilleures écoles possible, lutter contre le chômage et donner à chacun la dignité du travail, un salaire décent, un toit et de la nourriture pour ses êtres chers. [...] Nos actions sont limitées par la dette dont nous avons hérité[37].»

Mandela eut beau admettre que le remboursement des dettes de l'apartheid représentait un fardeau exagérément lourd, le parti s'opposait à l'idée de manquer à ses obligations. Même si, en droit, la nature odieuse de la dette était solidement établie, on craignait que la moindre défaillance de l'Afrique du Sud ne fût interprétée par les investisseurs comme le signe d'un dangereux radicalisme, ce qui risquait de provoquer un nouveau choc financier. Dennis Brutus, militant de longue date de l'ANC et ex-détenu de l'île Robben, se heurta de plein fouet au mur dressé par cette peur. En 1998, devant les pressions financières auxquelles le gouvernement était soumis, un groupe de militants sud-africains dont il faisait partie en vint à la conclusion que la meilleure façon de soutenir la lutte était de lancer un mouvement de «Jubilé» pour la dette. «J'avoue que j'étais un peu naïf, me dit Brutus, aujourd'hui âgé de plus de 70 ans. Je m'attendais à ce que le gouvernement accueille notre proposition à bras ouverts et se réjouisse du fait que les militants de la base l'aident à assumer le fardeau de l'endettement, vous comprenez?» À la stupéfaction de Brutus, «le gouvernement a repoussé notre proposition. "Non, merci, mais nous refusons votre appui."»

Si la décision de l'ANC – continuer de rembourser la dette – inspire aux militants comme Brutus une telle colère, c'est à cause des sacrifices qu'il faut consentir pour y arriver. De 1997 à 2004, par exemple, le gouvernement sud-africain a vendu dix-huit sociétés d'État. Près de deux des quatre milliards de dollars recueillis ont servi au remboursement de la dette[38]. En d'autres termes, l'ANC, non content de revenir sur la promesse initiale de Mandela de «nationaliser les mines, les banques et les industries en situation de monopole», a dû, en raison du poids de l'endettement, faire exactement le contraire, c'est-à-dire brader des actifs publics pour rembourser les dettes de ses oppresseurs.

Se pose aussi la question de la destination précise des capitaux. Pendant la négociation des modalités de la transition, l'équipe de F. W. de Klerk exigea le maintien en poste de tous les fonctionnaires, même après la passation des pouvoirs ; ceux qui préféraient partir, soutinrent les négociateurs, devaient recevoir de généreuses pensions à vie. Exigence pour le moins extraordinaire dans un pays pratiquement dépourvu de filet de sécurité sociale. Pourtant, ce fut l'une des questions « techniques » à propos desquelles l'ANC dut reculer[39]. Conséquence de la concession ? Le nouveau gouvernement de l'ANC dut assumer le coût de deux fonctions publiques – la sienne et celle du pouvoir blanc destitué. Ainsi, 40 % des sommes que le gouvernement paie chaque année au titre du remboursement de la dette vont à la gigantesque caisse de retraite du pays. La vaste majorité des bénéficiaires sont d'ex-employés de l'apartheid*[40].

En fin de compte, l'Afrique du Sud a fait les frais d'une forme particulièrement retorse de réparations à l'envers : les entreprises appartenant à des Blancs qui ont réalisé d'énormes profits en exploitant le travail des Noirs pendant l'apartheid n'ont pas versé un sou en dédommagement, tandis que les victimes de l'apartheid continuent d'envoyer de généreux chèques de paie à leurs persécuteurs. Et comment trouve-t-on l'argent ? En dépouillant l'État de ses actifs à grand renfort de privatisations – version moderne du pillage que l'ANC, au souvenir du Mozambique, tenait justement à éviter. Contrairement à ce qui s'est produit au Mozambique, où les fonctionnaires ont cassé les équipements, rempli leurs poches et pris la poudre d'escampette, le démantèlement de l'État et

---

* En fait, ce legs de l'apartheid contribue à l'augmentation de la dette totale du pays et monopolise des milliards de rands de fonds publics chaque année. En vertu d'un changement comptable « technique » effectué en 1989, le régime public par répartition (les prestations de retraite sont versées à partir des cotisations effectuées au cours d'une année donnée) devint un régime par capitalisation intégrale, modèle en vertu duquel la caisse de retraite doit avoir des liquidités suffisantes pour pouvoir assumer en tout temps de 70 à 80 % de ses obligations totales – éventualité qui ne risque pas de se produire. Ainsi, la caisse de retraite passa de 30 milliards de rands en 1989 à plus de 300 milliards en 2004 – de quoi faire de la dette un traitement de choc en soi. Pour les Sud-Africains, cela signifie que cette énorme réserve de capitaux administrés de façon indépendante par la caisse de retraite est hors d'atteinte et ne peut pas servir au financement du logement, de la santé et des services essentiels. L'accord relatif aux pensions fut négocié, du côté de l'ANC, par Joe Slovo, le légendaire chef du Parti communiste d'Afrique du Sud – fait qui, encore aujourd'hui, est source d'un grand ressentiment dans le pays.

le pillage de ses coffres se poursuivent toujours en Afrique du Sud.

À mon arrivée en Afrique du Sud, le 50ᵉ anniversaire de la Charte de la Liberté approchait à grands pas, et l'ANC avait décidé de marquer l'événement au moyen d'un spectacle médiatique. Le Parlement abandonnerait son imposante demeure du Cap pour s'établir, l'espace d'une journée, dans le cadre beaucoup plus humble de Kliptown, où la Charte avait été ratifiée. Le président de l'Afrique du Sud, Thabo Mbeki, profiterait de l'occasion pour rebaptiser le carrefour principal de Kliptown la place Walter-Sisulu, en l'honneur de l'un des leaders les plus vénérés de l'ANC. Mbeki inaugurerait aussi le tout nouveau monument érigé à la mémoire de la Charte de la Liberté – une tour de briques où les mots de la Charte sont gravés sur des plaques de pierre – et allumerait l'éternelle « flamme de la liberté ». Non loin de là, d'autres travaux étaient en cours : le monument appelé « Tours de la liberté » est un pavillon composé de piliers en béton blancs et noirs, conçus pour symboliser le célèbre article de la Charte qui affirme : « l'Afrique du Sud appartient à tous ceux qui y vivent, Noirs et Blancs[41] ».

Difficile de passer à côté du message de l'événement : 50 ans plus tôt, le parti avait promis la liberté aux Sud-Africains, et il avait tenu parole. C'était, pour l'ANC, une façon de dire : « Mission accomplie ».

Pourtant, il y avait là quelque chose de bizarre. Township pauvre aux cabanes délabrées, aux égouts à ciel ouvert et au taux de chômage de 72 % (beaucoup plus élevé que sous l'apartheid), Kliptown, illustration des promesses brisées de la Charte de la Liberté, se prêtait bien mal à des célébrations aussi léchées[42]. En l'occurrence, les célébrations étaient organisées et mises en scène non pas par l'ANC, mais bien par une curieuse entité appelée Blue IQ. Organe officiel du gouvernement de la province, Blue IQ « exerce ses activités dans un cadre soigneusement construit rappelant une entreprise privée plus qu'un service gouvernemental », lit-on dans sa brochure très luxueuse et très bleue. L'organisation a pour but d'attirer de nouveaux investissements étrangers en Afrique du Sud – volet du programme de l'ANC visant « la redistribution par la croissance ».

Pour Blue IQ, le tourisme était l'un des secteurs de croissance les plus attractifs aux yeux des investisseurs, et ses études de marché révélaient que la réputation mondiale que l'ANC s'était taillée en triomphant de l'oppression comptait pour beaucoup aux yeux des touristes. Résolu à profiter de cette forte attirance, Blue IQ détermina que la Charte de la Liberté était le symbole le plus puissant de la victoire de l'Afrique du Sud sur l'adversité. Dans cet esprit, l'organisation entreprit de transformer Kliptown en parc thématique de la Charte de la Liberté, d'en faire «une destination touristique et un site patrimonial de premier plan offrant aux visiteurs locaux et internationaux une expérience incomparable». Rien ne manque : sont prévus un musée, un centre commercial exploitant le thème de la liberté et un «hôtel de la liberté», fait de verre et d'acier. Le bidonville d'aujourd'hui deviendra une banlieue de Johannesburg «recherchée et prospère», et bon nombre de ses habitants actuels seront refoulés vers d'autres bidonvilles au caractère moins historique[43].

Le projet de relookage de Kliptown avancé par Blue IQ suit à la lettre le scénario néolibéral – inciter des entreprises à investir dans l'espoir de créer des emplois. Ce qui fait la particularité du projet de Kliptown, c'est que tout l'appareil de diffusion s'appuie sur un document vieux de 50 ans qui traçait une voie beaucoup plus directe vers l'éradication de la pauvreté. Il faut redistribuer la terre pour permettre à des millions de personnes de subvenir à leurs besoins, affirmaient les auteurs de la Charte de la Liberté, et reprendre les mines de manière que leurs richesses servent à la construction de logements et d'infrastructures et, du même coup, à la création d'emplois. En d'autres termes, il s'agissait d'éliminer les intermédiaires. Aux oreilles de plusieurs, ces idées peuvent paraître utopistes. Après les échecs répétés de l'orthodoxie de l'école de Chicago, toutefois, on est en droit de penser que les véritables rêveurs sont ceux qui croient qu'un projet comme le parc thématique de la Charte de la Liberté, qui subventionne grassement les grandes entreprises tout en dépossédant les citoyens les plus démunis, est la solution aux graves problèmes sanitaires et économiques des 22 millions de Sud-Africains qui croupissent encore dans la pauvreté[44].

Plus de dix ans après que l'Afrique du Sud eut décidé d'opter pour le thatchérisme comme moyen d'assurer la justice par voie de percolation, les résultats de l'expérience sont proprement scandaleux. Voyons quelques chiffres :

- Depuis 1994, année de l'arrivée au pouvoir de l'ANC, le nombre de personnes qui vivent avec moins d'un dollar par jour a doublé, passant de deux millions à quatre millions en 2006[45].

- Entre 1991 et 2002, le taux de chômage des Noirs sud-africains a plus que doublé, passant de 23 à 48 %[46].
- Seulement 5 000 des 35 millions de Noirs que compte l'Afrique du Sud gagnent plus de 60 000 $ par année. Le nombre de Blancs qui se trouvent dans cette fourchette salariale est vingt fois plus élevé, et nombreux sont ceux qui gagnent bien davantage[47].
- Le gouvernement de l'ANC a construit 1,8 million de logements ; pendant ce temps, deux millions de personnes ont été jetées à la rue[48].
- Près d'un million de personnes ont été expulsées d'exploitations agricoles au cours de la première décennie de la démocratie[49].
- Conséquence de ces évictions : le nombre de personnes qui vivent dans des cabanes de fortune a augmenté de 50 %. En 2006, plus d'un Sud-Africain sur quatre vivait dans des cabanes situées dans des bidonvilles officieux, souvent sans eau courante et sans électricité[50].

Le regard que différents segments de la société sud-africaine portent sur la Charte de la Liberté est peut-être la meilleure illustration des promesses trahies. Il n'y a pas si longtemps, le document représentait l'ultime contestation des privilèges des Blancs ; aujourd'hui, les cercles de gens d'affaires et les enclaves résidentielles protégées l'ont faite leur et y voient une déclaration de bonnes intentions, à la fois flatteuse et parfaitement inoffensive, à l'égal d'un code de conduite au langage ronflant du secteur privé. Dans les townships, où le document adopté dans un terrain vague de Kliptown fut, à une certaine époque, synonyme de possibilités électrisantes, les promesses qu'il renferme sont presque trop douloureuses pour qu'on y pense. De nombreux Sud-Africains boycottèrent carrément les célébrations du 50ᵉ anniversaire parrainées par le gouvernement. « Le contenu de la Charte de la Liberté est très valable, me dit S'bu Zikode, chef de file du mouvement des habitants de bidonvilles de Durban, qui connaît un essor considérable. Mais, pour ma part, je n'y vois qu'une trahison. »

En fin de compte, l'argument le plus convaincant en faveur de l'abandon des promesses de la Charte de la Liberté fut aussi le moins imaginatif : tout le monde le fait. Vishnu Padayachee a résumé pour moi le message que les dirigeants de l'ANC reçoivent depuis le début de la part « des gouvernements occidentaux, du FMI et de la Banque mondiale. Ils disent : "Le monde a changé. Les idées de gauche n'ont plus de sens. Il n'y a plus qu'une façon de faire les choses." » Comme l'écrit Gumede : « L'ANC n'était absolument pas préparé à un tel assaut. Les principaux décideurs économiques étaient périodiquement transportés vers les sièges sociaux d'organisations internationales comme la Banque mondiale et le FMI. En 1992 et 1993, quelques membres du personnel de l'ANC, dont certains n'avaient aucune connaissance en économie, suivirent des programmes de formation abrégés dans des écoles d'administration étrangères, des banques d'investissement, des groupes de réflexion sur la politique économique et à la Banque mondiale, "où ils ont eu droit à un régime riche en idées néolibérales". C'était étourdissant. Jamais encore un gouvernement en devenir n'avait été ainsi courtisé par la communauté internationale[51]. »

Mandela eut droit à une dose particulièrement massive de cette forme élitiste de pression par les pairs, un peu comme celle qui se pratique dans les cours d'écoles, à l'occasion du Forum économique mondial de Davos de 1992, où il fit la connaissance des chefs d'État européens. Lorsque Mandela fit valoir que le projet sud-africain n'était pas plus radical que le plan Marshall mis en œuvre par l'Europe de l'Ouest au lendemain de la Deuxième Guerre mondiale, le ministre des Finances néerlandais balaya la comparaison du revers de la main. « C'était le reflet des connaissances de l'époque, dit-il. Aujourd'hui, les économies sont interdépendantes. La mondialisation s'installe. Aucune économie ne peut croître en vase clos[52]. »

Comme Mandela, les leaders engagés dans le circuit de la mondialisation se faisaient répéter à l'envi que même les gouvernements de gauche adhéraient pour la plupart au consensus de Washington : les communistes du Viêt-Nam et de la Chine, les syndicalistes de la Pologne et les sociaux-démocrates du Chili, enfin débarrassés de Pinochet, y souscrivaient aussi. Même la Russie avait vu la lumière néolibérale – au plus fort des négociations menées par l'ANC, Moscou, en proie à une frénésie corporatiste qui dévorait tout sur son passage, vendait les actifs de l'État, à vil prix et le plus vite possible, à des apparatchiks devenus entrepreneurs. Si Moscou avait cédé, au nom de quoi une petite bande de combattants pour la liberté pouvait-elle prétendre résister à une vague de fond à ce point puissante?

C'était en tout cas le message que transmettaient les avocats, les économistes et les travailleurs sociaux au service de l'industrie de la « transition », alors en plein essor – les équipes de spécialistes qui allaient de pays déchirés par la guerre en villes dévastées par la crise pour entretenir de nouveaux politiciens dépassés par les événements des meilleures pratiques en vigueur à Buenos Aires, des réussites inspirantes de Varsovie et des plus féroces rugissements des tigres de l'Asie. Les « transitionologues », pour utiliser une forme francisée du néologisme de Stephen Cohen, politologue de l'université de New York, ont un avantage inné par rapport aux politiciens qu'ils conseillent : ils forment une classe hypermobile, tandis que les chefs des mouvements de libération sont par définition tournés vers l'intérieur[53]. Les responsables de ces transformations nationales en profondeur se concentrent sur les luttes de pouvoir et les récits qui les concernent de près ; souvent, ils se révèlent incapables de prêter attention au monde qui s'étend au-delà des frontières de leur pays. C'est dommage, car si les dirigeants de l'ANC avaient fait fi des beaux discours des « transitionologues » et vérifié par eux-mêmes l'état de la situation à Moscou, à Varsovie, à Buenos Aires et à Séoul, le monde leur serait apparu sous un tout autre jour.

CHAPITRE ONZE

Le feu de joie d'une jeune démocratie

La Russie choisit « l'option de Pinochet »

> On ne peut pas vendre aux enchères des pans entiers d'une ville vivante sans tenir compte des traditions autochtones, même si elles peuvent paraître bizarres aux étrangers. [...] Car ce sont nos traditions, c'est notre ville. Longtemps, nous avons vécu sous la dictature des communistes, mais nous comprenons maintenant que la dictature des affairistes ne vaut pas mieux. Peu leur importe de savoir dans quel pays ils se trouvent.
>
> Grigori Gorine, écrivain russe, 1993[1].

> Qu'on répande la bonne nouvelle. Les lois de l'économie sont comme celles de l'ingénierie : elles s'appliquent partout.
>
> Lawrence Summers, économiste en chef
> de la Banque mondiale, 1991[2].

À bord de l'avion qui le conduisait à Londres, où se tenait le sommet du G-7 de juillet 1991, le premier auquel il allait assister, Mikhaïl Gorbatchev s'attendait sans doute à être accueilli en héros. Depuis trois ans, il donnait l'impression de flotter au-dessus de la scène internationale : il séduisait les médias, signait des traités de désarmement et recevait des prix pour son travail en faveur de la paix, y compris le Nobel de 1990.

L'homme réussit même un exploit jugé impossible : gagner la sympathie du public américain. Le chef d'État russe faisait si bien mentir les caricatures de l'Empire du Mal que la presse américaine lui attribua le surnom affectueux de « Gorby ». En 1987, le magazine *Time* risqua gros en faisant de lui son « Homme de l'année ». Au contraire de ses prédécesseurs (« des gargouilles en chapeau de fourrure »), expliqua la rédaction, Gorbatchev était le Ronald Reagan de la Russie – «le Grand Communicateur à la mode du Kremlin». Grâce à lui, déclara le comité Nobel, «nous espérons célébrer en ce moment même la fin de la Guerre froide[3]».

Au début des années 1990, Gorbatchev, guidé par deux politiques jumelles, la *glasnost* (transparence) et la *perestroïka* (restructuration), avait déjà mené à bien un remarquable exercice de démocratisation : la presse avait été libérée, le Parlement, les conseils locaux, le président et le vice-président de la Russie avaient été élus, et la Cour constitutionnelle était indépendante. Sur le plan économique, Gorbatchev s'orientait vers le libre marché doublé d'un solide filet de sécurité sociale – démarche qui, estimait-il, prendrait de dix à quinze ans –, le secteur public conservant sa mainmise sur les principales industries. Son but ultime était de construire une social-démocratie à la scandinave, «un phare socialiste pour l'humanité tout entière[4]».

Au début, on put croire que l'Occident souhaitait aussi que Gorbatchev parvînt à assouplir l'économie soviétique et à la refaire sur le modèle suédois. Le comité Nobel affirma sans ambiguïté que le prix visait à soutenir la transition – «à donner un coup de pouce dans une période de grande nécessité». À l'occasion d'une visite à Prague, Gorbatchev indiqua clairement qu'il n'y arriverait pas seul : «Comme des alpinistes encordés, les nations du monde peuvent grimper ensemble jusqu'au sommet ou dégringoler ensemble dans l'abîme[5].»

L'accueil qu'on lui réserva à la réunion du G-7 de 1991 le prit donc entièrement par surprise. Le message quasi unanime des autres chefs d'État était le suivant : si vous n'administrez pas immédiatement la thérapie de choc radicale, nous allons couper la corde et vous laisser tomber. «À propos du rythme et des méthodes de la transition, leurs propositions étaient ahurissantes», écrirait plus tard Gorbatchev[6].

La Pologne venait tout juste de mener à bien la première ronde de sa thérapie de choc sous la houlette du FMI et de Jeffrey Sachs, et le consensus auquel en étaient arrivés John Major, premier ministre de la Grande-Bretagne, George H. W. Bush, président des États-Unis, Brian Mulroney, premier ministre du Canada, et Toshiki Kaifu, premier ministre du Japon, était que l'Union soviétique devait suivre l'exemple de la Pologne, selon un calendrier accéléré. Après le sommet, Gorbatchev reçut les mêmes ordres de la part du FMI, de la

Banque mondiale et de toutes les autres grandes institutions de crédit. Plus tard, cette année-là, la Russie demanda une remise de dettes pour faire face à une crise économique catastrophique. On lui répondit sèchement que les dettes devaient être honorées[7]. Depuis l'époque où Sachs avait obtenu de l'aide et un allégement de la dette pour la Pologne, le climat politique avait changé – et le ton s'était durci.

La suite des événements – la dissolution de l'Union soviétique, le remplacement de Gorbatchev par Eltsine et l'application tumultueuse de la thérapie de choc économique en Russie – forme un chapitre bien connu de l'histoire contemporaine. Cependant, on le raconte trop souvent à l'aide du langage aseptisé de la réforme, récit si générique qu'il laisse dans l'ombre l'un des plus graves crimes commis contre une démocratie à l'époque moderne. La Russie, comme la Chine, fut contrainte de choisir entre un programme économique inspiré de l'école de Chicago et une authentique révolution démocratique. Confrontés à un tel choix, les dirigeants chinois s'étaient attaqués à leur propre population pour empêcher la démocratie de nuire à leurs projets économiques. La Russie, où la révolution démocratique était déjà bien engagée, représentait un cas différent : pour que le programme économique de l'école de Chicago fût appliqué, la démarche paisible et prometteuse définie par Gorbatchev dut être interrompue violemment, puis renversée de façon radicale.

Gorbatchev – au même titre que de nombreux apôtres du néolibéralisme en Occident – savait que la thérapie de choc défendue par le G-7 et le FMI ne pouvait être imposée que par la force. Ainsi, le magazine *The Economist*, dans un article influent de 1990, pressait le président d'«adopter la ligne dure [...] de supprimer les résistances à la véritable réforme économique[8]». À peine deux semaines après que le comité Nobel eut déclaré la fin de la Guerre froide, *The Economist* conseillait à Gorbatchev de modeler sa conduite sur celle de l'un des meurtriers les plus infâmes de la Guerre froide. Sous le titre «Mikhail Sergeevich Pinochet?», l'auteur concluait que même si le fait de suivre ses conseils risquait de causer «une effusion de sang [...], le moment était peut-être venu, pour l'Union soviétique, d'entreprendre une réforme néolibérale à la Pinochet». Le *Washington Post* alla encore plus loin. En août 1991, il fit paraître un commentaire coiffé du titre suivant : «Le Chili de Pinochet pourrait servir de modèle pratique à l'économie soviétique». Favorable à un coup d'État pour faire tomber Gorbatchev, jugé trop lent, l'auteur, Michael Schrage, disait craindre que les opposants «n'aient ni le doigté ni les appuis nécessaires pour embrasser l'option Pinochet». Ils auraient pourtant intérêt à s'inspirer, ajoutait Schrage, d'un «despote qui s'y entend à organiser un coup d'État : le général chilien à la retraite Augusto Pinochet[9]».

Gorbatchev trouva bientôt sur son chemin un adversaire tout à fait disposé à jouer le rôle d'un Pinochet russe. Bien que président de la Russie, Boris Eltsine occupait beaucoup moins de place que Gorbatchev, chef de toute l'Union soviétique. La situation se transforma radicalement le 19 août 1991, un mois après le sommet du G-7. À bord de tanks, des membres de la vieille garde communiste foncèrent vers la Maison Blanche, nom donné à l'immeuble qui abrite le Parlement russe. Dans l'intention de mettre un terme à la démocratisation, ils menaçaient d'attaquer le premier Parlement élu du pays. Au milieu d'une foule de Russes résolus à défendre leur nouvelle démocratie, Eltsine se hissa sur l'un des tanks et qualifia l'agression de «tentative de coup d'État cynique fomentée par la droite[10]». Les tanks battirent en retraite, et Eltsine fit dès lors figure de courageux défenseur de la démocratie. L'un des manifestants présents ce jour-là déclara : «Pour la première fois de ma vie, j'ai eu l'impression que nous pouvions influer sur la situation de notre pays. Nos âmes se sont élevées à l'unisson. Nous nous sentions invincibles[11].»

Eltsine aussi. En tant que leader, il avait toujours été une sorte d'anti-Gorbatchev. Respectueux des convenances, ce dernier projetait une image de sobriété (une campagne musclée contre la consommation de vodka fut l'une de ses mesures les plus controversées); Eltsine, en revanche, était un glouton notoire doublé d'un gros buveur. Avant le coup d'État, il inspirait de vives réserves à de nombreux Russes, mais il avait contribué à sauver la démocratie d'un coup d'État communiste. Pour le moment, du moins, il était devenu un héros populaire.

Sans perdre un instant, Eltsine utilisa l'épreuve de force qu'il venait de remporter pour faire fructifier son capital politique. Tant que l'Union soviétique demeurerait intacte, il exercerait moins d'influence que Gorbatchev; en décembre 1991, quatre mois après le coup d'État avorté, Eltsine signait un véritable coup de génie politique. Il conclut une alliance avec deux autres républiques soviétiques, geste qui eut pour effet de dissoudre abruptement l'Union soviétique et de contraindre Gorbatchev à démissionner. L'abolition de l'Union soviétique, «le seul pays que la plupart des Russes avaient connu», remua en profondeur la psyché nationale – ce fut, pour reprendre les mots du politologue Stephen Cohen, le premier des «trois chocs traumatisants» qu'allaient subir les Russes au cours des trois années suivantes[12].

Jeffrey Sachs était présent dans la salle du Kremlin le jour où Eltsine annonça la fin de l'Union soviétique. Il se souvient d'avoir entendu le président russe déclarer : «"Messieurs, je tenais simplement à vous dire que l'Union soviétique n'est plus." Dis donc, ai-je songé, ce genre de choses n'arrive qu'une fois par siècle. C'est un événement inouï, une véritable libération. Il faut les aider, ces gens-là[13].» Eltsine avait invité Sachs à venir en Russie en tant que conseiller, et l'économiste ne s'était pas fait prier. «Si la Pologne le peut, la Russie aussi», déclara-t-il[14].

Eltsine, cependant, ne voulait pas que des conseils : il rêvait aussi du financement généreux que Sachs avait orchestré pour la Pologne. «Notre seul espoir, dit Eltsine, c'est que le Groupe des Sept s'engage à verser rapidement une aide financière considérable[15].» Si Moscou acceptait de se soumettre à une sorte de «big bang» pour se convertir à l'économie capitaliste, Sachs croyait être en mesure de réunir quinze milliards de dollars[16]. Pour cela, il fallait mettre au point un projet ambitieux et agir rapidement. Eltsine ne pouvait pas savoir que la chance de Sachs était sur le point de tourner.

La conversion de la Russie au capitalisme eut beaucoup de points en commun avec la démarche entachée par la corruption qui, deux ans plus tôt, avait déclenché les manifestations de la place Tiananmen. Le maire de Moscou, Gavriil Popov, affirma qu'il n'y avait que deux manières de briser l'économie centralisée : «On peut répartir également les actifs entre tous les membres de la société ou réserver les morceaux de choix aux élites. [...] Bref, il y a la manière démocratique et celle de la nomenklatura, des apparatchiks[17].» Eltsine opta pour la seconde méthode – et il était pressé. À la fin de 1991, il fit au Parlement une proposition peu orthodoxe : si on lui concédait des pouvoirs spéciaux qui, pendant un an, lui permettraient de décréter les lois au lieu de les soumettre au vote du Parlement, il réglerait la crise économique et rendrait aux députés un système sain et prospère. Ce que réclamait Eltsine, c'était le genre de pouvoirs exécutifs qu'exercent les dictateurs, et non les démocrates, mais le Parlement lui était toujours reconnaissant du rôle qu'il avait joué au moment de la tentative de coup d'État, et le pays avait désespérément besoin de l'aide étrangère. La réponse fut oui : pendant un an, Eltsine exercerait les pouvoirs absolus nécessaires à la reconstruction de l'économie.

Il constitua aussitôt une équipe d'économistes. Plusieurs d'entre eux, au cours des dernières années du communisme, avaient formé une sorte de club de lecture néolibéral, étudié les ouvrages fondamentaux des penseurs de l'école de Chicago et discuté de leur application en Russie. Sans avoir étudié aux États-Unis, ils étaient des partisans si dévoués de Milton Friedman que la presse russe prit l'habitude de les appeler les «Chicago Boys», emprunt non autorisé du surnom original parfaitement adapté dans un pays où le marché noir était florissant. En Occident, on évoquait plutôt les «jeunes réformateurs». La figure de proue du groupe était Egor Gaïdar, l'un des deux vice-premiers ministres d'Eltsine. Également membre de ce cénacle, Piotr Aven, ministre d'Eltsine en 1991-1992, dit au sujet de l'ancienne clique : «Fermement convaincus d'être supérieurs sur toute la ligne, ses membres s'identifiaient à Dieu, ce qui était hélas typique de nos réformateurs[18].»

Examinant le groupe qui s'était subitement hissé au pouvoir, le journal russe *Nezavisimaïa Gazeta* observa un phénomène étonnant : «Pour la première fois, la Russie a au sein de son gouvernement une équipe de libéraux qui se considèrent comme des disciples de Friedrich von Hayek et de l'"école de Chicago" de Milton Friedman.» Leurs politiques étaient «plutôt claires – "stabilisation financière rigoureuse" selon les recettes de la "thérapie de choc"». Le journal fit remarquer qu'au moment même où il procédait à ces nominations, Eltsine avait confié à un homme fort, Iouri Skokov, «la responsabilité des institutions chargées de la défense et de la répression : l'armée, le ministère de l'Intérieur et le Comité pour la sécurité de l'État». Les décisions étaient clairement liées : «Le "strict" Skokov se chargera sans doute de l'application rigoureuse du programme de stabilisation sur le plan politique, tandis que les économistes "stricts" joueront le même rôle sur le plan économique.» L'article prenait fin sur une prédiction : «Il ne faudra pas s'étonner de voir ces gens tenter d'établir ici une sorte de système à la Pinochet, le rôle des "Chicago Boys" étant tenu par les membres de l'équipe Gaïdar [...][19].»

Pour fournir un soutien idéologique et technique aux Chicago Boys d'Eltsine, le gouvernement des États-Unis finança ses propres experts de la transition, à qui furent confiées des tâches diverses : rédiger des décrets de privatisation, créer une Bourse calquée sur celle de New York, élaborer un marché des fonds communs de placement pour la Russie... À l'automne 1992, USAID accorda un contrat de 2,1 millions de dollars au Harvard Institute for International Development, qui dépêcha des équipes de jeunes avocats et économistes chargés de suivre pas à pas les membres de l'équipe Gaïdar. En mai 1995, Harvard nomma Sachs au poste de directeur de l'institut. Pendant la réforme de la Russie, ce dernier joua donc deux rôles : d'abord conseiller free-lance d'Eltsine, il supervisa l'important avant-poste de Harvard en Russie, que finançait le gouvernement des États-Unis.

Une fois de plus, des révolutionnaires autoproclamés se réunirent en secret pour mettre au point un programme économique radical. Écoutons à ce sujet l'un des principaux réformateurs, Dimitri Vasiliev : « Au début, nous n'avions pas d'employés, même pas de secrétaire. Nous n'avions pas d'équipement, pas de fax. Dans ces conditions, nous avons réussi, en un mois et demi, à rédiger un programme exhaustif de privatisation et vingt lois normatives. [...] Ce fut une période très romantique[20]. »

Le 28 octobre 1991, Eltsine annonça la levée des contrôles des prix et prédit que « la libéralisation des prix remettrait les choses à leur juste place[21] ». Les « réformateurs » n'attendirent qu'une semaine après la démission de Gorbatchev pour lancer leur thérapie de choc économique – la deuxième des trois secousses qui ébranlèrent la Russie. Le programme comprenait également des politiques de libre-échange et la première phase de la privatisation accélérée des quelque 225 000 sociétés d'État du pays[22].

« Le programme de l'"école de Chicago" a pris le pays au dépourvu », déclara l'un des premiers conseillers économiques d'Eltsine[23]. L'effet de surprise, tout à fait voulu, s'inscrivait dans la stratégie mise au point par Gaïdar : le changement serait si imprévu et si rapide que personne ne pourrait s'y opposer. Le problème que rencontrait son équipe était le même que partout ailleurs : la démocratie risquait de faire obstacle à ses projets. Les Russes ne voulaient pas que leur économie fût planifiée par un comité central communiste, mais la plupart d'entre eux étaient attachés au principe de la redistribution des richesses et souhaitaient que le gouvernement jouât un rôle actif dans l'économie. À l'instar des partisans de Solidarité, 67 % des Russes ayant participé à un sondage en 1992 affirmèrent que les coopératives de travailleurs étaient la façon la plus démocratique de privatiser les actifs de l'État communiste et 79 % croyaient que le maintien du plein-emploi comptait au nombre des principales fonctions du gouvernement[24]. C'est donc dire que si l'équipe d'Eltsine avait soumis ses projets au débat démocratique, au lieu de lancer une attaque surprise contre une population déjà profondément désorientée, la révolution de l'école de Chicago n'aurait eu aucune chance d'aboutir.

Vladimir Mau, conseiller de Boris Eltsine au cours de cette période, expliqua que « la condition la plus favorable à la réforme » est « une population en proie à la lassitude, épuisée par ses luttes politiques antérieures. [...] C'est pourquoi le gouvernement, à l'aube de la libéralisation des prix, était certain qu'un grave affrontement social était impossible, qu'il ne risquait pas d'être renversé par un soulèvement populaire ». La vaste majorité des Russes – 70 % – s'opposait à la libéralisation des prix, ajouta-t-il, mais « nous voyions bien que les gens, autrefois comme maintenant, se préoccupaient surtout du rendement de leurs jardins potagers et, de façon plus générale, de leur situation économique personnelle[25] ».

Joseph Stiglitz, qui était à cette époque économiste en chef à la Banque mondiale, résume bien la mentalité des apôtres de la thérapie de choc. Les métaphores qu'il emploie devraient à présent être familières : « Seule une attaque éclair lancée pendant la "conjoncture favorable" créée par le "brouillard de la transition" permet d'apporter les changements avant que la population n'ait eu le temps de s'organiser pour protéger ses intérêts[26]. » En d'autres termes, la stratégie du choc.

Stiglitz qualifie les réformateurs russes de « bolcheviks du marché » en raison de leur attachement à la révolution cataclysmique[27]. Les anciens bolcheviks entendaient rebâtir leur État centralisé sur les cendres de l'ancien. Les bolcheviks du marché, en revanche, croyaient en une forme de magie : si les conditions les plus favorables au profit étaient réunies, le pays se recréerait lui-même, sans planification. (Dix ans plus tard, le même credo réapparut en Irak.)

Eltsine fit les plus folles promesses. « Pendant environ six mois, la situation se dégraderait », dit-il, mais la reprise suivrait, et la Russie serait bientôt un titan de la sphère économique, l'une des quatre plus grandes puissances économiques du monde[28]. Cette logique de ce qu'on appelle parfois la destruction créatrice se traduisit en Russie par peu de création et beaucoup de destruction. Au bout d'une année seulement, la thérapie de choc avait prélevé un très lourd tribut : des millions de Russes de la classe moyenne avaient vu l'épargne de toute une vie être engloutie par la dévaluation de la monnaie ; en raison de l'élimination brusque des subventions, des millions de travailleurs n'étaient plus payés depuis des mois[29]. En 1992, la consommation du Russe moyen avait diminué de 40 % par rapport à 1991, et le tiers de la population vivait sous le seuil de la pauvreté[30]. Les Russes de la classe moyenne durent se résoudre à vendre des effets personnels sur des tables pliantes installées au bord de la rue – expédients désespérés qui, aux yeux des économistes de l'école de Chicago, signifiaient l'avènement de l'« esprit d'entreprise » –, preuve que la renaissance du capitalisme était bien engagée, un souvenir de famille et un veston d'occasion à la fois[31].

Comme les Polonais, les Russes finirent par se ressaisir et réclamer la fin de l'aventure économique sadique (à Moscou, le slogan « finies les expériences » faisait l'objet de nombreux graffitis). Soumis à la pression des citoyens, le Parlement élu, celui-là même qui avait soutenu l'ascension au pouvoir d'Eltsine, décida que le moment était venu de serrer la bride au président et à ses ersatz de Chicago Boys. En décembre 1992, les parlementaires votèrent le limogeage d'Egor Gaïdar ; quelques mois plus tard, en mars 1993, ils abrogèrent les pouvoirs spéciaux qu'ils avaient accordés à Eltsine pour lui permettre d'imposer les lois économiques par décret. La période de grâce était terminée, et le bilan, catastrophique. À partir de ce jour, les lois furent adoptées par le Parlement, conformément à la Constitution de la Russie et à la pratique courante dans toute démocratie libérale.

Les députés étaient dans leurs droits, mais Eltsine, habitué à ses pouvoirs d'exception, se considérait désormais moins comme un président que comme un monarque (il avait pris l'habitude de s'appeler Boris 1er). En représailles contre la « mutinerie » du Parlement, il profita d'un discours télévisé pour décréter l'état d'urgence, ce qui eut commodément pour effet de rétablir ses pouvoirs impériaux. Trois jours plus tard, les juges de la Cour constitutionnelle indépendante (dont la création fut l'une des plus importantes contributions à la démocratie de Gorbatchev) statuèrent à neuf contre trois que le coup de force d'Eltsine violait à huit égards différents la Constitution dont il avait juré d'être le garant.

Jusque-là, il avait été possible d'affirmer que, en Russie, la « réforme économique » et la réforme démocratique faisaient partie du même projet. Après qu'Eltsine eut déclaré l'état d'urgence, les deux divergèrent radicalement, Eltsine et ses apôtres de la thérapie de choc s'opposant directement au Parlement élu et à la Constitution.

Malgré tout, l'Occident se rangea résolument derrière Eltsine, qu'on dépeignait toujours comme un progressiste « sincèrement engagé en faveur de la liberté et de la démocratie, sincèrement engagé en faveur de la réforme», comme le déclara Bill Clinton, alors président des États-Unis[32]. De la même façon, l'essentiel de la presse occidentale prit le parti d'Eltsine et se ligua contre le Parlement, dont les députés étaient présentés comme des «communistes purs et durs» déterminés à faire dérailler les réformes démocratiques[33]. Ils souffraient, selon le chef du bureau du *New York Times* à Moscou, d'«une mentalité soviétique – méfiance vis-à-vis des réformes, ignorance des principes de la démocratie, mépris des intellectuels ou des "démocrates"[34]».

En fait, c'étaient ces politiciens qui, malgré tous leurs défauts (et avec 1 041 députés, les défaillances étaient forcément nombreuses), avaient fait front avec Gorbatchev et Eltsine pour empêcher la réussite du coup d'État des purs et durs en 1991, voté la dissolution de l'Union soviétique et, jusqu'à tout récemment, soutenu Eltsine de tout leur poids. Pourtant, le *Washington Post* prétendit que les parlementaires étaient «hostiles au gouvernement» – comme s'ils étaient des intrus et non précisément les représentants élus du gouvernement en question[35].

Au printemps de 1993, la collision semblait inéluctable : le Parlement déposa un projet de loi budgétaire non conforme à la politique d'austérité imposée par le FMI. En réaction, Eltsine tenta d'éliminer le Parlement. Avec le soutien d'une presse servile, il organisa à la hâte un référendum dans lequel il demandait aux électeurs s'ils acceptaient la dissolution du Parlement et la tenue d'élections anticipées. Le nombre de participants ne fut pas suffisant pour accorder à Eltsine le mandat qu'il désirait. Cela ne l'empêcha pas de crier victoire et d'affirmer que le pays le soutenait dans ses efforts ; en effet, il avait glissé dans la consultation une question non compromettante dans laquelle il demandait aux électeurs s'ils étaient favorables à ses réformes. Ils répondirent «oui» par une faible majorité[36].

En Russie, le référendum fut généralement considéré comme un exercice de propagande, et raté par-dessus le marché. En réalité, Moscou et Washington se heurtaient à un Parlement qui ne faisait qu'exercer ses droits constitutionnels en ralentissant le rythme de la thérapie de choc. Une intense campagne de pressions s'amorça. Le sous-secrétaire d'État au Trésor des États-Unis de l'époque, Lawrence Summers, annonça que «le maintien du soutien multilatéral était conditionnel à la revitalisation et à l'intensification de la réforme en Russie[37]». Le

FMI comprit le message et un fonctionnaire anonyme ébruita dans la presse une rumeur selon laquelle un prêt de 1,5 milliard de dollars serait annulé parce que le FMI était «mécontent de voir la Russie revenir sur ses réformes[38]». Piotr Aven, ex-ministre d'Eltsine, déclara : «L'obsession maniaque du FMI pour la politique budgétaire et monétaire et son attitude superficielle et formaliste vis-à-vis de tout le reste [...] ont compté pour beaucoup dans la suite des événements[39].»

Et quelle fut la suite? Quelques jours après la fuite orchestrée par le FMI, Eltsine, sûr du soutien de l'Occident, s'engagea de façon irréversible dans ce qu'on appelait désormais ouvertement la «solution Pinochet»: le décret 1 400 annonça l'abolition de la Constitution et la dissolution du Parlement (c'était comme si le président des États-Unis décidait unilatéralement de dissoudre le Congrès). Deux jours plus tard, réuni en session extraordinaire, le Parlement vota à 636 voix contre 2 la destitution d'Eltsine en raison de son geste inique. Le vice-président Alexandre Routskoï affirma que la Russie avait déjà «payé très cher l'aventurisme économique» d'Eltsine et de ses réformateurs[40].

Un conflit armé entre Eltsine et le Parlement semblait désormais inévitable. Même si la Cour constitutionnelle de Russie avait une fois de plus déclaré le comportement d'Eltsine anticonstitutionnel, le président Clinton continua de le soutenir, et le Congrès des États-Unis lui accorda une aide de 2,5 milliards de dollars. Enhardi, Eltsine fit encercler le Parlement par des troupes et ordonna à la ville de couper l'électricité, le gaz et le téléphone à la Maison Blanche, siège du Parlement de la Russie. Boris Kagarlitski, directeur de l'Institut d'études de la mondialisation de Moscou, m'a dit que des partisans de la démocratie russe «arrivaient par milliers pour casser le blocus. Pendant deux semaines, les soldats et les policiers ont été confrontés à des manifestations pacifiques qui se sont soldées par une levée partielle du blocus. Des gens ont été autorisés à apporter de l'eau et de la nourriture à l'intérieur. La résistance pacifique gagnait chaque jour en popularité».

Comme les deux parties restaient campées sur leurs positions, le seul compromis susceptible de les sortir de l'impasse aurait été la tenue d'élections anticipées : ainsi, le poste de chacun aurait été en jeu. Nombreux étaient ceux qui prônaient cette solution. Au moment où Eltsine soupesait ses options et, selon certains, penchait en faveur d'un scrutin, on apprit que les Polonais avaient fait mordre la poussière de manière décisive à Solidarité, le parti qui les avait trahis en leur imposant la thérapie de choc.

Témoins de la déconfiture électorale de Solidarité, Eltsine et ses alliés en vinrent à la conclusion que la tenue d'élections anticipées était beaucoup trop risquée. En Russie, il y avait simplement trop de richesses en jeu : d'énormes champs pétrolifères, environ 30 % des réserves de gaz naturel du monde et 20 % de celles de nickel, sans parler des usines d'armements et des médias d'État grâce auxquels le Parti communiste avait exercé le contrôle sur sa vaste population.

Eltsine abandonna les négociations et adopta un ton belliqueux. Comme il venait de doubler la solde des soldats, l'armée lui était pour l'essentiel favorable. Selon le *Washington Post*, il fit « encercler le Parlement par des milliers de militaires du ministère de l'Intérieur, des barbelés et des canons à eau, puis il interdit à quiconque de passer[41] ». Le vice-président Routskoï, principal rival d'Eltsine au Parlement, avait entre-temps armé ses gardes et accueilli dans son camp des nationalistes protofascistes. Il invita ses partisans à « ne pas laisser un instant de paix » à la « dictature » d'Eltsine[42]. Kagarlitski, témoin de l'épisode, auquel il a consacré un livre, m'a dit que, le 3 octobre, les partisans du Parlement « se sont dirigés en masse vers la tour de télévision Ostankino pour exiger la diffusion des nouvelles. Seuls quelques manifestants étaient armés et il y avait des enfants dans la foule. Les troupes d'Eltsine ont bloqué la route aux citoyens et leur ont tiré dessus à la mitrailleuse ». Une centaine de manifestants et un militaire furent tués. Ensuite, Eltsine abolit tous les conseils municipaux et régionaux du pays. La jeune démocratie russe était démantelée, pièce par pièce.

Il ne fait aucun doute que certains parlementaires, hostiles à un règlement pacifique du conflit, avaient attisé la colère des manifestants. Cela dit, même Leslie Gelb, ex-fonctionnaire au secrétariat d'État des États-Unis, admit que le Parlement « n'était pas dominé par une bande d'illuminés d'extrême droite[43] ». La crise était née de la dissolution illégale du Parlement par Eltsine et de son mépris envers la plus haute cour du pays – gestes qui allaient forcément entraîner des recours désespérés dans une société qui n'avait aucune envie de renoncer à la démocratie qu'elle venait tout juste de découvrir*.

---

* Dans l'un des reportages les plus sensationnalistes jamais vus, le *Washington Post* écrivit : « Environ 200 manifestants envahirent alors le ministère de la Défense, où se trouve le siège de la force nucélaire de la nation et où étaient réunis les plus importants généraux. » On soulevait ainsi la possibilité absurde que des manifestants déterminés à défendre leur démocratie

Un signal clair de la part de Washington ou de l'Union européenne eût peut-être contraint Eltsine à engager des négociations dignes de ce nom avec les parlementaires, mais il ne reçut de leur part que des encouragements. Enfin, le matin du 4 octobre 1993, Eltsine accomplit la destinée qui l'attendait depuis longtemps en devenant le Pinochet de la Russie : il lança en effet une série d'attaques violentes qui rappelèrent immanquablement le coup d'État chilien, survenu exactement vingt ans plus tôt. Pour le troisième choc traumatique qu'il infligea au peuple russe, Eltsine ordonna à une armée réticente de prendre la Maison Blanche d'assaut et de mettre le feu à l'immeuble pour la défense duquel il s'était taillé une réputation enviable, à peine deux ans auparavant. Le communisme s'était effondré sans qu'un seul coup de feu fût tiré ; pour se défendre, le capitalisme de l'école de Chicago avait pour sa part besoin d'une considérable puissance de feu. En effet, Eltsine mobilisa 5 000 soldats, des dizaines de tanks et de blindés, des hélicoptères et des commandos d'élite armés de mitrailleuses – tout cela pour défendre la nouvelle économie capitaliste de la Russie contre une grave menace : la démocratie.

Voici comment le *Boston Globe* rendit compte du siège des parlementaires : «Dix heures durant, hier, environ 30 tanks et blindés de l'armée russe ont encerclé l'immeuble du Parlement, connu sous le nom de Maison Blanche, au centre-ville de Moscou, et l'ont pilonné à coups d'explosifs, tandis que les troupes d'infanterie l'arrosaient de tirs de mitrailleuses. Vers 16 h 15, environ 300 gardiens, députés et membres du personnel sont sortis du bâtiment, les mains en l'air[44]. »

À la fin de la journée, l'attaque en règle des militaires avait coûté la vie à environ 500 personnes et fait près de 1 000 blessés. Moscou n'avait pas connu une telle violence depuis 1917[45]. Peter Reddaway et Dmitri Glinski, auteurs du compte rendu définitif des années Eltsine (*The Tragedy of Russia's Reforms. Market Bolchevism against Democracy*), soulignent que, «pendant l'opération de nettoyage de la Maison Blanche, à l'intérieur comme à l'extérieur, 1 700 personnes furent arrêtées et onze armes saisies. Certains prisonniers furent détenus dans un stade, rappel des méthodes utilisées par Pinochet après le coup d'État de 1973 au Chili[46]». De nombreux autres furent conduits dans des postes de police et sauvagement battus.

---

risquaient de déclencher une guerre nucléaire. «Le ministère ferma ses portes et repoussa la foule sans incidents», signalait le *Post*.

Kagarlitski se rappelle les propos du policier qui lui assénait des coups à la tête : « Vous voulez de la démocratie, espèce de fumier ? Nous allons vous en donner, de la démocratie[47] ! »

La Russie ne fut toutefois pas une répétition du Chili. Ce fut plutôt le Chili à l'envers : Pinochet avait organisé un coup d'État, aboli les institutions démocratiques et imposé la thérapie de choc ; Eltsine imposa la thérapie de choc à une démocratie, puis, pour défendre ses méthodes, n'eut d'autre choix que de dissoudre le régime démocratique et d'organiser un coup d'État. Deux scénarios accueillis avec enthousiasme par l'Occident.

Le lendemain du coup d'État, le *Washington Post* titrait : « Approbation générale pour le coup de force d'Eltsine, vu comme une victoire de la démocratie ». Le *Boston Globe* ne fut pas en reste : « La Russie évite un retour au donjon du passé ». Le secrétaire d'État des États-Unis, Warren Christopher, venu à Moscou se ranger aux côtés d'Eltsine et de Gaïdar, déclara : « Les États-Unis ne cautionnent pas sans mal la suspension des Parlements. Mais il s'agit de circonstances d'exception[48]. »

En Russie, on voyait les choses sous un angle différent. Eltsine, l'homme qui devait son ascension au pouvoir à la défense du Parlement, venait d'y mettre le feu, au sens propre : l'immeuble était si calciné qu'on le surnomma la Maison Noire. Horrifié, un Moscovite d'âge moyen déclara à une équipe de télévision étrangère : « Le peuple a soutenu [Eltsine] parce qu'il lui promettait la démocratie, mais il l'a mitraillée. Il ne s'est pas contenté de la faire taire : il l'a mitraillée[49]. » Vitaly Neiman, qui montait la garde devant l'entrée de la Maison Blanche au moment du coup d'État de 1991, résuma la trahison en ces termes : « Nous avons eu exactement le contraire de ce dont nous rêvions. Nous sommes montés aux barricades et nous avons risqué nos vies pour ces gens, mais ils n'ont pas tenu leurs promesses[50]. »

Jeffrey Sachs, adulé pour avoir montré que les réformes néolibérales radicales étaient compatibles avec la démocratie, continua de soutenir publiquement Eltsine, même après l'assaut contre le Parlement ; les opposants du président n'étaient, aux yeux de l'économiste, qu'« une bande d'ex-communistes enivrés par le pouvoir[51] ». Dans son livre intitulé *The End of Poverty*, où il rend compte du rôle qu'il a joué en Russie, Sachs gomme complètement cet épisode dramatique, auquel il ne fait aucune allusion, de la même façon qu'il a passé sous silence les attaques contre les dirigeants syndicaux dont s'était accompagné son programme de choc en Bolivie[52].

Après le coup d'État, une dictature aux pouvoirs illimités régnait donc sur la Russie : on avait dissous les organes électoraux et suspendu la Cour constitutionnelle, au même titre que la Constitution, des tanks patrouillaient dans les rues, un couvre-feu était en vigueur et la presse faisait face à une censure omniprésente, même si les libertés civiles furent bientôt rétablies.

Et que firent les Chicago Boys et leurs conseillers occidentaux à ce moment critique ? La même chose qu'ils avaient faite à Santiago sous les cendres et qu'ils allaient faire à Bagdad en flammes : libérés du carcan de la démocratie, ils confectionnèrent des lois à qui mieux mieux. Trois jours après le coup d'État, Sachs fit observer que jusque-là, « il n'y avait pas eu de thérapie de choc ». Le plan, en effet, « avait été mis en pratique de façon incohérente, par à-coups. Maintenant, nous arriverons peut-être à quelque chose », déclara-t-il[53].

Et ils s'en donnèrent à cœur joie. « Ces jours-ci, l'équipe économique libérale d'Eltsine met les bouchées doubles, signala-t-on dans *Newsweek*. Le lendemain de la dissolution du Parlement par le président, les réformateurs de l'économie ont reçu le message suivant : préparez les décrets. » Le magazine citait un « économiste occidental fou de joie travaillant en étroite collaboration avec le gouvernement » qui établit sans ambages que, en Russie, la démocratie était un simple empêcheur de privatiser en rond : « Maintenant que nous n'avons plus le Parlement dans les jambes, nous pouvons nous atteler à la véritable réforme. [...] Les économistes d'ici étaient déprimés. Maintenant, nous travaillons jour et nuit. » En effet, rien ne vous remonte le moral comme un bon coup d'État, ainsi que Charles Blitzer, économiste en chef de la Banque mondiale pour la Russie, le déclara au *Wall Street Journal* : « Je ne me suis jamais autant amusé de toute ma vie[54]. »

La partie de plaisir ne faisait que commencer. Tandis que le pays chancelait sous la force de l'attaque, les Chicago Boys d'Eltsine firent adopter les mesures les plus litigieuses de leur programme : de colossales compressions budgétaires, la suppression des mesures de contrôle des prix des aliments de base, y compris le pain, et l'accélération des privatisations – les sempiternelles politiques qui provoquent instantanément une misère telle que leur mise en application semble exiger la constitution d'un État policier.

Après le coup d'État, Stanley Fischer, premier directeur général adjoint du FMI (et Chicago Boy des années 1970), affirma qu'il fallait « agir le plus vite possible sur tous les fronts[55] ». C'était aussi l'avis de Lawrence Summers, qui, du haut de son poste au sein de l'administration Clinton, œuvrait au façonnement de l'économie de la Russie. Les « trois mots qui se terminent en "-ation" », comme il les appelait – « la privatisation, la stabilisation et la libéralisation – doivent devenir une réalité le plus tôt possible[56] ».

Le changement était si rapide que les Russes n'arrivaient pas à suivre. Souvent, les travailleurs ignoraient que leurs mines ou leurs usines avaient été vendues – et à plus forte raison comment et à qui elles l'avaient été (confusion dont je fus moi-même témoin, dix ans plus tard, dans les usines d'État irakiennes). En théorie, tout ce grenouillage devait provoquer le boom économique qui tirerait la Russie du désespoir ; en pratique, l'État communiste fut simplement remplacé par un État corporatiste. Les bénéficiaires du boom ? Un club limité de Russes, dont bon nombre d'anciens apparatchiks du Parti communiste, et une poignée de gestionnaires de fonds communs de placement occidentaux qui obtinrent des rendements faramineux en investissant dans des entreprises russes nouvellement privatisées. Se forma ainsi une clique de nouveaux milliardaires, dont bon nombre, en raison de leur richesse et de leur pouvoir proprement impérial, allaient faire partie du groupe universellement connu comme celui des « oligarques » ; ces hommes s'associèrent aux Chicago Boys d'Eltsine et dépouillèrent le pays de la quasi-totalité de ses richesses. D'énormes profits furent virés dans des comptes bancaires à l'étranger, au rythme de deux milliards de dollars par mois. Avant la thérapie de choc, la Russie ne comptait aucun millionnaire ; en 2003, selon la liste du magazine *Forbes*, il y avait dix-sept milliardaires dans le pays[57].

Le phénomène s'explique en partie par le fait qu'Eltsine et son équipe, en contradiction avec le dogme de l'école de Chicago, n'autorisèrent pas les multinationales étrangères à faire l'acquisition directe d'actifs russes. Ils réservèrent les trophées à des Russes, puis ouvrirent les sociétés toutes neuves, qui appartenaient désormais à des oligarques, aux actionnaires étrangers. Les profits étaient malgré tout astronomiques : « Vous cherchez un investissement susceptible de vous procurer un rendement de 2 000 % en trois ans ? demanda le *Wall Street Journal*. Un seul marché boursier vous offre une telle possibilité [...] la Russie[58]. » De nombreuses banques d'investissement, y compris Crédit Suisse First Boston et quelques financiers à la bourse bien garnie, constituèrent rapidement des fonds communs de placement uniquement centrés sur la Russie.

Pour les oligarques du pays et les investisseurs étrangers, un seul nuage planait à l'horizon : la popularité d'Eltsine était en chute libre. Les effets du programme économique furent si brutaux pour le Russe moyen et l'aventure si clairement entachée par la corruption que la cote de popularité du président tomba sous les 10 %. Si Eltsine était écarté du pouvoir, son successeur risquait de mettre un terme aux aventures de la Russie au royaume du capitalisme extrême. Plus préoccupant encore pour les oligarques et les « réformateurs », on aurait d'excellents motifs de re-nationaliser bon nombre d'actifs bradés dans des circonstances politiques fort peu constitutionnelles.

En décembre 1994, Eltsine fit ce que de nombreux chefs d'État déterminés à s'accrocher coûte que coûte au pouvoir avaient fait avant lui : il déclencha une guerre. Le chef de la sécurité nationale, Oleg Lobov, avait fait la confidence suivante à un législateur : « Il nous faut une petite guerre dont nous sortirions victorieux pour rehausser la cote de popularité du président », et le ministre de la Défense prédit que son armée n'aurait besoin que de quelques heures pour vaincre les forces de la république sécessionniste de Tchétchénie. Ce serait, dit-il, l'enfance de l'art[59].

Dans un premier temps, le plan sembla donner les résultats escomptés. Pendant sa première phase, le mouvement indépendantiste tchétchène fut détruit en partie ; les troupes russes investirent le palais présidentiel de Grozny, déjà abandonné, et Eltsine cria victoire. Mais le triomphe fut de courte durée, en Tchétchénie comme à Moscou. Eltsine devait se faire réélire en 1996, et ses chances de l'emporter semblaient si minces que ses conseillers envisagèrent la possibilité d'annuler carrément le scrutin populaire. Dans une lettre publiée dans tous les grands journaux russes, un groupe de banquiers de la Russie laissaient clairement entrevoir cette possibilité[60]. Le ministre des Privatisations d'Eltsine, Anatoli Tchoubaïs (que Jeffrey Sachs qualifia un jour de « combattant pour la liberté »), devint l'un des plus ardents partisans de la méthode Pinochet[61]. « Au sein d'une société, la démocratie n'est possible que si une dictature est au pouvoir[62] », proclama-t-il. Rappel direct tant des prétextes invoqués par les Chicago Boys pour justifier Pinochet que de la philosophie de Deng Xiaoping, c'est-à-dire le friedmanisme sans la liberté.

En fin de compte, les élections eurent lieu, et Eltsine en sortit vainqueur, grâce au financement des oligarques, qui investirent environ 100 millions de dollars dans sa campagne (33 fois la limite permise), ainsi qu'au temps d'antenne (800 fois supérieur à celui de ses rivaux) dont bénéficia le président sortant dans les chaînes de télévision contrôlées par les oligarques[63]. Une fois débarrassés de la menace d'un changement de gouvernement, les néo-Chicago Boys s'attaquèrent au volet le plus controversé et le plus lucratif de leur programme : liquider ce que Lénine avait un jour appelé les « positions dominantes ».

On vendit pour 88 millions de dollars une participation de 40 % dans une société pétrolière d'une taille comparable à celle de Total de France (en 2006, les ventes de Total se chiffrèrent à 193 milliards de dollars). Norilsk Nickel, qui produisait le cinquième du nickel mondial, fut vendu 170 millions de dollars – même si ses seuls profits s'élevèrent bientôt à 1,5 milliard de dollars par année. La gigantesque société pétrolière Yukos, qui contrôle plus de pétrole que le Koweït, fut acquise au coût de 309 millions de dollars ; elle génère aujourd'hui des revenus de plus de trois milliards de dollars par année. On brada 51 % de Sidanko, autre géant du pétrole, pour 130 millions de dollars ; à peine deux ans plus tard, on évaluerait cette participation à 2,8 milliards de dollars sur le marché international. Une immense fabrique d'armements fut enlevée pour trois millions de dollars, c'est-à-dire le prix d'une maison de vacances à Aspen, au Colorado[64].

Le scandale, c'était non seulement que les richesses publiques de la Russie fussent liquidées à une fraction de leur prix, mais aussi que, dans la plus pure tradition corporatiste, elles fussent acquises à l'aide de fonds publics. Comme l'affirmèrent Matt Bivens et Jonas Bernstein, journalistes au *Moscow Times*, « sans débourser un sou, quelques hommes triés sur le volet firent main basse sur les champs pétrolifères russes développés par l'État, à la faveur d'un tour de passe-passe monumental dans lequel une branche du gouvernement en payait une autre ». Dans un audacieux geste de coopération entre les politiciens qui vendaient les sociétés d'État et les hommes d'affaires qui les achetaient, quelques ministres d'Eltsine virèrent dans des banques constituées à la hâte par des oligarques des sommes puisées à même les fonds publics et qui auraient dû être versées à la banque centrale ou au Trésor national*. Pour privatiser les champs pétrolifères et les mines, l'État fit ensuite appel aux mêmes banques. Non contentes de se charger de l'organisation des enchères, les banques y participèrent – et, naturellement,

---

* Les deux principales banques liées à des oligarques étaient la Menatep de Mikhaïl Khodorkovski et l'Onexim de Vladimir Potanine.

ces établissements appartenant à des oligarques décidèrent de s'adjuger les actifs jusque-là publics. L'argent qu'ils utilisèrent pour acheter des actions de ces entreprises était vraisemblablement celui, puisé dans les coffres de l'État, que les ministres d'Eltsine y avaient déposé plus tôt[65]. En d'autres termes, le peuple russe a avancé les sommes qui ont servi à le piller.

Comme l'affirma un des «jeunes réformateurs de la Russie», les communistes, en décidant de démanteler l'Union soviétique, «troquèrent le pouvoir contre des biens matériels[66]». À l'image de celle de son mentor Pinochet, la famille d'Eltsine devint extrêmement riche, ses enfants et quelques-uns de leurs conjoints accédant à des postes de direction au sein des grandes sociétés privatisées.

Une fois fermement en contrôle des principaux actifs de l'État russe, les oligarques ouvrirent leurs nouvelles sociétés aux multinationales de premier plan, qui en acquirent de vastes pans. En 1997, Royal Dutch/Shell et BP conclurent des partenariats avec Gazprom et Sidanko, deux sociétés pétrolières russes géantes[67]. Ces placements se révélèrent très profitables, mais, lors du partage des richesses de la Russie, ce furent des Russes, et non des partenaires étrangers, qui se taillèrent la part du lion. Erreur que le FMI et le Trésor des États-Unis se garderaient bien de répéter à l'occasion de la vente aux enchères de la Bolivie et de l'Argentine. Après l'invasion de l'Irak, les États-Unis franchirent même un pas de plus en tentant d'exclure les élites locales des marchés lucratifs conclus au nom de la privatisation.

Wayne Merry, analyste politique en chef à l'ambassade des États-Unis à Moscou au cours des années charnières de 1990 à 1994, admit que, en Russie, le choix entre la démocratie et les intérêts du marché s'était révélé particulièrement difficile. «Le gouvernement des États-Unis a préféré l'économie à la politique. Nous avons opté pour la libéralisation des prix, la privatisation de l'industrie et la mise en place du capitalisme déréglementé, dans l'espoir que la règle de droit, la société civile et la démocratie participative finiraient par en découler automatiquement [...] Malheureusement, nous avons choisi de poursuivre le programme et de faire la sourde oreille à la volonté populaire[68].»

À l'époque, de telles fortunes se constituaient en Russie que certains «réformateurs» succombèrent à la tentation de se remplir les poches. Plus que tous les autres cas vus jusque-là, l'exemple russe démentit le mythe du technocrate, du brillant économiste néolibéral réputé appliquer des modèles théoriques par pure conviction intellectuelle. Comme au Chili et en Chine, où la corruption endémique et la thérapie de choc allaient de pair, quelques ministres et sous-ministres de l'école de Chicago, version Eltsine, finirent par perdre leur poste à la suite de scandales politiques à un très haut niveau[69].

Il y avait aussi les enfants prodiges du projet Russie de Harvard, chargés de l'organisation des privatisations et de la création de fonds communs de placement. On s'aperçut que les deux universitaires responsables du projet – Andrei Shleifer, professeur de sciences économiques de Harvard, et son adjoint, Jonathan Hay – avaient tiré des avantages indus du marché qu'ils s'affairaient à créer. Pendant que Shleifer agissait comme conseiller principal de l'équipe de Gaïdar chargée des privatisations, sa femme investissait massivement dans les actifs russes privatisés. Hay, diplômé de l'école de droit de Harvard âgé de 30 ans, acheta aussi à titre personnel des actions de sociétés pétrolières russes privatisées, en contravention directe, allégua-t-on, avec le contrat qui liait USAID et Harvard. Pendant que Hay aidait le gouvernement russe à constituer le nouveau marché des fonds communs de placement, sa petite amie et future épouse obtint le premier permis accordé pour l'ouverture d'une société de placements en commun en Russie, laquelle, à ses débuts, fut administrée à partir d'un bureau de Harvard financé par le gouvernement des États-Unis. (Sachs, en tant que chef du Harvard Institute for International Development, dont relevait le projet Russie, était en principe à l'époque le patron de Shleifer et de Hay. Sachs, cependant, ne travaillait plus sur le terrain en Russie et ne fut jamais impliqué dans ces affaires douteuses[70].)

Lorsque ces tractations éclatèrent au grand jour, le secrétariat à la Justice des États-Unis poursuivit Harvard en alléguant que Shleifer et Hay contrevenaient ainsi à l'engagement qu'ils avaient contracté de ne tirer aucun avantage personnel de leurs postes de haut rang. Au terme d'une enquête et d'une bataille judiciaire de sept ans, la cour du district de Boston statua que Harvard avait failli aux obligations de son contrat, que les deux universitaires avaient «conspiré en vue de frauder les États-Unis», que «Shleifer s'était placé en situation d'apparence de délit d'initié» et que «Hay avait tenté de blanchir une somme de 400 000 dollars par l'intermédiaire de son père et de sa petite amie[71]». Harvard versa 26,5 millions de dollars en guise de règlement, le plus important jamais payé par l'établissement.

Shleifer accepta de verser deux millions de dollars, et Hay, de un à deux millions de dollars, selon ses revenus, mais ni l'un ni l'autre n'admit sa culpabilité*[72].

Compte tenu de la nature de l'expérience russe, ce genre de délit d'initié était sans doute inévitable. Anders Åslund, l'un des plus influents économistes occidentaux travaillant en Russie à l'époque, affirma que la thérapie de choc serait couronnée de succès parce que « les tentations ou les incitatifs miraculeux du capitalisme ont raison de presque toutes les résistances[73] ». Si la cupidité fut le moteur de la reconstruction de la Russie, les hommes de Harvard, leurs femmes et leurs petites amies, comme les subalternes et les membres de la famille d'Eltsine, ne firent que donner l'exemple en prenant personnellement part à la course folle à l'enrichissement.

Voila qui soulève une question tenace et importante sur les idéologues néolibéraux. Sont-ils de fervents croyants, mus par l'idéologie et convaincus que la libéralisation triomphera du sous-développement? Ces idées et ces théories ne sont-elles souvent que de commodes prétextes qui permettent de dissimuler une avidité infinie sous des motifs altruistes? Il va sans dire que toutes les idéologies sont corruptibles (les apparatchiks de la Russie communiste en avaient déjà fait la preuve en s'arrogeant des privilèges considérables), et il y a sans aucun doute des néolibéraux honnêtes. Cependant, l'économie à la mode de l'école de Chicago semble particulièrement vulnérable à la corruption. Une fois qu'on a décrété que ce sont le profit et la cupidité à grande échelle qui créent les plus grands avantages possibles pour une société, on peut considérer à peu près toutes les formes d'acquisition de profit personnel comme une contribution à la cause du capitalisme, comme un facteur de richesse et de croissance économique – même si seuls ses collègues et soi-même en profitent.

Les œuvres philanthropiques de George Soros en Europe de l'Est – y compris le financement des voyages de Sachs dans la région – n'ont d'ailleurs pas été sans soulever la controverse. Certes, Soros s'est engagé en faveur de la démocratisation du bloc de l'Est, mais il avait clairement beaucoup à gagner du

---

* Hélas, l'argent fut versé non pas aux Russes, véritables victimes dans cette affaire, mais bien au gouvernement des États-Unis – de la même façon que, en vertu des poursuites intentées à la suite de la dénonciation du comportement d'entrepreneurs en Irak, le montant du règlement est divisé entre le gouvernement des États-Unis et le dénonciateur américain.

genre de réforme économique dont elle s'accompagnait. En tant que plus important spéculateur du monde, il ne pouvait qu'être avantagé par l'introduction de devises convertibles et l'élimination des contrôles des mouvements de capitaux. Et lorsque des sociétés d'État étaient offertes aux enchères, il comptait parmi les acheteurs potentiels.

Soros aurait pu en toute légalité profiter directement des marchés qu'il contribuait à ouvrir grâce à ses œuvres philanthropiques, mais ses activités auraient semblé suspectes. Pendant un certain temps, il se prémunit contre les apparences de conflit d'intérêts en interdisant à ses entreprises d'investir dans des pays où ses fondations étaient présentes. Mais lorsque la Russie fut mise en vente, il ne put résister. En 1994, il expliqua qu'il avait modifié sa politique parce que «les marchés de la région prennent de l'expansion et je n'ai pas le droit de priver mes fonds et mes actionnaires des possibilités offertes là-bas ni celui de refuser à ces pays l'occasion d'accéder à certains de ces fonds». Soros avait déjà, en 1994, acheté des actions du réseau téléphonique privatisé de la Russie (une fort mauvaise affaire, en l'occurrence) et acquis une participation dans une grande entreprise alimentaire polonaise[74]. Au lendemain de la chute du communisme, Soros fut, par l'entremise de Sachs, l'une des principales forces préconisant la thérapie de choc comme moyen de transformer l'économie. À la fin des années 1990, toutefois, il sembla changer son fusil d'épaule et devint l'un des plus virulents critiques de cette méthode. Ses fondations reçurent même comme directive de financer les ONG qui prônaient l'adoption de mesures anti-corruption avant le recours aux privatisations.

La conversion de Soros intervint trop tard pour sauver la Russie du capitalisme de casino. La thérapie de choc avait ouvert la Russie à des flux de capitaux fébriles – opérations de change et investissements spéculatifs à court terme, tous très rentables. À cause de cette spéculation, la Russie, lorsque la crise asiatique éclata (il en sera question au chapitre 13), était sans protection. Son économie, déjà vacillante, s'effondra pour de bon. La population fit d'Eltsine son bouc émissaire, et la cote de popularité du président chuta à 6 %, un seuil intenable[75]. L'avenir de nombreux oligarques était une fois de plus en jeu, et seul un autre choc violent sauverait le projet économique et conjurerait la menace représentée par l'instauration d'une véritable démocratie en Russie.

En septembre 1999, le pays fut secoué par une série d'attentats terroristes d'une extrême cruauté : apparemment sans avertissement, quatre immeubles d'habitation explosèrent au milieu de la nuit, et près de 300 personnes perdirent la vie. Selon une trame familière aux Américains au lendemain du 11 septembre 2001, tous les enjeux politiques furent pulvérisés par la seule force capable d'un tel exploit. «C'était une peur très élémentaire, explique la journaliste russe Evguenia Albats. Tout d'un coup, les discussions à propos de la démocratie et des oligarques – rien ne se comparait à la crainte de mourir dans son appartement[76]. »

C'est au premier ministre de la Russie, l'inébranlable et vaguement sinistre Vladimir Poutine*[77], que l'on confia la tâche de traquer les «bêtes sauvages». Tout de suite après les explosions, à la fin de septembre 1999, Poutine ordonna des frappes aériennes contre des zones civiles de la Tchétchénie. Dans le nouveau contexte de terreur, le fait que Poutine eût passé dix-sept ans au KGB – le symbole le plus craint de l'ère communiste – semblait soudain rassurer de nombreux Russes. Comme Eltsine sombrait de plus en plus dans l'alcoolisme, Poutine, le protecteur, était idéalement placé pour lui succéder à la présidence. Le 31 décembre 1999, au moment où la guerre en Tchétchénie interdisait tout débat sérieux, quelques oligarques organisèrent une discrète passation des pouvoirs d'Eltsine à Poutine, sans élections à la clé. Avant de se retirer, Eltsine, s'inspirant d'une autre page du livre de Pinochet, exigea l'immunité. Le premier geste de Poutine en tant que président fut donc de signer la loi qui mettait son prédécesseur à l'abri de toute poursuite judiciaire, que ce fût pour des actes de corruption ou pour les assassinats de manifestants en faveur de la démocratie commis par l'armée pendant qu'il était au pouvoir.

L'image que l'histoire retiendra d'Eltsine sera celle du bouffon corrompu plus que de l'homme fort et menaçant. Pourtant, ses politiques économiques et les guerres qu'il a déclarées pour les soutenir ont ajouté au bilan des morts de la

---

* Étant donné les habitudes criminelles provocantes de la classe dirigeante russe, il va sans dire que les théories «conspirationnistes» abondent. De nombreux Russes croient que les Tchétchènes n'ont été pour rien dans les attentats perpétrés contre les immeubles d'habitation et qu'il s'est agi d'opérations clandestines conçues pour faire de Poutine l'héritier naturel d'Eltsine.

croisade de l'école de Chicago, qui, depuis le Chili des années 1970, s'alourdit sans cesse. En plus des victimes du coup d'État d'Eltsine, en octobre, les guerres en Tchétchénie auraient coûté la vie à quelque 100 000 civils[78]. Les massacres à plus grande échelle qu'il a provoqués se sont produits au ralenti, mais les chiffres sont beaucoup plus élevés – il s'agit des « dommages collatéraux » de la thérapie de choc économique.

En l'absence d'une famine, d'un fléau ou d'une bataille de grande envergure, jamais un si grand nombre de personnes n'aura autant perdu en si peu de temps. En 1998, plus de 80 % des exploitations agricoles russes étaient en faillite, et environ 70 000 usines d'État avaient fermé leurs portes, d'où une véritable épidémie de chômage. En 1989, avant la thérapie de choc, deux millions d'habitants de la Fédération de Russie vivaient dans la pauvreté avec moins de quatre dollars par jour. Après l'administration de la « pilule amère », au milieu des années 1990, 74 millions de Russes vivaient sous le seuil de la pauvreté, selon les chiffres de la Banque mondiale. Les responsables des « réformes économiques » russes peuvent donc se vanter d'avoir acculé à la pauvreté *72 millions de personnes en huit ans seulement*. En 1996, 25 % des Russes – près de 37 millions de personnes – vivaient dans une pauvreté qualifiée d'« écrasante[79] ».

Même si des millions de Russes sont sortis de la pauvreté au cours des dernières années, en grande partie grâce à la hausse vertigineuse du prix du pétrole et du gaz naturel, la classe marginale des personnes extrêmement pauvres – de même que les maux associés au statut de ces personnes rejetées – est demeurée. Dans les appartements glaciaux et surpeuplés de l'ère communiste, la vie était souvent misérable, mais au moins les Russes étaient logés ; en 2006, le gouvernement a lui-même admis que le pays comptait 715 000 enfants sans domicile fixe. Selon l'UNICEF, il y en aurait plutôt jusqu'à 3,5 millions[80].

Pendant la Guerre froide, l'Occident voyait dans le taux d'alcoolisme élevé la preuve que la vie était si atroce sous le communisme qu'il fallait de grandes quantités de vodka pour tenir le coup. Sous le régime capitaliste, les Russes boivent deux fois plus qu'avant – et ils sont aussi en quête d'analgésiques plus puissants. Alexandre Mikhaïlov, tsar de la lutte contre la drogue en Russie, affirme que le nombre de toxicomanes a augmenté de 900 % entre 1994 et 2004 : le pays en compte aujourd'hui plus de quatre millions, dont de nombreux accros à l'héroïne. L'épidémie a contribué à la propagation d'un autre tueur silencieux : en 1995, 50 000 Russes étaient séropositifs ;

deux ans plus tard, ce chiffre avait doublé ; dix ans plus tard, selon l'ONUSIDA, près d'un million de Russes étaient infectés[81].

Ces morts sont lentes, mais il y en a aussi des rapides. Dès l'introduction de la thérapie de choc en Russie, en 1992, le taux de suicide, déjà élevé, a commencé à augmenter ; en 1994, au plus fort des « réformes » d'Eltsine, il était presque deux fois plus élevé que huit ans auparavant. Les Russes s'entretuaient aussi beaucoup plus souvent : en 1994, le nombre de crimes violents a plus que quadruplé[82].

« Qu'ont donc procuré à la mère patrie et à son peuple les quinze dernières années d'activités criminelles ? » demanda le chercheur Vladimir Gousev à l'occasion d'une manifestation en faveur de la démocratie tenue en 2006. « Les années de capitalisme criminel ont coûté la vie à 10 % de la population. » En Russie, la décroissance démographique est en effet spectaculaire – le pays perd en gros 700 000 habitants par année. Entre 1992 (première année complète d'application de la thérapie de choc) et 2006, la Russie a perdu 6,6 millions d'habitants[83]. Il y a trente ans, André Gunder Frank, l'économiste dissident de l'école de Chicago, écrivit à Milton Friedman pour l'accuser de « génocide économique ». Aujourd'hui, de nombreux Russes utilisent les mêmes termes pour expliquer la lente disparition de leurs concitoyens.

La misère planifiée est d'autant plus grotesque que l'élite étale sa fortune à Moscou plus que partout ailleurs, sauf peut-être dans une poignée d'émirats pétroliers. En Russie, la stratification économique est si prononcée que les riches et les pauvres semblent vivre non seulement dans des pays différents, mais aussi dans des siècles différents. Dans un premier fuseau horaire, on trouve le centre-ville de Moscou, métamorphosé du jour au lendemain en futuriste cité du péché du XXIe siècle, où les oligarques vont et viennent dans des convois de Mercedes noires, sous l'œil vigilant de mercenaires triés sur le volet, et où des gestionnaires de portefeuilles occidentaux sont séduits par des règles d'investissement laxistes le jour et par des prostituées qu'offre la maison le soir. Dans un autre fuseau horaire, une jeune provinciale de dix-sept ans, interrogée sur ses perspectives d'avenir, répond : « Il est difficile de parler du XXIe siècle quand on passe ses soirées à lire à la lueur d'une chandelle. Le XXIe siècle, c'est sans importance. Ici, nous vivons au XIXe siècle[84]. »

Le pillage d'un pays riche comme la Russie a exigé des actes de terreur extrêmes – de l'incendie du Parlement à l'invasion de la Tchétchénie. « Une politique qui engendre la pauvreté et la criminalité, écrit Georgi Arbatov, l'un des conseillers économiques de la première heure (vite écarté) d'Eltsine, [...] ne peut survivre qu'à condition que la démocratie soit supprimée[85]. » Comme dans le cône sud, en Bolivie sous l'état de siège et en Chine à l'époque de la répression de la place Tiananmen. Et comme, bientôt, en Irak.

DANS LE DOUTE, INVOQUEZ LA CORRUPTION

À la relecture des comptes rendus occidentaux publiés pendant la période de la thérapie de choc en Russie, on est frappé par la similitude entre les débats de l'époque et ceux qui allaient surgir dix ans plus tard dans le contexte de l'Irak. Pour les administrations de Clinton et de Bush père, sans parler de l'Union européenne, du G-7 et du FMI, l'objectif très net était de faire table rase du passé et de créer des conditions propices à une frénésie d'enrichissement, laquelle donnerait naissance à une florissante démocratie néolibérale – dirigée par des Américains imbus d'eux-mêmes et frais émoulus de l'école. Bref, l'Irak sans les bombes.

Au paroxysme de la thérapie de choc infligée à la Russie, ses principaux partisans étaient absolument persuadés que seule la destruction totale des institutions créerait les conditions favorables à une renaissance nationale – rêve d'une table rase qui allait refaire surface à Bagdad. Il est « souhaitable, écrivit Richard Pipes, historien de Harvard, que la Russie se désintègre jusqu'à ce que plus rien ne reste de ses structures institutionnelles[86] ». Et en 1995, Richard Ericson, économiste de l'université Columbia, affirmait : « Toute réforme doit provoquer des bouleversements sans précédent. Il faut mettre au rancart un monde tout entier, y compris la totalité des institutions économiques, la plupart des institutions sociales et politiques et même la structure matérielle de la production, des immobilisations et de la technologie[87]. »

Autre parallèle avec l'Irak : Eltsine avait beau bafouer tout ce qui ressemblait de près ou de loin à la démocratie, l'Occident qualifiait son règne de « transition vers la démocratie », fiction qui ne se fissura que lorsque Poutine s'en prit à quelques-unes des activités illégales des oligarques. De la même façon, l'administration Bush prétend que l'Irak est sur la voie de la liberté, malgré d'accablantes preuves du contraire : omniprésence de la torture, escadrons de la mort sans foi ni loi et censure généralisée des médias. On a toujours qualifié le programme économique de la Russie de «réforme», de la même façon que l'Irak est perpétuellement «en reconstruction», même si la plupart des entrepreneurs américains ont décampé, laissant l'infrastructure dans un état lamentable, alors que la destruction se poursuit. Dans la Russie du milieu des années 1990, quiconque osait mettre en doute la sagesse des «réformateurs» était accusé d'être un stalinien nostalgique ; de même, pendant des années, on reprocha aux opposants à l'occupation de l'Irak de soutenir que la vie était plus douce sous Saddam Hussein.

Lorsqu'il ne fut plus possible de nier l'échec de la thérapie de choc en Russie, on s'en sortit en évoquant la «culture de la corruption», en laissant entendre que les Russes, en raison de leur longue habitude de l'autoritarisme, «n'étaient pas prêts» à vivre au sein d'une véritable démocratie. Les économistes des groupes de réflexion de Washington se dissocièrent sans tarder de l'économie à la Frankenstein qu'ils avaient contribué à créer et la tournèrent en ridicule en la qualifiant de «capitalisme mafieux» – comme s'il s'agissait là d'une émanation du caractère national. «La Russie n'arrivera jamais à rien», lut-on en 2001 dans le magazine *Atlantic Monthly*, qui citait un employé de bureau russe. Dans le *Los Angeles Times*, le journaliste et romancier Richard Lourie déclara que «les Russes forment un peuple si calamiteux qu'ils arrivent même à faire un gâchis d'activités banales et saines comme voter et gagner de l'argent[88]». L'économiste Anders Åslund avait déclaré que les «tentations» du capitalisme suffiraient à transformer la Russie, que la seule force de la cupidité donnerait l'élan nécessaire à sa reconstruction. Interrogé quelques années plus tard sur les causes du ratage, il affirma : «La corruption, la corruption et la corruption», comme si cette dernière n'était pas l'ultime expression des «tentations» du capitalisme qu'il avait vantées avec tant d'enthousiasme[89].

Dix ans plus tard, on entonnerait le même refrain pour expliquer la disparition de milliards de dollars destinés à la reconstruction de l'Irak ; l'héritage débilitant de Saddam et les pathologies de l'«islam radical» remplaceraient le legs du communisme et du tsarisme. La colère des États-Unis devant l'apparente incapacité des Irakiens à accepter la «liberté» qu'on leur offrait à la pointe du fusil se muerait également en insultes – sauf que, dans ce cas particulier, la rage, non contente de s'exprimer dans des éditoriaux déplorant l'«ingratitude» des Irakiens, serait martelée dans la chair des civils par des soldats américains et britanniques.

Le véritable problème que pose la fiction qui consiste à tenir la Russie pour seule responsable de ses malheurs, c'est qu'elle désamorce toute tentative de comprendre en quoi cet épisode nous renseigne sur le vrai visage de la croisade en faveur de la libéralisation totale des marchés – la tendance politique la plus importante des trois dernières décennies. On parle encore de la corruption de certains oligarques comme d'une force étrangère ayant contaminé des projets économiques par ailleurs valables. Sauf que la corruption ne fut pas une intruse dans les réformes néolibérales de la Russie : au contraire, les puissances occidentales encouragèrent la magouille vite faite à toutes les étapes du processus. C'était, croyaient-elles, le moyen de donner un coup de fouet à l'économie. Le salut national grâce à l'exploitation de la cupidité : tel était l'unique «projet» des Chicago Boys russes et de leurs conseillers, une fois les institutions de la Russie anéanties.

Ces résultats catastrophiques n'étaient d'ailleurs pas propres à la Russie : depuis trente ans qu'elle était en cours, l'expérience de l'école de Chicago avait été marquée par la corruption à grande échelle et par la collusion corporatiste entre des États sécuritaires et des grandes sociétés, qu'il s'agisse des piranhas du Chili, des privatisations réalisées au profit d'amis du régime en Argentine, des oligarques de la Russie, des manigances d'Enron dans le domaine de l'énergie ou de la «zone de libre-corruption» de l'Irak. La thérapie de choc a justement pour objectif de permettre la réalisation rapide d'énormes profits – non pas à cause de l'absence de lois, mais précisément grâce à elle. «La Russie est devenue un véritable Klondike pour les spéculateurs des fonds internationaux», titra un journal russe en 1997; pour sa part, le magazine *Forbes* qualifia la Russie et l'Europe centrale de «territoire vierge[90]». Dans ce contexte, la terminologie en usage à l'époque coloniale n'est pas le moins du monde déplacée.

Il faut voir dans le mouvement lancé par Milton Friedman dans les années 1950 une tentative de la part du capital international de reconquérir les terres libres hautement profitables et hors-droit qu'Adam Smith, ancêtre des néolibéraux d'aujourd'hui, admirait tant – mais assortie d'une manipulation. Au lieu de traverser des «nations sauvages et barbares», où les lois occidentales n'existent pas (solution désormais inenvisageable), le mouvement s'est donné pour tâche de démanteler systématiquement les lois et les règlements existants afin de recréer l'absence de lois d'antan. Là où les colonisateurs de Smith engrangeaient des profits mirobolants en acquérant «presque pour rien des terres incultes», les multinationales d'aujourd'hui considèrent les programmes gouvernementaux, les actifs publics et tout ce qui n'est pas à vendre comme des territoires à conquérir et à confisquer : la poste, les parcs nationaux, les écoles, la sécurité sociale, l'aide aux sinistrés et tout ce qui est administré publiquement[91].

Dans la logique économique de l'école de Chicago, l'État fait figure de territoire colonial que l'entreprise conquistador pille avec la même détermination et la même énergie impitoyables que mettaient ses prédécesseurs à rapporter chez eux l'or et l'argent des Andes. Là où Smith voyait les terres vertes fertiles des pampas et des prairies transformées en pâturages rentables, Wall Street voit le réseau téléphonique chilien, la compagnie aérienne de l'Argentine, les champs pétrolifères de la Russie, les aqueducs de la Bolivie, les ondes publiques des États-Unis et les usines de la Pologne – bâtis par le public, puis vendus pour une bouchée de pain – comme autant d'«occasions» à la mesure de ces terres verdoyantes[92]. Il ne faut pas oublier non plus les trésors qu'on crée de toutes pièces en obtenant de l'État qu'il brevette ou fixe le prix de formes de vie et de ressources naturelles qu'on n'avait jamais osé envisager comme des produits – les semences, les gènes et même le carbone présent dans l'atmosphère terrestre. En cherchant sans relâche de nouvelles sources de profits dans le domaine public, les économistes de l'école de Chicago sont pareils aux cartographes de l'époque coloniale qui suivaient de nouveaux cours d'eau en Amazonie ou marquaient l'emplacement d'une cache d'or dans un temple inca.

Dans les territoires nouveaux des temps modernes, la corruption a joué un rôle tout aussi grand qu'à l'époque des ruées vers l'or coloniales. Comme les accords de privatisation les plus marquants sont toujours signés dans le tumulte de crises politiques ou économiques, il n'y a jamais de lois claires ni de règlements efficaces – l'atmosphère est chaotique, les prix flexibles, les politiciens aussi. Depuis trente ans, nous vivons à l'ère du capitalisme pionnier : les frontières sont repoussées, de crise en crise, et les capitaux vont ailleurs, dès que l'état de droit se réaffirme.

Au lieu de servir de mise en garde, la montée des oligarques milliardaires de la Russie prouva que l'exploitation d'un État industrialisé pouvait se révéler extraordinairement rentable – et Wall Street en voulait toujours davantage. Après l'effondrement de l'Union soviétique, le Trésor américain et le FMI firent preuve de plus d'intransigeance en obligeant les pays en crise à privatiser sur-le-champ. Jusqu'à ce jour, l'exemple le plus spectaculaire survint en 1994, l'année suivant le coup d'État d'Eltsine en Russie, au moment où l'économie du Mexique connut ce qu'on appela la « crise tequila » : le plan de sauvetage américain prévoyait des privatisations rapides, et *Forbes* claironna que sa mise en application avait fait 23 nouveaux milliardaires. « La morale saute aux yeux : pour prédire les prochaines éclosions de milliardaires, on n'a qu'à surveiller de près les pays dont les marchés se libèrent. » Du même coup, le Mexique s'ouvrit à la propriété étrangère comme jamais auparavant : en 1990, une seule banque mexicaine appartenait à des intérêts étrangers, mais « en 2000, 24 des 30 banques mexicaines étaient passées à des mains étrangères[93] ». De toute évidence, la leçon tirée de l'exemple de la Russie, c'est que le transfert de la richesse est d'autant plus lucratif qu'il est rapide et illicite.

Gonzalo Sánchez de Lozada (Goni), l'homme d'affaires chez qui la thérapie de choc bolivienne fut mise au point en 1985, le comprit bien. À titre de président au milieu des années 1990, il vendit la société pétrolière nationale, la compagnie aérienne, la société ferroviaire de même que les compagnies d'électricité et de téléphone du pays. Au contraire de ce qui se fit en Russie, où les morceaux de choix furent attribués à des Russes, les grands gagnants de la braderie bolivienne furent notamment Enron, Royal Dutch/Shell, Amoco Corp. et Citicorp – sans intermédiaires, c'est-à-dire qu'on ne se donna pas la peine de prévoir des partenariats avec des entreprises locales[94]. Le *Wall Street Journal* décrivit une scène digne du Far West observée à La Paz en 1995 : « L'hôtel Radisson Plaza est rempli à craquer de cadres de grandes sociétés américaines comme American Airlines d'AMR Corp., MCI Communications Corp., Exxon Corp. et Salomon Brothers Inc. Les Boliviens les ont invités à récrire les lois qui régissent les secteurs à privatiser et à faire une offre pour les entreprises offertes aux enchères » – arrangement commode s'il en est. « L'important, c'est de faire en sorte que ces changements soient irréversibles et de les accomplir avant que les anticorps n'entrent en action », déclara le président Sánchez de Lozada en guise d'explication à la thérapie de choc qu'il appliquait. Pour être absolument certain que les « anticorps » demeureraient inactifs, le gouvernement reprit une formule déjà éprouvée dans des circonstances analogues : il imposa un nouvel « état de siège » prolongé, interdit les rassemblements politiques et autorisa l'arrestation de tous les opposants[95].

Il ne faut pas oublier non plus les années du cirque argentin des privatisations, d'une corruption notoire, période dite « A Bravo New World » dans un rapport d'investissement de Goldman Sachs, en référence au titre anglais du *Meilleur des mondes* d'Aldous Huxley. Carlos Menem, président péroniste élu après avoir promis d'être le porte-parole des travailleurs, était alors aux commandes. Après un exercice de rationalisation, il vendit les champs pétrolifères, le réseau téléphonique, la compagnie aérienne, les chemins de fer, l'aéroport, les autoroutes, les aqueducs, les banques, le zoo de Buenos Aires et, à terme, la poste et le régime national de pensions de retraite. En même temps que les richesses du pays étaient transférées à l'étranger, le style de vie des politiciens argentins devint proprement princier. Menem, jadis connu pour ses blousons de cuir et ses rouflaquettes très classe ouvrière, prit l'habitude de porter des complets italiens et même, dit-on, de fréquenter des chirurgiens esthétiques (« une piqûre d'abeille », affirma-t-il un jour pour expliquer pourquoi il avait le visage enflé). Mariá Julia Alsogaray, ministre de la Privatisation sous Menem, posa pour la couverture d'un magazine populaire vêtue seulement d'un manteau de fourrure artistement drapé, tandis que Menem se mettait à conduire une rutilante Ferrari Testarossa – « cadeau » d'un homme d'affaires reconnaissant[96].

Les pays qui imitèrent les privatisations à la russe connurent leur version adoucie du coup d'État à l'envers d'Eltsine – des gouvernements se faisaient élire démocratiquement, puis, pour conserver le pouvoir et défendre leurs réformes, devaient recourir à des méthodes de plus en plus brutales. En Argentine, le règne du néolibéralisme sans entraves prit fin le 19 décembre 2001, au moment où le président Fernando de la Rúa et son ministre des Finances, Domingo Cavallo, tentèrent d'imposer de nouvelles mesures d'austérité prescrites par le FMI. La population se révolta, et de la Rúa donna à la police fédérale l'ordre de disperser les foules par tous les moyens possibles. Le président fut contraint de fuir en hélicoptère, mais pas avant que 21 manifestants ne fussent tués par la police, qui fit aussi 1 350 blessés[97]. Les derniers jours de Goni au pouvoir furent encore plus sanglants. Ses privatisations déclenchèrent une succession de « guerres » en Bolivie : la guerre de l'eau, d'abord, livrée au contrat que le gouvernement avait accordé à Bechtel (et qui entraîna une hausse du prix de la ressource de 300 %) ; la « guerre de l'impôt », ensuite, menée contre le projet du gouvernement (prescrit par le FMI) d'éliminer un déficit budgétaire en taxant les petits salariés ; et, enfin, les « guerres du gaz », déclarées en réaction au projet du président d'exporter du gaz naturel aux États-Unis. Au bout du compte, Goni dut quitter le palais présidentiel et s'exiler aux États-Unis. Comme dans le cas de De la Rúa, de nombreuses personnes perdirent la vie : après avoir reçu de Goni l'ordre de chasser les manifestants descendus dans les rues, des soldats tuèrent près de 70 personnes – pour la plupart des badauds – et en blessèrent 400. Au début de 2007, la Cour suprême de la Bolivie cita Goni à comparaître relativement à des accusations liées au massacre[98].

Washington donna en exemple les régimes argentin et bolivien, soutenant que les privatisations de masse qu'ils imposèrent montraient, dit-on, qu'on pouvait appliquer la thérapie de choc de façon paisible et démocratique, sans coup d'État ni répression. S'il est vrai que les programmes ne débutèrent pas sous une pluie de balles, ils prirent tous deux fin dans le sang, ce qui en dit long.

Dans une grande partie de l'hémisphère sud, on qualifie couramment le néolibéralisme de « deuxième pillage colonial » : lors du premier, les richesses furent arrachées à la terre ; lors du second, elles furent dérobées à l'État. Après les courses folles au profit viennent les promesses : la prochaine fois, on adoptera des lois rigoureuses avant que des actifs ne soient vendus, et des régulateurs de même que des enquêteurs au-dessus de tout soupçon superviseront de près toute la démarche. La prochaine fois, on aura recours à la « création d'institutions » avant de privatiser (pour reprendre le langage adopté après la débâcle russe). Mais exiger la loi et l'ordre une fois les profits engrangés à l'étranger, c'est légaliser le vol après coup, un peu comme les colonisateurs européens eurent soin de consolider leurs conquêtes territoriales au moyen de traités. Comme Adam Smith l'avait parfaitement compris, l'anarchie qui règne dans les territoires nouveaux n'a rien de problématique. Au contraire, elle fait partie du jeu, au même titre que la contrition et la promesse solennelle de faire mieux la prochaine fois.

CHAPITRE DOUZE

Le ça du capitalisme

La Russie à l'ère du marché sauvage

Vous vous êtes attribué le rôle de fiduciaire des habitants des pays décidés à guérir les maux qui accablent notre condition au moyen de l'expérimentation raisonnée, dans le cadre du système social existant. Un échec de votre part porterait un grave préjudice au changement rationnel dans le monde, laissant place à une bataille rangée entre orthodoxie et révolution.

Lettre de John Maynard Keynes
au président F. D. Roosevelt, 1933[1].

Le jour où je rends visite à Jeffrey Sachs, en octobre 2006, New York, sous le crachin, est d'un gris humide, ponctué, tous les cinq pas environ, d'éclats rouge vif. Cette semaine, on lance en grand la marque Red de Bono, et la ville est frappée de plein fouet par le blitz publicitaire. Sur les panneaux réclame en hauteur, on voit des iPods et des lunettes de soleil Armani rouges ; sur les parois des abribus, Steven Spielberg ou Penélope Cruz arborent des vêtements rouges ; toutes les boutiques Gap de la métropole participent à la promotion ; le magasin Apple de Fifth Avenue émet une lueur rosée. « Un pull-over peut-il changer le monde ? » demande une annonce. Oui, nous répond-on, puisqu'une partie des profits servira au financement du Fonds mondial de lutte contre le sida, la tuberculose et le paludisme. « Achetez jusqu'à ce que ça cesse ! » a lancé Bono au milieu d'une séance de shopping débridée en compagnie d'Oprah, deux ou trois jours plus tôt[2].

Je me dis que la plupart des journalistes qui souhaitent s'entretenir avec Sachs voudront avoir l'opinion de la superstar des économistes sur la nouvelle méthode à la mode de recueillir des fonds. Après tout, Bono parle de Sachs comme de « son professeur », et une photo des deux hommes m'accueille dans le bureau de Sachs à l'université Columbia (il a quitté Harvard en 2002). Au milieu de ce débordement de générosité et de glamour, j'ai l'impression de jouer les rabat-joie : en effet, je suis venue parler au professeur du sujet qu'il aime le moins, celui à propos duquel il a menacé de raccrocher au nez de certains journalistes. Je veux lui parler de la Russie et du dérapage qu'elle a connu.

C'est en Russie, au bout de la première année de la thérapie de choc, que Sachs a amorcé sa propre transition : le docteur choc planétaire est devenu l'un des plus ardents partisans de l'accroissement de l'aide aux pays pauvres. D'où le conflit qui l'oppose désormais à bon nombre de ses anciens collègues et collaborateurs des cercles économiques orthodoxes. Si l'on en croit Sachs, ce n'est pas lui qui a changé – il a toujours été d'avis qu'on devait soutenir, au moyen d'une aide généreuse et de l'annulation de leurs dettes, les pays qui veulent se donner une économie de marché. Pendant des années, il a réussi à leur assurer ces conditions en collaborant avec le FMI et le Trésor des États-Unis. Sur le terrain, en Russie, il a toutefois constaté que la teneur des discussions s'était transformée : il s'est heurté à un mur d'indifférence officielle qui l'a profondément choqué et poussé à s'opposer plus fermement à l'establishment économique de Washington.

Avec le recul, il ne fait aucun doute que la Russie a marqué un nouveau chapitre dans l'évolution de la croisade de l'école de Chicago. Dans les premiers laboratoires de la thérapie de choc des années 1970 et 1980, le Trésor des États-Unis et le FMI tenaient à ce que ces expériences réussissent, ou du moins semblent réussir – justement parce qu'elles devaient servir de modèles à d'autres pays. Pour avoir porté des coups au mouvement syndical et ouvert les frontières, les dictatures d'Amérique latine furent récompensées par des prêts récurrents, malgré des entorses à l'orthodoxie de l'école de Chicago, par exemple le refus du Chili de nationaliser les plus grandes mines de cuivre du monde et la lenteur de la junte argentine dans le dossier des privatisations. Dans les années 1980, la Bolivie, en tant que première démocratie à se soumettre au traitement de choc, reçut une aide nouvelle et eut droit à l'annulation d'une partie de sa dette – bien avant les privatisations de Goni dans les années 1990. Pour la Pologne, premier pays du bloc de l'Est à imposer la thérapie de choc, Sachs n'eut aucune difficulté à obtenir des prêts substantiels, même si, là aussi, les projets de privatisation furent retardés et échelonnés en raison d'une forte opposition.

La Russie fut différente. «Trop de choc, pas assez de thérapie» : tel était le verdict couramment rendu. Intransigeantes, les puissances occidentales avaient exigé la réalisation des «réformes» les plus pénibles ; en même temps, elles avaient beaucoup hésité à délier les cordons de leur bourse pour offrir de l'aide en retour. Même Pinochet avait eu soin d'amortir les effets de la thérapie de choc en créant des programmes alimentaires à l'intention des enfants les plus démunis ; les prêteurs de Washington, ne voyant pas pourquoi ils aideraient Eltsine à agir de même, poussèrent le pays dans un cauchemar hobbesien.

Pas évident d'avoir un entretien détaillé sur la Russie avec Sachs. J'espérais l'entraîner au-delà de ses protestations initiales. («J'avais raison et les autres avaient entièrement tort», dit-il. Puis : «C'est à Larry Summers qu'il faut poser la question, pas à moi. Allez rencontrer Bob Rubin, Clinton et Cheney, et vous verrez qu'ils étaient très satisfaits de la situation en Russie».) Je veux également qu'il dépasse son abattement sincère. («À l'époque, j'espérais faire quelque chose d'utile, mais j'ai tout raté. ») Ce que je cherche à comprendre, c'est pourquoi Jeffrey Sachs a échoué en Russie, pourquoi sa chance légendaire a tourné à cette occasion.

À cela, Sachs répond que, à peine arrivé à Moscou, il a compris que les choses avaient changé. «J'ai eu un mauvais pressentiment dès le premier jour. [...] Après, je n'ai jamais décoléré. » La Russie faisait face à «une crise macroéconomique colossale, l'une des plus intenses et des plus instables que j'aie jamais vues», dit-il. Pour lui, la voie était toute tracée : la thérapie de choc qu'il avait prescrite à la Pologne «pour mettre tranquillement en marche les forces du marché – plus de l'aide, beaucoup d'aide. Pour assurer une transition paisible et démocratique, j'avais en tête une somme de 30 milliards de dollars par année, environ quinze milliards pour la Russie et quinze milliards pour les républiques».

Sachs, il faut le dire, a la mémoire particulièrement sélective lorsqu'il s'agit des politiques draconiennes imposées à la Pologne et à la Russie. Au cours de notre entretien, il glisse fréquemment sur le rôle qu'il a joué dans les privatisations rapides et les fortes compressions budgétaires (bref, la thérapie de choc, expression qu'il désavoue à présent, soutenant qu'elle s'appliquait uniquement à d'étroites méthodes d'établissement des prix et non à la restructuration radicale de pays entiers). Le récit de ses activités d'alors va comme suit : il consacrait peu de temps à la thérapie de choc, préférant se concentrer sur le financement. Son plan pour la Pologne, dit-il, prévoyait «un fonds de stabilisation, l'annulation de la dette, l'aide financière à court terme, l'intégration à l'économie de l'Europe de l'Ouest [...] Lorsque l'équipe d'Eltsine a fait appel à mes services, j'ai proposé essentiellement la même démarche*».

Cela dit, l'élément central du compte rendu de Sachs est indiscutable : l'injection d'une aide massive était au cœur de son plan pour la Russie. C'est d'ailleurs ce qui incita Eltsine à se soumettre au programme. Son projet, me dit Sachs, s'inspirait du plan Marshall, c'est-à-dire les 12,6 milliards de dollars (130 milliards en dollars d'aujourd'hui) que les États-Unis allouèrent à l'Europe pour la reconstruction de son infrastructure et de son industrie après la Deuxième Guerre mondiale – projet généralement considéré comme l'initiative diplomatique la plus efficace de Washington[3]. Le plan Marshall, dit Sachs, montre qu'«on ne peut s'attendre à ce qu'un pays en plein désarroi se relève tout seul. Ce qu'il y a d'intéressant à propos du plan Marshall [...] c'est qu'une modeste injection de capitaux a favorisé la reprise économique [en Europe]». Au départ, Sachs était persuadé de trouver à Washington la volonté politique de faire de la Russie une économie capitaliste prospère, de la même façon qu'il y avait eu un engagement sincère envers l'Allemagne de l'Ouest et le Japon après la Deuxième Guerre mondiale.

Non sans raison, Sachs était convaincu de pouvoir soutirer un nouveau plan Marshall au Trésor des États-Unis et au FMI : au cours de cette période, selon le *New York Times*, il était «peut-être l'économiste le plus important du monde[4]». À l'époque où il conseillait le gouvernement de la Pologne, il avait, se souvient-il, «recueilli un milliard de dollars en une seule journée à la Maison-Blanche». Mais, dit Sachs, «au sujet de la Russie, il n'y avait aucun intérêt. Absolument aucun. Et au FMI, on m'a regardé de haut, comme si j'avais perdu la tête».

---

* Comme le fait observer John Cassidy dans un portrait publié en 2005 dans le *New Yorker* : «Il n'en demeure pas moins que, en Pologne et en Russie, Sachs préféra la restructuration sociale à grande échelle à la création d'institutions et au changement graduel. La désastreuse politique de privatisation en est un exemple. Même si la plupart des privatisations furent effectuées après que Sachs eut quitté la Russie, à la fin de 1994, le cadre stratégique initial fut mis en place en 1992 et 1993, à l'époque où il était encore présent.»

Même si Eltsine et les Chicago Boys avaient de nombreux admirateurs à Washington, personne n'était disposé à fournir une aide de l'ampleur de celle qu'ils réclamaient. Après avoir plaidé en faveur de l'imposition de mesures draconiennes en Russie, Sachs ne fut donc pas en mesure de tenir parole. À ce propos, il flirta avec l'autocritique : «Mon plus grand échec personnel, déclara-t-il au milieu de la débâcle russe, c'est d'avoir dit au président Boris Eltsine : "Ne vous en faites pas. L'aide arrive." J'étais fermement convaincu que cette aide revêtait trop d'importance en Occident pour qu'on permette un tel gâchis[5].» Le FMI et le Trésor des États-Unis lui firent la sourde oreille, mais ce n'est qu'une partie du problème. Le drame vient du fait que Sachs avait prescrit la thérapie de choc avant d'avoir des assurances relatives à l'aide – pari risqué qui coûta cher à des millions d'individus.

Lorsque je lui pose la question, Sachs répète qu'il a mal interprété l'humeur politique de Washington. Il se souvient d'une conversation qu'il a eue avec Lawrence Eagleburger, secrétaire d'État sous George H. W. Bush. En laissant la Russie s'enliser dans le chaos économique, plaidait Sachs, on risquait de déclencher des forces incontrôlables – la famine généralisée, la montée du nationalisme, voire le fascisme. Éventualité peu attrayante dans un pays où les armes nucléaires étaient pratiquement les seuls produits qu'on avait en surabondance. «Vous avez peut-être raison, mais vous n'obtiendrez pas ce que vous demandez, répondit Eagleburger. Vous savez en quelle année nous sommes?»

C'était en 1992, année où Bill Clinton allait ravir le pouvoir à Bush père. Le thème central de la campagne électorale de Clinton, c'était que Bush avait négligé les difficultés économiques du pays au profit de la gloire à l'étranger («*It's the economy, stupid!*» ou «L'économie, idiot!»). Sachs est d'avis que la Russie a été victime de cette bataille intérieure. Et, confesse-t-il, il se rend aujourd'hui compte que d'autres forces étaient en jeu : à Washington, de nombreux décideurs en étaient toujours au stade de la Guerre froide. Ils voyaient l'effondrement économique de la Russie comme une victoire géopolitique, celle qui assurait de façon décisive la suprématie des États-Unis. «Je n'étais pas du tout dans cet état d'esprit», affirme Sachs. À l'entendre, on a souvent l'impression d'avoir à faire à un boy-scout qui se serait égaré dans un épisode de la série télévisée *Les Soprano*. «Je me disais : "Ce régime abominable est enfin chose du passé. Maintenant, il faut vraiment aider [les Russes]. Pleins gaz [...]" Avec le recul, je suis certain que les planificateurs stratégiques me prenaient pour un fou.»

Malgré cet échec, Sachs refuse de dire que la politique vis-à-vis de la Russie était guidée par l'idéologie néolibérale. Elle se caractérisait plutôt, soutient-il, par « la paresse pure et simple ». Il aurait accueilli volontiers un débat enflammé sur la question de savoir s'il fallait aider la Russie ou laisser le marché s'en charger. À la place, il n'y eut qu'un haussement d'épaules collectif. Que des décisions aussi capitales fussent prises sans recherches ni débats sérieux laissait Sachs pantois. « À mes yeux, c'est l'absence d'effort qui dominait. On aurait au moins pu en parler pendant deux jours. Non, pourtant ! Le travail acharné ? Non. Il n'a pas été question de se retrousser les manches, de s'asseoir pour régler les problèmes, ni de comprendre la situation. »

Quand il évoque avec passion le « travail acharné », Sachs revient en pensée au New Deal, à la Grande Société et au plan Marshall, à l'époque où de jeunes diplômés des universités de l'Ivy League s'asseyaient autour des tables du pouvoir en bras de chemise, entourés de tasses vides et de piles de documents stratégiques, pour débattre taux d'intérêt et prix du blé. C'est ainsi que les décideurs se comportaient aux beaux jours du keynésianisme, et c'est le genre de « sérieux » que la catastrophe russe aurait clairement mérité.

Mais attribuer l'abandon de la Russie à la paresse collective des mandarins de Washington n'explique pas grand-chose. Il vaut peut-être mieux, pour comprendre, examiner les événements selon l'optique chère aux économistes néolibéraux : la concurrence au sein du marché. Lorsque la Guerre froide battait son plein et que l'Union soviétique était encore intacte, les habitants de la planète avaient le choix (en théorie du moins) de leur idéologie : il y avait les deux pôles et beaucoup d'autres possibilités entre eux. Le capitalisme devait donc séduire ses clients, se montrer incitatif, leur proposer le bon produit. Le keynésianisme fut toujours l'expression de l'obligation qu'avait le capitalisme de soutenir la concurrence d'autres systèmes. Le président Roosevelt introduisit le New Deal non seulement pour atténuer le désespoir causé par la Grande Dépression, mais aussi pour faire échec à un puissant mouvement formé de citoyens américains qui, cruellement secoués par le marché déréglementé, exigeaient un modèle économique radicalement différent : aux élections présidentielles de 1932, un million d'Américains votèrent pour des candidats socialistes ou communistes. De plus en plus d'Américains tendaient aussi l'oreille au message de Huey Long, sénateur populiste de la Louisiane, qui était d'avis que tout Américain devrait recevoir un revenu annuel garanti de 2 500 $ par année. Interrogé sur les motifs de l'ajout de programmes sociaux dans le New Deal en 1935, FDR répondit qu'il souhaitait «couper l'herbe sous le pied à Long[6]».

C'est dans ce contexte que les industriels américains acceptèrent à contrecœur le New Deal de FDR. Il fallait réduire les aspérités du marché en créant des emplois dans la fonction publique et en nourrissant l'ensemble de la population – l'avenir du capitalisme était en jeu. Pendant la Guerre froide, aucun pays du monde libre n'était à l'abri de telles pressions. En fait, les réalisations du capitalisme du milieu du xxe siècle ou de ce que Sachs appelle le capitalisme «normal» – les protections des travailleurs, les pensions de retraite, les services publics de santé et le soutien de l'État pour les plus démunis – sont toutes nées du besoin pragmatique de faire des concessions majeures à une gauche puissante.

Le plan Marshall fut l'arme ultime déployée sur le front économique. Après la guerre, l'économie allemande était en crise et menaçait d'entraîner le reste de l'Europe de l'Ouest dans sa chute. Pendant ce temps, les Allemands étaient si nombreux à se laisser séduire par le socialisme que le gouvernement des États-Unis choisit de diviser leur pays en deux plutôt que de risquer de le perdre au complet, que ce fût à la gauche ou à l'effondrement pur et simple. En Allemagne de l'Ouest, le gouvernement des États-Unis eut recours au plan Marshall pour bâtir un système capitaliste conçu non pas pour procurer rapidement de nouveaux marchés sûrs à Ford et à Sears, mais plutôt pour aider l'économie ouest-allemande à réussir par ses propres moyens. Tant et si bien, en fait, que l'économie de marché de l'Europe tout entière prospérerait et que le socialisme perdrait de son attrait.

En 1949, on dut donc tolérer l'adoption par le gouvernement ouest-allemand de mesures franchement anticapitalistes : création d'emplois par l'État, investissements massifs dans le secteur public, subventions aux entreprises nationales et syndicats puissants. Le gouvernement américain prit même une initiative (impensable dans la Russie des années 1990 et dans l'Irak occupé par les États-Unis) qui déplut souverainement à son propre secteur privé : il imposa un moratoire sur l'investissement étranger afin d'éviter aux entreprises allemandes éprouvées par la guerre de soutenir la concurrence avant de s'être redressées. «À l'époque, on avait le sentiment que laisser la voie libre aux sociétés étrangères aurait été une forme de piratage», me dit Carolyn Eisenberg, auteure d'une histoire du plan Marshall unanimement saluée par la critique[7]. « La principale différence par rapport à aujourd'hui, c'est que le gouvernement des États-Unis ne voyait pas l'Allemagne comme une vache à lait. Il n'avait nulle envie de retourner les gens contre lui. En venant sur place piller les richesses du pays, on aurait craint de nuire à la reprise européenne. »

Cette approche, souligne Eisenberg, n'avait rien d'altruiste : « L'Union soviétique était comme un fusil chargé. L'économie était en crise, la gauche marquait des points en Allemagne et [l'Occident] devait rapidement rallier les Allemands. On s'est battu pour l'âme des Allemands. »

Le récit par Eisenberg de la bataille idéologique à l'origine du plan Marshall fait ressortir l'angle mort de la perspective de Sachs, y compris les efforts louables qu'il déploie présentement pour obtenir une hausse spectaculaire de l'aide internationale à l'Afrique : il évoque rarement les mouvements de masse. Pour Sachs, la fabrication de l'histoire relève uniquement de l'élite : il suffit en somme que les bons technocrates accouchent des bonnes politiques. De la même façon que les programmes de thérapie de choc furent élaborés dans des bunkers secrets de La Paz et de Moscou, le programme d'aide de 30 milliards de dollars destiné aux anciennes républiques aurait dû se matérialiser du seul fait des arguments pragmatiques qu'il invoquait à Washington. Comme le mentionne Eisenberg, le plan Marshall ne fut ni le fruit de la charité ni le résultat d'une argumentation imparable : on craignait simplement un soulèvement populaire.

Sachs admire Keynes, mais il semble indifférent à ce qui explique l'acceptation du keynésianisme dans son propre pays : les revendications engagées et désordonnées des syndicalistes et des socialistes. En raison de la popularité croissante de ces derniers, la solution extrême qu'ils proposaient était en voie de se muer en menace crédible ; en comparaison, le New Deal constituait un compromis acceptable. Le refus de Sachs d'admettre que les mouvements de masse pouvaient pousser les gouvernements récalcitrants à accepter les idées que lui-même défend a été lourd de conséquences. D'abord, il n'a pas saisi la réalité politique la plus flagrante à laquelle il s'était heurté en Russie : il n'y aurait pas de plan Marshall destiné à ce pays pour la simple et bonne raison que le plan Marshall avait vu le jour uniquement *à cause* de la Russie. En abolissant l'Union soviétique, Eltsine désarma le « fusil chargé » qui avait forcé l'adoption du plan. Sans lui, le capitalisme était soudain libre de régresser jusqu'à sa forme la plus sauvage, pas uniquement en Russie, mais partout dans le monde. L'effondrement du bloc soviétique donne au libre marché un monopole mondial : les « distorsions » qui, jusque-là, compromettaient son équilibre parfait n'avaient plus de raison d'être.

Tel est d'ailleurs l'aspect le plus tragique des promesses qu'on fit miroiter aux Polonais et aux Russes : s'ils suivaient à la lettre les prescriptions de la thérapie de choc, leur dit-on, ils se réveilleraient un beau matin dans un « pays européen normal ». Or les pays européens normaux en question (caractérisés par de solides filets de sécurité sociale, des protections pour les travailleurs, des syndicats puissants et des services de santé socialisés) sont nés d'un compromis entre le communisme et le capitalisme. Maintenant qu'un tel compromis apparaissait comme superflu, les politiques sociales modératrices étaient victimes d'assauts violents partout en Europe de l'Ouest, comme au Canada, en Australie et aux États-Unis. On n'allait tout de même pas introduire de telles politiques en Russie – et encore moins avec des fonds occidentaux.

Cet affranchissement de toutes les contraintes traduit essentiellement la vision économique de l'école de Chicago (aussi connue sous le nom de néolibéralisme et, aux États-Unis, de néoconservatisme) : il s'agit non pas d'une invention nouvelle, mais bien du capitalisme dépouillé de ses appendices keynésiens, du capitalisme en situation de monopole, d'un système qui a la bride sur le cou : n'ayant plus à se soucier de la satisfaction de ses clients, il peut se montrer antisocial, antidémocratique et même, à ses heures, rustre et sauvage. Tant que planait la menace du communisme, le keynésianisme, en vertu d'une sorte d'accord tacite, avait la vie sauve. Une fois ce système en perte de terrain, on put enfin éliminer tous les compromis et, du même souffle, poursuivre l'objectif épuré que Friedman avait fixé à son mouvement un demi-siècle plus tôt.

Tel était donc le fin mot de la dramatique « fin de l'histoire » annoncée par Fukuyama à l'occasion de la conférence qu'il prononça à l'université de Chicago en 1989. Son intention n'était pas d'affirmer l'avènement de la pensée unique dans le monde. Seulement, avec la chute du communisme, il n'y avait pas d'autre idée suffisamment porteuse pour constituer un concurrent sérieux.

Sachs, qui vit dans la dissolution de l'Union soviétique la disparition d'un pouvoir autoritaire, était prêt à retrousser ses manches et à entreprendre le travail de reconstruction. Ses collègues de l'école de Chicago y virent une forme de libération d'un tout autre genre – ils étaient débarrassés, une bonne fois pour toutes, du keynésianisme et des idées des bonnes âmes comme Jeffrey Sachs. Vue sous cet angle, l'attitude passive qui souleva l'ire de Sachs dans le dossier de la Russie est à mettre au compte non pas de la paresse «pure et simple», mais bien du laisser-faire appliqué : laisser aller, ne rien faire. En refusant de lever le petit doigt pour venir en aide à la Russie, les hommes responsables de la politique relative à ce pays – Dick Cheney, secrétaire à la Défense de Bush père, Lawrence Summers, sous-secrétaire au Trésor, et Stanley Fischer du FMI – faisaient quelque chose à leur manière : ils appliquaient à la lettre l'idéologie de l'école de Chicago et laissaient le marché à lui-même. En Russie plus encore qu'au Chili, on vit de quoi cette idéologie était capable en pratique et, surtout, on eut un avant-goût de la dystopie fondée sur l'enrichissement à tout prix que bon nombre des mêmes joueurs tenteraient de recréer dix ans plus tard en Irak.

Le 13 janvier 1993, les nouvelles règles du jeu s'étalèrent à la vue de tous. L'occasion? Une conférence restreinte mais importante, sur invitation seulement, tenue au dixième étage du palais des congrès Carnegie, en plein Dupont Circle, à sept minutes en voiture de la Maison-Blanche et à un jet de pierre des sièges sociaux du FMI et de la Banque mondiale. John Williamson, puissant économiste connu pour avoir façonné la mission des deux institutions, était l'instigateur de cette réunion historique de la tribu néolibérale. Y participaient un éventail impressionnant de «technopoles» vedettes de la campagne visant à répandre la doctrine de Chicago partout dans le monde. Il y avait aussi des ex-ministres des Finances et des ministres en fonction venus de l'Espagne, du Brésil et de la Pologne, les directeurs des banques centrales de la Turquie et du Pérou, le chef de cabinet du président du Mexique et un ancien président de Panama. Le vieil ami et héros de Sachs, Leszek Balcerowicz, l'architecte de la thérapie de choc en Pologne, et son collègue de Harvard, Dani Rodrik, l'économiste ayant prouvé que tous les pays qui avaient accepté la restructuration néolibérale vivaient déjà une grave crise, comptaient parmi les invités. Anne Krueger, future première directrice générale adjointe du FMI, était là. José Piñera, qui fut le ministre le plus évangélique de Pinochet, manquait à l'appel à cause du retard qu'il accusait dans les intentions de vote aux élections présidentielles chiliennes, mais il avait envoyé un document détaillé. Sachs, qui conseillait toujours Eltsine à l'époque, devait prononcer la conférence principale.

Toute la journée, les participants à la conférence s'étaient adonnés au passe-temps favori des économistes : élaborer des stratégies pour convaincre des politiciens récalcitrants d'adopter des politiques impopulaires auprès des électeurs. Au lendemain des élections, combien de temps fallait-il attendre avant de lancer la thérapie de choc ? Les partis de centre-gauche sont-ils plus efficaces que les partis de droite, en raison de l'effet de surprise ? Vaut-il mieux prévenir les gens ou les prendre au dépourvu en recourant à la «politique vaudou»? Même si la conférence s'intitulait «L'économie politique de la réforme des politiques» – titre délibérément terne, histoire de ne pas susciter l'intérêt des médias –, l'un des participants fit observer d'un air entendu qu'il était en réalité question d'«économie machiavélique[8]».

Sachs écouta les commentaires pendant des heures. Après le dîner, il monta sur l'estrade et livra son allocution, qui, dans la plus pure tradition sachsienne, s'intitulait «La vie au service des urgences de l'économie[9]». Il était visiblement agité. Les participants attendaient avec impatience l'intervention d'une de leurs idoles, l'homme qui avait fait passer la thérapie de choc à l'ère démocratique. Sachs n'avait pas le cœur à l'autocongratulation. Il était plutôt résolu à utiliser son discours, m'expliqua-t-il plus tard, pour tenter de donner à ces grands décideurs une idée de la gravité de la situation en Russie.

Il leur rappela l'aide dont avaient bénéficié le Japon et l'Europe après la Deuxième Guerre mondiale – laquelle avait joué «un rôle de premier plan dans la splendide réussite ultérieure du Japon». Il dit avoir reçu une lettre d'un économiste de la Heritage Foundation – épicentre du friedmanisme – qui «croyait fermement aux réformes en Russie, mais pas aux vertus de l'aide étrangère pour la Russie. C'est un point de vue répandu chez les idéologues néolibéraux, dont je suis, poursuivit Sachs. Il est plausible, mais erroné. Le marché ne peut pas tout faire à lui seul. L'aide internationale joue un rôle crucial». À cause de l'obsession du laisser-faire, la Russie courait à la catastrophe. «Et les réformateurs de la Russie, ajouta-t-il, aussi courageux, brillants et chanceux soient-ils, ne parviendront pas à leurs fins sans une aide extérieure considérable […] nous risquons de voir une occasion historique nous passer sous le nez.»

Sachs eut droit à des applaudissements, bien sûr, mais l'accueil était tiède. Pourquoi prônait-il de coûteuses dépenses sociales? Les participants réunis dans la salle s'étaient donné pour tâche de démanteler le New Deal, et non d'en créer un autre. À l'occasion des séances subséquentes, aucun conférencier n'appuya la position défendue par Sachs, et quelques-uns la dénoncèrent.

Sachs me dit qu'il essayait d'«expliquer ce qu'était une crise réelle [...] de communiquer un sentiment d'urgence». À Washington, ajoute-t-il, les décideurs «ne comprennent pas toujours ce qu'est le chaos économique. Ils ne comprennent pas le désordre qui s'ensuit». Il voulait que les participants sachent que «la situation dégénère, jusqu'au jour où d'autres catastrophes surviennent, jusqu'au jour où Hitler revient au pouvoir, où une guerre civile éclate, où la famine se généralise, allez savoir [...] Il faut apporter une aide d'urgence : l'instabilité engendre l'instabilité, et non l'équilibre normal des choses».

Je ne peux pas m'empêcher de penser que Sachs sous-estimait les membres de son auditoire. Les personnes réunies dans cette salle connaissaient sur le bout des doigts la théorie des crises de Milton Friedman, et bon nombre d'entre elles l'avaient appliquée dans leurs pays respectifs. La plupart étaient parfaitement au courant des déchirements et de l'instabilité dont s'accompagne un effondrement de l'économie, mais ils tiraient une leçon toute différente de l'expérience russe : une situation politique confuse et douloureuse forçait Eltsine à brader à la hâte les richesses de l'État. Bref, c'était un résultat on ne peut plus souhaitable.

John Williamson, hôte de la conférence, se chargea de recentrer la discussion sur les priorités pratiques. Sachs jouissait du statut de vedette, mais Williamson, le crâne dégarni et peu télégénique, affichant un réjouissant mépris pour la rectitude politique, était le véritable gourou de la foule. C'était lui qui avait inventé l'expression «consensus de Washington» – peut-être les trois mots les plus souvent cités et les plus controversés des sciences économiques modernes. Il est célèbre pour ses conférences et ses ateliers, tenus à huis clos et précisément minutés, mis sur pied pour lui permettre de vérifier telle ou telle de ses hypothèses audacieuses. À l'occasion de la rencontre de janvier, il avait une préoccupation pressante en tête : mettre à l'essai ce qu'il appelait l'«hypothèse de la crise», une bonne fois pour toutes[10].

Dans son exposé, Williamson ne disait pas qu'il fallait sauver les pays de la crise. En fait, il évoqua les cataclysmes en termes dithyrambiques. Des preuves incontestables montrent que les pays n'acceptent de prendre l'amère pilule néolibérale que quand ils souffrent vraiment, rappela-t-il. Ils n'acceptent de recevoir des électrochocs que quand ils sont déjà en état de choc. «Ces temps désespérés fournissent des occasions incomparables à ceux qui sont conscients de la nécessité d'une réforme économique fondamentale», déclara-t-il[11].

Doté d'un talent incomparable pour verbaliser l'inconscient du monde financier, Williamson affirma sans sourciller que cette réalité soulevait un certain nombre de questions intrigantes :

> On peut se demander s'il y aurait lieu de songer à provoquer délibérément une crise dans l'intention de supprimer les obstacles politiques à la réforme. Dans le cas du Brésil, par exemple, on laisse parfois entendre qu'il faudrait attiser l'hyperinflation pour effrayer les gens et les obliger à accepter ces changements. [...] Au milieu des années 1930, aucune personne ayant la capacité de prédire l'histoire n'aurait osé affirmer que l'Allemagne et le Japon devaient entrer en guerre pour profiter des avantages de la supercroissance qui a suivi leur défaite. Mais une crise de moindre envergure aurait-elle pu avoir le même effet? Peut-on imaginer qu'une fausse crise serve les mêmes fins sans entraîner les coûts d'une crise réelle[12]?

Pour la stratégie du choc, les propos de Williamson représentaient un important bond en avant. Dans une salle où s'entassaient des ministres des Finances et des directeurs de banques centrales en nombre suffisant pour la tenue d'un sommet commercial majeur, on évoquait ouvertement la possibilité de provoquer une crise grave à seule fin d'imposer la thérapie de choc.

Dans sa communication, au moins un des participants à la conférence sentit le besoin de prendre ses distances par rapport à ces idées pour le moins risquées. «Lorsqu'il affirme qu'il y aurait peut-être lieu de créer une crise artificielle pour déclencher la réforme, Williamson cherche surtout à provoquer et à plaisanter», dit John Toye, économiste britannique de l'université du Sussex[13]. Rien ne permet de conclure que Williamson plaisantait. En fait, tout porte plutôt à croire que ses idées étaient déjà mises en application au plus haut niveau des instances économiques décisionnelles de Washington et d'ailleurs.

Un mois après la conférence organisée par Williamson à Washington, nous eûmes dans mon propre pays un aperçu du nouvel enthousiasme que suscitaient les «pseudo-crises», même si, à l'époque, rares furent ceux qui comprirent que les événements s'inscrivaient dans le cadre d'une stratégie mondiale. En février 1993, le Canada était en proie à une catastrophe financière. C'est du moins ce que laissaient croire les journaux et les émissions de télévision. «Crise de la dette à l'horizon», proclamait une immense manchette à la une du quotidien national de langue anglaise, *The Globe & Mail*. Dans une émission spéciale présentée par une chaîne nationale, on entendit ceci : «Des économistes prévoient que, d'ici un an ou deux, peut-être moins, le sous-ministre des Finances du Canada annoncera au conseil des ministres que le pays a épuisé ses possibilités de crédit. [...] Nos vies seront radicalement transformées[14]. »

L'expression «mur de la dette» entra soudain dans notre vocabulaire. Le message? Les Canadiens menaient une existence en apparence confortable et paisible, mais le pays vivait nettement au-dessus de ses moyens. Bientôt, de puissantes firmes de Wall Street, comme Moody's et Standard and Poor's, réduiraient de façon draconienne la cote de crédit parfaite (triple A) du Canada. Dans un tel cas, les investisseurs hypermobiles, affranchis par les nouvelles règles de la mondialisation et du libre-échange, retireraient leur argent du Canada et le placeraient ailleurs. La seule solution, nous dit-on, consistait à sabrer dans les programmes comme l'assurance-chômage et les services de santé. Évidemment, le Parti libéral au pouvoir s'empressa d'obtempérer, même si, peu de temps auparavant, il avait été élu en promettant de créer des emplois (la politique «vaudou» version canadienne).

Deux ans après le paroxysme de cette hystérie du déficit, la journaliste d'enquête Linda McQuaig montra de façon décisive que le sentiment d'urgence avait été créé de toutes pièces et exploité par une poignée de *think tanks* financés par les plus grandes banques et sociétés du Canada, en particulier l'Institut C. D. Howe et l'Institut Fraser (que Milton Friedman avait toujours activement et fortement soutenus[15]). Le Canada était effective-ment aux prises avec un déficit, mais ce dernier n'était pas causé par les dépenses affectées à l'assurance-chômage et à d'autres programmes sociaux. Selon Statistique Canada, il était plutôt attribuable à des taux d'intérêt élevés qui avaient fait exploser la valeur des sommes dues, un peu comme le choc Volcker avait entraîné une hausse vertigineuse de l'endettement des pays en voie de développement dans les années 1980. Au siège social de Moody's, à Wall Street, McQuaig s'entretint avec Vincent Truglia, l'analyste en chef chargé de l'établissement de la cote de crédit du Canada, qui lui fit une révélation sensationnelle : les banquiers et les cadres des grandes sociétés canadiennes exerçaient constamment des pressions sur lui pour qu'il délivrât de sombres pronostics sur l'état des finances du pays, ce à quoi il s'était toujours refusé : en effet, le Canada représentait à ses yeux un investissement stable et d'excellente qualité. « Parmi tous les pays dont je m'occupe, c'est le seul dont les ressortissants demandent régulièrement une rétrogradation plus marquée de la cote de crédit. Ils estiment que la cote de crédit du Canada est trop élevée. » Truglia recevait des coups de fil de la part de représentants d'autres pays qui jugeaient leur cote trop faible. « Les Canadiens, eux, déprécient leur pays beaucoup plus que les étrangers. »

La raison était que, pour le monde de la finance au Canada, la « crise du déficit » constituait une arme revêtant une importance critique dans une véritable bataille rangée. À l'époque où Truglia recevait ces coups de fil bizarres, on avait lancé une campagne en règle visant à pousser le gouvernement à réduire les impôts en comprimant les sommes affectées aux programmes sociaux, dans les domaines de la santé et de l'éducation en particulier. Puisque ces programmes avaient l'appui d'une vaste majorité de Canadiens, la seule façon de justifier de telles mesures était de faire planer la menace d'un effondrement économique national – d'une crise en bonne et due forme. Mais comme Moody's s'entêtait à accorder au Canada la cote de crédit la plus haute possible – l'équivalent d'une note de A++ –, il n'était guère facile de maintenir une ambiance apocalyptique.

Pendant ce temps, des messages contradictoires plongeaient les investisseurs dans la perplexité : Moody's n'avait que des éloges pour le Canada, tandis que la presse canadienne qualifiait l'état des finances de catastrophique. Truglia, irrité par les données hautement politisées en provenance du Canada – lesquelles semblaient mettre en doute ses propres évaluations –, émit, geste extraordinaire, un « commentaire spécial » dans lequel il précisait que les dépenses du Canada n'étaient pas « incontrôlées ». Il réserva même quelques coups voilés aux calculs spécieux des *think tanks* néolibéraux. « Les auteurs de certains rapports récents ont grossièrement surévalué la dette financière du Canada. Parfois, on y trouve des chiffres comptés en double ; dans d'autres, on effectue des comparaisons internationales inadéquates. [...] Ces mesures inexactes expliquent peut-être les évaluations exagérées du problème de la dette du Canada. » Après la parution du rapport spécial de Moody's, on se passa le mot : il n'y avait pas de « mur de la dette » au Canada. La communauté des affaires fut piquée au vif. « J'ai reçu au moins un coup de fil [...] de quelqu'un d'une très grande institution financière du Canada, et je me suis fait engueuler comme du poisson pourri. Du jamais vu*[16]. »

Lorsque les Canadiens apprirent que la « crise du déficit » avait été montée de toutes pièces par des *think tanks* financés par de grandes sociétés, il était trop tard – les compressions avaient été effectuées et on n'y pouvait plus rien. Conséquence directe de toute cette affaire, les programmes sociaux destinés aux chômeurs du pays furent radicalement réduits, et ils ne furent pas augmentés par la suite, malgré des années de surplus budgétaires. Au cours de cette période, on eut à de nombreuses occasions recours à la stratégie de la crise. En septembre 1995, dans une bande vidéo fournie sous le manteau à la presse canadienne, on vit John Snobelen, ministre de l'Éducation de l'Ontario, affirmer, à l'occasion d'une réunion de fonctionnaires tenue à huis clos, qu'il fallait créer un climat de panique avant d'annoncer des compressions dans le domaine de l'éducation et d'autres mesures impopulaires. Il convenait de laisser filtrer des informations donnant à redouter une situation si sombre qu'« il préférait ne pas en parler ». Il s'agissait, dit-il, de « créer une crise utile[17] ».

« FRAUDES STATISTIQUES » À WASHINGTON

À partir de 1995, dans la plupart des démocraties occidentales, le discours politique était saturé d'allusions au mur de la dette et à un effondrement économique imminent. On réclamait des compressions plus draconiennes et des privatisations plus ambitieuses. Pendant ce temps-là, les *think tanks* de Friedman brandissaient le spectre de la crise. Les institutions financières les plus puissantes de Washington étaient disposées à faire croire à l'existence d'une crise grâce à la manipulation des médias, certes, mais elles prenaient aussi des mesures concrètes pour créer des crises bien réelles. Deux ans après les observations de Williamson, d'après lequel on pouvait « attiser » les crises, Michael Bruno, économiste en chef (économie du développement) à la

---

* Il faut dire que Truglia fait figure d'exception à Wall Street – la cotation des obligations et du crédit est souvent influencée par les pressions politiques et utilisée comme une arme pour justifier des « réformes financières ».

Banque mondiale, reprit des propos identiques, une fois de plus sans attirer l'attention des médias. Dans une communication présentée devant l'Association internationale des sciences économiques, à Tunis, en 1995, et dont le texte fut publié plus tard par la Banque mondiale, Bruno déclara devant 500 économistes venus de 68 pays que «l'idée selon laquelle une crise suffisamment grave pouvait pousser des décideurs jusque-là récalcitrants à instaurer des réformes susceptibles d'accroître la productivité» faisait l'objet d'un consensus de plus en plus grand[*18]. Bruno cita l'Amérique latine à titre d'«exemple parfait de crises profondes apparemment bénéfiques» et s'attarda en particulier sur l'Argentine, où, dit-il, le président Menem et son ministre des Finances, Domingo Cavallo, avaient l'art de «profiter du climat d'urgence» pour réaliser d'importantes privatisations. Au cas où l'auditoire n'aurait pas bien compris, Bruno ajouta : «Je tiens à réitérer l'importance d'un thème majeur : l'économie politique des crises graves tend à déboucher sur des réformes radicales aux résultats positifs.»

Dans ce contexte, il affirma que les organisations internationales ne devaient pas se contenter de profiter des crises économiques existantes pour faire avancer le consensus de Washington : elles devaient, à titre préemptif, supprimer l'aide afin que les crises s'aggravent. «Un contrecoup (par exemple une diminution des revenus du gouvernement ou de l'aide étrangère) peut en réalité *accroître* le bien-être en raccourcissant l'attente [des réformes]. L'idée que "la situation doit dégénérer avant de s'améliorer" vient naturellement à l'esprit. [...] En fait, il est possible qu'un pays se tire mieux d'affaire en faisant face à une grave crise d'hyperinflation qu'en restant embourbé dans une succession de crises moins sévères.»

Bruno admettait que la perspective d'aggraver ou de provoquer un effondrement de l'économie était effrayante – les salaires des employés de l'État ne seraient pas versés, l'infrastructure se dégraderait –, mais, en bon disciple de l'école de Chicago, il pria instamment les membres de l'auditoire de considérer la destruction comme le premier stade de la création : «Avec l'aggravation de la crise, *le gouvernement risque de s'étioler petit à petit*, dit-il. Une telle évolution a des effets positifs : au moment de l'adoption de la réforme, le pouvoir des groupes

---

* S'il n'a pas étudié à l'université de Chicago, Bruno fut l'élève et le protégé de Don Patinkin, membre éminent de l'école de Chicago. C'est lui qui, dans une déclaration citée antérieurement, a comparé la vision économique de Chicago au marxisme, en raison de sa «complétude logique».

d'intérêt sera peut-être amoindri, et un leader qui préconise une solution à long terme plutôt qu'un rafistolage provisoire a des chances de faire accepter la réforme[19]. »

Les accros de la crise de Chicago étaient assurément lancés dans une fulgurante trajectoire intellectuelle. À peine quelques années plus tôt, ils avaient laissé entendre que l'hyperinflation était susceptible de créer des conditions favorables à l'adoption de politiques de choc. Et voilà qu'un économiste en chef de la Banque mondiale, institution financée à même les impôts des contribuables de 178 pays et ayant le mandat de renforcer et de reconstruire des économies vacillantes, proposait de provoquer délibérément la faillite des États pour permettre à ceux-ci de renaître de leurs cendres[20].

Pendant des années, des rumeurs avaient couru au sujet de la participation des institutions financières internationales à la création de «pseudo-crises», pour reprendre les mots de Williamson, comme moyen d'obliger les pays à se plier à leur volonté, mais il était difficile d'en faire la preuve. Le témoignage le plus détaillé vint de Davison Budhoo, employé du FMI passé à la dénonciation, qui accusa l'organisation de trafiquer les livres comptables pour condamner à la perdition l'économie d'un pays pauvre, mais à la volonté inébranlable.

Né à la Grenade, Budhoo, économiste formé à la London School of Economics, tranchait sur ses collègues de Washington en raison de son style personnel : ses cheveux se dressaient sur sa tête, façon Einstein, et il préférait le blouson au complet rayé. Il avait travaillé pendant douze ans au FMI, où son boulot consistait à élaborer des programmes d'ajustement structurel pour l'Afrique, l'Amérique latine et ses Antilles natales. Lorsque l'organisation effectua un virage à droite prononcé, à l'ère du thatchérisme et du reaganisme, Budhoo, d'une grande indépendance d'esprit, se sentit de plus en plus mal à l'aise dans son milieu de travail. Le FMI était désormais truffé de Chicago Boys soumis à l'autorité de Michel Camdessus, économiste néolibéral convaincu. Après avoir quitté son poste en 1988, Budhoo décida de consacrer sa vie à dévoiler les secrets de son ancien employeur. Tout commença par la remarquable lettre ouverte qu'il adressa à Camdessus, qui, comme celles d'André Gunder Frank à Friedman, une décennie plus tôt, adoptait le ton du «*J'accuse**».

---

* En français dans le texte. *(N.d.t.)*

Manifestant pour le langage un enthousiasme rare chez les économistes en chef du Fonds, Budhoo commençait sa lettre en ces termes : « Aujourd'hui, je démissionne de mon poste au Fonds monétaire international après douze années de service et 1 000 jours de travail sur le terrain, période au cours de laquelle j'ai fait avaler votre médecine et vos tours de passe-passe aux peuples d'Amérique latine, des Antilles et de l'Afrique. Cette démission est pour moi une inestimable libération : c'est le premier grand pas que je franchis dans l'espoir de laver un jour mes mains de ce qui, dans mon esprit, représente le sang de millions de pauvres et d'affamés. [...] Il y a tant de sang, vous savez, qu'il forme des rivières. Il sèche aussi ; il forme des croûtes sur tout mon corps. Parfois, j'ai l'impression qu'il n'y aurait pas assez de savon dans le monde pour me laver des gestes que j'ai commis en votre nom[21]. »

Budhoo entreprend ensuite d'étayer ses accusations. Il reproche au FMI d'utiliser les statistiques comme une arme « mortelle ». Avec force détails, il montre comment, en tant qu'employé du FMI, au milieu des années 1980, il a été mêlé à des cas de « fraudes statistiques » visant à exagérer les chiffres contenus dans les rapports du FMI concernant Trinité-et-Tobago, riche en pétrole, afin de donner l'impression que le pays était beaucoup plus instable qu'il ne l'était en réalité. Selon Budhoo, le FMI gonfla par plus du double une statistique vitale mesurant le coût de la main-d'œuvre dans le pays, afin de donner l'illusion d'une extrême improductivité – même si, comme il le précise, le fonds disposait de données exactes. Dans un autre cas, le fonds « inventa de toutes pièces » d'énormes dettes gouvernementales en souffrance[22].

Ces « irrégularités grossières », qui, selon Budhoo, étaient délibérées et non le résultat de calculs bâclés, furent acceptées telles quelles par les marchés financiers, qui rangèrent aussitôt Trinité-et-Tobago dans la catégorie des mauvais risques et mirent fin à son financement. Les problèmes économiques du pays – déclenchés par une diminution subite du prix du pétrole, sa principale exportation – devinrent rapidement catastrophiques, et il fut contraint de supplier le FMI de le tirer d'affaire. Le Fonds exigea en contrepartie l'acceptation de ce que Budhoo appelle sa « médecine la plus mortelle » : licenciements, diminutions de salaire et « toute la panoplie » des politiques d'ajustement structurel. Selon Budhoo, il s'agissait d'« un subterfuge visant à priver sciemment Trinité-et-Tobago d'une porte de sortie économique » et à « détruire l'économie du pays pour la convertir ensuite ».

Dans sa lettre, Budhoo, décédé en 2001, établit clairement qu'il ne conteste pas uniquement le traitement réservé à un seul petit pays par une poignée de fonctionnaires. Pour lui, l'ajustement structurel tel que le pratiquait un peu partout le FMI était une forme de torture de masse qui forçait «des gouvernements et des peuples "hurlant de douleur" à s'agenouiller devant nous, brisés, terrifiés et en voie de désintégration, à nous supplier de faire preuve d'un peu de raison et de décence. Mais nous leur rions au visage et la torture se poursuit de plus belle».

Après la publication de la lettre, le gouvernement de la Trinité commanda deux études indépendantes pour faire la lumière sur les accusations qu'elle contenait, qui se révélèrent fondées : le FMI avait bel et bien gonflé et fabriqué des chiffres, entraînant des effets dévastateurs sur le pays[23].

Malgré une telle corroboration, les allégations explosives de Budhoo disparurent sans presque laisser de traces : Trinité-et-Tobago est un petit archipel situé au large du Venezuela et, à moins que ses habitants ne prennent d'assaut le siège social du FMI en pleine 19e Rue, leurs récriminations ont peu de chances de faire la une des journaux. En 1996, on tira toutefois de la lettre une pièce intitulée *Mr. Budhoo's Letter of Resignation from the I.M.F. (50 Years Is Enough)*, qui fut présentée dans un petit théâtre de l'East Village à New York. La production reçut un accueil étonnamment élogieux de la part du *New York Times*, qui, dans une courte critique, loua sa «rare créativité» et ses «accessoires inventifs[24]». Le nom de Budhoo était apparu pour la première et la dernière fois dans le *New York Times*.

CHAPITRE TREIZE

Qu'elle brûle !

Le pillage de l'Asie
et « la chute d'un deuxième mur de Berlin »

L'argent va là où l'occasion se trouve. Et à l'heure actuelle,
il se trouve que l'Asie est bon marché.

> Gerard Smith, banquier (institutions financières)
> chez UBS Securities de New York, à propos de la crise
> asiatique de 1997-1998[1].

Les temps heureux font de la mauvaise politique.

> Mohammad Sadli, conseiller économique
> du président indonésien, le général Suharto[2].

Les questions semblaient pourtant simples. Quel pouvoir
d'achat votre salaire vous procure-t-il ? Suffit-il à payer votre
logement et vos repas ? Gagnez-vous assez d'argent pour en
donner à vos parents ? Et les frais de transport entre l'usine et
la maison ? J'avais beau les formuler de toutes les manières, je
n'avais droit qu'à des « Ça dépend » et à des « Je ne sais pas ».

« Il y a quelques mois, m'expliqua une jeune ouvrière de
dix-sept ans qui cousait des vêtements Gap près de Manille,
j'avais assez d'argent pour en envoyer un peu chez moi tous
les mois, mais maintenant je ne gagne plus assez pour me
nourrir moi-même. » « A-t-on réduit votre salaire ? » voulus-je
savoir. « Non, je ne crois pas, répondit-elle, un peu perplexe.
Mais je ne peux pas acheter grand-chose. Les prix augmentent
toujours. »

C'était à l'été 1997, et j'étais en Asie pour effectuer des
recherches sur les conditions de travail dans les usines
florissantes où étaient produits des biens destinés à
l'exportation. Je me rendis vite compte que les ouvriers faisaient
face à des problèmes beaucoup plus graves que les heures

supplémentaires forcées et les contremaîtres injustes : leurs pays s'enlisaient rapidement dans ce qui se transformerait bientôt en dépression complète. En Indonésie, où la crise était encore plus profonde, l'atmosphère semblait dangereusement instable. La devise nationale se dépréciait à vue d'œil. Un jour, les ouvriers pouvaient s'offrir du riz et du poisson ; le lendemain, ils ne vivaient plus que de riz. Dans les taxis et les restaurants où j'engageais la conversation, chacun avait la même théorie sur la cause du problème : «Les Chinois», me disait-on en l'occurrence. C'étaient les représentants de l'ethnie chinoise en Indonésie, classe de marchands qui semblaient particulièrement avantagés par l'augmentation des prix et qui, par conséquent, faisaient les frais du mécontentement populaire. Voilà ce qu'avait voulu dire Keynes en mettant ses contemporains en garde contre les dangers du chaos économique – on ne sait jamais quel mélange de colère, de racisme et de révolution on risque de faire éclore.

Les pays de l'Asie du Sud-Est étaient d'autant plus portés à croire à une conspiration et à viser des boucs émissaires ethniques que, en apparence, la crise économique n'avait pas de cause rationnelle. À la télévision et dans les journaux, on évoquait une maladie mystérieuse, mais fortement contagieuse – la «grippe asiatique», ainsi qu'on qualifia aussitôt l'effondrement des marchés. Lorsqu'elle s'étendit à l'Amérique latine et à la Russie, on parla plutôt de la «contagion de la crise asiatique».

Quelques semaines à peine avant la débâcle, pourtant, ces pays faisaient figure d'exemples de bonne santé et de vitalité économiques – c'étaient les «tigres de l'Asie», les réussites les plus spectaculaires de la mondialisation. Un jour, les courtiers disaient à leurs clients qu'il n'y avait pas de plus sûr chemin vers la richesse que d'investir leurs économies dans les fonds communs de placements des «pays émergents» ; le lendemain, ils retiraient leurs billes en masse tandis que les *traders* spéculaient contre les devises – le baht, le ringgit, la rupiah, causant, selon *The Economist*, «une destruction d'épargne comme on n'en voit en général qu'en temps de guerre[3]». Et pourtant, dans ces économies, rien d'observable n'avait changé. Pour l'essentiel, elles étaient encore dirigées par des élites faites de vieux copains, elles n'avaient pas été victimes de catastrophes naturelles, elles n'étaient ni en guerre ni aux prises avec de lourds déficits – certaines n'en avaient pas du tout. De nombreux puissants conglomérats étaient fortement endettés, mais ils produisaient de tout, des baskets aux voitures, et leurs ventes étaient meilleures que jamais. En 1996, les investisseurs avaient jugé opportun d'injecter 100 milliards de dollars en Corée du Sud ; l'année suivante, le pays affichait un désinvestissement de 20 milliards de dollars, ce qui représente un écart de 120 milliards[4]. Comment était-ce possible ? Et comment expliquer ce genre de coup de fouet monétaire ?

En l'occurrence, les pays d'Asie furent victimes d'un effet de panique, rendu fatal par la vitesse et la volatilité des marchés mondialisés. Une simple rumeur selon laquelle la Thaïlande n'avait pas assez de dollars pour soutenir sa devise déclencha un sauve-qui-peut au sein de la horde électronique. Les banques réclamèrent le remboursement de leurs prêts, et le marché immobilier, véritable bulle soutenue par une croissance ultrarapide, se dégonfla aussitôt. La construction de centres commerciaux, de gratte-ciel et d'hôtels s'interrompit d'un seul coup. Des grues immobiles trônaient au-dessus de la ligne des toits de Bangkok. À une époque où le capitalisme était plus lent, la crise se fût peut-être arrêtée là, mais parce que les courtiers en fonds communs de placement avaient regroupé tous les tigres de l'Asie dans les mêmes produits de placement, la chute de l'un entraîna celle des autres. Après la Thaïlande, la panique fit tache d'huile. En Indonésie, en Malaisie, aux Philippines et même en Corée du Sud, onzième économie mondiale et étoile scintillante au firmament de la mondialisation, on assista à une saignée des capitaux.

Les gouvernements asiatiques furent contraints de vider leurs banques de réserve pour soutenir la devise. La crainte initiale devenait réalité : certains pays étaient acculés à la faillite. Le marché réagit en ajoutant à la panique. En une seule année, les marchés boursiers perdirent 600 milliards de dollars – une richesse qu'il avait fallu des décennies pour bâtir[5].

La crise entraîna des actes désespérés. En Indonésie, des citoyens sans le sou prirent d'assaut les magasins des villes et emportèrent tout ce qu'ils pouvaient. Dans un incident particulièrement horrible, un centre commercial de Jakarta prit feu pendant qu'on le pillait, et des centaines de personnes furent brûlées vives[6].

En Corée du Sud, des chaînes de télévision organisèrent une campagne massive invitant les citoyens à faire don de leurs bijoux en or : on les ferait fondre et on utiliserait le métal pour éponger les dettes du pays. Quelques semaines plus tard, trois millions de personnes s'étaient séparées de leurs colliers, de leurs boucles d'oreilles, de leurs médailles et de leurs trophées sportifs. Une femme donna son alliance et un cardinal sacrifia sa croix en or. Les télévisions diffusaient des jeux kitsch sur le thème « Donnez votre or ». Malgré les 200 tonnes d'or recueillies, assez pour faire fléchir le cours mondial, la devise continua de chuter[7].

Comme à l'époque de la Grande Dépression, la crise provoqua une épidémie de suicides, les familles voyant l'épargne de toute une vie disparaître du jour au lendemain, et des dizaines de milliers de petites entreprises fermèrent leurs portes. En Corée du Sud, le taux de suicide augmenta de 50 % en 1998. C'est chez les personnes de plus de 60 ans que cette hausse fut la plus marquée, car des parents âgés s'efforçaient d'alléger le fardeau de leurs enfants. La presse coréenne fit également état d'une recrudescence inquiétante des pactes de suicide familiaux, c'est-à-dire des pères organisant des pendaisons collectives au sein de leur foyer criblé de dettes. Les autorités firent une mise au point : « Comme seule la mort du chef [de famille] est considérée comme un suicide, et les autres décès comme des meurtres, le nombre réel de suicides est en réalité beaucoup plus élevé que ne le montrent les statistiques[8]. »

La crise asiatique naquit d'un cycle de peur classique. Seul aurait pu l'atténuer un geste comme celui qui sauva la devise mexicaine lors de la « crise tequila » de 1994 : l'octroi rapide d'un prêt décisif – preuve, aux yeux du marché, que le Trésor des États-Unis n'entendait pas laisser tomber le Mexique[9]. Rien de tel ne s'annonçait en Asie. Dès le début de la crise, au contraire, un nombre surprenant de gros bonnets de l'establishment financier déclarèrent à l'unisson : Ne venez pas en aide à l'Asie.

Milton Friedman lui-même, désormais octogénaire, fit une rare apparition sur les ondes de CNN pour dire au présentateur Lou Dobbs qu'il s'opposait à toute forme de renflouement et que le marché se rétablirait tout seul. « Eh bien, professeur, je ne saurais vous dire ce que représente votre participation à notre discussion sémantique », déclara Dobbs, si impressionné par son invité que c'en était gênant. Cette position (« Laissez-les couler ») fut reprise en chœur par un vieil ami de Friedman, Walter Wriston, ex-patron de la Citibank, et par George Shultz, qui travaillait aux côtés de Friedman au Hoover Institute et siégeait au conseil d'administration de la maison de courtage Charles Schwab[10].

La plus importante banque d'investissement de Wall Street, Morgan Stanley, partageait ouvertement ce point de vue. Jay

Pelosky, stratégiste vedette des marchés émergents, déclara, à l'occasion d'une conférence organisée à Los Angeles par le Milken Institute (célèbre pour les *junk bonds* ou, si on préfère, les obligations pourries), qu'il était impératif que le FMI et le Trésor des États-Unis s'abstiennent d'alléger les souffrances causées par une crise aussi grave que celle des années 1930. « Ce qu'il nous faut, en Asie, c'est d'autres mauvaises nouvelles. Nous avons besoin de mauvaises nouvelles pour stimuler l'ajustement », dit Pelosky[11].

L'administration Clinton s'aligna sur Wall Street. Lors du Sommet de l'Organisation de coopération économique Asie-Pacifique (APEC) tenu à Vancouver en novembre 1997, quatre mois après le krach, Bill Clinton provoqua l'ire de ses homologues asiatiques en minimisant ce qu'eux considéraient comme une apocalypse. Ce n'était, dit-il, « que de menus écueils sur la route[12] ». Le message était clair : le Trésor des États-Unis n'entendait pas stopper l'hémorragie. Fidèle au laisser-faire qui le distinguait depuis la Russie, le FMI, organisation pourtant créée pour prévenir les krachs comme celui-là, décida de ne pas bouger. Il finit par réagir – mais pas au moyen du genre de prêt de stabilisation rapide et urgent qu'exigeait une crise purement financière. Gonflé à bloc par la certitude que la crise asiatique était, suivant le précepte de l'école de Chicago, une occasion déguisée, il produisit une longue liste d'exigences.

Au début des années 1990, les partisans du libre-échange, chaque fois qu'ils cherchaient une réussite convaincante à évoquer dans le cadre d'un débat, citaient en exemples les tigres de l'Asie, économies miraculeuses dont la croissance était fulgurante parce que, laissait-on entendre, elles avaient ouvert leurs frontières à la mondialisation sans contrainte. C'était une fiction commode. Les tigres se développaient à la vitesse de l'éclair, certes, mais il était faux de prétendre que seul le libre-échange expliquait leur expansion. En fait, la Malaisie, la Corée du Sud et la Thaïlande maintenaient des politiques très protectionnistes qui interdisaient aux étrangers de posséder des terres et d'acheter des entreprises nationales. L'État jouait un rôle prépondérant dans ces pays, et des secteurs clés comme l'énergie et les transports demeuraient aux mains du public. Les tigres avaient également fait obstacle à de nombreuses importations en provenance du Japon, de l'Europe et de l'Amérique du Nord pour bâtir leurs propres marchés intérieurs. Ils étaient à coup sûr des réussites économiques, mais leur succès montrait que les économies mixtes et dirigées croissaient de façon plus rapide et plus équitable que celles qui s'inspiraient du modèle du Far West incarné par le consensus de Washington.

La situation déplaisait fort aux banques d'investissement et aux multinationales occidentales et japonaises. À la vue de l'explosion du marché de la consommation en Asie, elles brûlaient, on le comprend, du désir d'y accéder librement pour y vendre leurs produits. Elles voulaient aussi avoir le droit de faire main basse sur les entreprises les plus alléchantes des tigres de l'Asie, en particulier les impressionnants conglomérats coréens comme Daewoo, Hyundai, Samsung et LG. Au milieu des années 1990, sous la pression du FMI et de la toute nouvelle Organisation mondiale du commerce, les gouvernements asiatiques acceptèrent de couper la poire en deux : ils préserveraient les lois qui mettaient leurs entreprises à l'abri des prises de contrôle étrangères et résisteraient aux pressions en faveur de la privatisation, mais ils ouvriraient leurs secteurs financiers. D'où un déluge d'échanges de devises et d'investissements dans des effets de commerce.

Si le flux des capitaux fébriles se renversa en 1997, c'est précisément à cause de ces investissements spéculatifs, légalisés par suite des pressions exercées par l'Occident. Wall Street, bien sûr, ne vit pas les choses de cet œil. Les principaux analystes en placements considérèrent la crise comme une occasion d'éliminer une fois pour toutes les barrières commerciales qui protégeaient encore les marchés asiatiques. Jay Pelosky, le stratégiste de chez Morgan Stanley, analysa crûment la situation. Si la crise s'aggravait, la région se viderait de ses devises étrangères, et les entreprises appartenant à des intérêts asiatiques auraient une alternative : fermer leurs portes ou se vendre à des sociétés étrangères – résultats favorables pour Morgan Stanley, dans un cas comme dans l'autre. «J'aimerais assister à des fermetures d'entreprises et à des ventes d'actifs. [...] Les ventes d'actifs sont très difficiles ; en général, les propriétaires refusent de vendre, à moins d'y être contraints. Il nous faudrait d'autres mauvaises nouvelles pour obliger ces derniers à se départir de leurs sociétés[13]. »

Certains virent la dissolution de l'Asie dans une perspective encore plus grandiose. José Piñera, le ministre vedette de Pinochet, qui travaillait maintenant au Cato Institute de Washington, DC, accueillit la crise avec une jubilation non dissimulée. «Le jour du Jugement est arrivé », proclama-t-il. À ses yeux, la crise était le plus récent chapitre de la guerre que les Chicago Boys et lui avaient déclarée au Chili dans les années 1970. La chute des tigres, écrivit-il, n'est rien de moins que « la chute d'un deuxième mur de Berlin », soit la mort de « l'idée selon laquelle il existe une "troisième voie" entre le capitalisme démocratique libéral et l'étatisme socialiste[14] ».

Le point de vue de Piñera n'avait rien de marginal. C'était aussi celui d'Alan Greenspan, président de la Réserve fédérale des États-Unis, sans doute, en matière d'économie, le plus important décideur du monde. La crise, selon Greenspan, était un « événement très dramatique menant à un consensus semblable au système de notre pays ». Il souligna aussi que « la crise actuelle accélérera vraisemblablement, dans de nombreux pays d'Asie, le démantèlement des vestiges d'un système dans lequel le gouvernement dirige en grande partie les investissements[15] ». En d'autres termes, la destruction de l'économie dirigée telle qu'on la connaissait en Asie était une façon de créer une nouvelle économie à l'américaine – l'« accouchement difficile » d'une Asie nouvelle, pour emprunter une expression qui referait surface dans un cadre encore plus violent, quelques années plus tard.

Michel Camdessus, qui, en tant que directeur général du FMI, venait sans doute tout de suite après Greenspan dans l'ordre d'importance des décideurs en matière de politique monétaire, exprima une opinion semblable. Dans le cadre d'une rare interview, il se dit d'avis que la crise offrait à l'Asie l'occasion de muer et de recommencer à neuf : « Les modèles économiques ne sont pas éternels, dit-il. À certains moments, ils sont utiles ; à d'autres [...] ils deviennent désuets et doivent être abandonnés[16]. » La crise, déclenchée par une rumeur ayant eu pour effet de transformer la fiction en réalité, justifiait apparemment un tel geste.

Soucieux de ne pas laisser filer pareille occasion, le FMI – après avoir laissé la situation dégénérer pendant des mois – entama enfin des négociations avec les gouvernements asiatiques en difficulté. Le seul pays à avoir résisté à l'offensive fut la Malaisie, en raison de son endettement relativement limité. Le controversé premier ministre du pays, Mahathir Mohamad, déclara qu'« il ne voyait pas pourquoi l'économie devait être détruite pour être améliorée ». À l'époque, la déclaration suffit à le ranger dans le camp des radicaux intempestifs[17]. Les autres économies asiatiques frappées par la crise avaient trop besoin de devises étrangères pour refuser les dizaines de milliards de dollars en prêts que faisait miroiter le FMI : la Thaïlande, les Philippines, l'Indonésie et la Corée du Sud acceptèrent de négocier. « On ne peut pas forcer un pays à demander de l'aide.

Il doit venir à vous. Mais quand il est à court d'argent, il n'a pas beaucoup de recours», déclara Stanley Fischer, responsable des pourparlers pour le FMI[18].

Fischer avait été l'un des plus ardents partisans de la thérapie de choc en Russie. Malgré les terribles ravages qu'elle aurait dans la population, il se montra tout aussi impitoyable en Asie. Quelques gouvernements lui opposèrent l'argument suivant : puisque la crise avait été causée par la facilité avec laquelle l'argent entrait et sortait, sans mécanismes pour en ralentir la circulation, il y avait peut-être lieu de rétablir quelques barrières – les «contrôles des mouvements de capitaux» tant redoutés. La Chine, faisant fi des conseils de Friedman sur ce plan, avait conservé les siens, et elle était le seul pays de la région épargné par la crise. La Malaisie avait rétabli les siens, et les résultats semblaient encourageants.

Fischer et l'équipe du FMI repoussèrent l'idée du revers de la main[19]. Le FMI ne s'intéressait aucunement aux causes de la crise. À la manière d'un interrogateur à la recherche du point faible d'un prisonnier, le Fonds se concentrait uniquement sur l'utilisation de la crise comme monnaie d'échange. Le krach avait forcé un groupe de pays indépendants à implorer son aide. Ne pas en profiter aurait été, suivant la logique des Chicago Boys qui dirigeaient le FMI, faire preuve de négligence professionnelle.

Leurs coffres à sec, les tigres de l'Asie étaient, du point de vue du FMI, démolis. Il fallait maintenant les rebâtir. Dans un premier temps, il s'agissait de les débarrasser de toutes «les protections touchant le commerce et l'investissement de même que des ingérences de l'État interventionniste, ingrédients clés du "miracle asiatique"», ainsi que l'écrivit le politologue Walden Bello[20]. Le FMI exigea aussi d'importantes compressions budgétaires, lesquelles se traduisirent par des licenciements massifs dans la fonction publique de ces pays dont les citoyens s'enlevaient déjà la vie en nombre record. Après coup, Fischer admit que le FMI en était venu à la conclusion que la crise en Corée et en Indonésie n'était pas due à des dépenses gouvernementales excessives. Néanmoins, il utilisa l'avantage extraordinaire que lui conférait la situation pour leur imposer de cruelles mesures d'austérité. Comme l'écrivit un journaliste du *New York Times*, le FMI agit «comme le cardiochirurgien qui, au beau milieu d'un intervention, décide de réparer à tout hasard les poumons et les reins*[21]».

---

* On qualifie souvent le FMI de pantin du Trésor des États-Unis, mais jamais les ficelles ne furent plus visibles qu'au cours de ces négociations. Pour

Une fois débarrassés de leurs vieilles façons de faire par le FMI, les tigres pouvaient renaître de leurs cendres, à la mode de l'école de Chicago : privatisation des services essentiels, banques centrales indépendantes, «assouplissement» des conditions de travail, faibles dépenses sociales et, bien entendu, libre-échange absolu. Aux termes des nouveaux accords, la Thaïlande autorisa les étrangers à détenir une forte participation dans ses banques, l'Indonésie supprima les subventions alimentaires et la Corée du Sud abrogea les lois protégeant les travailleurs contre les licenciements collectifs[22]. Le FMI alla même jusqu'à fixer des objectifs précis pour les congédiements en Corée : pour que le pays obtînt son prêt, le secteur bancaire devait renvoyer 50 % de ses effectifs (proportion par la suite ramenée à 30 %[23]). Ces exigences revêtaient une importance capitale pour les multinationales occidentales, qui tenaient absolument à pouvoir rationaliser les entreprises qu'elles convoitaient. Le mur de Berlin de Piñera était bel et bien en train de tomber.

Une année avant le début de la crise, de telles mesures auraient été impensables. À l'époque, les syndicats coréens étaient à l'apogée de leur puissance. Ils avaient réagi à un projet de loi visant la réduction de la sécurité d'emploi en déclenchant la série de grèves la plus massive et la plus radicale de l'histoire du pays. Mais, depuis l'avènement de la crise, les règles du jeu avaient changé. Les difficultés économiques étaient telles que le gouvernement (comme celui de nombreux pays aux prises avec une situation analogue, de la Bolivie à la Russie) s'arrogea des pouvoirs autoritaires à titre provisoire – le temps d'adopter les décrets imposés par le FMI.

En Thaïlande, par exemple, le programme de choc fut adopté au moyen de quatre décrets d'urgence, et non par la voie de débats parlementaires à l'Assemblée nationale, comme le voulait la procédure normale. «Nous avons perdu notre autonomie, la possibilité de décider de notre politique microéconomique. C'est malheureux», concéda le vice-premier ministre thaïlandais, Supachai Panitchpakdi (qu'on récompensa par la suite de son

---

s'assurer que les accords définitifs tiendraient compte des intérêts des entreprises américaines, David Lipton, sous-secrétaire au Trésor chargé des affaires internationales (qui avait travaillé aux côtés de Sachs au moment de l'imposition de la thérapie de choc en Pologne), se rendit en Corée du Sud et descendit au Hilton de Séoul – l'hôtel où se déroulaient les négociations entre le gouvernement coréen et le FMI. La présence de Lipton était, selon Paul Blustein du *Washington Post*, «une preuve tangible de l'influence des États-Unis sur la politique du FMI».

attitude conciliante en le nommant au poste de président de l'OMC[24]). En Corée du Sud, la subversion de la démocratie par le FMI fut encore plus manifeste. Dans ce pays, la fin des négociations coïncida avec la tenue d'élections présidentielles. Or deux des candidats faisaient campagne contre le FMI. Ce dernier, dans un geste extraordinaire d'ingérence dans les affaires d'une nation souveraine, n'accepta de débloquer les fonds que le jour où les quatre principaux candidats se furent engagés à respecter les nouvelles règles en cas de victoire. Le pays ainsi mis à rançon, le FMI triompha : les quatre candidats signèrent un engagement écrit[25]. Jamais encore la volonté de l'école de Chicago de mettre les questions économiques hors d'atteinte de la démocratie ne s'était exprimée aussi clairement : vous avez beau voter, dit-on en substance aux Sud-Coréens, vos voix n'auront aucune incidence sur la gestion et l'organisation de l'économie. (Le jour de la signature de l'accord fut aussitôt surnommé la «Journée nationale d'humiliation» de la Corée du Sud[26].)

Dans l'un des pays les plus durement touchés, on pouvait se passer de telles mesures de refoulement de la démocratie. L'Indonésie, premier pays de la région à ouvrir ses frontières à l'investissement étranger déréglementé, était sous la botte du général Suharto depuis plus de trente ans. Avec l'âge, comme c'est souvent le cas chez les dictateurs, ce dernier se conformait moins volontiers aux diktats de l'Occident. Après avoir vendu à vil prix les richesses pétrolières et minières de l'Indonésie à des sociétés étrangères pendant des décennies, il en avait eu assez d'enrichir les autres et avait passé les dix dernières années à s'occuper de lui-même, des membres de sa famille et des copains avec qui il jouait au golf. Par exemple, le général avait versé de généreuses subventions à une usine de fabrication de voitures qui appartenait à son fils Tommy, au grand dam de Ford et de Toyota, qui ne voyaient pas pourquoi ils devraient soutenir la concurrence de ce que des analystes appelèrent les «jouets de Tommy[27]».

Pendant quelques mois, Suharto tenta de tenir tête au FMI et alla jusqu'à faire adopter un budget où ne figuraient pas les compressions exigées. Le Fonds riposta en faisant souffrir le pays encore davantage. Officiellement, les représentants du FMI ne peuvent pas parler aux journalistes lorsque des négociations sont en cours : la moindre indiscrétion risquerait en effet d'avoir des conséquences dramatiques sur le marché. Cela n'empêcha toutefois pas un «cadre supérieur du FMI» non nommé de déclarer au *Washington Post* que «les marchés s'interrogent sur la volonté des hauts dirigeants de l'Indonésie d'appliquer le programme et, en particulier, les principales mesures de la réforme». Dans l'article, on laissait entendre que le FMI risquait de punir l'Indonésie en retenant les prêts annoncés. Dès sa parution, la devise du pays dégringola ; elle perdit 25 % de sa valeur en un seul jour[28].

Ébranlé par ce coup violent, Suharto céda. «Pourrait-on me trouver un économiste qui comprend ce qui se passe?» aurait demandé le ministre des Affaires étrangères de l'Indonésie[29]. Suharto en dénicha un et même plusieurs. Pour garantir que les négociations se dérouleraient sans encombre, il rappela les membres de la mafia de Berkeley, eux qui, après avoir joué un rôle marquant pendant les premiers jours du régime, avaient vu leur influence s'émousser auprès du général vieillissant. Après une longue traversée du désert, ils étaient de retour aux commandes. Widjojo Nitisastro, connu en Indonésie comme le «doyen de la mafia de Berkeley», dirigea les négociations. «Lorsque tout va bien, on range Widjojo et les économistes dans un coin sombre et le président Suharto parle à ses acolytes, dit Mohammad Sadli, ex-ministre de Suharto. Les technocrates sont à leur mieux en temps de crise. À l'heure actuelle, ils ont l'oreille du président, qui ordonne aux autres ministres de se la fermer[30].» Du coup, le ton des négociations avec le FMI se fit nettement plus collégial. C'était plutôt «comme des discussions intellectuelles. Il n'y avait aucune pression, ni d'un côté ni de l'autre», expliqua un membre de l'équipe de Widjojo. Naturellement, le FMI obtint satisfaction sur presque toute la ligne – en tout, 140 «ajustements» furent adoptés[31].

LE DÉVOILEMENT

Du point de vue du FMI, la crise se déroulait à merveille. En moins d'un an, il avait réussi à négocier l'équivalent économique de métamorphoses extrêmes pour la Thaïlande, l'Indonésie, la Corée du Sud et les Philippines[32]. La chirurgie radicale terminée, le moment décisif était enfin arrivé : celui du dévoilement des sujets relookés et revampés devant un auditoire frappé de stupeur – en l'occurrence, les marchés boursiers et financiers mondiaux. Si tout se passait comme prévu, dès que le FMI lèverait le rideau sur ses nouvelles créations, les capitaux fébriles qui avaient fui l'Asie l'année précédente reviendraient au triple galop, séduits par les actions, les obligations et les devises des tigres, désormais irrésistibles. La réaction fut toute différente : le marché paniqua. Le raisonnement était le suivant : si le FMI voyait les tigres comme des cas à ce point désespérés qu'il fallait repartir de zéro, l'Asie était en bien plus mauvaise posture qu'on l'avait d'abord craint.

Au lieu d'accourir, les *traders* répondirent au grand dévoilement du FMI en retirant d'autres capitaux et en spéculant encore plus férocement contre les devises asiatiques. La Corée perdait un milliard de dollars par jour et sa dette fut reléguée au rang des obligations pourries. L'« aide » du FMI avait transformé la crise en désastre. Ou, pour reprendre les mots de Jeffrey Sachs, désormais en guerre contre les institutions financières internationales : « Au lieu d'éteindre les flammes, le FMI a crié "Au feu !" en plein théâtre[33]. »

Le coût humain de l'opportunisme du FMI fut presque aussi élevés en Asie qu'en Russie. L'Organisation internationale du travail estime à 24 millions le nombre de personnes qui perdirent leur emploi au cours de cette période ; en Indonésie, le taux de chômage passa de 4 à 12 %. Au plus fort de la « réforme », la Thaïlande perdait 2 000 emplois par jour – 60 000 par mois. En Corée du Sud, 300 000 travailleurs étaient congédiés tous les mois, en grande partie à cause d'exigences tout à fait superflues de la part du FMI (sabrer dans les dépenses gouvernementales et augmenter fortement les taux d'intérêt). Entre 1997 et 1999, le taux de chômage de la Corée du Sud et de l'Indonésie avait presque triplé. Comme dans l'Amérique latine des années 1970, les pays concernés perdirent ce qu'il y avait de vraiment remarquable dans le « miracle » : une classe moyenne à la fois importante et croissante. En 1996, 63,7 % des Sud-Coréens se disaient de classe moyenne ; en 1999, la proportion n'était plus que de 38,4 %. Selon la Banque mondiale, vingt millions d'Asiatiques furent condamnés à la pauvreté au cours de la période que Rodolfo Walsh avait qualifié de « misère planifiée[34] ».

Les statistiques dissimulent toutes une longue histoire de sacrifices déchirants et de décisions mal avisées. Comme toujours, les femmes et les enfants furent les grands perdants de la crise. Aux Philippines et en Corée du Sud, de nombreuses familles des régions rurales vendirent leurs filles à des trafiquants d'êtres humains qui les firent travailler comme prostituées en Australie, en Europe et en Amérique du Nord. En Thaïlande, les responsables de la santé publique firent état d'une recrudescence de la prostitution infantile de 20 % en une année seulement – celle qui suivit l'imposition des réformes du FMI. Aux Philippines, on observa un phénomène analogue.

«Les riches ont profité du boom. Nous, les pauvres, avons fait les frais de la crise», dit Khun Bunjan, leader communautaire du nord-est de la Thaïlande. Après le licenciement de son mari ouvrier, elle fut contrainte d'envoyer ses enfants travailler comme glaneurs. «L'accès limité que nous avions aux écoles et aux services de santé est en train de disparaître[35]. »

C'est dans ce contexte que la secrétaire d'État américaine, Madeleine Albright, se rendit en Thaïlande, en mars 1999, et jugea bon de reprocher aux Thaïlandais de se tourner vers la prostitution et «l'impasse de la drogue». On doit «absolument éviter d'exploiter et de maltraiter les filles et surtout de les exposer au sida. Il est très important de riposter», affirma Albright, d'une fermeté morale à toute épreuve. Apparemment, elle ne voyait aucun lien entre le fait que de si nombreuses jeunes Thaïlandaises fussent contraintes de se prostituer et les politiques d'austérité auxquelles, à l'occasion du même voyage, elle se déclara «très favorable». Dans le contexte de la crise, l'attitude de l'Américaine rappelait celle de Milton Friedman qui s'était dit mécontent des violations des droits de l'homme par Pinochet ou de Deng Xiaoping tout en les félicitant d'adhérer sans réserve aux principes de la thérapie de choc[36].

AU BANQUET DES RUINES

En général, l'histoire de la crise asiatique s'arrête ici : le FMI a tenté de la contenir, mais il a échoué. C'est la conclusion à laquelle en arrivèrent aussi les responsables de l'audit interne du FMI. Le Bureau indépendant d'évaluation du Fonds jugea les demandes d'ajustement structurel «mal avisées», «plus vastes que nécessaire» et «non essentielles au règlement de la crise». Il lança également une mise en garde : «On ne devrait pas voir les crises comme des occasions d'imposer une longue liste de réformes, aussi justifiées soient-elles, simplement parce qu'on a la main haute sur les négociations*. » Dans un chapitre particulièrement sévère, les auteurs du rapport d'audit interne accusent le FMI d'être si aveuglé par l'idéologie néolibérale que le seul fait d'envisager des mesures de contrôle du mouvement

---

* Pour une raison quelconque, ce rapport très critique ne fut publié qu'en 2003, cinq ans après les faits. Il était un peu tard pour mettre en garde contre l'exploitation opportuniste des crises : le FMI était en train de soumettre l'Afghanistan à un programme d'ajustement structurel et en préparait un autre pour l'Irak.

des capitaux lui semblait inimaginable. «S'il était hérétique de laisser entendre que les marchés financiers ne distribuaient pas les capitaux mondiaux de façon rationnelle et stable, il relevait du péché mortel que de songer à limiter le mouvement des capitaux[37]. »

Ce que peu de gens étaient disposés à admettre à l'époque, c'est que le FMI, s'il s'était montré défaillant à l'égard des pays asiatiques, n'avait pas laissé tomber Wall Street – bien au contraire. Les mesures draconiennes qu'il avait imposées avaient eu un effet désastreux sur les capitaux fébriles, certes, mais les maisons d'investissement et les multinationales s'en réjouirent. «Évidemment, il s'agit de marchés hautement volatils, déclara Jerome Booth, directeur de la recherche chez Ashmore Investment Management de Londres. C'est d'ailleurs ce qui les rend amusants[38]. » Ces entreprises en quête d'amusement se rendaient compte que, en raison des «ajustements» du FMI, presque tout était à vendre en Asie. Plus les marchés céderaient à la panique, et plus les sociétés asiatiques seraient pressées de vendre, d'où une chute spectaculaire des prix. Jay Pelosky de Morgan Stanley avait déclaré qu'il faudrait «d'autres mauvaises nouvelles pour obliger les propriétaires à se départir de leurs sociétés», et c'est exactement ce qui se produisit – grâce au FMI.

Ce dernier a-t-il aggravé la crise asiatique à dessein ou a-t-il simplement fait preuve d'une indifférence irresponsable? La question reste ouverte. L'interprétation la plus charitable est peut-être celle-ci : le Fonds savait qu'il ne pouvait pas perdre. Si les ajustements provoquaient une autre flambée des titres boursiers dans les marchés émergents, ce serait une aubaine; s'ils déclenchaient au contraire une nouvelle fuite de capitaux, les capitalistes vautours s'en donneraient à cœur joie. D'une manière ou de l'autre, le FMI se souciait si peu des conséquences d'une débâcle totale qu'il était prêt à jeter les dés. L'identité des gagnants du pari ne fait aujourd'hui aucun doute.

Deux mois après la conclusion de l'accord final du FMI avec la Corée du Sud, le *Wall Street Journal* fit paraître un article au titre révélateur : «Wall Street vampirise la zone Asie-Pacifique». L'entreprise de Pelosky et d'autres maisons en vue «ont dépêché dans la région de l'Asie-Pacifique une armée de banquiers qui faisaient la tournée des sociétés de courtage, des gestionnaires de portefeuilles et même des banques dans l'espoir de les acquérir pour une bouchée de pain. Il est urgent de mettre la main sur des sociétés asiatiques puisque de nombreuses maisons de courtage, Merrill Lynch & Co. et Morgan Stanley en tête, ont fait une priorité de l'expansion à l'étranger[39] ». Peu après, quelques transactions majeures furent conclues : Merrill Lynch acheta Yamaichi Securities du Japon et la plus importante maison de courtage de la Thaïlande, tandis qu'AIG s'adjugeait Bangkok Investment pour une fraction de sa valeur. JP Morgan s'assura une participation dans Kia Motors. Travelers Group et Salomon Smith Barney firent main basse sur l'un des plus importants fabricants de textile et d'autres entreprises de la Corée. Fait intéressant, le président du conseil d'administration international de Salomon Smith Barney, chargé de fournir à la société des conseils sur les fusions et les acquisitions, était alors Donald Rumsfeld (nommé en 1999). Dick Cheney y siégeait aussi. Parmi les grands gagnants, mentionnons aussi le Carlyle Group, énigmatique entreprise de Washington, connue pour assurer un coussin doré aux ex-présidents et ministres, de James Baker, ancien secrétaire d'État des États-Unis, à John Major, ex-premier ministre de la Grande-Bretagne, en passant par Bush père, qui y travailla comme consultant. Carlyle profita de ses contacts en haut lieu pour s'approprier la division des télécommunications de Daewoo, Ssangyong Information and Communication (l'une des plus importantes sociétés de haute technologie de la Corée), et il devint l'un des principaux actionnaires d'une grande banque coréenne[40].

Jeffrey Garten, ex-sous-secrétaire au Commerce des États-Unis, avait prédit que, à la fin de l'intervention du FMI, « on aurait droit à une Asie nouvelle, une Asie au sein de laquelle les entreprises américaines bénéficieront d'une pénétration et d'un accès beaucoup plus grands[41] ». Il ne croyait pas si bien dire. En moins de deux ans, le visage de l'Asie fut transformé en profondeur, les multinationales prenant la place de centaines de marques locales. Le *New York Times* parla de la « plus grande vente de faillite du monde » et *Business Week* d'« une foire de liquidation d'entreprises[42] ». En fait, on eut là un avant-goût du genre de capitalisme du désastre qui, au lendemain du 11 septembre, deviendrait la norme : on exploita une terrible tragédie pour permettre à des sociétés étrangères de prendre l'Asie d'assaut. Pas dans le but de créer leurs propres entreprises et de jouer le jeu de la concurrence, mais plutôt de s'approprier l'appareil tout entier, y compris la main-d'œuvre, la clientèle et l'image de marque bâtie pendant des décennies par des sociétés coréennes, souvent pour les fractionner, les rationaliser ou les fermer à seule fin d'éliminer la concurrence à laquelle étaient soumis leurs produits importés.

Le géant coréen Samsung, par exemple, fut découpé en morceaux et vendu à la pièce : Volvo obtint l'industrie lourde, SC Johnson & Son le secteur pharmaceutique et General Electric les luminaires. Quelques années plus tard, la division automobile de Daewoo, autrefois toute-puissante (la société en évaluait le prix à six milliards de dollars), fut vendue à GM pour 400 millions de dollars – aubaine digne de la thérapie de choc de la Russie. Cette fois, contrairement à ce qui s'était passé dans ce pays, les multinationales avalaient les entreprises locales[43].

D'autres ténors de l'industrie – notamment Seagram, Hewlett-Packard, Nestlé, Interbrew, Novartis, Carrefour, Tesco et Ericsson – eurent leur part du gâteau asiatique. Coca-Cola fit l'acquisition d'un embouteilleur coréen pour un demi-milliard de dollars ; Procter and Gamble fit main basse sur une entreprise d'emballage coréenne ; Nissan s'offrit l'un des plus importants fabricants de voitures de l'Indonésie. General Electric s'assura une participation majoritaire chez le fabricant de réfrigérateurs coréen LG ; Powergen de Grande-Bretagne s'adjugea LG Energy, importante entreprise coréenne du secteur de l'électricité et du gaz naturel. Selon *Business Week*, le prince saoudien Al-Walid ben Talal « parcourait l'Asie à bord de son Boeing 727 couleur crème et accumulait les aubaines » – y compris une participation dans Daewoo[44].

Naturellement, Morgan Stanley, le plus ardent partisan de l'aggravation de la crise, participa à bon nombre de ces transactions et toucha des commissions faramineuses. L'entreprise conseilla Daewoo au moment de la vente de sa division automobile et négocia la privatisation de quelques banques sud-coréennes[45].

Les étrangers ne mirent pas la main que sur des entreprises privées. Comme en Amérique latine et en Europe de l'Est, les gouvernements furent également contraints de vendre des sociétés publiques pour réunir les capitaux dont ils avaient le plus grand besoin. Très tôt, le gouvernement des États-Unis anticipa cette éventualité avec impatience. En expliquant au Congrès pourquoi il devrait autoriser le versement au FMI de milliards de dollars pour la transformation de l'Asie, Charlene Barshefsky, représentante au Commerce des États-Unis, donna l'assurance que « les accords créeraient de nouveaux débouchés pour les sociétés américaines » : l'Asie serait contrainte d'« accélérer la privatisation de secteurs cruciaux – notamment l'énergie, les transports, les services publics et les communications[46] ».

La crise, il va sans dire, déclencha une vague de privatisations, et les multinationales en firent leur beurre. Bechtel se vit confier la privatisation des canalisations d'aqueduc et d'égout de l'est de Manille et la construction d'une raffinerie de pétrole à Sulawesi, en Indonésie. Motorola prit le contrôle de la coréenne Appeal Telecom. Sithe, géant de l'énergie dont le siège social est à New York, obtint une importante participation dans Cogeneration, la société gazière publique de la Thaïlande. Les réseaux d'aqueduc de l'Indonésie furent répartis entre Thames Water de Grande-Bretagne et la Lyonnaise des Eaux de France. Westcoast Energy du Canada s'appropria un énorme projet de centrale électrique en Indonésie. British Telecom acheta une participation majeure dans les services postaux de la Malaisie et de la Corée. Bell Canada s'offrit une partie de Hansol, entreprise de télécommunications coréenne[47].

Au total, les multinationales étrangères, en vingt mois à peine, orchestrèrent 186 fusions et acquisitions majeures en Indonésie, en Thaïlande, en Corée du Sud, en Malaisie et aux Philippines. Devant ce spectacle, Robert Wade, économiste de la London School of Economics, et Frank Veneroso, économiste-conseil, prédirent que le programme du FMI « risquait de provoquer le plus important transfert d'actifs (en temps de paix) entre propriétaires nationaux et propriétaires étrangers des 50 dernières années, où que ce fût dans le monde[48] ».

Tout en admettant avoir commis certaines erreurs aux premiers jours de la crise, le FMI affirma qu'il avait rapidement corrigé le tir et que les programmes de « stabilisation » étaient une réussite. Il est vrai que les marchés asiatiques finirent par s'apaiser, mais à un coût terriblement élevé dont les effets se font encore sentir aujourd'hui. Au plus fort de la crise, Milton Friedman avait mis tout le monde en garde contre la panique : « La crise va passer, dit-il. […] Une fois réglé le gâchis financier, la croissance reviendra en Asie. Dans un an, deux ans, trois ans ? Personne ne le sait[49]. »

La vérité, c'est que, dix ans plus tard, la crise asiatique n'est toujours pas terminée. Lorsque 24 millions de personnes perdent leur emploi en deux ans, on assiste à l'apparition d'un désespoir nouveau, qu'aucune culture ne peut absorber facilement. Dans la région, il prit de multiples formes, d'une montée significative de l'extrémisme religieux en Indonésie et en Thaïlande à une croissance exponentielle de la prostitution infantile.

En Indonésie, en Malaisie et en Corée du Sud, le taux de chômage n'est toujours pas revenu au niveau d'avant 1997. S'il en est ainsi, ce n'est pas uniquement parce que les travailleurs licenciés pendant la crise n'ont jamais récupéré leur emploi. Les coupes sombres se sont poursuivies, les propriétaires étrangers exigeant un rendement toujours plus élevé sur leurs investissements. La vague de suicides se poursuit : en Corée du Sud, le suicide est la quatrième cause de décès en importance. Le nombre de victimes est deux fois plus élevé qu'avant la crise : chaque jour, 38 personnes s'enlèvent la vie[50].

Telles sont les conséquences systématiquement passées sous silence des politiques que le FMI qualifie de «programmes de stabilisation», un peu comme si les pays étaient des navires ballottés par les mers démontées du marché. Ils finissent par se stabiliser, certes, mais pas avant d'avoir dû jeter par-dessus bord des millions de passagers : fonctionnaires, propriétaires de petites entreprises, agriculteurs produisant le minimum vital, syndicalistes. Le secret honteux de la «stabilisation», c'est que la vaste majorité des gens ne réussissent pas à remonter dans le navire. Au lieu de quoi ils finissent dans des bidonvilles – où s'entassent aujourd'hui un milliard de personnes –, dans des bordels ou dans des conteneurs de marchandises. Ce sont les déshérités de la terre, ceux à propos desquels le poète allemand Rainer Maria Rilke écrit : «ce qui était ne leur appartient plus, et pas encore, ce qui s'approche[51]».

Ces gens ne furent pas les seules victimes de l'orthodoxie parfaite exigée par le FMI en Asie. En Indonésie, le sentiment anti-chinois dont j'ai moi-même été témoin au cours de l'été 1997 s'accentua, attisé par une classe politique trop heureuse de détourner l'attention. La situation s'aggrava le jour où Suharto augmenta le prix des produits de première nécessité. Des émeutes éclatèrent dans tout le pays ; bon nombre d'entre elles avaient pour cible la minorité chinoise. Environ 1 200 personnes furent tuées, et des dizaines de Chinoises subirent des viols collectifs[52]. Ces personnes devraient aussi être portées au nombre des victimes de l'idéologie de l'école de Chicago.

En Indonésie, la rage populaire finit par se tourner vers Suharto et le palais présidentiel. Pendant trente ans, les Indonésiens avaient été plus ou moins tenus en respect par le souvenir – périodiquement ravivé par les massacres perpétrés dans les provinces et au Timor oriental – des bains de sang qui avaient porté Suharto au pouvoir. La colère anti-Suharto avait couvé pendant toutes ces années, mais c'est le FMI qui mit le feu aux poudres – en exigeant, fait ironique, une hausse du prix de l'essence. Après quoi, les Indonésiens se soulevèrent et chassèrent Suharto du pouvoir.

Tel un interrogateur dans une prison, le FMI se servit de la douleur extrême causée par la crise pour briser la volonté des tigres asiatiques et réduire les pays à la docilité la plus absolue. Mais les manuels sur la conduite des interrogatoires de la CIA disent bien qu'il faut éviter d'aller trop loin – une pression excessive provoque non pas la régression et la soumission, mais bien la confiance en soi et le défi. En Indonésie, la limite fut franchie – rappel qu'il est possible de pousser la thérapie de choc trop loin, de provoquer un contrecoup désormais familier, de la Bolivie à l'Irak.

Quand il s'agit des conséquences involontaires de leurs politiques, les croisés du libre marché mettent toutefois beaucoup de temps à tirer les leçons qui s'imposent. Apparemment, les braderies asiatiques immensément profitables ne furent pour eux qu'une nouvelle validation de la stratégie du choc, une nouvelle preuve (si besoin était) que rien ne vaut une bonne catastrophe, un véritable bouleversement de la société, pour ouvrir un nouveau territoire. Quelques années après que le pire fut passé, d'éminents analystes allaient jusqu'à affirmer que la crise asiatique, malgré la dévastation, avait au fond constitué une occasion exceptionnelle. *The Economist* fit observer qu'«il avait fallu une crise nationale pour que la Corée du Sud, nation repliée sur elle-même, s'ouvre au capital étranger, au changement et à la concurrence». Et Thomas Friedman, dans son best-seller intitulé *The Lexus and the Olive Tree*, affirma que l'Asie n'avait même pas connu de véritable crise. «J'estime que la mondialisation nous a fait une faveur à tous en détruisant les économies de la Thaïlande, de la Corée, de la Malaisie, de l'Indonésie, du Mexique, de la Russie et du Brésil dans les années 1990 et en mettant à nu un grand nombre de pratiques et d'institutions pourries», écrivit-il, avant d'ajouter que, «en ce qui me concerne, la dénonciation du capitalisme entre acolytes qui régnait en Corée du Sud n'a rien eu d'une crise[53]». Dans les chroniques du *New York Times* où il allait appuyer l'invasion de l'Irak, Thomas Friedman suivrait la même logique, sauf que, dans ce cas, la destruction serait causée par des missiles de croisière et non par des échanges de devises.

La crise asiatique montrait indéniablement que l'exploitation des désastres était extraordinairement rentable. Dans le même temps, les effets dévastateurs du krach et le cynisme de l'Occident donnaient naissance à de puissants contre-mouvements.

Les forces du capital multinational avaient imposé leur volonté en Asie, mais, ce faisant, avaient soulevé une rage qui finit par prendre pour cible les institutions qui défendaient l'idéologie du capitalisme débridé. Comme le soulignait un éditorial du *Financial Times* d'une rare mesure, le cas de l'Asie «signale que le malaise des populations face au capitalisme et aux forces de la mondialisation atteint un niveau préoccupant. La crise asiatique a montré au monde que même les pays qui réussissent le mieux peuvent être désarçonnés par une saignée de capitaux subite. Les gens s'indignent de constater que les caprices de fonds spéculatifs secrets peuvent engendrer la pauvreté de masse à l'autre bout du monde[54]».

Au contraire de ce qui s'était passé dans l'ex-Union soviétique, où on avait pu imputer la misère planifiée induite par la thérapie de choc à une «transition douloureuse» entre le communisme et la démocratie de marché, la crise asiatique fut une pure création des marchés mondiaux. Mais lorsqu'ils dépêchèrent des missions dans la zone sinistrée, les grands prêtres de la mondialisation ne cherchaient en réalité qu'à décupler la douleur.

Les missions en question perdirent ainsi le confortable anonymat dont elles avaient bénéficié jusque-là. Stanley Fischer du FMI rappela l'«atmosphère de cirque» qui régnait autour du Hilton de Séoul au début des négociations : «J'étais emprisonné dans ma chambre – pas moyen de bouger parce que [si] j'ouvrais la porte, je me retrouvais face à 10 000 photographes.» Selon un autre compte rendu, les représentants du FMI, pour se rendre à la salle de banquet où se déroulaient les négociations, devaient «emprunter un itinéraire tortueux, grimper et descendre des escaliers, et passer par les vastes cuisines du Hilton[55]». À l'époque, lesdits représentants n'avaient pas l'habitude d'une telle attention. Au cours des années à venir, voyant leurs rencontres saluées par des manifestations de masse, les émissaires du consensus de Washington prendraient l'habitude de se retrancher tels des prisonniers dans des centres de congrès et des hôtels cinq étoiles.

Après 1998, il devint de plus en plus difficile d'imposer des métamorphoses du genre des thérapies de choc par des moyens pacifiques, c'est-à-dire par l'intimidation et les méthodes de persuasion coercitives auxquelles le FMI avait fréquemment recours lors des sommets économiques. La nouvelle attitude de défi née dans le Sud fit ses débuts internationaux en causant l'échec des pourparlers de l'Organisation mondiale du commerce à Seattle en 1999. Même si les jeunes manifestants eurent droit à l'essentiel de l'attention des médias, la véritable révolte eut lieu à l'intérieur du centre des congrès, où les pays en voie de développement firent bloc et déclarèrent qu'ils refuseraient d'admettre les nouvelles concessions commerciales exigées, tant que l'Europe et les États-Unis continueraient de subventionner et de protéger leurs industries nationales.

À l'époque, il était encore possible d'affirmer que le fiasco de Seattle n'était qu'un accident de parcours sur la voie du corporatisme. Quelques années plus tard, cependant, la profondeur de la mutation était indéniable : le rêve du gouvernement des États-Unis de créer une zone unique de libre-échange dans toute la région Asie-Pacifique fut abandonné, au même titre que le traité mondial des investisseurs et le projet d'établissement d'une Zone de libre-échange des Amériques s'étendant de l'Alaska au Chili.

L'effet le plus spectaculaire de ce qu'on appelle le mouvement antimondialiste fut peut-être de faire de l'idéologie de l'école de Chicago l'objet d'un débat international. Pendant une courte période, au tournant du millénaire, il n'y eut pas de crise pour détourner l'attention – les chocs de l'endettement s'étaient estompés, les « transitions » étaient achevées et aucune guerre mondiale n'avait été déclarée. Bref, il ne restait plus que le bilan de la croisade néolibérale : la désolante réalité de l'inégalité, de la corruption et de la dégradation de l'environnement qu'avaient laissée dans leur sillage tous les gouvernements ayant suivi le conseil que Friedman avait donné à Pinochet des années auparavant, à savoir que l'erreur était d'essayer de « faire le bien avec l'argent des autres ».

Avec le recul, il est frappant de constater que le monopole dont bénéficia le capitalisme, c'est-à-dire la période au cours de laquelle il n'eut pas à se préoccuper des idées concurrentes émanant de contre-pouvoirs, n'a duré que huit ans – de la dissolution de l'Union soviétique en 1991 aux pourparlers de Seattle en 1999. La montée de l'opposition n'allait toutefois pas modérer les ardeurs des partisans de ce programme extraordinairement rentable ; ceux-ci se contenteraient simplement d'exploiter les vagues de peur et de confusion créées par des chocs plus forts encore que tous ceux qu'on avait connus jusque-là.

PARTIE 5

Des temps qui choquent
La montée d'un capitalisme du désastre

La destruction créatrice est notre grande force, chez nous comme à l'étranger. Chaque jour, nous abolissons l'ordre ancien : des affaires à la science, de la littérature aux arts plastiques, de l'architecture au cinéma, de la politique aux droits... Tout y passe. [...] Ils doivent nous attaquer pour survivre, de la même façon que nous devons les démolir pour faire progresser notre mission historique.

Michael Ledeen, *The War against the Terror Masters*, 2002.

À tous les problèmes qui se profilent au ranch de George c'est de les régler à la tronçonneuse. C'est pour cette raison, je crois, qu'il s'entend si bien avec Cheney et Rumsfeld.

Laura Bush, dîner de l'association des correspondants de presse de la Maison-Blanche, le 30 avril 2005.

CHAPITRE QUATORZE

La thérapie de choc aux États-Unis
La bulle de la sécurité intérieure

C'est un petit salaud sans pitié. Aucun doute à ce sujet.

> Richard Nixon, président des États-Unis,
> à propos de Donald Rumsfeld, 1971[1].

Aujourd'hui, je crains fort que nous nous trouvions déjà dans une société sous haute surveillance.

> Richard Thomas, commissaire à l'information
> du Royaume-Uni, novembre 2006[2].

L'investissement dans la sécurité intérieure a peut-être atteint les niveaux observés lors du développement d'Internet en 1997. À l'époque, il suffisait de plaquer un « e » devant le nom de sa société pour qu'un premier appel public à l'épargne décolle en flèche. Aujourd'hui, on arrive au même résultat au moyen du mot « forteresse ».

> Daniel Gross, *Slate*, juin 2005[3].

À Washington, ce lundi-là, il faisait chaud et humide, et Donald Rumsfeld s'apprêtait à faire une chose dont il avait horreur : parler aux membres de son personnel. Depuis sa nomination au poste de secrétaire à la Défense, il avait, au sein de l'instance collégiale des chefs d'état-major, confirmé sa réputation d'homme tyrannique, dissimulateur et – le mot revenait fréquemment – arrogant. L'animosité de ses pairs était bien compréhensible. Dès son arrivée au Pentagone, Rumsfeld avait mis de côté le rôle de dirigeant et de motivateur qui lui était prescrit pour agir en homme déterminé à sabrer froidement dans l'organisation – en PDG lancé dans un grand exercice de réduction de l'effectif.

Beaucoup s'étaient d'ailleurs demandé pourquoi Rumsfeld avait accepté le poste. Il avait 68 ans, cinq petits-enfants et une fortune personnelle évaluée à environ 250 millions de dollars – sans compter qu'il avait exercé les même fonctions sous l'administration de Gerald Ford[4]. Rumsfeld n'avait toutefois aucune envie d'être un secrétaire à la Défense traditionnel, défini par les guerres qu'il pilote. Il avait des ambitions beaucoup plus grandes.

Au cours des quelque vingt années précédentes, le nouveau secrétaire à la Défense avait dirigé des multinationales et siégé à de grands conseils d'administration. Sous sa gouverne, des entreprises avaient vécu des fusions et des acquisitions dramatiques, des restructurations douloureuses. Dans les années 1990, il se présenta en homme de la Nouvelle Économie : il était à la tête d'une société spécialisée dans la télévision numérique, siégeait au conseil d'une autre qui promettait des «solutions électroniques» pour les entreprises et présidait celui d'une entreprise de biotechnologie futuriste, titulaire du brevet exclusif pour un traitement contre la grippe aviaire et quelques médicaments antisida d'importance[5]. En joignant les rangs de l'équipe de George W. Bush en 2001, Rumsfeld avait une mission : réinventer l'art de la guerre au XXIe siècle pour en faire une manifestation plus psychologique que physique, un spectacle plutôt qu'une lutte. Et, surtout, un exercice beaucoup plus rentable que jamais auparavant.

On a beaucoup écrit sur le controversé projet de «transformation» de Rumsfeld, celui qui incita huit généraux à la retraite à réclamer sa démission et le contraignit enfin à tirer sa révérence après les élections de mi-mandat de 2006. En annonçant le départ de Rumsfeld, Bush déclara que c'était le projet de «transformation en profondeur» – et non la guerre en Irak ni la «guerre contre le terrorisme» au sens large – qui constituait sa plus importante contribution : «Le travail de Don dans ce domaine n'a pas souvent fait la une des journaux. Mais les réformes mises en branle – qu'il a lui-même mises en branle – sont historiques[6].» Elles le sont effectivement, même si on ne sait pas toujours très bien en quoi elles consistent.

Certains hauts gradés qualifièrent la «transformation» de «rumeur vide», et Rumsfeld lui-même sembla souvent chercher (de façon presque comique) à donner raison à ses détracteurs : «L'armée subit une modernisation en profondeur, déclara-t-il en 2006. Force autrefois structurée en divisions, elle s'organise à présent en équipes de combat composées de brigades modulaires […] autrefois centrée sur les services, elle se tourne vers la "déconfliction", puis vers l'interopérationnalité et, aujourd'hui, vers l'interdépendance. La mutation n'est pas aisée[7].» Cependant, le projet ne fut jamais aussi compliqué que Rumsfeld le laissait entendre. Derrière le jargon se dissimulait une simple tentative d'introduire au sein de l'armée des États-Unis la révolution axée sur l'externalisation et le *branding* à laquelle il avait été mêlé dans le secteur privé.

Durant les années 1990, de nombreuses sociétés qui, jusque-là, avaient fabriqué leurs produits de manière traditionnelle et employé une main-d'œuvre importante et stable avaient adopté ce qu'on allait appeler le modèle Nike : se débarrasser de ses usines, faire fabriquer ses produits par un réseau complexe d'entrepreneurs et de sous-traitants et investir ses ressources dans le design et le marketing. D'autres sociétés optèrent pour le modèle concurrent mis au point par Microsoft : conserver un étroit centre de contrôle où les actionnaires-employés se chargent des «compétences essentielles» de l'entreprise et confier tout le reste à des intérimaires, de la gestion de la salle du courrier à la rédaction des codes informatiques. Certains qualifièrent les entreprises qui se livraient à cette forme de restructuration radicale de «sociétés coquilles vides» : elles étaient des coquilles presque vides, sans contenu.

Rumsfeld était persuadé que le secrétariat à la Défense des États-Unis devait subir une cure amaigrissante radicale. À son arrivée au Pentagone, le magazine *Fortune* affirma que «M. le PDG» allait «superviser une restructuration du genre de celles qu'il avait si bien su orchestrer dans le secteur privé[8]». Il y avait, bien sûr, quelques différences inévitables. Là où les entreprises se défaisaient de leurs usines et de leurs employés à temps plein, Rumsfeld voyait l'armée licencier un grand nombre de ses soldats à temps plein au profit d'un noyau réduit d'employés soutenus au besoin par des membres temporaires de la Réserve et de la Garde nationale, moins bien payés. Pendant ce temps, des entreprises comme Halliburton et Blackwater se chargeraient en sous-traitance d'un large éventail de fonctions : escortes motorisées à haut risque, interrogatoires de prisonniers, ravitaillement, services de santé. Et là où les entreprises réinvestissaient dans le design et le marketing les économies réalisées au titre de la main-d'œuvre, Rumsfeld, lui, affecterait les sommes épargnées grâce à une réduction des effectifs et des tanks à des satellites dernier cri et aux nanotechnologies du secteur privé. «Au XXIe siècle, dit-il à propos de l'armée moderne, nous allons devoir cesser de tout ramener à des quantités, à des objets et à la notion de masse et commencer à penser aussi et peut-être en premier lieu à la vitesse, à l'agilité et à la précision.» Ses propos rappelaient ceux de Tom Peters, hyperactif consultant en gestion qui, dans les années 1990, avait déclaré que les entreprises devaient décider si elles étaient «de "purs" joueurs dans le domaine du cérébral» ou «des pourvoyeurs d'objets grossiers[9]».

On ne s'étonnera pas d'apprendre que les généraux qui avaient l'habitude d'exercer une influence déterminante au Pentagone étaient pour leur part relativement certains que, le moment venu de livrer une guerre, les «objets» et la notion de «masse» revêtiraient encore de l'importance. Très vite, ils se montrèrent hostiles à la vision d'une armée «coquille vide» telle que la prônait Rumsfeld. Sept mois après son entrée en fonction, le secrétaire avait froissé un si grand nombre d'hommes forts que, selon la rumeur, ses jours étaient comptés.

C'est à ce moment que Rumsfeld convoqua une rarissime «assemblée paroissiale» pour les employés du Pentagone. Les spéculations allaient bon train. Allait-il annoncer sa démission? Se risquerait-il à prononcer un discours pour fouetter l'ardeur de ses troupes? Tenterait-il, un peu sur le tard, de convaincre la vieille garde de la valeur de la transformation? Tandis que des centaines de cadres supérieurs du Pentagone convergeaient vers l'auditorium, ce lundi-là, «la curiosité était à son comble, me confia l'un d'eux. Comment Rumsfeld allait-il s'y prendre pour nous convaincre? L'animosité à son endroit était déjà considérable».

Lorsque Rumsfeld fit son entrée, «nous nous sommes levés poliment, puis rassis». Il apparut très vite que l'homme n'avait nullement l'intention de démissionner et qu'il n'avait pas non plus envie de jouer les motivateurs. Le discours qu'il livra fut peut-être le plus extraordinaire jamais prononcé par un secrétaire à la Défense des États-Unis. Il commençait ainsi :

> Le sujet d'aujourd'hui est un adversaire qui présente une menace, une menace grave, pour la sécurité des États-Unis. Je veux parler de l'un des derniers bastions de la planification centrale. Pour gouverner, il décrète des plans quinquennaux. À partir d'une capitale unique, il cherche à imposer ses exigences sans égard aux fuseaux horaires, aux continents, aux océans et même au-delà. Avec brutalité, il étouffe la pensée libre et les idées nouvelles. Il bouleverse la défense des États-Unis et met en danger la vie des hommes et des femmes en uniforme.
> L'adversaire en question vous fait peut-être penser à l'ex-Union soviétique, mais cet ennemi n'est plus. Aujourd'hui, nos

ennemis sont plus subtils et plus implacables. [...] L'adversaire est plus près de chez nous. Il s'agit de la bureaucratie du Pentagone[10].

Au fur et à mesure que la rhétorique de Rumsfeld révélait son message, les visages se durcirent. La plupart des participants avaient consacré leur vie à la lutte contre l'Union soviétique et, à cette étape de leur carrière, ils n'appréciaient guère d'être comparés à des cocos. Rumsfeld n'avait pas terminé. «Nous connaissons l'adversaire. Nous connaissons la menace. Avec la fermeté que requiert la lutte contre un ennemi résolu, nous devons nous attaquer à lui et ne pas le lâcher [...] aujourd'hui, nous déclarons la guerre à la bureaucratie.»

On y était : non seulement le secrétaire à la Défense avait-il affirmé que le Pentagone mettait l'Amérique en péril, mais il avait aussi déclaré la guerre à l'institution où il travaillait. Les participants étaient médusés. «Il disait que nous étions l'ennemi, que l'ennemi, c'était nous. Et nous qui croyions être au service de la nation», me dit le même employé du Pentagone.

Rumsfeld ne cherchait pas à faire économiser de l'argent aux contribuables – il venait de réclamer au Congrès une hausse budgétaire de 11 %. Fidèle aux principes corporatistes de la contre-révolution, en vertu desquels le gouvernement se ligue avec la grande entreprise pour redistribuer la richesse vers le haut, il souhaitait réduire les dépenses affectées au personnel et faire qu'une part beaucoup plus grande des fonds publics fût versée directement dans les coffres des entreprises privées. Et c'est ainsi que Rumsfeld entreprit sa «guerre». Tous les services devaient réduire leurs effectifs de 15 %, y compris «tous les quartiers généraux du monde entier. C'est la loi, mais c'est aussi une bonne idée, et nous allons y arriver[11]».

Il avait déjà donné à ses principaux adjoints l'ordre de «passer au peigne fin le secrétariat [de la Défense] pour cerner les fonctions qui pourraient être exécutées mieux et à meilleur coût par des sous-traitants». Il se posait des questions. «Pourquoi le secrétariat est-il l'une des dernières organisations au monde à émettre ses propres chèques? Pourquoi possédons-nous et exploitons-nous de si nombreux entrepôts quand il existe une industrie tout entière capable de le faire de façon efficace? Pourquoi ramassons-nous nos ordures et lavons-nous nos planchers au lieu de confier ces tâches à des sous-traitants, comme le font de nombreuses entreprises? Et qu'est-ce qui nous empêche d'externaliser le soutien informatique?»

Rumsfeld s'attaqua même à la vache sacrée de l'establishment militaire : les services de santé destinés aux soldats. Pourquoi avoir autant de médecins ? voulait-il savoir. « Il vaudrait mieux laisser au secteur privé le soin de répondre aux besoins en matière de santé, en particulier dans les domaines de la médecine générale et des spécialités qui n'ont rien à voir avec le combat. » Et les maisons pour les soldats et leur famille ? Ne serait-il pas préférable de recourir à « des partenariats public-privé » ?

Le secrétariat devait se concentrer sur sa compétence essentielle : « la conduite de la guerre [...] Dans tous les autres cas, nous devrions chercher des fournisseurs capables de se charger des fonctions non essentielles de façon efficace et effective ».

Après le discours, bon nombre d'employés du Pentagone s'en prirent au fait que l'audacieuse vision de Rumsfeld se heurtait à un petit détail : la Constitution des États-Unis établissait clairement que la sécurité nationale relevait du gouvernement et non des entreprises privées. « J'étais sûr qu'un tel discours allait lui coûter son poste », me dit ma source.

Rien de tel ne se passa. Et il en fut à peine question dans les médias. Le discours litigieux fut en effet prononcé le 10 septembre 2001.

Par une curieuse coïncidence historique, l'émission *CNN Evening News* de ce soir-là présenta une brève intitulée : « Le secrétaire à la Défense déclare la guerre à la bureaucratie du Pentagone. » Le lendemain matin, le réseau rendait compte d'une attaque de nature beaucoup moins métaphorique contre l'institution : 125 employés du Pentagone y perdirent la vie et 110 des hommes et des femmes que Rumsfeld avait présentés comme des ennemis de l'État, moins de 24 heures plus tôt, furent grièvement blessés[12].

CHENEY ET RUMSFELD :
PROTOCAPITALISTES DU DÉSASTRE

L'idée au cœur du discours aujourd'hui oublié de Rumsfeld n'est rien de moins que le principe fondateur du régime Bush : le gouvernement a pour mission non pas de gouverner, mais bien de sous-traiter cette tâche au secteur privé, plus efficace et, de façon générale, supérieur. Comme Rumsfeld l'avait clairement indiqué, il ne s'agissait pas simplement de réduire le budget. Pour les partisans d'un tel programme, il s'agissait d'une croisade révolutionnaire, aussi fondamentale que la lutte contre le communisme.

Au moment de l'arrivée au pouvoir de l'équipe Bush, la folle vague de privatisations des années 1980 et 1990 (à laquelle avaient souscrit avec enthousiasme le président Clinton, les gouvernements des États et les administrations municipales) s'était soldée par la liquidation ou la privatisation de grandes sociétés d'État dans quelques secteurs, notamment l'eau, l'électricité, la gestion des autoroutes et l'enlèvement des ordures. Une fois ces « branches » de l'État supprimées, ne restait que le « tronc » – ces fonctions si intimement liées à l'exercice du pouvoir que le seul fait d'envisager de les confier à des entreprises privées remettait en question le concept même d'État-nation : l'armée, la police, les pompiers, les prisons, la surveillance des frontières, le renseignement, la lutte contre les maladies, le réseau d'écoles publiques et la gestion des bureaucraties gouvernementales. Les premières étapes de la privatisation s'étaient toutefois révélées si lucratives que les sociétés qui avaient englouti les premiers appendices de l'État reluquaient d'un œil gourmand les fonctions essentielles, sources des richesses faciles à venir.

À la fin des années 1990, une puissante campagne visant à briser les tabous qui protégeaient « le cœur » de l'État était en cours. C'était, à maints égards, le simple prolongement du statu quo. Dans les années 1990, les champs pétrolifères russes, les entreprises de télécommunications latino-américaines et l'industrie asiatique avaient permis au marché boursier de réaliser des mégaprofits. Désormais, le gouvernement des États-Unis lui-même jouerait à son tour ce rôle économique central – d'autant plus crucial que l'hostilité envers la privatisation et le libre-échange se répandait comme une traînée de poudre dans les pays en voie de développement, coupant ainsi la voie royale vers la croissance.

La tentative marquait pour la stratégie du choc l'amorce d'une nouvelle phase autoréférentielle : jusque-là, on avait profité des désastres et des crises pour imposer après coup les projets de privatisation, mais les institutions qui avaient le pouvoir de créer les événements cataclysmiques et d'y répondre – l'armée, la CIA, la Croix-Rouge, l'ONU, les premiers secours d'urgence – constituaient les derniers bastions du public. Les fonctions de base de l'État étaient désormais mises à la portée de toutes les convoitises, les méthodes d'exploitation des crises peaufinées au cours des trois décennies précédentes allaient permettre de privatiser l'infrastructure de la fabrication du désastre tout autant que celle des interventions en cas de catastrophe. La théorie de la crise de Friedman entrait dans la postmodernité.

À l'avant-garde du mouvement favorable à la création de ce qu'on est bien forcé d'appeler l'État policier privatisé se trouvaient les trois hommes les plus importants de la future administration Bush : Dick Cheney, Donald Rumsfeld et George W. Bush lui-même.

Pour Rumsfeld, l'idée d'assujettir l'armée à la «logique du marché» datait de quarante ans. Tout avait débuté dans les années 1960, à l'époque où il assistait aux ateliers du département de sciences économiques de l'université de Chicago. Il avait alors créé des liens privilégiés avec Milton Friedman. Lorsque Rumsfeld s'était fait élire au Congrès à l'âge de 30 ans, le professeur avait pris le précoce républicain sous son aile et l'avait initié à la théorie économique, non content de l'aider à mettre au point un audacieux programme stratégique néolibéral. Au fil des ans, les deux hommes restèrent proches. Chaque année, Rumsfeld assistait à la fête organisée par le président de la Heritage Foundation, Ed Feulner, pour célébrer l'anniversaire de Friedman : «Quand je suis près de Milton et que je lui parle, je me sens plus intelligent», déclara Rumsfeld le jour où son maître à penser fêta ses 90 ans[13].

L'admiration était réciproque. Friedman était si impressionné par l'engagement de son protégé en faveur de la déréglementation des marchés qu'il fit activement campagne auprès de Reagan pour qu'il choisît Rumsfeld au lieu de George H. W. Bush comme colistier aux élections de 1980 – et il ne pardonna jamais à Reagan d'avoir fait fi de ses conseils. «Je crois que Reagan commit une erreur le jour où il fit de Bush son candidat à la vice-présidence, écrivit Friedman dans ses mémoires. En fait, je considère que ce fut la plus mauvaise décision non seulement de sa campagne, mais aussi de sa présidence. Mon favori était Donald Rumsfeld. S'il avait été retenu, il aurait succédé à Reagan à la présidence, je crois, et la triste période Bush-Clinton nous aurait été épargnée[14].»

Rumsfeld se remit de sa déception en se lançant à corps perdu dans sa nouvelle carrière d'homme d'affaires. En tant que PDG de la multinationale pharmaceutique et chimique Searle Pharmaceuticals, il mit à profit ses contacts politiques pour obtenir que la Food and Drug Administration homologuât un produit controversé et extraordinairement lucratif : l'aspartame (mis en marché sous le nom de NutraSweet). Après avoir négocié la vente de Searle à Monsanto, il empocha personnellement quelque douze millions de dollars[15].

Cette transaction de haut vol fit de Rumsfeld un mandarin du pouvoir et lui valut un siège au conseil d'administration de sociétés de premier plan comme Sears et Kellogg's. Pendant ce temps, son statut d'ancien secrétaire d'État à la Défense faisait de lui un candidat de choix pour les entreprises de ce qu'Eisenhower avait appelé le «complexe militaro-industriel». Rumsfeld siégea ainsi au CA de l'avionneur Gulfstream et toucha 190 000 $ par année de jetons de présence au conseil d'ASEA Brown Boveri (ABB), géant suisse de l'ingénierie qui s'attira une attention dont il se serait bien passé le jour où on démontra qu'il avait vendu à la Corée du Nord la technologie nucléaire, y compris la capacité de produire du plutonium. La vente des réacteurs nucléaires s'effectua en 2000. À l'époque, Rumsfeld était le seul Nord-Américain à siéger au conseil d'administration d'ABB. Il prétend n'avoir gardé aucun souvenir de la vente, mais la société soutient que «les membres du conseil ont été informés du projet[16]».

C'est en 1997, au moment où il fut nommé président du conseil de l'entreprise de biotechnologie Gilead Sciences, que Rumsfeld s'affirma en tant que protocapitaliste du désastre. La société fit breveter le Tamiflu, prescrit contre de multiples formes de grippe et médicament privilégié pour le traitement de la grippe aviaire*. En cas d'épidémie du virus fortement contagieux (ou d'une simple menace en ce sens), les gouvernements seraient tenus d'acheter à Gilead Sciences pour plusieurs milliards de dollars du produit.

Le brevetage des médicaments et des vaccins à utiliser en cas d'urgence de santé publique demeure controversé. Depuis quelques décennies, les États-Unis n'ont pas connu d'épidémie, mais, au milieu des années 1950, au moment de la flambée de poliomyélite, le risque que quelques-uns profitent indûment de la situation souleva des débats éthiques enflammés. Avec près de 60 000 cas confirmés et des parents terrifiés à l'idée de la maladie débilitante et souvent mortelle qui menaçait leurs enfants, la mise au point d'un remède fit l'objet d'une course effrénée. Lorsque Jonas Salk, scientifique de l'université

---

* Le Tamiflu est devenu extrêmement controversé. On signale un nombre de plus en plus grand de jeunes qui, après en avoir pris, sont désorientés, paranoïaques, délirants et suicidaires. De novembre 2005 à novembre 2006, on associa 25 décès au Tamiflu. Aux États-Unis, le médicament s'accompagne aujourd'hui d'une mise en garde : les patients, précise-t-on, «courent des risque accrus d'automutilation et de confusion». On leur recommande de demander à leurs proches de «surveiller de près l'apparition de comportements inhabituels».

de Pittsburgh, conçut le premier vaccin, en 1952, il ne fit pas breveter sa découverte. « Il n'y a pas de brevet, dit-il au présentateur de télévision Edward R. Murrow. Pourrait-on faire breveter le soleil[17] ? »

Il y a fort à parier que s'il était possible de faire breveter le soleil, Rumsfeld aurait depuis longtemps présenté une demande au Patent and Trademark Office des États-Unis. Son ancienne société, Gilead Sciences, également titulaire de brevets pour quatre médicaments antisida, dépense beaucoup d'énergie pour empêcher la distribution, dans les pays en voie de développement, de versions génériques moins coûteuses de ses médicaments d'importance vitale. En raison de ces activités, elle est devenue la cible, aux États-Unis, de militants du domaine de la santé. Ces derniers font valoir que certains produits offerts par Gilead ont été mis au point grâce à des sommes fournies par les contribuables[18]. Gilead, pour sa part, considère les épidémies comme un marché en expansion et mène une dynamique campagne de marketing pour inciter particuliers et entreprises à constituer d'amples réserves de Tamiflu, par mesure de précaution. Avant de revenir au gouvernement, Rumsfeld était si convaincu d'être associé à une jeune industrie prometteuse qu'il participa à la création de quelques fonds d'investissement privés spécialisés dans les domaines de la biotechnologie et des médicaments[19]. Ces entreprises misent sur un avenir apocalyptique, fait de maladies endémiques qui obligeraient les gouvernements à se procurer au prix fort les produits indispensables brevetés par des sociétés privées.

Dick Cheney, protégé de Rusmfeld au sein de l'administration Ford, fit également fortune en misant sur la perspective d'un avenir sombre. Si Rumsfeld voyait les épidémies comme un marché florissant, Cheney, lui, comptait sur un avenir marqué par les guerres. En tant que secrétaire à la Défense sous Bush père, il réduisit le nombre de soldats actifs et confia aux entrepreneurs privés un rôle nettement plus déterminant. Il donna à Brown & Root, division de l'ingénierie de la multinationale Halliburton dont le siège social se trouve à Houston, le mandat de déterminer les tâches effectuées par des militaires américains et que le secteur privé pourrait exploiter à profit. C'est sans surprise il va s'en dire qu'Halliburton recensa une multitude de telles fonctions et que ces résultats donnèrent naissance à un audacieux nouveau contrat avec le Pentagone : le Logistics Civil Augmentation Program, ou LOGCAP. Le Pentagone avait déjà l'habitude d'octroyer à des fabricants d'armes des contrats de plusieurs milliards de dollars, mais il s'agissait ici de quelque chose d'entièrement nouveau : au lieu d'approvisionner l'armée, une société privée superviserait ses opérations[20].

On invita un groupe très sélect de sociétés à soumissionner la prestation d'un «soutien logistique illimité» à des missions de l'armée des États-Unis, feuille de route on ne peut plus vague. Par ailleurs, le contrat n'était pas chiffré. Il stipulait seulement que le Pentagone rembourserait à la société retenue tous les frais engagés pour le compte de l'armée, plus un profit garanti – c'est ce qu'on appelle un contrat à prix coûtant majoré. L'administration Bush père vivait ses derniers jours, et la société choisie en 1992, pour un contrat de cinq ans, fut… Halliburton. Comme le souligna T. Christian Miller du *Los Angeles Times*, Halliburton «l'a emporté sur 36 autres soumissionnaires – sans doute ne devrait-on pas s'en étonner puisque c'est cette société qui a esquissé les plans».

En 1995, à l'époque où Bill Clinton occupait la Maison-Blanche, Halliburton engagea Dick Cheney à titre de nouveau PDG. Si la division Brown & Root de Halliburton entretenait des relations de longue date avec l'armée, le rôle de la société, sous Cheney, prit une importance telle qu'elle transforma la nature même de la guerre moderne. Grâce au contrat fourre-tout concocté par Halliburton et Cheney à l'époque où ce dernier était au Pentagone, la société parvint à élargir la signification des mots «soutien logistique» à un point tel qu'elle eut bientôt pour tâche de créer l'infrastructure tout entière des opérations militaires à l'étranger. L'armée n'avait qu'à se charger des soldats et des armes – elle agissait en quelque sorte comme fournisseur de contenu, tandis que Halliburton était aux commandes.

Le résultat, qu'on vit d'abord à l'œuvre dans les Balkans, fut une sorte de «macdonaldisation» militaire : les déploiements de forces à l'étranger avaient des allures de périlleux forfaits vacances pour touristes lourdement armés. «C'est un de nos employés qui accueille les soldats à leur arrivée dans les Balkans et qui leur dit au revoir à leur départ», expliqua un porte-parole de Halliburton. Les membres du personnel de la société faisaient figure moins de coordinateurs de la logistique militaire que d'animateurs de croisière[21]. Telle était la différence Halliburton : Cheney ne voyait pas pourquoi la guerre ne serait pas un volet florissant de l'économie tertiaire des États-Unis – l'invasion avec le sourire.

Dans les Balkans, où Clinton déploya 19 000 soldats, les bases qui poussaient comme des champignons avaient des allures de villes Halliburton en miniature : de proprettes enclaves fermées, aménagées et exploitées par la société. Et Halliburton s'engageait à fournir aux militaires le même confort qu'à la maison, y compris les comptoirs de fast-food, les supermarchés, les cinémas et les gyms dernier cri[22]. Certains officiers supérieurs s'inquiétaient des effets de cette ambiance de centre commercial à l'américaine sur la discipline des troupes – mais eux aussi y trouvaient leur compte. « Avec Halliburton, c'était le grand luxe sur toute la ligne, me dit l'un d'eux. Nous ne nous plaignions donc pas. » Du point de vue de Halliburton, la satisfaction des clients était profitable aux affaires – et garantissait l'obtention de nouveaux contrats. Comme les profits étaient calculés en pourcentage des dépenses, des coûts plus élevés entraînaient des profits à l'avenant. La phrase « Ne vous en faites pas, c'est un contrat à prix coûtant majoré » devint célèbre dans la Zone verte de Bagdad, mais c'est sous l'administration Clinton qu'on commença à financer la guerre catégorie cinq étoiles. En tout juste cinq ans aux commandes de Halliburton, Cheney parvint presque à doubler les sommes que la société soutirait au Trésor des États-Unis : elles passèrent de 1,2 à 2,3 milliards de dollars. Pendant ce temps, la valeur des prêts et des garanties de prêts qu'elle obtenait du gouvernement fédéral fut multipliée par quinze[23]. Et Cheney fut généreusement récompensé pour ses efforts. Au moment d'entrer en fonction comme vice-président, il « déclara un avoir net de 18 à 81,9 millions de dollars, y compris des actions de Halliburton Co. valant entre 6 et 30 millions de dollars. [...] Au total, Cheney reçut quelque 1 260 000 options : 100 000 avaient déjà été exercées, 760 000 étaient admissibles et 166 167 le deviendraient en décembre de cette année [2000][24]. »

Pour Cheney, introduire l'économie du tertiaire au cœur du gouvernement relevait de l'affaire de famille. À la fin des années 1990, au moment où il transformait les bases américaines en banlieues Halliburton, sa femme, Lynne, obtenait des options sur titre en sus de son salaire de membre du conseil d'administration de Lockheed Martin, le plus important entrepreneur au monde dans le domaine de la défense. Le mandat de Lynne (de 1995 à 2001) coïncida avec une période de transition déterminante pour des sociétés comme Lockheed[25]. La Guerre froide était terminée, les dépenses militaires fondaient comme neige au soleil. Et puisque la quasi-totalité du budget d'entreprises de ce genre venait de contrats d'armements conclus avec le gouvernement, elles avaient besoin d'un nouveau modèle de fonctionnement. Lockheed et d'autres fabricants d'armes mirent au point une stratégie pour investir massivement un nouveau secteur d'activités : la direction du gouvernement en échange d'honoraires.

Au milieu des années 1990, la société Lockheed prit en charge des divisions de la technologie de l'information du gouvernement des États-Unis, dont elle exploitait les systèmes informatiques et gérait une grande partie des données. À l'insu de la population pour une large part, l'entreprise alla si loin en ce sens que, en 2004, le *New York Times* écrivit : « La société Lockheed Martin ne gouverne pas les États-Unis, mais elle contribue à en diriger une partie ahurissante. [...] Elle trie votre courrier et comptabilise vos impôts. Elle prépare les chèques de la sécurité sociale et s'occupe du recensement fédéral. Elle exploite des vols spatiaux et se charge du contrôle aérien. Pour y parvenir, elle crée plus de codes informatiques que Microsoft*[26].

On avait donc affaire à un couple puissant. Tandis que Dick s'arrangeait pour que Halliburton fît main basse sur l'infrastructure de la guerre à l'étranger, Lynne aidait Lockheed Martin à s'approprier l'administration quotidienne du gouvernement aux États-Unis. Parfois, le mari et la femme se trouvaient en concurrence directe. En 1996, l'État du Texas annonça l'ouverture d'un concours pour la gestion de son programme d'aide sociale – un contrat pouvant atteindre deux milliards de dollars en cinq ans. Lockheed et le géant de la technologie de l'information Electronic Data Systems, qui pouvait se vanter d'avoir Cheney au sein de son conseil, soumissionnèrent. Au bout du compte, l'administration Clinton s'interposa et mit fin aux enchères. Bien que très favorable à l'externalisation, elle se dit d'avis que la question de l'admissibilité à l'aide sociale était une fonction essentielle du gouvernement, incompatible avec la privatisation. Lockheed et EDS poussèrent les hauts cris, au même titre que le gouverneur

---

* Au cours de cette période, tous les grands fabricants d'armes se lancèrent dans la conduite des affaires gouvernementales. Computer Sciences, qui fournit des technologies de l'information à l'armée, y compris dans le domaine de l'identification biométrique, obtint du comté de San Diego un contrat d'une valeur de 644 millions de dollars pour la gestion de tous ses systèmes informatiques – l'un des plus importants contrats de cette nature jamais accordés. Insatisfait du rendement de Computer Sciences, le comté ne renouvela pas le contrat. Il se tourna vers un autre géant de l'armement, Northrop Grumman, fabricant du bombardier furtif B-2.

du Texas, George W. Bush, qui jugeait excellente l'idée de privatiser le système d'aide sociale[27].

En tant que gouverneur, George W. Bush ne brilla pas particulièrement, mais il excella dans au moins un domaine : vendre à la découpe, à des intérêts privés, les diverses fonctions du gouvernement qu'il devait administrer en tant qu'élu – notamment dans le domaine de la sécurité, prélude de la guerre contre le terrorisme privatisée qu'il déclarerait sous peu. Pendant son mandat de gouverneur, le nombre de prisons privées, au Texas, passa de 26 à 42, ce qui incita le magazine *The American Prospect* à surnommer le Texas de Bush « la capitale mondiale de l'industrie de la prison privée ». En 1997, le FBI entreprit une enquête dans une prison du comté de Brazoria, à environ 65 kilomètres de Houston, après qu'une télévision locale eut diffusé une bande vidéo sur laquelle on voyait des gardiens frapper des détenus sans défense dans les parties génitales, leur donner des décharges de pistolet électrique et lancer des chiens sur eux. Au moins un des gardiens violents impliqués dans l'affaire portait l'uniforme de Capital Correctional Resources, entreprise privée qui fournissait des gardiens à l'établissement[28].

L'incident de Brazoria ne modéra en rien l'enthousiasme de Bush pour la privatisation. Quelques semaines plus tard, il eut une sorte de révélation au moment de sa rencontre avec José Piñera, le ministre chilien qui avait privatisé la sécurité sociale pendant la dictature de Pinochet. Voici comment Piñera rendit compte de la rencontre : « À son attention, à son langage corporel [et] à ses questions pertinentes, j'ai tout de suite su que M. Bush avait saisi l'essence de mon idée : on pouvait utiliser la réforme de la sécurité sociale à la fois pour assurer une retraite décente et pour créer un monde de capitalistes-travailleurs, une société de propriétaires. [...] Il était si enthousiaste que, à la fin, il a chuchoté à mon oreille en souriant : "Va parler de ton idée à mon petit frère en Floride. Elle va lui plaire[29]." »

La volonté du futur président de vendre son État aux enchères, l'externalisation des fonctions de l'armée par Cheney et le brevetage par Rumsfeld de médicaments capables de prévenir des épidémies préfiguraient en quelque sorte le genre d'État que les trois hommes construiraient ensemble – c'était la vision d'un gouvernement parfaitement « coquille vide ». Bien que ce programme radical ne fût pas au cœur de la campagne de Bush en 2000, on eut déjà quelques indices du sort qui attendait les Américains : « Il y a des centaines de milliers de fonctionnaires fédéraux qui effectuent des tâches dont pourraient se charger des entreprises du secteur privé, déclara Bush pendant sa campagne électorale. J'ai l'intention de soumettre le plus de fonctions possible à des procédures d'appels d'offres. S'il est davantage en mesure de faire le travail, le secteur privé devrait obtenir le contrat[30]. »

LE 11 SEPTEMBRE ET LE GRAND RETOUR
DE LA FONCTION PUBLIQUE

Lorsque Bush et son cabinet entrèrent en fonction en janvier 2001, le besoin qu'avaient les entreprises américaines de nouvelles sources de croissance se faisait encore plus pressant. La bulle technologique avait officiellement éclaté et, au cours des dix premières semaines au pouvoir du nouveau gouvernement, l'indice Dow Jones perdit 824 points. L'équipe Bush faisait donc face à un très grave fléchissement de l'économie. Pour se sortir d'une récession, soutenait Keynes, les gouvernements devaient dépenser massivement, recourir aux travaux publics pour stimuler l'économie. La solution Bush ? Déconstruire le gouvernement – arracher de vastes pans de la richesse publique et les jeter en pâture à l'Amérique corporatiste sous la double forme de réductions d'impôt et de contrats lucratifs. Le directeur du budget de Bush, Mitch Daniels, idéologue issu de *think tanks*, déclara : « Le principe général – selon lequel le gouvernement a pour tâche de veiller à ce que les services soient fournis et non à les fournir lui-même – me semble aller de soi[31]. » Le raisonnement s'appliquait même aux interventions en cas de catastrophes. Joseph Allbaugh, membre de l'état-major républicain à qui Bush confia la responsabilité de la Federal Emergency Management Agency (FEMA) – organisation chargée des secours en cas de catastrophes, y compris les attentats terroristes –, qualifia son nouveau milieu de travail de « programme social surdimensionné[32] ».

Puis survint le 11 septembre. Tout d'un coup, l'idée d'un gouvernement dont la mission centrale consistait à s'immoler ne semblait plus si heureuse. Effrayés, les Américains souhaitaient désormais être protégés par un gouvernement fort et solide. Les attentats risquaient donc de tuer dans l'œuf le projet de Bush : vider l'État de sa substance.

Pendant un certain temps, en effet, on put le croire. « Le 11 septembre a tout changé », déclara Ed Feulner, vieil ami de Milton Friedman et président de la Heritage Foundation, dix jours après les attentats. Il fut ainsi l'un des premiers à prononcer cette phrase fatidique. Naturellement, beaucoup se dirent qu'on réévaluerait le programme radical anti-État que Feulner et ses alliés idéologiques défendaient depuis trois décennies, à l'étranger et au pays. Après tout, l'échec des dispositifs de sécurité du 11 septembre avait mis en lumière les effets néfastes du démantèlement du secteur public amorcé vingt ans plus tôt et ceux de la sous-traitance de fonctions gouvernementales à des entreprises à but lucratif. De la même façon que les inondations de La Nouvelle-Orléans révélèrent l'état de décrépitude des infrastructures publiques, les attentats levèrent le voile sur une situation qu'on avait dangereusement laissée dégénérer : les communications radio entre les policiers et les pompiers de New York furent rompues au beau milieu de l'opération de sauvetage, les contrôleurs aériens remarquèrent trop tard que les avions avaient dévié de leur course et les auteurs des attentats avaient franchi des postes de sécurité aéroportuaire où travaillaient des contractuels, dont certains gagnaient moins que leurs homologues des comptoirs alimentaires[33].

Aux États-Unis, l'attaque de Ronald Reagan contre le syndicat des contrôleurs aériens et la déréglementation des compagnies aériennes qu'il ordonna marquèrent la première grande victoire de la contre-révolution friedmanienne. Vingt ans plus tard, tout le système de transport aérien avait été privatisé, déréglementé et rationalisé ; des contractuels sous-payés, mal formés et non syndiqués assumaient la plus grande part des services de sécurité dans les aéroports. Après les attentats, l'inspecteur général du secrétariat aux Transports déclara que les compagnies aériennes, qui assument la responsabilité de la sécurité de leurs propres vols, bâclaient le travail afin de réaliser des économies. Ces «contre-pressions se sont traduites par un grave relâchement des mesures de sécurité», précisa-t-il devant la commission chargée par l'administration Bush de faire la lumière sur les attentats du 11 septembre. Un responsable de la sécurité de la Federal Aviation Authority bénéficiant d'une vaste expérience soutint pour sa part que, en matière de sécurité, l'approche des compagnies aériennes se résumait comme suit : «dénigrer, nier et retarder[34]».

Le 10 septembre, les vols étaient bon marché et nombreux ; le reste n'avait pas d'importance. Le 12, confier la sécurité aéroportuaire à des contractuels gagnant six dollars l'heure semblait irresponsable. Puis, en octobre, des législateurs et des journalistes reçurent des enveloppes contenant de la poudre blanche : les risques d'une flambée de la maladie du charbon (anthrax) déclenchèrent un mouvement de panique. Dans ce contexte, une fois de plus, les privatisations des années 1990 apparaissaient sous un jour nouveau. Pourquoi un laboratoire privé avait-il reçu le droit exclusif de produire le vaccin contre la maladie? Le gouvernement fédéral s'était-il délesté de la responsabilité de protéger la population dans l'éventualité d'une grave crise sanitaire publique? Facteur aggravant, Bioport, le labo privé en question, avait échoué à une série d'inspections; à l'époque, la FDA n'autorisait même pas la distribution de ses vaccins[35]. Et si, comme on l'affirmait dans les médias, la maladie du charbon, la variole et d'autres agents pathogènes mortels pouvaient se répandre par l'intermédiaire de la poste, de la chaîne alimentaire et des canalisations d'eau, la privatisation de la poste défendue par Bush était-elle vraiment une si bonne idée? Quant aux spécialistes de l'inspection des aliments et des réseaux de canalisations mis à pied, ne pourrait-on pas les réembaucher?

Des scandales comme celui d'Enron ne firent qu'aggraver le choc en retour contre l'entreprise privée. Trois mois après les attentats du 11 septembre, Enron déclara faillite : des milliers d'employés perdirent leurs pensions de retraite, tandis que les cadres supérieurs, exploitant des informations privilégiées, s'en mettaient plein les poches. À cause de la crise, on perdit foi dans la capacité du secteur privé à assurer les services essentiels, en particulier lorsqu'il fut établi que les manipulations des prix de l'énergie auxquelles la société Enron s'était livrée avaient causé les pannes d'électricité généralisées que la Californie avait connues quelques mois plus tôt. Âgé de 90 ans, Milton Friedman était si troublé par le retour en force potentiel du keynésianisme qu'il se désola de voir «les hommes d'affaires traités comme des citoyens de deuxième ordre[36]».

Pendant que les PDG étaient déboulonnés, les fonctionnaires syndiqués – les méchants de la contre-révolution de Friedman – gagnaient rapidement la faveur populaire. Deux mois après les attentats, la confiance envers le gouvernement était à son plus haut niveau depuis 1968 – phénomène qui s'expliquait, déclara Bush devant des fonctionnaires fédéraux, «par la qualité de votre travail[37]». Les héros incontestés du 11 septembre étaient les cols bleus arrivés en premier sur les lieux – les policiers, les pompiers et les secouristes, dont 403 perdirent la vie en tentant de faire évacuer les tours et de venir en aide aux victimes. Soudain, l'Amérique était éprise des hommes et des femmes en uniforme. Les politiciens – qui se vissèrent sur le crâne en toute hâte des casquettes de base-ball à l'effigie du NYPD et du FDNY – avaient du mal à suivre.

Lorsque, le 14 septembre, Bush visita «Ground Zero» en compagnie des pompiers et des secouristes (les conseillers du président parlèrent du *bullhorn moment*, en référence au porte-voix utilisé par leur patron), il rendit hommage aux fonctionnaires syndiqués, ceux-là mêmes que le mouvement conservateur moderne s'était juré d'éliminer. Bien sûr, il n'avait pas le choix (ces jours-là, même Dick Cheney portait le casque de sécurité), mais rien ne l'obligeait à se montrer aussi convaincant. Mû par la sincérité et porté par le désir de la population d'avoir à sa tête un chef d'État à la hauteur de la situation, Bush prononça les discours les plus touchants de sa carrière.

Au cours des mois suivants, le président fit une grande tournée du secteur public – les écoles, les casernes de pompiers, les monuments commémoratifs, les Centers for Disease Control and Prevention – afin de remercier les fonctionnaires de leur contribution et de leur humble patriotisme. «Nous avons découvert de nouveaux héros», affirma-t-il dans un discours où il faisait l'apologie des secouristes, mais aussi des enseignants, des employés des postes et des travailleurs de la santé[38]. À ces occasions, il traita le travail effectué dans l'intérêt du public avec une dignité et un respect qu'on n'avait pas vus se manifester aux États-Unis depuis quatre décennies. Soudain, la réduction des coûts n'était plus à l'ordre du jour. Dans chacune de ses allocutions, le président annonçait la création d'un ambitieux programme public.

«Les exigences conjuguées d'une économie déclinante et de la nouvelle guerre contre le terrorisme ont transformé la philosophie du président, déclaraient John Harris et Dana Milbank, avec confiance, dans le *Washington Post*, onze jours après les attentats. L'homme qui, à son arrivée au pouvoir, se campait en descendant idéologique de Ronald Reagan s'impose plutôt, neuf mois plus tard, en héritier de Franklin D. Roosevelt.» Ils ajoutaient que «Bush prépare un vaste programme de stimulants économiques pour conjurer la récession. Le gouvernement, a-t-il dit, doit relancer une économie faible au moyen d'une injection massive de capitaux – notion à la base de la théorie économique keynésienne qui sous-tendait le New Deal de FDR[39]».

En dehors des grandes déclarations publiques et des séances de photos, Bush et son cercle d'intimes n'avaient nullement envie de se convertir au keynésianisme. Loin d'ébranler leur volonté d'affaiblir la sphère publique, les lacunes de la sécurité mises en lumière par les attentats du 11 septembre les confortèrent dans leurs convictions idéologiques (et leurs intérêts personnels) : seules les entreprises privées étaient assez brillantes et novatrices pour relever les nouveaux défis de la sécurité. La Maison-Blanche s'apprêtait bel et bien à investir des sommes colossales pour stimuler l'économie, mais elle n'entendait absolument pas le faire en suivant le modèle de FDR. Le New Deal de Bush ne viserait que l'Amérique corporatiste : chaque année, des centaines de milliards de dollars de fonds publics seraient directement versés à des intérêts privés. Pour ce faire, on aurait recours à l'octroi de contrats – souvent secrets, accordés sans appels d'offres et exécutés presque sans surveillance – à un réseau tentaculaire d'industries dans les domaines suivants : technologie, médias, communications, incarcération, génie, éducation, santé*.

Avec le recul, on le voit bien : au cours de la période de désorientation collective qui suivit les attentats, on assista ni plus ni moins à une forme de thérapie de choc économique. L'équipe Bush, friedmanienne jusqu'à la moelle, profita de l'état de choc dans lequel la nation était plongée pour imposer sa vision d'un gouvernement «coquille vide» au sein duquel tout – de la guerre jusqu'aux interventions en cas de catastrophes – relevait de l'entreprise à but lucratif.

Pour la thérapie de choc, il s'agissait d'une évolution hardie. Au lieu de brader des sociétés d'État existantes comme dans les années 1990, l'équipe Bush créa de toutes pièces un nouveau contexte pour ses actions : la guerre contre le terrorisme, conçue dès le départ pour être privée. L'exploit fut réalisé en deux temps. D'abord, la Maison-Blanche profita du sentiment de danger omniprésent au lendemain des attentats du 11 septembre pour accroître de façon spectaculaire les

---

* L'absence de concurrence dans l'adjudication des contrats est l'une des caractéristiques de l'ère Bush. Selon une analyse publiée dans le *New York Times* en février 2007, «moins de la moitié des "mesures contractuelles" – nouveaux contrats et paiements effectués en regard des anciens – font aujourd'hui l'objet d'un concours ouvert et complet. En 2005, seulement 48 % d'entre eux étaient ouverts à la concurrence, contre 79 % en 2001».

pouvoirs de l'exécutif dans les domaines de la police, de la surveillance, de la détention et de la guerre – coup de force que l'historien militaire Andrew Bacevich qualifia de «putsch à répétition[40]». Puis les fonctions généreusement financées qu'on venait de renforcer – sécurité, invasion, occupation, reconstruction – furent aussitôt externalisées, cédées au secteur privé afin qu'il réalisât des bénéfices.

Même si le but avoué était la guerre contre le terrorisme, l'effet fut la création d'un complexe du capitalisme du désastre – une économie nouvelle de la sécurité intérieure, de la guerre privatisée et de la reconstruction dont la tâche ne consistait en rien de moins qu'à créer et à diriger un État sécuritaire privatisé, à l'intérieur du pays comme à l'étranger. Les stimulants économiques ainsi créés prirent le relais de la mondialisation et des booms dans la haute technologie. De la même façon qu'Internet avait lancé la bulle «point com», les attentats du 11 septembre lancèrent celle du capitalisme du désastre. «Après l'effondrement des titres en technologies de l'information, qui, croyez-vous, avait de l'argent? Le gouvernement!» expliqua Roger Novak, de Novak Biddle Venture Partners, société d'investissement en capital-risque qui mise sur les entreprises du secteur de la sécurité intérieure. Aujourd'hui, ajouta-t-il, «tous les fonds constatent l'énormité du potentiel et se demandent: "Comment se tailler une part du gâteau[41]?"».

Ce fut l'apogée de la contre-révolution lancée par Friedman. Pendant des décennies, le marché avait grignoté les appendices de l'État; il allait à présent en dévorer le cœur.

Bizarrement, l'outil idéologique le plus efficace était l'affirmation selon laquelle l'idéologie économique n'était plus le principal moteur de la politique étrangère ou intérieure des États-Unis. Le nouveau mantra («Le 11 septembre a tout changé») dissimulait commodément la réalité: la seule chose qui avait changé pour les idéologues et les sociétés dont ils servaient les intérêts, c'était qu'il leur était désormais beaucoup plus facile de poursuivre leurs objectifs ambitieux. Au lieu de soumettre de nouvelles politiques à d'âpres débats au Congrès ou à d'amers affrontements avec les syndicats du secteur public, la Maison-Blanche de Bush profita de l'alignement patriotique derrière le président et de la complaisance des médias pour passer à l'acte. Comme le fit remarquer le *New York Times* en février 2007: «En l'absence de tout débat public ou de décision stratégique officielle, les entrepreneurs sont devenus le quatrième pouvoir virtuel du gouvernement[42].»

Au lieu de relever le défi sécuritaire lancé par le 11 septembre au moyen d'un plan exhaustif visant à colmater la brèche de l'infrastructure publique, l'équipe Bush définit un nouveau rôle pour le gouvernement : désormais, l'État, au lieu d'assurer la sécurité, l'achèterait au prix du marché. En novembre 2001, deux mois seulement après les attentats, le secrétariat à la Défense réunissait « un petit groupe d'experts-conseils spécialisés en capital-risque et connaissant bien le secteur de la haute technologie ». Leur mission consistait à « déterminer les solutions technologiques susceptibles d'aider le gouvernement des États-Unis dans sa guerre mondiale contre le terrorisme ». Au début de 2006, la structure informelle était devenue une branche officielle du Pentagone : la Defense Venture Catalyst Initiative (DeVenCi), « bureau entièrement opérationnel » qui fournit en permanence des renseignements relatifs à la sécurité à des investisseurs en capital-risque pourvus d'antennes politiques, lesquels, à leur tour, cherchent au sein du marché de nouvelles entreprises capables d'offrir des méthodes de surveillance novatrices et d'autres produits connexes. « Nous sommes un moteur de recherche », explique Bob Pohanka, directeur de DeVenCi[43]. Dans la vision de Bush, le gouvernement a pour unique tâche de réunir les fonds nécessaires au lancement du nouveau marché de la guerre et, ensuite, d'acheter les meilleurs produits qui émergent du creuset, ce qui aura pour effet de stimuler l'innovation encore davantage. En d'autres termes, les politiciens créent la demande, et le privé fournit toutes les solutions – bref, on a affaire, au XXIe siècle, à une économie florissante de la sécurité intérieure et de la guerre, entièrement financée par les contribuables.

Le secrétariat à la Sécurité intérieure, nouvelle branche de l'État créée de toutes pièces par l'équipe Bush, est l'illustration la plus nette de cette forme de gouvernement entièrement externalisé. Comme l'explique Jane Alexander, directrice adjointe du service de la recherche de l'organisation : « Nous ne fabriquons rien. Si un produit n'est pas offert par l'industrie, nous nous en passons[44]. »

Citons aussi la Counterintelligence Field Activity (CIFA), nouvelle organisation créée par Rumsfeld et indépendante de la CIA. L'agence d'espionnage parallèle alloue à des entrepreneurs privés 70 % de ses budgets ; à l'instar du secrétariat à la Sécurité intérieure, l'organisation est conçue comme une coquille vide. Ken Minihan, ex-directeur de l'Agence nationale de sécurité des États-Unis, résume ainsi la situation : « La sécurité intérieure est trop importante pour qu'on en laisse la responsabilité au gouvernement. » À l'exemple de centaines d'autres administrateurs de Bush, Minihan a quitté la fonction publique pour occuper un poste au sein de la florissante industrie de la sécurité intérieure, celle-là même que, en tant qu'espion en chef, il a contribué à bâtir[45].

Tous les paramètres de la guerre contre le terrorisme définis par l'administration Bush ont servi à optimiser sa rentabilité et sa viabilité en tant que marché – du ciblage des ennemis à la portée sans cesse grandissante du combat en passant par les règles d'engagement. Dans le document de création du secrétariat à la Sécurité intérieure, on trouve la déclaration suivante : «Les terroristes d'aujourd'hui peuvent frapper n'importe où, n'importe quand et presque n'importe comment» – manière commode d'affirmer que les services de sécurité doivent nous protéger contre tous les risques imaginables, partout et à tous moments. Et il n'est pas nécessaire de prouver qu'une menace est réelle pour justifier une réaction d'ampleur totale – pas dans le contexte de la «doctrine du 1 %» de Cheney, qui a motivé l'invasion de l'Irak : s'il existe 1 % de risque qu'une menace soit fondée, les États-Unis doivent réagir comme si elle l'était à 100 %. Cette logique s'est révélée particulièrement payante pour les fabricants de dispositifs de détection de pointe : c'est ainsi que le secrétariat à la Sécurité intérieure, simplement parce qu'il a imaginé la possibilité d'un attentat à la variole, a versé un demi-milliard de dollars à des entreprises afin qu'elles mettent au point du matériel de détection pour une menace jamais avérée[46].

Même s'il a changé de nom à de multiples reprises – la guerre contre le terrorisme, la guerre contre l'islam radical, la guerre contre l'islamofascisme, la guerre du tiers-monde, la longue guerre, la guerre générationnelle –, le conflit est demeuré inchangé dans sa forme. Il n'est circonscrit ni par le temps, ni par l'espace, ni par sa cible. Du point de vue militaire, la guerre contre le terrorisme, définie de façon aussi tentaculaire et informe, est impossible à gagner. Du point de vue économique, en revanche, elle est impossible à perdre : en effet, on a affaire non pas à un conflit éphémère susceptible d'être gagné, mais, au contraire, à un élément nouveau et permanent de l'architecture économique mondiale.

Telle fut l'offre que l'administration Bush soumit à l'Amérique corporatiste au lendemain des attentats du 11 septembre. D'où venait l'argent ? D'un transfert apparemment sans fin de deniers publics vers les entrepreneurs privés, le tout en provenance du Pentagone (270 milliards de dollars par année, soit une augmentation de 137 milliards de dollars depuis l'arrivée de Bush au pouvoir), des agences de renseignements des États-Unis (42 milliards de dollars par année, soit plus que le double de la somme versée en 1995) et, depuis peu, du nouveau secrétariat à la Sécurité intérieure. Entre le 11 septembre 2001 et 2006, l'organisation versa 130 milliards de dollars à des entrepreneurs privés – ce montant, qui n'était pas en circulation jusqu'alors, est supérieur au PIB du Chili ou de la République tchèque. En 2003, l'administration Bush affecta 327 milliards de dollars à des marchés passés avec des entreprises privées – soit près de 40 cents par dollar disponible[47].

En un laps de temps remarquablement court, les banlieues qui encerclent Washington, DC, se parsemèrent de bâtiments gris abritant des start-ups ou des pépinières d'entreprises sécuritaires, opérations montées à la va-vite où, comme dans la Silicon Valley de la fin des années 1990, l'argent entrait si rapidement qu'on n'avait pas le temps de monter les bureaux. Pendant ce temps, l'administration Bush jouait le rôle des prodigues investisseurs en capital-risque de cette époque enivrante. Si, dans les années 1990, l'objectif était de mettre au point l'application géniale, le « nouvel incontournable » qu'on vendrait à Oracle ou à Microsoft, l'idée était désormais de concevoir la nouvelle technologie capable d'épingler et d'attraper les terroristes et de la vendre au secrétariat à la Sécurité intérieure ou au Pentagone. C'est pour cette raison que l'industrie du désastre donna naissance non seulement à des sociétés en émergence et à des fonds de placement, mais aussi à toute une armée de sociétés de lobbyistes qui promettaient de mettre les nouvelles entreprises en relation avec les décideurs de Capitol Hill. En 2001, il existait deux cabinets de lobbying axés sur la sécurité ; au milieu de l'année 2006, ils étaient 543. « Je m'occupe d'avoirs privés depuis le début des années 1990, déclara au magazine *Wired* Michael Steed, directeur général de Paladin, entreprise spécialisée dans la sécurité intérieure, et je n'ai encore jamais vu un flux d'affaires aussi soutenu[48]. »

UN MARCHÉ POUR LE TERRORISME

Comme la bulle informatique avant elle, la bulle du désastre se gonfle de façon imprévisible et chaotique. Les caméras de surveillance assurèrent à l'industrie de la sécurité intérieure l'un de ses premiers booms ; on en installa 4,2 millions en Grande-Bretagne, une pour quatorze habitants, et 30 millions aux États-Unis. Elles tournent environ quatre milliards d'heures d'images par année. D'où un problème : qui va les regarder ? C'est ainsi que prit naissance un nouveau marché pour les « logiciels d'analyse » capables de parcourir les bandes vidéo et d'établir des recoupements avec des images déjà stockées (la mise en réseau de divers systèmes de sécurité généra certains des marchés les plus lucratifs, notamment les neuf milliards de dollars versés par l'armée de l'air à un conglomérat formé de Booz Allen Hamilton, l'un des plus anciens cabinets de consultants dans le domaine de la stratégie, et de quelques géants du secteur de la défense[49]).

On se heurta alors à un nouveau problème : en effet, les logiciels de reconnaissance des visages ne peuvent procéder à des identifications fiables que si les sujets regardent directement la caméra, ce qu'ils ont peu tendance à faire lorsqu'ils se hâtent de se rendre au travail. Émergea alors un nouveau marché pour l'amélioration de la qualité des images numériques. Salient Stills, entreprise qui vend des logiciels capables d'isoler et d'accentuer la définition des images vidéo, proposa d'abord son produit aux médias, mais elle trouva des débouchés bien plus alléchants auprès du FBI et d'autres organisations chargées de l'application de la loi[50]. En raison de toutes ces activités d'espionnage – registres d'appels, relevés d'écoutes téléphoniques, dossiers financiers, courrier, caméras de surveillance, navigations sur le Web –, le gouvernement croule sous les informations, ce qui a donné naissance à un autre vaste marché, celui de la gestion et de l'exploitation des données, de même qu'à un logiciel qui serait capable de « tirer du sens » de ce déluge de mots et de chiffres et de signaler les activités suspectes.

Dans les années 1990, les entreprises de technologie claironnaient sans relâche les merveilles d'un monde sans frontières ainsi que la capacité de la technologie de l'information à vaincre les régimes autoritaires et à faire tomber les murs. Au sein du complexe du capitalisme du désastre, la révolution de l'information sert à faire exactement le contraire. En cours de route, on a transformé les téléphones portables et Internet en de puissants outils de surveillance de la population par des régimes de plus en plus autoritaires, avec la collaboration pleine et entière des moteurs de recherche ou des compagnies de téléphone privatisées : c'est ainsi que Yahoo aide le gouvernement chinois à repérer les dissidents, tandis qu'AT&T a permis à l'Agence nationale de sécurité des États-Unis d'enregistrer, sans mandat, les conversations téléphoniques de ses abonnés (l'administration Bush jure que cette pratique a pris fin). Pour ce qui est du démantèlement des frontières, ultime symbole et grand espoir de la mondialisation, on assiste plutôt à une explosion de l'industrie de la surveillance frontalière, du balayage optique à l'identification biométrique en passant par l'érection d'un mur de haute technologie entre les États-Unis et le Mexique, lequel rapportera jusqu'à 2,5 milliards de dollars à un conglomérat unissant Boeing et d'autres entreprises[51].

De bulle en bulle, on assista ainsi aux curieuses noces de deux cultures, celle de la sécurité et celle du consumérisme. Bon nombre de technologies aujourd'hui utilisées dans le cadre de la guerre contre le terrorisme et vendues par des sociétés comme Verint System, Seisint, Accenture et ChoicePoint – identification biométrique, surveillance vidéo, audimétrie Web, prospection de données – avaient été mises au point par le secteur privé avant le 11 septembre 2001 pour bâtir des profils détaillés de consommateurs et ouvrir de nouvelles avenues au micromarketing. Jumelée aux cartes de crédit, l'identification biométrique allait aussi permettre de réduire le nombre de caissiers dans les supermarchés et les centres commerciaux. Lorsque le malaise causé par ces technologies dignes du Big Brother d'Orwell retarda leur mise en application, les spécialistes du marketing comme les détaillants sombrèrent dans la consternation. Le 11 septembre eut raison des réticences du marché : soudain, on avait davantage peur du terrorisme que de la vie dans une société sous haute surveillance. Aujourd'hui, les informations recueillies à l'aide des cartes de débit ou de «fidélité» peuvent être vendues non seulement à des agences de voyage et à Gap en tant qu'outils de marketing, mais aussi au FBI en tant que données de sécurité capables de révéler tel intérêt suspect pour les téléphones mobiles sans abonnement ou tels déplacements au Moyen-Orient[52].

Comme l'expliquait un article exubérant du magazine professionnel *Red Herring*, un programme de ce genre «suit les terroristes à la trace en déterminant si un nom épelé de cent façons différentes correspond à un autre nom inscrit dans une base de données de la Sécurité intérieure. Prenons Mohammad, par exemple. Le logiciel contient des centaines d'orthographes possibles du nom et peut analyser des téraoctets d'informations en une seconde[53]». Impressionnant, à moins qu'on ne cible le mauvais Mohammad, comme on a la mauvaise habitude de le faire, en Irak, en Afghanistan et dans la banlieue de Toronto.

C'est du reste au chapitre des erreurs possibles que l'incompétence et la cupidité – marques de fabrique des années Bush, de l'Irak à La Nouvelle-Orléans – font frémir. Il suffit qu'une erreur sur la personne soit commise lors de ces véritables parties de pêche électroniques pour qu'un père de famille apolitique dont les traits et le nom correspondent peu ou prou à ceux d'un autre (du moins aux yeux de quelqu'un qui ne connaît ni l'arabe ni la culture islamique) soit identifié comme un éventuel terroriste. Et ce sont des entreprises privées qui se chargent désormais de l'établissement de listes de personnes et d'organisations suspectes et créent les programmes qui croisent les noms des passagers avec ceux qui figurent dans les bases de données. En juin 2007, un demi-million de noms figuraient sur la liste de suspects tenue par le National Counterterrorism Center. Un autre programme rendu public en novembre 2006, l'Automated Targeting System (ATS), a déjà servi à l'attribution d'une « cote de risque » à des dizaines de millions de voyageurs ayant transité par les États-Unis. Cette cote, jamais communiquée aux passagers, se fonde sur des activités suspectes mises en lumière par la prospection de données commerciales – par exemple les renseignements fournis par les compagnies aériennes à propos « des billets aller simple, des sièges préférés, des points de grand voyageur, du nombre de valises enregistrées, du mode de règlement des billets et du type de repas commandé[54] ». Pour produire la cote de sécurité des passagers, on additionne les comportements jugés suspects.

Sur la foi de ces technologies douteuses – images floues identifiées par un logiciel de reconnaissance du visage, noms mal orthographiés, bribes de conversations mal interprétées –, n'importe qui risque d'être interdit de vol, de se voir refuser un visa d'entrée aux États-Unis ou même d'être arrêté et qualifié de « combattant ennemi ». Si les « combattants ennemis » en question ne sont pas citoyens américains, ils risquent de ne jamais savoir de quoi on les accuse, l'administration Bush les ayant dépossédés de l'habeas corpus – du droit de voir la preuve en cour, du droit à un procès équitable et à une défense vigoureuse.

Si le suspect est par la suite emmené à Guantánamo, il risque d'aboutir dans la prison à sécurité maximale pouvant accueillir 200 détenus que vient de construire Halliburton. S'il est victime du programme de « restitution extraordinaire » de la CIA, enlevé dans les rues de Milan ou à l'occasion d'une correspondance dans un aéroport américain et transporté dans un « site noir » de l'archipel de prisons secrètes dont dispose la CIA, le prisonnier, la tête recouverte d'une cagoule, voyagera vraisemblablement à bord d'un Boeing 737 conçu comme un luxueux jet d'affaires et réaménagé à ces fins particulières. Selon *The New Yorker*, Boeing a servi d'«agence de voyage de la CIA» – élaborant jusqu'à 1 245 plans de vol pour des voyages de restitution, recrutant des employés au sol et allant même jusqu'à réserver des chambres d'hôtel. Dans un rapport de la police espagnole, on précise que ce travail fut effectué par Jeppesen International Trip Planning, filiale de Boeing établie à San Jose. En mai 2007, l'Union américaine pour les libertés civiles (ACLU) a intenté une poursuite contre la filiale de Boeing ; la société a refusé de confirmer ou de nier les allégations[55].

Arrivés à destination, les détenus feront face à des interrogateurs, dont certains seront au service non pas de la CIA ou de l'armée, mais bien d'entrepreneurs privés. Selon Bill Golden, qui dirige www.IntelligenceCareers.com, site Web spécialisé dans les professions liées au renseignement, «plus de la moitié des spécialistes du contre-espionnage qualifiés travaillent pour des entrepreneurs[56]». Pour obtenir de tels contrats lucratifs, les interrogateurs à la pige ont tout intérêt à savoir arracher aux prisonniers le genre d'«informations exploitables» (*actionable intelligence*) que recherchent leurs employeurs de Washington. Une telle dynamique ouvre la porte à des abus : de la même façon que les prisonniers soumis à la torture disent n'importe quoi pour que cesse la douleur, de puissants intérêts financiers incitent les entrepreneurs à recourir à toutes les méthodes jugées nécessaires pour obtenir les renseignements convoités, quelle que soit leur fiabilité. (Si l'administration Bush s'est si souvent inspirée des renseignements fournis par des entrepreneurs privés travaillant au sein de nouvelles structures, comme le très secret bureau des projets spéciaux [Office of Special Plans] de Rumsfeld, c'est parce qu'ils se sont montrés beaucoup plus disposés à trafiquer et à manipuler l'information que leurs homologues gouvernementaux – après tout, l'obtention du contrat suivant en dépend.)

Il ne faut pas non plus oublier la version *low-tech* de ce genre de «solutions» privées dans le contexte de la guerre contre le terrorisme – à savoir payer de petites fortunes à n'importe qui ou presque pour le moindre renseignement sur de présumés terroristes. Pendant l'invasion de l'Afghanistan, les agents du renseignement des États-Unis ont fait savoir qu'ils verseraient de 3 000 à 25 000 $ pour chacun des combattants d'al-Qaïda ou des Talibans qu'on leur livrerait. «Assurez-vous une richesse et un pouvoir au-delà de vos plus folles espérances», proclamait un dépliant particulièrement représentatif distribué par les

États-Unis en Afghanistan et cité dans des documents déposés en 2002 devant la cour fédérale au nom des prisonniers de Guantánamo. «Vous pourriez gagner des millions de dollars en venant en aide aux forces qui font la lutte aux Talibans. [...] Avec cet argent, vous subviendrez aux besoins de votre famille, de votre village et de votre tribu jusqu'à la fin de vos jours[57].»

Les cellules de Bagram et de Guantánamo en vinrent bientôt à déborder de bergers, de chauffeurs de taxi, de cuisiniers et de commerçants – qui, selon les hommes qui les avaient dénoncés pour toucher la récompense promise, représentaient tous un danger mortel.

«Avez-vous une idée de ce qui a pu pousser le gouvernement et les agents du renseignement pakistanais à vous donner aux Américains?» demande un membre d'un tribunal militaire à un Égyptien détenu à Guantánamo.

Dans la transcription déclassifiée, le prisonnier semble incrédule. «Voyons donc, vous savez très bien ce qui s'est passé, répond-il. Au Pakistan, on achète des gens pour dix dollars. Imaginez ce qu'on peut faire avec 5 000 $.»

«Vous avez donc été vendu?» demande le membre du tribunal, comme si l'idée ne lui était jamais venue à l'esprit. «Oui.»

Selon les chiffres du Pentagone lui-même, 86 % des prisonniers de Guantánamo furent livrés par des combattants ou des agents afghans et pakistanais après l'annonce des récompenses. En décembre 2006, le Pentagone avait relâché 360 détenus de Guantánamo. L'Associated Press réussit à retrouver 245 d'entre eux : à leur retour dans leur pays d'origine, 205 avaient été libérés ou lavés des soupçons qui pesaient contre eux[58]. À la lumière de tels chiffres, on doit porter un jugement sévère sur la qualité des renseignements obtenus au moyen de l'approche «capitaliste» de l'identification des terroristes utilisée par l'administration Bush.

En quelques années seulement, l'industrie de la sécurité intérieure, qui existait à peine avant les attentats du 11 septembre, connut une expansion si phénoménale qu'elle dépasse aujourd'hui en importance – et de loin – Hollywood ou l'industrie de la musique[59]. Le plus frappant, pourtant, c'est le peu d'analyses et de débats que suscite le boom de la sécurité *en tant qu'économie*, lieu d'une convergence sans précédent de pouvoirs policiers non contrôlés et de principes capitalistes non contrôlés, croisement du centre commercial et de la prison secrète. Lorsque des renseignements sur les personnes susceptibles de représenter une menace à la sécurité nationale sont vendus aussi facilement que des informations sur les clients qui achètent les livres de Harry Potter sur Amazon ou font des croisières dans les Antilles et se laisseraient peut-être tenter par l'Alaska, les valeurs d'une culture se transforment. Outre qu'elle constitue une incitation à l'espionnage et à la torture ou à la dissémination de fausses informations, une telle dynamique perpétue la peur et l'insécurité qui ont favorisé l'essor de ladite industrie.

Lorsque, par le passé, de nouvelles économies voyaient le jour, de la révolution fordiste au boom des technologies de l'information, on avait droit à une avalanche d'analyses et de débats concernant l'effet de ces grands bouleversements des modes de production de la richesse sur le fonctionnement de la culture, nos déplacements et même la façon dont nos cerveaux traitent l'information. La nouvelle économie du désastre n'a fait l'objet d'aucune étude approfondie du même genre. Elle a donné lieu à des débats, bien sûr – à propos de la constitutionnalité de la loi sur le patriotisme, de la détention pour une période indéfinie, de la torture et de la restitution extraordinaire –, mais on a presque entièrement occulté la question de savoir ce que signifie le fait de traiter ces fonctions comme des transactions commerciales. Les « débats » ne portent que sur des cas particuliers (la guerre comme source de profits excessifs pour l'un ou l'autre, les scandales de la corruption) et les mea-culpa rendus nécessaires par l'incapacité du gouvernement à superviser de manière adéquate les entrepreneurs privés – et rarement sur la signification, beaucoup plus profonde et plus large, du phénomène qui consiste à participer à une guerre entièrement privatisée conçue pour être sans fin.

S'il en est ainsi, c'est en partie parce que l'économie du désastre nous a pris au dépourvu. Dans les années 1980 et 1990, les nouvelles économies s'affichaient fièrement, avec éclat. La bulle de la technologie, en particulier, donna naissance à une toute nouvelle catégorie de propriétaires qui firent l'objet d'un battage publicitaire sans précédent – d'innombrables profils médiatiques montrèrent de jeunes et fringants PDG campés devant leurs jets privés, leurs yachts téléguidés, leurs maisons de rêve dans les montagnes de Seattle.

Le complexe du capitalisme du désastre engendre le même type de richesse, même si on en entend rarement parler. Selon une étude réalisée en 2006, « depuis le début de la "guerre contre le terrorisme", les PDG des 34 entreprises les plus importantes du secteur de la défense ont vu leur salaire moyen doubler par rapport à celui qu'ils avaient touché au cours des quatre années ayant précédé le 11 septembre 2001 ». Si la rémunération de ces PDG a connu une augmentation moyenne de 108 % entre 2001 et 2006, celle des grands patrons des autres secteurs n'a augmenté que de 6 % en moyenne au cours de la même période[60].

Même si ses profits se rapprochent de ceux des entreprises électroniques de l'époque du boom, l'industrie du désastre bénéficie en général d'une discrétion comparable à celle qui entoure la CIA. Les capitalistes du désastre fuient les journalistes, minimisent l'importance de leur fortune personnelle et ne se vantent surtout pas de leur réussite. « Qu'une industrie colossale émerge autour des mesures visant à nous protéger contre le terrorisme n'est pas en soi un sujet de réjouissances, déclara John Elstner, du Chesapeake Innovation Center, pépinière d'entreprises du secteur de la sécurité intérieure. Mais il se brasse de grosses affaires, et le CIC fait partie du jeu[61]. »

Peter Swire, conseiller du gouvernement des États-Unis dans le domaine de la protection des renseignements personnels sous l'administration Clinton, décrit en ces termes la convergence de forces qui sous-tend la bulle de la guerre contre le terrorisme : « Le gouvernement s'est donné la mission sacrée de recueillir le plus d'informations possibles et l'industrie de la technologie de l'information est désespérément à la recherche de nouveaux marchés[62]. » Autrement dit, la définition même du corporatisme : la grande entreprise et le gouvernement tout-puissant combinant leurs formidables puissances respectives pour mieux contrôler les citoyens.

CHAPITRE QUINZE

Un État corporatiste

Ou comment remplacer la porte à tambour par un portail

Je pense que c'est bizarre et que c'est n'importe quoi. Laisser entendre que nous sommes motivés en toutes choses par l'appât du gain… Je pense que c'est débile. Je pense que vous auriez intérêt à retourner à l'école.

George H.W. Bush, en réponse à des accusations selon lesquelles son fils aurait envahi l'Irak afin d'ouvrir de nouveaux marchés aux sociétés américaines[1].

Il y a une chose qui distingue les fonctionnaires des employés du secteur privé. Et c'est l'obligation de travailler pour le bien commun – l'intérêt de la collectivité plutôt que celui de quelques-uns. Les entreprises ont le devoir de travailler pour le bien de leurs actionnaires, et non du pays.

David M. Walker, contrôleur général des États-Unis, février 2007[2].

Il ne voit pas la différence entre l'intérêt public et l'intérêt privé.

Sam Gardiner, colonel à la retraite de l'armée de l'air des États-Unis, à propos de Dick Cheney, février 2004[3].

En plein tumulte des élections de mi-mandat en 2006, trois semaines avant d'annoncer la démission de Donald Rumsfeld, George W. Bush signa la *Defense Authorization Act* dans le cadre d'une cérémonie privée tenue dans le Bureau ovale. Perdue au milieu des 1 400 pages que compte le document, il y avait une petite clause qui, à l'époque, passa presque inaperçue. Elle conférait au président le pouvoir de déclarer la loi martiale, de « déployer les forces armées, y compris la Garde nationale », et de passer outre à la volonté des gouverneurs des États en cas d'«urgence publique», afin de «rétablir l'ordre public» et de «mettre fin» aux troubles. L'urgence en question pouvait être un ouragan, des manifestations de masse ou une «crise de santé publique» au cours de laquelle l'armée serait appelée à imposer des mises en quarantaine et à protéger les stocks de vaccins[4]. Auparavant, le président ne pouvait déclarer la loi martiale et exercer d'aussi vastes pouvoirs qu'en cas d'insurrection.

Pendant qu'il faisait campagne avec ses collègues, le sénateur démocrate Patrick Leahy, qui fut le seul à sonner l'alarme, déclara publiquement que «l'utilisation de l'armée aux fins de l'application des lois va à l'encontre des principes fondateurs de notre démocratie» et souligna que «la modification de la loi a d'énormes répercussions, mais on l'a ajoutée au projet de loi au dernier moment, sans examen approfondi. D'autres comités du Congrès touchés par cette question n'ont pas eu le temps de se prononcer sur les propositions et encore moins de tenir des audiences à leur sujet[5]».

Outre l'exécutif, qui obtenait ainsi de nouveaux pouvoirs extraordinaires, le changement faisait au moins un autre grand gagnant : l'industrie pharmaceutique. En cas de flambée d'une maladie quelconque, l'armée pourrait être chargée de protéger les laboratoires et les réserves de médicaments ainsi que d'imposer des mises en quarantaine – objectif stratégique de longue date pour l'administration Bush. Bonne nouvelle, en tout cas, pour l'ancienne société de Rumsfeld, Gilead Sciences, titulaire du brevet du Tamiflu, qui sert au traitement de la grippe aviaire. Le nouveau texte de loi, conjugué aux craintes soulevées par la maladie, contribua peut-être même à l'exceptionnel rendement que connut la société après le départ de Rumsfeld du gouvernement : en seulement cinq mois, le prix des actions avait augmenté de 24 %[6].

Quel rôle les intérêts industriels jouèrent-ils dans l'adoption du nouveau texte de loi? Peut-être aucun, mais la question vaut d'être soulevée. De la même façon, quoique à une échelle beaucoup plus vaste, quel rapport y a-t-il entre les intérêts de sociétés comme Halliburton ou Bechtel et des entreprises pétrolières comme Exxon Mobil et l'enthousiasme avec lequel l'équipe de Bush envahit et occupa l'Irak? On ne peut répondre avec exactitude aux questions touchant les motivations, puisque les personnes concernées sont connues pour assimiler les intérêts des entreprises à ceux de la nation, à un point tel qu'elles semblent incapables d'établir une distinction entre les deux.

Dans *Overthrow*, livre qu'il a fait paraître en 2006, Stephen Kinzer, ancien correspondant du *New York Times*, tente justement de faire la lumière sur les motivations des politiciens américains qui ont ordonné et orchestré des coups d'État à l'étranger au cours du siècle dernier. Étudiant la participation des États-Unis à des changements de régime, d'Hawaï en 1893 à l'Irak en 2003, il constate souvent un déroulement en trois étapes. Premièrement, dit-il, les bénéfices d'une multinationale dont le siège social se trouve aux États-Unis sont menacés par les actions d'un gouvernement étranger qui réclame que cette dernière «paie des impôts ou respecte les lois qui protègent les travailleurs ou l'environnement. Parfois, l'entreprise en question est nationalisée ou forcée de vendre une partie de ses terres ou de ses actifs». Dans un deuxième temps, des politiciens américains, mis au courant des difficultés de leur multinationale, y voient une attaque en règle contre les États-Unis : «La motivation économique devient alors politique ou géostratégique. À leurs yeux, tout pays qui harcèle ou gêne une entreprise américaine est antiaméricain, répressif, dictatorial et, sans doute, manipulé par des puissances ou des intérêts étrangers qui souhaitent affaiblir les États-Unis.» Dans un troisième temps, les politiciens cherchent à convaincre le public américain de la nécessité d'une intervention : il s'agit dès lors de dépeindre une lutte élémentaire entre le bien et le mal, «une occasion de soustraire une malheureuse nation opprimée à la brutalité d'un régime forcément dictatorial, car quel autre genre de régime pourrait embêter une entreprise américaine[7]?». En d'autres mots, la politique étrangère des États-Unis est, pour une large part, un exercice de projection de masse à la faveur duquel une infime élite uniquement préoccupée par ses propres intérêts prend ses besoins et ses désirs pour ceux du monde entier.

Kinzer indique que cette tendance est particulièrement forte chez les politiciens qui ont quitté le secteur privé pour occuper une charge publique. Ainsi du secrétaire d'État d'Eisenhower, John Foster Dulles, qui avait, pendant la majeure partie de sa vie, été un puissant avocat de multinationales, de sorte qu'il avait été amené à représenter quelques-unes des plus riches entreprises du monde lorsqu'elles entraient en conflit avec des gouvernements étrangers. Les divers biographes de Dulles en sont venus à la conclusion, comme Kinzer, que l'homme était tout simplement incapable d'établir une distinction entre les intérêts des sociétés commerciales et ceux de son pays. «Pendant toute sa vie, Dulles fut animé par deux obsessions : lutter contre le communisme et protéger les droits des multinationales, écrit Kinzer. Dans son esprit, les deux combats étaient [...] "liés et se renforçaient mutuellement[8]".» L'homme n'eut donc pas à choisir entre ses obsessions : si le gouvernement du Guatemala prenait une décision défavorable à la United Fruit Company, par exemple, il s'agissait de facto d'une attaque contre les États-Unis justifiant une riposte militaire.

Obsédée par la lutte contre le terrorisme et la protection des multinationales, l'administration Bush, bourrée de PDG fraîchement arrivés du secteur privé, est sujette à la même confusion et aux mêmes amalgames. Il y a toutefois une différence de taille. Les sociétés auxquelles Dulles s'identifiait – des multinationales investissant à l'étranger dans les mines, l'agriculture, le secteur bancaire, le pétrole – avaient en général des objectifs fort simples. Elles voulaient un environnement commercial stable et rentable : des lois plutôt laxistes sur les investissements, une main-d'œuvre docile et, surtout, pas de mauvaises surprises du côté des expropriations. Les coups d'État de même que les interventions militaires étaient un moyen d'obtenir cet environnement favorable, et non une fin en soi.

En tant que protocapitalistes du désastre, les architectes de la guerre contre le terrorisme appartiennent à une nouvelle espèce de politiciens corporatistes : pour eux, les guerres et les catastrophes sont bel et bien des fins en elles-mêmes. Lorsque Dick Cheney et Donald Rumsfeld affirment que ce qui est bon pour Lockheed, Halliburton, Carlyle et Gilead est bon pour les États-Unis, voire pour le reste du monde, la projection à laquelle ils se livrent a des conséquences particulièrement dangereuses. Pourquoi? Parce qu'il ne fait aucun doute que les cataclysmes – guerres, épidémies, catastrophes naturelles et pénuries de ressources – font des merveilles pour les bénéfices de ces entreprises. D'où l'amélioration spectaculaire de leur santé financière depuis l'arrivée au pouvoir de Bush. Ce qui rend la projection encore plus périlleuse, c'est que les alliés du président ont, à un degré sans précédent, conservé leurs intérêts dans le complexe du capitalisme du désastre au moment même où ils inauguraient une nouvelle ère d'intervention en cas de catastrophe et de guerre privatisées : ils avaient ainsi la possibilité de profiter des cataclysmes qu'ils avaient eux-mêmes aidé à déclencher.

C'est ainsi que, lorsque Rumsfeld remit sa démission peu après la défaite des républicains aux élections de mi-mandat de 2006, la presse rapporta qu'il était retourné dans le secteur privé. La vérité, c'est qu'il ne l'avait jamais quitté. En acceptant le poste de secrétaire à la Défense, Rumsfeld devait, à l'instar de tous les détenteurs d'une charge publique, liquider des avoirs dont la valeur était susceptible de fluctuer en fonction des décisions qu'il prendrait dans l'exercice de ses fonctions. En termes simples, il devait vendre tout ce qui avait trait à la sécurité ou à la défense nationale. Il y avait toutefois un hic : Rumsfeld était si lourdement associé à diverses industries catastrophiques qu'il se déclara incapable de se dépêtrer de ces liens à temps pour respecter l'échéance fixée. Puis il manipula les règles éthiques à plaisir afin de conserver par-devers lui le plus d'intérêts possibles.

Il vendit les actions qu'il détenait en propriété propre dans Lockheed, Boeing et d'autres entreprises du secteur de la défense et confia jusqu'à 50 millions de dollars d'actions à un organisme indépendant de gestion. Mais il possédait toujours (en tout ou en partie) des sociétés d'investissement privées spécialisées dans les actions d'entreprises des secteurs de la défense et de la biotechnologie. Refusant d'assumer des pertes en précipitant la vente de ces entreprises, Rumsfeld demanda deux prolongations de trois mois chacune – fait extrêmement rare pour un administrateur de si haut niveau. Ce qui veut dire que six mois après son entrée en fonction au secrétariat à la Défense, peut-être davantage, il était donc encore en quête d'un acheteur convenable pour ses sociétés[9].

Pour ce qui est de Gilead Sciences, société titulaire du brevet sur le Tamiflu dont il avait présidé le CA, le secrétaire à la Défense se montra intraitable. Sommé de choisir entre ses intérêts personnels et sa vocation d'homme public, il s'y refusa purement et simplement. Les épidémies sont des questions de sécurité nationale ; à ce titre, elles relèvent clairement du portefeuille du secrétaire à la Défense. En dépit d'un conflit d'intérêts patent, Rumsfeld omit de se défaire de ses actions de Gilead. Pendant tout son mandat, il retint ses avoirs, d'une valeur de 8 à 39 millions de dollars[10].

Lorsque le comité de l'éthique du Sénat tenta de l'obliger à se conformer aux règles de procédure habituelles, Rumsfeld se fit ouvertement agressif. Un jour, il écrivit au bureau d'éthique du gouvernement (Office of Government Ethics) pour se plaindre du fait qu'il avait dû verser 60 000 $ à des comptables pour l'aider à remplir des formulaires de divulgation «inutilement complexes et déroutants». Pour un homme qui détenait des actions d'une valeur de 95 millions de dollars pendant qu'il occupait sa charge publique, des honoraires de 60 000 $ (destinés à le soustraire à l'application des règles, par surcroît) ne semblent pas si excessifs[11].

Le refus catégorique de Rumsfeld de cesser de réaliser des profits grâce aux désastres pendant qu'il occupait le poste de premier responsable de la sécurité aux États-Unis diminua son rendement de multiples façons très concrètes. Pendant une bonne partie de sa première année en fonction, Rumsfeld, qui cherchait à vendre ses avoirs, dut s'abstenir de participer à la prise d'un nombre alarmant de décisions stratégiques cruciales : selon l'Associated Press, « il évitait les réunions du Pentagone où il était question du sida ». Lorsque le gouvernement eut à se prononcer sur l'opportunité d'intervenir dans quelques ventes ou fusions d'entreprises de premier plan associées au secrétariat à la Défense, y compris General Electric, Honeywell, Northrop Grumman et Silicon Valley Graphics, Rumsfeld dut une fois de plus se retirer. Il avait, selon son porte-parole officiel, des liens avec quelques-unes des sociétés énumérées ci-dessus. « J'ai eu tendance à me tenir loin de ces questions », répondit Rumsfeld à un journaliste qui l'interrogeait sur l'une de ces transactions[12].

Pendant les six années qu'il a passées au Pentagone, Rumsfeld dut quitter la salle chaque fois que la conversation portait sur le traitement de la grippe aviaire et l'achat de médicaments. Selon la lettre d'entente précisant à quelles conditions il pouvait conserver ses actions, il devait éviter de participer aux décisions « susceptibles d'avoir un impact direct ou prévisible sur Gilead[13] ». Ses collègues, toutefois, veillaient sur ses intérêts. En juillet 2005, le Pentagone acheta pour 58 millions de dollars de Tamifu, et le secrétariat à la Santé et aux Services humains annonça son intention d'en acheter pour un milliard de dollars quelques mois plus tard[14].

L'entêtement de Rumsfeld lui rapporta gros. S'il avait vendu ses actions de Gilead au moment de son entrée en fonction, en janvier 2001, il aurait touché seulement 7,45 $ l'action. Mais parce qu'il les conserva pendant la période où la peur de la grippe aviaire et l'hystérie du bioterrorisme étaient à leur comble et que sa propre administration décida d'investir massivement dans la société, ses actions, au moment de son départ, valaient 67,60 $ chacune – soit une augmentation de 807 %. (En avril 2007, le prix de l'action atteignit 84 $[15].) Lorsqu'il quitta son poste de secrétaire à la Défense, Rumsfeld était donc beaucoup plus riche qu'à son entrée en fonction – ce qui est fort rare chez les multimillionnaires qui occupent une charge publique[16].

Rumsfeld ne quitta donc jamais tout à fait Gilead, et Dick Cheney se montra tout aussi réticent à l'idée de rompre entièrement ses liens avec Halliburton – arrangement qui, au contraire de celui de Rumsfeld avec Gilead, suscita beaucoup d'intérêt de la part des médias. Avant de renoncer à son poste de PDG pour devenir le colistier de George Bush, Cheney négocia une indemnisation de retraite généreusement garnie d'actions et d'options sur titre de Halliburton. Suite à des questions gênantes de la part de journalistes, Cheney accepta de vendre une partie de ses actions de Halliburton et, ce faisant, réalisa un joli profit de 18,5 millions de dollars. Il ne vendit toutefois pas tout. Selon le *Wall Street Journal*, Cheney, au moment où il accéda à la vice-présidence, conservait 189 000 actions de Halliburton et 500 000 options d'achat d'actions non acquises.

Que Cheney possède toujours une telle quantité d'actions de Halliburton signifie que, pendant son mandat de vice-président, il a chaque année empoché des millions de dollars en dividendes, en plus de recevoir de Halliburton un revenu annuel différé de 211 000 $ – environ l'équivalent du salaire que lui verse le gouvernement. Lorsqu'il quittera son poste en 2009 et sera en mesure d'encaisser ses avoirs dans Halliburton, Cheney tirera des avantages proprement extravagants de la remarquable amélioration de la situation financière de l'entreprise. L'action, dont le cours était de 10 $ avant la guerre en Irak, valait 41 $ trois ans plus tard – un bond de 300 % dû à une augmentation vertigineuse des prix de l'énergie et à des contrats en Irak, facteurs l'un et l'autre attribuables au fait que les États-Unis, sur l'insistance de Cheney, ont déclaré la guerre à l'Irak[17]. Ce pays répond parfaitement au schéma de Kinzer. Saddam ne représentait pas une menace pour la sécurité des États-Unis, mais il menaçait les entreprises énergétiques américaines : en effet, il avait conclu une entente avec une grande compagnie pétrolière russe et entamé des négociations avec la société française Total. Cette éviction des sociétés américaines et britanniques impliquait que les troisièmes réserves pétrolières en importance au monde risquaient de passer sous le nez des Anglo-Américains[18]. Le renversement de Saddam a ouvert la porte à des géants du pétrole comme Exxon Mobil, Chevron, Shell et BP, qui tous ont jeté les bases de nouveaux accords en Irak, de même qu'à Halliburton, qui, ayant installé son siège social à Dubaï, est idéalement positionnée pour vendre des services énergétiques à ces sociétés[19]. La guerre elle-même est donc d'ores et déjà l'événement le plus profitable de l'histoire de Halliburton.

Cheney et Rumsfeld auraient pu, par des mesures très simples, se défaire complètement de leurs avoirs liés à l'exploitation des désastres et, du même coup, éliminer tous les doutes à propos du rôle joué par le profit dans leur enthousiasme pour les situations catastrophiques. Mais alors ils n'auraient pas bénéficié du boom qu'ont connu leurs industries. Invités à choisir entre le profit privé et la vie publique, ils ont à de multiples occasions opté pour le profit et obligé les comités d'éthique à s'adapter à leur attitude de défi.

Pendant la Deuxième Guerre mondiale, le président Franklin D. Roosevelt avait condamné vertement ceux qui tiraient de la guerre des profits excessifs. « Cette catastrophe mondiale ne devrait pas faire un seul millionnaire de la guerre aux États-Unis », dit-il. On se demande ce qu'il aurait pensé de Cheney accumulant des millions en profits de guerre au moment même où il occupait le poste de vice-président. Et de Rumsfeld qui, en 2004, ne put résister à la tentation de vendre quelques-unes de ses actions de Gilead et, selon son rapport de divulgation de 2005, empocha la rondelette somme de cinq millions de dollars pendant qu'il était secrétaire à la Défense – simple avant-goût de la fortune à laquelle il aurait droit après avoir quitté son poste[20]. Au sein de l'administration Bush, les profiteurs de guerre ne se contentent pas de chercher à avoir l'oreille du gouvernement : ils forment le gouvernement. Entre les deux, pas de distinction.

Les années Bush, on le sait, ont été marquées par quelques-uns des scandales liés à la corruption les plus flagrants et les plus sordides de l'histoire récente : Jack Abramoff et les vacances de golf qu'il offrait aux membres du Congrès ; Randy « Duke » Cunningham (qui purge une peine d'emprisonnement de huit ans), dont le yacht, *The Duke-Stir*, faisait partie d'un « menu de pots-de-vin » figurant dans un document produit sur du papier à en-tête officiel du Congrès et remis à un entrepreneur du secteur de la défense ; les soirées offertes à l'hôtel Watergate, avec prostituées engagées par la maison à la clé – autant de faits qui rappellent Moscou et Buenos Aires dans les années 1990[21].

On ne doit pas non plus oublier la porte à tambour entre le gouvernement et l'industrie. Elle existe depuis toujours, mais, autrefois, la plupart des politiciens attendaient la fin du mandat de leur gouvernement pour mettre leurs contacts à profit. Sous Bush, le boom sans fin de la sécurité intérieure se révéla tout simplement trop alléchant pour de nombreux membres de l'administration : des centaines d'entre eux, issus d'un large éventail d'organisations gouvernementales, se sont précipités vers la porte en question. Selon Eric Lipton, qui a suivi le phénomène au secrétariat à la Sécurité intérieure pour le compte du *New York Times*, « les groupes de surveillance et les lobbyistes les plus chevronnés de Washington s'entendent pour dire que l'exode d'une si grande part de la haute direction d'une organisation a peu de précédents dans l'histoire moderne ». Lipton a repéré 94 fonctionnaires qui s'occupaient de la sécurité intérieure et qui travaillent à présent dans le même domaine au sein de l'industrie privée[22].

Les cas sont beaucoup trop nombreux pour qu'on puisse les énumérer tous ici, mais quelques-uns retiennent particulièrement l'attention dans la mesure où il s'agit des principaux architectes de la guerre contre le terrorisme. Ainsi, John Ashcroft, ex-procureur général et instigateur de la loi sur le patriotisme (*Patriot Act*), préside à présent l'Ashcroft Group, dont la mission consiste à aider les entreprises spécialisées dans la sécurité intérieure à obtenir des contrats fédéraux. Tom Ridge, premier directeur du secrétariat à la Sécurité intérieure, a fondé Ridge Global et agit comme conseiller auprès de Lucent, société de communication œuvrant dans le domaine de la sécurité. Rudy Giuliani, ex-maire de New York et héros de l'après-11 septembre, a créé Giuliani Partners quatre mois plus tard et s'est mis à vendre ses services comme expert-conseil en gestion de crises. Richard Clarke, tsar du contre-terrorisme sous Clinton et Bush et critique virulent de l'administration, préside Good Harbor Consulting, entreprise spécialisée dans la sécurité intérieure et le contre-terrorisme. James Woolsey, directeur de la CIA jusqu'en 1995, est désormais avec le Paladin Capital Group, société privée qui investit dans les entreprises de sécurité intérieure. Il est aussi vice-président chez Booz Allen, l'une des plus importantes sociétés du domaine de la sécurité intérieure. Joe Allbaugh, qui dirigeait la FEMA au moment des attentats, a mis son expérience à profit à peine dix-huit mois plus tard en créant New Bridge Strategies, qui promet de « faire le pont » entre les entreprises et les lucratifs contrats gouvernementaux ou les possibilités de placements en Irak. Il fut remplacé par Michael D. Brown, qui, après seulement deux années en fonction, tira sa révérence pour créer Michael D. Brown LLC, entreprise spécialisée dans la préparation aux catastrophes[23].

« Puis-je démissionner maintenant ? » écrivit Brown dans un célèbre message électronique adressé à un collègue de la FEMA au beau milieu de la tragédie causée par l'ouragan Katrina[24]. La philosophie de ces hommes se résume en gros comme suit : rester au gouvernement juste assez longtemps pour obtenir un titre impressionnant au sein d'un secrétariat qui octroie des contrats d'envergure et recueillir des informations privilégiées sur les produits recherchés, puis démissionner et vendre l'accès aux anciens collègues. Servir dans la fonction publique, c'est effectuer une mission de reconnaissance en prévision d'un bel avenir dans le complexe du capitalisme du désastre.

À certains égards, les récits touchant la corruption et les portes à tambour donnent une fausse impression : ils laissent en effet entendre qu'il existe une ligne de démarcation nette entre l'État et le complexe du capitalisme du désastre, alors que cette dernière s'est depuis longtemps estompée. L'innovation des années Bush tient non pas à la rapidité avec laquelle les politiciens passent d'un monde à l'autre, mais bien au fait qu'un grand nombre d'entre eux se croient autorisés à œuvrer dans les deux en même temps. Des personnes comme Richard Perle et James Baker façonnent des politiques, fournissent des conseils au plus haut niveau et s'expriment devant les médias comme s'ils étaient des spécialistes et des hommes d'État impartiaux, alors qu'ils participent pleinement aux affaires de la guerre et de la reconstruction privatisées. Ils incarnent l'ultime accomplissement de la mission corporatiste : la fusion totale des élites de la politique et de l'entreprise, réunies au nom de la sécurité, l'État se contentant de jouer le rôle de président de la guilde des affaires – grâce à l'économie des contrats, il est aussi la plus importante source de débouchés commerciaux.

Partout où elle a émergé au cours des 35 dernières années, à Santiago, à Moscou, à Beijing ou à Washington sous Bush, l'alliance entre une petite élite affairiste et un gouvernement de droite a été considérée comme une anomalie – capitalisme mafieux, capitalisme oligarchique et aujourd'hui, aux États-Unis, « capitalisme de copinage ». Tout cela n'a pourtant rien d'une aberration. C'est au contraire l'aboutissement logique de la croisade de l'école de Chicago et de sa triple obsession : privatisation, déréglementation et antisyndicalisme.

Le refus obstiné de Cheney et de Rumsfeld de choisir entre leurs avoirs liés aux cataclysmes et leurs responsabilités envers le public fut le premier signe de l'avènement de l'État corporatiste. Il y en eut quantité d'autres.

LE POUVOIR DES « EX »

L'un des traits distinctifs de l'administration Bush fut le recours à des conseillers de l'extérieur et à des émissaires indépendants chargés d'exercer ses fonctions essentielles : James Baker, Paul

Bremer, Henry Kissinger, George Shultz, Richard Perle, sans oublier les membres du Conseil de la politique de défense (Defense Policy Board) et du Comité pour la libération de l'Irak (Committee for the Liberation of Iraq), pour n'en citer que quelques-uns. Tandis que les arrêts de la Cour suprême étaient traités comme de simples suggestions et que le Congrès se contentait d'approuver machinalement les décisions prises au cours de ces années capitales, ces conseillers pour l'essentiel bénévoles ont exercé une énorme influence.

Leur pouvoir vient du fait qu'ils avaient au préalable assumé des fonctions de premier plan au sein du gouvernement – c'étaient d'ex-secrétaires d'État, d'ex-ambassadeurs et d'ex-sous-secrétaires à la Défense. Tous avaient quitté l'appareil gouvernemental des années auparavant et, par la suite, entrepris de lucratives carrières dans le complexe du capitalisme du désastre. Parce qu'ils sont considérés comme des entrepreneurs et non comme des employés, la plupart d'entre eux ne sont pas visés par les règles sur les conflits d'intérêts qui s'appliquent aux politiciens élus ou nommés – à supposer qu'ils soient soumis à des restrictions. Ainsi, la « porte à tambour » entre le gouvernement et l'industrie a-t-elle été remplacée par un « simple portail » (expression que j'ai entendue de la bouche d'Irwin Redlener, spécialiste de la gestion des catastrophes). En utilisant comme paravent la réputation d'ex-politiciens éminents, les industries ont ainsi été en mesure de s'installer à l'intérieur même du gouvernement.

Lorsque, en mars 2006, James Baker fut nommé coprésident du Groupe d'étude sur l'Irak (Iraq Study Group), comité consultatif chargé de recommander un nouveau plan d'action pour ce pays, le soulagement bipartisan était palpable : on avait là affaire à un politicien de la vieille école, à un homme qui avait gouverné le pays en des temps moins instables, à un adulte, en somme. Il est certain que Baker est un vétéran d'une époque où la politique étrangère américaine était plus mesurée qu'aujourd'hui. Mais c'était il y a quinze ans. Qui est James Baker, à présent ?

Comme Cheney, James Baker III, lorsque l'équipe de Bush père quitta la Maison-Blanche, fit fortune grâce à ses contacts au sein du gouvernement. Les amitiés qu'il avait forgées en Arabie Saoudite et au Koweït pendant la première guerre du Golfe se révélèrent particulièrement lucratives[25]. Son cabinet d'avocats de Houston, Baker Botts, représente la famille royale saoudienne de même que Halliburton et Gazprom, la plus grande société pétrolière de la Russie. Il s'agit de l'un des plus éminents cabinets d'avocats spécialisés dans l'industrie pétrolière et gazière mondiale. Baker est aussi devenu l'un des partenaires d'investissement du Carlyle Group. Sa participation au sein de cette société ultrasecrète est évaluée à 180 millions de dollars[26].

Carlyle a tiré d'énormes avantages de la guerre grâce à la vente de systèmes de robotique et de communications pour la défense de même qu'à l'important contrat de formation des policiers irakiens octroyé à son holding USIS. L'entreprise, d'une valeur de 56 milliards de dollars, possède également une société d'investissement axée sur la défense ayant pour spécialité de recruter des entreprises du secteur et de les faire coter en bourse, activité fort lucrative au cours des dernières années. « Ce sont les dix-huit mois les plus rentables que nous ayons connus, déclarait Bill Conway, chef des placements du groupe, à propos des dix-huit premiers mois de la guerre. Nous avons gagné beaucoup d'argent, et très vite. » La guerre en Irak, à l'évidence déjà catastrophique, a valu aux investisseurs triés sur le volet de Carlyle des gains records de 6,6 milliards de dollars[27].

Lorsque Bush fils réintégra Baker dans la vie publique en le nommant envoyé spécial chargé de la réduction de la dette irakienne, ce dernier n'eut pas à vendre sa participation dans le Carlyle Group ni dans le cabinet Baker Botts, malgré les intérêts très nets de ces entreprises dans la guerre. Au début, quelques journalistes signalèrent de graves risques de conflits d'intérêts. Dans un éditorial, le *New York Times* invitait Baker à démissionner de ses postes au sein des deux sociétés pour préserver l'intégrité de sa mission d'envoyé : « M. Baker est si emmêlé dans un écheveau de lucratives relations commerciales privées qu'il risque de donner l'impression d'être partie prenante de toute formule de restructuration de la dette. » Enfin, concluait l'éditorial, il ne suffit pas que M. Baker « renonce aux gains venant de clients qui ont des liens directs avec la dette irakienne. [...] Pour s'acquitter honorablement de sa tâche publique, il doit aussi renoncer à ses deux emplois privés[28] ».

Fidèle à l'exemple donné au sommet de l'administration, Baker refusa tout net et Bush l'appuya pleinement. Baker devint donc responsable de l'effort visant à convaincre les gouvernements du monde entier d'annuler l'écrasante dette extérieure de l'Irak. Il était en fonction depuis près d'un an lorsque j'obtins copie d'un document confidentiel qui prouvait que l'homme se trouvait dans un conflit d'intérêts bien plus grave et plus direct qu'on ne l'avait d'abord cru. C'était un plan de développement de 65 pages soumis par un consortium d'entreprises (dont le Carlyle Group) au gouvernement du Koweït, l'un des principaux créanciers de l'Irak. Le consortium proposait d'user de son influence auprès de décideurs haut placés pour obtenir 27 milliards de dollars dus au Koweït à la suite de l'invasion de son territoire par Saddam. En d'autres termes, il offrait de faire exactement le contraire de ce que Baker était censé accomplir en tant qu'émissaire, c'est-à-dire persuader les autres pays d'annuler les dettes datant de l'époque de Saddam[29].

Le document, intitulé «Proposal to Assist the Government of Kuwait in Protecting and Realizing Claims against Iraq» (Projet d'aide au gouvernement du Koweït pour la protection et le paiement des sommes dues par l'Irak), fut soumis près de deux mois *après* la nomination de Baker. Le nom de ce dernier y revient à onze reprises : le Koweït, laisse-t-on entendre, avait intérêt à travailler avec l'entreprise qui employait l'homme chargé de faire annuler les dettes de l'Irak. Il y avait toutefois un prix à payer : en échange de ces services, disait-on dans le document, le gouvernement du Koweït devrait investir un milliard de dollars dans le Carlyle Group. C'était un cas patent de trafic d'influence : il fallait payer la société de Baker pour bénéficier de la protection de Baker. Je fis voir le document à Kathleen Clark, professeure de droit à l'université de Washington et spécialiste reconnue de l'éthique et de la réglementation gouvernementales. «Baker, dit-elle, se trouve dans un cas classique de conflit d'intérêts. Il est partie des deux côtés de la transaction : il est réputé représenter les intérêts des États-Unis, mais il est aussi conseiller principal du Carlyle Group, qui offre, moyennant rétribution, d'aider le Koweït à obtenir le remboursement des sommes que lui doit l'Irak.» Après avoir étudié le document, Clark en vint à la conclusion que «Carlyle et les autres sociétés se servent du poste occupé par Baker pour tenter de conclure avec le Koweït un accord contraire aux intérêts du gouvernement des États-Unis».

Le lendemain de la parution de mon article sur Baker dans *The Nation*, Carlyle se retira du consortium et renonça à l'espoir d'obtenir le milliard de dollars. Quelques mois plus tard, Baker vendit sa participation dans Carlyle et démissionna de son poste d'avocat principal, mais le mal était fait. À titre d'émissaire, il échoua lamentablement : malgré les promesses de Bush, l'Irak n'obtint pas l'effacement de la dette dont le pays avait grand besoin. Il versa plutôt, en 2005 et 2006, 2,59 milliards de dollars en guise de dédommagements pour la guerre de Saddam, et le Koweït fut le grand bénéficiaire. Pourtant, on aurait eu désespérément besoin de cet argent pour répondre aux crises humanitaires en Irak et reconstruire le pays, surtout après que les entreprises américaines eurent décampé en laissant le travail inachevé, non sans avoir dilapidé les fonds destinés à l'aide. Baker avait eu pour mandat de faire annuler de 90 à 95 % des dettes de l'Irak. Celles-ci, qui furent simplement rééchelonnées, correspondent encore aujourd'hui à 99 % du PIB du pays[30].

D'autres aspects déterminants de la politique irakienne furent confiés à des émissaires indépendants dont les entreprises, grâce à la guerre, engrangeaient des profits records. George Shultz, ex-secrétaire d'État, pilota le Comité pour la libération de l'Irak, groupe de pression formé en 2002 à la demande de la Maison-Blanche de Bush, qui cherchait à gagner des appuis pour la guerre au sein de la population. Shultz se fit un devoir d'obtempérer. Comme il n'avait pas de lien direct avec l'administration, il put attiser l'hystérie collective entourant la menace présentée par l'Irak sans avoir à fournir la moindre preuve ou le moindre fait à l'appui de ses affirmations. «S'il y a un serpent à sonnette dans la cour, on ne doit pas attendre qu'il frappe pour se défendre», écrivit-il dans le *Washington Post* en septembre 2002. L'article s'intitulait «Il faut agir maintenant : le danger est imminent. Saddam Hussein doit être renversé». Shultz ne jugea pas utile de mentionner qu'il siégeait au conseil d'administration de Bechtel, société dont il avait été le PDG des années auparavant. Cette dernière recevrait 2,3 milliards de dollars pour la reconstruction du pays que Shultz était si avide de voir détruit[31]. Avec le recul, on est donc en droit de poser la question suivante : Shultz, en appelant le monde à «agir maintenant», se comportait-il en vétéran de la politique inquiet ou en représentant de Bechtel — ou encore de Lockheed Martin?

Selon Danielle Brian, directrice générale du Project on Government Oversight, groupe de surveillance sans but lucratif, «il est impossible de dire où finit le gouvernement et où commence Lockheed». Il est encore plus difficile de dire où finit Lockheed et où commence le Comité pour la libération de l'Irak. Le groupe, dirigé par Shultz et utilisé comme plate-forme proguerre, fut constitué à l'instigation de Bruce Jackson, qui, trois mois plus tôt, occupait le poste de vice-président à la stratégie et à la planification chez Lockheed Martin. Selon Jackson, ce sont des «membres de la Maison-Blanche» qui lui ont demandé de former le comité, mais il l'a truffé d'ex-collègues de chez Lockheed. Parmi les représentants de Lockheed qui y siégeaient, outre Jackson, mentionnons Charles Kupperman, vice-président aux missiles spatiaux et stratégiques, et Douglas Graham, directeur des systèmes de défense. Même si le comité fut formé à la demande expresse de la Maison-Blanche pour être l'outil de propagande de la guerre, aucun de ses membres n'eut à démissionner de Lockheed ni à vendre ses actions dans la société. Heureusement pour eux puisque, grâce à la guerre qu'ils avaient contribué à orchestrer, le prix de l'action bondit de 145 % – passant de 41 $ en mars 2003 à 102 $ en février 2007[32].

Il ne faudrait surtout pas oublier Henry Kissinger, l'homme qui déclencha la contre-révolution en soutenant le coup d'État de Pinochet. Dans son livre de 2006 (2007 pour la traduction française) intitulé *Mensonges d'État. Comment Bush a perdu la guerre*, Bob Woodward révèle que Dick Cheney voit Kissinger tous les mois, tandis que Bush le rencontre tous les deux mois, ce qui fait de lui « le "conseiller" le plus régulier et le plus souvent reçu pour tout ce qui [concerne] la politique étrangère ». Cheney confie à Woodward : « De toutes les personnes extérieures à la Maison-Blanche [...] Kissinger est sans doute celui que je vois le plus souvent[33]. »

Mais qui Kissinger représentait-il à l'occasion de ces réunions au sommet ? Comme Baker et Shultz, il avait été secrétaire d'État, mais il avait quitté ce poste trente ans plus tôt. Depuis 1982, année de la création de son entreprise ultrasecrète, Kissinger Associates, il représente une brochette de clients prestigieux dont feraient partie Coca-Cola, Union Carbide, Hunt Oil, Fluor (géant de l'ingénierie bénéficiaire de l'un des plus importants contrats de reconstruction octroyés en Irak) et même sa vieille complice dans l'action clandestine menée au Chili, l'ITT[34]. Lors de ses rencontres avec Cheney, Kissinger agissait-il comme homme d'État éminent ou comme lobbyiste généreusement rémunéré par des clients des secteurs du pétrole et de l'ingénierie ?

Kissinger donna une idée on ne peut plus claire des intérêts qu'il servait lorsque, en novembre 2002, le président Bush le nomma à la tête de la commission du 11 septembre, sans doute le poste le plus crucial qu'un patriote à la retraite pût se voir confier. Pourtant, quand les familles des victimes lui demandèrent de produire la liste des entreprises qui comptaient parmi ses clients (elles voulaient éviter les conflits d'intérêts susceptibles de nuire à l'enquête), Kissinger leur refusa ce geste de responsabilité et de transparence élémentaire. Plutôt que de dévoiler le nom de ses clients, il préféra démissionner[35].

Richard Perle, ami et associé de Kissinger, ferait exactement le même choix un an plus tard. Rumsfeld invita Perle, ancien cadre de la défense sous Reagan, à présider le Conseil de la politique de défense. Avant l'entrée en fonction de Perle, c'était un comité consultatif sans histoire, chargé de la transmission des connaissances des administrations antérieures à celle qui prenait le pouvoir. Perle en fit une tribune pour lui-même et utilisa son titre impressionnant pour plaider avec véhémence dans les médias en faveur d'une attaque préemptive en Irak. Il l'utilisa aussi d'autres façons. Selon l'enquête menée par Seymour Hersh pour le compte du *New Yorker*, il brandit son titre pour intéresser des investisseurs à sa nouvelle société. Perle fut en réalité l'un des premiers capitalistes du désastre de l'après-11 septembre – à peine deux mois après les attentats, il créait Trireme Partners, société de capital-risque qui investirait dans des entreprises mettant au point des produits et des services liés à la défense et à la sécurité intérieure. Dans ses lettres à des clients potentiels, Trireme se vantait de ses liens politiques : «Trois des gestionnaires de Trireme conseillent le secrétariat à la Défense en siégeant au Conseil de la politique de défense des États-Unis.» Il s'agissait de Perle lui-même, de son ami Gerald Hillman et de Kissinger[36].

L'un des premiers investisseurs de Perle fut Boeing – deuxième entrepreneur en importance du Pentagone –, qui injecta 20 millions de dollars pour permettre à l'entreprise de démarrer. Dans la rubrique opinions d'un quotidien, Perle, devenu un fervent admirateur de la société, se prononça en faveur du contrat controversé de dix-sept milliards de dollars accordé à Boeing par le Pentagone pour la construction d'avions ravitailleurs*[37].

---

* Le contrat pour les avions ravitailleurs devint l'un des plus grands scandales de l'histoire récente du Pentagone : un haut gradé du secrétariat à la Défense et un cadre de Boeing finirent même en prison. Le haut gradé avait tenté de négocier un emploi chez Boeing comme condition de l'accord. Au cours de l'enquête subséquente, on demanda à Rumsfeld d'expliquer comment une si vilaine affaire avait pu échapper à sa vigilance. Il répondit qu'il ne se souvenait pas des détails du rôle qu'il avait joué dans un marché qui aurait coûté entre dix-sept et trente milliards de dollars aux contribuables. «Je ne me rappelle pas l'avoir approuvé. Mais ça ne veut pas dire que je ne l'ai pas fait.» On reprocha à Rumsfeld sa mauvaise gestion, mais les trous de mémoire du secrétaire à la Défense s'expliquent peut-être par le fait que, en raison de ses nombreux avoirs liés à la défense, il devait souvent se retirer des discussions relatives aux achats pour éviter les apparences de conflit d'intérêts.

Si Perle eut soin de faire miroiter à ses investisseurs l'influence qu'il exerçait au Pentagone, quelques-uns de ses collègues du Conseil de la politique de défense affirment qu'il ne leur a rien dit de Trireme. En entendant parler de l'entreprise, l'un d'eux déclara que « c'était à la limite des règles de l'éthique, voire carrément hors limites ». En fin de compte, Perle fut rattrapé par ses multiples conflits d'intérêts. Comme Kissinger, il dut faire un choix : élaborer la politique de défense ou tirer des profits de la guerre contre le terrorisme. En mars 2003, au moment où la guerre en Irak débutait et où un filon inépuisable s'ouvrait pour les entrepreneurs, Perle quitta la présidence du Conseil[38].

Rien n'irrite Richard Perle autant que d'entendre dire que son plaidoyer en faveur de la guerre totale comme moyen d'éliminer le mal est motivé par le fait que le conflit lui rapporte une fortune. Sur les ondes de CNN, Wolf Blitzer interrogea Perle sur la déclaration de Hersh selon laquelle « il a fondé une entreprise susceptible de profiter d'une guerre ». C'était évident, mais Perle péta quand même les plombs et qualifia Hersh, lauréat d'un prix Pulitzer, « du phénomène qui, dans le journalisme américain, se rapproche le plus, franchement, d'un terroriste ». Et d'ajouter : « Je ne crois pas qu'une entreprise puisse tirer des avantages d'une guerre. [...] L'hypothèse que mes opinions pourraient avoir un rapport avec les investissements dans la sécurité intérieure est un non-sens absolu[39]. »

Étrange affirmation, en vérité. En ne tirant aucun profit d'une guerre, une société de capital-risque conçue pour investir dans des entreprises spécialisées dans la défense et la sécurité ne manquerait-elle pas à ses engagements envers ses investisseurs ? L'épisode souleva des questions plus larges quant au rôle joué par des figures comme Perle qui, à la fois capitalistes du désastre, intellectuels en vue et décideurs, évoluent dans une zone grise. Si un cadre de Lockheed ou de Boeing plaidait en faveur d'un changement de régime en Iran sur les ondes de Fox News (comme Perle l'a fait), son parti pris évident détruirait la validité intellectuelle de ses arguments. Pourtant, on continue de présenter Perle comme un « analyste » ou un conseiller du Pentagone, néoconservateur, sans doute, mais jamais on ne laisse entendre qu'il n'est peut-être rien de plus qu'un marchand d'armes doté d'un lexique impressionnant.

Chaque fois que des membres de cette clique de Washington se font reprocher leurs intérêts économiques dans les guerres qu'ils soutiennent, ils réagissent comme Perle l'a fait : la suggestion est absurde, simpliste, vaguement terroriste. Les néoconservateurs – groupe qui comprend Cheney, Rumsfeld, Shultz, Jackson et, à mon avis, Kissinger – soignent jalousement leur image d'intellos ou de réalistes bellicistes motivés par leur idéologie ou leurs grandes idées, mais jamais par quelque chose d'aussi terre-à-terre que le profit. Bruce Jackson, par exemple, affirme que Lockheed désapprouvait son travail «hors programme» dans le domaine de la politique étrangère. Perle soutient pour sa part que son association avec le Pentagone a nui à ses affaires puisqu'«il y a des choses [...] qu'on ne peut ni dire ni faire». Gerald Hillman, associé de Perle, déclare que ce dernier «n'est pas un type que l'argent motive. Il n'est nullement intéressé par les gains personnels». Douglas Feith, à l'époque où il était sous-secrétaire d'État à la politique de défense, indiqua pour sa part que «les liens passés du vice-président [avec Halliburton] avaient tendance à dissuader le gouvernement de retenir les services de la société, et non le contraire, même si l'octroi de ce contrat-ci à KBR [Kellogg, Brown and Root, ancienne filiale de Halliburton] était la chose à faire[40]».

Même leurs critiques les plus impitoyables ont tendance à considérer les néoconservateurs comme d'authentiques zélotes motivés uniquement par leur engagement envers la suprématie du pouvoir américain et israélien et disposés à sacrifier leurs intérêts économiques pour mieux assurer la «sécurité». Cette distinction artificielle repose sur un trou de mémoire. Le droit de réaliser des profits illimités a toujours été au cœur de l'idéologie néoconservatrice. Avant le 11 septembre, le mouvement, fidèle à l'idéologie friedmanienne, formula ses exigences habituelles – privatisations radicales, réductions draconiennes des dépenses sociales – dans le cadre de *think tanks* comme l'American Enterprise Institute, Heritage et Cato.

Après le déclenchement de la guerre contre le terrorisme, les néoconservateurs ne renoncèrent nullement à leurs objectifs économiques corporatistes; ils trouvèrent au contraire un nouveau moyen, encore plus efficace, de les atteindre. Évidemment, les faucons de Washington tiennent à ce que les États-Unis jouent un rôle impérial dans le monde et qu'Israël fasse de même au Moyen-Orient. Impossible, toutefois, de détacher ce projet militaire – guerre sans fin à l'étranger et État sécuritaire chez soi – des intérêts du complexe du capitalisme du désastre, qui a bâti sur ces prémisses une industrie multimilliardaire. Sur les champs de bataille de l'Irak, la fusion de ces objectifs politiques et financiers s'observe plus clairement que jamais.

PARTIE 6

Irak : la boucle est bouclée

Le surchoc

L'un des risques associés aux opérations fondées sur le choc a trait aux «conséquences involontaires» ou au déclenchement de réactions imprévues. Par exemple, des attaques massives contre l'infrastructure d'une nation, son réseau électrique ou son système économique peuvent créer des souffrances telles que, à cause du contrecoup, nous fouettons la volonté nationale de nos opposants de combattre au lieu de l'affaiblir.

> Lieutenant-colonel John N. T. Shanahan, «Shock-Based Operations», *Air & Space Power*, le 15 octobre 2001.

La brutalité physique directe ne fait qu'attiser le ressentiment, l'hostilité, les attitudes de défi. [...] Les sujets qui ont résisté à la douleur sont plus difficiles à traiter par d'autres méthodes. Au lieu de détruire leur moi, on rétablit leur confiance en eux-mêmes et leur maturité.

> *Kubark Counterintelligence Interrogation*, manuel de la CIA, 1963.

CHAPITRE SEIZE

Effacer l'Irak

À la recherche d'un «modèle» pour le Moyen-Orient

> On peut assimiler le schizophrène introverti ou le mélancolique à une ville fortifiée qui a fermé ses portes et refuse de traiter avec le monde extérieur. [...] À coups de bombes, on ouvre une brèche dans le mur, et les relations avec le monde sont rétablies. Hélas, il est impossible de contrôler l'ampleur des dommages causés pendant le bombardement.
>
> Andrew M. Wyllie, psychiatre britannique,
> à propos des électrochocs, 1940[1].

> Dans la foulée du 11 septembre, je me suis dit qu'un recours prudent à la violence aurait des effets thérapeutiques.
>
> Richard Cohen, chroniqueur du *Washington Post*,
> à propos de son soutien à la guerre en Irak[2].

Mars 2004. J'étais à Bagdad depuis moins de trois heures et déjà tout allait de travers. Pour commencer, la voiture commandée n'était pas venue nous prendre au poste de contrôle de l'aéroport. Mon photographe Andrew Stern et moi avons dû faire du stop sur ce qu'on surnommait déjà «la route la plus dangereuse du monde». À notre arrivée à l'hôtel du quartier animé de Karada, nous fûmes accueillis par Michael Birmingham, un Irlandais militant pour la paix qui s'était établi dans la ville avant l'invasion. Je lui avais demandé de me présenter quelques Irakiens inquiets des projets de privatisation de leur économie. «Ici, personne ne se soucie des privatisations, nous dit Michael. Les gens ne pensent qu'à assurer leur survie.»

Nous nous engageâmes alors dans un débat tendu : était-il contraire aux règles de l'éthique d'introduire un débat politique dans une zone de guerre? Michael ne prétendait pas que les Irakiens étaient favorables aux privatisations : seulement, la plupart d'entre eux avaient des préoccupations plus pressantes. Les risques d'explosion d'une bombe dans leur mosquée, par exemple, ou encore l'incarcération d'un cousin dans la prison américaine d'Abou Ghraïb. Dans l'immédiat, ils pensaient davantage au moyen de trouver de l'eau pour boire et se laver qu'au risque de voir une société étrangère s'approprier les canalisations et leur vendre l'eau un an plus tard. Le travail des étrangers, soutint Michael, consistait à informer sur la réalité de la guerre et de l'occupation, et non à décider des priorités à la place des Irakiens.

Je me défendis du mieux possible en soutenant que je n'avais pas inventé la vente du pays à Bechtel et à Exxon Mobil – le mouvement, dirigé par le principal envoyé de la Maison-Blanche en Irak, L. Paul Bremer III, était déjà lancé. Depuis des mois, je rendais compte de la vente aux enchères des actifs de l'État irakien dans le cadre de foires commerciales organisées dans les salles de bal des grands hôtels – événements surréalistes durant lesquels des vendeurs de vêtements pare-balles terrifiaient des hommes d'affaires avec des histoires de membres coupés, tandis que les attachés commerciaux des États-Unis assuraient tout un chacun que la situation n'était pas aussi terrible que le laissait croire la télévision. «Le meilleur moment pour investir, c'est quand il y a encore du sang sur le sol», me dit, d'un ton convaincu, un délégué participant à la conférence «Reconstruire l'Irak 2», qui s'était tenue à Washington, DC.

Rien d'étonnant à ce que peu d'habitants de Bagdad fussent disposés à parler d'économie. Les architectes de l'invasion étaient d'ardents partisans de la stratégie du choc – ils savaient que si les Irakiens étaient occupés à lutter pour survivre au jour le jour, eux-mêmes pourraient, sans tambour ni trompette, vendre le pays aux plus offrants. Plus tard, ils n'auraient qu'à présenter la situation comme un fait accompli. Quant à nous, journalistes et militants, nous consacrions toute notre attention aux attaques matérielles les plus spectaculaires, oubliant que les parties qui ont le plus à gagner ne se montrent jamais sur le champ de bataille. Or il y avait effectivement beaucoup à gagner en Irak : au-delà des troisièmes réserves pétrolières (attestées) en importance au monde, le territoire était l'un des derniers obstacles à l'établissement d'un marché mondial fondé sur la vision friedmanienne d'un capitalisme sans entraves. Après la conquête de l'Amérique latine, de l'Afrique, de l'Europe de l'Est et de l'Asie, le monde arabe faisait figure d'ultime territoire vierge.

Pendant que Michael et moi débattions âprement, Andrew décida d'aller griller une cigarette sur le balcon. À peine ouvrait-il la porte vitrée que l'air de la pièce fut comme aspiré d'un coup. Derrière la fenêtre, nous vîmes une boule de feu, semblable à de la lave en fusion, d'un rouge vif moucheté de noir. Nous attrapâmes nos chaussures et, en chaussettes, dévalâmes les escaliers. Cinq étages plus bas, le hall était jonché d'éclats de verre. Au coin de la rue, l'hôtel Mount Lebanon et une maison adjacente n'étaient plus qu'un amas de gravats. Une bombe de 1 000 livres (environ 450 kg) les avait détruits. C'était, à l'époque, le plus grave attentat commis depuis la fin de la guerre.

Andrew courut vers les ruines, son appareil photo à la main. Après avoir résisté, je finis par le suivre. Trois heures seulement à Bagdad, et je contrevenais déjà au code de conduite que je m'étais fixé : pas de chasse à la bombe. À mon retour à l'hôtel, je trouvai les journalistes indépendants et les membres des ONG en train de boire de l'arak dans l'espoir de faire baisser leur niveau d'adrénaline. « Bienvenue à Bagdad ! » entonnèrent-ils en chœur avec un large sourire à mon adresse. Nous échangeâmes un regard, Michael et moi. Tacitement, nous convînmes que oui, c'était lui qui avait raison : le dernier mot appartenait toujours à la guerre elle-même. « Ici, ce sont les bombes et non les journalistes qui dictent l'ordre du jour. » Effectivement. Les bombes ne font pas qu'aspirer l'oxygène dans leur vortex, elles exigent tout de nous : notre attention, notre compassion, notre indignation.

Ce soir-là, je songeai à Claudia Acuña, la journaliste extraordinaire que j'avais rencontrée à Buenos Aires deux ans plus tôt, celle qui m'avait donné une copie de la « Lettre ouverte d'un écrivain à la junte militaire » de Rodolfo Walsh. Elle m'avait mise en garde : la violence extrême nous empêche de voir les intérêts qu'elle sert. D'une certaine façon, le mouvement d'opposition à la guerre avait déjà été victime du phénomène. Pour expliquer les causes du conflit, nous nous contentions en général d'un mot : pétrole, Israël, Halliburton. La plupart d'entre nous choisissions de mettre la guerre sur le compte de la mégalomanie d'un président qui s'est pris pour un roi et de son acolyte britannique, soucieux d'être du côté des gagnants de l'histoire. On s'intéressait fort peu à l'idée que la guerre participait d'un choix stratégique rationnel, que les architectes de l'invasion avaient déclenché un mouvement d'une violence atroce parce qu'ils avaient été incapables de pénétrer les économies fermées du Moyen-Orient par des moyens pacifiques et que le degré de terreur était proportionnel à l'importance des enjeux.

Pour convaincre la population de la nécessité d'envahir l'Irak, on exploita la peur suscitée par les armes de destruction massive (ADM) : c'était, expliqua Paul Wolfowitz, « la question sur laquelle tout le monde pouvait s'entendre » – en d'autres mots, le prétexte pouvant servir de plus petit dénominateur commun[3]. La raison plus savante, celle qu'invoquaient la plupart des intellectuels favorables à l'intervention, était la théorie dite « du modèle ». Selon les analystes politiques vedettes qui partageaient ce point de vue, dont plusieurs étaient associés à la mouvance néoconservatrice, le terrorisme prenait sa source dans de nombreuses régions du monde arabe et musulman : les pirates de l'air du 11 septembre étaient originaires d'Arabie Saoudite, d'Égypte, des Émirats arabes unis et du Liban ; l'Iran finançait le Hezbollah ; la Syrie abritait les dirigeants du Hamas ; l'Irak envoyait de l'argent aux familles des kamikazes palestiniens. Pour les va-t-en-guerre, qui assimilaient les attaques contre Israël à des attaques contre les États-Unis, comme s'il n'y avait aucune différence entre les deux, c'était suffisant pour voir toute la région comme une véritable pépinière du terrorisme.

Quel est donc le facteur qui, dans cette région du monde, engendre le terrorisme ? interrogeaient les bellicistes. Aveuglés par leur idéologie, ils ne voyaient pas dans les politiques américaines et israéliennes des facteurs aggravants, voire des provocations. Ils en vinrent plutôt à la conclusion que la véritable cause résidait dans l'absence d'une démocratie néolibérale*[4].

Comme il était impossible de conquérir tous les pays arabes d'un coup, il fallait utiliser l'un deux comme catalyseur. Les

---

* Plusieurs raisons expliquent que la région ait jusque-là été épargnée par la vague du libéralisme économique. Les pays les plus riches – le Koweït, l'Arabie Saoudite et les Émirats arabes unis – étaient si bien pourvus en pétrodollars qu'ils parvenaient à maîtriser leur endettement et, de ce fait, à échapper aux griffes du FMI (en Arabie Saoudite, par exemple, l'État contrôle 84 % de l'économie). Le cas de l'Irak est différent. Le pays croulait sous une lourde dette accumulée pendant la guerre contre l'Iran, mais, lorsque la première guerre du Golfe prit fin, peu après le début de la mondialisation, il fut assujetti à de strictes sanctions : non seulement le commerce n'était pas « libre », mais il n'existait pratiquement pas de commerce licite du tout.

États-Unis envahiraient ce pays et, pour reprendre les mots de Thomas Friedman, prosélyte en chef de la théorie dans les médias, introduiraient «un modèle différent au cœur du monde arabo-musulman», lequel déclencherait des vagues démocratiques et néolibérales dans toute la région. Joshua Muravchik, analyste politique de l'American Enterprise Institute, prédit le déferlement d'«un tsunami sur le monde islamique», du côté «de Téhéran et de Bagdad», tandis que Michael Ledeen, conseiller ultraconservateur de l'administration Bush, déclarait que l'objectif était «une guerre pour rebâtir le monde*[5]».

Dans la logique interne de cette théorie, la lutte contre le terrorisme, la propagation du capitalisme pionnier et la tenue d'élections faisaient toutes partie d'un seul et même projet. Le Moyen-Orient serait «purgé» des terroristes et transformé en géante zone de libre-échange : on consoliderait ensuite le nouvel ordre économique au moyen d'élections tenues après coup – bref, une sorte de promotion «trois articles pour le prix d'un». Par la suite, George W. Bush résuma la situation en quelques mots : «instaurer la liberté dans une région troublée». Nombreux furent ceux qui virent là une profession de foi idéaliste envers la démocratie[6]. Mais c'était toujours l'autre liberté qu'on trouvait au cœur de la «théorie du modèle», celle qu'on avait proposée au Chili dans les années 1970 et à la Russie dans les années 1990 – à savoir la liberté, pour les multinationales occidentales, de vampiriser les États nouvellement privatisés. Le président l'affirma sans la

---

* L'idée que le refus d'adhérer au consensus de Washington ait suffi à provoquer une invasion étrangère peut sembler tirée par les cheveux, mais il y a eu un précédent. Pour justifier le bombardement de Belgrade par l'OTAN en 1999, on a invoqué les célèbres violations des droits de l'homme commises par Slobodan Milošević, lesquelles avaient horrifié le monde entier. Dans une révélation passée à peu près inaperçue, faite quelques années après la guerre du Kosovo, Strobe Talbott, sous-secrétaire d'État de Bill Clinton et négociateur en chef des États-Unis pendant la guerre, fournit une explication nettement moins idéaliste : «Au moment où les nations de la région s'engageaient sur la voie des réformes économiques, de l'allégement des tensions ethniques et de l'élargissement de la société civile, Belgrade semblait prendre un malin plaisir à aller en sens contraire. Pas étonnant que l'OTAN et la Yougoslavie aient fini par entrer en collision. La meilleure explication de la guerre de l'OTAN réside dans la résistance de la Yougoslavie à la réforme économique et politique – et non dans les mauvais traitements infligés aux Albanais du Kosovo.» On trouve cette révélation dans le livre de John Norris, ex-directeur des communications de Talbott, intitulé *Collision Course. NATO, Russia and Kosovo* (2005).

moindre ambiguïté seulement huit jours après avoir annoncé la fin des combats principaux en Irak. Il annonça en effet un projet d'«établissement d'une zone de libre-échange entre les États-Unis et le Moyen-Orient d'ici dix ans[7]». La fille de Dick Cheney, Liz – qui avait participé à la mise en œuvre du traitement de choc en Russie –, fut nommée responsable du projet.

L'idée d'envahir un pays arabe et d'en faire un État modèle se répandit au lendemain du 11 septembre, et quelques noms circulèrent : l'Irak, la Syrie, l'Égypte ou l'Iran, le candidat favori de Michael Ledeen. De nombreux facteurs plaidaient toutefois en faveur de l'Irak. Outre ses vastes réserves de pétrole, le pays était idéalement situé, au centre de la région, pour accueillir les bases militaires américaines, maintenant que l'Arabie Saoudite paraissait une alliée moins sûre ; de plus, Saddam Hussein, qui avait eu recours à des armes chimiques contre son propre peuple, était un objet de haine idéal. L'Irak, on l'oublie souvent, avait aussi l'avantage d'être un terrain connu.

La guerre du Golfe de 1991 avait été la dernière grande offensive terrestre américaine ayant entraîné le déploiement de centaines de milliers de soldats. Au cours des douze années suivantes, le Pentagone avait utilisé la bataille comme modèle dans le cadre d'ateliers, de programmes de formation et de jeux de guerre complexes. Une des théories qui en découlaient, développée dans un document intitulé *Shock and Awe. Achieving Rapid Dominance*, avait retenu l'attention de Donald Rumsfeld. Rédigé par un collectif de stratèges dissidents de la National Defense University en 1996, le texte était présenté comme une doctrine militaire tous usages, même s'il s'agissait en réalité de refaire la guerre du Golfe. L'auteur principal, le commandant de marine à la retraite Harlan Ullman, expliqua que le projet avait eu comme point de départ un commentaire du général Chuck Horner, commandant des opérations aériennes pendant l'invasion de 1991, qui, interrogé sur sa plus grande frustration à la fin de sa guerre contre Saddam Hussein, répliqua qu'il n'avait pas découvert l'endroit stratégique où «planter l'aiguille» pour provoquer l'effondrement de l'armée irakienne. «La doctrine "du choc et de l'effroi", écrit Ullman (à qui on doit l'expression), a pour but de répondre à la question suivante : si l'on pouvait recommencer l'opération "Tempête du désert" depuis le début, comment pourrions-nous vaincre en deux fois moins de temps, tout au plus, et en engageant beaucoup moins de forces? [...] La clé, c'est de trouver où Horner aurait pu planter l'aiguille – les cibles qui, une fois touchées, garantissent l'effondrement immédiat de l'ennemi[8]. » Les auteurs étaient convaincus que l'armée américaine, si on lui donnait l'occasion d'affronter Saddam de nouveau, serait beaucoup mieux en mesure, grâce aux nouvelles technologies satellites et à l'amélioration de l'exactitude des tirs – qui permettaient d'enfoncer l'aiguille comme jamais auparavant –, de découvrir les fameuses «brèches».

L'Irak avait un autre avantage. Tandis que l'armée des États-Unis caressait le fantasme de recommencer l'opération «Tempête du désert» avec une technologie infiniment plus avancée (comme si, pour reprendre les mots d'un analyste, on était passé «d'Atari à la PlayStation»), la capacité militaire de l'Irak, diminuée par les sanctions et presque annihilée par le programme d'inspection des armements administré par l'ONU, accusait un énorme retard[9]. Par rapport à la Syrie ou à l'Iran, l'Irak était donc la cible la plus vulnérable.

Thomas Friedman expliqua sans détour ce que signifiait le choix de l'Irak comme modèle : «En Irak, il s'agit non pas de fortifier une nation, mais bien d'en créer une», écrivit-il – comme si le fait d'aller s'acheter une nation arabe riche en pétrole à refaire de A à Z était, au XXIe siècle, chose naturelle, voire un «noble objectif[10]». Comme bon nombre de bellicistes de la première heure, Friedman a affirmé depuis qu'il n'avait pas prévu le carnage que provoquerait l'invasion. Difficile d'imaginer comment un tel détail avait pu lui échapper. L'Irak n'était pas un espace vierge dessiné sur une carte ; le pays était et demeure encore aujourd'hui une culture aussi ancienne que la civilisation elle-même, dépositaire d'une farouche fierté anti-impérialiste, d'un nationalisme arabe fort et de croyances religieuses fermement ancrées. Par ailleurs, la majorité des hommes ont été initiés au métier des armes. S'il s'agissait de «créer» une nation en Irak, qu'entendait-on faire, au juste, de celle qui y était déjà? L'hypothèse tacite qui sous-tendait le projet depuis le début, c'était qu'elle devrait disparaître pour faire place à la grande expérience – idée qui, à la base, garantissait une extraordinaire violence colonialiste.

Trente ans plus tôt, la contre-révolution de l'école de Chicago, au moment où elle sortait des manuels pour faire ses premiers pas dans le monde réel, avait elle aussi eu pour but d'effacer les nations existantes et de les remplacer par de nouvelles. Comme l'Irak en 2003, le Chili de 1973 devait servir de modèle à tout un continent rebelle. Pendant des années, du reste, il en fut ainsi. Les régimes brutaux qui mirent en application les idées de l'école de Chicago pendant les années 1970 comprenaient que l'avènement de leurs nations nouvelles idéalisées, au Chili, en Argentine, en Uruguay et au Brésil, supposait l'éradication totale de catégories entières de personnes et de cultures.

Dans les pays victimes de nettoyages politiques, on déploie des efforts collectifs considérables pour se réconcilier avec une histoire violente – commissions de la vérité, excavations de fosses communes, procès pour crimes de guerre contre les responsables. Cependant, les juntes latino-américaines n'agissaient pas seules : elles étaient soutenues par Washington, avant et après leurs coups d'État, ainsi qu'il l'a été amplement prouvé. Lors du putsch argentin de 1976, par exemple, au moment où des milliers de jeunes militants étaient arrachés à leurs foyers, la junte bénéficiait du soutien financier inconditionnel des États-Unis (« S'il faut en passer par là, qu'on fasse vite », avait déclaré Kissinger[11]). Cette année-là, Gerald Ford était président, Dick Cheney était son chef de cabinet et Donald Rumsfeld, son secrétaire à la Défense. L'adjoint de Kissinger était un jeune ambitieux du nom de Paul Bremer. Ces hommes n'ont pas eu à faire face à une commission de la vérité et n'ont pas été traduits en justice pour avoir soutenu les juntes. Au contraire, ils ont mené de longues et fructueuses carrières. Si longues, en fait, qu'ils refirent surface 30 ans plus tard pour tenter une expérience étrangement analogue – quoique beaucoup plus violente – en Irak.

Dans son discours d'inauguration de 2005, George W. Bush décrivit les années allant de la fin de la Guerre froide au déclenchement de la guerre contre le terrorisme comme « des années de repos, de congé sabbatique – suivies d'un jour de feu[12] ». L'invasion de l'Irak marqua le retour en force des premières méthodes de la croisade néolibérale – le recours au choc ultime comme moyen d'éliminer par la force tous les obstacles à la construction d'États corporatistes modèles entièrement libres de toute ingérence.

Ewen Cameron, le psychiatre financé par la CIA qui avait tenté de « déstructurer » ses patients en les faisant régresser jusqu'au stade infantile, était animé par la conviction que si un petit nombre de chocs procurait de bons résultats, une grande quantité de chocs en donnerait de meilleurs encore. C'est pourquoi il soumit le cerveau de ses patients à des tirs d'artillerie – électrochocs, hallucinogènes, privations sensorielles, saturations de stimuli –, bref, tout ce qui était de nature à supprimer le passé et à lui fournir la page sur laquelle imprimer de nouvelles pensées, de nouveaux schémas.

L'invasion et l'occupation de l'Irak reprirent la même stratégie, à une échelle beaucoup plus vaste. Les architectes de la guerre passèrent en revue l'arsenal des méthodes de choc et décidèrent de les utiliser toutes – des bombardements éclair soutenus par de complexes opérations psychologiques, un programme de thérapie de choc économique le plus rapide et le plus ample jamais entrepris, où que ce fût dans le monde. Pour vaincre les résistances, au besoin, on capturait les opposants et on les soumettait à des sévices.

Les analystes de la guerre en Irak en arrivent souvent à la conclusion que l'invasion fut une « réussite », mais l'occupation, un échec. Ce qu'on oublie, c'est que l'invasion et l'occupation faisaient toutes deux partie d'une stratégie unifiée – les bombardements initiaux ne visaient qu'à effacer le canevas sur lequel la nation modèle serait construite.

LA GUERRE : TORTURE DE MASSE

Pour les stratèges de l'invasion de l'Irak en 2003, la réponse à la question de savoir où « planter l'aiguille » semble avoir été : partout. Au cours de la guerre du Golfe de 1991, environ 300 missiles de croisière Tomahawk furent lancés en cinq semaines. En 2003, on en lança plus de 380 en un seul jour. Entre le 20 mars et le 2 mai, les semaines de combats dits « majeurs », l'armée américaine laissa tomber sur l'Irak plus de 30 000 bombes et plus de 20 000 missiles de croisière à guidage de précision, soit 67 % de la production totale de tels engins depuis leur invention[13].

« J'ai tellement peur pendant les bombardements, déclarait Yasmine Musa, mère de trois enfants vivant à Bagdad. On entend une bombe exploser au moins toutes les minutes. À mon avis, il n'y a pas un seul endroit sûr dans tout l'Irak[14]. » Le choc et l'effroi faisaient donc leur travail. En contravention flagrante avec les lois de la guerre, qui interdisent les châtiments collectifs, cette doctrine militaire se targue de cibler non seulement les forces militaires, mais aussi, comme le soulignent ses auteurs, la société au sens large – la terreur de masse est en fait un des aspects déterminants de la stratégie.

Cette dernière a également ceci de particulier que ses artisans sont pleinement conscients de monter un spectacle pour la télévision câblée. Ils visent plusieurs auditoires en même temps : l'ennemi, le public américain et quiconque songerait à faire du grabuge. « Lorsque les images vidéo de ces attaques sont diffusées par CNN, en temps réel et dans le monde entier, l'impact positif sur le soutien dont bénéficie la coalition et l'impact négatif sur d'éventuelles menaces peuvent se révéler décisifs», lit-on dans le manuel où la doctrine est exposée*. Dès le départ, l'intervention fut conçue comme un message de Washington à l'intention du reste du monde, formulé dans le langage de la boule de feu, de l'explosion assourdissante et du tremblement qui secoue des villes tout entières. Dans un ouvrage intitulé *The One Percent Doctrine*, Ron Suskind explique que, pour Rumsfeld et Cheney, «l'intention première de l'invasion de l'Irak» était de «faire un exemple pour quiconque aurait la témérité d'acquérir des armes de destruction massive ou de défier l'autorité des États-Unis». C'était donc moins une stratégie guerrière qu'«une expérience béhavioriste à l'échelle de la planète[15]».

La guerre est toujours à la fois une mise en scène et une forme de communication de masse, mais Rumsfeld, fort de la connaissance des médias et de la technologie qu'il avait acquise dans le monde des affaires, fit du marketing de la peur l'un des éléments fondamentaux de la doctrine militaire des États-Unis. Pendant la Guerre froide, la peur d'une attaque nucléaire était au cœur de la stratégie de dissuasion, mais les missiles devaient rester dans leurs silos. Dans ce cas-ci, l'approche était différente : Rumsfeld utiliserait toutes les armes à sa disposition, à l'exception du nucléaire, pour mettre en scène un spectacle conçu pour bombarder les sens, jouer sur les émotions et faire passer des messages durables, les cibles étant choisies avec soin en fonction de leur valeur symbolique et de leur impact télévisuel. De cette façon, la théorie de la guerre de Rumsfeld, qui faisait partie intégrante de la «transformation», avait beaucoup moins de points communs avec les stratégies de combat «force contre force» mises au point par les généraux, qui ralentissaient toujours le secrétaire à la Défense, qu'avec celles des terroristes à qui il avait déclaré une guerre d'une durée indéfinie. Les terroristes ne cherchent pas à vaincre au moyen d'un affrontement direct ; ils tentent plutôt de saper le moral de la population à l'aide de démonstrations télévisuelles spectaculaires qui mettent en lumière la vulnérabilité de l'ennemi et leur propre cruauté. Cette théorie fut à la base des

---

* La guerre du Golfe de 1991 fut la première bataille diffusée sur CNN, mais comme l'information directe en continu était toute récente, l'armée ne l'avait pas incorporée pleinement dans sa stratégie.

attentats du 11 septembre ; elle sous-tendait aussi l'invasion de l'Irak.

On présente parfois la doctrine « le choc et l'effroi » comme une simple stratégie visant à affirmer une puissance de feu dominante, mais, aux yeux de ses auteurs, c'est bien davantage : il s'agit, affirment-ils, d'un programme psychologique raffiné prenant pour cible « la capacité de résistance de la population ». Les outils utilisés sont bien connus d'une autre branche du complexe militaire américain : la privation sensorielle et la saturation de stimuli, conçues pour provoquer la confusion et la régression. Reprenant presque mot pour mot des passages des manuels de la CIA sur les interrogatoires, les auteurs de la doctrine « le choc et l'effroi » affirment : « Pour dire les choses crûment, la domination rapide suppose que l'on prenne le contrôle de l'environnement et qu'on paralyse ou sature les perceptions et la compréhension que l'adversaire a des événements. » L'objectif est « de le rendre totalement impuissant ». Pour ce faire, on a recours à diverses stratégies, notamment « manipuler les sens et les stimuli en temps réel [...] "littéralement en éteignant et en allumant" les "lumières" qui permettent à tout agresseur éventuel de voir ou d'apprécier les conditions et les événements concernant l'état de ses forces et, en fin de compte, de sa société » et « priver l'ennemi, dans certaines régions particulières, de sa capacité à communiquer, à observer[16] ». L'Irak fut soumis à la torture de masse pendant des mois ; l'expérience avait débuté bien avant la pluie de bombes.

L'ESCALADE DE LA PEUR

Le Canadien Maher Arar fut arrêté par des agents américains à l'aéroport JFK de New York en 2002 et, victime de la procédure de restitution extraordinaire, conduit en Syrie, où ses interrogateurs firent appel à une méthode de torture éprouvée. « Ils m'ont fait asseoir sur une chaise, puis un des hommes a commencé à me poser des questions. [...] Si je ne répondais pas assez vite, il montrait un fauteuil en métal poussé dans un coin. "Tu préfères t'asseoir là-dessus ?" [...] J'étais terrifié. Je ne voulais pas être torturé. J'étais prêt à dire n'importe quoi pour éviter la torture[17]. » La méthode à laquelle Arar fut soumis est celle qui consiste à « montrer les instruments » ; dans le jargon de l'armée américaine, on parle de « l'escalade de la peur ». Les tortionnaires savent que l'une des plus puissantes armes de leur arsenal est l'imagination du prisonnier – souvent, le simple fait de faire voir des instruments terrifiants est plus efficace que leur utilisation.

À l'approche de l'invasion de l'Irak, le Pentagone enrôla tous les médias américains dans un exercice d'« escalade de la peur » à l'intention de l'Irak. Dans un reportage diffusé à *CBS News* deux mois avant le début de la guerre, on annonçait déjà pour le premier jour, alias A-Day pour *air strikes*, « des frappes aériennes si dévastatrices qu'elles priveraient les soldats de Saddam de leur capacité et de leur volonté de se battre ». Les spectateurs découvrirent Harlan Ullman, l'un des auteurs de la doctrine « le choc et l'effroi », qui leur expliqua qu'il s'agissait de produire « des effets simultanés, un peu comme les armes nucléaires à Hiroshima, qui se feraient sentir au bout de quelques minutes, et non après des jours ou des semaines ». L'animateur, Dan Rather, terminait l'émission par une mise au point : « Nous tenons à vous assurer que le reportage que vous venez de voir ne contient, de l'avis du secrétariat à la Défense, aucun renseignement susceptible de venir en aide à l'armée irakienne[18]. » Et pour cause : le reportage, comme tant d'autres diffusés au cours de la même période, faisait au contraire partie intégrante de la stratégie du secrétariat – favoriser l'escalade de la peur.

Les Irakiens, qui captaient les comptes rendus terrifiants grâce à des satellites de contrebande ou à des coups de fil de parents vivant à l'étranger, imaginèrent pendant des mois les horreurs qui les attendaient. Les mots « choc et effroi » devinrent en eux-mêmes une arme psychologique puissante. Allait-ce être pire qu'en 1991 ? Si les Américains étaient vraiment persuadés que Saddam avait des ADM, lanceraient-ils une attaque nucléaire ?

La réponse à ces question fut donnée une semaine avant l'invasion. L'armée invita alors les membres de la presse militaire à faire une petite visite à la base aérienne d'Eglin en Floride, où ils assistèrent à l'essai de la MOAB, officiellement « Massive Ordnance Air Blast » ou « bombe massive à effet de souffle », même si, au sein de l'armée, tout le monde parle de la *Mother of All Bombs* (Mère de toutes les bombes). À près de 10 000 kilos, c'est le plus gros engin explosif non nucléaire jamais construit, capable de produire, pour reprendre les mots de Jamie McIntyre de CNN, « un nuage en forme de champignon de 3 000 mètres de haut semblable, du point de vue de l'apparence et de l'effet, à celui d'une arme nucléaire[19] ».

Dans son reportage, McIntyre affirma que la bombe, même si elle n'était jamais utilisée, portait à l'ennemi, du seul fait de son existence, « un coup psychologique considérable » – implicitement, il reconnaissait le rôle que lui-même jouait à cet égard. Tels des prisonniers dans une salle d'interrogatoire, les Irakiens avaient les instruments sous les yeux. « L'objectif est de montrer les capacités de la coalition de façon à ôter aux militaires irakiens le goût de résister », expliqua Rumsfeld lors de la même émission[20].

Dès le début de la guerre, les habitants de Bagdad furent soumis à une privation sensorielle massive : on éteignit leurs sens l'un après l'autre, à commencer par l'ouïe.

Dans la nuit du 28 mars 2003, tandis que les troupes américaines s'approchaient de la ville, le ministère des Communications fut bombardé et incendié, et quatre centrales téléphoniques détruites à l'aide d'armes anti-blockhaus massives, ce qui eut pour effet de couper le service à des millions de citadins. Le ciblage des centrales téléphoniques (douze en tout) se poursuivit jusqu'à ce que, le 2 avril, il n'y eût pratiquement plus un seul téléphone en état de fonctionner dans tout Bagdad*[21]. Pendant la même offensive, les transmetteurs de la radio et de la télévision furent également touchés : terrées dans leurs maisons, les familles de Bagdad ne parvenaient même pas à capter un faible signal pour avoir une idée de ce qui se passait au-delà de leurs quatre murs.

De nombreux Irakiens affirment que la destruction du réseau téléphonique fut, du point de vue psychologique, l'aspect le plus cruel de l'attaque aérienne. Entendre et sentir des bombes exploser un peu partout et ne pas pouvoir prendre des nouvelles d'êtres chers vivant tout près ou rassurer des parents terrifiés établis à l'étranger était un véritable supplice. Les journalistes affectés à la couverture de la guerre étaient assaillis par des habitants de la ville qui les suppliaient de

---

* Officiellement, l'annihilation du réseau téléphonique de Bagdad avait pour but d'empêcher Saddam de communiquer avec ses commandos d'élite. Après la guerre, des interrogateurs américains « cuisinèrent » les prisonniers les plus haut placés et découvrirent que, depuis des années, Saddam était persuadé que des espions le suivaient grâce à ses coups de fil. Par conséquent, il n'avait utilisé le téléphone qu'à deux reprises au cours des treize années précédentes. Comme d'habitude, les renseignements fiables étaient accessoires. Et Bechtel toucherait beaucoup d'argent pour la reconstruction du réseau.

leur prêter leur téléphone par satellite ou glissaient dans leurs mains des bouts de papier sur lesquels étaient griffonnés des numéros et les imploraient de bien vouloir téléphoner à un frère ou à un oncle à Londres ou à Baltimore. «Dites-lui que tout va bien. Dites-lui que sa mère et son père vont bien. Dites-lui bonjour. Dites-lui de ne pas se faire de souci[22].» Déjà, la plupart des pharmacies étaient à court de somnifères et d'antidépresseurs, et il n'y avait plus un seul comprimé de Valium dans toute la ville.

Ensuite, on s'attaqua à la vue. «On n'entendit aucun bruit d'explosion, à part les habituels bombardements menés en début de soirée, mais, en un instant, une ville de cinq millions d'habitants fut plongée dans une nuit terrible, sans fin», signala *The Guardian* dans son édition du 4 avril. Seuls «les phares des voitures trouaient les ténèbres[23]». Séquestrés chez eux, les habitants de la ville ne se parlaient plus, ne s'entendaient plus, ne voyaient plus à l'extérieur. Tel le prisonnier à destination d'un site noir de la CIA, la ville tout entière était enchaînée et revêtue d'une cagoule. Viendrait ensuite le moment de la dépouiller.

OBJETS DE RÉCONFORT

Dans le cadre d'interrogatoires hostiles, la première étape consiste justement à dépouiller les prisonniers de leurs vêtements et de tout article susceptible de leur rappeler qui ils sont – les objets de réconfort. Souvent, des objets revêtant une importance particulière pour le détenu – le Coran, par exemple, ou encore une photographie bien aimée – sont traités avec mépris. Le message est clair : «Tu n'es personne, tu n'es plus que ce que nous voulons que tu sois.» Bref, l'essence même de la déshumanisation. Les Irakiens subirent cette déstructuration en tant que peuple en voyant leurs institutions les plus importantes profanées, leur histoire chargée dans des camions et emportée au loin. Les bombardements firent mal à l'Irak, mais ce sont les pillages, effectués sous l'œil indifférent de l'occupant, qui effacèrent le cœur du pays de jadis.

«Les centaines de vandales qui ont fracassé des poteries anciennes, vidé des vitrines et emporté les objets en or et d'autres antiquités du musée national de l'Irak ont tout bonnement procédé au pillage des témoignages de la première société humaine, écrivit-on dans le *Los Angeles Times*. [...] Ont ainsi disparu 80 % des 170 000 objets d'une valeur inestimable que renfermait le musée[24].» La bibliothèque nationale, où étaient conservés tous les livres et toutes les thèses de doctorat jamais publiés en Irak, fut réduite en cendres. Des exemplaires du Coran aux enluminures vieilles de mille ans disparurent de l'immeuble des Affaires religieuses, qui n'était plus qu'une coquille calcinée. «Notre patrimoine national est perdu», déclara un instituteur du niveau secondaire de Bagdad[25]. À propos du musée, un marchand de la ville affirma : «C'était l'âme de l'Irak. Si le musée ne récupère pas les objets pillés, j'aurai l'impression qu'on m'a dérobé des morceaux de mon âme.» McGuire Gibson, archéologue de l'université de Chicago, expliqua que c'était «comme une lobotomie. On a effacé la mémoire profonde d'une culture, d'une culture millénaire[26]».

Grâce surtout aux efforts des imams qui organisèrent des missions de sauvetage au milieu des pillages, on récupéra une partie des collections. Mais de nombreux Irakiens étaient et sont encore aujourd'hui persuadés que la lobotomie était volontaire – qu'elle s'inscrivait dans la stratégie de Washington : supprimer la nation forte et profondément enracinée qui occupait le territoire pour la remplacer par le modèle américain. «Bagdad est la mère de la culture arabe, dit au *Washington Post* Ahmed Abdullah, âgé de 70 ans. L'intention est d'oblitérer notre culture[27].»

Les architectes de la guerre s'empressèrent de dire que les pillages avaient été commis par des Irakiens, et non par des soldats étrangers. Et il est vrai que Rumsfeld n'a pas planifié le saccage de l'Irak – mais il n'a pas non plus pris de mesures pour l'empêcher et il n'a rien fait pour l'arrêter. Impossible de voir dans ce ratage une simple omission.

Pendant la guerre du Golfe de 1991, treize musées irakiens avaient été pris d'assaut par des pilleurs. On avait donc tout lieu de penser que la pauvreté, le ressentiment à l'endroit de l'ancien régime et le chaos généralisé inciteraient certains Irakiens à réagir de la même manière (surtout que, quelques mois plus tôt, Saddam avait vidé les prisons). D'éminents archéologues avaient prévenu le Pentagone : avant d'attaquer, il devait élaborer une stratégie à toute épreuve pour protéger les musées et les bibliothèques. Dans une note de service du Pentagone du 26 mars destinée au commandement de la coalition, on trouvait une liste de «seize sites à protéger en priorité à Bagdad, classés par ordre d'importance». Le musée venait au deuxième rang. On avait aussi invité Rumsfeld à dépêcher sur place un contingent de police internationale dont les membres auraient eu pour tâche d'assurer le maintien de l'ordre public – autre suggestion qui fut ignorée[28].

Même en l'absence d'une force de police, il y avait assez de soldats américains à Bagdad pour protéger les sites culturels les plus importants, mais on n'en affecta aucun à une telle tâche. Dans de multiples comptes rendus, on affirme que des militaires restèrent campés près de leurs blindés à observer la scène pendant que des camions remplis d'objets volés prenaient la route – reflet fidèle de l'indifférence de Rumsfeld, qui se contenta d'affirmer que «ce sont des choses qui arrivent». Certaines unités décidèrent d'interrompre les pillages, mais, dans d'autres cas, les soldats volèrent eux aussi. L'aéroport international de Bagdad fut saccagé par des militaires américains qui, après avoir vandalisé les meubles, s'attaquèrent aux avions commerciaux parqués sur la piste. «Des soldats en quête de sièges confortables et de souvenirs arrachèrent l'équipement de nombreux appareils, lacérèrent des fauteuils, endommagèrent l'appareillage des cockpits et fracassèrent tous les pare-brise.» Résultat? Des dommages évalués à 100 millions de dollars pour la compagnie aérienne nationale de l'Irak – qui fut d'ailleurs l'un des premiers actifs vendus aux enchères dans le cadre d'une privatisation partielle hâtive et controversée[29].

Deux hommes ayant joué un rôle crucial pendant l'occupation – Peter McPherson, conseiller économique principal de Paul Bremer, et John Agresto, directeur de l'effort de reconstruction du réseau d'enseignement supérieur sous l'occupation –, fournirent certains indices au sujet de l'inaction des États-Unis pendant les pillages. McPherson déclara que la vue d'Irakiens faisant main basse sur des biens publics – voitures, autobus, matériel des ministères – ne l'avait pas dérangé le moins du monde. À titre de principal administrateur de la thérapie de choc en Irak, il avait pour mandat de réduire l'État et de privatiser ses actifs. Les pillages ne firent que leur permettre de prendre de l'avance. «S'emparer d'une voiture ou d'un camion ayant appartenu à l'État est une forme de privatisation naturelle, et je n'y voyais pas d'inconvénient», précisa-t-il. Ex-fonctionnaire de l'administration Reagan, McPherson, ardent partisan de la doctrine économique de l'école de Chicago, qualifia le pillage de «contraction» du secteur public*[30].

---

* Une telle attitude jette un éclairage nouveau sur les factures gonflées soumises par Halliburton aux contribuables américains et la volonté du Pentagone de fermer les yeux – peut-être le secrétariat à la Défense considérait-il les millions envolés moins comme le produit d'un vol que

Témoin des pillages à la télévision, son collègue John Agresto vit lui aussi le bon côté des choses. À ses yeux, son travail – «une aventure unique» – consistait à rebâtir le système d'enseignement supérieur de l'Irak à partir de zéro. Dans ce contexte, le pillage des universités et du ministère de l'Éducation était «l'occasion de prendre un nouveau départ», de doter les écoles irakiennes «du meilleur équipement moderne». S'il s'agissait de «créer une nation», comme de nombreuses personnes le croyaient à l'évidence, les vestiges de l'ancienne ne feraient que nuire. Agresto avait été président du St. John's College du Nouveau-Mexique, spécialisé dans l'enseignement des grandes œuvres de la littérature occidentale. Même s'il ne savait rien de l'Irak, expliqua-t-il, il s'était abstenu de lire des livres sur le sujet avant de s'y rendre : il voulait aborder sa tâche avec «l'esprit le plus ouvert possible[31]». Comme les universités irakiennes, l'esprit d'Agresto était une page blanche.

S'il s'était documenté un tant soit peu, Agresto aurait peut-être réfléchi à deux fois à l'opportunité de tout effacer pour recommencer depuis le début. Il aurait peut-être appris, par exemple, que l'Irak, avant d'être étouffé par les sanctions, possédait le meilleur système d'éducation de la région et s'enorgueillissait du taux d'alphabétisation le plus élevé du monde arabe – en 1985, 89 % des Irakiens savaient lire et écrire. Dans l'État du Nouveau-Mexique, d'où vient Agresto, on trouve 46 % d'analphabètes fonctionnels, et 20 % des gens sont incapables de «calculer le montant total d'un achat*[32]». Pourtant, Agresto était si fermement convaincu de la supériorité du système américain qu'il sembla incapable d'envisager la possibilité que les Irakiens eussent plutôt envie de préserver leur culture, dont ils vivaient la destruction comme une perte cruelle.

L'aveuglement néocolonial est un thème récurrent de la guerre contre le terrorisme. Dans la prison de Guantánamo Bay, qu'administrent les Américains, on trouve une pièce connue sous le nom de «cabane de l'amour». Une fois qu'on a établi qu'ils ne sont pas des combattants ennemis, les détenus y sont

---

comme une simple contraction conforme à la campagne ayant pour but de réduire l'État et de stimuler le secteur privé.

* Agresto, qui échoua lamentablement dans sa tentative de reconstruire le réseau universitaire irakien et partit sans avoir mené sa tâche à bien, revint sur l'enthousiasme que lui avaient inspiré les pillages et se définit «comme un néoconservateur agressé par la réalité». Ce détail et d'autres sont tirés du livre de Rajiv Chandrasekaran intitulé *Imperial Life in the Emerald City*, récit vivant de son expérience dans la Zone verte.

conduits en attendant leur libération. Là, ils ont la possibilité de regarder des films hollywoodiens et de se gaver de «fast-food» américain. Asif Iqbal, l'un des trois détenus britanniques connus sous le nom du *Tipton Three* (le trio de Tipton), eut l'occasion de s'y rendre à quelques reprises avant que ses deux amis et lui ne fussent enfin libérés. «Nous regardions des DVD, mangions des hamburgers de McDonald, des pizzas de Pizza Hut et, en gros, décompressions. Dans ce secteur, nous n'étions pas enchaînés. Nous ne comprenions pas pourquoi on nous traitait de cette manière. [...] Le reste de la semaine, nous étions dans nos cellules, comme d'habitude. [...] Une fois, le dimanche précédant notre retour en Angleterre, Lesley [un agent du FBI] a apporté des chips Pringles, des glaces et des chocolats.» Selon Rhuhel Ahmed, ami d'Iqbal, le traitement de faveur avait une explication très simple : «Ils savaient qu'ils nous avaient maltraités et torturés pendant deux ans et demi, et ils espéraient que nous allions tout oublier[33].»

Ahmed et Iqbal avaient été faits prisonniers par l'Alliance du Nord pendant qu'ils visitaient l'Afghanistan, où ils s'étaient rendus pour assister à un mariage. Ils avaient été sauvagement battus, privés de sommeil, rasés de force et privés de tout droit pendant 29 mois. On leur avait aussi injecté des drogues non identifiées et on les avait obligés à rester dans des positions inconfortables pendant des heures[34]. Pourtant, l'irrésistible attrait des Pringles était censé leur faire tout oublier. Telle était effectivement l'intention.

Difficile à croire, même si, au fond, le projet mis au point par Washington pour l'Irak reposait sur le même principe : secouer et terroriser le pays tout entier, détruire délibérément son infrastructure, rester les bras croisés pendant que sa culture et son histoire étaient vandalisées – puis tout arranger au moyen d'un afflux d'appareils électroménagers bon marché et de *junk food* importé. En Iraq, le cycle de l'oblitération et du remplacement de la culture n'eut rien de théorique : en fait, quelques semaines seulement suffirent pour boucler la boucle.

Paul Bremer, administrateur de l'Irak occupé désigné par Bush, admet que, à son arrivée à Bagdad, la ville était soumise à des pillages et que l'ordre n'était pas rétabli, bien au contraire. «En faisant le trajet entre l'aéroport et le centre-ville, j'ai constaté que Bagdad était en flammes, au sens propre. [...] Pas de circulation, pas d'électricité, pas de production pétrolière, pas d'activité économique, pas un seul policier en vue.» Sa solution à la crise? Ouvrir sur-le-champ les frontières aux importations, sans la moindre condition : ni tarifs, ni droits, ni inspections, ni taxes. Deux semaines après son arrivée, Bremer déclara que le pays «était prêt à brasser des affaires[35]». Du jour au lendemain, l'Irak, l'un des pays les plus isolés, coupé du monde par les sanctions draconiennes qu'avait imposées l'ONU, devint le marché le plus ouvert de la planète.

En route vers la Jordanie, la Syrie et l'Iran, où les attendaient des acheteurs, les camionnettes remplies d'objets volés croisèrent des camions à plateau chargés à ras bord de téléviseurs de fabrication chinoise, de DVD hollywoodiens et d'antennes paraboliques jordaniennes destinés aux bazars des trottoirs du quartier de Karada. Au moment où une culture était anéantie et démantelée aux fins de la revente, pièce à pièce, une autre culture, préemballée celle-là, venait prendre sa place.

Parmi les entreprises fin prêtes à faciliter l'accès au capitalisme pionnier figurait New Bridge Strategies, fondée par Joe Allbaugh, ex-directeur de la FEMA nommé par Bush. Elle promettait d'utiliser ses contacts en haut lieu pour aider les multinationales américaines à se tailler une part du gâteau irakien. «Les droits de distribution des produits de Procter & Gamble vaudraient leur pesant d'or, s'enthousiasma un des associés de l'entreprise. Un seul 7-Eleven [petit magasin du coin] bien approvisionné acculerait 30 boutiques irakiennes à la faillite ; un seul Wal-Mart suffirait à conquérir le pays tout entier[36]. »

Comme les prisonniers qui fréquentaient la cabane de l'amour de Guantánamo Bay, l'Irak serait conquis à coups de Pringles et de produits de la culture populaire – tel était en tout cas le plan d'après-guerre de l'administration Bush.

CHAPITRE DIX-SEPT

Le contrecoup idéologique
Un désastre éminemment capitaliste

Le monde est sens dessus dessous, et il faut bien que quelqu'un fasse le ménage.

> Condoleezza Rice, septembre 2002,
> à propos de la nécessité d'envahir l'Irak[1].

La capacité de Bush à imaginer un Moyen-Orient différent s'explique peut-être par sa relative méconnaissance de la région. S'il avait visité le Moyen-Orient et constaté ses multiples dysfonctionnements, le courage lui eût peut-être manqué. Affranchi des réalités quotidiennes, Bush a conservé une certaine vision de ce que la région pourrait être.

> Fareed Zakaria, chroniqueur de *Newsweek*[2].

Alors, Celui qui siège sur le trône déclara : «Voici, je fais l'univers nouveau.» Puis il ajouta : «Écris : Ces paroles sont certaines et vraies.»

> Apocalypse, 21:5 (Bible de Jérusalem).

La guerre en Irak est en mode de limitation des dégâts depuis si longtemps qu'il est facile d'oublier la vision idyllique que ses architectes en avaient au début. Une conférence organisée par le secrétariat d'État américain à Bagdad au cours des premiers mois de l'occupation illustra cette vision à la perfection. Y participaient quatorze politiciens et fonctionnaires de haut rang venus de Russie et d'Europe de l'Est – bref, un aréopage de ministres des Finances, de présidents de banques centrales et d'ex-vice-premiers ministres. À leur arrivée à l'aéroport de

Bagdad en septembre 2003, ils furent équipés d'un casque de combat et de vêtements pare-balles, puis immédiatement conduits dans la Zone verte, ville fortifiée dans la ville où était installé le gouvernement de l'Irak dirigé par les États-Unis, l'Autorité provisoire de la coalition, et qui abrite aujourd'hui l'ambassade des États-Unis. Dans l'ancien centre des congrès de Saddam, ces invités de marque donnèrent à un petit groupe d'Irakiens influents des leçons de métamorphose capitaliste.

L'un des principaux conférenciers était Marek Belka, ex-ministre des Finances (de droite) de la Pologne. En Irak, l'homme avait travaillé sous les ordres de Bremer pendant quelques mois. Selon un compte rendu officiel de la rencontre préparé par le secrétariat d'État, Belka répéta jusqu'à plus soif aux Irakiens réunis qu'ils devaient profiter du chaos ambiant pour adopter « avec fermeté » des politiques « qui coûteraient leur emploi à de nombreuses personnes ». La première leçon à retenir de la Pologne, déclarait Belka, c'était qu'« il fallait brader immédiatement les sociétés d'État improductives et ne pas tenter de les sauver à grand renfort de fonds publics ». (Il omit de mentionner que des pressions populaires avaient forcé Solidarité à renoncer à ses projets de privatisation rapide, ce qui avait eu pour effet de sauver la Pologne d'un effondrement tel que celui qu'avait connu la Russie.) La seconde leçon était encore plus hardie. Cinq mois après la chute de Bagdad, l'Irak était en proie à une grave crise humanitaire. Le taux de chômage se situait à 67 %, et la malnutrition était endémique. Si le pays n'était pas victime d'une famine généralisée, c'était uniquement parce que les foyers irakiens recevaient toujours des rations alimentaires et des produits de première nécessité subventionnés par le gouvernement, exactement comme à l'époque du programme « pétrole contre nourriture » administré par l'ONU pendant l'application des sanctions. Lorsqu'il y avait de l'essence, les gens pouvaient également faire le plein pour quelques sous. Ces cadeaux qui faussaient les règles du marché devaient être supprimés immédiatement, dit Belka. « Favorisez le secteur privé en éliminant d'abord les subventions. » Ces mesures, soulignait-il, « sont beaucoup plus importantes et contestées que les privatisations[3] ».

Belka fut suivi par Egor Gaïdar, ex-vice-premier ministre d'Eltsine, considéré comme l'architecte de la thérapie de choc en Russie. En invitant ce personnage, le secrétariat d'État semble avoir tenu pour acquis que les Irakiens ignoraient que l'homme, sali par ses liens étroits avec les oligarques et par des politiques ayant plongé dans la pauvreté des dizaines de millions de Russes, était considéré comme un paria à Moscou*. S'il est vrai que, sous Saddam, les Irakiens avaient un accès limité aux nouvelles de l'extérieur, les participants à la conférence tenue dans la Zone verte étaient pour la plupart des expatriés récemment rentrés d'exil ; pendant que la Russie implosait, dans les années 1990, ils lisaient *The International Herald Tribune*.

C'est Mohamad Tofiq, ministre irakien de l'Industrie par intérim, qui me parla de cette étrange rencontre, dont, à l'époque, la presse ne rendit pas compte. Des mois plus tard, lorsque nous nous rencontrâmes dans son bureau provisoire de Bagdad (l'ancien immeuble du ministère n'était plus qu'une coquille calcinée), Tofiq en riait encore. Les Irakiens, dit-il, avaient foudroyé les visiteurs vêtus de gilets pare-balles en les informant que la décision de Bremer d'ouvrir toutes grandes les frontières du pays aux importations avait causé une dégradation marquée de la qualité de vie d'une population déjà meurtrie par la guerre. Si on aggravait la situation en abolissant l'aide alimentaire et les subventions pour l'essence, prévinrent-ils, l'occupation aurait une véritable révolution sur les bras. À propos du conférencier vedette, Tofiq ajouta : « J'ai indiqué à des organisateurs de la conférence que, à supposer que j'aie l'intention de favoriser les privatisations en Irak, j'inviterais Gaïdar à leur dire : "Faites exactement le contraire de ce que nous avons fait." »

Lorsque Bremer commença à signer des décrets à Bagdad, Joseph Stiglitz, ancien économiste en chef de la Banque mondiale, lança un avertissement : « La thérapie de choc imposée à l'Irak est encore plus radicale que celle qu'a subie l'ancien monde soviétique. » Il avait tout à fait raison. Dans son projet initial, Washington avait l'intention de faire de l'Irak un territoire neuf, exactement comme il avait été fait de

---

* Bon nombre des principaux artisans de l'invasion et de l'occupation de l'Irak étaient d'anciens membres de l'équipe qui, à Washington, avait exigé l'application du traitement de choc en Russie : Dick Cheney était secrétaire à la Défense lorsque Bush père élabora sa politique russe postsoviétique et Paul Wolfowitz était l'adjoint de Cheney, tandis que Condoleezza Rice fut la conseillère principale de Bush père dans le dossier de la transition de la Russie. Sans la moindre ironie, tous ces hauts gradés et des dizaines d'autres de moindre envergure citèrent souvent l'expérience russe des années 1990 – malgré ses effets abominables sur les citoyens ordinaires – comme l'exemple à suivre dans la transition irakienne.

la Russie dans les années 1990, sauf que, cette fois, c'étaient des entreprises américaines – et non des compétiteurs locaux ou encore européens, russes ou chinois – qui recueilleraient sans effort les milliards. Et rien ne barrerait la route aux transformations même les plus pénibles. En ex-Union soviétique, en Amérique latine et en Afrique, la transformation avait pris la forme d'une danse stylisée entre des fonctionnaires du FMI et des politiciens locaux imprévisibles, tandis que, depuis la suite au bout du couloir, le Trésor des États-Unis tirait les ficelles. En Irak, Washington avait supprimé les intermédiaires : le FMI et la Banque mondiale étaient relégués à des rôles de soutien, tandis que les États-Unis occupaient toute la scène. Le gouvernement, c'était Paul Bremer ; comme l'affirma un haut gradé de l'armée des États-Unis à l'Associated Press, il était inutile de négocier avec le gouvernement local, puisque « en ce moment, ce serait comme négocier avec nous-mêmes[4] ».

C'est cette dynamique qui distingue la transformation économique de l'Irak des laboratoires antérieurs. On renonçait aux efforts prudents déployés dans les années 1990 pour présenter le « libre-échange » comme autre chose qu'un projet impérialiste. Ailleurs, il y aurait encore du libre-échange allégé, avec ses négociations menées dans l'atmosphère feutrée des hôtels cinq étoiles ; ici, pour l'heure, on pratiquerait le libre-échange pur, sans intermédiaire ni pantins, celui qui permet aux multinationales occidentales de faire main basse sur de nouveaux marchés au milieu des champs de bataille de guerres préemptives.

Les tenants de la « théorie du modèle » affirment aujourd'hui que c'est là que réside la cause du terrible dérapage – comme Richard Perle le déclara à la fin de 2006, « l'erreur capitale » fut « de faire intervenir Paul Bremer ». David Frum renchérit en affirmant que, dès le départ, il aurait fallu donner « un visage irakien » à la reconstruction[5]. Au lieu de quoi, l'Irak eut droit à un homme qui, retranché dans le palais de la République au dôme turquoise de Saddam, recevait par courrier électronique les lois sur le commerce et l'investissement concoctées à Washington, les imprimait, les signait et les imposait par décret au peuple irakien. Bremer n'avait rien d'un Américain discret exécutant ses basses œuvres en coulisse. Avec sa gueule d'acteur et son faible pour les caméras de télévision, il semblait déterminé à étaler ses pouvoirs absolus à la vue des Irakiens en sillonnant le pays à bord d'un rutilant hélicoptère Blackhawk, flanqué des gardes du corps aux allures de GI Joe fournis par Blackwater et invariablement vêtu de l'uniforme qui était sa marque de fabrique : costume Brooks Brothers sans un faux pli et bottes Timberland de couleur beige. Son fils lui avait offert les bottes avant son départ pour Bagdad : « Va leur botter le cul, papa », disait la carte qui accompagnait le cadeau[6].

De son propre aveu, Bremer ne savait pas grand-chose de l'Irak (« J'avais vécu en Afghanistan », déclara-t-il à un intervieweur). Au fond, cette ignorance ne tirait pas à conséquence puisque l'homme maîtrisait parfaitement sa mission centrale : imposer le capitalisme du désastre[7].

Le 11 septembre 2001, il travaillait comme directeur général et « conseiller politique principal » chez Marsh & McLennan, géant des assurances. La société, dont les bureaux se trouvaient dans la tour nord du World Trade Center, fut dévastée par les attentats. Les jours suivants, 700 de ses employés manquaient à l'appel ; en fin de compte, on confirma la disparition de 295 d'entre eux. Exactement un mois plus tard, le 11 octobre 2001, Paul Bremer lançait Crisis Consulting Practice, nouvelle division de Marsh ayant pour mandat d'aider les multinationales à se préparer à d'éventuels attentats terroristes et à d'autres crises. Exploitant son expérience d'ambassadeur itinérant spécialisé dans le contre-terrorisme sous l'administration Reagan, Bremer proposait à ses clients des services antiterroristes complets, de l'assurance contre les risques politiques aux relations publiques en passant par des conseils sur les réserves d'articles essentiels à constituer[8].

Le rôle de pionnier dans l'industrie de la sécurité intérieure joué par Bremer constitua une préparation idéale à son intervention en Irak. Pour la bonne raison que l'administration Bush aborda la reconstruction de l'Irak suivant la formule qu'elle avait mise au point au lendemain des attentats du 11 septembre : l'Irak d'après-guerre fut présenté comme un emballant premier appel public à l'épargne offrant d'excellentes possibilités de profit rapide, sans contraintes. Bremer ne se fit pas que des amis, mais on ne lui avait pas donné pour mission de conquérir l'esprit et le cœur des Irakiens. Il avait plutôt pour tâche de préparer l'avènement d'Irak Inc. Vues sous cet angle, ses décisions vertement décriées du début témoignent au contraire d'une incontestable cohérence.

Après avoir remplacé le prudent général Jay Garner en tant que principal envoyé des États-Unis en Irak, Bremer se consacra presque exclusivement, durant ses quatre premiers mois en poste, à la transformation économique. Il fit adopter une série de lois qui, prises ensemble, formaient un programme classique de thérapie de choc inspiré de l'école de Chicago.

Avant l'invasion, l'économie irakienne était centrée sur la compagnie pétrolière nationale et les 200 sociétés d'État du pays, lesquelles produisaient les aliments de base du régime irakien et les matières premières dont avaient besoin ses industries, du ciment à l'huile de cuisson en passant par le papier. Un mois après son entrée en fonction, Bremer annonçait la privatisation immédiate des 200 sociétés d'État. « Le transfert au privé d'entreprises nationales inefficaces est essentiel au redressement économique de l'Irak », déclara-t-il[9].

Vinrent ensuite les nouvelles lois économiques. Pour inciter les investisseurs étrangers à participer à la vente aux enchères des entreprises d'État et à la création d'usines et de points de vente au détail en Irak, Bremer adopta une série de lois radicales que *The Economist* décrivit en termes élogieux comme « un pur rêve pour les bailleurs de fonds et les investisseurs étrangers dans les marchés émergents[10] ». Ainsi, l'impôt sur les sociétés, qui était d'environ 45 %, fut remplacé par un impôt au taux uniforme de 15 % (mesure chaleureusement recommandée par Milton Friedman). On autorisa les sociétés étrangères à détenir des entreprises irakiennes à 100 % – histoire d'éviter la reprise du scénario russe, dans lequel les oligarques s'étaient réservé les morceaux de choix. Mieux encore, les investisseurs pouvaient sortir de l'Irak la totalité de leurs profits ; ils n'étaient pas tenus de réinvestir un sou sur place et ils ne seraient pas non plus imposés. Le décret autorisait également la signature de baux et de contrats valides pour une période de 40 ans (renouvelables), ce qui voulait dire que les futurs gouvernements élus seraient assujettis à des accords conclus par les occupants. Ce n'est que dans le domaine du pétrole que Washington fit preuve d'un peu plus de retenue : ses conseillers irakiens l'avaient prévenu qu'avant l'élection d'un gouvernement, toute tentative de privatisation de la société pétrolière nationale ou d'appropriation des réserves pétrolières encore inexploitées serait considérée comme un acte de guerre. L'autorité d'occupation fit toutefois main basse sur les revenus de la société pétrolière nationale, d'une valeur de vingt milliards de dollars, somme qu'elle s'autorisa à dépenser à sa guise*[11].

---

* De cette somme, un montant de 8,8 milliards de dollars – les fameux « milliards manquants de l'Irak » – disparut en 2004 des ministères contrôlés par les États-Unis, sans laisser de traces ou presque. En février 2007, devant un comité du Congrès des États-Unis, Bremer défendit ce laxisme en ces termes : « Le redémarrage de l'économie était la priorité. La première étape était de rendre l'argent aux Irakiens le plus rapidement possible. » Interrogé par les membres du comité sur les milliards manquants, le conseiller

La Maison-Blanche était si déterminée à dévoiler une économie irakienne flambant neuve qu'elle décida, aux premiers jours de l'occupation, de lancer une toute nouvelle monnaie – entreprise pour le moins considérable sur le plan de la logistique. La société britannique De La Rue se chargea de l'impression des billets de banque, qui furent livrés par avions et distribués par des camions et des véhicules blindés qui effectuèrent pas moins de 1 000 missions aux quatre coins du pays. Pendant ce temps, 50 % des Irakiens n'avaient toujours pas accès à l'eau potable, les feux de circulation ne fonctionnaient pas et la criminalité était endémique[12].

Bremer se chargea de la mise en œuvre de tous ces projets, mais les ordres venaient d'en haut. Témoignant devant un comité du Sénat, Rumsfeld déclara que les «vastes réformes» de Bremer «avaient engendré certaines des lois sur l'investissement et la fiscalité les plus éclairées – et les plus attrayantes – du monde libre». Au début, les marchés donnèrent l'impression de réagir favorablement à de tels efforts. Au bout de quelques mois, il était question de l'ouverture d'un restaurant McDonald dans le centre-ville de Bagdad – ultime symbole de l'entrée de l'Irak dans l'économie mondialisée –, et on avait presque terminé le montage financier pour la création d'un hôtel de luxe de la chaîne Starwood. General Motors envisageait la possibilité d'ouvrir une usine automobile. Sur la scène financière, HSBC, banque internationale dont le siège social se trouve à Londres, décrocha un contrat pour l'ouverture de succursales dans tout l'Irak, tandis que Citigroup annonçait son intention d'offrir des prêts substantiels garantis par de futures livraisons de pétrole irakien. Certaines que leur heure viendrait, les grandes compagnies pétrolières – Shell, BP, Exxon Mobil, Chevron et Lukoil, en Russie – firent des approches prudentes en proposant d'initier des fonctionnaires irakiens aux technologies d'extraction et aux modèles de gestion les plus modernes[13].

Les lois de Bremer, conçues pour susciter la frénésie des investisseurs, n'avaient rien de particulièrement original – il s'agissait en réalité d'une simple version accélérée d'anciennes applications de la thérapie de choc. Cependant, l'équipe Bush, composée de fervents adeptes du capitalisme du désastre, ne se contenta pas d'attendre que les effets des nouvelles lois se fissent sentir. L'expérience irakienne constitua une innovation révolutionnaire en ce sens que l'invasion, l'occupation et la

économique de Bremer, l'amiral à la retraite David Oliver, déclara : «Ouais, je comprends. Ce que je dis, c'est : "Qu'est-ce que ça change?"»

reconstruction furent transformées en marché emballant et entièrement privatisé. Tout comme le complexe de la sécurité intérieure, ce marché fut créé grâce à l'injection massive de fonds publics. Le seul effort de reconstruction bénéficia de 38 milliards de dollars du Congrès des États-Unis, de quinze milliards en provenance d'autres pays et de vingt milliards générés par la vente de pétrole irakien[14].

À l'annonce des milliards initiaux, on assista inévitablement à de flatteuses comparaisons avec le plan Marshall. Bush favorisa l'établissement de parallèles en ce sens en déclarant que la reconstruction représentait « l'engagement financier de son espèce le plus important depuis le plan Marshall ». Dans une allocution télévisée diffusée au cours des premiers mois de l'occupation, il précisa que « l'Amérique a déjà fait un travail de cette nature. Au lendemain de la Deuxième Guerre mondiale, nous avons relevé l'Allemagne et le Japon et nous avons accompagné ces nations vaincues pendant qu'elles se dotaient de gouvernements représentatifs[15] ».

L'utilisation que l'on fit des milliards destinés à la reconstruction de l'Irak n'eut toutefois rien à voir avec le précédent invoqué par Bush. En vertu du plan Marshall, les sociétés américaines tirèrent des profits de la vente de biens et de denrées alimentaires à l'Europe, bien sûr, mais le projet avait explicitement pour but d'aider les pays ravagés par la guerre à redevenir des marchés autosuffisants, à créer des emplois et à se doter d'assiettes fiscales capables de financer des services sociaux. Les économies mixtes de l'Allemagne et du Japon d'aujourd'hui confirment d'ailleurs la réussite de la démarche.

L'équipe Bush avait en réalité lancé un anti-plan Marshall, contraire en tous points à l'original. Dès le départ, il était évident que le projet affaiblirait le secteur industriel irakien, déjà chancelant, et provoquerait une hausse vertigineuse du taux de chômage. Dans le plan instauré au lendemain de la Deuxième Guerre mondiale, on avait interdit aux entreprises étrangères d'investir dans les économies en convalescence, afin d'éviter de donner l'impression de profiter d'États en position de faiblesse ; le plan irakien mettait au contraire tout en œuvre pour séduire l'Amérique corporatiste (quelques miettes étaient laissées aux pays de la « coalition des volontaires »). Même si on invoqua par la suite les commodes démons de la « corruption » et de l'« inefficacité », c'est en raison du vol des fonds destinés à la reconstruction de l'Irak, action justifiée par des partis pris incontestés et racistes au sujet de la supériorité américaine et de l'infériorité irakienne, que le projet fut, dès le départ, voué à l'échec.

Ainsi, les usines irakiennes ne touchèrent pas les fonds qui leur auraient permis de rouvrir leurs portes, de jeter les bases d'une économie viable, de créer des emplois locaux et de financer le filet de sécurité sociale. Les Irakiens avaient d'ailleurs été pratiquement exclus de l'élaboration du plan. Ce fut plutôt le gouvernement des États-Unis, par l'entremise d'USAID surtout, qui commanda une sorte de pays en pièces détachées, conçu en Virginie et au Texas, qu'il suffirait d'assembler sur place. Il s'agissait, ainsi que le répétait l'Autorité d'occupation jusqu'à plus soif, d'un «cadeau du peuple américain au peuple irakien». Les Irakiens n'avaient plus qu'à le déballer[16]. Et même pour l'assemblage, on se passait de la main-d'œuvre irakienne pourtant bon marché : les principaux entrepreneurs au service des États-Unis – Halliburton, Bechtel et Parsons, géant californien de l'ingénierie – préféraient importer des travailleurs étrangers, jugés plus faciles à diriger. Une fois de plus, les Irakiens furent campés dans le rôle de spectateurs éberlués – impressionnés d'abord par la technologie militaire des États-Unis, puis par leurs prouesses dans les domaines du génie et de l'administration.

Comme dans l'industrie de la sécurité intérieure, le rôle des fonctionnaires – y compris ceux du gouvernement des États-Unis – fut réduit à presque rien. Pour gouverner un vaste pays tentaculaire de 25 millions d'habitants, Bremer avait 1 500 personnes sous ses ordres. Par comparaison, Halliburton disposait d'un effectif de 50 000 travailleurs dans la région, dont bon nombre d'anciens fonctionnaires chevronnés attirés dans le secteur privé par la promesse de salaires plus élevés[17].

La faible présence du secteur public ainsi que la forte participation du secteur privé témoignèrent de la volonté de l'administration Bush d'utiliser la reconstruction de l'Irak (vaste chantier sur lequel elle exerçait une mainmise absolue, tandis que, en territoire américain, la fonction publique lui opposait de la résistance) pour concrétiser sa vision d'un gouvernement «coquille vide», entièrement externalisé. En Irak, il n'y avait pas une seule fonction jugée si «essentielle» qu'elle ne pût être confiée à un entrepreneur, surtout si ce dernier cotisait à la caisse du Parti républicain ou fournissait des bénévoles chrétiens lors de ses campagnes électorales. S'agissant de tous les aspects de la participation des forces étrangères en Irak, la devise de Bush était la suivante : si une tâche peut être accomplie par le secteur privé, il faut la lui confier.

Bremer signait les lois, mais ce sont des comptables du privé qui façonnaient et administraient l'économie. (BearingPoint, entreprise issue de KPMG, société internationale de conseil et d'expertise comptable, reçut 240 millions de dollars pour élaborer un «système de marché» pour l'Irak – dans le contrat de 107 pages, le mot «privatisation» revient à 51 reprises ; une bonne part du contrat initial fut d'ailleurs rédigée par BearingPoint.) Des *think tanks* reçurent de l'argent pour réfléchir (l'Adam Smith Institute de la Grande-Bretagne se vit confier le mandat de favoriser les privatisations). Des entreprises privées du secteur de la sécurité et de la défense (DynCorp, Vinnell et USIS du Carlyle Group, pour n'en citer que quelques-unes) se chargèrent de la formation des soldats et des policiers irakiens. Des entrepreneurs du domaine de l'éducation rédigèrent les programmes d'études post-Saddam et firent imprimer les manuels. (À cette fin, Creative Associates, cabinet d'experts-conseils en éducation et en gestion de Washington, DC, reçut des contrats d'une valeur de plus de 100 millions de dollars*[18].)

Pendant ce temps, le modèle créé par Cheney pour Halliburton dans les Balkans, où les bases militaires étaient transformées en mini-villes Halliburton, fut adopté à une échelle infiniment plus grande. Outre les bases militaires aménagées et exploitées par Halliburton aux quatre coins du pays, la Zone verte fut, dès le départ, une ville-État dirigée par Halliburton, la société se chargeant de tout, de la voirie à la lutte antiparasitaire en passant par les films et les soirées disco.

L'Autorité provisoire de la coalition ne disposait pas d'effectifs suffisants pour superviser tous les entrepreneurs, et d'ailleurs l'administration Bush considérait cette surveillance comme une fonction non essentielle à externaliser. Ainsi, CH2M Hill, société de génie et de construction du Colorado, reçut 28,5 millions de dollars pour se charger, de concert avec Parsons, de la surveillance de quatre autres grands entrepreneurs. On privatisa même l'édification de la «démocratie locale». À cette fin, le Research Triangle Institute de la Caroline du Nord toucha jusqu'à 466 millions de dollars, même si on n'établit jamais

---

* Ahmed al-Rahim, Américain d'origine irakienne qui collabora avec Creative Associates, expliqua : «L'idée de départ, c'était de préparer un programme d'études qui serait par la suite appliqué en Irak.» En l'occurrence, les Irakiens déclarèrent qu'«un programme créé à l'extérieur était inacceptable, et le programme fut mis au rancart».

clairement ce qui l'habilitait à introduire la démocratie dans un pays musulman. En Irak, la direction de la société était dominée par des mormons haut placés – des gens comme James Mayfield, qui, de retour à Houston, déclara aux membres de sa mission qu'on pourrait persuader les musulmans d'embrasser les thèses du Livre de Mormon au motif qu'elles étaient compatibles avec les enseignements du prophète Mahomet. Dans un message électronique qu'il envoyait aux siens, il imaginait les Irakiens en train de lui ériger une statue pour l'honorer en tant que «fondateur de la démocratie*[19]».

Pendant que ces sociétés étrangères déferlaient sur le pays, les 200 sociétés d'État irakiennes étaient au point mort, paralysées par des pannes de courant chroniques. Or l'Irak avait autrefois l'une des économies industrielles les plus développées de la région ; à présent, ses plus grandes entreprises n'arrivaient même pas à décrocher des contrats de sous-sous-sous-traitance pour participer à la reconstruction de leur propre pays. Pour profiter de la ruée vers l'or, les entreprises irakiennes auraient eu besoin de génératrices de secours et de mises à niveau sommaires – ce qui, compte tenu de la vitesse à laquelle Halliburton construisait des bases militaires ressemblant à s'y méprendre à de petites villes du Midwest américain, n'aurait pas dû présenter de difficultés insurmontables.

Au ministère de l'Industrie, Mohamad Tofiq me dit qu'il avait à maintes reprises demandé des génératrices en faisant valoir que les dix-sept cimenteries d'État irakiennes étaient idéalement placées pour alimenter en matériaux l'effort de reconstruction et mettre des dizaines de milliers d'Irakiens au travail. Or les usines irakiennes ne reçurent rien du tout : ni commandes, ni génératrices, ni aide. Les sociétés américaines préféraient importer leurs matériaux – et leur main-d'œuvre – à un prix dix fois supérieur. L'un des décrets de Bremer interdisait formellement à la banque centrale d'Irak de financer des sociétés d'État (fait qui ne fut rendu public que des années plus tard[20]). L'industrie irakienne, me dit Tofiq, était dans les faits boycottée pour des raisons idéologiques, pas pour des raisons pratiques. Parmi les décideurs, expliqua-t-il, «personne ne croit au secteur public».

Tandis que d'innombrables entreprises privées irakiennes fermaient leurs portes, faute de pouvoir soutenir la concurrence

---

* En fait, le Research Triangle Institute fut chassé d'Irak pour avoir empêché des partis islamiques de prendre le pouvoir de façon démocratique dans quelques villes et villages.

des importations qui inondaient le pays depuis l'ouverture des frontières, Bremer et son équipe avaient peu de consolations à offrir. Devant une assemblée d'hommes d'affaires irakiens, Michael Fleischer, l'un des adjoints de Bremer, confirma que de nombreuses entreprises succomberaient à la concurrence étrangère, mais c'était, dit-il, ce qui faisait la beauté du libre marché. «Serez-vous écrasés par les entreprises étrangères?» demanda-t-il avant de fournir lui-même la réponse : «Ça dépend de vous. Seuls les meilleurs d'entre vous vont survivre.» On croirait entendre Egor Gaïdar, lequel aurait dit au sujet des petites entreprises russes acculées à la faillite par la thérapie de choc : «Et alors? Les mourants méritent de crever[21].»

Aujourd'hui, il est généralement admis que l'anti-plan Marshall de Bush fut un échec sur toute la ligne. Les Irakiens ne perçurent pas la reconstruction corporatiste de leur pays comme un «cadeau», la plupart d'entre eux y voyant plutôt une forme moderne de pillage. Par ailleurs, les sociétés américaines n'impressionnèrent personne par leur rapidité et leur efficacité : en fait, elles ne réussirent qu'à faire du mot «reconstruction» une «vaste blague que personne ne trouve drôle», ainsi que le déclara un ingénieur irakien[22]. La moindre erreur stratégique suscitait des résistances de plus en plus vives, et les troupes d'occupation réagissaient en intensifiant la répression. C'est ainsi que le pays fut plongé dans une spirale de violence infernale. En juillet 2006, selon l'étude la plus digne de foi, la guerre en Irak avait coûté la vie à 655 000 Irakiens, des gens qui, en l'absence d'invasion ou d'occupation, ne seraient pas morts[23].

En novembre 2006, Ralph Peters, officier de l'armée américaine à la retraite, écrivit dans le quotidien *USA Today* : «Nous avons offert aux Irakiens une occasion unique de bâtir une démocratie fondée sur la règle de droit», mais ils «ont préféré céder à de vieilles haines, à la violence confessionnelle, au fanatisme ethnique et à la culture de la corruption. Les cyniques avaient donc raison : les sociétés arabes sont incapables d'embrasser la démocratie telle que nous la connaissons. Et les gens ont le gouvernement qu'ils méritent. [...] La violence qui macule de sang les rues de Bagdad n'est pas que le symptôme de l'incompétence du gouvernement irakien. C'est aussi la preuve de la totale incapacité du monde arabe à progresser dans une quelconque sphère du développement humain. Nous sommes témoins de l'effondrement d'une civilisation[24]». Peters avait dit tout haut ce que de nombreux Occidentaux pensaient tout bas : c'était la faute aux Irakiens.

Mais les divisions sectaires et l'extrémisme religieux dans lesquels sombrait l'Irak ne peuvent être dissociés de l'invasion et de l'occupation. Bien que présentes avant la guerre, ces forces étaient beaucoup moins intenses avant que l'Irak ne fût transformé en laboratoire de choc des États-Unis. En février 2004, soit onze mois après l'invasion, un sondage réalisé par Oxford Research International avait constaté, ne l'oublions pas, qu'une majorité d'Irakiens souhaitait un gouvernement laïque : 21 % des interrogés avaient affirmé qu'un « État islamique » était le système politique qu'ils privilégiaient et seulement 14 % avaient défini les « politiciens religieux » comme leurs acteurs politiques de prédilection. Six mois plus tard, au moment où l'occupation était entrée dans une nouvelle phase plus violente, un autre sondage montra que 70 % des Irakiens étaient désormais favorables à l'imposition de la loi islamique comme fondement de l'État[25]. Quant aux violences sectaires, elles furent pratiquement inexistantes pendant la première année de l'occupation. Le premier incident majeur, le bombardement de mosquées chiites pendant la fête d'Ashoura, ne se produisit qu'en mars 2004, un an après l'invasion. Il ne fait aucun doute que l'occupation attisa et intensifia ces haines.

En fait, les forces qui déchirent aujourd'hui l'Irak – corruption endémique, sectarisme féroce, montée du fondamentalisme religieux, tyrannie des escadrons de la mort – s'imposèrent au rythme de la mise en place de l'anti-plan Marshall de Bush. Après le renversement de Saddam Hussein, l'Irak avait un besoin urgent de guérison et de réunification. Seuls des Irakiens auraient pu mener cette tâche à bien. À ce stade où le pays était fragilisé, on préféra le transformer en laboratoire du capitalisme sanguinaire – système qui monta des communautés et des particuliers les uns contre les autres, entraîna la suppression de centaines de milliers d'emplois et de ressources vitales et transforma la soif de justice des Irakiens en impunité absolue pour leurs occupants étrangers.

Ni l'incompétence et la propension au copinage de l'administration Bush ni le sectarisme et le tribalisme des Irakiens ne suffisent à expliquer l'état désastreux dans lequel se trouve aujourd'hui l'Irak. On a affaire à un authentique désastre capitaliste, à un cauchemar déclenché par une cupidité qui se déchaîne sans fin dans le sillage d'une guerre. Le « fiasco » irakien résulte de l'application fidèle et méticuleuse de l'idéologie de l'école de Chicago dans sa forme la plus pure.

On trouvera ci-dessous un compte rendu initial (non exhaustif) des liens entre la «guerre civile» et le projet corporatiste au cœur de l'invasion. Il s'agit dans ce cas-ci du retournement d'une idéologie contre ses praticiens – d'un contrecoup idéologique.

Le cas de contrecoup le plus largement admis fut provoqué par la première mesure d'importance prise par Bremer, à savoir le licenciement de quelque 500 000 fonctionnaires, pour la plupart des soldats, même si des médecins, des infirmiers, des instituteurs et des ingénieurs faisaient partie du nombre. La «débaathification», ainsi qu'on surnomma le processus, avait en principe pour but de purger le gouvernement des loyalistes de Saddam. Cette volonté, si elle y fut à coup sûr pour quelque chose, ne justifie ni l'importance des mises à pied ni l'effet qu'eurent ces dernières sur l'ensemble de la fonction publique dans la punition qu'elles exercèrent sur des travailleurs qui n'avaient rien de mandarins de haut rang.

La purge rappelle en fait les attaques lancées contre le secteur public dont s'accompagnent les programmes de thérapie de choc depuis le jour où Milton Friedman recommanda à Pinochet de réduire de 25 % les dépenses gouvernementales. Bremer ne fit aucun effort pour dissimuler l'antipathie que lui inspirait l'«économie stalinienne» de l'Irak, selon la description qu'il fit des sociétés d'État et des vastes ministères du pays, et il n'avait aucun respect particulier pour les compétences spécialisées et les années d'expérience des ingénieurs, des médecins, des électriciens et des constructeurs de routes[26]. Bremer savait que les Irakiens licenciés seraient en colère, mais, comme on le voit bien à la lecture de son récit de l'expérience, il ne vit pas que l'amputation soudaine de la classe professionnelle de l'Irak allait empêcher le pays de fonctionner et, par conséquent, compliquer sa propre tâche. Cet aveuglement s'explique moins par l'anti-saddamisme que par la ferveur néolibérale. Seul un homme profondément convaincu que le gouvernement était un fardeau et les fonctionnaires un poids mort aurait pu faire les choix que fit Bremer.

L'aveuglement idéologique eut trois conséquences : il porta un coup fatal à la reconstruction en dépossédant les Irakiens qualifiés de leurs postes, il affaiblit la voix des Irakiens laïques et il attisa la volonté de résistance de nombreuses personnes en colère. Des dizaines d'agents du renseignement et de hauts gradés de l'armée américaine confirmèrent qu'un grand nombre des 400 000 militaires licenciés par Bremer joignirent immédiatement les rangs du mouvement de résistance naissant. Le colonel des Marines Thomas Hammes résuma la situation en ces mots : « Nous avons maintenant affaire à quelque 200 000 hommes armés – ils ont emporté leurs armes avec eux – qui savent se battre, n'ont pas d'avenir et sont furieux contre nous[27]. »

Dans le même temps, la décision de Bremer (conforme à la doctrine de l'école de Chicago) d'ouvrir les frontières toutes grandes aux importations et d'autoriser les sociétés étrangères à posséder à part entière des actifs irakiens provoquait la colère des hommes d'affaires irakiens. En réaction, bon nombre d'entre eux utilisèrent les fonds qu'il leur restait pour financer la résistance. Après avoir suivi le mouvement de résistance du triangle sunnite au cours de sa première année d'existence, le grand reporter Patrick Graham écrivit dans le magazine *Harper's* que les hommes d'affaires irakiens « sont indignés par les nouvelles lois, qui permettent aux sociétés étrangères d'acheter des usines à vil prix. Leurs revenus ont fondu parce que le pays est inondé de produits importés. [...] La violence, se disent-ils, est leur seul avantage concurrentiel. Il s'agit d'une logique commerciale élémentaire : plus il y a de problèmes en Irak, plus les étrangers ont du mal à s'y tailler une place[28] ».

Quand la Maison-Blanche prit des mesures pour empêcher les futurs gouvernements irakiens de modifier les lois économiques de Bremer – cette volonté de « verrouiller » les changements apportés dans le sillage d'une crise date du premier programme d'ajustement structurel imposé par le FMI –, elle provoqua un autre contrecoup économique. Du point de vue de Washington, rien ne servait d'adopter les règles d'investissement les plus éclairées du monde si un gouvernement irakien souverain élu quelques mois plus tard risquait de les récrire. Comme la plupart des décrets de Bremer s'inscrivaient dans un vide juridique, l'administration Bush décida de doter l'Irak d'une constitution – d'abord un texte provisoire qui eut pour effet de consolider les lois de Bremer, puis un texte permanent qui tenta (vainement) de faire de même. Elle poursuivit cet objectif avec une détermination obstinée.

De nombreux juristes étaient déconcertés par l'obsession constitutionnelle des Américains. À première vue, rien ne pressait : dans l'attente d'un nouveau document, la Constitution de 1970, ignorée par Saddam, faisait parfaitement l'affaire, et le pays avait des besoins bien plus urgents. Qui plus est, la rédaction d'une constitution est l'un des exercices les plus difficiles auxquels une nation puisse se prêter, même en temps de paix : les tensions, les préjugés, les rivalités et les griefs latents remontent invariablement à la surface. Imposer à deux reprises une telle épreuve à un pays aussi divisé et fragilisé que l'Irak d'après-Saddam, c'était accroître considérablement les risques de guerre civile. Les clivages sociaux ouverts par les négociations ne se sont pas refermés et pourraient encore provoquer la partition du pays.

Au même titre que l'abolition de toutes les entraves au commerce, la décision de Bremer de privatiser les 200 sociétés d'État de l'Irak fut considérée par de nombreux Irakiens comme un énième acte de guerre de la part des États-Unis. On dit aux employés qu'il faudrait que les deux tiers d'entre eux ou presque perdent leur emploi pour que les entreprises suscitent la convoitise des investisseurs étrangers. Dans l'une des plus grandes sociétés d'État de l'Irak – regroupement de sept usines produisant de l'huile culinaire, du savon, du détergent pour la vaisselle et d'autres articles de première nécessité –, j'entendis une histoire qui montre bien que les États-Unis se firent un grand nombre d'ennemis en annonçant les privatisations.

À l'occasion d'une visite du complexe industriel, situé en banlieue de Bagdad, je fis la connaissance de Mahmoud, jeune homme plein de confiance de 25 ans à la barbe taillée avec soin. Mis au courant du projet de privatisation de l'usine, six mois après le début de l'occupation, ses collègues et lui avaient «subi un choc. Si le secteur privé achète l'usine, il réduira les effectifs pour gagner plus d'argent. La vie sera pour nous très difficile parce que l'usine est notre seul gagne-pain». Effrayés par cette possibilité, dix-sept ouvriers, dont Mahmoud, allèrent trouver un des cadres dans son bureau. Une bagarre éclata : un travailleur frappa un des cadres, et le garde du corps de ce dernier ouvrit le feu sur les ouvriers. Ces derniers s'en prirent à lui et il passa un mois à l'hôpital. Deux ou trois mois plus tard, une explosion de violence encore plus grande se produisit. En route vers le travail, le directeur et son fils furent attaqués par balles et grièvement blessés. À la fin de notre rencontre, je demandai à Mahmoud ce qui arriverait si l'usine était vendue en dépit de l'opposition des travailleurs. «Il y a deux possibilités, dit-il avec un sourire aimable. Ou bien nous allons y mettre le feu et la laisser se consumer, ou bien nous allons la faire sauter avec nous à l'intérieur. Mais elle ne sera pas privatisée.» Preuve – et il ne s'agit nullement d'un cas isolé – que l'équipe Bush avait gravement surestimé sa capacité à obliger le peuple irakien à se soumettre par la voie du choc.

Le projet de privatisation de Washington se heurtait à un autre obstacle : le fondamentalisme néolibéral qui avait déterminé l'organisation matérielle de l'occupation elle-même. En raison du rejet de l'étatisme sous toutes ses formes, l'Autorité d'occupation installée dans la Zone verte n'avait ni les ressources ni le personnel nécessaires pour mettre en œuvre ses ambitieux projets – surtout face au genre de résistance obstinée que lui opposaient des travailleurs tels que Mahmoud. Ainsi que le révéla Rajiv Chandrasekaran du *Washington Post*, l'Autorité provisoire de la coalition était une structure si squelettique que trois personnes seulement se partageaient l'énorme tâche de privatiser les usines d'État de l'Irak. « Ne vous donnez même pas la peine de commencer », dirent aux trois employés solitaires les membres d'une délégation de l'ex-Allemagne de l'Est, où la privatisation des actifs de l'État avait mobilisé un effectif de 8 000 personnes[29]. Bref, l'autorité était elle-même trop privatisée pour pouvoir privatiser l'Irak.

C'était plus qu'un problème de sous-effectif. En fait, les employés de l'Autorité ne croyaient pas en la sphère publique, pourtant essentielle à une tâche aussi complexe que la reconstruction totale d'un État. À ce propos, le politologue Michael Wolfe dit : « Les conservateurs sont incapables de bonne gouvernance pour la même raison que les végétariens ne peuvent pas préparer un bœuf bourguignon exceptionnel. Si vous ne croyez pas à ce qu'on vous demande de faire, vous risquez de mal vous y prendre. » Il ajoute : « Comme mode de gouvernement, "conservatisme" est synonyme de désastre[30]. »

Ce fut certainement le cas en Irak. On a beaucoup insisté sur la jeunesse et l'inexpérience des membres de l'Autorité désignés par les États-Unis – et, de fait, une poignée de républicains âgés de vingt ans et quelques s'étaient vu confier la responsabilité des treize milliards de dollars du budget irakien[31]. S'il est vrai que les membres de ce qu'on appela la « bande de sales gosses » (*brat pack*) affichaient un manque de maturité proprement alarmant, tel n'était pas leur principal défaut. Plus que des alliés politiques, c'étaient de véritables fantassins de la contre-révolution menée par les États-Unis contre le keynésianisme sous toutes ses formes. Bon nombre d'entre eux étaient d'ailleurs issus de la Heritage Foundation, épicentre du friedmanisme depuis sa création en 1973. Qu'ils fussent des stagiaires de Dick Cheney âgés de vingt-deux ans ou des présidents d'universités sexagénaires, ces intervenants avaient la même antipathie culturelle pour le gouvernement et l'administration publique. Indispensable au démantèlement de la sécurité sociale et du réseau d'écoles publiques des États-Unis, cette antipathie n'était pas d'un très grand secours lorsqu'il s'agissait de reconstruire des institutions publiques détruites par la guerre.

Nombreux étaient ceux qui semblaient trouver la démarche superflue. James Haveman, responsable de la reconstruction du système de santé de l'Irak, était à ce point idéologiquement opposé aux soins publics gratuits que, dans un pays où 70 % de la mortalité infantile est causée par des maladies faciles à traiter comme la diarrhée et où les incubateurs tiennent à coups de ruban adhésif, il décida de faire une priorité de la privatisation du réseau de distribution des médicaments[32].

Le manque de fonctionnaires chevronnés dans la Zone verte n'était pas le fruit de la négligence – c'était au contraire l'expression même du fait que l'occupation de l'Irak fut, dès le départ, une expérience radicale de gouvernance « coquille vide ». À l'arrivée à Bagdad des purs et durs des *think tanks*, les rôles essentiels à la reconstruction avaient déjà été confiés à Halliburton et à KPMG. Le rôle de ces gens, en tant que fonctionnaires, consistait simplement à administrer la petite caisse, c'est-à-dire, dans le contexte de l'Irak, à remettre à des entrepreneurs des briques de billets de 100 $ emballées dans du plastique. On a là un aperçu saisissant du rôle réservé au gouvernement dans le cadre d'un État corporatiste : servir de courroie de transmission des fonds publics vers le secteur privé. Pour ce boulot, les convictions idéologiques sont beaucoup plus utiles qu'une solide expérience du terrain.

C'est à cause de l'action permanente de ce convoyeur entre public et privé que les Irakiens en voulaient tellement aux États-Unis de les forcer à s'adapter aux strictes règles du libre marché, sans subventions ni protections commerciales. Dans l'une des nombreuses conférences qu'il servit aux gens d'affaires de l'Irak, Michael Fleischer expliqua que « les entreprises protégées ne deviennent jamais au grand jamais concurrentielles[33] ». L'homme semblait tout à fait insensible à l'ironie de la situation : Halliburton, Bechtel, Parsons, KPMG, RTI, Blackwater et les autres sociétés américaines présentes en Irak bénéficiaient d'une sorte de racket de protection en vertu duquel le gouvernement des États-Unis, après leur avoir ouvert un marché au moyen d'une guerre, empêchait leurs concurrents d'entrer dans la danse, puis les payait pour leur travail et allait jusqu'à leur garantir un profit – le tout aux frais des contribuables. La croisade de l'école de Chicago, née de la volonté de démanteler l'État-providence, avait enfin atteint l'apogée du New Deal corporatiste. C'était une forme de privatisation plus simple, plus dépouillée. Inutile désormais de procéder au transfert d'actifs encombrants : les entreprises puisaient directement dans les coffres de l'État. Pas d'investissements, pas de comptes à rendre – rien que des profits mirobolants.

Le principe du deux poids, deux mesures se révéla explosif, au même titre que l'exclusion systématique des Irakiens. Après avoir souffert des sanctions et de l'invasion, la plupart d'entre eux tinrent naturellement pour acquis qu'ils avaient le droit de profiter de la reconstruction de leur pays – du résultat final, bien sûr, mais aussi des emplois créés en cours de route. Lorsque des dizaines de milliers de travailleurs étrangers franchirent les frontières de l'Irak pour occuper les postes ouverts par les entrepreneurs étrangers, les Irakiens virent là le prolongement de l'invasion. Au lieu de la reconstruction, on leur proposait la destruction sous d'autres dehors – l'oblitération totale de l'industrie du pays, autrefois source de fierté nationale par-delà les différences sectaires. Sous la tutelle de Bremer, seulement 15 000 Irakiens furent engagés pour participer à l'effort de reconstruction financé par les États-Unis. C'est peu, étonnamment peu[34]. «Les Irakiens ont vu les étrangers obtenir tous les contrats et faire venir de l'extérieur des gardiens de sécurité et des ingénieurs. Qu'est-ce qu'ils étaient censés faire? Rester là, les bras croisés?» demanda Nouri Sitto, Américano-Irakien que je rencontrai dans la Zone verte. Sitto était rentré à Bagdad pour prêter main-forte à l'Autorité provisoire de la coalition, mais il était fatigué de jouer les diplomates. «La cause principale du terrorisme et du climat d'insécurité, c'est l'économie», trancha-t-il.

Une bonne part des actes de violence visait l'occupation étrangère, ses projets comme ses travailleurs. De toute évidence, quelques attentats furent commis par des éléments perturbateurs, issus d'Al-Qaïda, par exemple, dont la stratégie consistait à semer le désordre. Cependant, si la reconstruction avait été vue dès le départ comme un projet national, la population irakienne l'aurait peut-être défendue en tant que prolongement des communautés, ce qui aurait eu pour effet de compliquer la tâche des agents provocateurs.

L'administration Bush aurait très bien pu statuer que toutes les entreprises qui recevaient des capitaux américains avaient l'obligation d'engager des travailleurs irakiens. Elle aurait également pu passer de nombreux marchés avec des entreprises locales. Si on attendit des années avant de prendre des mesures aussi simples et empreintes de bon sens, c'est parce qu'elles allaient à l'encontre de la stratégie première : faire de l'Irak un marché économique en ébullition – et chacun sait que les bulles de cette nature sont créées non pas par les règles et les règlements, mais bien plutôt par leur absence. Au nom de la rapidité et de l'efficacité, les entrepreneurs embauchaient qui bon leur semblait, importaient à leur guise et choisissaient les sous-traitants qui leur plaisaient.

Si, au bout de six mois d'occupation, les Irakiens avaient eu accès à de l'eau potable acheminée par les tuyaux de Bechtel, avaient pu éclairer leurs maisons grâce à l'électricité de GE, avaient vu leurs invalides traités dans des hôpitaux hygiéniques construits par Parsons et leurs rues patrouillées par des policiers bien formés par DynCorp, de nombreux citoyens (mais pas tous) auraient sans doute réussi à surmonter la colère qu'ils ressentaient à l'idée d'avoir été exclus de la reconstruction. Mais rien de tout cela ne se matérialisa. Bien avant le ciblage systématique par les forces de la résistance des sites en reconstruction, il apparaissait clairement que l'application des principes du laisser-faire à un projet gouvernemental d'une telle envergure constituait un désastre pur et simple.

Affranchies de toute réglementation, en grande partie immunisées contre d'éventuelles poursuites et bénéficiant de contrats qui leur garantissait le prix coûtant des projets, majoré d'un profit, de nombreuses sociétés étrangères, comme on pouvait s'y attendre, se livrèrent à de folles escroqueries. Connus en Irak sous le nom de «principaux» (*primes*), les grands entrepreneurs montèrent de complexes réseaux de sous-traitance. Ils ouvrirent des bureaux dans la Zone verte, voire à Koweït ou à Amman, puis confièrent des contrats à des entreprises koweitiennes, qui les cédèrent à des saoudiennes. Lorsque la situation dégénéra, ces dernières se tournèrent enfin vers des entreprises irakiennes, souvent du Kurdistan, qui exécutèrent les contrats pour une fraction de leur valeur. Byron Dorgan, sénateur démocrate, décrivit cet écheveau en prenant l'exemple d'un contrat pour la fourniture de climatiseurs à Bagdad : «Le contrat est cédé à un sous-traitant, qui le cède à un autre, qui le cède à un dernier à un quatrième niveau. L'argent des climatiseurs va à quatre entrepreneurs et le dernier finit par déposer un ventilateur dans la pièce. Eh oui… Le contribuable américain paie pour un climatiseur et l'argent circule entre les quatre comme des glaçons passant de main en main, et au bout du compte un ventilateur est installé dans une pièce en Irak[35]. » Pendant ce temps, les Irakiens voyaient s'envoler sous leurs yeux l'argent destiné à leur venir en aide, tandis que leur pays se désagrégeait.

En quittant l'Irak en novembre 2006, Bechtel invoqua «le contexte de violence» pour expliquer son incapacité à mener à bien ses projets. Cependant, l'échec de l'entreprise était patent bien avant que la résistance armée irakienne ne se fût intensifiée. Dès le départ, les écoles qu'elle avait construites suscitèrent des commentaires défavorables[36]. Au début d'avril 2004, avant l'escalade de la violence, je visitai l'hôpital central pour enfants de Bagdad. Il était réputé avoir été construit par un nouvel entrepreneur américain, mais il y avait des eaux d'égout brutes dans les couloirs, les toilettes ne fonctionnaient pas et les hommes qui tentaient de les réparer étaient si pauvres qu'ils n'avaient pas de chaussures – c'étaient des sous-sous-sous-traitants, au même titre que les femmes qui, à la table de leur cuisine, cousent à la pièce pour l'entrepreneur d'un entrepreneur d'un entrepreneur de Wal-Mart.

Les magouilles se poursuivirent pendant trois ans et demi, jusqu'à ce que tous les principaux entrepreneurs américains chargés de la reconstruction eussent fini par quitter le pays, les milliards épuisés, le travail en grande partie inachevé. Parsons toucha 186 millions de dollars pour la construction de 142 cliniques médicales mais n'en termina que six. Même les projets de reconstruction brandis comme des réussites soulèvent des doutes. En avril 2007, des inspecteurs américains examinèrent huit projets menés à bien par des entrepreneurs américains en Irak – y compris une maternité et un système de purification de l'eau. Selon le *New York Times*, «sept d'entre eux ne fonctionnaient plus comme prévu». Le journal indiqua également que le réseau électrique du pays produisait nettement moins d'énergie en 2007 qu'en 2006[37]. En décembre 2006, au moment où les principaux contrats de reconstruction prenaient fin, l'Inspector General's Office (bureau de l'inspecteur général) des États-Unis enquêtait sur 87 fraudes qui auraient été commises par des entrepreneurs américains en Irak[38]. Pendant l'occupation, la corruption fut le résultat non pas d'une mauvaise gestion, mais bien d'une décision stratégique : pour être le nouveau territoire du capitalisme façon Far West, l'Irak devait être affranchi de toutes les lois[39].

L'Autorité provisoire de la coalition de Bremer ne pouvait pas mettre un terme aux supercheries, aux ententes particulières ni aux tours de passe-passe, puisqu'elle n'était elle-même qu'une coquille vide. Elle avait beau porter le titre impressionnant d'Autorité d'occupation des États-Unis, rien n'indique de manière certaine qu'il s'agissait de plus qu'un simple nom. Le juge qui instruisit la célèbre affaire de corruption impliquant Custer Battles insista lourdement sur ce point.

Deux ex-employés de l'entreprise de sécurité furent à l'origine d'une poursuite contre la société, qu'ils accusèrent d'avoir triché dans le cadre de contrats de reconstruction et d'avoir fraudé le gouvernement des États-Unis pour des millions de dollars, essentiellement dans le cadre du travail effectué à l'aéroport international de Bagdad. L'affaire reposait sur des documents produits par l'entreprise, lesquels montraient clairement qu'elle avait deux comptabilités distinctes, une pour elle-même et l'autre pour l'Autorité provisoire. Hugh Tant, brigadier général à la retraite, déclara que la fraude était « sans doute la pire qu'il ait vue en 30 ans de carrière dans l'armée ». (Parmi les nombreuses fraudes qu'aurait commises Custer Battles, citons l'appropriation par l'entreprise de chariots élévateurs irakiens qu'elle aurait repeints et facturés à l'Autorité comme s'ils avaient été loués[40].)

En mars 2006, un jury fédéral de la Virginie rendit un verdict défavorable à la société en la déclarant coupable de fraude et en la condamnant à payer des dommages et intérêts de dix millions de dollars. Cette dernière demanda alors au juge d'annuler le verdict en invoquant une défense qui en dit long sur la question. L'Autorité provisoire de la coalition, argua-t-elle, ne faisait pas partie du gouvernement et, à ce titre, n'était pas visée par ses lois, y compris la loi sur les déclarations fallacieuses (*False Claims Act*). Cette défense avait des conséquences extraordinaires. L'administration Bush avait dégagé les entreprises américaines travaillant en Irak de toute responsabilité juridique vis-à-vis des lois irakiennes. Or si l'Autorité provisoire de la coalition n'était pas assujettie aux lois des États-Unis non plus, les entrepreneurs n'étaient alors soumis à aucune loi. Cette fois-là, le juge trancha en faveur de la société. Même si de nombreuses preuves montraient que Custer Battles avait soumis « des factures fausses et frauduleusement exagérées », il statua que les plaignants n'avaient pas réussi à prouver que « les demandes de remboursement avaient été présentées au gouvernement des États-Unis[41] ». Autrement dit, la présence de celui-ci, durant la première année de l'expérience économique en Irak, n'avait été qu'un mirage – il y avait eu non pas un gouvernement, mais un simple entonnoir par où s'engouffraient l'argent des contribuables américains et les pétrodollars irakiens, au profit des sociétés étrangères, en marge de toute loi. À cet égard, l'Irak fut l'expression la plus extrême de la contre-révolution anti-étatiste – un État «coquille vide» où, comme les tribunaux finirent par l'établir, il n'y avait pas d'État du tout.

Après avoir distribué ses milliards aux entrepreneurs, l'Autorité provisoire de la coalition se dissipa. Ses anciens employés réintégrèrent le secteur privé. Lorsque le scandale éclata de tous les côtés, il n'y avait plus personne pour défendre le lamentable bilan de la Zone verte. En Irak, l'effet des milliards manquants se faisait cruellement sentir. «La situation s'est nettement détériorée, et elle ne semble pas s'améliorer malgré les énormes contrats signés avec des entreprises américaines, déclara un ingénieur du ministère de l'Électricité au cours de la semaine suivant l'annonce du départ de Bechtel. Il est bizarre que des milliards de dollars affectés au réseau électrique n'aient donné aucun résultat. En fait, les choses vont de plus en plus mal.» Un chauffeur de taxi de Mossoul me demanda : «Quelle reconstruction? Aujourd'hui, nous buvons de l'eau non traitée qui passe par une usine mal entretenue construite il y a des décennies. Nous avons de l'électricité deux heures par jour. Nous reculons au lieu d'avancer. Pour faire la cuisine, à cause de la pénurie de gaz naturel, nous utilisons du petit bois que nous ramassons dans la forêt[42].»

L'échec catastrophique de l'entreprise de reconstruction est également responsable de la partie la plus mortifère du contrecoup – la montée de l'intégrisme religieux et l'aggravation des conflits sectaires. Lorsque l'occupation se révéla incapable de fournir les services les plus élémentaires, y compris la sécurité, les mosquées et les milices locales comblèrent le vide. Le jeune imam chiite Moqtada Al-Sadr, qui avait l'art de faire ressortir les lacunes de la reconstruction privatisée de Bremer, dirigea des efforts de reconstruction parallèles dans les bidonvilles chiites, de Bagdad à Bassora. Il s'attira ainsi de nombreux fidèles. Financés par les dons faits aux mosquées et plus tard par l'Iran, peut-être, les centres chargèrent des électriciens de rétablir le courant et le téléphone, organisèrent la cueillette des ordures, installèrent des génératrices de secours, planifièrent des collectes de sang et dirigèrent la circulation. «J'ai constaté l'existence d'un vide, déclara Al-Sadr aux premiers jours de l'occupation, et je fais tout ce que je peux pour le remplir[43].» Il recruta aussi de jeunes hommes sans emploi et sans avenir dans l'Irak de Bremer, les habilla en noir et leur fournit de vieilles kalachnikovs rouillées. C'est ainsi que prit naissance l'Armée du Mahdi, aujourd'hui l'une des forces les plus brutales à prendre part aux querelles sectaires irakiennes.

Les milices comptent aussi parmi les legs du corporatisme : si la reconstruction avait assuré des emplois, la sécurité et des services aux Irakiens, Al-Sadr aurait été dépossédé de sa mission et privé du soutien d'un grand nombre de ses nouveaux fidèles. En l'occurrence, les échecs de l'Amérique corporatiste furent à l'origine des succès d'Al-Sadr.

L'Irak sous Bremer fut l'aboutissement logique de la théorie de l'école de Chicago : un secteur public réduit au strict minimum, composé principalement de contractuels vivant dans une ville-État construite par Halliburton, chargés d'entériner des lois favorables aux entreprises rédigées par KPMG et de remettre des sacs de paquetage bourrés d'argent liquide à des entrepreneurs occidentaux protégés par des mercenaires, eux-mêmes bénéficiaires d'une immunité juridique absolue. Tout autour d'eux des gens furieux, de plus en plus enclins à se tourner vers le fondamentalisme religieux, seule source de pouvoir dans un État « coquille vide ». De même que le gangstérisme russe et le copinage à la Bush, l'Irak contemporain est le produit de la croisade lancée il y a 50 ans pour la privatisation du monde. Au lieu d'être désavoué par ses créateurs, il mérite d'être revendiqué comme l'incarnation la plus pure de l'idéologie qui lui a donné naissance.

CHAPITRE DIX-HUIT

Le cercle complet

De la page blanche à la terre brûlée

Ne serait-il pas
Plus simple alors pour le gouvernement
De dissoudre le peuple
Et d'en élire un autre?

> Berthold Brecht, «La Solution»,
> traduction de Maurice Regnaut, 1953[1].

L'Irak est l'ultime territoire vierge du Moyen-Orient. [...]
En Irak, 80 % des puits de pétrole forés ont été des puits
de découverte.

> David Horgan, PDG de la société pétrolière
> irlandaise Petrel, janvier 2007[2].

Est-il possible que l'administration Bush n'ait pas compris que
son programme économique irakien risquait de provoquer un
violent contrecoup? S'il est un homme qui était bien au fait
des conséquences négatives éventuelles de ces politiques,
c'était bien celui qu'on chargea de leur mise en application,
Paul Bremer. En novembre 2001, peu après le lancement de
sa nouvelle entreprise spécialisée dans le contre-terrorisme,
Crisis Consulting Practice, Bremer rédigea un document
stratégique à l'intention de ses clients. Il y expliquait pourquoi
les multinationales faisaient face à de plus grands risques
d'attentats terroristes, chez elles comme à l'étranger. Dans
le document, qui portait sur les «risques nouveaux dans le
domaine du commerce international», il prévenait ses clients
de marque qu'ils couraient des dangers accrus en raison du
modèle économique à l'origine de leur richesse. C'est que le
libre-échange, s'il a entraîné «la création d'une richesse sans

précédent », a eu « des conséquences négatives immédiates pour beaucoup de gens ». Il « exige le licenciement de nombreux travailleurs. Et l'ouverture des marchés au commerce extérieur fait peser de lourdes pressions sur les monopoles et les détaillants traditionnels ». Tous ces changements se traduisent par « des tensions sociales et des écarts de revenus de plus en plus marqués », lesquels peuvent causer divers types d'attaques contre des sociétés américaines, y compris des attentats terroristes[3].

On ne peut mieux décrire ce qui se produisit en Irak. Si les architectes de la guerre s'étaient convaincus que leur programme économique ne provoquerait pas de contrecoup politique, ce n'est sans doute pas parce qu'ils croyaient que les Irakiens accepteraient volontiers d'être systématiquement dépossédés de leurs richesses. Les stratèges de la guerre misaient plutôt sur autre chose – la désorientation des Irakiens, leur régression collective, leur incapacité à suivre le rythme des transformations. En d'autres termes, ils comptaient sur la violence du choc. C'est l'ex-sous-secrétaire d'État Richard Armitage qui résuma le mieux l'hypothèse qui sous-tendait la thérapie de choc militaire et économique administrée à l'Irak en affirmant que les Irakiens seraient si sonnés par la puissance de feu des États-Unis et si soulagés d'être débarrassés de Saddam qu'« ils pourraient facilement être menés du point A au point B[4] ». Puis, au bout de quelques mois, ils sortiraient de leur torpeur d'après-guerre et auraient l'agréable surprise de se retrouver dans une Singapour arabe, une sorte de « tigre sur le Tigre », ainsi que l'écrivirent certains analystes un brin exaltés.

Au lieu de quoi de très nombreux Irakiens exigèrent de participer immédiatement à la transformation de leur pays. Et c'est la réaction de l'administration Bush à cette tournure imprévue des événements qui explique l'ampleur du contrecoup.

Du démantèlement de la démocratie

Au cours de l'été qui suivit l'invasion, la soif de participation à la vie politique, après des années de répression, était telle que, malgré les difficultés de la vie de tous les jours, Bagdad respirait presque une atmosphère de carnaval. Les licenciements de Bremer suscitaient de la grogne, les pannes de courant et les entrepreneurs étrangers provoquaient de grandes frustrations, mais, pendant des mois, ce mécontentement se manifesta principalement par le flot soudain d'une parole libre et exubérante. Tout l'été, on organisa aux portes de la Zone verte des manifestations quotidiennes ; souvent, elles étaient le fait de travailleurs qui réclamaient la restitution de leurs emplois. Des centaines de nouveaux journaux virent le jour, truffés d'articles très critiques à l'endroit de Bremer et de son programme économique. Pendant le sermon du vendredi, des imams parlaient politique, ce qui, sous Saddam, eût été impensable.

Phénomène encore plus excitant, des élections spontanées avaient lieu dans des provinces, des villes et des villages du pays. Enfin libérés de la poigne de fer de Saddam, des voisins organisaient des assemblées de citoyens et élisaient leurs représentants en vue de l'ère nouvelle. Dans des villes comme Samarra, Hilla et Mossoul, des dirigeants religieux, des professionnels laïques et des membres de tribus s'entendirent sur les aspects prioritaires de la reconstruction et firent mentir les prédictions les plus sombres relatives au sectarisme et à l'intégrisme. Les débats étaient enflammés, mais aussi, selon de nombreux témoignages, euphoriques : malgré l'ampleur des défis à relever, la liberté devenait enfin réalité. Dans de nombreux cas, les forces américaines, qui croyaient sur parole leur président lorsqu'il disait avoir envoyé l'armée en Irak pour instaurer la démocratie, participèrent à l'organisation des élections et construisirent même des urnes pour le scrutin.

Un tel enthousiasme pour la démocratie chez un peuple qui rejetait sans équivoque le programme économique de Bremer plaçait l'administration Bush dans une situation très délicate. Elle s'était engagée à céder le pouvoir à un gouvernement irakien élu quelques mois après l'invasion et à associer d'emblée les Irakiens au processus décisionnel. Au cours de ce premier été, elle comprit que, si elle abandonnait la moindre parcelle de pouvoir, elle devrait renoncer à son rêve de faire de l'Irak une économie privatisée modèle, parsemée de bases militaires américaines tentaculaires : le nationalisme économique était trop profondément ancré au sein de la population, en particulier au chapitre des réserves nationales de pétrole, la plus grande richesse d'entre toutes. Washington renia donc ses promesses touchant la démocratie et ordonna une augmentation de la violence des chocs dans l'espoir qu'une dose plus élevée produirait enfin les résultats escomptés. Du point de vue de la croisade visant l'établissement d'un libre marché pur et dur, cette décision boucla la boucle : soudain, on était de retour aux racines du mouvement, dans le cône sud de l'Amérique latine, là où, pour appliquer la thérapie de choc économique, on avait supprimé la démocratie, torturé et éliminé les opposants.

Au moment de l'entrée en fonction de Paul Bremer, les États-Unis projetaient de créer une vaste assemblée constituante représentant tous les secteurs de la société irakienne. À cette occasion, les délégués éliraient les membres d'un conseil de direction intérimaire. Après deux semaines en poste, Bremer rejeta cette idée. Il décida plutôt de désigner lui-même les membres d'un Conseil de gouvernement irakien. Dans un message destiné au président Bush, Bremer admit que la méthode de sélection des membres qu'il avait suivie était « un croisement entre le colin-maillard et le tic-tac-toe en trois dimensions[5] ».

Bremer avait déclaré que le Conseil serait doté de pouvoirs décisionnels, mais, une fois de plus, il changea d'avis : « La fréquentation du conseil m'avait donné à penser que ce serait une mauvaise idée », déclara plus tard l'ex-envoyé en précisant que les membres du groupe étaient trop lents et trop portés sur les délibérations – défauts insupportables dans le contexte de la thérapie de choc qu'il avait en tête. « Ils se noyaient dans un verre d'eau, dit Bremer. Ils étaient incapables de prendre la moindre décision et encore moins de trancher rapidement. D'ailleurs, j'étais fermement convaincu de la nécessité d'attendre l'avènement d'une nouvelle constitution avant de céder des pouvoirs souverains à qui que ce soit[6]. »

Bremer dut ensuite s'attaquer au problème des élections tenues dans les villes et les villages du pays. Fin juin, alors qu'il n'en était qu'à son deuxième mois en Irak, il annonça que les élections locales devaient cesser immédiatement. Les dirigeants locaux seraient nommés par l'occupation, de la même façon que les membres du conseil de gouvernement l'avaient été. Un affrontement décisif eut lieu à Nadjaf, ville sainte du chiisme irakien, confession religieuse la plus importante du pays. Avec l'aide des troupes américaines, Nadjaf se préparait à la tenue d'élections dans toute la ville. La veille de l'inscription des électeurs, le lieutenant-colonel responsable reçut un coup de fil de la part du major-général des Marines, Jim Mattis. « Il faut annuler les élections. Bremer craint qu'un candidat islamique hostile ne l'emporte. […] Bremer n'acceptera pas l'élection du mauvais candidat. Il conseille aux Marines de choisir un groupe d'Irakiens jugés sûrs et de les laisser désigner le maire de la ville. Ainsi, les États-Unis contrôleront la démarche », racontent Michael Gordon et le général Bernard Trainor, auteurs de *Cobra II*, le compte rendu définitif de l'histoire militaire de l'invasion. Au bout du compte, l'armée des États-Unis choisit un colonel de l'époque de Saddam comme maire de Nadjaf, et le phénomène se répéta dans des villes et villages de tout le pays*[7].

Dans certains cas, l'interdiction vint après que les Irakiens eurent élu leurs représentants. Imperturbable, Bremer ordonna la création de nouveaux conseils. Dans la province de Taji, RTI, l'entrepreneur américain dominé par les mormons chargé de constituer les administrations locales, démantela le conseil élu par les citoyens quelques mois auparavant et décréta qu'il fallait tout reprendre depuis le début. « Nous avons l'impression de reculer », se plaignit quelqu'un. Bremer affirma qu'il n'y avait pas d'« interdiction générale » de la démocratie. « Je n'y suis pas opposé, mais j'insiste pour qu'on tienne compte de nos préoccupations. [...] Des élections trop hâtives peuvent avoir un effet destructeur. Il faut agir avec beaucoup de prudence[8]. »

À cette époque, les Irakiens croyaient toujours que Washington tiendrait sa promesse d'organiser des élections nationales et de céder directement le pouvoir à des politiciens élus par une majorité de citoyens. Mais en novembre 2003, après l'annulation des élections locales, Bremer s'envola pour Washington, où il eut des rencontres à huis clos avec des responsables de la Maison-Blanche. À son retour à Bagdad, il annonça qu'il n'était plus question d'élections générales. Le premier gouvernement « souverain » de l'Irak serait nommé et non élu.

La volte-face s'explique peut-être par un sondage effectué au cours de cette période par l'International Republican Institute de Washington. On avait demandé aux Irakiens quel genre de politiciens ils éliraient si on leur en donnait l'occasion. Les résultats sonnèrent le réveil des corporatistes de la Zone verte : 49 % des consultés déclarèrent qu'ils voteraient pour un parti promettant de créer « plus d'emplois dans la fonction publique ». En revanche, seulement 4,6 % d'entre eux affirmèrent qu'ils voteraient pour un parti s'engageant à créer « plus d'emplois

---

* C'est l'une des causes de la rage qu'inspira la « débaathification » : tandis que les simples soldats avaient tous perdu leur emploi, au même titre que les médecins et les instituteurs qui avaient dû joindre les rangs du parti pour assurer leur avancement, les hauts gradés du Bhaat, connus pour leurs violations des droits de l'homme, étaient recrutés pour rétablir l'ordre dans les villes et villages.

dans le secteur privé ». Enfin, seulement 4,2 % des personnes interrogées se dirent prêtes à voter pour un parti déterminé à « maintenir les forces de la coalition en place jusqu'au rétablissement de la sécurité[9] ». En d'autres termes, si on permettait aux Irakiens d'élire librement un gouvernement doté de véritables pouvoirs, Washington devrait renoncer à deux des objectifs principaux de la guerre : créer des bases militaires en Irak et assurer aux multinationales américaines un accès illimité au pays.

Certains critiques de l'aile néoconservatrice du régime Bush reprochent au plan irakien d'avoir trop misé sur la démocratie, d'avoir témoigné d'une foi naïve envers l'autodétermination. Cette fiction évacue le bilan réel de la première année d'occupation, où Bremer éradiqua la démocratie chaque fois que pointait sa tête d'hydre. Après six mois de travail, il avait annulé une assemblée constituante, opposé son veto à l'idée d'élire les rédacteurs de la future Constitution, annulé et interrompu des dizaines d'élections provinciales et locales et terrassé la bête des élections nationales – bilan difficilement conciliable avec la personnalité d'un démocrate idéaliste. Et parmi les néoconservateurs de haut rang qui imputent à présent les problèmes de l'Irak à l'absence d'« un visage irakien », aucun n'avait soutenu les appels à la tenue d'élections lancés dans les rues de Bagdad et de Bassora.

Bon nombre de responsables en poste en Irak pendant les premiers mois de l'occupation établissent un lien direct entre les diverses décisions prises pour retarder l'avènement de la démocratie ou l'affaiblir et l'implacable montée de la résistance armée. Salim Lone, diplomate onusien présent en Irak au lendemain de l'invasion, considère la première décision antidémocratique prise par Bremer comme un moment charnière : « À titre d'exemple, les premiers attentats dévastateurs perpétrés contre les symboles de la présence étrangère ont eu lieu peu après la désignation, par les États-Unis, en juillet 2003, des membres du premier Conseil de gouvernement irakien : la mission jordanienne et, peu après, le siège social de l'ONU à Bagdad ont explosé, et de nombreux innocents ont perdu la vie [...] En Irak, la colère provoquée par la composition du conseil et son cautionnement par l'ONU était palpable. » Plusieurs collègues et amis de Lone périrent d'ailleurs dans l'attentat[10].

Les chiites d'Irak accueillirent la décision de Bremer d'annuler les élections nationales comme une amère trahison. En tant que membres du groupe ethnique le plus important, ils étaient assurés, après des années d'assujettissement, de dominer dans un gouvernement élu. Dans un premier temps, la résistance chiite prit la forme de manifestations massives, mais pacifiques : 100 000 manifestants à Bagdad, 30 000 à Bassora. Leur cri de ralliement : «Oui, oui aux élections. Non, non aux sélections.» «Notre principale revendication, c'est que tous les membres des institutions constitutionnelles soient élus et non désignés», écrivit Ali Abdel Hakim al-Safi, deuxième imam chiite en importance de l'Irak, dans une lettre adressée à George Bush et à Tony Blair. Le nouveau projet de Bremer, déclara-t-il, «n'était rien de moins qu'une tentative de remplacer l'ancienne dictature par une nouvelle». En y donnant suite, la coalition s'engagerait dans une bataille perdue d'avance[11]. Bush et Blair ne se laissèrent pas fléchir – ils louèrent l'initiative des manifestants, preuve des progrès de la liberté, et firent nommer comme prévu les membres du premier gouvernement de l'Irak de l'après-Saddam.

C'est à ce moment que Moqtada Al-Sadr devint une force politique avec laquelle il fallait composer. Lorsque les autres principaux partis chiites décidèrent de participer au gouvernement nommé et de se conformer à la Constitution en voie de préparation dans la Zone verte, Al-Sadr rompit les rangs, qualifia le processus et la Constitution d'illégitimes et compara ouvertement Bremer à Saddam Hussein. Et il s'attaqua de front à la mise sur pied de l'Armée du Mahdi. Après l'échec des manifestations pacifiques, de nombreux chiites en vinrent à la conclusion qu'ils devraient se battre pour faire advenir la démocratie.

Si l'administration Bush avait tenu sa promesse de céder rapidement le pouvoir à un gouvernement irakien élu, il est permis de penser que la résistance armée serait restée réduite et relativement facile à contenir, au lieu de prendre la forme d'un soulèvement national. Pour respecter son engagement, elle aurait toutefois dû sacrifier le programme économique à l'origine de la guerre, ce qui était évidemment exclu – et c'est pourquoi les répercussions violentes du refus de la part des États-Unis d'établir la démocratie en Irak doivent être considérées comme une forme supplémentaire de contrecoup idéologique.

LE CHOC DES CORPS

Au fur et à mesure que la résistance prenait forme, les forces d'occupation se mirent à intensifier leurs tactiques du choc.

Tard le soir ou très tôt le matin, des soldats enfonçaient des portes et promenaient les faisceaux de leurs lampes de poche dans les maisons plongées dans l'obscurité en hurlant en anglais (les Irakiens comprenaient quelques mots comme *motherfucker* (enfant de pute), «Ali Baba» et «Oussama ben Laden»). Les femmes s'emparaient précipitamment de leur foulard pour se couvrir la tête devant les intrus; cagoulés de force, les hommes étaient jetés dans des camions qui les emportaient dans des prisons ou des camps de détention. Au cours des 42 premiers mois de l'occupation, on estime à 61 500 le nombre d'Irakiens capturés et emprisonnés par les forces américaines, en général selon des méthodes destinées à «optimiser le choc de la capture». Au printemps 2007, quelque 19 000 d'entre eux demeuraient derrière les barreaux[12]. À l'intérieur des prisons, d'autres chocs suivaient : des seaux d'eau glacée, des bergers allemands qui montraient les dents en grognant d'un air féroce, des coups de pieds, des coups de poings et, parfois, des chocs électriques administrés à l'aide de fils dénudés.

Trois décennies plus tôt, la croisade néolibérale avait débuté dans des conditions similaires : les prétendus éléments subversifs ou terroristes étaient tirés de chez eux, se faisaient bander les yeux et recouvrir la tête d'une cagoule, puis conduire dans une cellule sombre où on les battait et où on les soumettait à d'autres sévices pires encore. Au nom de la liberté des marchés, le projet avait décrit un tour complet sur lui-même.

La détermination de Donald Rumsfeld à diriger l'armée comme une entreprise moderne et externalisée est l'un des facteurs qui rendirent la torture quasi inévitable. Il avait planifié l'invasion de l'Irak moins comme un secrétaire à la Défense que comme un vice-président de Wal-Mart soucieux de rogner sur les heures de travail. Les généraux réclamaient un effectif de 500 000 soldats; il leur en accorda moins de 200 000 et il envisageait encore des possibilités de dégraissage. À la dernière minute, pour satisfaire son âme de PDG, il retrancha encore quelques dizaines de milliers de militaires[13].

Si elles avaient réussi à renverser Saddam, ces forces en «juste-à-temps» n'avaient aucune chance de contenir les contrecoups des décrets de Bremer – une population ouvertement révoltée et un trou béant là où se trouvait autrefois la police et l'armée irakiennes. Sans troupes suffisantes pour contrôler les rues, les forces d'occupation eurent recours à l'autre solution qui s'offrait à elles : elles cueillaient les gens dans ces mêmes rues et les emprisonnaient. Des milliers de victimes de rafles furent ainsi conduites devant des agents de la CIA, des soldats américains et des entrepreneurs privés – dont bon nombre n'avaient reçu aucune formation – qui menèrent des interrogatoires musclés dans l'espoir d'obtenir le plus de renseignements possibles sur la résistance.

Au début de l'occupation, la Zone verte avait accueilli des vétérans de la méthode du choc économique venus de Pologne et de Russie ; à présent, elle attirait les représentants d'une autre espèce de spécialistes du choc, rompus à l'art plus sinistre de réprimer les mouvements de résistance. Les entreprises de sécurité privées truffèrent leurs rangs d'anciens combattants des guerres sales de la Colombie, de l'Afrique du Sud et du Népal. Selon le journaliste Jeremy Scahill, Blackwater et d'autres entreprises de sécurité privées embauchèrent plus de 700 soldats chiliens – dont bon nombre de membres des forces spéciales – et les déployèrent en Irak. Certains d'entre eux avaient été formés et avaient servi sous Pinochet[14].

L'un des plus hauts gradés des spécialistes de la thérapie de choc était le commandant américain James Steele, qui débarqua en Irak en mai 2003. Figure de proue des croisades néolibérales menées en Amérique centrale, il avait agi comme conseiller principal des États-Unis auprès de bataillons de l'armée salvadorienne accusés d'avoir été des escadrons de la mort. Plus récemment, il avait été vice-président chez Enron. Au départ, il était venu en Irak en qualité d'expert-conseil dans le domaine de l'énergie. Lorsque la résistance s'était intensifiée, il était toutefois revenu à ses anciennes amours en devenant le principal conseiller de Bremer en matière de sécurité. Il finit par recevoir l'ordre d'organiser ce que des sources anonymes du Pentagone appelaient (idée qui donne froid dans le dos) l'« option salvadorienne[15] ».

John Sifton, chercheur principal de Human Rights Watch, m'a expliqué que les mauvais traitements subis par les prisonniers irakiens ne correspondent pas aux modèles habituels. Dans les zones de conflit, on les observe en général au début, à la faveur du fameux brouillard de la guerre : le champ de bataille est chaotique et personne ne connaît encore les règles d'engagement. « C'est ce qui est arrivé en Afghanistan, disait Sifton, mais le cas de l'Irak est différent – au début, le professionnalisme régnait, puis la situation s'est dégradée au lieu de s'améliorer. » Pour lui, le changement date de la fin août 2003 – quatre mois après la chute de Bagdad. C'est à partir de là que les signalements de violations des droits de l'homme ont commencé à affluer, dit-il.

Selon cette chronologie, les chocs infligés dans la salle de torture suivirent immédiatement les chocs économiques les plus controversés administrés par Bremer. Les derniers jours du mois d'août marquaient la conclusion d'un long été au cours duquel il avait édicté des lois et annulé des élections. Ces mesures ayant eu pour effet de gonfler les rangs de la résistance, on chargea les soldats américains de défoncer les portes des maisons et de faire passer à l'Irak le goût de résister, un homme en âge de se battre à la fois.

On peut suivre ce changement de cap dans une série de documents déclassifiés dans la foulée du scandale d'Abou Ghraïb. Les premières traces écrites remontent au 14 août 2003, date à laquelle le capitaine William Ponce, agent du renseignement au principal QG de l'armée américaine en Irak, envoya un message électronique à ses collègues stationnés aux quatre coins de l'Irak. On y trouvait le passage suivant, désormais célèbre : «Plus la peine de prendre des gants, messieurs. [Un colonel] a indiqué clairement qu'il veut que ces gens soient brisés. Dans nos rangs, le nombre de victimes augmente rapidement, et nous devons recueillir des informations pour protéger les nôtres contre de futures attaques.» Ponce invitait ses camarades à lui fournir des idées sur les méthodes d'interrogatoire – ce qu'il appela la «liste de souhaits». Bientôt, sa boîte de réception se remplit de suggestions, y compris l'«électrocution à basse tension[16]».

Deux semaines plus tard, le 31 août, le major-général Geoffrey Miller, directeur de la prison de Guantánamo Bay, débarquait en Irak. Il avait pour mission de «gitmoïser» (de «Gitmo», surnom de Guantánamo) Abou Ghraïb[17]. Deux semaines plus tard, soit le 14 septembre, le lieutenant-général Ricardo Sanchez, commandant en chef en Irak, autorisa un large éventail de nouvelles méthodes d'interrogatoire inspirées du modèle de Guantánamo, y compris l'humiliation (appelée «rabaissement de la fierté et de l'ego»), l'«exploitation de la peur des chiens chez les Arabes», la privation sensorielle (appelée «contrôle de la lumière»), la surcharge de stimuli (cris, musique à tue-tête) et les «positions inconfortables». Les incidents documentés par les célèbres photos d'Abou Ghraïb se produisirent peu de temps après l'envoi, au début du mois d'octobre, de la note de service de Sanchez[18].

Ni la doctrine «le choc et l'effroi» ni la thérapie de choc économique n'avaient permis à l'équipe Bush de réduire les Irakiens à l'obéissance. Les nouvelles méthodes, clairement inspirées de la formule prescrite dans le manuel *Kubark* pour induire la régression, subirent une personnalisation supplémentaire.

Certains des prisonniers les plus importants furent conduits dans un lieu sécurisé voisin de l'aéroport international de Bagdad, dirigé par un groupe de travail militaire et la CIA. Le projet, dont la Croix-Rouge ignorait l'existence et auquel seules quelques personnes spécialement désignées avaient accès, était si clandestin que même les hauts gradés de l'armée ne pouvaient pénétrer dans l'immeuble. Pour préserver son anonymat, il changea fréquemment de nom – de Task Force 20 à 121 à 6-26 et à Task Force 145[19].

Les prisonniers étaient détenus dans un petit immeuble anonyme, conçu pour créer les conditions définies dans le manuel *Kubark*, y compris la privation sensorielle complète. Il comportait cinq parties : une salle d'examen médical, une « salle douce » (pour les prisonniers coopératifs), une salle rouge, une salle bleue et la redoutable chambre noire – une petite cellule dont toutes les surfaces étaient peintes en noir, munie de haut-parleurs aux quatre coins.

L'existence du centre secret ne fut rendue publique que le jour où un sergent qui y travaillait écrivit (sous le pseudonyme de Jeff Perry) à Human Rights Watch pour décrire ce lieu étrange. Par rapport au chaos d'Abou Ghraïb, où des gardiens mal formés improvisaient tant bien que mal, l'atmosphère ordonnée et clinique de l'installation aéroportuaire de la CIA donnait la chair de poule. Le moment venu de soumettre un prisonnier à des « méthodes musclées » dans la chambre noire, dit Perry, les interrogateurs utilisaient un ordinateur pour imprimer une sorte de menu de la torture. « Tout y était déjà inscrit, précisa-t-il. Les contrôles de l'environnement, le chaud et le froid, vous savez, les lumières stroboscopiques, la musique et ainsi de suite. Les chiens… il suffisait de cocher les méthodes souhaitées. » Une fois les formulaires remplis, les interrogateurs les faisaient approuver par un supérieur. « Je n'ai jamais été témoin d'un refus de signer », dit Perry.

Lui et d'autres interrogateurs craignaient que les méthodes utilisées ne fussent contraires aux Conventions de Genève interdisant les « traitements humiliants et dégradants ». Préoccupés par les risques de poursuite, Perry et trois de ses collègues firent part à leur colonel « du malaise que leur inspiraient des mauvais traitements de cette nature ». La prison secrète était si efficace que, moins de deux heures plus tard, une équipe d'avocats de l'armée fondait sur le centre et, munie d'une présentation PowerPoint, montrait que les prisonniers n'étaient pas visés par les Conventions de Genève et que la privation sensorielle – malgré les recherches de la CIA prouvant le contraire – n'était pas de la torture. « Ils se sont retournés très rapidement, dit Perry à propos du temps de réaction de l'armée. Ils avaient même une présentation graphique de deux heures prête d'avance. »

Ailleurs en Irak, on avait créé d'autres centres où les prisonniers étaient soumis à des méthodes de privation sensorielle sorties tout droit du manuel *Kubark*, dont certaines rappelaient encore davantage les expériences menées à l'université McGill des années auparavant. Un autre sergent évoqua une prison établie dans une base militaire appelée « Tiger », dans la ville d'Al-Qaïm, non loin de la frontière syrienne, où étaient détenus de 20 à 40 prisonniers. On leur bandait les yeux, on les enchaînait et on les enfermait pendant 24 heures dans des conteneurs en métal étouffants – « pas de sommeil, pas de nourriture, pas d'eau », rapporta le sergent. Après avoir été ramollis par la privation sensorielle, les prisonniers étaient bombardés de lumières stroboscopiques et de musique *heavy metal*[20].

On eut recours à des méthodes analogues à la base des Opérations spéciales située non loin de Tikrit – sauf que les prisonniers étaient confinés dans des boîtes encore plus petites. D'une dimension de 1,20 m sur 1,20 m et d'une profondeur d'un peu plus de 50 centimètres, elles étaient trop exiguës pour qu'un adulte pût y tenir debout ou s'y allonger – rappel des cellules qu'on utilisait dans le cône sud de l'Amérique latine. Ils pouvaient rester dans cet état d'extrême privation sensorielle pendant une semaine. Au moins un détenu déclara avoir été électrocuté par des soldats, même si les militaires nièrent l'accusation[21]. Il existe toutefois des preuves nombreuses – quoique peu abordées sur la place publique – tendant à montrer que des soldats américains eurent effectivement recours à l'électrocution comme méthode de torture en Irak. Le 14 mai 2004, à la suite d'un procès mené dans la plus grande discrétion, deux Marines furent condamnés à la prison pour avoir électrocuté un prisonnier irakien un mois plus tôt. Selon des documents gouvernementaux obtenus par l'Union américaine pour les libertés civiles, un soldat « a électrocuté un détenu irakien à l'aide d'un transformateur [...] en tenant des fils contre son épaule » jusqu'à ce que « ce dernier se mette à "danser"[22] ».

Lors de la publication des photos tristement célèbres d'Abou Ghraïb, y compris celle sur laquelle on voit un détenu revêtu d'une cagoule debout sur une boîte, des fils électriques accrochés aux bras, l'armée se trouva aux prises avec un curieux problème : « Plusieurs détenus affirment être la personne sur cette photo », déclara le porte-parole du commandement des enquêtes sur les actes délictueux (Criminal Investigation Command) de l'armée. L'un des prisonniers en question était Haj Ali, ancien maire de district. Ali déclara qu'on lui avait revêtu la tête d'une cagoule avant de l'obliger à monter sur une boîte. Puis on avait fixé des fils électriques à diverses parties de son anatomie. Contredisant les déclarations des gardiens d'Abou Ghraïb, selon qui les fils n'étaient pas branchés, Ali déclara sur les ondes de PBS : « Quand on m'électrocutait, j'avais l'impression que mes yeux allaient sortir de leurs orbites[23]. »

À l'instar de milliers d'autres prisonniers, Ali fut libéré de la prison d'Abou Ghraïb sans que des accusations fussent portées contre lui. On le conduisit plus loin et on le fit descendre d'un camion après lui avoir dit : « Tu as été arrêté par erreur. » Selon la Croix-Rouge, des responsables de l'armée américaine auraient admis que de 70 à 90 % des personnes emprisonnées l'avaient été « par erreur ». À en croire Ali, bon nombre d'entre elles, à leur sortie des prisons administrées par les États-Unis, n'avaient qu'une idée en tête : se venger. « Abou Ghraïb est une pépinière d'insurgés. [...] Après avoir été insultés et torturés, ces gens sont prêts à tout. Comment leur en vouloir[24] ? »

De nombreux soldats comprennent et craignent cette réaction. « Si c'était un type bien, il risque de ne plus l'être à sa sortie, à cause du traitement qu'il a reçu », déclara un sergent de la 82e Division aéroportée, stationné dans une prison de fortune particulièrement brutale aménagée près de Falloujah, où cantonnait un bataillon dont les membres portent avec fierté le surnom de « meurtriers maniaques » (*murderous maniacs*)[25].

Dans les prisons administrées par les Irakiens, la situation est encore pire. Saddam avait toujours beaucoup misé sur la torture pour se maintenir au pouvoir. Pour corriger la situation, le nouveau gouvernement aurait dû s'employer à répudier de telles méthodes. Les États-Unis choisirent plutôt d'adopter la torture à leurs propres fins et donc d'abaisser les normes au moment même où ils entraînaient et supervisaient la nouvelle force de police irakienne.

En janvier 2005, Human Rights Watch constata que, dans les prisons et les centres de détention administrés par des Irakiens (sous la supervision des États-Unis), la torture, les électrochocs y compris, était «systématique». Dans un rapport interne de la 1ʳᵉ Division de cavalerie, on affirme que les policiers et les soldats irakiens ont «invariablement recours à la strangulation et aux chocs électriques» pour «arracher des confessions aux prisonniers». Les gardiens irakiens utilisaient aussi le symbole omniprésent de la torture latino-américaine, la *picana*, l'aiguillon à bétail. En décembre 2006, le *New York Times* fit état du cas de Faraj Mahmoud, qui «a été dénudé et suspendu au plafond. Lorsque l'aiguillon touchait ses parties génitales, son corps heurtait violemment le mur, dit-il[26]».

En mars 2005, le journaliste Peter Maass du *New York Times Magazine* fut incorporé dans la police spéciale, commando entraîné par James Steele. Maass visita ainsi une bibliothèque de Samarra transformée en macabre prison. Il y vit des prisonniers enchaînés, les yeux bandés, dont certains avaient le visage et le corps ensanglantés. Il aperçut également un bureau «dont le côté était tout maculé de sang». Il entendit des vomissements et des cris «qui lui firent froid dans le dos, ceux d'un fou ou d'un homme acculé à la folie». Il entendit distinctement deux coups de feu, «tirés à l'intérieur du centre de détention ou juste derrière[27]».

Au Salvador, les escadrons de la mort avaient la réputation d'utiliser les assassinats non seulement pour se débarrasser des opposants politiques, mais aussi pour terroriser le reste de la population. Les corps mutilés qui apparaissaient au bord des routes indiquaient aux gens que, en cas d'écart de conduite, ils risquaient de connaître le même sort. Souvent, on avait accroché sur les corps torturés un écriteau portant la signature de l'escadron de la mort : Mano Blanco ou la brigade Maximiliano Hernandez. En 2005, de tels messages étaient monnaie courante le long des routes de l'Irak : des Irakiens, vus pour la dernière fois aux mains de commandos habituellement liés au ministère de l'Intérieur, étaient retrouvés avec un trou de projectile dans la tête, les mains attachées derrière le dos, ou le crâne troué à la perceuse électrique. En novembre 2005, le *Los Angeles Times* signala que, à la morgue de Bagdad, «on recevait des dizaines de corps d'un seul coup, une fois par semaine. Dans de très nombreux cas, ils avaient des menottes de la police aux poignets». Souvent, les morgues rendaient les menottes métalliques à la police[28].

En Irak, on dispose également de moyens technologiques beaucoup plus raffinés pour terroriser la population. *Terrorism in the Grip of Justice* (Le terrorisme aux mains de la justice) est une émission de télévision très suivie de la chaîne

Al Iraqiya, financée par les États-Unis. La série est produite en collaboration avec les commandos irakiens rompus aux méthodes salvadoriennes. Quelques prisonniers libérés expliquèrent les modalités de la réalisation : des détenus, souvent arrêtés au hasard à la faveur de rafles organisées dans un quartier, sont battus et torturés, puis les membres de leur famille font l'objet de menaces, jusqu'au jour où les captifs acceptent de confesser n'importe quel crime – même si leurs avocats ont prouvé que les crimes en question n'ont jamais été commis. Ensuite, des caméras vidéo filment les prisonniers en train d'«avouer» qu'ils sont des insurgés, des voleurs, des homosexuels et des menteurs. Tous les soirs, les Irakiens regardent les confessions qui émanent de visages meurtris et enflés portant sans contexte les traces de la torture. «L'émission produit une forte impression sur les civils», dit à Maass le chef des commandos «salvadorisés», Adnan Thabit[29].

Dix mois après la première mention de l'«option salvadorienne» dans la presse, on prit la pleine mesure de l'horreur. Les commandos irakiens, au départ entraînés par Steele, étaient officiellement aux ordres du ministère de l'Intérieur de l'Irak, dont des représentants avaient déclaré avec insistance, en réponse à des questions de Maass à propos de ce qu'il avait vu à la bibliothèque, «qu'on ne tolère aucune violation des droits des personnes détenues par les forces de sécurité du ministère de l'Intérieur». En novembre 2005, toutefois, on découvrit 173 Irakiens dans un donjon du ministère de l'Intérieur : certains avaient été torturés si férocement que leur peau se détachait par endroits ; d'autres avaient des marques de perceuses sur le crâne, les dents et les ongles des orteils arrachés. Selon des prisonniers relâchés, tous n'en sortaient pas vivants. Ils dressèrent une liste de dix-huit personnes qui avaient été torturées à mort dans le donjon du ministère – les disparus de l'Irak[30].

En effectuant des recherches sur les expériences menées par Ewen Cameron sur les électrochocs dans les années 1950, je tombai sur une observation d'un de ses collègues, un psychiatre nommé Fred Lowy : «Les freudiens ont mis au point toutes sortes de méthodes subtiles pour peler l'oignon et parvenir au noyau du problème, dit-il. Cameron, lui, voulait y pénétrer de force, et tant pis pour les couches extérieures. Or, comme il s'en est plus tard lui-même rendu compte, il n'y a rien d'autre que des couches extérieures[31].» Cameron croyait pouvoir se frayer un passage jusqu'au noyau de ses patients, à coups de dynamite s'il le fallait, et tout recommencer depuis le début : il rêvait de créer de toutes nouvelles personnalités. Mais ses patients ne renaissaient pas : ils étaient désorientés, blessés, brisés.

Les architectes de la thérapie de choc irakienne firent sauter les couches extérieures, eux aussi, dans l'intention d'accéder à une sorte de page blanche insaisissable sur laquelle édifier leur nouveau pays modèle. À la place, ils ne trouvèrent que des amas de gravats (qu'ils avaient eux-mêmes créés) et des millions de gens physiquement et psychologiquement déstructurés – par Saddam, par la guerre, par leur faction rivale. Les capitalistes du désastre de Bush n'ont pas nettoyé l'Irak ; ils l'ont simplement secoué. Au lieu d'une *tabula rasa* débarrassée de l'histoire, ils ont mis au jour d'anciennes rivalités qui, ramenées à la surface, se mêlent aux vendettas provoquées par chaque nouvel attentat – contre une mosquée à Karbala ou à Samarra, un marché, un ministère, un hôpital. Les pays sont comme les gens : il ne suffit pas d'un choc violent pour les réinitialiser. Ils ne font que se casser en morceaux et se casser encore.

D'où, bien sûr, la nécessité de nouvelles explosions – on augmente la dose, on enfonce le bouton plus longtemps, on multiplie les bombes, on inflige de nouvelles souffrances et de nouvelles tortures. Richard Armitage, l'ex-sous-secrétaire d'État qui avait prédit qu'il serait facile de conduire les Irakiens «du point A au point B», est aujourd'hui d'avis que les problèmes des États-Unis s'expliquent par leur mollesse : «La guerre humaine menée par la coalition fait en sorte que les gens ont plus de mal à se réconcilier, et non le contraire. En Allemagne et au Japon [après la Deuxième Guerre mondiale], la population était épuisée et profondément secouée. En Irak, c'est le contraire. La victoire éclair que nous avons remportée contre les forces ennemies n'a pas laissé la population tremblante, comme au Japon et en Allemagne. [...] Les États-Unis font face à des Irakiens qui n'ont succombé ni au choc ni à l'effroi[32].» En janvier 2007, Bush et ses conseillers demeuraient convaincus qu'il suffirait d'un «choc» violent pour reprendre la situation en main, d'une secousse qui effacerait Moqtada Al-Sadr – «cancer qui ronge» le gouvernement de l'Irak. Le rapport sur lequel s'appuyait la stratégie de choc prévoyait «le nettoyage du centre de Bagdad» et, une fois les forces d'Al-Sadr refoulées dans Sadr City, «le nettoyage du château fort chiite» également[33].

À ses débuts, dans les années 1970, la croisade corporatiste eut recours à des méthodes que des tribunaux déclarèrent ouvertement génocidaires : l'oblitération volontaire d'un segment de la population. En Irak, on assiste à l'apparition d'un phénomène encore plus monstrueux : l'oblitération non pas d'un segment de la population, mais bien d'un pays tout entier. Le pays disparaît, se désintègre. Tout commença, comme c'est souvent le cas, par la disparition des femmes derrière des voiles et des portes closes. Puis les enfants désertèrent les écoles – en 2006, les deux tiers d'entre eux restaient à la maison. Vinrent ensuite les professionnels : médecins, professeurs, entrepreneurs, scientifiques, pharmaciens, juges, avocats. Depuis l'invasion de l'Irak par les États-Unis, quelque 300 universitaires irakiens, y compris des doyens, auraient été assassinés par des escadrons de la mort ; des milliers d'autres sont en fuite. Chez les médecins, la situation est pire encore : en février 2007, 2 000 d'entre eux auraient été tués et 12 000 étaient en fuite. En novembre 2006, le Haut Commissariat des Nations Unies pour les réfugiés estima à 3 000 le nombre d'Irakiens qui quittaient le pays tous les jours. En avril 2007, l'organisation signala que quatre millions de personnes avaient été contraintes de quitter leurs foyers – environ un Irakien sur sept. Seulement quelques centaines d'entre elles furent accueillies comme réfugiées aux États-Unis[34].

L'industrie irakienne étant pratiquement réduite à néant, l'une des rares activités locales qui se portent à merveille est l'enlèvement. En un peu plus de trois mois et demi, au début de 2006, près de 20 000 personnes furent enlevées en Irak. Les médias ne s'y intéressent que lorsque des Occidentaux sont pris en otage, mais la vaste majorité des victimes se compose de professionnels irakiens qui se rendent au travail ou en reviennent. Leurs familles font face à une alternative : fournir les dizaines de milliers de dollars exigés comme rançon ou récupérer le corps à la morgue. La torture est également en voie de s'imposer comme industrie florissante. Dans de nombreux cas signalés par des groupes de défense des droits de l'homme, des policiers irakiens exigent des milliers de dollars de la famille de prisonniers en échange de l'arrêt des tortures[35]. Bref, le capitalisme du désastre à la sauce irakienne.

Tel n'était certes pas le dessein de l'administration Bush lorsqu'elle choisit l'Irak comme nation devant servir de modèle au reste du monde arabe. Au début de l'occupation, on parlait gaiement de page blanche et de nouveau départ. Peu de temps après, cependant, la quête de pureté se transforma :

il s'agissait désormais de «déraciner l'islamisme» à Sadr City ou à Nadjaf et d'éradiquer «le cancer de l'islam radical» de Falloujah et de Ramadi. Autrement dit, tout ce qui n'était pas net serait récuré de force.

Voilà ce qui arrive aux projets de construction de sociétés modèles dans les pays d'autrui. Les campagnes de nettoyage à fond sont rarement préméditées. C'est lorsque les habitants du territoire refusent d'abandonner leur passé que le rêve de la page blanche prend la forme de son *Doppelgänger*, c'est-à-dire la terre brûlée, que le rêve de la création absolue se mue en destruction totale.

La violence imprévue dans laquelle l'Irak est aujourd'hui plongé est l'œuvre des architectes de la guerre dont l'optimisme s'est révélé fatal – issue rendue inévitable par une expression en apparence inoffensive, voire idéaliste : «un modèle pour un nouveau Moyen-Orient». La désintégration de l'Irak est le fruit d'une idéologie qui rêve d'une page blanche sur laquelle écrire sa nouvelle histoire. Quand le tableau d'une pureté idyllique tarde à se manifester, les tenants de l'idéologie bombardent et secouent et bombardent à nouveau dans l'espoir de faire advenir cette terre promise.

L'ÉCHEC : LE NOUVEAU VISAGE DE LA RÉUSSITE

Tous les fauteuils de l'avion que je pris pour quitter Bagdad étaient occupés par des entrepreneurs étrangers fuyant la violence. Avril 2004 : Falloujah et Nadjaf étaient en état de siège. Au cours de cette semaine-là seulement, 1 500 entrepreneurs abandonnèrent le pays. De nombreux autres en feraient bientôt autant. À l'époque, j'étais certaine d'être témoin de la première défaite totale de la croisade corporatiste. L'Irak avait eu droit à tous les chocs de l'arsenal, hormis les armes nucléaires. Et pourtant, le pays demeurait indomptable. De toute évidence, l'expérience était un échec.

Aujourd'hui, je n'en suis plus si sûre. D'un côté, il ne fait aucun doute que certains aspects du projet se sont révélés désastreux. Bremer avait été envoyé en Irak pour bâtir une utopie corporatiste ; au lieu de quoi, l'Irak était devenu une dystopie morbide où les gens qui assistaient à une simple réunion d'affaires risquaient d'être lynchés, brûlés vifs ou décapités. En mai 2007, selon une analyse du *New York Times,* plus de 900 entrepreneurs avaient été tués et «plus de 12 000 blessés dans des combats ou au travail». Les investisseurs que Bremer avait tant cherché à séduire ne se matérialisèrent jamais – ni HSBC, ni Procter & Gamble (qui mit entre parenthèses la coentreprise envisagée), ni General Motors. New Bridge Strategies, la société qui avait prédit qu'«un seul Wal-Mart suffirait à conquérir le pays tout entier», admit que «l'ouverture d'un McDonald n'était pas pour demain[36]». Les contrats obtenus par Bechtel ne se traduisirent pas facilement en contrats d'exploitation à long terme des canalisations d'eau et du réseau électrique. Et, à la fin de 2006, les efforts de reconstruction privatisée au cœur de l'anti-plan Marshall avaient pratiquement été abandonnés – on assistait même à certains renversements de situation plutôt spectaculaires.

Stuart Bowen, inspecteur général spécial des États-Unis pour la reconstruction en Irak, souligna que les rares contrats directement octroyés à des sociétés irakiennes étaient «exécutés de façon plus efficace et à moindre coût. Sans compter qu'ils ont stimulé l'économie en donnant du travail à des Irakiens». On constate en réalité qu'il est plus rentable d'aider financièrement les Irakiens à rebâtir leur propre pays que de retenir les services de multinationales à la structure lourde qui ne connaissent ni le pays ni la langue, font appel à des mercenaires gagnant 900 $ par jour pour assurer leur protection et affectent jusqu'à 55 % du total des contrats aux frais généraux[37]. Jon C. Bowersox, qui travailla comme conseiller sanitaire à l'ambassade des États-Unis à Bagdad, eut le commentaire radical suivant : l'obstacle à la reconstruction de l'Irak fut la volonté de tout reprendre depuis le début. «Au lieu de tenter de transformer le système de santé en deux ans, nous aurions pu nous contenter d'apporter ici et là des modifications peu coûteuses[38]. »

Le Pentagone effectua une volte-face encore plus spectaculaire. En décembre 2006, il annonça un projet visant à faire redémarrer les usines d'État de l'Irak – celles auxquelles Bremer avait refusé de livrer des génératrices de secours sous prétexte qu'elles étaient des vestiges staliniens. Le Pentagone se rendit compte qu'il pouvait acheter du ciment et des pièces de machinerie dans des usines irakiennes languissantes au lieu d'en faire venir de la Jordanie et du Koweït ; du coup, il donnait du travail à des dizaines de milliers d'Irakiens et procurait des revenus aux villes et aux villages avoisinants. Paul Brinkley, sous-secrétaire adjoint à la Défense pour la transformation économique de l'Irak, déclara : «Après avoir examiné ces usines de plus près, nous nous sommes rendu compte qu'elles ne sont pas les rebuts de l'ère soviétique pour lesquels nous les avions d'abord prises» – même si, devait-il avouer, certains de ses collègues s'étaient mis à le qualifier de «stalinien[39]».

Le lieutenant-général Peter W. Chiarelli, commandant des troupes américaines en Irak, expliqua qu'«il faut donner du travail aux jeunes hommes en colère. [...] Une baisse du chômage, même mineure, entraînerait une diminution marquée du nombre d'assassinats sectaires». Il ne put s'empêcher d'ajouter : «Je trouve incroyable que nous ayons mis quatre ans à faire un tel constat. [...] À mes yeux, c'est capital, aussi important que tout autre aspect du plan de campagne[40].»

Ces volte-face signifient-elles la mort du capitalisme du désastre? Nullement. Lorsque les responsables américains comprirent qu'il n'était pas nécessaire de rebâtir un pays tout neuf sur les ruines de l'ancien et qu'il était plus important de donner du travail aux Irakiens et de permettre à leurs industries de profiter des milliards affectés à la reconstruction, l'argent qui aurait pu servir au financement d'une telle entreprise était déjà dépensé.

Pendant ce temps, au beau milieu de ces révélations néokeynésiennes, l'Irak se voyait frappé par la plus audacieuse tentative d'exploitation d'une crise jamais tentée. En décembre 2006, le groupe bipartite d'étude de l'Irak dirigé par James Baker déposa son rapport tant attendu. On y invitait les États-Unis à «aider les dirigeants irakiens à faire de leur industrie pétrolière nationale une entreprise commerciale» et à «encourager la communauté internationale et les multinationales du secteur de l'énergie à investir dans l'industrie pétrolière irakienne[41]».

La Maison-Blanche ignora la plupart des recommandations du groupe, mais pas celle-là : au contraire, elle y donna suite sur-le-champ en participant à l'élaboration d'un nouveau projet de loi radical sur les ressources pétrolières qui autorisait des sociétés comme Shell et BP à signer des contrats d'une durée de 30 ans et à conserver une large part des profits pétroliers de l'Irak (jusqu'à des dizaines, voire des centaines de milliards de dollars) – du jamais vu dans un pays comme l'Irak, où les ressources pétrolières sont faciles d'accès. Dans les faits, on condamnait à la pauvreté à perpétuité un pays dont le gouvernement tirait du pétrole 95 % de ses revenus[42]. C'était une proposition si impopulaire que même Paul Bremer n'avait pas osé la faire pendant la première année d'occupation. Grâce au chaos qui s'aggravait, elle était désormais sur la table. Pour expliquer pourquoi il fallait qu'un si fort pourcentage des profits quitte l'Irak, les compagnies pétrolières invoquèrent les risques liés à la sécurité. En d'autres termes, c'était le désastre lui-même qui rendait possible un projet aussi radical.

Le moment choisi par Washington est extrêmement révélateur. Au moment où on déposait le projet de loi, le pays vivait la pire crise qu'il eût connue jusque-là : il était déchiré par des conflits sectaires qui faisaient en moyenne, par semaine, mille victimes irakiennes. Saddam Hussein venait tout juste d'être exécuté à la faveur d'un épisode infamant et provocant. Au même moment, Bush déploya un grand nombre de nouveaux militaires dans le pays tout en «assouplissant» les règles d'engagement. À l'époque, le contexte était beaucoup trop explosif pour que les grandes compagnies pétrolières consentissent des investissements majeurs. Du côté législatif, rien ne pressait – sauf la volonté d'utiliser le chaos pour contourner le débat public à propos de l'enjeu le plus controversé d'entre tous. De nombreux législateurs irakiens déclarèrent qu'ils ignoraient qu'un projet de loi était en cours d'élaboration. Et pour cause, ils n'avaient pas été mêlés à sa préparation. Greg Muttitt, chercheur du groupe de surveillance de l'industrie pétrolière Platform, affirma : «Récemment, j'ai assisté à une réunion de députés irakiens et j'ai demandé combien d'entre eux avaient vu le projet. Sur vingt, un seul l'avait eu sous les yeux.» Selon Muttitt, les Irakiens, à supposer que le projet de loi fût adopté, «seraient les grands perdants puisque, à l'heure actuelle, ils ne sont pas en mesure de conclure une entente favorable[43]».

Les principaux syndicats irakiens affirmèrent que «la privatisation du pétrole était une limite à ne pas franchir» et, dans une déclaration commune, condamnèrent le projet de loi en tant que tentative de confiscation «des ressources énergétiques [de l'Irak] au moment où les Irakiens tentent de définir leur avenir dans le contexte d'une occupation[44]». La loi qui finit par être adoptée par le conseil des ministres de l'Irak en février 2007 allait encore plus loin qu'on ne l'avait craint : aucune limite n'était fixée aux profits que les sociétés étrangères pouvaient faire sortir d'Irak, et celles-ci n'étaient assujetties à aucune exigence relative à la conclusion de partenariats avec des entreprises irakiennes ni à l'embauche d'Irakiens pour travailler dans les champs pétrolifères. Pis encore, les parlementaires élus du pays n'auraient pas leur mot à dire sur les contrats pétroliers à venir. On privilégia plutôt la création d'une nouvelle entité, le Federal Oil and Gas Council, qui, selon le *New York Times*, serait conseillé par «un groupe d'experts de l'intérieur et de l'extérieur de l'Irak». Cet organe composé de membres non élus, conseillé par des étrangers non identifiés, assumerait en dernière analyse la responsabilité de toutes les décisions touchant le pétrole, y compris les contrats que l'Irak signerait. Aux termes de la loi, en effet, les réserves pétrolières publiques de l'Irak, principale source de revenus du pays, seraient soustraites à la règle démocratique et administrées par une dictature pétrolière puissante et prospère qui cohabiterait avec le gouvernement fracturé et inefficace de l'Irak[45].

Difficile de surévaluer le caractère odieux d'une telle tentative d'appropriation de ressources. Les profits pétroliers irakiens représentent le seul espoir qu'a le pays de financer sa reconstruction une fois la paix revenue. Profiter d'un moment où le pays se décompose pour faire main basse sur cette richesse future est l'illustration la plus éhontée qui soit du capitalisme du désastre.

En Irak, le chaos eut une autre conséquence dont il fut peu question : plus il se prolongeait, plus la présence étrangère se privatisait, d'où la naissance d'un nouveau paradigme pour les guerres et les interventions en cas de catastrophe.

C'est là que l'idéologie de la privatisation radicale au cœur de l'anti-plan Marshall se révéla particulièrement profitable. Le refus obstiné de l'administration Bush de doter en effectifs la guerre en Irak – qu'il s'agît de militaires ou d'administrateurs civils – eut des avantages très nets pour l'autre guerre qu'elle menait, celle qui consistait à externaliser le gouvernement des États-Unis. Cette croisade, si elle cessa d'être le sujet de la rhétorique publique de l'administration, était l'obsession qui œuvrait en coulisse, et elle se montra plus fructueuse que toutes les autres batailles publiques réunies.

Parce que Rumsfeld avait conçu la guerre comme une invasion en «juste-à-temps», où les soldats n'exécutaient que les fonctions de combat essentielles, et qu'il avait supprimé 55 000 postes aux secrétariats à la Défense et aux Anciens combattants pendant la première année du déploiement en Irak, seul le secteur privé était à même de combler les vides à tous les niveaux[46]. En pratique, cette configuration eut l'effet suivant : au fur et à mesure que la situation se dégradait, une industrie de la guerre privatisée prenait forme pour soutenir une armée réduite à sa plus simple expression – sur le terrain, en Irak, ou au centre médical Walter Reed des États-Unis, où des soldats sont traités.

Étant donné que Rumsfeld avait refusé toute augmentation de la taille de l'armée, les militaires durent se débrouiller pour accroître le nombre de combattants. Des entreprises de sécurité privée inondèrent l'Irak pour exécuter des tâches autrefois réservées aux soldats – assurer la sécurité des hauts gradés, protéger les bases, escorter d'autres entrepreneurs. Sur place, leur rôle s'élargit en réaction au chaos. En vertu de son contrat initial en Irak, Blackwater devait fournir des services de sécurité privée à Bremer, mais, après une année d'occupation, des employés de la société prenaient part à des combats rangés dans les rues. En avril 2004, pendant le soulèvement du mouvement de Moqtada Al-Sadr à Nadjaf, Blackwater assuma de fait le commandement de Marines américains en service actif qui menèrent pendant toute une journée une bataille contre l'Armée du Mahdi, au cours de laquelle des dizaines d'Irakiens trouvèrent la mort[47].

Au début de l'occupation, il y avait, selon les estimations, 10 000 soldats privés en Irak, déjà beaucoup plus que pendant la première guerre du Golfe. Trois ans plus tard, un rapport du Government Accountability Office des États-Unis faisait état du déploiement en Irak de 48 000 soldats privés, venus des quatre coins du monde. Les mercenaires formaient la deuxième force en importance après l'armée des États-Unis – ils étaient plus nombreux que tous les membres de la «coalition des volontaires» réunis. Le «boom de Bagdad», ainsi qu'on surnomma le phénomène dans la presse financière, eut pour effet d'intégrer un secteur en principe louche et réprouvé dans les machines de guerre des États-Unis et du Royaume-Uni. Blackwater fit appel aux services de dynamiques lobbyistes de Washington pour éliminer le mot «mercenaires» du vocabulaire public et faire de l'entreprise une marque typiquement américaine. «Fidèles à notre mission, nous nous efforçons de faire pour l'appareil de la sécurité nationale ce que FedEx a fait pour le service postal des États-Unis», déclara son PDG, Erik Prince[48].

Lorsque la guerre se transposa dans les prisons, l'armée était à ce point à court d'interrogateurs et d'interprètes arabes qu'elle n'arrivait pas à tirer de renseignements de ses nouveaux prisonniers. En désespoir de cause, elle se tourna vers CACI International, entrepreneur du secteur de la défense. En vertu de son contrat initial, l'entreprise devait fournir des services de technologie de l'information à l'armée, mais le libellé du cahier des charges était si vague que le terme pouvait également s'appliquer aux interrogatoires[49]. Une telle flexibilité était volontaire : CACI fait partie d'une nouvelle espèce d'entrepreneurs qui agit comme agence d'intérim pour le gouvernement fédéral – l'entreprise, qui signe des contrats flous et de longue durée, a un grand nombre de travailleurs potentiels, prêts à occuper les postes qui se présentent. Faire appel à CACI, dont les employés ne sont pas assujettis aux strictes exigences auxquelles doivent répondre les fonctionnaires du gouvernement, était aussi facile que de commander des fournitures de bureau. Très vite, des dizaines de nouveaux interrogateurs affluèrent*.

La société qui tira le plus de bénéfice du chaos fut Halliburton. Avant l'invasion, elle avait reçu un contrat pour l'extinction des incendies de puits de pétrole allumés par les armées en retraite de Saddam Hussein. En l'absence de tels incidents, le contrat de Halliburton s'appliqua à une nouvelle fonction : alimenter en pétrole la nation tout entière, entreprise si vaste qu'il « a fallu faire venir tous les camions-citernes disponibles au Koweït et en importer des centaines d'autres[50] ». Sous prétexte de libérer des soldats pour le champ de bataille, Halliburton assuma des dizaines de fonctions traditionnellement réservées à l'armée, y compris l'entretien des véhicules et des radios.

Au fur et à mesure que la guerre se prolongeait, même le recrutement, autrefois chasse gardée des militaires, devint une entreprise à but lucratif. Dès 2006, des agences de placement du secteur privé (aussi appelées chasseurs de têtes), par exemple Serco ou une filiale du géant de l'armement, L-3 Communications, recrutaient des soldats. Les recruteurs privés, dont beaucoup n'avaient jamais servi au sein des forces armées, touchaient une prime chaque fois qu'ils persuadaient un candidat d'y entrer. Un porte-parole de l'entreprise se vanta du reste en ces termes : « Si vous voulez du bifteck, il faut enrôler plein de gens[51]. » Le règne de Rumsfeld provoqua également un boom dans le secteur de l'entraînement privé : des sociétés telles que Cubic Defense Applications et Blackwater organisaient des séances de formation au combat et des jeux

---

* Le hic, c'est que les entrepreneurs étaient très peu supervisés. Comme le démontra l'enquête interne de l'armée sur le scandale d'Abou Ghraïb, les responsables gouvernementaux chargés de la surveillance des interrogateurs n'étaient pas en Irak, et encore moins dans la prison, si bien qu'il était « très difficile, voire impossible, d'administrer un contrat de façon efficace ». Le général George Fay, auteur du rapport, conclut que « les interrogateurs, les analystes et les responsables [du gouvernement] n'avaient pas été préparés à l'arrivée des interrogateurs contractuels et n'avaient reçu aucune formation relativement à la gestion et au contrôle de ces ressources, non plus qu'à l'imposition de la discipline. [...] Il est clair que, à Abou Ghraïb, l'exécution des contrats ne faisait l'objet d'aucun exercice crédible de supervision ».

de guerre en direct. Pour ce faire, on conduisait les soldats dans des centres privés, où ils s'exerçaient aux combats de maison en maison dans des villages de simulation.

Grâce à l'obsession des privatisations de Rumsfeld, conformément aux couleurs qu'il avait annoncées dans son discours du 10 septembre 2001, les militaires qui rentraient au pays malades ou atteints du syndrome de stress post-traumatique se faisaient traiter par des entrepreneurs privés du secteur de la santé, pour qui la guerre en Irak, source de graves traumatismes, était une véritable mine d'or. L'une de ces entreprises, Health Net, arriva au septième rang du classement Fortune 500 pour les sociétés les plus performantes, en raison notamment du grand nombre de soldats traumatisés qui revenaient d'Irak, souffrant d'importants traumatismes. IAP Worldwide Services Inc. tira très convenablement son épingle du jeu, elle aussi, en obtenant le contrat pour la prise en charge d'une panoplie de services fournis jusque-là par l'hôpital militaire Walter Reed. Selon certaines allégations, la privatisation du centre médical aurait entraîné une détérioration révoltante de la qualité de l'entretien et des soins, plus de cent fonctionnaires fédéraux qualifiés ayant quitté leur poste[52].

L'accroissement marqué du rôle des entreprises privées en tant qu'objectif stratégique du gouvernement ne fit jamais l'objet d'un débat ouvert (de même que le projet de loi sur l'industrie pétrolière irakienne était apparu comme par magie). Rumsfeld n'eut pas à mener des batailles rangées avec les syndicats des fonctionnaires fédéraux ni avec les généraux. Les choses se firent à la dérobée, sur le terrain, à la faveur de ce que les militaires appellent des élargissements de mission. Plus la guerre s'éternisait, plus elle se privatisait, et bientôt ce fut simplement la nouvelle façon de faire la guerre. Comme maintes fois auparavant, la crise avait favorisé l'apparition du boom.

À eux seuls, les chiffres racontent l'histoire dramatique des « élargissements de mission » au profit des entreprises. Pendant la première guerre du Golfe, en 1991, il y avait un entrepreneur pour cent soldats. Au début de l'invasion de l'Irak, en 2003, la proportion était d'un pour dix. Au bout de trois années d'occupation américaine, elle était d'un pour trois. Moins d'une année plus tard, au moment où le quatrième anniversaire de l'occupation était imminent, la proportion était d'un entrepreneur pour 1,4 soldat américain. Ces chiffres ne concernent toutefois que les entrepreneurs qui travaillent directement pour le gouvernement des États-Unis, et non pour les partenaires de la coalition ni pour le gouvernement irakien, et ils ne tiennent pas compte non plus des entrepreneurs établis au Koweït et en Jordanie ayant confié certaines de leurs fonctions à des sous-traitants[53].

Les soldats britanniques cantonnés en Irak sont déjà beaucoup moins nombreux que leurs compatriotes travaillant pour des entreprises de sécurité privées dans une proportion de un pour trois. Lorsque, en février 2007, Tony Blair annonça qu'il retirait 1 600 soldats d'Irak, la presse rapporta aussitôt que «les fonctionnaires espèrent que les "mercenaires" sauront combler le vide». Le gouvernement britannique payait directement les entrepreneurs. En même temps, l'Associated Press chiffrait le nombre d'entrepreneurs présents en Irak à 120 000, c'est-à-dire qu'ils étaient presque aussi nombreux que les soldats américains[54]. Par son ampleur, ce genre de guerre privatisée écrase déjà les Nations Unies. En 2006-2007, le budget de l'ONU pour les activités de maintien de la paix s'élevait à 5,25 milliards de dollars – à peine plus que le quart des vingt milliards de dollars accordés par contrats à Halliburton. Selon les plus récentes estimations, l'industrie des mercenaires vaudrait à elle seule quatre milliards de dollars[55].

Si la reconstruction de l'Irak a indiscutablement été un échec du point de vue des Irakiens et des contribuables américains, elle a été tout le contraire pour le complexe du capitalisme du désastre. Rendue possible par les attentats terroristes du 11 septembre, la guerre en Irak marqua rien de moins que la naissance violente d'une nouvelle économie. Telle était l'idée géniale qui sous-tendait le plan de «transformation» de Rumsfeld : dans la mesure où tous les aspects de la destruction autant que de la reconstruction ont été externalisés et privatisés, on assiste à un boom économique chaque fois que des bombes commencent à tomber, qu'elles s'arrêtent et qu'elles recommencent – d'où un circuit fermé de profits liés à la destruction et à la reconstruction, à la démolition et à la remise en état. Pour les sociétés futées et prévoyantes comme Halliburton et le Carlyle Group, les destructeurs et les re-constructeurs appartiennent simplement à des divisions différentes des mêmes entreprises*[56].

---

* La société Lockheed Martin va encore plus loin dans ce sens. Au début de 2007, elle a commencé, selon le *Financial Times*, à «acquérir des entreprises du secteur de la santé dont le chiffre d'affaires se situe dans les mille milliards de dollars». Elle a également fait main basse sur Pacific Architects and Engineers, géant de l'ingénierie. Cette vague d'acquisitions signifie l'avènement d'une nouvelle ère d'intégration verticale morbide au

L'administration Bush a pris quelques mesures importantes mais peu débattues pour institutionnaliser le modèle de la guerre privatisée élaboré en Irak. Elle en a ainsi fait une caractéristique inamovible de la politique étrangère. En juillet 2006, Bowen, l'inspecteur général pour la reconstruction en Irak, publia un rapport sur les «leçons à tirer» des diverses débâcles provoquées par les entrepreneurs. Il en vint à la conclusion que les problèmes étaient imputables à une planification insuffisante et plaida en faveur de la création d'«un corps de réserve de contractuels dûment formés, capables de mener des activités de secours ou de reconstruction et pouvant être déployés pendant des opérations d'urgence», ainsi que d'«une liste d'entrepreneurs aux capacités variées, agréés au préalable et capables d'intervenir dans des secteurs de reconstruction spécialisés» – en d'autres termes, une armée d'entrepreneurs permanente. Dans le discours sur l'état de l'Union de 2007, Bush défendit cette idée en annonçant la constitution d'un tout nouveau corps de réserve civil : «Un tel corps fonctionnerait en gros comme notre réserve militaire. Il allégerait le fardeau de l'armée en lui permettant d'embaucher des civils possédant des compétences cruciales. Au besoin, ces personnes prendraient part à des missions à l'étranger. Des Américains qui ne portent pas l'uniforme auraient ainsi la possibilité de participer à la lutte la plus décisive de notre temps[57]. »

Un an et demi après le début de l'occupation, le secrétariat d'État des États-Unis créa un tout nouvel organe : le bureau de la reconstruction et de la stabilisation (Office of Reconstruction and Stabilization). Jour après jour, il paie des entrepreneurs privés chargés d'élaborer des projets détaillés de reconstruction de 25 pays différents, du Venezuela à l'Iran, qui risquent, pour une raison ou une autre, d'être la cible des foudres destructrices des États-Unis. Dans des «contrats pré-signés», on trouve déjà le nom d'entreprises et d'experts-conseils prêts à entrer en action aux premiers signes d'un désastre[58]. Pour l'administration Bush, il s'agit d'une évolution naturelle : après s'être arrogé le droit de causer une destruction illimitée par mesure de précaution, elle réclame celui de créer la reconstruction préemptive – rebâtir des endroits qui n'ont pas encore été détruits.

---

sein du complexe du capitalisme du désastre : dans le cadre de conflits futurs, la société sera en mesure de profiter non seulement des bombes et des avions de chasse qu'elle fabrique, mais aussi de la reconstruction des infrastructures qu'elle a détruites et même des soins prodigués aux personnes blessées par ses propres armements.

En fin de compte, la guerre en Irak accoucha donc bel et bien d'un nouveau modèle économique – seulement, ce n'était pas le tigre sur le Tigre annoncé par les néoconservateurs. Ce fut plutôt un modèle de guerre et de reconstruction privatisées – lequel fut rapidement prêt pour l'exportation. Jusqu'à l'Irak, la croisade de l'école de Chicago avait été limitée par la géographie : la Russie, l'Argentine, la Corée du Sud. Désormais, un nouveau territoire peut s'ouvrir n'importe où, aux premiers signes d'un désastre.

PARTIE 7

La zone verte mobile
Zones tampons et murs anti-déflagration

Quand on reprend tout depuis le début, on est à la fine pointe, ce qui est une très bonne chose. Une telle occasion fait de vous des privilégiés parce que d'autres endroits n'ont pas eu droit à de tels systèmes ou sont alourdis par des systèmes vieux de cent ou deux cents ans. En un sens, l'Afghanistan a de la chance : il peut recommencer à neuf à partir des meilleures idées et des meilleures connaissances techniques.

Paul O'Neill, secrétaire au Trésor des États-Unis,
novembre 2002, à Kaboul après l'invasion.

CHAPITRE DIX-NEUF

Le nettoyage de la plage

« Le deuxième tsunami »

> Le tsunami qui a dévasté le littoral à la manière d'un bulldozer géant a fourni aux promoteurs des occasions inespérées, et ils n'ont pas perdu un instant pour en profiter.
>
> Seth Mydans, *International Herald Tribune*, le 10 mars 2005[1].

Je me rendis sur la plage à l'aube, dans l'espoir de rencontrer des pêcheurs avant qu'ils ne partent sur les eaux turquoise pour la journée. Nous étions en juillet 2005, et la plage était presque déserte, à l'exception de quelques catamarans en bois peints à la main agglutinés les uns contre les autres. À côté de l'une des embarcations, une petite famille s'apprêtait à prendre la mer. Roger, 40 ans, assis en sarong sur le sable, sans chemise, réparait un filet rouge emmêlé en compagnie de son fils, Ivan, vingt ans. Jenita, la femme de Roger, faisait le tour du bateau en agitant un petit encensoir en fer-blanc. « Pour la chance, me dit-elle pour expliquer le petit rituel, et pour la protection. »

Peu de temps auparavant, cette plage et d'innombrables autres le long du littoral du Sri Lanka faisaient l'objet d'une mission de sauvetage frénétique à la suite de la catastrophe naturelle la plus dévastatrice de mémoire récente – le tsunami du 26 décembre 2004, qui fit 250 000 victimes et 2,5 millions de sans-abri dans la région[2]. Six mois plus tard, j'étais venue au Sri Lanka, l'un des pays les plus durement touchés, pour voir comment les efforts de reconstruction se comparaient à ceux de l'Irak.

Ma compagne de voyage, Kumari, militante de Colombo qui avait participé à l'effort de sauvetage et de réhabilitation, avait accepté de me servir de guide et d'interprète dans la région frappée par le tsunami. Notre périple débuta à Arugam Bay, village de pêcheurs et centre de villégiature un peu défraîchi sur la côte est de l'île, que l'équipe de reconstruction du gouvernement citait comme un exemple de sa volonté de «refaire en mieux».

C'est là que nous rencontrâmes Roger, qui, au bout de deux minutes, nous donna une tout autre version des faits : «L'intention, dit-il, était de chasser les pêcheurs du littoral.» Le projet d'éviction massive datait d'avant la vague géante, ajouta-t-il, mais on utilisait le tsunami, comme tant d'autres catastrophes naturelles, pour faire avancer un programme très impopulaire. Pendant quinze ans, dit Roger, sa famille et lui avaient passé la saison de la pêche dans une hutte en chaume sur la plage d'Arugam Bay, près de l'endroit où nous nous trouvions. Comme des dizaines d'autres familles de pêcheurs, ils laissaient leur bateau à côté de leur hutte et faisaient sécher leurs prises sur des feuilles de bananier posées sur le sable blanc et fin. Ils cohabitaient sans heurts avec les touristes, pour la plupart des surfeurs australiens et européens qui habitaient dans des auberges modestes du littoral, le genre d'endroit où des hamacs miteux sont accrochés à l'avant et où des haut-parleurs juchés dans les palmiers diffusent de la musique *lounge* londonienne. Les restaurants s'approvisionnaient en poissons auprès des pêcheurs, et ces derniers, avec leur mode de vie traditionnel haut en couleur, fournissaient la touche d'authenticité que recherchent les voyageurs aguerris.

Pendant longtemps, les hôtels et les pêcheurs d'Arugam Bay vécurent en bonne intelligence, en partie parce que la guerre civile qui déchirait le Sri Lanka en permanence empêchait l'une et l'autre industrie de prendre trop d'expansion. La côte est du pays fut le théâtre de quelques-uns des combats les plus violents puisqu'elle était revendiquée par deux antagonistes : les Tigres de libération de l'Eelam tamoul (connus sous le nom de Tigres tamouls) et le gouvernement central cinghalais de Colombo –, mais elle ne fut jamais tout à fait conquise, ni par les uns ni par les autres. Pour parvenir à Arugam Bay, on devait franchir un réseau labyrinthique de points de contrôle en courant le risque d'être pris dans une fusillade ou de mourir aux mains d'un kamikaze (on attribue aux Tigres tamouls l'invention de la ceinture d'explosifs). Dans tous les guides de voyage, on trouvait de sévères mises en garde : la côte est du Sri Lanka, où règne une grande instabilité, est à éviter ; les vagues jouissent d'une réputation enviable, certes, mais, à part pour les vrais mordus de surf, le jeu n'en vaut pas la chandelle.

La percée décisive fut réalisée en février 2002, au moment où Colombo et les Tigres signèrent un accord de cessez-le-feu. Ce n'était pas vraiment la paix. Plutôt une pause tendue, interrompue de temps à autre par un bombardement ou un assassinat. Dès la réouverture des routes, malgré cette précarité, les guides de voyage présentèrent la côte est comme la nouvelle Phuket : surf d'enfer, plages magnifiques, hôtels branchés, plats épicés, *raves* au clair de lune… «Un super endroit où faire la fête», proclamait le guide Lonely Planet[3]. Et Arugam Bay était au cœur de l'action. Dans le même temps, le démantèlement des points de contrôle incitait un grand nombre de pêcheurs des quatre coins du pays à revenir profiter de certaines des eaux les plus poissonneuses de la côte est, dont celles d'Arugam Bay.

La plage se peuplait. Officiellement, Arugam Bay était un village de pêche, mais les propriétaires des hôtels se plaignirent du fait que les huttes leur bloquaient la vue de la mer et que l'odeur du poisson qui séchait au soleil indisposait leurs clients (un hôtelier, expatrié d'origine néerlandais, m'expliqua que «la pollution olfactive n'a rien d'un mythe»). Certains propriétaires exercèrent des pressions sur l'administration locale pour qu'elle déplace les bateaux et les huttes de pêcheurs vers une autre baie, moins populaire auprès des touristes. Les villageois résistèrent en faisant valoir qu'ils vivaient sur ces terres depuis des générations : pour eux, Arugam Bay était plus qu'un endroit où mettre les bateaux à la mer – ils trouvaient là de l'eau potable et de l'électricité, des écoles pour leurs enfants et des acheteurs pour leurs captures.

Ces tensions faillirent dégénérer en guerre ouverte six mois avant le tsunami, au moment où un mystérieux incendie se déclara sur la plage, au beau milieu de la nuit. Vingt-quatre cabanes de pêcheurs furent réduites en cendres. «Nous avons tout perdu, me confia Roger. Nos affaires, nos filets et nos lignes.» Kumari et moi bavardâmes avec d'autres pêcheurs d'Arugam Bay. Tous étaient persuadés qu'il s'agissait d'un incendie criminel. Ils accusaient les propriétaires d'hôtels qui, de toute évidence, voulaient la plage pour eux seuls.

Si l'intention était vraiment de faire fuir les pêcheurs, ce fut peine perdue : les villageois, plus déterminés que jamais à rester, reconstruisirent rapidement leurs huttes.

Le tsunami réussit là où l'incendie avait échoué : il rasa la plage en entier. Toutes les structures fragiles furent emportées – les bateaux, les huttes, mais aussi les cabines et les bungalows pour touristes. Dans un village où vivaient seulement 4 000 personnes, environ 350 trouvèrent la mort – dans la plupart des cas, des gens qui tiraient leur subsistance de la mer, tels Roger, Ivan et Jenita[4]. Et pourtant, sous les débris et les morts se cachait ce que l'industrie touristique souhaitait depuis toujours – une plage vierge, débarrassée de tous les signes du désordre dont s'accompagne l'activité humaine, un véritable éden pour vacanciers. Même chose tout au long du littoral : une fois les débris enlevés, il restait… le paradis.

Une fois le calme revenu, les familles de pêcheurs qui voulurent rentrer chez elles furent accueillies par des policiers qui leur interdirent de reconstruire leurs huttes. « Les règles ont changé », leur expliqua-t-on. Plus de logements sur la plage. Interdiction formelle de bâtir à moins de 200 mètres de la laisse de crue. La plupart des pêcheurs auraient accepté de reconstruire plus loin de l'eau, mais il n'y avait pas de terrains disponibles à cette hauteur : dans les faits, ils n'avaient donc nulle part où aller. La nouvelle « zone tampon » était en vigueur non seulement à Arugam Bay, mais aussi tout le long du littoral est. Désormais, la plage était interdite.

Le tsunami coûta la vie à quelque 35 000 Sri-Lankais et fit près d'un million de personnes déplacées. Les exploitants d'embarcations minuscules comme Roger comptaient pour 80 % des victimes ; dans certains secteurs, la proportion fut plutôt de 98 %. Pour avoir droit à des rations alimentaires et à de petites allocations de secours, des centaines de milliers de survivants s'éloignèrent des plages et s'entassèrent dans des camps provisoires aménagés à l'intérieur des terres. Dans bon nombre de cas, il s'agissait de longues et lugubres baraques en tôle qui emprisonnaient la chaleur de façon si intolérable que beaucoup de gens préféraient dormir à la belle étoile. Avec le temps, les camps s'encrassèrent et devinrent de véritables incubateurs de maladies. Des soldats armés de mitrailleuses y patrouillaient d'un air menaçant.

Officiellement, le gouvernement déclara que la zone tampon avait été créée par mesure de sécurité. Au cas où un nouveau tsunami frapperait, on éviterait ainsi de vivre la même dévastation. À première vue, le raisonnement se tenait, mais un problème sautait aux yeux : l'industrie touristique n'était pas visée par la mesure. Au contraire, on encourageait les hôtels à envahir les précieuses plages où les pêcheurs avaient habité et travaillé. Les centres de villégiature étaient exemptés de la règle de la zone tampon – si les travaux étaient présentés comme des « réparations », aussi complexes ou rapprochés de l'eau fussent-ils, les propriétaires avaient le feu vert. Le long de la plage d'Arugam Bay, on voyait s'affairer des ouvriers armés de marteaux et de perceuses. «Et les touristes? Ils n'ont rien à craindre du tsunami?» voulait savoir Roger.

Aux yeux de Roger et de ses collègues, la zone tampon n'était qu'un prétexte invoqué par le gouvernement pour donner suite au projet qu'il caressait avant le déferlement de la vague géante : débarrasser la plage des pêcheurs. Leurs prises leur avaient permis de nourrir leur famille, mais elles ne contribuaient pas à la croissance économique au sens où l'entendent des institutions comme la Banque mondiale, et les terres qu'ils occupaient pouvaient de toute évidence servir à des fins plus profitables. Peu avant mon arrivée, un document intitulé «Plan de mise en valeur des ressources d'Arugam Bay» fut divulgué à la presse, et les pêcheurs virent leurs pires craintes confirmées. Le gouvernement fédéral avait confié à une équipe d'experts-conseils internationaux le mandat d'élaborer un projet de reconstruction pour Arugam Bay, et le plan était le résultat de leurs travaux. Même si seules les propriétés bâties sur le front de mer avaient été endommagées par le tsunami, les auteurs du plan recommandaient le rasage de toute la commune. Le charmant village de hippies deviendrait une «destination touristique boutique» huppée – hôtels de villégiature cinq étoiles, chalets écotouristiques de luxe à 300 $ la nuit, quai pour hydravions et hélistation. Enthousiastes, les auteurs déclaraient qu'Arugam Bay servirait de modèle à une trentaine de nouvelles «zones touristiques» voisines : ainsi, la côte est du Sri Lanka, autrefois ravagée par la guerre, deviendrait une Côte d'Azur sud-asiatique[5].

Absentes des images et des esquisses réalisées par des artistes étaient les victimes du tsunami – les centaines de familles de pêcheurs qui vivaient et travaillaient sur la plage. Dans le rapport, on expliquait que les villageois seraient déplacés vers un lieu plus hospitalier, dans certains cas à quelques kilomètres de leur établissement initial et loin de la mer. Plus grave encore, le projet de développement d'une valeur de 80 millions de dollars serait financé à même les fonds recueillis au nom des victimes du tsunami.

C'étaient les visages ruisselant de larmes des pêcheurs et d'autres petites gens de la Thaïlande et de l'Indonésie – familles entassées dans des mosquées, mères qui hurlaient de douleur en tâchant de retrouver leur bébé mort noyé, enfants emportés par la mer –, qui, au lendemain du tsunami, avaient déclenché un élan de générosité sans précédent au sein de la communauté internationale. Dans des communes comme Arugam Bay, pourtant, la « reconstruction » signifiait ni plus ni moins l'extinction délibérée de leur culture et de leur mode de vie, le vol de leurs terres. La reconstruction, dit Kumari, eut pour effet de « victimiser les victimes, d'exploiter les exploités ».

Le plan provoqua l'indignation du pays tout entier, et nulle part plus qu'à Arugam Bay. À notre arrivée au village, Kumari et moi tombâmes sur quelques centaines de manifestants qui formaient un véritable kaléidoscope de saris, de sarongs, de hijabs et de tongs. Réunis sur la plage, ils entamaient leur marche : après avoir défilé devant les hôtels, ils se rendraient dans la ville voisine de Pottuvil, siège de l'administration locale.

Devant les hôtels, un jeune homme vêtu d'un t-shirt blanc et armé d'un porte-voix rouge entraîna la foule : « Nous ne voulons pas, nous ne voulons pas… » cria-t-il. « …d'hôtels de touristes ! » répondirent en chœur les manifestants. « Les Blancs… » commença le jeune homme. « …dehors ! » (Kumari traduisit du tamoul, en s'excusant.) Un autre jeune homme, la peau tannée par le soleil et la mer, s'empara du mégaphone et cria à son tour : « Nous voulons, nous voulons… » scanda-t-il. Les réponses ne se firent pas attendre : « …nos terres ! » « Nos maisons ! » « Un port de pêche ! » « L'argent de l'aide ! » « Famine, famine ! » hurla-t-il. Et la foule reprit à l'unisson : « Les pêcheurs crient famine ! »

Devant les portes de l'immeuble qui abrite le gouvernement du district, les chefs de file du mouvement de protestation accusèrent leurs représentants élus de les avoir abandonnés, d'être corrompus, d'avoir utilisé l'aide destinée aux pêcheurs pour « offrir des dots à leurs filles et des bijoux à leurs femmes ». Il fut question des faveurs octroyées aux Cinghalais, de la discrimination contre les musulmans, des « étrangers qui profitent de notre misère ».

Leurs slogans n'allaient vraisemblablement pas donner les résultats escomptés. À Colombo, en effet, je rencontrai le directeur général de l'office du tourisme sri-lankais, Seenivasagam Kalaiselvam, fonctionnaire d'âge moyen ayant la vilaine habitude de citer le « profil de marque » de son pays, chiffré en dizaines de millions de dollars. Je l'interrogeai sur le sort des pêcheurs dans des lieux comme Arugam Bay. Il se cala dans son fauteuil en osier et expliqua la situation : « Par le passé, le long de la côte, il y avait de nombreux établissements non autorisés […] non conformes au plan de tourisme. Le tsunami a eu l'avantage de raser ces établissements, et les bâtisses ont disparu.» Si les gens reconstruisent, ajouta-t-il, «nous serons forcés de détruire de nouveau. [...] Il faut que la plage soit immaculée».

Les choses n'avaient pourtant pas débuté ainsi. Lorsque Kumari était arrivée sur la côte est, quelques jours à peine après le tsunami, l'aide n'avait pas encore commencé à affluer. Chacun était donc un travailleur humanitaire, un médecin, un fossoyeur. Les barrières ethniques qui divisaient la région avaient disparu comme par enchantement. «Les musulmans se tournaient vers les Tamouls pour faire enterrer leurs morts, expliqua-t-elle, et les Tamouls demandaient à manger et à boire aux musulmans. Chaque jour, les gens de l'intérieur des terres envoyaient deux repas par foyer, sacrifice considérable puisqu'ils étaient eux-mêmes très pauvres. Ils n'attendaient rien en retour. Ils étaient uniquement mus par le devoir de venir en aide à leurs voisins, de soutenir les sœurs, les frères, les filles, les mères. C'est tout.»

Partout dans le pays, l'aide s'organisait, sans égard à l'origine ethnique. Des adolescents tamouls arrivèrent en tracteur des fermes avoisinantes pour participer à la recherche des cadavres. Des enfants chrétiens donnèrent leurs uniformes scolaires pour qu'on en fît des linceuls funéraires destinés aux musulmans, et les hindoues les imitèrent en se séparant de leurs saris blancs. C'était comme si la vague d'eau salée et de détritus avait été si forte que, en plus d'anéantir les maisons et de faire s'effondrer les routes, elle avait emporté sur son passage des haines inextinguibles, des vendettas familiales et le décompte des victimes imputables aux uns et aux autres. Pour Kumari, qui avait passé de nombreuses années frustrantes à militer au sein de groupes pacifistes voués à rapprocher les gens, une telle humanité face à la tragédie avait quelque chose d'extrêmement bouleversant. Au lieu de parler sans cesse de la paix, les Sri-Lankais, confrontés à la pire des épreuves, la vivaient.

Tout laissait croire que le pays pourrait compter sur le soutien de la communauté internationale dans ses efforts de reconstruction. Au début, l'aide arriva non pas des gouvernements, qui tardèrent à réagir, mais des particuliers qui avaient vu la catastrophe à la télévision : des écoliers européens organisèrent des ventes de desserts maison et le ramassage de bouteilles consignées, des musiciens improvisèrent des concerts où les vedettes se pressaient en rangs serrés, des groupes religieux donnèrent des vêtements, des couvertures et de l'argent. Les citoyens exigèrent de leurs gouvernements respectifs une aide officielle équivalente. En six mois, on recueillit treize milliards de dollars – un record mondial[6].

Au cours des premiers mois, une part de l'aide atteignit les cibles prévues : des ONG et des organismes humanitaires acheminèrent de l'eau et de la nourriture, des tentes et des abris temporaires ; les pays riches envoyèrent des fournitures et des équipes médicales. On aménageait des camps pour loger les déplacés dans l'attente de foyers permanents. L'argent ne manquait pas. À mon arrivée au Sri Lanka, six mois plus tard, tout s'était arrêté. Il n'y avait pratiquement pas de logis permanents, et les camps provisoires ressemblaient plus à des bidonvilles bien établis qu'à des abris d'urgence.

Selon des travailleurs humanitaires, le gouvernement multipliait les obstacles : il créa la zone tampon, refusa de fournir des terres où les déplacés auraient pu s'établir et commanda à des spécialistes de l'extérieur une interminable série d'études et de plans directeurs. Pendant que les fonctionnaires débattaient entre eux, les victimes du tsunami, trop loin pour pouvoir recommencer à pêcher, attendaient dans la chaleur suffocante des camps de l'intérieur du pays et vivaient de rations alimentaires. On imputa les retards à la «bureaucratie» et à la mauvaise gestion. En réalité, il y avait beaucoup plus en jeu.

Avant la vague : projets avortés

Le vaste projet de métamorphose du Sri Lanka avait été élaboré deux ans avant le tsunami. Il avait débuté à la fin de la guerre civile, lorsque les joueurs habituels s'étaient rués sur le pays pour comploter de faire entrer le Sri Lanka dans l'économie mondiale – plus particulièrement USAID, la Banque mondiale et son antenne dans la région, la Banque asiatique de développement. On conclut assez vite que le principal avantage concurrentiel du Sri Lanka résidait dans le fait que sa longue guerre civile lui avait évité d'être touché par le courant de mondialisation tous azimuts. Pour un si petit pays, le Sri Lanka bénéficiait encore d'une faune d'une richesse remarquable – des léopards, des singes et des milliers d'éléphants sauvages. Ses plages étaient dénuées de gratte-ciel et ses montagnes ponctuées de temples et de lieux sacrés hindous, bouddhistes et musulmans. Mieux encore, s'enthousiasmait USAID, toutes ces merveilles étaient concentrées dans un espace de la taille de la Virginie-Occidentale[7].

En vertu du plan, les jungles du Sri Lanka, qui avaient si bien protégé les guérilleros, seraient ouvertes aux écotouristes en quête de sensations fortes, lesquels monteraient à dos d'éléphant et, tel Tarzan, se balanceraient au milieu des frondaisons, comme au Costa Rica. Ses religions, complices de tant de bains de sang, seraient adaptées pour répondre aux besoins spirituels des Occidentaux – les moines bouddhistes exploiteraient des centres de méditation, les hindoues exécuteraient des danses pittoresques dans les hôtels, les cliniques médicales ayurvédiques soigneraient les maux et les peines.

Bref, au reste de l'Asie, les ateliers de misère, les centres d'appel et l'emballement des bourses ! Le Sri Lanka, lui, attendrait les capitaines de l'industrie qui ressentaient le besoin de faire le plein de sérénité. En raison de l'énorme richesse engendrée par les autres avant-postes du capitalisme déréglementé, les privilégiés pourraient s'offrir sans broncher le mélange parfaitement calibré de luxe et de nature sauvage, d'aventure et de service impeccable. L'avenir du Sri Lanka, croyaient fermement les spécialistes étrangers, reposait sur des chaînes comme Aman Resorts, qui avaient récemment ouvert sur la côte méridionale deux superbes établissements, où les chambres se louaient 800 $ la nuit et où chaque suite était équipée de son propre bassin pour la natation.

Le gouvernement des États-Unis était si emballé par le potentiel du Sri Lanka en tant que destination touristique haut de gamme, offrant toutes sortes de possibilités aux chaînes d'hôtels de villégiature et aux forfaitistes, qu'USAID lança un programme visant à transformer l'industrie touristique sri-lankaise en puissant lobby à la mode de Washington. Il s'attribue le mérite d'avoir fait passer le budget de la promotion du tourisme « de moins de 500 000 $ à environ 10 millions de dollars par année[8] ». L'ambassade des États-Unis, pendant ce temps, créa le programme de compétitivité, avant-poste ayant pour tâche de défendre les intérêts économiques des États-Unis sur place. Le directeur du programme, un économiste aux cheveux grisonnants appelé John Varley, me confia que, à son avis, l'office du tourisme du Sri Lanka voyait petit en envisageant d'attirer un million de touristes par année d'ici dix ans. « Personnellement, je pense que ce nombre pourrait être doublé. » Peter Harrold, Anglais qui dirige les activités de la Banque mondiale au Sri Lanka, me confia : « Pour moi, Bali a toujours été le meilleur point de comparaison. »

Il ne fait aucun doute que le tourisme haut de gamme est un marché de croissance des plus intéressants. Les revenus totaux des hôtels de luxe, où les chambres coûtent en moyenne 405 $ la nuit, ont augmenté de 70 % entre 2001 et 2005 – pas mal pour une période marquée par le creux post-11 septembre, la guerre en Irak et la hausse vertigineuse du prix du carburant. À maints égards, la croissance phénoménale du secteur est un sous-produit de l'extrême inégalité née du triomphe généralisé de la doctrine économique de l'école de Chicago. Indépendamment de l'état de l'économie, il y a désormais une élite comptant assez de nouveaux multimillionnaires et milliardaires pour que Wall Street voie en eux une catégorie de «superconsommateurs» capables de soutenir cette forme de demande. Ajay Kapur, ex-chef du groupe chargé de la stratégie d'investissement mondial de Citigroup Smith Barney, encourage ses clients à placer leur argent dans un panier d'actions «ploutonomiques», où figurent au premier plan des sociétés comme Bulgari, Porsche, Four Seasons et Sotheby's. «Si la ploutonomie se poursuit, comme nous le croyons, et que l'inégalité des revenus persiste et même s'accroît, le panier de produits ploutonomiques devrait donner de très bons résultats[9]. »

Avant que le Sri Lanka n'accomplît son destin en devenant un terrain de jeux pour le gratin ploutonomique, certains secteurs devaient faire l'objet d'améliorations considérables – et vite. Pour attirer des hôtels de villégiature de premier plan, le gouvernement devait d'abord éliminer les obstacles qui empêchaient les étrangers de posséder des terres (au Sri Lanka, environ 80 % des terres appartenaient à l'État[10]). Il devait se doter de lois du travail plus «souples» pour aider les investisseurs à recruter des employés pour leurs établissements. Et il devait moderniser son infrastructure – autoroutes, aéroports dernier cri, canalisations et réseaux électriques de meilleure qualité. Comme le Sri Lanka s'était lourdement endetté pour acheter des armes, il n'avait pas les moyens d'assumer seul le coût de ces mises à niveau rapides. On proposa donc les marchés habituels : la Banque mondiale et le FMI accorderaient des prêts en échange de la promesse d'ouvrir l'économie à la privatisation et aux «partenariats public-privé».

Les projets et les modalités étaient clairement définis dans un document intitulé *Regaining Sri Lanka*, programme de thérapie de choc approuvé par la Banque mondiale au début de 2003. Au niveau local, son principal défenseur était un politicien et entrepreneur sri-lankais appelé Mano Tittawella, véritable sosie, tant par l'apparence que par l'idéologie, de Newt Gingrich[11].

Comme tous les autres programmes de thérapie de choc, *Regaining Sri Lanka* exigeait de nombreux sacrifices au nom d'une relance rapide de l'économie. Des millions de personnes devraient quitter leurs villages traditionnels afin de libérer les plages pour les touristes, les terrains pour les hôtels et les routes. De gros chalutiers industriels exploités à partir de ports de haute mer se chargeraient de l'activité de pêche – l'époque des petites embarcations en bois qui s'élançaient depuis la plage était révolue[12]. Et, bien sûr, comme dans des circonstances analogues, de Buenos Aires à Bagdad, il y aurait des licenciements massifs dans les sociétés d'État, et le prix des services augmenterait.

Le problème sur lequel se butaient les architectes du projet, c'est que les Sri-Lankais ne voyaient tout simplement pas l'intérêt de ces sacrifices. C'était en 2003, et la croyance aveugle dans les bienfaits de la mondialisation était depuis longtemps révolue, en particulier après les horreurs de la crise économique en Asie. Des dizaines de milliers de Sri-Lankais avaient perdu la vie dans un conflit mené au nom de la «nation», de la «patrie» et du «territoire». Maintenant que la paix régnait enfin, on demandait aux plus pauvres d'entre eux de renoncer à leurs petits lopins de terre et à leurs rares possessions – un potager, une maison rudimentaire, un bateau – pour permettre à Marriott ou à Hilton d'aménager un terrain de golf, alors qu'eux-mêmes seraient réduits à jouer les colporteurs dans les rues de Colombo. L'affaire ne semblait guère avantageuse, et la population réagit en conséquence.

Les Sri-Lankais rejetèrent le document par une vague de grèves militantes et de manifestations d'abord et par la voie électorale ensuite. En avril 2004, ils défièrent les spécialistes étrangers et leurs partenaires locaux en votant pour une coalition de gauchistes modérés et de marxistes autoproclamés qui promettait d'abandonner le plan de développement[13]. À l'époque, bon nombre de projets de privatisation n'avaient pas encore été menés à bien, y compris dans les domaines de l'eau et de l'électricité, et les projets de réseau autoroutier faisaient l'objet de contestations devant les tribunaux. Pour ceux qui rêvaient de créer un terrain de jeux ploutonomique, c'était un coup dur : 2004 devait marquer l'an premier du nouveau Sri Lanka privatisé et sympathique aux investisseurs. Impossible désormais de prédire la suite.

Huit mois après les élections fatidiques, le tsunami frappait. Ceux qui pleuraient encore la mise au rancart de *Regaining Sri Lanka* comprirent tout de suite l'importance de l'événement.

Le nouveau gouvernement devrait emprunter des milliards de dollars à l'étranger pour reconstruire les maisons, les routes, les écoles et le réseau ferroviaire détruits par le tsunami, et les futurs créanciers savaient pertinemment que, face à une crise, même les nationalistes économiques les plus fervents acceptent de mettre de l'eau dans leur vin. Quant aux agriculteurs et aux pêcheurs militants qui bloquaient les routes et organisaient des manifestations de masse pour faire échec aux bulldozers des promoteurs... ils avaient désormais d'autres chats à fouetter.

APRÈS LA VAGUE : UNE DEUXIÈME CHANCE

À Colombo, le gouvernement national agit rapidement pour montrer aux pays riches, maîtres de l'aide internationale, qu'il était prêt à renoncer au passé. La présidente Chandrika Kumaratunga, élue sur la foi d'un programme ouvertement hostile aux privatisations, déclara que le tsunami avait été pour elle l'occasion d'une sorte d'illumination religieuse. Bref, elle avait vu la lumière et s'était convertie au libre marché. Elle parcourut la côte ravagée et, debout au milieu des décombres, annonça : «Notre pays a la chance de posséder de nombreuses richesses naturelles. Jusqu'ici, nous ne les avons pas exploitées à fond. [...] La nature s'est probablement dit : "Assez, c'est assez" et elle nous a frappés de toutes parts pour nous rappeler que nous devons être tous ensemble[14].» C'était une interprétation audacieuse – le tsunami vu comme un châtiment divin provoqué par le refus des Sri-Lankais de vendre leurs plages et leurs forêts.

Le pays commença sur-le-champ à faire pénitence. Seulement quatre jours après que la vague eut frappé, le gouvernement annonça un projet de loi qui, à terme, se solda par la privatisation de l'eau potable, projet auquel les citoyens s'opposaient vivement depuis des années. Comme le pays était encore inondé par l'eau de mer et parsemé de cadavres, peu de Sri-Lankais étaient au courant du projet de loi. Le moment choisi rappelle celui qu'on retint pour l'adoption de la nouvelle loi sur le pétrole en Irak. Le gouvernement aggrava encore la situation en augmentant le prix de l'essence – décision ayant pour but d'envoyer aux organismes prêteurs un message sans équivoque à propos de la responsabilité budgétaire de Colombo. Il entreprit également l'élaboration d'un projet de loi visant au morcellement de la compagnie nationale d'électricité dans l'intention de l'ouvrir à la participation du secteur privé[15].

Herman Kumara, chef du mouvement national de solidarité des pêcheurs du Sri Lanka, qui représente les exploitants de petits bateaux, qualifia la reconstruction de « second tsunami de la mondialisation corporatiste ». À ses yeux, il s'agissait d'une tentative délibérée d'exploitation de ses membres au moment où ils étaient particulièrement vulnérables et affaiblis – de la même façon que le pillage succède à la guerre, le second tsunami se rua sur les traces du premier. « Avant, les gens s'opposaient violemment à ces politiques, me dit-il. Seulement, aujourd'hui, ils crèvent de faim dans des camps. Tout ce qui les préoccupe, c'est de savoir s'ils survivront jusqu'au lendemain – ils n'ont pas d'endroit où dormir, où habiter, ils ont perdu leur gagne-pain, ils n'ont aucune idée de ce qu'ils feront pour se nourrir. Et le gouvernement impose ce plan dans des conditions pareilles. Lorsqu'ils seront tirés d'affaire, les gens se rendront compte de ce qui a été décidé, mais alors il sera trop tard. »

Si les prêteurs de Washington réussirent à exploiter le tsunami avec autant de célérité, c'est parce qu'ils n'en étaient pas à leur première expérience du genre. Pour le capitalisme du désastre post-tsunami, la répétition générale avait eu lieu au lendemain de l'ouragan Mitch, épisode qu'on a trop peu analysé.

En octobre 1998, Mitch s'était déchaîné pendant une interminable semaine sur l'Amérique centrale, cinglant les côtes et les montagnes du Honduras, du Guatemala et du Nicaragua, avalant des villages entiers et tuant plus de 9 000 personnes. Ces pays, déjà pauvres, ne pouvaient pas s'en sortir sans une généreuse aide étrangère – aide qu'ils finirent d'ailleurs par obtenir, mais à un prix très élevé. Dans les deux mois suivant le passage de l'ouragan, tandis que les gens avaient des débris jusqu'aux genoux et que des cadavres croupissaient dans la vase, le Congrès du Honduras adopta des lois autorisant la privatisation des aéroports, des ports et des autoroutes et accélérant les projets de privatisation des sociétés nationales de téléphone et d'électricité et de certains secteurs de l'approvisionnement en eau. Il abrogea des lois progressistes sur la réforme agraire, facilita considérablement l'achat et la vente de propriétés par des étrangers et fit adopter de force une loi sur les mines radicalement favorable aux entreprises (et rédigée par elles) qui avait pour effet d'abaisser les normes environnementales et de faciliter l'éviction des citoyens dont les maisons empiétaient sur le territoire de nouvelles mines[16].

Dans les pays voisins, la situation était en gros la même. Pendant les deux mois suivant l'ouragan Mitch, le Guatemala annonça son intention de vendre son réseau téléphonique ; le Nicaragua fit de même et ajouta la société nationale d'électricité et le secteur pétrolier. Selon le *Wall Street Journal*, « la Banque mondiale et le Fonds monétaire international étaient intervenus pour obtenir la vente [du secteur des télécommunications] en faisant de la transaction une condition de l'octroi d'une aide annuelle d'environ 47 millions de dollars pour une période de trois ans et d'un allégement de la dette extérieure du Nicaragua de quelque 4,4 milliards de dollars[17]. La privatisation du réseau téléphonique n'avait bien sûr rien à voir avec la reconstruction consécutive à l'ouragan, sinon dans la logique des tenants du capitalisme du désastre en poste dans les institutions financières de Washington.

Au cours des années suivantes, les ventes se poursuivirent, souvent à des prix largement inférieurs à ceux du marché. Dans la plupart des cas, les acheteurs étaient d'anciennes sociétés d'État qui avaient elles-mêmes été privatisées et qui écumaient le monde à la recherche d'acquisitions susceptibles d'accroître la valeur de leurs titres. Ainsi, Telmex, compagnie de téléphone mexicaine privatisée, rafla celle du Guatemala ; la société espagnole Unión Fenosa, spécialisée dans l'énergie, acheta les sociétés énergétiques du Nicaragua ; l'Aéroport international de San Francisco, société privée désormais, s'offrit les quatre aéroports honduriens. Et le Nicaragua vendit une participation de 40 % dans sa compagnie de téléphone pour seulement 33 millions de dollars, même si, selon PricewaterhouseCoopers, cette dernière en valait plutôt 80 millions[18]. « La destruction attire des investisseurs étrangers », déclara le ministre des Affaires étrangères du Guatemala à l'occasion d'un passage au Forum économique mondial de Davos en 1999[19].

Au moment où le tsunami frappa, Washington était donc fin prêt à pousser plus loin le modèle établi à la suite du passage de l'ouragan Mitch. L'objectif n'était plus la simple adoption de nouvelles lois. Il s'agissait plutôt de confier à des entreprises la responsabilité de la reconstruction. Tout pays touché par une catastrophe de l'ampleur de celle du tsunami de 2004 a besoin d'un plan de reconstruction exhaustif ; il faut assurer la meilleure utilisation possible de l'aide étrangère et veiller à ce que les fonds rejoignent les destinataires prévus. Sous la pression des prêteurs de Washington, la présidente du Sri Lanka décida que les politiciens élus de son gouvernement n'étaient pas les mieux placés pour se charger de cette planification. Une semaine après le tsunami, elle créa un tout nouvel organe appelé le groupe de travail pour la reconstruction de la nation (Task Force to Rebuild the Nation). C'est ce groupe, et non le Parlement du pays, qui assumerait l'entière responsabilité de l'élaboration et de l'application d'un plan directeur pour la création d'un nouveau Sri Lanka. Il se composait des chefs d'entreprises les plus puissants des secteurs bancaire et industriel du pays. Et pas n'importe quelles industries – cinq des dix membres du groupe avaient des intérêts dans le secteur touristique balnéaire et représentaient quelques-uns des plus importants hôtels de villégiature du pays[20]. Les secteurs de la pêche et de l'agriculture n'étaient pas représentés, et il n'y avait pas d'environnementaliste, de scientifique ni même de spécialiste de la reconstruction consécutive à une catastrophe. Le groupe était présidé par Mano Tittawella, ex-tsar de la privatisation. « Nous avons l'occasion de bâtir une nation modèle », déclara-t-il[21].

La création du groupe de travail ne fut ni plus ni moins qu'une nouvelle forme de coup d'État corporatiste, réalisé grâce à une catastrophe naturelle. Comme dans de nombreux autres pays, les règles démocratiques sri-lankaises avaient barré la route aux politiques de l'école de Chicago : les élections de 2004 en sont la preuve. Tandis que les citoyens se solidarisaient pour répondre à une urgence nationale et que les politiciens étaient prêts à tout pour obtenir de l'aide internationale, on mit sommairement de côté la volonté exprimée par la population et on y substitua le règne d'industriels non élus – une première pour le capitalisme du désastre.

En seulement dix jours, les membres du groupe de travail, sans jamais quitter la capitale, réussirent à élaborer un plan détaillé de reconstruction nationale, du logement aux autoroutes. C'est ce plan qui prévoyait l'établissement d'une zone tampon dont les hôtels étaient commodément exemptés. Ses auteurs dirigèrent également l'aide reçue vers les super-autoroutes et les ports de pêche industriels qui s'étaient heurtés à de si vives résistances avant la catastrophe. « À nos yeux, ce programme économique est une catastrophe plus grande encore que le tsunami. C'est pour cette raison que nous nous sommes battus avec autant de force pour prévenir son adoption et que nous l'avons rejeté aux dernières élections, me dit Sarath Fernando, militant sri-lankais qui lutte pour la réforme agraire. Aujourd'hui, juste trois semaines après le tsunami, ils reviennent à la charge. De toute évidence, le plan était prêt d'avance*. »

Washington soutint le groupe de travail au moyen d'une forme d'aide à la reconstruction bien connue depuis l'invasion de l'Irak : l'octroi de mégacontrats à ses propres entreprises. CH2M Hill, géant de l'ingénierie et de la construction du Colorado, avait reçu 28,5 millions de dollars pour superviser d'autres grands entrepreneurs en Irak. Malgré le rôle central qu'elle avait joué dans l'échec lamentable de l'effort de reconstruction à Bagdad, la société se vit octroyer un nouveau contrat de 33 millions de dollars au Sri Lanka (somme par la suite portée à 48 millions de dollars), surtout pour effectuer des travaux dans trois ports en eaux profondes destinés aux flottilles de pêche industrielles et à la construction d'un nouveau pont pour Arugam Bay, dans le cadre du projet visant à faire du village un «paradis touristique[22]». Les deux programmes – menés au nom de l'aide aux victimes du tsunami – eurent des effets désastreux sur elles : les chalutiers prélevaient leurs poissons et les hôtels ne voulaient pas les voir sur la plage. Pour reprendre les mots de Kumari : «Le problème, c'est que l'"aide" n'aide pas et que, en plus, elle nuit.»

John Varley, directeur du programme de compétitivité d'USAID, à qui je demandai pourquoi le gouvernement des États-Unis affectait son aide à des projets qui avaient pour effet de déplacer les survivants du tsunami, me répondit : «L'aide ne doit pas se limiter aux seules victimes du tsunami. [...] Faisons en sorte qu'elle profite à tout le Sri Lanka ; faisons en sorte qu'elle contribue à la croissance.» Varley compara le projet à l'ascenseur d'un gratte-ciel : à sa première ascension, il accueille des passagers et les emporte jusqu'en haut. Là, ces derniers créent de la richesse, ce qui permet à l'ascenseur de redescendre et de faire monter d'autres personnes. Les gens qui attendent en bas doivent savoir que l'ascenseur viendra les chercher eux aussi – tôt ou tard.

---

* Fernando préside le Movement for Land and Agricultural Reform (MONLAR) ou mouvement pour la réforme agraire et agricole, coalition d'ONG sri-lankaises qui, peu de temps après la catastrophe, a commencé à revendiquer un «mécanisme de reconstruction par le peuple».

Les seuls fonds directs (un million de dollars) que le gouvernement des États-Unis destina aux petits pêcheurs furent utilisés pour la «réfection» des abris temporaires où ils étaient parqués pendant le réaménagement des plages[23]. Signe certain que les abris faits de feuilles de tôle et de panneaux de particules n'avaient de temporaire que le nom; ils allaient en réalité former des bidonvilles permanents, comme ceux qui encerclent aujourd'hui la plupart des villes du Sud mondialisé. Les habitants de ces bidonvilles n'ont pas droit à de vastes programmes de secours, bien sûr, mais le cas des victimes du tsunami aurait dû être différent. Le monde entier les avait vus perdre leurs maisons et leur gagne-pain en direct à la télévision, et le sentiment universel était que ce qui avait été perdu pouvait et devait être remplacé – pas suivant la théorie économique de la percolation, mais directement, de la main à la main. Cependant, la Banque mondiale et USAID étaient au fait d'une vérité qui échappait à la plupart d'entre nous : bientôt, les traits distinctifs des survivants du tsunami s'estomperaient. Leurs visages se confondraient avec ceux des milliards d'indigents qui peuplent le monde, dont beaucoup vivaient déjà dans des cabanes en tôle sans eau courante. La prolifération de ces abris de fortune était tout aussi caractéristique de l'économie mondiale que celle des hôtels à 800 $ la nuit.

Dans l'un des camps intérieurs les plus misérables du sud du Sri Lanka, je rencontrai une jeune mère appelée Renuka qui, malgré ses haillons, était d'une beauté saisissante. C'était l'une des personnes qui attendaient l'ascenseur de Varley. Sa cadette de six mois était née deux jours après le tsunami. Dans l'eau jusqu'au cou, Renuka, enceinte de neuf mois, avait fait preuve d'une force surhumaine en sauvant ses deux petits garçons. Et pourtant, après cet exploit, elle et les membres de sa famille crevaient de faim sur un lopin de terre stérile, au milieu de nulle part. Deux ou trois canots, don d'une ONG bien intentionnée, faisaient pitié à voir. Comme le camp se trouvait à quelque trois kilomètres de l'eau et que les survivants ne disposaient même pas d'un vélo pour se déplacer, les embarcations constituaient un cruel rappel d'une vie révolue. Renuka avait un message pour quiconque souhaitait venir en aide aux survivants du tsunami : «Si vous avez quelque chose pour moi, mettez-le dans ma main.»

Le Sri Lanka ne fut pas le seul pays touché par ce second tsunami – en Thaïlande, aux Maldives et en Indonésie, on faisait aussi état de vols de terres et de lois qui les cautionnaient. En Inde, les survivants du tsunami du Tamil Nadu étaient dans un tel état de dénuement que jusqu'à 150 femmes furent forcées de vendre un rein pour acheter de la nourriture. Un travailleur de l'aide humanitaire déclara au *Guardian* que le gouvernement de l'État « préfère utiliser le littoral pour construire des hôtels, même si les habitants de ces régions sont plongés dans le désespoir ». Tous les pays frappés par le tsunami créèrent des « zones tampons » pour empêcher les villageois de reconstruire sur la côte et libérer des terres pour les promoteurs. (À Aceh, en Indonésie, les zones faisaient deux kilomètres de largeur, même si le gouvernement dut finir par abroger le décret[24].)

Un an après le tsunami, ActionAid, ONG respectée qui surveille la façon dont l'aide internationale est dépensée, publia les résultats d'une enquête exhaustive menée auprès de 50 000 survivants du tsunami répartis dans cinq pays. Les mêmes schémas se répétaient partout : on interdisait aux résidents de reconstruire tout en offrant aux hôtels des conditions alléchantes ; les camps temporaires étaient en réalité des enclos de misère militarisés, et on n'effectuait pratiquement aucune reconstruction permanente. On assistait à l'extinction de modes de vie traditionnels. Les auteurs de l'enquête en viennent à la conclusion qu'on ne peut imputer les contretemps aux suspects habituels : mauvaises communications, sous-financement ou corruption. Les problèmes étaient structurels et délibérés. « Les gouvernements ont dans une large mesure manqué à leur obligation de fournir des terrains pour l'aménagement de logements permanents, affirment-ils. Pendant que les communautés côtières étaient balayées au profit d'intérêts commerciaux, ils sont restés les bras croisés ou ont agi en complices[25]. »

En ce qui concerne l'opportunisme consécutif au tsunami, rien, toutefois, ne se compare aux Maldives, peut-être le moins bien compris des pays touchés. Là, le gouvernement ne se contenta pas de débarrasser le littoral des pauvres – il se servit du tsunami comme prétexte pour chasser ses citoyens de la vaste majorité des zones habitables du pays.

Les Maldives, archipel constitué de quelque 200 îles habitées, parsemées le long de la côte de l'Inde, forment une république touristique comme certains pays d'Amérique centrale étaient autrefois qualifiés de républiques bananières. Le pays offre non pas des fruits tropicaux, mais bien des loisirs tropicaux : il tire en effet une proportion ahurissante de ses revenus, c'est-à-dire 90 %, des vacances à la plage[26]. Or les loisirs offerts par les Maldives sont particulièrement attrayants, voire décadents. Près de 100 îles de l'archipel sont des «îles de villégiature», des îlots de végétation luxuriante entourés de sable blond et entièrement dominés par des hôtels, des croisiéristes et des particuliers bien nantis. Certaines sont louées pour une période de 50 ans. Les îles les plus luxueuses accueillent une clientèle d'élite (Tom Cruise et Katie Holmes pour leur voyage de noces, par exemple) attirée non seulement par la beauté des lieux et par la plongée sous-marine, mais aussi par l'isolement total que seule peut assurer une île privée.

Les centres de villégiature doublés de spas, dont l'architecture s'inspire des villages de pêche traditionnels, rivalisent les uns avec les autres. Qui saura caser le plus de jouets et d'extras ploutonomiques – systèmes audiovisuels Bose, appareils Philippe Starck dans les toilettes extérieures, draps si fins qu'ils se dissolvent presque au toucher – dans des huttes sur pilotis ? Les îles excellent également au jeu qui consiste à effacer la ligne de démarcation entre la terre et la mer. Les villas du Coco Palm sont aménagées sur la lagune et, à l'arrière, des échelles vont du pont à l'eau ; les chambres à coucher du Four Seasons «flottent» sur l'océan et le Hilton se vante d'offrir le premier restaurant sous-marin, bâti sur un récif de corail. Dans de nombreuses suites, on trouve des chambres de bonne ; sur l'une des îles privées, les clients ont à leur disposition, vingt-quatre heures sur vingt-quatre, un «majordome maldivien attitré – un "Thakuru", qui vous sert votre martini comme vous le préférez, au shaker ou à la cuillère». Dans ces centres de villégiature dignes de James Bond, les villas se louent jusqu'à 5 000 $ la nuit[27].

L'homme qui règne sur ce royaume voué au plaisir est le chef d'État asiatique qui occupe son poste depuis le plus longtemps : en effet, le président Maumoon Abdul Gayoom est en poste depuis 1978. Pendant son mandat, le gouvernement a emprisonné les chefs de l'opposition, et on l'a accusé de torturer les «dissidents» coupables de crimes comme la création de sites Web antigouvernementaux[28]. Une fois les critiques relégués dans des îles-prisons, Gayoom et son entourage purent consacrer toute leur attention à l'industrie touristique.

Avant le tsunami, le gouvernement des Maldives cherchait à augmenter le nombre d'îles consacrées au tourisme de luxe, marché en forte croissance. Il se heurta toutefois à un obstacle de taille : la population. Les Maldiviens sont des pêcheurs de subsistance, dont bon nombre vivent dans des villages traditionnels répartis autour des atolls. Ce mode de vie posait quelques problèmes. Aux Maldives, l'élite n'est pas sensible au charme rustique des poissons qu'on écorche sur la plage. Bien avant le tsunami, le gouvernement Gayoom avait tenté de convaincre ses citoyens de déménager vers une poignée d'îles plus vastes et plus densément peuplées, rarement fréquentées par les touristes. Les îles en question sont censées offrir une meilleure protection contre la crue des eaux causée par le réchauffement climatique. Mais même un régime répressif ne pouvait pas sans mal arracher des dizaines de milliers de personnes à leurs îles ancestrales, et le programme de «consolidation démographique» fut en gros un échec[29].

Après le tsunami, le gouvernement de Gayoom déclara illico que le désastre montrait hors de tout doute que certaines îles étaient «dangereuses et impropres aux établissements humains». Il lança un programme de déplacement beaucoup plus musclé qu'auparavant en vertu duquel toute personne ayant besoin de l'aide du gouvernement à la suite du tsunami devait s'établir dans l'une des cinq «îles sûres» désignées[30]. La population de quelques îles a déjà été évacuée, et d'autres opérations du même genre sont en cours. Comme par hasard, on dispose ainsi de plus de terres pour le développement touristique.

Le gouvernement des Maldives affirme que le Programme des îles sûres, que soutiennent et financent la Banque mondiale et d'autres organisations, répond aux vœux des citoyens, qui exigent de vivre sur «des îles plus grandes où ils sont plus en sécurité». Cependant, de nombreux insulaires indiquent qu'ils seraient restés chez eux si les infrastructures avaient été remises en état. À ce sujet, ActionAid déclare : «Les gens n'ont d'autre choix que de déménager puisqu'il s'agit d'une condition préalable à la réhabilitation de leurs foyers et de leur mode de subsistance[31].»

Les inquiétudes du gouvernement s'évaporèrent toutefois lorsqu'il fut question de construire des hôtels à l'architecture précaire sur des îles basses, complaisance qui eut pour effet d'aviver le cynisme vis-à-vis du prétexte officiel invoqué. Les centres de villégiature furent exemptés des mesures d'évacuation imposées pour des raisons de sécurité et, en décembre 2005, le gouvernement Gayoom annonça que 35 nouvelles îles pouvaient être louées à des hôtels pour une période pouvant s'étendre jusqu'à 50 ans[32]. Pendant ce temps, sur les îles dites «sûres», le chômage était endémique, et des incidents violents opposaient les occupants de longue date aux nouveaux venus.

UN EMBOURGEOISEMENT MILITARISÉ

D'une certaine façon, le second tsunami ne représenta jamais qu'une dose particulièrement violente de la thérapie de choc économique : la vague nettoya si bien les plages qu'un processus de déplacement et d'embourgeoisement qui aurait normalement exigé des années s'effectua en quelques jours ou en quelques semaines. En réalité, des centaines de milliers de pauvres à la peau foncée (les pêcheurs jugés «improductifs» par la Banque mondiale) étaient déplacés contre leur gré pour faire place à de très riches, pour la plupart à la peau claire (les touristes «haut de gamme»). Sur les mêmes rivages, les deux pôles économiques de la mondialisation, qui semblaient appartenir à des siècles plutôt qu'à des pays différents, entraient soudain en conflit direct, les uns revendiquant le droit de travailler, les autres celui de s'amuser. On assistait à la lutte des classes version plage, à un embourgeoisement militarisé, soutenu par la police locale et des entreprises de sécurité privées.

Les affrontements directs se concentrèrent surtout en Thaïlande, où, moins de vingt-quatre heures après le déferlement de la vague, des promoteurs chargèrent des gardiens armés de clôturer des terres où ils espéraient depuis longtemps aménager des hôtels de villégiature. Dans certains cas, les gardiens interdirent même aux anciens résidents de chercher les dépouilles de leurs enfants[33]. Pour faire obstacle aux spéculateurs, on convoqua à la hâte les membres du groupe des survivants du tsunami et de leurs amis en Thaïlande (Tsunami Survivors and Supporters), qui, dans l'une de ses premières déclarations, affirma : «Le tsunami offre une chance inespérée aux hommes d'affaires et aux politiciens dans la mesure où il a pratiquement débarrassé les zones côtières des communautés qui, auparavant, s'opposaient à la construction de leurs projets d'aménagement de centres de villégiature, d'hôtels, de casinos et d'élevages de crevettes. À leurs yeux, ces régions côtières représentent désormais des terres en friche[34]!»

Les terres en friche... À l'époque coloniale, c'était une doctrine quasi juridique – *terra nullius*. Dès qu'une terre était déclarée vierge ou «à l'abandon», on pouvait s'en emparer et éliminer ses occupants sans remords. Dans les pays touchés par le tsunami, l'idée même des terres en friche rappelle ce passé hideux, synonyme du vol des richesses et des tentatives de «civilisation» des autochtones. Nijam, pêcheur que je rencontrai sur la plage d'Arugam Bay, ne voyait pas vraiment de différence entre les deux. «Le gouvernement juge nos filets et nos poissons laids et salissants. C'est pour cette raison qu'on ne veut plus de nous sur la plage. Pour satisfaire les étrangers, il traite les siens comme des sauvages.» Les décombres, apparemment, étaient la nouvelle *terra nullius*.

Lorsque je fis sa connaissance, Nijam se trouvait en compagnie d'un groupe de pêcheurs qui rentraient à peine d'une expédition en mer, les yeux rougis par l'eau salée. Lorsque j'évoquai le projet du gouvernement de déplacer les petits pêcheurs vers une autre plage, quelques-uns brandirent leurs gros couteaux à fileter, jurèrent de «mobiliser leurs forces» et de se battre pour défendre leurs terres. Dans un premier temps, ils avaient bien accueilli les hôtels et les restaurants. «Mais nous leur avons cédé une petite place, dit un pêcheur du nom d'Abdoul, et aujourd'hui ils veulent tout.» Un autre, Mansour, montra la cime des palmiers qui nous donnaient de l'ombre. Ils avaient su résister à la violence du tsunami. «Ces arbres, ce sont mes arrière-arrière-grands-parents qui les ont plantés. Pourquoi devrions-nous aller vers une autre plage?» Un de ses proches promit : «Nous ne partirons d'ici que le jour où l'océan sera à sec.»

L'afflux de l'aide à la reconstruction devait permettre aux Sri-Lankais de bâtir une paix durable après avoir subi leur large part de pertes. À Arugam Bay et le long de la côte est, l'argent sembla plutôt provoquer un autre genre de guerre. À qui profiterait-il? Aux Cinghalais, aux Tamouls ou aux musulmans? Ne risquait-il pas de servir d'abord et avant tout les étrangers, au détriment des Sri-Lankais?

Je commençai à ressentir un décourageant sentiment de déjà-vu, comme si le vent était sur le point de tourner et qu'un autre pays «reconstruit» allait s'enfoncer dans la destruction à perpétuité. L'année précédente, en Irak, j'avais entendu toute la litanie des griefs au sujet de la reconstruction, qui favorisait, disait-on, les Kurdes et quelques chiites. Des travailleurs humanitaires que je rencontrai à Colombo me confièrent qu'ils préféraient le Sri Lanka à l'Afghanistan ou à l'Irak – ici, au moins, les ONG étaient encore considérées comme neutres, voire utiles, et la reconstruction ne faisait pas encore figure de gros mot. C'était en voie de changer. Dans la capitale, j'avais vu des affiches caricaturant des travailleurs humanitaires occidentaux en train de se remplir les poches d'argent, tandis que les Sri-Lankais crevaient de faim.

Les ONG faisaient en grande partie les frais de la colère dirigée vers la reconstruction. Ils étaient partout, et on voyait leurs logos sur les moindres surfaces, tout le long du littoral. En revanche, la Banque mondiale, USAID et les fonctionnaires du gouvernement, auteurs des fantasmes balinais, quittaient rarement leurs bureaux en ville. La situation avait quelque chose d'ironique, en ce sens que les responsables de l'aide étaient les seuls à assurer un soutien concret, mais elle était aussi inévitable : les mesures qu'ils offraient étaient en effet grossièrement inadéquates. Le problème venait en partie du fait que le complexe responsable de l'aide était si imposant et si déconnecté des gens à qui il était censé fournir des services que le standing de ses employés devint, au Sri Lanka, une sorte d'obsession nationale. Presque tous les Sri-Lankais que je rencontrais en avaient long à dire sur ce qu'un prêtre appela « la folle existence des ONG » : hôtels de luxe, villas au bord de la mer et, ultime cible de la rage populaire, les véhicules sport utilitaires blancs flambant neufs. Les organisations étaient toutes équipées de ces monstres beaucoup trop larges et puissants pour les étroites routes de terre du pays. Toute la journée, elles passaient le long des camps en les enterrant sous des nuages de poussière, leurs logos imprimés sur des fanions battant au vent – Oxfam, World Vision, Save the Children –, comme si les humanitaires avaient été des visiteurs venus du lointain Royaume des ONG. Dans un pays où il fait une chaleur étouffante, ces véhicules aux vitres teintées et au climatiseur poussé au maximum étaient plus que des moyens de transport : c'étaient de véritables microclimats montés sur roues.

Témoin de ce ressentiment, je me demandai combien de temps le Sri Lanka mettrait à s'engager sur la voie de l'Irak et de l'Afghanistan, où la reconstruction était synonyme de vol de grand chemin, au point qu'on prit les travailleurs humanitaires pour cibles. Mes craintes furent confirmées peu de temps après mon départ : dix-sept Sri-Lankais travaillant pour l'ONG internationale Action Against Hunger furent massacrés dans leur bureau près de la ville portuaire de Trincomelee, sur la côte est. La tragédie déclencha une nouvelle vague de combats brutaux, et la reconstruction s'arrêta d'un coup. De nombreuses organisations, craignant pour la sécurité de leurs employés après quelques nouvelles attaques, quittèrent le pays. D'autres centrèrent leur action sur le sud, où le gouvernement avait la situation bien en main, laissant l'est (la région la plus durement touchée) et le nord (dominé par les Tamouls) sans secours. Ces décisions ne firent qu'aggraver les soupçons selon lesquels l'argent de l'aide était dépensé injustement, surtout après qu'une étude réalisée à la fin de 2006 eut révélé que, dans un pays où la vaste majorité des maisons frappées par le tsunami étaient encore en ruine, la seule exception était le district électoral de la présidente, dans le sud, où une proportion proprement miraculeuse de maisons – 173 %! – avaient été reconstruites[35].

Les humanitaires encore sur le terrain dans l'est, près d'Arugam Bay, faisaient désormais face à une nouvelle vague de déplacements – des centaines de milliers de personnes durent quitter leur maison à cause des violences. Selon le *New York Times*, des employés de l'ONU «qui avaient au départ pour tâche de reconstruire les écoles détruites par le tsunami feraient mieux d'aménager des toilettes à l'intention des personnes déplacées par les combats[36]».

En juillet 2006, les Tigres tamouls annoncèrent la fin officielle du cessez-le-feu. Finie la reconstruction, la guerre reprenait. Moins d'une année plus tard, plus de 4 000 personnes étaient mortes dans les combats post-tsunami. Seulement une fraction des maisons frappées par la vague avaient été reconstruites sur la côte est, mais, parmi les rares nouvelles structures, des centaines étaient parsemées de trous de projectiles ; les fenêtres installées depuis peu avaient été fracassées par les explosions, les toits flambant neufs s'étaient écroulés à la suite de bombardements.

Impossible de dire dans quelle mesure la décision d'utiliser le tsunami pour favoriser le capitalisme du désastre contribua à la reprise des hostilités. La paix avait toujours semblé précaire, et toutes les parties avaient fait preuve de mauvaise foi. Une chose est sûre, en tout cas : pour s'imposer durablement au Sri Lanka, la paix devra montrer qu'elle est plus profitable que la guerre. On songe en particulier aux avantages matériels de l'économie de guerre : en effet, l'armée s'occupe de la famille de ses soldats et les Tigres tamouls de celle de ses combattants et de ses kamikazes.

L'énorme élan de générosité qui fit suite au tsunami laissa miroiter la possibilité de véritables dividendes de paix – les ressources nécessaires à l'édification d'un pays plus équitable, à la remise en état de communautés ravagées. Bref, on aurait pu restaurer la confiance tout en reconstruisant les ponts et les routes. Le Sri Lanka (comme l'Irak) eut plutôt droit à ce qu'un politologue de l'université d'Ottawa, Roland Paris, appelle « le tribut de la paix » – l'imposition d'un modèle économique dur et acharné qui rendit la vie plus difficile à une majorité de gens au moment même où ils avaient besoin de réconciliation et d'un allégement des tensions[37]. La vérité, c'est que la paix proposée au Sri Lanka était porteuse de sa propre guerre. La poursuite de la violence rimait avec terre promise, souveraineté et gloire. Qu'avait donc à offrir la paix corporatiste, sinon, dans l'immédiat, la certitude d'être sans terre et, à long terme, l'insaisissable ascenseur de John Varley ?

Partout où elle a triomphé, l'école de Chicago a créé un prolétariat permanent dans lequel se retrouve de 25 à 60 % de la population. C'est toujours une forme de guerre. Lorsqu'on impose un modèle économique belliqueux – fait d'évictions massives et de cultures mises au rancart – à un pays déjà ravagé par un désastre et marqué dans sa chair par un conflit ethnique, les dangers sont beaucoup plus grands encore. Ce genre de paix punitive, ainsi que Keynes l'avait soutenu des années auparavant, a des conséquences politiques – y compris l'éclatement de guerres encore plus sanglantes.

CHAPITRE VINGT

L'apartheid du désastre

Un monde composé de zones vertes et de zones rouges

Débarrassons-nous de l'éternelle fiction voulant que les désastres frappent sans faire de discrimination – qu'ils aplatissent tout ce qui se trouve sur leur passage avec un mépris «démocratique». Les fléaux ciblent les dépossédés, ceux qui sont contraints de faire leur vie dans la trajectoire du danger. Le sida ne fait pas exception à la règle.

Hein Marais, écrivain sud-africain, 2006[1].

L'ouragan Katrina n'était pas imprévisible. La catastrophe résulte d'une structure politique qui s'est déchargée de ses obligations sur les entrepreneurs privés et a abdiqué toute responsabilité.

Harry Belafonte, chanteur américain et militant pour le respect des droits de l'homme, septembre 2005[2].

Pendant la deuxième semaine de septembre 2005, je me trouvais à La Nouvelle-Orléans en compagnie de mon mari, Avi, et d'Andrew, avec qui j'avais voyagé en Irak, pour tourner des images dans la ville encore en partie inondée. Au moment où le couvre-feu de dix-huit heures approchait, nous nous perdîmes. Les feux de circulation ne fonctionnaient pas, et la moitié des plaques indiquant le nom des rues avaient été arrachées ou tordues par la tempête. Des débris et des accumulations d'eau obstruaient de nombreuses routes, et la plupart des gens qui s'efforçaient de contourner les obstacles étaient, comme nous, des étrangers complètement désorientés.

Le choc fut violent : une collision latérale à pleine vitesse, au beau milieu d'un carrefour important. Notre voiture heurta un feu de circulation, traversa une clôture en fer forgé et s'immobilisa sur une véranda. Heureusement, les occupants des deux voitures ne subirent que des blessures mineures, mais je me retrouvai bientôt ficelée à une civière et emportée. Dans le brouillard causé par la commotion, j'étais certaine que la destination de l'ambulance, quelle qu'elle fût, serait forcément infernale. J'imaginais une scène horrible dans une clinique de fortune aménagée à l'aéroport de La Nouvelle-Orléans – les médecins et les infirmières étaient si peu nombreux que des évacués âgés étaient laissés sans soins pendant des heures, avachis dans leur fauteuil roulant. Je songeai à l'hôpital Charity, principal centre d'urgence de La Nouvelle-Orléans, devant lequel nous étions passés plus tôt dans la journée. Pendant la tempête, il avait été inondé, et les employés avaient fait des pieds et des mains pour tenter de garder les patients en vie, malgré l'absence d'électricité. Je suppliai les ambulanciers de me laisser descendre. Je me rappelle leur avoir dit que je me sentais bien. Ensuite, je perdis probablement connaissance.

Je me réveillai à l'entrée de l'hôpital le plus moderne et le plus calme que j'ai eu de ma vie. Au contraire des cliniques débordant d'évacués, le centre médical Ochsner – qui «offre des soins de santé avec la tranquillité d'esprit en prime» – comptait beaucoup plus de médecins, d'infirmières et de garçons de salle que de malades. En fait, seuls quelques patients se trouvaient dans la salle immaculée. Après une brève attente, on m'avait installée dans une vaste chambre privée, et une petite armée s'occupait de mes coupures et de mes ecchymoses. Trois infirmières m'emmenèrent dans une autre salle, où on fit des radios de mon cou. Un médecin sudiste très comme il faut enleva quelques éclats de verre et me fit deux ou trois points de suture.

Pour une habituée du système de santé publique du Canada, ces expériences étaient entièrement nouvelles. En général, je devais attendre 40 minutes pour voir mon médecin de famille. Et nous étions à La Nouvelle-Orléans, l'épicentre de la plus grave crise de santé publique de l'histoire récente des États-Unis. Un administrateur très poli vint me trouver dans ma chambre et m'expliqua que, «aux États-Unis, nous payons les services de santé. Désolé, ma chère – c'est affreux. Nous voudrions bien avoir un régime comme le vôtre. Vous n'avez qu'à remplir ce formulaire».

Au bout de deux ou trois heures, j'aurais pu m'en aller, mais la ville était verrouillée à cause du couvre-feu. «Le plus sérieux problème, me dit un gardien de sécurité privé dans l'entrée de l'immeuble où nous tuions tous deux le temps, ce sont les toxicomanes. Ils sont en manque et tentent d'entrer dans la pharmacie. »

Comme ladite pharmacie était fermée à triple tour, un interne eut la bonté de me refiler quelques analgésiques. Je voulus savoir comment les choses s'étaient passées à l'hôpital au plus fort de la tempête. « Je n'étais pas en service, Dieu merci, dit-il. J'habite en dehors de la ville. »

Lorsque je lui demandai s'il était allé donner un coup de main dans l'un des refuges, il sembla surpris et un peu embarrassé. « Tiens, je n'y avais pas pensé », dit-il. Je passai rapidement à un sujet qui me semblait plus sûr : le sort de l'hôpital Charity. Avant Katrina, l'établissement manquait tellement de ressources qu'il fonctionnait à peine. À cause des dégâts causés par la tempête, certains laissaient entendre qu'il allait fermer ses portes pour de bon. « Ils ont intérêt à le rouvrir, dit l'interne. Nous ne pouvons pas traiter ces gens ici. »

Je me rendis compte que ce jeune médecin affable et les soins médicaux offerts dans une ambiance de spa que j'avais reçus étaient l'incarnation même de la culture qui avait rendu possibles les horreurs de l'ouragan Katrina, de la culture qui avait laissé se noyer les habitants les plus pauvres de La Nouvelle-Orléans. En tant que diplômé d'une école de médecine privée et interne dans un hôpital privé, le jeune homme s'était simplement habitué à ne pas considérer comme des patients potentiels les résidents de la ville non assurés, très majoritairement afro-américains. C'était vrai avant la tempête, et c'était encore vrai après, même si la ville était devenue une sorte de service des urgences géant. Le jeune homme avait de la compassion pour les évacués, mais il n'arrivait tout de même pas à les voir comme des patients éventuels de son établissement.

En frappant La Nouvelle-Orléans, l'ouragan Katrina révéla aux yeux de l'opinion publique mondiale le vif contraste entre le monde de l'hôpital Ochsner et celui de l'hôpital Charity. Les nantis sautèrent dans leur voiture, descendirent à l'hôtel dans une autre ville et téléphonèrent à leur compagnie d'assurances. Les 120 000 habitants de La Nouvelle-Orléans qui n'avaient pas de voiture et qui comptaient sur l'État pour assurer leur évacuation attendirent une aide qui ne vint pas, utilisant la porte de leur réfrigérateur comme radeau de fortune ou comme surface sur laquelle griffonner des SOS. Ces images choquèrent la planète. En effet, si la plupart d'entre nous sommes résignés aux inégalités quotidiennes concernant l'accès aux services de santé et la qualité de l'équipement dont bénéficient les écoles, nous avions tendance, avant Katrina, à tenir pour acquis que les catastrophes naturelles faisaient exception à la règle, à nous imaginer que, pendant un événement cataclysmique, l'État – dans un pays riche tout au moins – volerait à la rescousse des citoyens. Les images de La Nouvelle-Orléans montrèrent que cette conviction généralisée – l'idée selon laquelle les catastrophes, moments où s'organisent une grande solidarité et une intervention efficace de l'État, ont pour effet de suspendre la règle du capitalisme acharné – n'était plus fondée : on l'avait laissée tomber, sans débat public.

Pendant une brève période de deux ou trois semaines, on eut l'impression que l'inondation de La Nouvelle-Orléans provoquerait une crise de la logique économique qui avait gravement exacerbé le désastre en raison de ses assauts répétés contre la sphère publique. «La tempête a mis en lumière les conséquences des mensonges et des mythes du néolibéralisme, dans un lieu unique et d'un seul coup», écrivit le politologue Adolph Reed Jr., natif de La Nouvelle-Orléans[3]. Les faits sont connus : les digues étaient mal entretenues, le réseau de transport en commun, insuffisamment financé, faillit à la tâche et l'idée que la ville se faisait de la préparation à une éventuelle catastrophe consistait à distribuer des DVD dans lesquels on recommandait aux gens de quitter la ville en cas d'ouragan.

N'oublions pas non plus la Federal Emergency Management Agency (FEMA), laboratoire où s'incarna la vision de l'administration Bush, soit un gouvernement dirigé par l'entreprise privée. Au cours de l'été 2004, plus d'un an avant Katrina, l'État de la Louisiane avait demandé à la FEMA des fonds pour mettre au point un plan d'urgence détaillé en cas d'ouragan puissant. La requête fut rejetée. L'«atténuation des dégâts» – les mesures préalables destinées à limiter les effets dévastateurs d'une catastrophe – fut l'un des programmes gouvernementaux vidés de sa substance sous Bush. Pourtant, dans le courant du même été, la FEMA octroya à une entreprise privée, Innovative Emergency Management, un contrat de 500 000 $. Sa tâche ? Élaborer «un plan d'urgence en cas d'ouragan catastrophique dans le sud-est de la Louisiane et à La Nouvelle-Orléans[4]».

L'entreprise privée ne lésina pas. Elle réunit plus de cent spécialistes, puis, à court d'argent, elle s'adressa de nouveau à la FEMA. Au bout du compte, l'exercice coûta deux fois plus cher : un million de dollars. La société accoucha de scénarios prévoyant tous les cas de figure en cas d'évacuation de masse : assurer l'approvisionnement en eau, donner l'ordre aux communautés avoisinantes de signaler les terrains vacants où aménager des parcs de maisons mobiles à l'intention des évacués – bref, des solutions raisonnables qui n'ont pas été appliquées lorsque frappa l'ouragan imaginé lors de l'élaboration de toute cette planification. C'est en partie parce que, huit mois après le dépôt du rapport, aucune mesure concrète n'avait été prise. « Il n'y avait pas d'argent pour le suivi », expliqua Michael Brown, directeur de la FEMA à l'époque[5]. Illustration typique de l'État inégal créé par Bush : d'un côté, un secteur public faible, mal financé et inefficace ; de l'autre, une infrastructure privée parallèle grassement subventionnée. Lorsqu'il s'agit de rétribuer les entrepreneurs, il n'y a pas de limites ; lorsqu'il s'agit de financer les fonctions essentielles de l'État, les coffres sont vides.

L'Autorité d'occupation de l'Irak s'était révélée une coquille vide ; l'ouragan Katrina montra que le gouvernement fédéral sur le sol américain ne valait pas mieux. En fait, il était si inexistant que la FEMA semblait incapable de localiser le Superdome de La Nouvelle-Orléans, où croupissaient 23 000 personnes, sans eau ni nourriture. Les médias du monde entier, pourtant, étaient sur place depuis des jours.

Un tel spectacle, que Paul Krugman, chroniqueur au *New York Times*, qualifia d'illustration du « gouvernement impuissant », provoqua une crise de confiance chez certains idéologues néolibéraux. « L'effondrement des digues de La Nouvelle-Orléans aura sur le néoconservatisme des conséquences aussi profondes et durables que l'effondrement du mur de Berlin-Est sur le communisme soviétique », écrivit Martin Kelly, fervent repenti, dans un essai qui fit beaucoup parler. « Avec un peu de chance, tous les tenants de cette idéologie, moi le premier, aurons beaucoup de temps pour tirer des enseignements de nos erreurs. » Même des néoconservateurs inconditionnels comme Jonah Goldberg suppliaient le « tout-état » d'intervenir : « Quand une ville s'enfonce dans la mer et que les émeutes se multiplient, le gouvernement devrait sans doute intervenir[6]. »

Ces questionnements introspectifs n'étaient pas de mise à la Heritage Foundation, repaire des véritables apôtres du friedmanisme. Katrina était une tragédie, mais, ainsi que Milton Friedman l'écrivit dans la page d'opinions du *Wall Street Journal*, c'était « aussi une occasion ». Le 13 septembre 2005 – quatorze jours après l'écroulement des digues –, la Heritage Foundation organisa une réunion d'idéologues et de législateurs républicains aux idéaux convergents. Ils mirent au point une liste « d'idées favorables au libre marché pour répondre à l'ouragan Katrina et à la hausse du prix de l'essence » – 32 propositions en tout, tirées tout droit du manuel de l'école de Chicago et présentées comme une forme d'« aide aux sinistrés ». Voici les trois premières solutions proposées : « suspendre automatiquement les lois Davis-Bacon sur les salaires dans les régions touchées » (allusion à l'obligation faite aux entrepreneurs fédéraux de verser un salaire suffisant), « faire de tout le secteur une zone de libre entreprise assujettie à un impôt uniforme » et « faire de tout le secteur une zone de compétitivité économique (avantages fiscaux complets et suspension des règlements) ». On revendiquait aussi l'octroi aux parents de bons d'études ouvrant droit aux écoles à charte[7]. Dans la semaine, le président Bush annonça l'adoption de toutes ces mesures. Il dut en fin de compte rétablir l'application des normes du travail, même si, en général, les entrepreneurs n'en tinrent pas compte.

Les participants à la rencontre firent d'autres recommandations que retint le président. Les climatologues avaient établi un lien direct entre l'intensité accrue des ouragans et le réchauffement de l'eau des océans[8]. Ce lien n'empêcha toutefois pas le groupe de travail de la Heritage Foundation de demander au Congrès d'abroger la réglementation environnementale en vigueur sur la côte du golfe du Mexique, d'autoriser la construction de nouvelles raffineries de pétrole aux États-Unis et de permettre « les forages dans la Réserve faunique nationale de l'Arctique[9] ». Toutes ces mesures auraient pour effet d'augmenter les émissions de gaz à effet de serre, principal facteur humain contribuant au changement climatique. Et pourtant, le président les défendit sur-le-champ en les faisant passer pour des moyens de remédier aux conséquences de Katrina.

En quelques semaines, la côte du golfe du Mexique devint un laboratoire intérieur du genre de gouvernement dirigé par des entrepreneurs dont on avait d'abord fait l'expérience en Irak. Les anciens de Bagdad s'arrogèrent les plus gros contrats. Ainsi, KBR, division de Halliburton, reçut 60 millions de dollars pour la reconstruction des bases militaires du littoral. On retint les services de Blackwater pour protéger les employés de la FEMA contre les pilleurs. Parsons, société bien connue pour le travail bâclé qu'elle avait effectué en Irak, se vit confier la construction d'un pont majeur dans le Mississippi. Le gouvernement chargea Fluor, Shaw, Bechtel et CH2M Hill – autant d'entrepreneurs de premier plan en Irak – de fournir des maisons mobiles aux évacués seulement dix jours après la rupture des digues. Au bout du compte, les contrats, alloués sans appels d'offres, totalisèrent 3,4 milliards de dollars[10].

Comme de nombreux observateurs le firent remarquer à l'époque, on aurait dit que, quelques jours à peine après la tempête, la Zone verte de Bagdad était descendue de son perchoir sur le Tigre et s'était posée en plein bayou. Il y avait indéniablement des parallèles. Pour diriger ses opérations post-Katrina, Shaw embaucha l'ex-chef du bureau de la reconstruction de l'armée des États-Unis en Irak. Le principal chargé de projet de Fluor fut muté de l'Irak à la zone inondée. « En Irak, notre travail de reconstruction ralentit, ce qui a pour effet de libérer certaines ressources pour la Louisiane », expliqua un représentant de l'entreprise. Joe Allbaugh, dont la société New Bridge Strategies avait promis d'introduire Wal-Mart et 7-Eleven en Irak, fut le lobbyiste responsable de bon nombre de ces ententes. Les similitudes étaient si frappantes que certains mercenaires tout juste débarqués d'Irak avaient du mal à changer de langage. Le journaliste David Enders demanda à un gardien armé posté devant un hôtel de La Nouvelle-Orléans s'il avait vu beaucoup d'action. « Nan, répondit l'homme. Ici, c'est plutôt la Zone verte[11]. »

Ailleurs aussi, c'était la Zone verte. Dans des contrats évalués à 8,75 milliards de dollars, des enquêteurs du Congrès décelèrent « des cas de surfacturation considérable, du gaspillage et des exemples de mauvaise gestion[12] ». (Que les erreurs commises en Irak aient été aussitôt répétées à La Nouvelle-Orléans devrait faire taire une fois pour toutes ceux qui soutiennent que l'occupation de l'Irak ne fut qu'un enchaînement de contretemps et d'erreurs attribuables à l'incompétence et à une surveillance inadéquate. Lorsque les mêmes erreurs sont répétées systématiquement, le moment est venu de se dire qu'il ne s'agit peut-être pas d'erreurs du tout.)

À La Nouvelle-Orléans comme en Irak, on ne négligea aucune possibilité de profit. Kenyon, division du mégaconglomérat funéraire Service Corporation International (important cotisant à la caisse électorale de Bush), fut chargé de recueillir les morts dans les maisons et les rues. Le travail s'effectua avec une extrême lenteur. Des cadavres croupirent sous le soleil impitoyable pendant des jours. On interdit aux secouristes et à des entrepreneurs de pompes funèbres bénévoles de donner un coup de main sous prétexte qu'ils empiétaient sur le territoire commercial de Kenyon. La société, qui factura à l'État 12 500 $ par cadavre en moyenne, a depuis été accusée d'avoir mal identifié de nombreuses dépouilles. Pendant presque un an après l'inondation, on découvrit des corps en décomposition dans des greniers[13].

Autre détail charmant, typique de la Zone verte : souvent, l'existence d'une expérience pertinente semblait n'avoir rien à voir avec le mode d'attribution des contrats. AshBritt, société qui reçut 500 millions de dollars pour procéder à l'enlèvement des débris, ne possédait pas un seul camion à bascule et confia toutes ses fonctions à des sous-traitants[14]. Un choix encore plus intéressant fut celui de l'entreprise à laquelle la FEMA versa 5,2 millions de dollars pour s'acquitter d'une mission cruciale, c'est-à-dire la construction d'un camp de base pour les secouristes dans la paroisse de St. Bernard, banlieue de La Nouvelle-Orléans. Le projet, qui accumula vite du retard, ne fut jamais mené à bien. Une enquête montra que l'entreprise en question, Lighthouse Disaster Relief, était en réalité un groupe religieux. « Ma seule expérience professionnelle dans ce domaine, c'est l'organisation d'un camp à l'intention des jeunes de mon église », avoua le directeur, le pasteur Gary Heldreth[15].

Comme en Irak, le gouvernement joua le rôle de guichet automatique enregistrant à la fois les dépôts et les retraits. Les entreprises retiraient des fonds au moyen d'énormes contrats, puis remboursaient le gouvernement non pas en exécutant du travail de qualité, mais bien en cotisant à sa caisse électorale ou en fournissant des bénévoles pour sa prochaine campagne. (Selon le *New York Times*, « les vingt plus importants fournisseurs de services ont dépensé 300 millions de dollars en lobbying depuis 2000 et donné 23 millions de dollars à des campagnes électorales ». L'administration Bush, en contrepartie, a, entre 2000 et 2006, augmenté d'environ 200 milliards de dollars les sommes allouées aux entrepreneurs[16].)

Autre élément familier : l'aversion des entrepreneurs à l'idée d'embaucher des résidents de la ville, qui auraient vu la reconstruction de La Nouvelle-Orléans comme une façon non seulement de gagner leur vie, mais aussi de guérir et de réhabiliter leurs communautés. Washington aurait facilement pu obliger les entreprises retenues à embaucher des gens du coin à un salaire décent pour les aider à se reprendre en main. Au lieu de quoi les habitants de la côte du golfe du Mexique, comme ceux de l'Irak, devaient se contenter de regarder les entrepreneurs créer un boom économique grâce à un accès facile à l'argent des contribuables et à des règlements laxistes.

Une fois tous les sous-traitants généreusement rémunérés, il ne restait presque rien, comme on pouvait s'y attendre, pour ceux qui effectuaient le travail. L'auteur Mike Davis, par exemple, suivit un contrat octroyé par la FEMA : Shaw reçut 175 $ du pied carré (929 cm²) pour l'installation de bâches bleues sur les toits endommagés, même si les bâches elles-mêmes étaient fournies par le gouvernement. Après que tous les sous-traitants eurent prélevé leur quote-part, les ouvriers qui clouèrent les fameuses bâches ne touchèrent dans certains cas que deux dollars du pied carré. « En d'autres termes, tous les niveaux de la chaîne alimentaire des entrepreneurs sont grotesquement surpayés, à l'exception du dernier échelon, où le vrai travail s'effectue[17]. »

Selon une étude, « le quart des travailleurs ayant participé à la reconstruction de la ville étaient des immigrants illégaux, la plupart hispaniques, beaucoup moins bien payés que leurs homologues autorisés ». Au Mississippi, un recours collectif força quelques sociétés à verser des centaines de milliers de dollars en salaires rétroactifs à des travailleurs immigrants. Certains ne furent pas payés du tout. Dans un chantier de Halliburton/KBR, des travailleurs immigrants sans papiers dirent avoir été réveillés en pleine nuit par leur employeur (un sous-traitant), lequel leur aurait déclaré que des agents de l'immigration étaient en route. Pour éviter l'arrestation, la plupart des ouvriers s'enfuirent. Après tout, ils auraient peut-être abouti dans l'une des nouvelles prisons du service de l'immigration dont le gouvernement fédéral avait confié la construction à Halliburton/KBR*[18].

Les attaques menées contre les défavorisés, toujours au nom de la reconstruction et du secours aux sinistrés, ne s'arrêtèrent d'ailleurs pas là. Pour compenser les dizaines de milliards de dollars versés aux entreprises privées sous forme de contrats et de crédits d'impôt, le Congrès majoritairement républicain annonça qu'il devait réduire le budget fédéral de 40 milliards de dollars. Les prêts aux étudiants, Medicaid et les coupons alimentaires comptèrent parmi les programmes touchés[19]. En d'autres termes, les citoyens les plus pauvres du pays subventionnèrent deux fois les folles extravagances des entrepreneurs – la première lorsque le secours aux sinistrés de Katrina se transforma en cadeaux déréglementés aux entreprises, sans emplois décents ni services publics dignes

---

* On n'a consacré aucune étude exhaustive aux conditions de travail en vigueur à La Nouvelle-Orléans, mais l'Advancement Project, groupe militant de la ville, estime que, dans 60 % des cas, les travailleurs immigrants n'ont pas reçu la totalité des sommes qui leur étaient dues.

de ce nom à la clé, et la seconde quand on dut rogner sur les rares programmes destinés aux chômeurs et aux petits salariés du pays pour régler des factures copieusement gonflées.

Il n'y a pas si longtemps, les désastres étaient des périodes de nivellement social, des moments d'exception où des communautés fragmentées mettaient leurs divisions de côté et se solidarisaient. De plus en plus, cependant, les désastres ont l'effet contraire : ils sont autant de fenêtres ouvertes sur un avenir cruel et impitoyablement fractionné où l'argent et la race sont les conditions de la survie.

La Zone verte de Bagdad est l'expression la plus flagrante de ce nouvel ordre mondial. Elle a son réseau électrique, son réseau téléphonique, son réseau d'égouts, sa réserve de pétrole et son hôpital de pointe équipé de salles d'opération immaculées – le tout protégé par des murailles de cinq mètres d'épaisseur. Curieusement, on dirait un paquebot géant et fortifié de Carnival Cruise planté au milieu d'une mer de violence et de désespoir, c'est-à-dire la Zone rouge en ébullition qu'est le reste de l'Irak. Si on vous laisse monter à bord, vous aurez droit à des cocktails servis au bord de la piscine, à des navets hollywoodiens et à des appareils de musculation Nautilus. Si vous ne comptez pas parmi les élus, vous risquez de vous prendre une balle dans la tête simplement en vous approchant trop près du mur de protection.

Partout en Irak, l'importance extrêmement variable qu'on accorde aux diverses catégories d'individus saute aux yeux. Les Occidentaux et leurs collègues irakiens ont droit à des postes de contrôle au bout de leurs rues, à des murs anti-déflagration devant leurs maisons, à des vêtements pare-balles et à des gardiens de sécurité privés en service commandé vingt-quatre heures sur vingt-quatre. Ils parcourent le pays dans des convois blindés à l'allure menaçante, accompagnés de mercenaires ayant reçu pour consigne de «protéger le principal» en pointant leurs armes par les ouvertures. Chacun de leurs gestes véhicule un message implacable : nous sommes les élus et nos vies valent plus que les vôtres. Pendant ce temps, les Irakiens de la classe moyenne se cramponnent à l'échelon social suivant, dans la mesure où ils ont les moyens d'acheter la protection des milices locales et de payer la rançon exigée par des kidnappeurs pour obtenir la libération d'un de leurs proches. La vaste majorité des Irakiens est laissée sans la moindre protection. Ces gens marchent dans la rue, vulnérables à toutes les formes de violence : seule une mince couche de tissu les sépare de la prochaine voiture piégée. En Irak, les bienheureux ont du Kevlar ; les autres n'ont que les grains de leurs chapelets.

Au début, je croyais que le phénomène de la Zone verte était propre à la guerre en Irak. Après avoir parcouru des zones sinistrées pendant des années, je sais maintenant qu'une Zone verte apparaît chaque fois que le complexe du capitalisme du désastre s'abat sur une région, où il creuse un fossé infranchissable entre privilégiés et marginaux, protégés et damnés.

Le même phénomène s'est produit à La Nouvelle-Orléans. Après l'inondation, une ville déjà fragmentée s'est transformée en un champ de bataille composé de zones vertes barricadées et de zones rouges chaotiques – résultat non pas de l'inondation, mais bien des « solutions favorables au libre marché » défendues par le président. L'administration Bush refusa d'allouer des fonds d'urgence pour payer les fonctionnaires, et la ville, privée de son assiette fiscale, dut congédier 3 000 employés au cours des mois qui suivirent l'ouragan. Parmi eux, seize employés du service d'urbanisme furent remerciés au moment où La Nouvelle-Orléans avait désespérément besoin d'urbanistes – rappel du mouvement de « débaathification » que connut l'Irak. On préféra verser des millions de dollars à des experts-conseils du secteur privé, dont bon nombre étaient de puissants promoteurs immobiliers[20]. Et, bien sûr, on licencia des milliers d'enseignants, mesure qui favorisa la conversion de dizaines d'écoles publiques en écoles à charte, exactement comme Milton Friedman l'avait réclamé.

Près de deux ans après la tempête, l'hôpital Charity demeurait fermé. Le système judiciaire était à peine fonctionnel, et la compagnie d'électricité privatisée, Entergy, n'avait toujours pas réussi à raccorder l'ensemble de la ville au réseau. Après avoir menacé d'augmenter les tarifs de manière radicale, la société parvint à arracher au gouvernement fédéral une aide financière controversée de 200 millions de dollars. Le réseau de transport en commun, vidé de sa substance, perdit presque la moitié de ses employés. La vaste majorité des projets de construction de HLM était à l'arrêt, les immeubles placardés et déserts. L'organisme fédéral responsable du logement devait démolir 5 000 unités[21]. Tout comme le lobby du tourisme asiatique avait lorgné du côté des villages de pêche du littoral, celui de La Nouvelle-Orléans avait les yeux rivés sur les projets d'habitation, dont quelques-uns occupaient des terrains de premier choix voisins du Quartier français, la principale attraction de la ville.

Endesha Juakali participa à l'érection d'un camp de protestation devant l'un des logements sociaux barricadés, dans la paroisse de St. Bernard. « Ils ont l'œil sur St. Bernard depuis longtemps, mais tant que des gens vivaient ici, ils ne pouvaient rien faire. Ils ont donc utilisé la catastrophe pour vider le quartier au moment où il était le plus vulnérable. [...] C'est l'endroit parfait où construire de grosses maisons et des appartements. Le seul problème, c'est qu'il y a un tas de pauvres Noirs assis dessus[22] ! »

Les écoles, les maisons, les hôpitaux, le réseau de transport en commun, les quartiers encore privés d'eau potable... En fait, on ne s'employait pas à reconstruire le secteur public de La Nouvelle-Orléans. Au contraire, on utilisait la tempête comme prétexte pour l'oblitérer. À un stade antérieur de la « destruction créative » capitaliste, de vastes secteurs des États-Unis avaient perdu leurs assises manufacturières ; il ne restait plus que la fameuse *rust belt* (ceinture de rouille), soit une zone d'usines placardées et de quartiers négligés. La Nouvelle-Orléans de l'après-Katrina offrait peut-être la première image occidentale d'un nouveau type de paysage urbain dévasté : une « ceinture de moisissure », victime de la combinaison fatale du vieillissement de l'infrastructure publique et de conditions climatiques extrêmes.

En 2007, l'American Society of Civil Engineers déclara que l'entretien de l'infrastructure publique des États-Unis – les routes, les ponts, les écoles, les barrages – accusait un tel retard qu'il faudrait dépenser plus de mille milliards et demi de dollars sur cinq ans pour les mettre à niveau. Au lieu de quoi le gouvernement sabre dans les dépenses de cette nature[23]. En même temps, les infrastructures publiques du monde entier sont soumises à une pression sans précédent en raison des ouragans, des cyclones, des inondations et des feux de forêt, autant de phénomènes dont la fréquence et l'intensité s'accroissent. On n'a aucun mal à imaginer un avenir dans lequel un nombre de plus en plus grand de villes, voyant leurs infrastructures fragiles et négligées depuis trop longtemps détruites par des catastrophes, les laisseront pourrir sur place, sans restaurer ni réhabiliter leurs fonctions essentielles. Les nantis, eux, se réfugieront dans des enclaves résidentielles protégées (*gated communities*), où des fournisseurs privés répondront à tous leurs besoins.

Au début de la saison des ouragans de 2006, certains signes d'un tel avenir étaient déjà visibles. En un an seulement, l'industrie des secours aux sinistrés avait littéralement explosé. Une ribambelle de nouvelles entreprises fit son entrée sur le marché en promettant la sécurité le jour où frapperait la prochaine Grande Catastrophe. L'un des projets les plus ambitieux fut lancé par une compagnie aérienne de West Palm Beach, en Floride. Help Jet se targue de proposer «le premier plan de fuite en cas d'ouragan capable de transformer une évacuation en vacances de luxe». La démarche est la suivante : la compagnie réserve pour ses membres des vacances dans des hôtels pour golfeurs cinq étoiles, dans des spas ou à Disneyland. Les membres sont rapidement évacués de la zone à risque à bord de jets de luxe. «Pas de file d'attente, pas de foule grouillante. Qu'une expérience de première classe qui transforme une épreuve en vacances. [...] Profitez de la joie qu'on ressent à l'idée d'éviter le cauchemar dont s'accompagne habituellement l'évacuation en cas d'ouragan[24]. »

Les personnes qui restent derrière ont droit à une solution privatisée d'un tout autre genre. En 2006, la Croix-Rouge a signé avec Wal-Mart un nouveau partenariat relatif aux interventions en cas de catastrophes. «Avant longtemps, le privé s'occupera de tout ce secteur, déclara Billy Wagner, chef de la gestion des situations d'urgence des Keys, en Floride. Il a l'expertise, il a les ressources.» Il prenait la parole à l'occasion de la conférence annuelle sur les ouragans tenue à Orlando, en Floride, florissante foire commerciale annuelle à laquelle participent toutes les entreprises offrant des produits susceptibles d'être utiles lors d'un prochain désastre. «Certains se sont dit : "Dis donc, c'est un marché énorme – il faut que je m'y taille une place. J'arrête d'être paysagiste ; je vais devenir entrepreneur spécialisé dans la gestion des débris post-ouragans" », déclara Dave Blandford, exposant à la conférence, en exhibant fièrement ses «repas autochauffants[25] ».

Une bonne part de l'économie parallèle du désastre a été créée avec l'argent des contribuables, grâce au boom de la reconstruction privatisée dans les zones de guerre. Les entrepreneurs géants considérés comme des «principaux» en Irak ont souvent fait l'objet de critiques politiques pour avoir affecté une grande partie des revenus tirés des contrats gouvernementaux à leurs propres frais généraux – de 20 à 55 %, selon une vérification effectuée en 2006 auprès des entrepreneurs présents en Irak[26]. De façon tout à fait licite, ces fonds ont, dans une large mesure, financé d'énormes investissements dans l'infrastructure des entreprises – les bataillons de véhicules de terrassement de Bechtel, les avions et les parcs de camions de Halliburton, l'architecture de surveillance mise au point par L-3, CACI et Booz Allen.

L'investissement de Blackwater dans son infrastructure paramilitaire a toutefois été le développement le plus spectaculaire. Fondée en 1996, la société a utilisé les contrats qu'elle a obtenus à répétition sous l'administration Bush pour créer une armée privée de 20 000 mercenaires et une énorme base militaire d'une valeur de 40 à 50 millions de dollars en Caroline du Nord. Selon un compte rendu, Blackwater a désormais les capacités suivantes : « Un secteur logistique florissant capable d'acheminer plus vite que la Croix-Rouge 100 ou 200 tonnes de matériel de secours alimentaire autonome. Une division de l'aviation en Floride comprenant 26 plates-formes différentes, qui vont des hélicoptères armés à un gigantesque Boeing 767. La société possède même un Zeppelin. Le plus important circuit pour la conduite tactique au pays. […] Un lac artificiel d'une vingtaine d'arpents où des conteneurs équipés de bastingages et de hublots flottant sur des pontons servent à enseigner les techniques d'abordage d'un navire hostile. Un centre de dressage canin qui, à l'heure actuelle, compte 80 équipes de chiens déployées aux quatre coins du monde. […] Un champ de tir d'environ 1 200 mètres servant à l'entraînement des snipers*[27]. »

Aux États-Unis, un journal de droite a qualifié Blackwater d'« Al-Qaïda pour les bons[28] ». L'analogie est saisissante. Partout où il s'est installé, le complexe du capitalisme du désastre a engendré une prolifération de groupements armés en marge de l'État. Le fait n'a rien d'étonnant : lorsque des pays sont reconstruits par des gens qui ne croient pas au gouvernement, les États rebâtis sont toujours faibles, d'où l'apparition d'un marché pour les autres forces de sécurité, qu'il s'agisse du

---

* L'un des aspects les plus troublants de cette industrie est qu'elle se montre ouvertement partisane. Blackwater, par exemple, épouse le mouvement anti-avortement et d'autres causes chères à la droite. Elle contribue presque exclusivement à la caisse du Parti républicain, au lieu de se couvrir de tous les côtés, comme la plupart des grandes entreprises. Halliburton destine 87 % de ses cotisations au Parti républicain ; dans le cas de CH2M Hill, la proportion est de 70 %. Est-il inconcevable que les partis politiques chargent un jour ces entreprises d'espionner leurs rivaux pendant une campagne électorale – ou leur confient des missions trop clandestines même pour la CIA ?

Hezbollah, de Blackwater, de l'Armée du Mahdi ou des gangs qui écument les rues de La Nouvelle-Orléans.

L'émergence d'une telle infrastructure parallèle dans le secteur privé va bien au-delà des simples services de police. Celle dont se sont dotés les entrepreneurs sous l'administration Bush constitue un véritable État dans l'État ; elle est d'autant plus forte et capable que l'État lui-même est faible et fragile. Cet État privé fantôme a été créé presque exclusivement à l'aide de fonds publics (Blackwater tire 90 % de ses revenus des contrats gouvernementaux), y compris au chapitre de la formation de ses employés – pour la plupart d'anciens fonctionnaires, politiciens et soldats[29]. Pourtant, cette vaste infrastructure appartient exclusivement à des intérêts privés. Les citoyens qui l'ont financée n'ont strictement pas leur mot à dire sur cette économie parallèle ni sur ses ressources.

Le véritable État, pendant ce temps, a perdu la capacité d'exercer ses fonctions essentielles sans l'aide des entrepreneurs. Son matériel est désuet, et les plus grands spécialistes ont fui vers le secteur privé. Lorsque Katrina a frappé, la FEMA a dû embaucher un entrepreneur, MPRI, pour attribuer les contrats aux entrepreneurs. Le moment venu de mettre à jour son manuel de règlements concernant les rapports avec les entrepreneurs, l'armée dut faire appel à un entrepreneur parce qu'elle ne possédait plus les connaissances nécessaires en interne. La CIA perd de si nombreux agents au profit du secteur parallèle de l'espionnage privatisé qu'elle a dû interdire aux entrepreneurs de faire du recrutement dans sa cantine. « Un agent traitant ayant récemment pris sa retraite a déclaré avoir été approché à deux reprises pendant qu'il attendait son café », lut-on dans le *Los Angeles Times*. Lorsque le secrétariat à la Sécurité intérieure décida qu'il fallait ériger des « murs virtuels » le long des frontières des États-Unis avec le Mexique et le Canada, le sous-secrétaire Michael P. Jackson déclara aux entrepreneurs : « C'est une invitation peu orthodoxe. [...] Nous vous demandons de nous dire comment faire notre travail. » L'inspecteur général du secrétariat expliqua que la Sécurité intérieure « n'avait pas la capacité requise pour planifier, superviser et exécuter efficacement le programme [initiative pour des frontières sûres][30] ».

Sous Bush, l'État a les signes extérieurs d'un gouvernement – les immeubles imposants, les points de presse présidentiels, les batailles stratégiques –, mais il n'exécute plus les véritables tâches de la gouvernance, pas plus que les employés du campus de Nike à Beaverton ne fabriquent eux-mêmes des baskets.

Les conséquences de la décision prise par la fournée actuelle de politiciens – l'externalisation systématique des responsabilités que leur ont confiées les électeurs – ne se limiteront pas à une seule administration. Une fois créé, le marché doit être protégé. De plus en plus, les entreprises au cœur du complexe du capitalisme du désastre considèrent l'État et le secteur sans but lucratif comme des concurrents – du point de vue du secteur privé, les gouvernements et les œuvres de bienfaisance, chaque fois qu'ils s'acquittent de leurs rôles traditionnels, privent les entrepreneurs de contrats qu'ils pourraient exécuter à profit.

Dans un rapport («Une défense négligée : mobiliser le secteur privé pour soutenir la sécurité intérieure») produit par un comité dont faisaient partie des représentants de quelques-unes des plus grandes sociétés du secteur, on lançait la mise en garde suivante : «L'élan humanitaire qui pousse le gouvernement fédéral à fournir une aide d'urgence aux victimes d'une catastrophe nuit au mode de gestion des risques du marché[31].» Les auteurs du rapport, publié par le Council on Foreign Relations, soutiennent que si les gens savent que le gouvernement volera à la rescousse, ils ne seront pas disposés à s'offrir des services de protection privés. Dans la même veine, au lendemain de Katrina, les PDG de trente des plus grandes sociétés des États-Unis, dont Bechtel, Fluor et Chevron, se sont réunis sous l'égide de la table ronde des entreprises (Business Roundtable). Le groupe, qui forme ce qu'il appelle un partenariat pour les interventions en cas de catastrophe, s'est plaint d'un «élargissement de mission» de la part du secteur sans but lucratif au lendemain des catastrophes. Apparemment, les organismes de bienfaisance et les ONG empiéteraient sur le marché des entreprises privées en distribuant gratuitement des matériaux de construction, au lieu de laisser Home Depot s'en charger moyennant rétribution. Les sociétés de mercenaires, pendant ce temps, clament haut et fort qu'elles sont mieux équipées que l'ONU pour assurer le maintien de la paix au Darfour[32].

Cette agressivité nouvelle s'explique en partie par le fait que, le secteur privé le sait bien, l'époque bénie des contrats gouvernementaux sans fin ne durera pas toujours. Le gouvernement des États-Unis court tout droit vers la crise budgétaire, en grande partie à cause du déficit accumulé pour financer l'économie du capitalisme du désastre. Bientôt, le flot des contrats ralentira inévitablement. Fin 2006, des analystes de la défense ont prédit que le budget d'acquisitions du Pentagone risquait d'être réduit dans une proportion pouvant atteindre 25 % au cours de la prochaine décennie[33].

Lorsque la bulle du désastre éclatera, des sociétés comme Bechtel, Fluor et Blackwater perdront une grande partie de leurs revenus. Elles auront toujours en leur possession le matériel de pointe acheté aux frais des contribuables, mais elles devront se doter d'un nouveau modèle de fonctionnement, d'une nouvelle façon d'assumer leurs coûts élevés. La prochaine phase du complexe du capitalisme du désastre est tristement évidente : dans la mesure où les urgences se multiplient et où le gouvernement, incapable de faire le nécessaire ou d'éponger la note, abandonnera ses citoyens, l'État corporatiste parallèle louera son infrastructure, au prix du marché, à ceux qui pourront se l'offrir. Tout sera à vendre : des sauvetages en hélicoptère à partir du toit d'immeubles à l'eau potable en passant par les lits dans des refuges.

Déjà, la richesse permet d'échapper à la plupart des catastrophes – grâce à elle, on peut se procurer des systèmes d'alerte rapide dans les régions vulnérables aux tsunamis ou des stocks de Tamiflu en prévision de la prochaine épidémie, sans oublier l'eau en bouteilles, les génératrices, les téléphones par satellite et les policiers « de location ». Pendant l'attaque israélienne contre le Liban, en 2006, le gouvernement des États-Unis songea à facturer à ses propres citoyens le coût de leur évacuation, mais, à la fin, il dut faire marche arrière[34]. Si nous poursuivons sur cette voie, les images d'individus coincés sur les toits de La Nouvelle-Orléans offriront non seulement un aperçu sur le passé des inégalités raciales qui déchirent l'Amérique – héritage d'un passé non résolu –, mais aussi l'avant-goût d'un avenir collectif marqué par l'apartheid du désastre en vertu duquel ne survivent que ceux qui ont les moyens de payer leur évacuation.

À la pensée des prochains désastres écologiques et politiques, nous tenons souvent pour acquis que nous sommes tous dans le même bateau, que nous avons besoin de dirigeants conscients du fait que nous courons à notre perte. Je n'en suis pas si sûre. Si pour l'essentiel nos élites politiques et économiques font preuve d'un grand optimisme dans le dossier du réchauffement climatique, c'est peut-être parce qu'elles sont raisonnablement certaines d'échapper elles-mêmes à la plupart des inconvénients. C'est peut-être aussi ce qui explique qu'un si grand nombre de partisans de Bush soient des chrétiens persuadés que la fin du monde est proche. Bien sûr, ils sont convaincus de l'existence d'une issue de secours au monde qu'ils contribuent à créer, mais il y a plus. Le Ravissement est en réalité une parabole du monde qu'ils façonnent ici-bas – un système qui appelle la destruction et le désastre avant, le moment venu, de faire monter les élus à bord d'hélicoptères privés qui les emporteront, en compagnie de leurs amis, vers la sécurité divine.

L'une des avenues qu'explorent les entrepreneurs pour s'assurer d'autres sources de revenus stables, c'est la préparation des sociétés à l'hypothèse du désastre. C'était la spécialité de Bremer avant son départ pour l'Irak : transformer les multinationales en cocons sécuritaires, capables de fonctionner au moment même où les États dans lesquels elles se trouvent se désagrègent. On en constate les premiers effets dans l'entrée des grands immeubles à bureaux de New York et de Londres – des postes de contrôle comme on en voit dans les aéroports, où il faut présenter une carte d'identité et passer par un portail de sécurité –, mais l'industrie a des ambitions beaucoup plus grandes, notamment des réseaux mondiaux de communications et des services d'urgence (santé et électricité), le tout privatisé, assortis de la capacité à mobiliser et à transporter une main-d'œuvre planétaire au milieu d'un cataclysme majeur. Autre secteur de croissance possible envisagé par le complexe du capitalisme du désastre : l'administration municipale, en particulier la délégation au privé des services de police et de lutte contre les incendies. «Ce qu'ils font pour l'armée à Falloujah, ils pourraient le faire pour la police au centre-ville de Reno», déclarait un porte-parole de Lockheed Martin en novembre 2004[35].

L'industrie prédit une expansion spectaculaire de ces nouveaux marchés au cours de la prochaine décennie. John Robb, ex-commandant d'opérations clandestines de la Delta Force devenu un prospère expert-conseil en gestion, donne une idée très claire des tendances actuelles. Dans un manifeste qui a beaucoup circulé et préparé pour le magazine *Fast Company*, il décrit le «résultat net» de la guerre contre le terrorisme comme «une approche nouvelle et plus résiliente de la sécurité nationale, fondée non pas sur l'État, mais bien sur les particuliers et les entreprises. [...] La sécurité deviendra une caractéristique de l'endroit où vous habitez et de votre emploi, au même titre que les services de santé[36]».

Et Robb d'écrire encore ceci : «Les gens très riches et les multinationales seront les premiers à se retirer du régime collectif. Ils préféreront embaucher des sociétés privées, comme Blackwater et Triple Canopy, pour protéger leurs foyers et leurs installations et établir un périmètre de protection autour d'eux dans leur vie de tous les jours. Des réseaux de transport parallèles – issus de compagnies aériennes à temps partagé comme NetJets de Warren Buffett – fourniront des services aux membres de ce groupe, qu'ils transporteront d'un cocon sécurisé et bien aménagé à un autre. » Ce monde élitiste existe déjà, mais Robb prévoit que la classe moyenne suivra bientôt le mouvement «en formant des collectifs suburbains pour répartir les coûts de la sécurité ». Ces « "banlieues blindées" posséderont des génératrices et des liens de communication d'urgence » et seront patrouillées par des milices privées «formées par le secteur privé et dotées de leurs propres systèmes d'intervention de pointe en cas de catastrophe ».

En d'autres termes, ce qui nous attend, c'est un monde fait de banlieues constituées en zones vertes. Quant aux personnes qui vivent à l'extérieur de ces périmètres sécurisés, « elles devront se contenter des vestiges du système national. Elles dériveront vers les grandes villes américaines, où elles seront assujetties à une surveillance omniprésente et auront droit à des services marginaux, voire inexistants. Pour les pauvres, point d'autre refuge ».

L'avenir décrit par Robb ressemble à s'y méprendre au présent de La Nouvelle-Orléans, où deux types d'enclaves protégées ont surgi des décombres. D'un côté, les installations de la FEMA : de tristes parcs de maisons mobiles destinés aux évacués à faibles revenus, aménagés loin de tout par des sous-traitants de Bechtel ou de Fluor et administrés par des entreprises de sécurité privées dont les agents patrouillaient au milieu des terrains en gravier, limitaient l'accès, éloignaient les journalistes et traitaient les évacués comme des criminels. De l'autre, des communautés fermées d'un genre très différent, établies dans les quartiers favorisés de la ville, Audubon et Garden District, par exemple, véritables cocons fonctionnels qui donnaient l'impression d'avoir carrément fait sécession d'avec l'État. Quelques semaines après la tempête, les résidents avaient l'eau courante et de puissantes génératrices. Les malades étaient traités dans des hôpitaux privés, et les enfants fréquentaient de toutes nouvelles écoles à charte. Comme d'habitude, ces nantis se passaient sans problème des transports en commun. Dans la paroisse de St. Bernard, banlieue de La Nouvelle-Orléans, DynCorp assumait une grande part des services de police ; d'autres quartiers retenaient directement les services d'entreprises de sécurité privées. Entre ces deux types d'États souverains privatisés se trouvait la Zone rouge, version La Nouvelle-Orléans, où le taux d'homicides avait grimpé en flèche et où des quartiers tout entiers, comme le célèbre Lower Ninth Ward, s'étaient transformés en no man's land postapocalyptique. Une chanson du rappeur Juvenile qui fit un carton au cours de l'été qui suivit Katrina résume bien cette atmosphère : *We livin' like Haiti without no government* («Nous vivons comme en Haïti sans gouvernement») – bref, c'est l'échec de l'État *made in USA*[37].

Bill Quigley, avocat et militant local, fit le constat suivant : «La situation de La Nouvelle-Orléans est un concentré, en plus cru, de celle qu'on observe partout aux États-Unis. Chacune des villes du pays entretient de grandes similitudes avec La Nouvelle-Orléans. Il y a des quartiers à l'abandon dans chacune. Partout, on a renoncé à une part d'éducation publique, de logement public, de santé publique et de justice pénale. Les détracteurs du rôle du public dans les domaines de l'éducation, de la santé et du logement continueront de faire du pays une version géante du Lower Ninth Ward jusqu'au jour où on leur barrera la route[38]. »

La démarche est déjà bien enclenchée. On trouve dans une banlieue républicaine cossue d'Atlanta un autre aperçu de l'apartheid du désastre qui nous guette. Ses résidents en avaient assez de voir leurs taxes foncières servir au financement des écoles et des services de police des quartiers afro-américains pauvres du comté. Ils ont donc voté en faveur de la constitution de leur propre ville, Sandy Springs, laquelle peut désormais affecter ses taxes au financement de services destinés à ses 100 000 habitants, sans qu'aucun revenu ne soit versé au comté de Fulton. Le hic, c'est que Sandy Springs, qui n'avait pas de structures administratives, a dû tout créer : perception des taxes, zonage, parcs et loisirs. En septembre 2005, mois au cours duquel La Nouvelle-Orléans a été inondée, CH2M Hill, géant du conseil et de la construction, fit aux habitants de Sandy Springs une proposition unique : laissez-nous nous en charger pour vous. Pour un prix de départ de 27 millions de dollars par an, l'entrepreneur s'engagea à bâtir toute une ville à partir de rien[39].

Quelques mois plus tard, Sandy Springs devenait la première «ville à contrat». Seulement quatre personnes travaillaient directement pour elle – tous les autres étaient des sous-traitants.

Rick Hirsekorn, qui pilote le projet pour CH2M Hill, décrivit Sandy Springs comme « une page blanche, sans aucune structure administrative ». Il déclara à un autre journaliste que « personne, au sein de notre industrie, n'a encore bâti une ville de cette taille[40] ».

The Atlanta Journal-Constitution rapporta que « l'embauche d'employés du secteur privé pour administrer la ville avait d'abord été considérée comme une mesure audacieuse ». Moins d'un an plus tard, cependant, la vogue des villes sous contrat se répandit dans toutes les banlieues huppées d'Atlanta ; bientôt, ce fut « la procédure normale dans [le comté de] Fulton-Nord ». Les quartiers voisins s'inspirèrent de l'exemple de Sandy Springs et, par vote, décidèrent de devenir des villes autonomes. Puis ils confièrent l'administration à un entrepreneur. Une nouvelle ville, Milton, retint aussitôt les services de CH2M Hill – après tout, la société avait déjà l'expérience nécessaire. Peu de temps après, on lança une campagne en faveur de la constitution en comté des nouvelles villes. Ainsi, les taxes foncières ne serviraient pas au financement des quartiers pauvres voisins. Le projet se heurta toutefois à une opposition farouche en dehors de l'enclave proposée : les politiciens affirmèrent que, sans l'argent des impôts, ils ne pourraient pas assurer le maintien des vastes réseaux d'hôpitaux publics et de transports en commun. La fragmentation du comté, soutinrent-ils, se traduirait par l'émergence d'un État en faillite d'un côté et d'un État doté de services ultracomplets de l'autre. Cette description fait beaucoup penser à La Nouvelle-Orléans et un peu à Bagdad[41].

Dans ces banlieues cossues d'Atlanta, la croisade corporatiste lancée trente ans plus tôt pour dépouiller l'État jusqu'à l'os atteignit son apogée : elles avaient externalisé non seulement tous les services, mais aussi la fonction centrale du gouvernement, qui est de gouverner. L'honneur en revenait sans doute de droit à CH2M Hill. En Irak, en effet, l'entreprise avait reçu des dizaines de millions de dollars pour se charger d'une fonction gouvernementale essentielle, c'est-à-dire superviser d'autres entrepreneurs. Après le tsunami, au Sri Lanka, elle avait construit des ports et des ponts, certes, mais elle avait aussi assumé « la responsabilité de la gestion générale du programme d'infrastructure[42] ». Dans La Nouvelle-Orléans de l'après-Katrina, elle avait touché 500 millions de dollars pour créer les camps de la FEMA et reçu comme directive de se tenir prête à recommencer lorsqu'une nouvelle catastrophe se produirait. Chef de file de la privatisation de l'État dans des circonstances extraordinaires, elle l'était désormais dans des conditions ordinaires. Si l'Irak avait servi de laboratoire de la privatisation extrême, la phase d'expérimentation avait manifestement pris fin.

CHAPITRE VINGT ET UN

Quand la paix ne sert plus à rien

Israël : le signal d'alarme

> Les hautes barrières frontalières appartiennent non pas au monde du goulag, mais plutôt à celui des ouvrages anti-bruit érigés le long des autoroutes, des loges de luxe des stades sportifs, des sections non-fumeurs, des zones de sécurité des aéroports et des «enclaves résidentielles protégées». [...] Elles font ressortir les privilèges des nantis et l'envie des démunis, au grand embarras des uns et des autres. Ce qui ne veut pas dire qu'elles sont inefficaces.
>
> Christopher Caldwell, rédacteur en chef,
> *The Weekly Standard*, novembre 2006[1].

Pendant des décennies, il fut largement admis que le chaos affaiblissait l'économie mondiale. On pouvait profiter des crises et des chocs particuliers pour ouvrir de force de nouveaux marchés, bien sûr, mais, lorsque la secousse initiale avait fait son œuvre, il fallait une paix et une stabilité relatives pour assurer une croissance économique soutenue. C'est ainsi qu'on expliqua la prospérité des années 1990 : la Guerre froide enfin terminée, les économies pouvaient se concentrer sur le commerce et l'investissement. Et plus les pays étaient liés entre eux et interdépendants, moins ils étaient susceptibles de se bombarder les uns les autres.

À l'occasion du Forum économique mondial de 2007 à Davos, en Suisse, cependant, les chefs d'État et d'entreprise, perplexes, se demandèrent pourquoi la réalité semblait se moquer de la sagesse populaire. On parla donc du «dilemme de Davos», qui, selon Martin Wolf, chroniqueur du *Financial Post*, se définit comme «le contraste entre une économie mondiale favorable et les difficultés politiques». Comme Wolf le dit si bien, l'économie avait subi «une série de chocs : le krach boursier après 2000, les outrages terroristes du 11 septembre 2001, les guerres en Afghanistan et en Irak, les frictions suscitées par les politiques américaines, une hausse du prix du pétrole comme on n'en avait pas connue depuis les années 1970, l'interruption des négociations de la ronde de Doha [des pourparlers de l'OMC] et l'affrontement dans le dossier nucléaire iranien». Et pourtant, l'économie connaissait une sorte d'«âge d'or de croissance généralisée». En d'autres termes, le monde courait à sa perte, la stabilité était un vain rêve, et l'économie mondiale applaudissait à tout rompre. Peu de temps après, Lawrence Summers, ex-secrétaire au Trésor des États-Unis, déclara que «la déconnexion presque totale» de la politique et des marchés «avait quelque chose de dickensien : les spécialistes des relations internationales nous disent que nous vivons le pire des temps ; en revanche, les investisseurs affirment que c'est le meilleur des temps[2]».

Cette tendance déconcertante s'observe également à la lumière d'un indicateur économique appelé «indice armes et caviar», qui mesure les ventes d'avions de chasse (armes) et de jets d'affaires (caviar). Pendant dix-sept ans, l'indice rendit compte de la tendance suivante : lorsque les ventes d'avions de chasse augmentaient, les ventes de jets privés fléchissaient, et vice versa. Bien sûr, quelques profiteurs de guerre réussissaient toujours à s'enrichir grâce à la vente d'armes, mais, sur le plan économique, le phénomène était insignifiant. Selon un truisme du marché contemporain, une croissance économique vigoureuse était incompatible avec la violence et l'instabilité.

Désormais, le truisme ne se vérifie plus. Depuis 2003, année de l'invasion de l'Irak, l'indice fait état d'une augmentation rapide et simultanée des ventes d'avions de chasse et de jets d'affaires, ce qui signifie que le monde, s'il est moins pacifique, favorise la réalisation de profits nettement plus grands[3]. La croissance galopante que connaissent la Chine et l'Inde explique en partie l'augmentation de la demande d'articles de luxe, mais l'expansion du complexe militaro-industriel étroit, transformé en complexe tentaculaire du capitalisme du désastre, y est aussi pour quelque chose. Aujourd'hui, l'instabilité mondiale ne profite pas qu'à un petit groupe de marchands d'armes ; elle procure au contraire des profits mirobolants au secteur de la sécurité de pointe, à la construction lourde, aux fournisseurs de services de santé qui traitent les soldats blessés, aux secteurs pétrolier et gazier – et, évidemment, aux entrepreneurs de l'industrie de la défense.

L'ampleur des revenus en jeu est à coup sûr suffisante pour générer un boom. Lockheed Martin, dont l'ancien vice-président dirigeait le comité qui réclamait à cor et à cri une intervention américaine en Irak, toucha, en 2005 seulement, 25 milliards de dollars versés par les contribuables des États-Unis. Le congressman démocrate Henry Waxman fit observer que la somme «surpassait le produit intérieur brut de 103 pays, y compris l'Islande, la Jordanie et le Costa Rica [...] et aussi les budgets combinés des secrétariats au Commerce et à l'Intérieur, de l'Administration des petites entreprises et de tout le pouvoir législatif du gouvernement». Lockheed est en soi un «marché émergent». Ce sont des sociétés comme elle (le prix de son action a triplé entre 2000 et 2005) qui ont permis d'éviter un krach prolongé des bourses américaines au lendemain des attentats du 11 septembre. Tandis que les titres conventionnels battaient de l'aile, l'indice Spade Defense, «qui mesure le rendement des actions dans les domaines de la défense, de la sécurité intérieure et de l'aérospatiale», connut chaque année, entre 2001 et 2006, une augmentation moyenne de 15 % – sept fois et demie l'augmentation moyenne de l'indice Standard & Poor's 500 au cours de la même période[4].

Le dilemme de Davos est de plus alimenté par le modèle de reconstruction privatisée extrêmement profitable mis au point en Irak. Les actions du secteur de la construction lourde, qui comprend les grandes sociétés d'ingénierie auxquelles on octroie (sans appels d'offres) de juteux contrats au lendemain des guerres et des catastrophes naturelles, se sont appréciées de 250 % entre 2001 et avril 2007. La reconstruction est désormais un secteur si important que chaque nouvelle destruction est accueillie avec la fébrilité d'un premier appel public à l'épargne : 30 milliards de dollars pour la reconstruction en Irak, 13 milliards pour la reconstruction consécutive au tsunami, 100 milliards pour La Nouvelle-Orléans et la côte du golfe du Mexique et 7,6 milliards pour le Liban[5].

Les attentats terroristes, qui entraînaient autrefois une chute des bourses, reçoivent aujourd'hui le même accueil enthousiaste de la part des marchés. Après les attentats du 11 septembre 2001, le Dow Jones dégringola, perdant 685 points dès la réouverture des marchés. Par contraste, le 7 juillet 2005, jour où quatre bombes explosèrent dans le réseau de transports en commun de Londres, faisant des dizaines de morts et des centaines de blessés, le marché boursier américain clôtura à un niveau plus élevé que la veille, le Nasdaq en hausse de sept points. En août de la même année, au moment où les autorités britanniques arrêtaient 24 suspects qui auraient planifié de faire exploser des avions de ligne à destination des États-Unis, le Nasdaq clôtura à 11,4 points de plus que la veille, en grande partie grâce aux actions du domaine de la sécurité intérieure, dont le cours montait en flèche.

Il ne faut pas non plus passer sous silence les rendements scandaleux du secteur pétrolier – des profits de 40 milliards en 2006 pour Exxon seulement, les plus importants jamais enregistrés, et ses concurrents comme Chevron n'étaient pas loin derrière[6]. À l'instar de celle des sociétés liées à la défense, à la construction lourde et à la sécurité intérieure, la situation de l'industrie pétrolière s'améliore à la faveur des guerres, des attentats terroristes et des ouragans de catégorie 5. En plus de profiter à court terme de la majoration des prix causée par l'incertitude dans les principales régions productrices, le secteur pétrolier a toujours réussi à manipuler les catastrophes à son avantage : qu'il s'agisse d'obtenir qu'une grande partie des fonds destinés à la reconstruction en Afghanistan soit investie dans le coûteux projet d'aménagement d'un nouveau pipeline (tandis que la plupart des autres projets d'envergure piétinaient), d'exercer des pressions en faveur de l'adoption de la loi sur le pétrole en Irak au moment où le pays brûlait ou de profiter de l'ouragan Katrina pour planifier l'installation des premières nouvelles raffineries depuis les années 1970. L'industrie pétrolière et gazière est si intimement liée à l'économie des cataclysmes – en tant que cause première comme en tant que bénéficiaire – qu'elle mérite d'être traitée comme un membre honoraire du complexe du capitalisme du désastre.

PAS BESOIN DE COMPLOT

L'avalanche de désastres qui a marqué les dernières années s'est traduite par des profits si spectaculaires que de nombreux citoyens de la planète en sont venus à la même conclusion : les riches et les puissants tirent des catastrophes des profits tels qu'ils en provoquent forcément à seule fin de les exploiter. En juillet 2006, un sondage mené auprès des Américains montra que le tiers des sondés étaient d'avis que le gouvernement était impliqué dans les attentats du 11 septembre ou n'avait rien fait pour les prévenir parce qu'« il voulait que les États-Unis entrent en guerre au Moyen-Orient ». Des soupçons de même nature ont suivi de près toutes les catastrophes récentes. En Louisiane, peu après le passage de l'ouragan Katrina, de folles rumeurs couraient dans les refuges. Les digues n'avaient pas cédé, disait-on ; au contraire, on les avait fait sauter en secret pour «détruire la partie de la ville où vivaient les Noirs et garder au sec celle où résidaient les Blancs», ainsi que le laissa entendre Louis Farrakhan, dirigeant de Nation of Islam[7]. Au Sri Lanka, j'entendis souvent dire que le tsunami avait été causé par des explosions sous-marines que les États-Unis auraient déclenchées pour pouvoir envoyer leurs troupes en Asie du Sud-Est et faire main basse sur les économies de la région.

La vérité est à la fois moins sinistre et plus dangereuse. Car un système économique qui exige une croissance constante tout en refusant presque toutes les tentatives de réglementation environnementale génère de lui-même un flot ininterrompu de désastres militaires, écologiques ou financiers. La soif de profits faciles et rapides que procurent les placements purement spéculatifs a transformé les marchés boursiers, financiers et immobiliers en machines à fabriquer des crises, ainsi que le montrent la crise asiatique, la crise du peso mexicain et l'effondrement des «point com». Notre dépendance commune à l'égard de sources d'énergie polluante et non renouvelable engendre d'autres crises : les catastrophes naturelles (en hausse de 430 % depuis 1975) et les guerres livrées pour le contrôle de ressources rares (on songe à l'Afghanistan et à l'Irak, bien sûr, mais on ne doit pas oublier non plus des conflits de moindre intensité comme ceux du Nigeria, de la Colombie et du Soudan), lesquelles entraînent à leur tour des ripostes terroristes (les auteurs d'une étude réalisée en 2007 en sont venus à la conclusion que, depuis le début de la guerre en Irak, le nombre d'attentats terroristes a été multiplié par sept[8]).

Comme la planète se réchauffe, sur le double plan climatique et politique, il n'est plus nécessaire de provoquer les désastres au moyen de sombres complots. Tout indique au contraire qu'il suffit de maintenir le cap pour qu'ils continuent de se produire avec une intensité de plus en plus grande. On peut donc laisser la fabrication des cataclysmes à la main invisible du marché. C'est l'un des rares domaines où il tient ses promesses.

Si le complexe du capitalisme du désastre ne déclenche pas délibérément les cataclysmes dont il se nourrit (à l'exception notable de l'Irak, peut-être), de nombreuses preuves montrent que les industries qui le composent font des pieds et des mains pour que les désastreuses tendances actuelles se poursuivent sans qu'on y change quoi que ce soit. De grandes compagnies pétrolières financent depuis longtemps le mouvement qui nie l'importance du changement climatique. On estime à seize millions de dollars la somme qu'Exxon a affectée à cette croisade depuis dix ans. Si le phénomène est bien connu, on comprend beaucoup moins bien la nature des rapports entre les entrepreneurs qui profitent des catastrophes et les leaders d'opinion de l'élite. Quelques *think tanks* influents de Washington – y compris le National Institute for Public Policy et le Center for Security Policy – sont massivement financés par des entrepreneurs du secteur de l'armement et de la sécurité intérieure, qui profitent directement du portrait que ces instituts brossent sans cesse d'un monde sombre et menaçant, où l'on ne peut se protéger que par la force. Le secteur de la sécurité intérieure s'intègre de plus en plus aux grands groupes de presse, tendance aux conséquences orwelliennes effrayantes. En 2004, LexisNexis, géant des communications numériques, acquit pour 775 millions de dollars Seisint, entreprise spécialisée dans la prospection de données qui travaille sur la surveillance en étroite collaboration avec des organisations des gouvernements des États et du fédéral. La même année, General Electric, qui possède la chaîne de télévision NBC, acquit InVision, principal fabricant des controversés détecteurs de bombes high-tech utilisés dans les aéroports et d'autres lieux publics. Entre 2001 et 2006, InVision reçut du secrétariat à la Sécurité intérieure des contrats d'une valeur ahurissante de quinze milliards de dollars, plus, pour ce genre de contrats, que toute autre entreprise[9].

L'expansion tentaculaire du complexe du capitalisme du désastre dans le monde des médias constitue peut-être une nouvelle forme de synergie d'entreprise, fondée sur l'intégration verticale si populaire dans les années 1990. Une chose est sûre, en tout cas, c'est une très bonne affaire. Plus la population est prise de panique et persuadée que des terroristes se cachent dans toutes les mosquées, plus les indices d'écoute des émissions d'information augmentent, plus le complexe vend d'appareils d'identification biométrique et de détection d'explosifs liquides, et plus il érige de murs de haute technologie. Dans les années 1990, le rêve d'une « petite planète » ouverte et sans frontières était la clé des profits ; dans le nouveau millénaire, le cauchemar – des continents occidentaux menaçants et fortifiés subissant le siège des jihadistes et des immigrants illégaux – joue le même rôle. Le seul danger qui guette l'économie du désastre florissante, dont dépendent tant de richesses – les armes, le pétrole, le génie, la surveillance, le brevetage des médicaments –, c'est l'avènement d'une certaine mesure de stabilité climatique et de paix géopolitique.

ISRAËL COMME ÉTAT D'APARTHEID DU DÉSASTRE PERMANENT

Au moment où les analystes s'efforcent de comprendre la signification du dilemme de Davos, un nouveau consensus se dégage. Le marché n'est pas devenu insensible à l'instabilité, du moins pas exactement. Seulement, le flot ininterrompu de désastres est désormais à ce point prévisible que le marché, par définition adaptable à l'envi, s'est transformé en fonction de ce nouveau statu quo – l'instabilité, c'est la nouvelle stabilité. Dans les analyses consacrées à ce phénomène économique consécutif au 11 septembre, Israël fait souvent office de première pièce à conviction. Pendant la majeure partie de la dernière décennie, Israël a connu, en miniature, son propre dilemme de Davos : les guerres et les attentats terroristes étaient à la hausse, mais, parallèlement à toute cette violence, la bourse de Tel-Aviv atteignait des sommets. Ainsi qu'un analyste boursier le déclarait sur les ondes de Fox News au lendemain des explosions du 7 juillet à Londres : «En Israël, on affronte quotidiennement la terreur des bombes, et ce marché est en hausse pour l'année[10].» De même que l'économie mondiale en général, la situation politique est, de l'avis de beaucoup, désastreuse, mais l'économie du pays ne s'est jamais mieux portée : en 2007, le taux de croissance d'Israël rivalisa avec ceux de la Chine et de l'Inde.

Ce qui fait d'Israël un modèle armes-caviar intéressant, c'est non seulement le fait que son économie résiste à de violentes secousses politiques, telles que la guerre avec le Liban en 2006 et la prise de Gaza par le Hamas en 2007, mais aussi qu'elle semble se développer de façon marquée en réaction directe à l'escalade de la violence. Rien de mystérieux au fait que l'industrie israélienne s'accommode si facilement de la catastrophe. Bien avant que les sociétés américaines et européennes ne saisissent les possibilités offertes par le boom mondial de la sécurité, des entreprises technologiques israéliennes s'affairaient à créer l'industrie de la sécurité intérieure, secteur qu'elles dominent encore aujourd'hui. L'institut israélien des exportations estime que le pays compte 350 entreprises qui vendent des produits liés à la sécurité intérieure, dont 30 ont fait leur entrée sur le marché en 2007. Du point de vue du secteur privé, Israël est donc un modèle à suivre dans le cadre du marché de l'après-11 septembre. D'un point de vue social et politique, cependant, le cas d'Israël devrait plutôt sonner l'alarme. Que le pays continue de connaître une retentissante prospérité au moment même où il déclare la guerre à ses voisins et coordonne une escalade de la violence dans les territoires occupés montre qu'il est périlleux de construire une économie fondée sur la certitude d'un état de guerre perpétuelle et de désastres toujours plus tragiques.

La capacité actuelle d'Israël à combiner les armes et le caviar est l'aboutissement de la mutilation spectaculaire qu'a connue son économie au cours des quinze dernières années, laquelle a eu un effet profond mais peu examiné sur la désintégration simultanée des perspectives de paix. La dernière chance de paix crédible au Moyen-Orient remonte au début des années 1990, à l'époque où une puissante coalition d'Israéliens était d'avis que la simple poursuite du conflit n'était plus une option viable. Le communisme s'était effondré, la révolution de l'information s'amorçait, et le monde israélien des affaires était généralement persuadé que l'occupation sanglante de Gaza et de la Cisjordanie, conjuguée au boycott du pays par les nations arabes, compromettait l'avenir économique du pays. À la vue des «marchés émergents» qui poussaient aux quatre coins de la planète, les entreprises israéliennes en avaient assez d'être freinées par la guerre ; elles voulaient participer au lucratif monde sans frontières, et non rester enfermées dans un conflit régional. Si le gouvernement parvenait à conclure un accord de paix avec les Palestiniens, les voisins d'Israël lèveraient leur boycott, et le pays serait enfin idéalement positionné pour jouer le rôle de plaque tournante du libre-échange au Moyen-Orient.

En 1993, Dan Gillerman, alors président de la fédération des chambres de commerce d'Israël, défendait ardemment ce point de vue : «Israël peut être un État comme les autres [...] ou encore devenir le centre stratégique, logistique et commercial de toute la région, une sorte de Singapour ou de Hong Kong du Moyen-Orient, où les multinationales établissent leur siège social. [...] Notre économie serait alors toute différente. [...] Israël doit agir vite, sinon nous risquons de rater cette occasion unique. Dans ce cas, nous n'aurons qu'à regretter "ce qui aurait pu être[11]".»

La même année, Shimon Peres, alors ministre des Affaires étrangères, expliqua à un groupe de journalistes israéliens que la paix était désormais inévitable. C'était toutefois un genre de paix plutôt particulier : «Ce qui nous intéresse, dit Peres, c'est moins la paix des drapeaux que celle des marchés[12].» Quelques mois plus tard, le premier ministre israélien, Yitzhak Rabin, et le président de l'Organisation de libération de la Palestine (OLP), Yasser Arafat, se serrèrent la main sur la pelouse de la Maison-Blanche pour sceller la conclusion des accords d'Oslo. Le monde se réjouit, les trois hommes se partagèrent le prix Nobel de la Paix – et ensuite tout se détraqua.

Les accords d'Oslo marquèrent peut-être la période la plus optimiste dans les relations israélo-palestiniennes, mais la célèbre poignée de mains ne signifia pas la conclusion d'une entente. En fait, on avait simplement convenu d'amorcer une démarche, et aucun des principaux points en litige n'avait été réglé. Arafat, qui devait négocier les conditions de son retour dans les territoires occupés, était en très mauvaise position stratégique, et il n'avait rien obtenu dans le dossier du statut de Jérusalem, des réfugiés palestiniens, des colons juifs ni même du droit à l'autodétermination des Palestiniens. La stratégie d'Oslo, clamaient les négociateurs, consistait à faire avancer la «paix des marchés». Tout le reste, croyaient-ils, suivrait : en ouvrant leurs frontières et en prenant en marche le train de la mondialisation, les Israéliens comme les Palestiniens constateraient une telle amélioration de leur qualité de vie que, au moment des négociations à venir, le contexte serait plus propice à la conclusion d'une «paix des drapeaux». Telle était, du moins, la promesse d'Oslo.

De nombreux facteurs contribuèrent à l'échec du processus de paix. Les Israéliens invoquent les attentats suicide et l'assassinat de Rabin. Les Palestiniens montrent du doigt l'expansion frénétique des colonies illégales pendant la période d'Oslo, preuve que le processus de paix, pour reprendre les mots de Shlomo Ben-Ami, ministre des Affaires étrangères au sein du gouvernement travailliste du premier ministre Ehoud Barak, «avait des assises néocoloniales» : il était conçu pour que «la paix, lorsqu'elle sera enfin conclue, pérennise une situation de dépendance, une inégalité structurelle entre les deux entités[13]». Les débats au sujet des responsables du déraillement du processus de paix (certains se demandent même si la paix était bien l'objectif poursuivi) sont bien connus et ont été analysés à fond. Toutefois, deux facteurs ayant contribué au retranchement d'Israël dans l'unilatéralisme sont mal compris et rarement abordés. L'un et l'autre ont trait aux manifestations en Israël de la croisade néolibérale de l'école de Chicago. Le premier fut l'afflux massif de juifs soviétiques, résultat direct de la thérapie de choc russe, et le second, la conversion de l'économie d'exportation du pays : naguère fondée sur les produits traditionnels et la haute technologie, elle devint exagérément tributaire de la vente d'expertise et de dispositifs liés au contre-terrorisme. Les deux phénomènes bouleversèrent le processus d'Oslo : l'arrivée des Russes eut pour effet de réduire la dépendance d'Israël à l'égard des travailleurs palestiniens et lui permit de boucler les territoires occupés, tandis que la croissance rapide de l'économie de la sécurité de pointe incita fortement les riches et les secteurs les plus puissants d'Israël à prôner l'abandon de la paix au profit de la poursuite d'une guerre contre le terrorisme perpétuelle et en permanente escalade.

Un malheureux concours de circonstances fit que le début de la période d'Oslo coïncida précisément avec la phase la plus pénible de l'expérience de l'école de Chicago en Russie. La célèbre poignée de mains fut échangée sur la pelouse de la Maison-Blanche le 13 septembre 1993 ; exactement trois semaines plus tard, Eltsine chargeait les tanks d'incendier l'immeuble du Parlement et, ce faisant, ouvrait la voie aux chocs économiques les plus violents.

Pendant les années 1990, environ un million de juifs quittèrent l'ex-Union soviétique pour Israël. Les immigrants qui s'y établirent pendant cette période comptent aujourd'hui pour plus de 18 % de la population juive totale d'Israël[14]. On ne saurait trop insister sur l'importance d'un mouvement de population aussi considérable et aussi rapide pour un pays de petite taille. Proportionnellement, c'est comme si, d'un seul coup, tous les habitants de l'Angola, du Cambodge et du Pérou faisaient leurs bagages et s'établissaient aux États-Unis. À l'échelle de l'Europe, c'est comme si toute la Grèce transportait ses pénates en France.

Dans la première vague de juifs soviétiques qui s'installèrent en Israël, se trouvaient de nombreuses personnes qui souhaitaient vivre dans un État juif après avoir été victimes de persécution religieuse toute leur vie. Par la suite, cependant, le nombre d'immigrants russes qui partirent pour Israël augmenta de façon radicale, en raison des chocs économiques imposés au peuple russe. Les membres des vagues subséquentes d'immigrants soviétiques n'étaient pas tous des sionistes aux nobles idéaux (bon nombre d'entre eux entretenaient avec le judaïsme des liens pour le moins ténus) ; il s'agissait de réfugiés économiques aux abois. «Ce qui compte, c'est moins notre destination que notre point de départ», dit au *Washington Times*, en 1992, un émigrant qui faisait le pied de grue devant l'ambassade d'Israël à Moscou. Un porte-parole du forum sioniste des juifs soviétiques admit que l'exode «s'expliquait moins par l'attrait d'Israël que par l'instabilité politique de l'URSS et la détérioration de son économie, qui font que les gens se sentent en quelque sorte expulsés». La vague de loin la plus importante survint au lendemain du putsch d'Eltsine en 1993 – au moment précis où le processus de paix s'amorçait en Israël. Aussitôt après, quelque 600 000 personnes de plus quittèrent les États de l'ex-Union soviétique au profit d'Israël[15].

Cette mutation démographique chamboula la dynamique déjà précaire de l'accord. Avant l'arrivée des réfugiés soviétiques, Israël n'aurait pas pu se couper pendant longtemps des populations palestiniennes de Gaza et de Cisjordanie. Sans la main-d'œuvre palestinienne, son économie n'était pas plus viable que celle de la Californie sans les Mexicains. Chaque jour, quelque 150 000 Palestiniens quittaient leurs foyers à Gaza et en Cisjordanie pour venir travailler en Israël, où ils balayaient les rues et construisaient des routes, tandis que des agriculteurs et des commerçants palestiniens chargeaient des camions de produits qui seraient vendus en Israël et dans d'autres secteurs des territoires occupés[16]. Sur le plan économique, les deux camps dépendaient l'un de l'autre, et Israël faisait tout pour empêcher les territoires palestiniens d'établir des relations commerciales autonomes avec les États arabes.

Puis, au moment même où les accords d'Oslo entraient en vigueur, ce lien de dépendance mutuelle fut brusquement rompu. Par leur simple présence en Israël, les travailleurs palestiniens nuisaient au projet sioniste en réclamant à l'État israélien la restitution de terres volées et des droits de citoyenneté égaux ; les centaines de milliers de Russes qui arrivèrent en Israël à la même époque eurent l'effet contraire. En effet, ils soutinrent les ambitions sionistes en augmentant très nettement la proportion de juifs par rapport aux arabes tout en constituant un nouveau bassin de main-d'œuvre bon marché. Soudain, Tel-Aviv avait le pouvoir d'instituer une nouvelle ère dans ses relations avec les Palestiniens. Le 30 mars 1993, Israël amorça sa politique de «bouclage» en fermant hermétiquement sa frontière avec les territoires occupés, souvent pendant des jours ou des semaines, ce qui eut pour effet d'empêcher les Palestiniens de se rendre à leur travail ou de vendre leurs produits. Le bouclage fut d'abord une mesure provisoire, soi-disant pour lutter contre le terrorisme. Rapidement, il devint une forme de statu quo : au moyen de postes de contrôle toujours plus nombreux et de traitements toujours plus humiliants, on coupa les territoires non seulement d'Israël, mais aussi les uns des autres.

L'année où tous les espoirs étaient permis, 1993 fut plutôt celle où les territoires occupés, de villes-dortoirs délabrées où les membres de la sous-classe de l'État israélien étaient parqués, se transformèrent en prisons suffocantes. Au cours de la même période, entre 1993 et 2000, le nombre de colons israéliens vivant dans les territoires occupés doubla[17]. À de nombreux endroits, des avant-postes mal dégrossis habités par des colons se métamorphosèrent en banlieues fortifiées et luxuriantes, desservies par des routes à accès restreint et clairement conçues pour augmenter la taille de l'État d'Israël. Pendant les années d'Oslo, Israël continua de revendiquer les réserves d'eau stratégiques de la Cisjordanie, d'arroser les colonies et de détourner cette ressource rare vers son territoire.

On ne s'est guère intéressé au rôle joué par les nouveaux arrivants dans ce contexte. Arrivés en Israël sans le sou après avoir vu leurs économies englouties par les dévaluations qu'avait entraînées la thérapie de choc, de nombreux habitants de l'ex-Union soviétique se laissaient facilement tenter par les territoires occupés, où les maisons et les appartements étaient beaucoup moins chers, sans parler des primes et des prêts spéciaux qu'on leur faisait miroiter. Quelques-unes des colonies les plus ambitieuses – par exemple Ariel, en Cisjordanie, qui possède une université, un hôtel et un minigolf texan – recrutèrent activement en Union soviétique : on dépêcha des éclaireurs sur place et on créa des sites Web en langue russe. Cette approche permit à Ariel de multiplier par deux sa population. Aujourd'hui, la colonie, où les boutiques affichent en hébreu et en russe, fait figure de Moscou miniature. La moitié de ses habitants sont de nouveaux immigrants en provenance de l'ex-Union soviétique. Le groupe israélien La paix maintenant estime qu'environ 25 000 citoyens israéliens qui vivent dans des territoires illégaux appartiennent à cette catégorie, et il souligne également que de nombreux Russes se sont lancés dans l'aventure « sans très bien savoir où ils allaient[18] ».

En Israël, les années suivant la conclusion des accords d'Oslo tinrent leurs promesses de façon spectaculaire en substituant la prospérité au conflit. De 1995 à 2000 environ, les sociétés israéliennes prirent d'assaut l'économie mondiale, en particulier les·entreprises spécialisées dans les télécommunications et la technologie du Web; Tel-Aviv et Haïfa devinrent les avant-postes de la Silicon Valley au Moyen-Orient. Au sommet de la bulle des «point com», la haute technologie comptait pour 15 % du produit intérieur brut d'Israël et pour environ la moitié de ses exportations. Selon *Business Week*, l'économie d'Israël était «la plus dépendante de la technologie au monde» – deux fois plus que celle des États-Unis[19].

Une fois de plus, les nouveaux arrivants jouèrent un rôle décisif dans le boom. Parmi les centaines de milliers de Soviétiques qui débarquèrent en Israël dans les années 1990, il y avait plus de scientifiques bardés de diplômes que n'en avait formé le plus important institut du pays au cours de ses 80 années d'existence. On trouvait dans leurs rangs bon nombre de savants qui avaient aidé l'Union soviétique à se maintenir pendant la Guerre froide. Ils furent, ainsi que le déclara un économiste israélien, «le carburant qui propulsa l'industrie de la technologie». Shlomo Ben-Ami dit de la période qui suivit la poignée de mains de la Maison-Blanche qu'elle fut «l'une des plus époustouflantes périodes de croissance économique et d'ouverture des marchés de l'histoire [d'Israël][20]».

L'ouverture des marchés promettait des bénéfices de part et d'autre du conflit, mais, à l'exception d'une élite corrompue entourant Arafat, les Palestiniens ne profitèrent absolument pas du boom de l'après-Oslo. Le principal obstacle fut le bouclage imposé en 1993, politique qu'Israël ne leva pas une seule fois au cours des quatorze années qui suivirent. Selon Sara Roy, spécialiste du Moyen-Orient de Harvard, la fermeture abrupte des frontières en 1993 eut des effets catastrophiques sur la vie économique palestinienne. «Le bouclage fut le coup le plus dur porté à l'économie pendant la période d'Oslo et depuis, celui qui a fait subir les plus graves torts à une économie déjà mal en point», déclara-t-elle lors d'un entretien.

Les travailleurs ne pouvaient pas travailler, les commerçants ne pouvaient pas vendre leurs produits, les agriculteurs ne pouvaient pas se rendre dans leurs champs. En 1993, le PIB par habitant chuta de près de 30 % dans les territoires occupés; l'année suivante, l'incidence de la pauvreté chez les Palestiniens était en hausse de 33 %. En 1996, affirme Sara Roy, qui a analysé en détail l'impact économique du bouclage, «66 % des membres de la population active palestinienne étaient au chômage ou gravement sous-employés[21]». Loin d'apporter la «paix des marchés», Oslo signifia pour les Palestiniens la disparition des marchés existants, moins de travail, moins de liberté – et, fait crucial, moins de terres, en raison de l'expansion des colonies. C'est cette situation intenable qui transforma les territoires en poudrière. Celle-ci s'enflamma lorsque, en septembre 2000, Ariel Sharon alla visiter, à Jérusalem, le lieu que les musulmans appellent al-Haram al-Sharif (et les juifs le Mont du Temple). Cet événement déclencha la deuxième Intifada.

En Israël et dans la presse internationale, on explique en général l'échec du processus de paix en ces termes : l'offre faite par Ehoud Barak à Camp David en juillet 2000 était la meilleure possible pour les Palestiniens, et Arafat choisit de faire fi de la générosité des Israéliens, preuve qu'il ne recherchait pas réellement la paix. Après cette expérience et le déclenchement de la deuxième Intifada, les Israéliens perdirent foi dans les négociations, élirent Ariel Sharon et entreprirent l'érection de ce qu'ils appellent la barrière de séparation (les Palestiniens préfèrent parler du mur de l'apartheid) – réseau de murs en béton et de clôtures métalliques qui, par rapport à la ligne verte de 1967, empiète résolument sur le territoire palestinien et entraîne d'énormes blocs d'établissement dans le giron de l'État israélien, de même que, dans certains secteurs, jusqu'à 30 % des ressources en eau[22].

Il ne fait aucun doute qu'Arafat souhaitait obtenir de meilleures conditions que celles qui lui furent offertes à Camp David ou à Taba en janvier 2001, mais les propositions israéliennes n'avaient rien d'une aubaine alléchante. Bien que présentés par les Israéliens comme une offre d'une générosité sans pareille, les accords de Camp David ne prévoyaient pratiquement aucune réparation pour les Palestiniens chassés de leurs foyers et de leurs terres au moment de la création de l'État d'Israël en 1948, et ils étaient loin d'accorder aux Palestiniens des droits à l'autodétermination, même minimes. En 2006, Shlomo Ben-Ami, négociateur principal du gouvernement israélien à Camp David et à Taba, rompit les rangs et admit que «les accords de Camp David n'ont pas été une occasion ratée pour les Palestiniens – si j'avais été des leurs, je les aurais rejetés, moi aussi[23]».

D'autres facteurs tout aussi importants que la prétendue intransigeance d'Arafat ou le rêve de Sharon d'un «grand Israël» expliquent le refus de Tel-Aviv de négocier sérieusement lors des pourparlers de paix consécutifs à 2001. L'un a trait à la montée de l'économie de la technologie dans le pays. Dans les années 1990, les élites économiques israéliennes souhaitaient la paix en tant que moyen d'accéder à la prospérité, mais le genre de prospérité qu'elles bâtirent pendant les années d'Oslo dépendait beaucoup moins de la paix qu'elles ne l'avaient escompté. Ce fut dans les technologies de l'information qu'Israël trouva son créneau au sein de l'économie mondiale : la clé de la croissance était donc l'expédition de logiciels et de puces informatiques à Los Angeles et à Londres, et non celle de matériel lourd à Beyrouth et à Damas. Le succès de sa technologie n'obligea pas Israël à entretenir des relations amicales avec ses voisins arabes ni à mettre un terme à l'occupation des territoires. La montée du secteur de la technologie ne fut toutefois que la première phase de la fatidique transformation économique. La deuxième survint au lendemain de l'éclatement de la bulle de l'économie « point com » après 2000, ce qui força les plus importantes sociétés du pays à chercher de nouveaux créneaux.

Doté de l'économie la plus dépendante de la technologie au monde, Israël fut aussi le pays le plus touché par l'effondrement des « point com ». Son économie tomba aussitôt en chute libre ; en juin 2001, des analystes prédisaient la faillite d'environ 300 sociétés de haute technologie, accompagnée de dizaines de milliers de mises à pied. En 2002, *Globes*, journal de Tel-Aviv spécialisé dans les affaires, titrait : « L'économie israélienne connaît sa pire année depuis 1953[24]. »

Si la récession n'était pas encore plus prononcée, faisait observer le journal, c'était uniquement parce que le gouvernement israélien était intervenu en majorant les dépenses militaires de 10,7 %, augmentation sensible en partie financée au moyen de compressions des dépenses sociales. Le gouvernement encouragea aussi l'industrie de la technologie à passer de l'information et des communications à la sécurité et à la surveillance. Au cours de cette période, les forces de défense israéliennes servirent en quelque sorte de pépinières d'entreprises. Pendant leur service militaire obligatoire, de jeunes soldats israéliens faisaient l'essai de systèmes de réseau et d'appareils de surveillance. De retour dans la vie civile, ils traduisaient leurs conclusions en plans de développement. On assista au lancement d'une succession de nouvelles entreprises : prospection de données *search and nail* (outils permettant de chercher et d'épingler des suspects), caméras de surveillance et établissement de profils de terroristes[25]. Dans les années suivant le 11 septembre 2001, le marché des services et des dispositifs de ce genre explosa littéralement, et l'État d'Israël adopta une nouvelle vision économique : on remplacerait la croissance naguère fournie par la bulle des « point com » par un boom de la sécurité intérieure. C'était l'arrimage parfait du bellicisme du Likoud et de son adhésion radicale à la doctrine économique de l'école de Chicago, incarnée par le ministre des Finances de Sharon, Benjamin Netanyahu, et le nouveau directeur de la banque centrale d'Israël, Stanley Fischer, architecte des thérapies de choc administrées par le FMI à la Russie et à l'Asie.

En 2003, Israël s'était déjà tiré d'affaire de brillante façon ; en 2004, le pays donnait carrément l'impression d'avoir accompli un miracle : après un krach terrible, son économie affichait un rendement supérieur à celui de toute autre économie occidentale ou presque. Une bonne partie de cette croissance s'explique par l'astucieux positionnement d'Israël comme vitrine commerciale spécialisée dans les technologies de la sécurité intérieure. Le changement de vocation ne pouvait pas mieux tomber. Soudain, les gouvernements du monde entier étaient désespérément à l'affût tant d'outils de lutte contre les terroristes que d'agents du renseignement sur le monde arabe. Sous la gouverne du Likoud, l'État d'Israël se présenta comme un État sécuritaire modèle à la fine pointe de la technologie, occupé depuis des décennies à se défendre contre les menaces arabes et musulmanes – bref, comme un vaste *showroom*. En Amérique du Nord et en Europe, les Israéliens, dans leurs présentations, n'y allaient pas par quatre chemins. La guerre contre le terrorisme que vous amorcez à peine, disaient-ils, nous la livrons depuis le berceau. Laissez nos firmes technologiques et nos entreprises d'espionnage privatisées vous montrer comment faire.

Du jour au lendemain, Israël, pour reprendre les mots du magazine *Forbes*, devint « le pays de référence en matière de technologies antiterroristes[26] ». Chaque année depuis 2002, Israël accueille au moins une demi-douzaine de grandes conférences sur la sécurité intérieure, auxquelles assistent des législateurs, des chefs de police, des shérifs et des PDG du monde entier. L'ampleur et la portée de ces événements grandissent d'année en année. À un moment où les inquiétudes liées à la sécurité nuisaient au tourisme traditionnel, le tourisme officiel du contre-terrorisme a en partie comblé le vide.

Pendant une de ces rencontres, en février 2006, des délégués du FBI, de Microsoft et du réseau de transports en commun de Singapour, à l'occasion d'« une visite dans les coulisses de la lutte [d'Israël] contre le terrorisme », se rendirent dans les sites touristiques les plus populaires du pays : la Knesset, le Mont du Temple, le Mur des Lamentations. En chacun de ces endroits, les visiteurs admirèrent les systèmes de sécurité dignes de forteresses qu'ils pourraient implanter chez eux. En mai 2007, Israël accueillit les directeurs de quelques grands aéroports américains. Dans le cadre d'ateliers, ces derniers furent initiés aux méthodes dynamiques de profilage et de triage utilisées à l'aéroport international Ben-Gourion, près de Tel-Aviv. Steven Grossman, chef de l'aviation à l'aéroport international d'Oakland, en Californie, expliqua qu'il était venu parce que «la sécurité des Israéliens est légendaire». Certains événements ont un caractère macabre et théâtral. À l'occasion de la conférence internationale sur la sécurité intérieure de 2006, par exemple, l'armée israélienne simula «une catastrophe meurtrière qui débuta dans la ville de Ness Ziona et se termina à l'hôpital Asaf Harofeh», rapportèrent des organisateurs[27].

Il s'agit là non pas de conférences stratégiques, mais bien de lucratives foires commerciales destinées à mettre en valeur les prouesses des entreprises de sécurité d'Israël. Ainsi, les exportations de produits et de services contre-terroristes augmentèrent de 15 % en 2006, et on prévoyait une nouvelle hausse de 20 % en 2007, pour un total de 1,2 milliard de dollars par année. Dans le domaine de la défense, les exportations du pays atteignirent un niveau record de 3,4 milliards de dollars en 2006 (comparativement à 1,6 milliard en 1992). Israël est donc le quatrième marchand d'armes en importance du monde ; à ce chapitre, le pays dépasse même le Royaume-Uni. Israël a plus de titres technologiques – dont bon nombre dans le domaine de la sécurité – cotés au Nasdaq que tout autre pays étranger, et plus de brevets technologiques inscrits aux États-Unis que la Chine et l'Inde réunies. Son secteur de la technologie, axée en grande partie sur la sécurité, compte aujourd'hui pour 60 % de ses exportations[28].

Len Rosen, éminent banquier d'affaires israélien, tint au magazine *Fortune* les propos suivants : «La sécurité compte plus que la paix.» Pendant la période d'Oslo, «on comptait sur la paix pour assurer la croissance. À présent, on mise sur la sécurité comme moyen d'empêcher la violence d'entraver la croissance[29]». Il aurait pu aller beaucoup plus loin : la fourniture de produits liés à la «sécurité» – en Israël et à l'étranger – est directement responsable d'une bonne part de la phénoménale croissance économique que connaît Israël depuis quelques années. Il n'est pas exagéré d'affirmer que l'industrie de la guerre contre le terrorisme a sauvé l'économie vacillante d'Israël, de la même façon que le complexe du capitalisme du désastre a volé au secours des places boursières mondiales.

Voici quelques exemples qui donnent une petite idée de la présence mondiale de l'industrie :

- Les appels faits au service de police de la ville de New York sont enregistrés et analysés au moyen d'une technologie mise au point par Nice Systems, une entreprise israélienne. Cette dernière contrôle aussi les communications de la police de Los Angeles et de la société Time Warner. Elle fournit des services de surveillance par caméras vidéo à l'aéroport international Ronald Reagan et à des dizaines d'autres clients prestigieux[30].
- Les images filmées dans le métro de Londres sont enregistrées par des caméras de surveillance vidéo de Verint, qui appartient à Comverse, géant israélien de la technologie. Le secrétariat à la Défense des États-Unis, l'aéroport international Dulles de Washington, Capitol Hill et le métro de Montréal utilisent aussi du matériel de surveillance produit par Verint. L'entreprise, qui a des clients dans plus de 50 pays, aide de grandes sociétés comme Home Depot et Target à avoir leurs travailleurs à l'œil[31].
- Les employés des villes de Los Angeles et de Columbus, en Ohio, sont munis de cartes d'identité à puce produites par la société israélienne SuperCom, qui s'enorgueillit d'avoir James Woolsey, ex-directeur de la CIA, comme président de son comité consultatif. Un pays européen non identifié a confié à SuperCom son programme national de cartes d'identité ; un autre a commandé la réalisation d'un projet pilote de « passeports biométriques ». Il s'agit dans les deux cas d'initiatives très controversées[32].
- Les pare-feu des réseaux informatiques de certaines des plus grandes compagnies d'électricité des États-Unis sont produits par Check Point, géant israélien de la technologie, même si les sociétés en question préfèrent garder l'anonymat. Selon l'entreprise, « 89 % des sociétés du Fortune 500 utilisent des produits de Check Point pour assurer leur sécurité[33] ».
- En prévision du Super Bowl de 2007, tous les employés de l'aéroport international de Miami ont reçu une formation sur l'art de repérer « les mauvaises personnes et pas seulement les mauvaises choses » au moyen d'un système psychologique appelé Behavior Pattern Recognition, mis au point par la société israélienne New Age Security Solutions. Le PDG de l'entreprise est l'ancien directeur

de la sécurité à l'aéroport Ben-Gourion. Au cours des dernières années, d'autres aéroports, notamment ceux de Boston, de San Francisco, de Glasgow, d'Athènes et de Londres (Heathrow), pour n'en citer que quelques-uns, ont fait appel à New Age pour initier leurs employés aux méthodes de profilage des passagers. Les travailleurs des ports du delta du Niger, ravagé par les conflits, ont également reçu une formation de New Age, au même titre que des employés du ministère de la Justice des Pays-Bas, les gardiens de la Statue de la Liberté et des agents du bureau antiterroriste de la police de New York[34].

- Lorsque Audubon Place, banlieue cossue de La Nouvelle-Orléans, décida de se doter de son propre service de police après le passage de l'ouragan Katrina, elle fit appel à Instinctive Shooting International, une entreprise privée israélienne spécialisée dans la sécurité[35].

- Les agents de la Gendarmerie royale du Canada, police fédérale du Canada, reçurent une formation d'International Security Instructors, entreprise de la Virginie spécialisée dans la formation des policiers et des soldats. Se vantant de posséder «une expérience acquise de haute lutte en Israël», l'entreprise confie les activités de formation à «des anciens des forces opérationnelles israéliennes [...] de la force de défense, d'unités de contre-terrorisme de la police nationale [et] des services généraux de sécurité (ou Shin Beit)». Parmi les prestigieux clients de la société, mentionnons le FBI, l'armée des États-Unis, le Corps des Marines, les SEAL de la Marine des États-Unis et la police métropolitaine de Londres[36].

- En avril 2007, des agents spéciaux de l'immigration du secrétariat à la Sécurité intérieure travaillant le long de la frontière entre les États-Unis et le Mexique suivirent une formation intensive de huit jours conçue par le Golan Group. Fondé par d'ex-officiers des forces spéciales israéliennes, le groupe compte plus de 3 500 employés répartis dans sept pays. «Essentiellement, nos procédures portent la marque des méthodes de sécurité israéliennes», dit Thomas Pearson, directeur des opérations de la société, pour décrire le cours, par nature très complet : combats au corps à corps, exercices de tir et même «utilisation proactive des VUS». Le Golan Group, aujourd'hui établi en Floride, ce qui ne l'empêche pas de faire valoir ses origines israéliennes, produit également des appareils de radioscopie, des détecteurs de métal et des carabines.

Outre un grand nombre de gouvernements et de vedettes, le groupe compte parmi ses clients Exxon Mobil, Shell, Texaco, Levi's, Sony, Citigroup et Pizza Hut[37].

- Lorsque Buckingham Palace décida de se procurer un nouveau système de sécurité, ses responsables optèrent pour un modèle conçu par Magal, l'une des deux sociétés israéliennes qui ont participé de très près à la construction du «mur de séparation» d'Israël[38].

- Lorsque Boeing entreprendra l'érection des «murs virtuels» d'une valeur de 2,5 milliards de dollars – comprenant des senseurs électroniques, des avions sans équipage, des caméras de surveillance et 1 800 tours –, dont l'aménagement est prévu le long des frontières qui séparent les États-Unis du Mexique et du Canada, la société aura, au nombre de ses principaux partenaires, Elbit. Il s'agit de l'autre entreprise associée au projet extrêmement controversé de mur israélien. Plus vaste chantier de l'histoire d'Israël, il a lui aussi coûté 2,5 milliards de dollars[39].

Comme de plus en plus de pays se transforment en forteresses (on érige des murs et des clôtures de haute technologie entre l'Inde et le Cachemire, l'Arabie Saoudite et l'Irak, l'Afghanistan et le Pakistan), les «barrières de sécurité» deviendront peut-être le plus vaste marché du désastre d'entre tous. C'est pourquoi Elbit et Magal ne se formalisent pas de la réprobation que suscite la barrière israélienne un peu partout dans le monde – en fait, ces sociétés y voient plutôt une forme de publicité gratuite. «Les gens se disent que nous sommes les seuls à avoir fait l'expérience de cet équipement dans la réalité», expliqua Jacob Even-Ezra, PDG de Magal[40]. Depuis le 11 septembre, le prix des actions d'Elbit et de Magal a plus que doublé – rendement tout à fait usuel pour les titres israéliens du domaine de la sécurité intérieure. Avant le 11 septembre, Verint – «pionnier de la surveillance vidéo» – n'était pas rentable. Entre 2002 et 2006, le prix de ses actions a plus que triplé, grâce au boom de la surveillance[41].

Le rendement extraordinaire des entreprises israéliennes du secteur de la sécurité intérieure est bien connu des observateurs des marchés boursiers, mais on en tient rarement compte dans l'analyse de la situation politique de la région. C'est un tort. Le hasard n'est pour rien dans le fait que la décision d'Israël de situer le «contre-terrorisme» au centre de son économie d'exportation a coïncidé avec l'abandon des négociations de paix. De la même façon, c'est pour des raisons stratégiques évidentes que le gouvernement présente désormais le conflit qui l'oppose aux Palestiniens non plus comme une lutte contre un mouvement nationaliste revendiquant des terres et des droits, mais plutôt comme un des théâtres de la guerre mondiale contre le terrorisme – contre des forces irrationnelles et fanatiques résolues à tout détruire.

L'économie n'est bien sûr pas la seule responsable de l'escalade que connaît la région depuis 2001. De tous les côtés, on trouve d'amples motifs de recours à la violence. Dans un contexte aussi défavorable à la paix, pourtant, l'économie a, à certaines époques, fait contrepoids, obligé les dirigeants à entreprendre des négociations, malgré leurs réticences, comme ce fut le cas au début des années 1990. Le boom de la sécurité intérieure a détourné ces pressions et créé un autre puissant secteur qui a intérêt à ce que la violence se poursuive.

Comme dans les nouveaux territoires auparavant conquis par l'école de Chicago, la poussée de croissance que connaît Israël depuis les attentats du 11 septembre 2001 est marquée par le clivage rapide de la société entre riches et pauvres. Le boom de la sécurité s'est accompagné d'une vague de privatisations et de compressions des dépenses sociales qui ont pratiquement anéanti l'héritage du sionisme travailliste et créé une épidémie d'inégalités comme les Israéliens n'en avaient jamais connue. En 2007, 24,4 % des Israéliens se trouvaient sous le seuil de la pauvreté, et 35,2 % des enfants vivaient dans la pauvreté – contre 8 % vingt ans plus tôt[42]. Si ses avantages n'ont pas été répartis également entre tous, loin s'en faut, le boom s'est révélé si lucratif pour un petit nombre d'Israéliens – en particulier les puissants liés à l'armée et au gouvernement (d'où les scandales de corruption corporatiste dont on a désormais l'habitude) – qu'un argument essentiel en faveur de la paix a été oblitéré.

Le changement d'orientation politique du monde des affaires israélien a été spectaculaire. La vision qui anime aujourd'hui la bourse de Tel-Aviv n'est plus celle d'Israël en tant que plaque tournante du commerce régional. On imagine plutôt une forteresse futuriste, capable de survivre au milieu d'un océan d'ennemis. C'est au cours de l'été 2006 que cette nouvelle attitude s'est exprimée avec le plus de force : le gouvernement d'Israël a alors transformé en guerre rangée ce qui aurait dû être de simples négociations menées avec le Hezbollah pour la libération de prisonniers. Non contentes d'appuyer la guerre, les grandes sociétés israéliennes l'ont commanditée.

Bank Leumi, la mégabanque nouvellement privatisée d'Israël, a distribué des autocollants pour pare-chocs sur lesquels on lisait : « Nous vaincrons » et « Nous sommes forts ». Au même moment, Yitzhak Laor, journaliste et romancier israélien, écrivait : « La guerre actuelle est la première à fournir une occasion de *branding* à l'une de nos plus grandes entreprises de téléphones portables, qui en profite pour organiser une énorme campagne de promotion[43]. »

De toute évidence, l'industrie israélienne n'a plus rien à craindre de la guerre. Par contraste avec 1993, année où le conflit était considéré comme un obstacle à la croissance, la bourse de Tel-Aviv connut une hausse en août 2006, mois de la terrible guerre contre le Liban. Au cours du dernier trimestre de l'année, marqué par l'escalade sanglante de la violence à Gaza et en Cisjordanie au lendemain de l'élection du Hamas, l'économie générale d'Israël a connu une croissance ahurissante de 8 % − trois fois plus que celle des États-Unis au cours de la même période. Pendant ce temps, l'économie palestinienne s'est contractée dans une proportion de 10 à 15 % en 2006 ; le taux de pauvreté frôle les 70 %[44].

Un mois après la déclaration par l'ONU d'un cessez-le-feu entre Israël et le Hezbollah, la bourse de New York organisa une conférence spéciale sur l'investissement en Israël. Plus de 200 sociétés israéliennes y participèrent, dont beaucoup du secteur de la sécurité intérieure. Au même moment, au Liban, l'activité économique était pratiquement au point mort, et environ 140 usines − qui produisaient un peu de tout, des maisons préfabriquées aux médicaments en passant par le lait − se remettaient tant bien que mal après avoir été touchées par des bombes et des missiles israéliens. Insensibles aux conséquences de la guerre, les participants aux rencontres de New York débordaient d'optimisme : « Le pays est ouvert aux affaires et l'a toujours été », annonça Dan Gillerman, ambassadeur d'Israël aux Nations Unies, en accueillant les délégués[45].

À peine une décennie plus tôt, une telle exubérance en temps de guerre aurait été impensable. C'était Gillerman qui, comme directeur de la fédération des chambres de commerce d'Israël, avait invité le pays à profiter de l'occasion historique qui s'offrait à lui de devenir « la Singapour du Moyen-Orient ». Désormais, il était l'un des faucons les plus incendiaires d'Israël, partisan d'une escalade encore plus grande. Sur les ondes de CNN, il déclara que, « même s'il est politiquement incorrect et peut-être même faux de prétendre que tous les musulmans sont des terroristes, la vérité est que la quasi-totalité des terroristes sont des musulmans. Ce n'est donc pas seulement la guerre d'Israël. C'est celle du monde entier[46]».

La recette de la guerre mondiale à perpétuité est d'ailleurs celle que l'administration Bush avait proposée au complexe du capitalisme du désastre naissant, au lendemain du 11 septembre. Cette guerre, aucun pays ne peut la gagner, mais là n'est pas la question. Il s'agit plutôt de créer la «sécurité» dans des pays-forteresses soutenus par d'interminables conflits de faible intensité à l'extérieur de leurs murs. En un sens, c'est l'objectif que poursuivent les entreprises présentes en Irak : sécuriser un périmètre, protéger le «principal». Bagdad, La Nouvelle-Orléans et Sandy Springs donnent un avant-goût du genre d'avenir enclavé que crée et administre le complexe du capitalisme du désastre. C'est toutefois en Israël que le processus est le plus avancé : un pays tout entier s'est transformé en enclave fortifiée à accès contrôlé entourée de parias refoulés à l'extérieur, parqués dans des zones rouges permanentes. Voilà à quoi ressemble une société qui n'a plus d'intérêts économiques à souhaiter la paix et s'est investie tout entière dans une guerre sans fin et impossible à gagner dont elle tire d'importants avantages. D'un côté, Israël ; de l'autre, Gaza.

Israël représente un cas limite, mais le genre de société qu'on y a créée n'est peut-être pas unique. Le complexe du capitalisme du désastre se nourrit des conflits de faible intensité longs et durs. Tel semble le résultat obtenu dans toutes les zones marquées par la catastrophe, de La Nouvelle-Orléans à l'Irak. En avril 2007, des militaires américains commencèrent à élaborer un projet visant à faire de quelques banlieues hautement instables de Bagdad des «enclaves résidentielles protégées», entourées de points de contrôle et de murs de béton, où l'on pourrait suivre les Irakiens à la trace au moyen de la technologie biométrique. «Nous serons comme les Palestiniens», prédit un habitant d'Adhamiya en voyant son quartier encerclé par une barrière[47]. Maintenant qu'il est clair que Bagdad ne sera pas une nouvelle Dubaï et que La Nouvelle-Orléans ne ressemblera jamais à Disneyland, on se rabat sur le modèle de la Colombie et du Nigeria – d'interminables guerres menées en grande partie par des soldats et des paramilitaires privés, assez tempérées malgré tout pour permettre l'extraction des ressources naturelles, grâce notamment aux bons offices des mercenaires qui montent la garde sur les pipelines, les plates-formes de forage et les réserves d'eau.

Aujourd'hui, il est presque banal de comparer les ghettos militarisés que sont devenus Gaza et la Cisjordanie – avec leurs murs en béton, leurs clôtures électrifiées et leurs postes de contrôle – au système des bantoustans de l'Afrique du Sud de jadis, qui avait pour effet de confiner les Noirs dans des ghettos d'où ils ne pouvaient sortir qu'en présentant une carte d'identité. « Les lois et les pratiques israéliennes dans les TPO [territoires palestiniens occupés] rappellent assurément certains aspects de l'apartheid », déclara en février 2007 John Dugard, l'avocat sud-africain qui agit comme rapporteur spécial sur la situation des droits de l'homme dans les territoires palestiniens occupés[48]. Les similitudes sont frappantes, mais il y a aussi des différences. Les bantoustans d'Afrique du Sud étaient essentiellement des camps de travail, une manière de surveiller et de contrôler les Sud-Africains afin qu'ils travaillent à rabais dans les mines. L'État israélien a mis au point un système conçu aux fins contraires : pour empêcher les travailleurs de travailler, il a constitué un réseau d'enclos à ciel ouvert où s'entassent des millions de personnes qui forment, a-t-on décidé, une humanité excédentaire.

Les Palestiniens ne sont pas les seuls habitants de la planète à avoir été rangés dans cette catégorie : des millions de Russes sont devenus excédentaires dans leur propre pays, ce qui explique d'ailleurs qu'un si grand nombre d'entre eux aient quitté leurs foyers dans l'espoir de trouver du travail et une vie décente en Israël. Dans la nouvelle Afrique du Sud néolibérale, même si les bantoustans ont disparu, les personnes (une sur quatre) qui s'entassent dans les cabanes des bidonvilles en croissance rapide sont elles aussi considérées comme excédentaires[49]. Depuis que les « villages de misère » ont commencé à proliférer dans le cône sud des années 1970, la croisade de l'école de Chicago entraîne invariablement la mise au rancart de 25 à 60 % de la population. En Afrique du Sud, en Russie et à La Nouvelle-Orléans, les riches érigent des murs pour se protéger. Israël a simplement poussé le principe un peu plus loin en construisant des murs autour des pauvres, considérés comme dangereux.

CONCLUSION

Quand le choc s'essouffle

Des peuples en route vers la reconstruction

> Je tiens à vous dire, frères indiens concentrés ici en Bolivie, que vous n'aurez pas résisté en vain pendant 500 ans. Notre lutte démocratique et culturelle, c'est la lutte de nos ancêtres, le prolongement de celle de Tupac Katari [chef autochtone opposé à la colonisation] et de Che Guevara.
>
> Evo Morales, après son assermentation comme président de la Bolivie, le 22 janvier 2006[1].

> Ce sont les gens ordinaires qui savent. Ils connaissent les moindres recoins, les moindres particularités de leurs communautés. Leurs points faibles aussi.
>
> Pichit Ratakul, directeur général du centre asiatique de préparation aux catastrophes, le 30 octobre 2006[2].

> Nous, les habitants du *barrio*, avons bâti la ville deux fois. Le jour, nous avons construit les maisons des riches ; le soir et le week-end, par la force de la solidarité, nous avons construit les nôtres, notre *barrio*.
>
> Andrés Antillano, résident de Caracas, le 15 avril 2004[3]

Au moment de la mort de Milton Friedman, en novembre 2006, on sentit, à la lecture de nombreuses notices nécrologiques, une grande crainte : que le décès du maître marquât la fin d'une époque. Dans le *National Post* du Canada, Terence Corcoran, l'un des disciples les plus fidèles de Friedman, se demanda si le mouvement lancé par l'économiste lui survivrait. « Dernier grand champion de l'économie du libre marché, Friedman laisse un vide. [...] Aujourd'hui, personne n'a une stature égale à la sienne. Les principes que Friedman a définis et défendus résisteront-ils à l'épreuve du temps, en l'absence d'une nouvelle génération d'intellectuels solides, charismatiques et compétents? Difficile à dire[4].»

Le sombre constat de Corcoran ne rend absolument pas compte de l'état de profond désarroi dans lequel le capitalisme sans entraves se trouvait en novembre de cette année-là. Les héritiers intellectuels de Friedman aux États-Unis, c'est-à-dire les néoconservateurs à l'origine du complexe du capitalisme du désastre, venaient de subir le plus grand revers de l'histoire du mouvement. Ce dernier avait connu son apogée en 1994, au moment où les républicains avaient obtenu la majorité au Congrès; seulement neuf jours avant la mort de Friedman, ils le perdirent de nouveau au profit des démocrates. Trois grands facteurs expliquèrent la défaite des républicains aux élections de mi-mandat de 2006 : la corruption politique, la mauvaise gestion de la guerre en Irak et la perception selon laquelle le pays, ainsi que le dit avec à-propos Jim Webb, candidat démocrate élu au Sénat des États-Unis, s'était laissé entraîner «dans un système de classes sociales comme nous n'en avons pas vu depuis le XIXe siècle[5]». Dans tous les cas, les principes sacrés de la doctrine économique de l'école de Chicago – la privatisation, la déréglementation et la réduction des services gouvernementaux – étaient à la base des dysfonctionnements.

En 1976, Orlando Letelier, l'une des premières victimes de la contre-révolution, avait bien vu que les inégalités entre les riches et les pauvres créées par les Chicago Boys au Chili étaient «une réussite politique provisoire et non un échec économique». Pour Letelier, il était évident que les règles «du libre marché» suivies par la dictature atteignaient bel et bien leur objectif : non pas créer une économie à l'harmonie parfaite, mais plutôt enrichir les nantis et faire des syndiqués de la classe ouvrière des pauvres sans importance. On observe la même stratification partout où l'idéologie de l'école de Chicago a triomphé. En Chine, malgré une croissance économique fulgurante, l'écart de revenus entre les citadins et les 800 millions de pauvres qui vivent dans les campagnes a doublé au cours des vingt dernières années. En 1970, les 10 % des Argentins les plus riches gagnaient 12 fois plus que les plus pauvres; en 2002, ils gagnaient 43 fois plus. La «réussite politique» du Chili a véritablement été mondialisée. En décembre 2006, un mois après le décès de Milton Friedman, une étude de l'ONU a révélé que «les 2 % d'adultes les plus riches du monde détiennent plus de la moitié de la richesse globale des ménages ». C'est aux États-Unis que le renversement est le plus frappant : en 1980, au moment où Ronald Reagan amorça la croisade friedmanienne, les PDG gagnaient 43 fois plus que le travailleur moyen ; en 2005, les PDG touchaient 411 fois plus. Pour ces cadres, la contre-révolution née dans un sous-sol de l'immeuble des sciences sociales dans les années 1950 a sans contredit été une réussite. Mais cette victoire, ils l'ont obtenue au prix d'une perte de confiance généralisée qui résidait au cœur de la libéralisation des marchés, à savoir que la richesse accrue serait partagée. Pendant la campagne des élections de mi-mandat, Webb a dit : « La percolation n'a pas eu lieu[6]. »

L'accumulation d'une telle richesse par une infime minorité de la population mondiale n'a pas été pacifique, ainsi que nous l'avons vu, ni même, dans bien des cas, licite. Corcoran avait raison de s'interroger sur le calibre des leaders du mouvement, mais le problème ne s'explique pas uniquement par l'absence de figures de proue de la stature de Friedman. En fait, les architectes de la croisade internationale en faveur de la libéralisation totale des marchés étaient mêlés à une quantité sidérante d'affaires judiciaires et de scandales, dont les plus anciens dataient des premiers laboratoires latino-américains et les plus récents de l'invasion de l'Irak. Au cours de ses 35 années d'histoire, la doctrine de l'école de Chicago a progressé grâce à l'étroite collaboration de chefs d'entreprises puissants, d'idéologues militants et de dirigeants politiques à la poigne de fer. En 2006, d'importants protagonistes de chacun de ces camps étaient en prison ou faisaient face à des accusations.

Augusto Pinochet, premier chef d'État à mettre en application le traitement de choc prôné par Friedman, était assigné à résidence (il est mort avant d'avoir répondu à des accusations de corruption et de meurtre). Le lendemain du décès de Friedman, la police uruguayenne a arrêté Juan María Bordaberry relativement aux meurtres de quatre éminents gauchistes en 1976. Bordaberry avait dirigé l'Uruguay à l'époque de son adhésion brutale à la doctrine de l'école de Chicago, celle où des collègues et des étudiants de Friedman agissaient comme conseillers principaux. En Argentine, les tribunaux ont retiré leur immunité aux ex-dirigeants des juntes et condamné l'ex-président Jorge Videla et l'amiral Emilio Massera à la prison à perpétuité. Domingo Cavallo, qui dirigea la banque centrale sous la dictature et pilota l'imposition de la thérapie de choc tous azimuts sous la démocratie, a également été inculpé de «fraude liée à l'administration publique». Un accord relatif à la dette conclu par Cavallo avec des banques étrangères, en 2001, a coûté des dizaines de milliards de dollars au pays, et le juge, en gelant des actifs de Cavallo d'une valeur de dix millions de dollars, a statué que ce dernier avait agi «en pleine connaissance de cause[7]».

En Bolivie, l'ex-président Gonzalo Sánchez de Lozada, chez qui avait été construite la «bombe nucléaire» économique, est recherché par la justice; il doit répondre à un certain nombre d'accusations relatives à la mort de manifestants abattus par la police et à la signature de contrats avec des société gazières étrangères qui auraient contrevenu aux lois du pays[8]. Dans le cas de la Russie, où les hommes de Harvard ont été reconnus coupables de fraude, de nombreux oligarques, hommes d'affaires au carnet d'adresses bien rempli qui avaient empoché des milliards du jour au lendemain grâce aux privatisations orchestrées par l'équipe de Harvard, étaient en prison ou en exil. Mikhaïl Khodorkovski, ex-patron de la grande pétrolière Yukos, purgeait une peine d'emprisonnement de huit ans dans une prison sibérienne. Son collègue et principal actionnaire, Leonid Nevzline, vivait en exil en Israël, au même titre qu'un autre oligarque, Vladimir Gousinski, tandis que le célèbre Boris Berezovski s'est établi à Londres, incapable de rentrer à Moscou, où il devrait répondre à des accusations de fraude. Pourtant, ces hommes nient avoir mal agi[9]. Conrad Black, qui, par l'intermédiaire de ses journaux, était le plus puissant amplificateur idéologique du friedmanisme au Canada, fait face à la justice américaine. On lui reproche d'avoir fraudé les actionnaires de Hollinger International en utilisant la société comme s'il s'agissait, pour reprendre les mots des procureurs, de «la banque de Conrad Black». Également aux États-Unis, Ken Lay, d'Enron – exemple saisissant des effets pervers de la déréglementation du secteur de l'énergie – est mort en 2006 après avoir été reconnu coupable de complot et de fraude. Et Grover Norquist – apôtre du friedmanisme qui avait fait sursauter les progressistes en déclarant : «Je ne souhaite pas l'abolition du gouvernement. Je veux seulement en réduire la taille jusqu'au jour où je pourrai l'entraîner dans la salle de bains et le noyer dans la baignoire» – était impliqué jusqu'au cou, même si aucune accusation n'avait été portée contre lui, dans un scandale relatif au trafic d'influence dont le principal acteur était Jack Abramoff, lobbyiste de Washington[10].

Malgré les tentatives de chacun – Pinochet, Cavallo, Berezovski, Black – de se présenter comme la victime de persécutions politiques sans fondement, cette liste, bien que fort incomplète, exprime une rupture radicale avec les mythes de création néolibéraux. Pendant sa progression, la croisade économique avait réussi à conserver un vernis de respectabilité et de légalité. Aujourd'hui, le vernis s'écaille à vue d'œil. Ce qu'on découvre, ce sont des inégalités grossières érigées en système et souvent rendues possibles par une criminalité grotesque.

Outre les démêlés avec la justice, d'autres nuages se pointent à l'horizon. Les effets des chocs, si essentiels à l'illusion du consensus idéologique, commencent à s'estomper. Rodolfo Walsh, autre victime des débuts de la croisade, considérait l'ascendant de l'école de Chicago sur l'Argentine comme un contretemps et non comme une défaite définitive. Les méthodes de terreur utilisées par la junte avaient plongé le pays dans un profond état de choc, mais Walsh savait qu'il s'agit d'un état par définition provisoire. Avant d'être abattu dans les rues de Buenos Aires, Walsh avait calculé qu'il faudrait vingt ou trente ans pour que les effets de la terreur s'atténuent et que les Argentins, ayant recouvré leur équilibre, leur courage et leur confiance, soient de nouveau prêts à se battre pour l'égalité économique et sociale. En 2001, vingt-quatre ans plus tard, l'Argentine se souleva contre les mesures d'austérité prescrites par le FMI et parvint à chasser du pouvoir cinq présidents en trois semaines seulement.

J'habitais à Buenos Aires pendant cette période, et j'entendais les gens s'exclamer sans cesse : « La dictature est enfin terminée ! » À l'époque, le sens de cette allégresse m'échappait. Après tout, la dictature avait pris fin dix-sept ans plus tôt. Maintenant, je crois comprendre : l'état de choc, comme Walsh l'avait prédit, s'émoussait enfin.

Depuis, on observe la même opiniâtre résistance aux chocs dans d'autres anciens laboratoires – le Chili, la Bolivie, la Chine, le Liban. Au fur et à mesure que les citoyens se débarrassent de la peur collective qu'on leur a inspirée à grand renfort de tanks et d'aiguillons à bétail, de fuites de capitaux soudaines et de compressions brutales, nombreux sont ceux qui exigent plus de démocratie et un plus grand contrôle des marchés. Ce sont ces revendications qui représentent la plus grande menace pour l'héritage de Friedman, dans la mesure où elles remettent en question son hypothèse centrale : le capitalisme et la liberté font partie du même projet indivisible.

L'administration Bush demeure si attachée à la perpétuation de cette fallacieuse union que, en 2002, elle l'a inscrite dans la stratégie de sécurité nationale des États-Unis d'Amérique : «Les grandes luttes qui ont opposé la liberté et le totalitarisme au xxᵉ siècle se sont soldées par une victoire sans équivoque des forces de la liberté – un seul modèle assure la réussite nationale : la liberté, la démocratie et la libre entreprise[11].» Cette affirmation, appuyée par tout le poids de l'arsenal militaire des États-Unis, n'a pas suffi à endiguer les vagues de citoyens qui exercent leurs diverses libertés pour rejeter l'orthodoxie néolibérale – même aux États-Unis. Après les élections de mi-mandat de 2006, le *Miami Herald* titra : «Les démocrates engrangent des gains majeurs grâce à leur opposition aux accords de libre-échange.» Quelques mois plus tard, un sondage réalisé pour le compte du *New York Times* et de CBS a révélé que 64 % des citoyens américains étaient d'avis que le gouvernement devrait garantir des services de santé pour tous et, pour parvenir à ce but, «ont fait preuve [...] d'une étonnante volonté de compromis», se disant prêts, notamment, à payer 500 $ de plus en impôts[12].

Sur la scène internationale, les plus fervents critiques de la théorie économique néolibérale accumulaient les victoires électorales. En 2006, le président vénézuélien Hugo Chávez, dont le programme était axé sur «le socialisme au xxiᵉ siècle», a été réélu pour un troisième mandat avec 63 % des voix. Malgré les tentatives de l'administration Bush de présenter le Venezuela comme une fausse démocratie, un sondage réalisé la même année a montré que 57 % des Vénézuéliens étaient satisfaits de l'état de leur démocratie, score qui, dans tout le continent, n'a été battu qu'en Uruguay, où Frente Amplio, parti de coalition de gauche, avait été élu et où des privatisations majeures avaient été bloquées par une série de référendums[13]. En d'autres termes, dans les deux États d'Amérique latine où les résultats électoraux remettaient vraiment en question le consensus de Washington, les citoyens avaient retrouvé leur foi dans la démocratie comme moyen d'améliorer leur qualité de vie. Inversement, dans les pays où les politiques économiques demeuraient essentiellement les mêmes, en dépit des promesses formulées lors des campagnes électorales, tous les sondages faisaient état d'une érosion de la confiance envers la démocratie, comme l'attestaient la diminution des taux de participation aux élections, le cynisme de plus en plus grand vis-à-vis des politiciens et la montée du fondamentalisme religieux.

En Europe, l'année 2005 fut marquée par d'autres affrontements entre la liberté des marchés et celle des peuples.

La Constitution européenne, en effet, fut rejetée à la suite de deux référendums nationaux. En France, on en était venu à voir le document comme une codification de l'ordre corporatiste. C'était la première fois qu'on demandait aux gens de se prononcer directement sur l'application des règles du libre marché en Europe, et ils profitèrent de l'occasion pour dire non. Susan George, auteure et militante établie à Paris, explique la situation en ces termes : «Les gens ne savaient pas vraiment que l'Europe était encapsulée, résumée dans un seul et même document. [...] Lorsqu'ils en découvrent des extraits et prennent conscience du contenu, de ce qui sera constitutionnalisé et donc impossible à réviser et à modifier, les citoyens sont horrifiés[14].».

Le rejet sans équivoque de ce que les Français appellent le «capitalisme sauvage» prend diverses formes, dont certaines sont réactionnaires et racistes. Aux États-Unis, on a habilement récupéré la rage provoquée par l'effritement de la classe moyenne. Elle sert maintenant à exiger l'édification de murs le long des frontières, et Lou Dobbs de CNN fait soir après soir campagne contre «l'invasion des étrangers en situation irrégulière» qui livreraient «une guerre à la classe moyenne américaine» – pour lui, les immigrants sont des voleurs d'emplois, des criminels porteurs de «maladies hautement contagieuses[15]». (Cette recherche de boucs émissaires a entraîné les plus importantes manifestations en faveur des droits des immigrants de l'histoire des États-Unis : plus d'un million de personnes ont participé à une série de manifestations organisées en 2006 – autre signe que les victimes des chocs économiques ne tremblent plus de peur.)

Aux Pays-Bas, le référendum de 2005 sur la Constitution européenne a également été récupéré par des partis hostiles à l'immigration. On a donc voté moins contre l'ordre corporatiste que contre le spectre de hordes d'ouvriers polonais qui allaient fondre sur l'Europe de l'Ouest et feraient baisser les salaires. Aux référendums français et néerlandais, nombreux sont ceux qui ont réagi à «la peur du plombier polonais», ou, pour reprendre les mots de Pascal Lamy, ex-commissaire européen, à «la plombier-phobie[16]».

En Pologne, pendant ce temps, les contrecoups aux politiques qui avaient appauvri tant de gens dans les années 1990 ont engendré des phobies tout aussi troublantes. Lorsque Solidarité avait trahi les ouvriers qui avaient pourtant créé le mouvement, de nombreux électeurs s'étaient tournés vers de nouvelles organisations. Au bout d'un certain temps, ils avaient ainsi porté au pouvoir le parti ultraconservateur Droit et Justice. La Pologne est aujourd'hui dirigée par Lech Kaczyński, militant désenchanté de Solidarité qui, à l'époque où il était maire de Varsovie, s'était fait remarquer en interdisant la tenue d'un défilé de la fierté gaie et en participant à la place à un défilé de la «fierté des gens normaux*». Kaczyński et son frère jumeau Jaroslaw (aujourd'hui premier ministre) avaient remporté les élections de 2005 en menant une campagne fondée en grande partie sur une rhétorique hostile aux politiques de l'école de Chicago. Leurs principaux opposants promettaient pour leur part d'éliminer le régime public de retraite et d'introduire un taux d'imposition uniforme de 15 % – deux mesures sorties tout droit du manuel de Friedman. Les jumeaux ont fait valoir que de telles politiques auraient pour effet de voler les pauvres au profit d'un petit noyau de grandes entreprises et de politiciens corrompus. Une fois au pouvoir, pourtant, leur parti s'est attaqué à des cibles plus faciles : les homosexuels, les juifs, les féministes, les étrangers, les communistes. Comme l'a écrit le rédacteur en chef d'un journal polonais : «Leur projet est sans contredit une condamnation des dix-sept dernières années[17]. »

En Russie, nombreux sont ceux qui considèrent le règne de Poutine comme un contrecoup du même genre à l'époque de la thérapie de choc. Comme des dizaines de millions de citoyens appauvris par les réformes sont encore exclus de l'économie en rapide croissance, les politiciens n'ont aucune difficulté à attiser le ressentiment du public vis-à-vis des événements du début des années 1990, souvent présentés comme le résultat d'un complot étranger ayant eu pour but de forcer l'Union soviétique à se soumettre et d'assujettir la Russie «à une tutelle extérieure[18]». Même si les mesures judiciaires prises par Poutine contre quelques oligarques ont été plutôt symboliques – d'autant qu'une nouvelle espèce d'«oligarques d'État» a vu le jour dans l'entourage du Kremlin –, de nombreux Russes, au souvenir du chaos des années 1990, savent gré à Poutine d'avoir rétabli l'ordre, malgré la mort mystérieuse d'un nombre toujours grandissant de journalistes et d'autres critiques et l'immunité totale dont semble bénéficier la police secrète.

---

* Les préjugés ne sont pas le propre de la Pologne. En mars 2007, le maire de Londres, Ken Livingstone, mit ses concitoyens en garde contre un dangereux «vent défavorable aux droits des gais et lesbiennes soufflant sur les pays d'Europe de l'Est».

Le socialisme étant encore associé de près aux brutalités commises en son nom pendant des décennies, il existe peu d'exutoires à la colère populaire, en dehors du nationalisme et du protofascisme. Le nombre d'incidents violents à caractère ethnique augmente d'environ 30 % par année ; en 2006, on en a rapporté presque quotidiennement. Près de 60 % de la population appuie le slogan « La Russie aux Russes[19] ». « Les autorités sont parfaitement conscientes des défaillances de leur politique économique et sociale en ce qui a trait aux conditions de vie de la majorité », dit Youri Vdovine, militant antifasciste. Pourtant, selon le gouvernement, « tous les échecs seraient imputables à la présence de personnes qui ont la mauvaise religion, la mauvaise couleur de peau, la mauvaise origine ethnique[20] ».

Pour mieux faire accepter les effets pénibles de la thérapie de choc en Russie et en Europe de l'Est, on a souvent invoqué la nécessité d'éviter les conditions de l'Allemagne de Weimar, celles qui avaient été à l'origine de la montée du nazisme. L'ironie de la situation est d'autant plus cruelle que l'exclusion désinvolte de dizaines de millions de personnes par les idéologues néolibéraux a produit des conditions tout aussi effrayantes et explosives : des populations fières qui, se sentant humiliées par des forces étrangères, cherchent à rebâtir leur amour-propre national en s'en prenant aux plus vulnérables.

En Amérique latine, premier laboratoire de l'école de Chicago, le contrecoup prend des formes nettement plus encourageantes. Plutôt que de cibler les faibles et les vulnérables, on s'attaque aux causes profondes de l'exclusion économique. Et au contraire de ce qu'on observe en Russie et en Europe de l'Est, certaines idées qu'on a tenté de discréditer suscitent un enthousiasme débordant.

Malgré l'affirmation de l'administration Bush, pour qui le xxe siècle a pris fin sur une « victoire décisive » des marchés libres sur toutes les formes de socialisme, de nombreux Latino-Américains savent parfaitement que c'est le communisme autoritaire qui a échoué en Europe de l'Est et dans certaines régions de l'Asie. Le socialisme démocratique, expression qui désigne non seulement des partis socialistes portés au pouvoir à la suite d'élections, mais aussi des fermes et des milieux de travail exploités de façon démocratique, a fait ses preuves dans de nombreuses régions, de la Scandinavie à l'Émilie-Romagne, en Italie, province connue pour son économie coopérative prospère et déjà ancienne. C'est une version de ce mélange de socialisme et de démocratie qu'Allende s'efforçait de mettre en œuvre au Chili entre 1970 et 1973. Gorbatchev caressait un rêve similaire, quoique moins radical, pour l'Union soviétique, dont il entendait faire un «phare socialiste» inspiré du modèle scandinave. La Charte de la Liberté de l'Afrique du Sud, rêve qui a animé la longue lutte pour la liberté, incarnait à sa manière cette troisième voie. Non pas le communisme d'État, mais bien la préservation des marchés et la nationalisation des banques et des mines, dont les revenus auraient servi au financement de quartiers agréables et d'écoles de qualité. La démocratie économique et politique, en somme. Les ouvriers qui ont fondé Solidarité en 1980 s'étaient engagés à se battre pour le socialisme, et non contre lui, et les travailleurs auraient eu le pouvoir de diriger leurs milieux de travail et leur pays de façon démocratique.

Le sale secret de l'époque néolibérale, c'est que les idéaux socialistes n'ont jamais été vaincus dans le cadre de grandes batailles d'idées ni rejetés par les électeurs, mais balayés à coups de chocs à des moments politiques charnières. En cas de résistance féroce, ils étaient terrassés par la violence pure et simple – écrasés par les tanks de Pinochet, d'Eltsine et de Deng Xiaoping. À d'autres moments, ils étaient simplement trahis par ce que John Williamson a appelé la «politique vaudou»: l'équipe économique secrète constituée par le président bolivien Víctor Paz Estenssoro (celle qui enlevait les dirigeants syndicaux en masse), l'ANC qui, en coulisse, a troqué la Charte de la Liberté contre le programme économique top secret de Thabo Mbeki, les partisans de Solidarité qui, de guerre lasse, ont, au lendemain des élections, accepté la thérapie de choc en échange d'un renflouement. C'est précisément parce que le rêve de l'égalité économique est si populaire et si difficile à vaincre au terme d'une lutte équitable que la stratégie du choc a été instituée.

Washington a toujours considéré le socialisme démocratique comme une plus grande menace que le communisme totalitaire, qui, facile à diaboliser, constituait un ennemi commode. Dans les années 1960 et 1970, la méthode privilégiée pour faire face à la popularité gênante du développementalisme et du socialisme démocratique consistait à les assimiler au stalinisme en gommant délibérément les différences très nettes entre les conceptions du monde qu'ils incarnaient. (Aujourd'hui, on obtient le même résultat en assimilant au terrorisme toutes les formes d'opposition.) Aux premiers jours de la croisade de Chicago, on trouve un sinistre exemple de cette stratégie dans les documents déclassifiés concernant le Chili. Malgré la campagne de propagande financée par la CIA dans laquelle Allende était présenté comme un dictateur à la mode soviétique, Henry Kissinger, dans une note de service adressée à Nixon en 1970, exposait les véritables craintes de Washington au sujet de sa victoire électorale : « L'élection et la réussite d'un gouvernement marxiste au Chili auraient certainement un impact sur d'autres régions du monde – en particulier l'Italie – et pourraient même servir de précédent. L'imitation du phénomène ailleurs transformerait en profondeur l'équilibre du monde et donc la place que nous y occupons[21]. » En d'autres termes, il fallait éliminer Allende avant que la troisième voie démocratique qu'il représentait ne se répandît.

Pourtant, son rêve n'a jamais été vaincu. Il a, ainsi que Walsh l'avait remarqué, été provisoirement réduit au silence, refoulé par la peur. C'est pourquoi, au moment où l'Amérique latine émerge des décennies qu'elle a passées en état de choc, les anciennes idées remontent à la surface – accompagnées de l'« imitation » tant redoutée par Kissinger. Depuis l'effondrement de l'Argentine en 2001, l'opposition aux privatisations est devenue l'enjeu capital sur le continent, celui qui fait et défait les gouvernements ; à la fin de 2006, le mouvement se répandait à toute vitesse. Si Luiz Inácio Lula da Silva a été réélu comme président du Brésil, c'est en grande partie parce qu'il a transformé les élections en référendum sur les privatisations. Son adversaire, issu du parti responsable de la grande vente aux enchères des années 1990, a dû se résigner à paraître en public vêtu à la façon d'un pilote NASCAR socialiste en arborant un blouson et une casquette de base-ball tapissés des logos des sociétés d'État qui n'avaient pas encore été vendues. Il n'a pas réussi à convaincre les électeurs, et Lula a été réélu avec 61 % des voix, malgré le désenchantement causé par les scandales de corruption dont son gouvernement était entaché. Peu après, au Nicaragua, Daniel Ortega, ancien chef sandiniste, a fait des fréquentes pannes de courant qui frappaient le pays l'enjeu principal de sa campagne électorale victorieuse. La source du problème, soutenait-il, était la vente de la compagnie nationale d'électricité à la société espagnole Unión Fenosa après le passage de l'ouragan Mitch. « Vous, mes frères, êtes victimes de ces pannes quotidiennes ! a-t-il vociféré. Qui donc a introduit Unión Fenosa dans notre pays ? Le gouvernement des riches, les laquais du capitalisme barbare[22] ! »

En novembre 2006, les élections présidentielles équatoriennes se sont transformées à leur tour en véritable guerre idéologique.

Rafael Correa, économiste de gauche âgé de 43 ans, l'a emporté sur Álvaro Noboa, magnat de la banane et l'un des hommes les plus riches du pays. Avec *We're Not Going to Take It* (Y en a marre) des Twisted Sisters comme chanson officielle de campagne, Correa invita le pays à «vaincre les illusions du néolibéralisme». Après sa victoire, le nouveau président a déclaré qu'il n'était nullement «un fan de Milton Friedman[23]». À l'époque, le président bolivien Evo Morales en était presque à la fin de sa première année au pouvoir. Après avoir confié à l'armée la tâche de reprendre les champs de gaz aux multinationales «pillardes», il s'était attaqué à la nationalisation de certaines parties du secteur minier. Pendant ce temps, au Mexique, les résultats des élections de 2006, entachées de fraudes, faisaient l'objet d'une contestation sans précédent : en effet, on avait créé un «gouvernement parallèle» du peuple grâce à des élections tenues dans les rues et sur la place du siège du gouvernement à Mexico. Dans l'État mexicain de Oaxaca, le gouvernement de droite a chargé la police antiémeute de mettre un terme à une grève d'enseignants qui réclamaient une augmentation de leur salaire annuel. La mesure a provoqué, dans tout l'État, une révolte contre la corruption du gouvernement corporatiste qui a duré pendant des mois.

Le Chili et l'Argentine sont tous deux dirigés par des politiciens qui se déclarent opposés aux expériences de l'école de Chicago dans leur pays respectif, même si la question de savoir dans quelle mesure ils proposent une véritable solution de rechange fait l'objet d'âpres débats. Du point de vue symbolique, cependant, leur présence représente déjà une victoire. Quelques-uns des membres du conseil des ministres du président argentin, Néstor Kirchner, y compris Kirchner lui-même, ont été emprisonnés sous la dictature. Le 24 mars 2006, jour marquant le 30ᵉ anniversaire du coup d'État de 1976, Kirchner s'est adressé aux personnes réunies sur la Plaza de Mayo, où les mères des disparus tenaient leur manifestation hebdomadaire. «Nous sommes de retour», leur a-t-il dit en faisant référence à la génération terrorisée des années 1970. Devant une foule immense, il a ajouté : «Les visages des 30 000 *compañeros* disparus sont aujourd'hui de retour sur la place[24].» La présidente du Chili, Michelle Bachelet, a compté parmi les milliers de victimes du règne de la terreur de Pinochet. En 1975, sa mère et elle ont été emprisonnées et torturées à la Villa Grimaldi, célèbre pour ses cellules d'isolement en bois si petites que les prisonniers y tenaient seulement en position accroupie. Son père, officier militaire ayant refusé de soutenir le coup d'État, avait été assassiné par des hommes de Pinochet.

En décembre 2006, un mois après la mort de Friedman, les dirigeants latino-américains se sont réunis pour un sommet historique tenu à Cochabamba, en Bolivie, où, quelques années auparavant, un soulèvement populaire contre la privatisation de l'eau avait forcé Bechtel à quitter le pays. Morales a ouvert les délibérations en promettant de «refermer les veines de l'Amérique latine[25]». Allusion au livre d'Eduardo Galeano intitulé *Les veines ouvertes de l'Amérique latine*, compte rendu lyrique du pillage violent qui a duré cinq siècles et transformé un continent riche en région pauvre. Le livre est paru en 1971, deux ans avant qu'Allende ne soit renversé pour avoir osé refermer les veines de son pays en nationalisant les mines de cuivre. Cet événement a inauguré une nouvelle ère de pillages furieux, au cours de laquelle les structures mises en place par les mouvements développementalistes du continent ont été saccagées, rongées jusqu'à l'os et liquidées.

Aujourd'hui, les Latino-Américains reprennent le projet là où il a été brutalement interrompu des années plus tôt. Bon nombre de politiques qui surgissent çà et là sont familières : nationalisation de secteurs clés de l'économie, réforme agraire, nouveaux investissements dans l'éducation, l'alphabétisation et la santé. Sans être révolutionnaires, ces idées, fondées en toute fierté sur la vision d'un gouvernement voué à la recherche de l'égalité, contredisent à coup sûr la remarque que Friedman avait faite à Pinochet en 1975 : «Selon moi, l'erreur principale fut de croire qu'il était possible de faire le bien avec l'argent des autres. »

Bien qu'ils s'inspirent à l'évidence d'une longue tradition de militantisme, les mouvements latino-américains d'aujourd'hui ne sont pas de simples copies de leurs prédécesseurs. L'une des différences les plus frappantes a trait aux précautions que les pays prennent aujourd'hui pour se protéger des chocs du passé – les putschs, les apôtres de la thérapie de choc étrangers et les tortionnaires formés par les États-Unis, sans oublier les chocs de l'endettement et l'effondrement des devises des années 1980 et 1990. Les mouvements de masse latino-américains, qui ont contribué à porter au pouvoir toute une série de candidats de gauche, s'initient à l'art d'intégrer des amortisseurs à leurs modèles d'organisation. Ils sont moins centralisés qu'autrefois, par exemple. Pour les démobiliser, on ne pourra plus se contenter de supprimer quelques dirigeants. Malgré l'écrasant culte de la personnalité qui entoure Chávez et les mesures prises par ce dernier pour concentrer les pouvoirs dans les mains de l'État, les réseaux progressistes vénézuéliens sont en même temps très décentralisés, les pouvoirs étant répartis au niveau local et communautaire par l'intermédiaire de milliers de coopératives et de conseils de quartier. En Bolivie, les mouvements autochtones à la base de l'élection de Morales, qui fonctionnent de la même façon, ont déclaré sans ambages que Morales ne bénéficie pas de leur soutien indéfectible : les *barrios* le soutiendront tant et aussi longtemps qu'il respectera son mandat démocratique et pas un instant de plus. C'est du reste ce type de réseau qui a permis à Chávez de survivre à la tentative de coup d'État de 2002 : la révolution qu'il avait amorcée était menacée, et ses partisans sont sortis des bidonvilles de Caracas pour exiger le retour du président. Lors des putschs des années 1970, on n'avait pas observé une telle mobilisation.

Les nouveaux dirigeants de l'Amérique latine prennent également des mesures énergiques pour prévenir des coups d'État (soutenus par les États-Unis) susceptibles de compromettre leurs victoires démocratiques. Les gouvernements du Venezuela, du Costa Rica, de l'Argentine et de l'Uruguay ont tous annoncé qu'ils n'enverraient plus d'étudiants à l'École des Amériques (aujourd'hui appelée l'Institut de défense pour la coopération de la sécurité hémisphérique) – tristement célèbre centre de formation stratégique et militaire de Fort Benning, en Géorgie, où tant d'assassins notoires du continent ont été initiés aux plus récentes méthodes de « contre-terrorisme » et rapidement renvoyés chez eux pour les mettre en application à l'encontre des agriculteurs du Salvador et aux travailleurs de l'automobile de l'Argentine[26]. La Bolivie et l'Équateur semblent sur le point de rompre leurs liens avec l'école. Chávez a indiqué que, dans l'hypothèse où un groupe d'extrême droite de la province de Santa Cruz en Bolivie mettrait à exécution ses menaces contre le gouvernement d'Evo Morales, les troupes vénézuéliennes voleraient à la défense de la démocratie bolivienne. Rafael Correa s'apprête à prendre la mesure la plus radicale d'entre toutes. À l'heure actuelle, la ville portuaire équatorienne de Manta abrite la plus importante base militaire des États-Unis en Amérique latine et sert de point de ravitaillement à l'armée américaine dans sa « guerre contre la drogue », menée surtout en Colombie. Le gouvernement Correa a annoncé que l'accord autorisant la présence de la base en sol équatorien, qui arrive à échéance en 2009, ne sera pas renouvelé. «L'Équateur est une nation souveraine, a déclaré la ministre des Affaires étrangères, María Fernanda Espinosa. Nous ne voulons pas de troupes étrangères sur notre sol[27]. » Sans bases ni programmes d'entraînement, l'armée américaine serait privée d'une bonne part de sa capacité à infliger des chocs.

Les nouveaux dirigeants de l'Amérique latine sont également mieux préparés à faire face aux secousses provoquées par des marchés instables. L'une des forces les plus déstabilisatrices des dernières décennies a été la rapidité avec laquelle une fuite de capitaux peut s'organiser ou la chute soudaine du prix d'un produit peut dévaster un secteur agricole tout entier. Mais dans une grande partie de l'Amérique latine, ces chocs se sont déjà produits, laissant dans leur sillage des banlieues industrielles spectrales et d'immenses parcelles de terres agricoles en friche. La nouvelle gauche de la région s'est donc donné pour tâche de récupérer les déchets de la mondialisation et de les remettre en fonction. Au Brésil, c'est le Mouvement des sans-terre, composé d'un million et demi d'agriculteurs regroupés au sein de centaines de coopératives pour réhabiliter des terres à l'abandon, qui illustre le mieux le phénomène. En Argentine, le meilleur exemple en est le mouvement des «entreprises récupérées», 200 sociétés en faillite que leurs travailleurs ont ressuscitées et qu'ils exploitent sous forme de coopératives au fonctionnement démocratique. Les coopératives n'ont pas à craindre les chocs économiques que pourrait provoquer l'exode des investisseurs : ceux-ci ont déjà déguerpi. En un sens, il s'agit là d'efforts de reconstruction post-catastrophe destinés à contrer les effets du lent désastre causé par le néolibéralisme. À l'encontre du modèle offert par le complexe du capitalisme du désastre en Irak, en Afghanistan et sur la côte du golfe du Mexique, ce sont les principales victimes de la dévastation qui dirigent les efforts de reconstruction sud-américains. On ne s'étonnera donc pas de voir que les solutions qu'ils proposent ressemblent à s'y méprendre à la troisième voie que la campagne de l'école de Chicago a si bien su anéantir à force de chocs – la démocratie au quotidien.

Au Venezuela, Chávez a fait des coopératives une priorité politique absolue en leur accordant un droit de premier refus sur les contrats gouvernementaux et en les incitant financièrement à collaborer entre elles. En 2006, il y avait environ 100 000 coopératives au pays, et elles employaient plus de 700 000 travailleurs[28]. Dans de nombreux cas, il s'agit d'éléments de l'infrastructure de l'État – les postes de péage, l'entretien des routes, les cliniques médicales – cédés à la communauté, qui a charge d'en assurer le fonctionnement. C'est l'envers de la logique de l'externalisation par le gouvernement – au lieu de brader des pans de l'État à des grandes entreprises privées au détriment du contrôle démocratique, on donne aux utilisateurs des ressources le pouvoir de les administrer et de créer, du moins en théorie, des emplois et des services mieux adaptés aux besoins. Évidemment, les détracteurs de Chávez ont ridiculisé ces initiatives en les qualifiant de cadeaux et de subventions injustifiées. Pourtant, à une époque où Halliburton traite le gouvernement des États-Unis comme son guichet automatique particulier depuis six ans, prélève plus de vingt milliards de dollars en contrats en Irak seulement, refuse d'embaucher des travailleurs locaux sur la côte du golfe du Mexique comme en Irak et remercie les contribuables américains de leur générosité en installant son siège social à Dubaï (avec tous les avantages fiscaux et juridiques que cela suppose), les subventions directes versées par Chávez à des citoyens ordinaires ne semblent pas si radicales.

Grâce à l'intégration plus grande des gouvernements qui la composent, l'Amérique latine dépend moins que d'autres régions des institutions financières de Washington ; c'est cette autonomie en émergence qui la prémunit le mieux contre les chocs futurs (et donc contre la stratégie du choc). L'Alliance bolivarienne pour les Amériques (ALBA) est la réponse du continent à la Zone de libre-échange des Amériques (ZLÉA), rêve corporatiste avorté d'une zone de libre-échange qui se serait étendue de l'Alaska à la Terre de Feu. Même si l'ALBA en est toujours au stade embryonnaire, Emir Sader, sociologue établi au Brésil, qualifie ses débuts de «bon exemple de commerce "juste" ou équitable : chaque pays livre ce qu'il est en mesure de produire dans de bonnes conditions et reçoit en retour ce dont il a besoin, indépendamment des prix du marché mondial[29]». La Bolivie fournit donc du gaz naturel à un prix stable et réduit; le Venezuela offre du pétrole généreusement subventionné aux pays plus pauvres et met son expertise au service de la constitution de réserves ; pour sa part, Cuba charge des milliers de médecins de fournir des services médicaux gratuits sur tout le continent et forme des étudiants d'autres pays dans ses écoles de médecine. C'est un modèle radicalement différent des échanges inaugurés par l'université de Chicago dans les années 1950, époque où les étudiants latino-américains s'initiaient à une seule idéologie rigide et, à leur retour chez eux, imposaient l'uniformité dans tout le continent. L'avantage principal, c'est que l'ALBA est essentiellement un régime de troc en vertu duquel les pays participants décident eux-mêmes de la valeur des produits ou des services au lieu de laisser les *traders* de New York, de Chicago ou de Londres fixer les prix à leur place. Le commerce est ainsi beaucoup moins vulnérable aux soudaines fluctuations de prix qui, par le passé, ont ravagé les économies latino-américaines. Entourée d'eaux financières agitées, l'Amérique latine crée une zone de prévisibilité et de calme économiques relatifs, exploit réputé impossible à l'ère de la mondialisation.

Lorsqu'un pays de la région est en proie à des difficultés financières, cette intégration signifie qu'il n'est pas obligé de demander l'aide du FMI ou du Trésor des États-Unis. Encore heureux, car, en 2006, la stratégie nationale de sécurité des États-Unis a établi clairement que, pour Washington, la stratégie du choc demeure bien vivante : «En cas de crise, l'intervention du FMI doit forcer les pays concernés à assumer la responsabilité de leurs choix économiques, lit-on dans le document. Un FMI recentré renforcera les institutions du marché et la discipline financière dans les décisions.» Ce genre de «discipline financière» ne peut être imposée que si les gouvernements sollicitent l'aide de Washington – puisque, ainsi que Stanley Fischer l'a indiqué pendant la crise asiatique, le FMI n'intervient que si on l'y invite : «Mais quand [un pays] est à court d'argent, il n'a pas beaucoup de recours possibles[30].» Ce n'est plus le cas. Grâce au prix élevé du pétrole, le Venezuela est devenu un prêteur important pour les pays en voie de développement, qui peuvent ainsi contourner Washington.

Les résultats ont été spectaculaires. Le Brésil, si longtemps enchaîné à Washington par son énorme dette, refuse de conclure un nouvel accord avec le FMI. Le Nicaragua négocie les modalités de son retrait du fonds, et le Venezuela a quitté le FMI et la Banque mondiale. Même l'Argentine, ex-«élève modèle» de Washington, s'inscrit dans ce courant. Dans son discours sur l'état de l'Union de 2007, le président Néstor Kirchner a déclaré que les créanciers étrangers de son pays lui avaient dit : «"Pour rembourser votre dette, vous devez conclure une entente avec le FMI." Nous leur répondons : "Messieurs, nous sommes souverains. Nous voulons rembourser notre dette, mais nous n'allons plus jamais signer un accord avec le FMI."» Ainsi, le FMI, suprêmement puissant dans les années 1980 et

1990, ne représente plus une force dominante sur le continent. En 2005, l'Amérique latine comptait pour 80 % du portefeuille de prêts de l'organisation ; en 2007, la proportion n'est plus que de 1 %. Quel changement en deux ans ! « Il y a une vie après le FMI, a déclaré Kirchner. Et c'est une bonne vie[31]. »

La transformation ne se limite pas à l'Amérique latine. En trois ans à peine, le portefeuille de prêts du FMI a fondu, passant de 81 milliards à 11,8 milliards de dollars, dont la plus grande part à la Turquie. Le FMI, devenu un paria dans de très nombreux pays où il a traité les crises comme des occasions de profits, a commencé à s'étioler. L'avenir de la Banque mondiale est tout aussi sombre. En avril 2007, le président de l'Équateur, Rafael Correa, a révélé qu'il avait suspendu tous les prêts de l'institution et déclaré son représentant *persona non grata* dans son pays – une mesure extraordinaire. Deux ans plus tôt, a expliqué Correa, la Banque mondiale s'était servie d'un prêt de 100 millions de dollars pour empêcher l'adoption d'une loi économique qui aurait assuré la redistribution de revenus pétroliers aux pauvres du pays. « L'Équateur, un pays souverain, ne sera pas victime des manœuvres d'extorsion des bureaucrates internationaux. » Au même moment, Evo Morales a annoncé que la Bolivie se retirerait du tribunal d'arbitrage de la Banque mondiale, organisation qui permet aux multinationales de poursuivre les gouvernements relativement à des mesures qui les privent de profits. « Les gouvernements de l'Amérique latine et du monde entier, me semble-t-il, n'ont jamais gain de cause, a lancé Morales. Les multinationales l'emportent toujours. » Lorsque Paul Wolfowitz a été contraint de démissionner de son poste de président de la Banque mondiale en mai 2007, il est apparu clairement que l'institution devait entreprendre des mesures désespérées pour se sortir de cette grave crise de crédibilité. Au milieu de l'affaire Wolfowitz, le *Financial Times* a rapporté que les gestionnaires de la Banque mondiale, lorsqu'ils prodiguaient des conseils dans les pays en voie de développement, « faisaient à présent rire d'eux[32] ». Ajoutons l'échec des pourparlers de l'Organisation mondiale du commerce en 2006 (ce qui fait dire à certains que « la mondialisation est morte »), et il apparaît clairement que les trois principales institutions responsables de l'imposition de l'idéologie de l'école de Chicago (présentée comme une fatalité économique) risquent la disparition.

Il est tout à fait normal que la révolte contre le néolibéralisme soit plus avancée en Amérique latine qu'ailleurs – en tant que victimes du premier laboratoire de la thérapie de choc, les Latino-Américains ont eu plus de temps pour se remettre. Des années de manifestations populaires ont accouché de groupements politiques, lesquels ont fini par avoir assez de force pour prendre le pouvoir, certes, mais aussi pour modifier la structure même du pouvoir au sein de l'État. Des indices laissent entendre que d'autres anciens laboratoires de la thérapie du choc s'engagent sur la même voie. En Afrique du Sud, en 2005 et 2006, les habitants de bidonvilles depuis longtemps négligés ont rompu de façon décisive avec l'ANC et commencé à protester contre le reniement des promesses de la Charte de la Liberté. Des journalistes étrangers ont souligné qu'on n'avait pas vu de tels soulèvements depuis l'époque où les townships s'étaient révoltés contre l'apartheid. C'est toutefois en Chine qu'on observe le changement d'humeur le plus remarquable. Pendant des années, la terreur à l'état brut inspirée par le massacre de la place Tiananmen a réussi à réprimer la colère des masses populaires face à la dégradation des droits des travailleurs et à l'appauvrissement des campagnes. Plus maintenant. Selon des sources gouvernementales officielles, l'année 2005 a été marquée, en Chine, par un nombre ahurissant de manifestations de grande envergure, c'est-à-dire 87 000, auxquelles auraient pris part plus de quatre millions de travailleurs et de paysans*[33]. En Chine, la vague militante se heurte à une répression extrême depuis 1989, mais le mouvement a également à son actif des victoires concrètes : de nouvelles dépenses importantes dans les régions rurales, de meilleurs services de santé, la promesse d'abolir les frais de scolarité. La Chine émerge elle aussi de son état de choc.

Toute stratégie visant à exploiter une brèche ouverte par un choc traumatisant mise lourdement sur l'élément de surprise. Par définition, l'état de choc est un moment marqué par un fort décalage entre des événements qui se précipitent et l'information dont on dispose pour les expliquer. Le regretté théoricien Jean Baudrillard a écrit que les actes terroristes étaient des «excès de réalité»; en ce sens, en Amérique du Nord, les attentats du 11 septembre ont été, au début, un événement brut, une réalité crue, non transformée en histoire, en récit ni en autre chose qui

---

* «Quatre millions de travailleurs! s'est exclamé un groupe de spécialistes américains des mouvements ouvriers. Aux États-Unis, nous avons célébré la naissance d'un nouveau mouvement social mondial lorsque 60 000 personnes se sont présentées à la "bataille de Seattle" en 1999. »

puisse combler le vide entre la réalité et la compréhension que nous en avons[34]. Sans récit, nous sommes, comme au lendemain du 11 septembre pour nombre d'entre nous, profondément vulnérables face à ceux qui sont prêts à exploiter le chaos à leur avantage. Dès que nous disposons d'un récit capable d'expliquer ces événements choquants, nous retrouvons nos repères et le monde a de nouveau un sens.

Les interrogateurs de prisonniers, qui ont pour but de provoquer les chocs et la régression, comprennent bien cette dynamique. C'est pour cette raison que les auteurs des manuels de la CIA recommandent de couper les détenus de tout ce qui peut les aider à constituer un nouveau récit – les témoignages de leurs sens, les autres prisonniers, même les communications avec les gardiens. « Les prisonniers devraient être séparés des autres sur-le-champ, lit-on dans le manuel de 1983. Il faut préserver l'isolement physique et psychologique instauré dès l'arrestation[35]. » Les interrogateurs savent que les prisonniers parlent entre eux. Ils s'informent mutuellement du sort qui les attend ; ils se passent des messages entre les barreaux. Dès lors, les ravisseurs perdent leur avantage. Ils peuvent infliger de la douleur, mais ils ont perdu leurs outils psychologiques les plus efficaces pour manipuler et « briser » leurs prisonniers : la confusion, la désorientation et la surprise. Sans elles, pas de choc possible.

Il en va de même pour les sociétés. Une fois les rouages de la stratégie du choc compris à fond par le plus grand nombre, les collectivités deviennent plus difficiles à prendre par surprise et à désorienter – bref, elles résistent aux chocs. Le type de choc d'une violence inouïe qui domine depuis le 11 septembre est en partie né du fait que des chocs moins violents – crises de l'endettement, effondrements des devises, crainte d'être laissés derrière « dans l'histoire » – se sont émoussés avec le temps, surtout à cause de la surutilisation. Aujourd'hui pourtant, les chocs cataclysmiques provoqués par les guerres et les catastrophes naturelles n'engendrent pas toujours la profonde désorientation requise pour l'imposition d'une thérapie de choc économique non souhaitée. Il y a tout simplement dans le monde trop de personnes qui ont fait de première main l'expérience de la stratégie du choc : elles en connaissent le fonctionnement, ont parlé aux autres prisonniers et fait passer des messages entre les barreaux. L'élément de surprise si essentiel manque à l'appel.

La réaction de millions de Libanais aux tentatives des prêteurs internationaux d'imposer des « réformes » néolibérales comme condition de l'aide à la reconstruction, au lendemain des offensives israéliennes de 2006, en offre une illustration saisissante. Tout bien considéré, le plan aurait dû aboutir : le pays avait désespérément besoin de fonds. Avant même le déclenchement de la guerre, le Liban était lesté d'une des dettes les plus élevées du monde, et le coût des nouvelles pertes encaissées à la suite des attaques contre des routes, des ponts et des pistes d'atterrissage était estimé à neuf milliards de dollars. En se réunissant à Paris en janvier 2007 pour offrir 7,6 milliards de dollars en prêts et subventions pour la reconstruction, les délégués de 30 pays riches s'attendaient naturellement à ce que le gouvernement libanais accepte l'aide proposée, quelles que soient les conditions qui s'y rattachent. C'étaient les mêmes que d'habitude : privatisation des compagnies de téléphone et d'électricité, augmentation du prix du carburant, réduction de la fonction publique et hausse de la taxe sur les biens de consommation, déjà controversée. Kamal Hamdan, économiste libanais, a indiqué que «les factures des ménages augmenteraient de 15 % en raison de l'augmentation des taxes et des rajustements de prix» – «peine de la paix» tout ce qu'il y a de plus classique. Quant à la reconstruction proprement dite, les emplois iraient naturellement aux géants du capitalisme du désastre, sans qu'ils aient l'obligation d'embaucher des travailleurs ou de retenir des sous-traitants sur place[36].

On a demandé à la secrétaire d'État Condoleezza Rice si des exigences aussi considérables ne constituaient pas une ingérence dans les affaires du Liban. Elle a répondu : «Le Liban est une démocratie. Cela dit, le pays entreprend certaines réformes économiques essentielles au bon déroulement du projet.» Soutenu par l'Occident, le premier ministre libanais, Fouad Siniora, a accepté les conditions sans protester. Avec un haussement d'épaules, il a déclaré : «Le Liban n'a pas inventé la privatisation.» Pour bien souligner son intention de jouer selon les règles, il a confié à Booz Allen Hamilton, géant de la surveillance lié de près à Bush, le mandat de négocier la privatisation du secteur libanais des télécommunications[37].

De nombreux citoyens libanais se sont toutefois montrés nettement moins coopératifs. Même si leurs maisons étaient en ruine, des milliers d'entre eux ont participé à la grève générale organisée par une coalition de syndicats et de partis politiques, y compris le parti islamiste Hezbollah. Si l'acceptation des fonds alloués à la reconstruction signifiait une hausse du coût de la vie pour des personnes déjà durement éprouvées par la guerre, soutenaient les manifestants, on pouvait difficilement parler d'aide. Pendant que Siniora s'efforçait de rassurer les bailleurs de fonds à Paris, les grèves et les barricades érigées dans les rues paralysaient le pays – première révolte nationale dirigée directement contre le capitalisme du désastre d'après-guerre. Les manifestants ont également organisé un sit-in : pendant deux mois, le centre de Beyrouth a été transformé en ville de tentes où régnait une atmosphère de carnaval. La plupart des journalistes ont qualifié ces événements de démonstrations de force de la part du Hezbollah, mais Mohamad Bazzi, chef du bureau du journal new-yorkais *Newsday* au Moyen-Orient, a indiqué qu'une telle interprétation ne rendait pas compte de leur véritable sens. « La principale motivation des gens qui campent dans le centre-ville n'est ni l'Iran ni la Syrie, ni l'opposition entre les sunnites et les chiites. C'est l'inégalité économique qui hante les chiites libanais depuis des décennies. C'est une révolte des pauvres et des petits salariés[38]. »

L'emplacement du sit-in explique en grande partie la résistance du Liban aux chocs. La manifestation a eu lieu dans un secteur du centre-ville de Beyrouth que les résidants appellent Solidere, du nom de la société d'aménagement privée qui a bâti et possède presque tout ce qui se trouve dans ses limites. Solidere est le fruit du dernier effort de reconstruction au Liban. Au début des années 1990, après une guerre civile de près de quinze ans, le pays était en ruine, et l'État, criblé de dettes, n'avait pas d'argent pour reconstruire. Le milliardaire (et futur premier ministre) Rafiq Hariri a alors fait une proposition : si on lui cédait les droits fonciers sur tout le cœur du centre-ville, sa nouvelle société immobilière, Solidere, en ferait la « Singapour du Moyen-Orient ». Hariri, qui a été assassiné dans un attentat à la voiture piégée en février 2005, a rasé la quasi-totalité des structures qui tenaient encore debout et fait de la ville une page blanche. Les anciens souks ont été remplacés par des marinas, des immeubles de luxe (dont certains munis d'élévateurs pour les limousines) et des centres commerciaux haut de gamme[39]. Solidere possède presque tout le quartier des affaires, y compris les tours, les grandes places et les forces de sécurité.

Aux yeux du monde extérieur, Solidere est le brillant symbole de la renaissance du Liban d'après-guerre, mais de nombreux Libanais y voient depuis toujours une sorte d'hologramme. Au-delà du centre névralgique ultramoderne, une grande partie de Beyrouth est toujours dépourvue des infrastructures de base, de l'électricité aux transports en commun : sur les façades de nombreux immeubles, on voit encore les trous de projectiles laissés par la guerre civile. C'est dans les bidonvilles qui entourent le centre clinquant de Beyrouth que le Hezbollah a recruté ses cohortes de partisans fidèles en rafistolant des génératrices et des émetteurs, en organisant la collecte des ordures ménagères et en assurant la sécurité – bref en constituant «l'État dans l'État» tant décrié. Lorsqu'ils s'aventuraient dans l'enclave de Solidere, les habitants des banlieues délabrées étaient souvent expulsés par les gardiens de sécurité privés d'Hariri parce qu'ils faisaient peur aux touristes.

Raida Hatoum, militante pour la justice sociale à Beyrouth, m'a raconté que, au moment où Solidere amorçait la reconstruction, «les gens étaient heureux que la guerre soit finie et que les rues soient reconstruites. Lorsque nous nous sommes rendu compte que les rues avaient été vendues et qu'elles appartenaient à des intérêts privés, il était trop tard. Nous ne savions pas que l'argent avait été prêté et qu'il faudrait le rembourser». Ce réveil brutal, c'est-à-dire s'apercevoir que les plus démunis devront éponger le coût d'une reconstruction qui ne profiterait qu'à une petite élite, a fait des Libanais les spécialistes du capitalisme du désastre. C'est cette expérience qui a aidé le pays à s'orienter et à s'organiser après la guerre de 2006. En choisissant de tenir leur sit-in à l'intérieur du cocon de Solidere, avec des réfugiés palestiniens campés près de la mégaboutique de Virgin et de cafés branchés («Si je mangeais un sandwich là-dedans, je serais fauché pour le reste de la semaine», m'a confié un participant), les manifestants envoyaient un message clair. Trêve de reconstructions faites de bulles à la mode de Solidere et de banlieues moribondes – de zones vertes fortifiées et de zones rouges chaotiques. C'est la reconstruction du pays tout entier qu'ils réclamèrent. «Comment pouvons-nous encore accepter la présence d'un gouvernement voleur? a demandé un manifestant. Celle du gouvernement qui a construit ce centre-ville et accumulé une dette colossale? Qui va payer? Moi, et mon fils après moi.[40]»

La résistance aux chocs du Liban ne s'arrête pas aux manifestations. Elle s'exprime également dans un ambitieux effort de reconstruction parallèle. Dès les premiers jours suivant le cessez-le-feu, les comités de quartier du Hezbollah ont visité de nombreux foyers touchés par les bombardements, constaté l'étendue des dommages et commencé à distribuer aux familles déplacées une allocation de 12 000 $ pour les meubles et le loyer d'une année. Comme les journalistes Ana Nogueira et Saseen Kawzally l'ont fait observer depuis

Beyrouth, « c'était six fois plus que l'allocation versée par la FEMA aux survivants de l'ouragan Katrina ». Et le chef du Hezbollah, le cheikh Hassan Nasrallah, a tenu des propos qui auraient ravi les survivants de Katrina : « Vous n'aurez à quémander de faveur à personne, vous n'aurez à faire la queue nulle part. » L'aide version Hezbollah n'a transité ni par le gouvernement ni par des ONG étrangères. Elle n'a pas servi à la construction d'hôtels cinq étoiles, comme à Kaboul, ni à l'aménagement de piscines olympiques pour les instructeurs de la police, comme en Irak. Le Hezbollah a plutôt fait ce que Renuka, la survivante du tsunami du Sri Lanka, m'avait décrit comme son idéal : il remettait l'argent en mains propres. Il a également associé des membres de la communauté à la reconstruction – il a embauché des équipes locales d'ouvriers de la construction (qui travaillaient en échange de la ferraille qu'ils recueillaient), mobilisé 1 500 ingénieurs et organisé des groupes de bénévoles. Grâce à cette aide, la reconstruction, une semaine après la fin des bombardements, était déjà bien engagée[41].

Dans la presse américaine, ces initiatives étaient presque universellement décriées et qualifiées de pots-de-vin et de clientélisme – une tentative, de la part du Hezbollah, d'acheter le soutien de la population après qu'il eut lui-même provoqué l'offensive dont le pays cherchait à se relever (David Frum a même laissé entendre que les billets de banque distribués par le Hezbollah étaient des faux[42]). Il ne fait aucun doute que le Hezbollah a des visées politiques tout autant que caritatives et que ce sont des fonds iraniens qui ont permis au mouvement de se montrer aussi généreux. Tout aussi important pour son efficacité est toutefois le fait que le Hezbollah est une organisation locale, autochtone, issue des quartiers en voie de reconstruction. Au contraire des grandes entreprises de reconstruction étrangères qui, au moyen de gestionnaires, de gardiens de sécurité privés et d'interprètes venus d'ailleurs, imposent des projets concoctés par de lointaines bureaucraties, le Hezbollah pouvait agir vite : il connaissait la moindre ruelle et le moindre transmetteur de fortune de même que les entrepreneurs de confiance. Si les Libanais ont su gré au Hezbollah des résultats, c'est aussi parce qu'ils connaissaient l'autre solution : Solidere.

Nous ne réagissons pas toujours aux chocs en régressant. Dans le cadre d'une crise, il nous arrive aussi de grandir – vite.

On en a eu une preuve éclatante en Espagne, le 11 mars 2004, lorsque, à Madrid, dix bombes ont explosé dans des trains de banlieue et des gares ferroviaires, faisant plus de 200 victimes. Le président José María Aznar est immédiatement apparu à la télévision pour dire à son peuple que les attentats étaient l'œuvre des séparatistes basques et lui demander de soutenir la guerre en Irak. « Aucune négociation n'est possible ni souhaitable avec des assassins qui, tant de fois déjà, ont semé la mort aux quatre coins de l'Espagne. Seule la fermeté aura raison de ces attentats », a-t-il dit[43].

Ces propos ont fortement indisposé les Espagnols. « On a l'impression d'entendre la voix de Franco en écho », a déclaré José Antonio Martines Soler, éminent rédacteur en chef d'un journal de Madrid persécuté sous la dictature de Francisco Franco. « Par chacun de ses actes, chacun de ses gestes et chacune de ses phrases, Aznar a dit aux gens qu'il avait raison, qu'il était le seul détenteur de la vérité et que tous ceux qui ne pensaient pas comme lui étaient ses ennemis[44]. » En d'autres termes, les qualités que les Américains ont associées à un « leadership fort » au lendemain du 11 septembre ont été considérées par les Espagnols comme des signes inquiétants d'une montée du fascisme. Le pays était à trois jours de la tenue d'élections générales. Se souvenant d'une époque où la peur régissait la vie politique, les Espagnols ont rejeté Aznar et ont choisi à sa place un parti s'étant engagé à retirer les troupes espagnoles d'Irak. Comme au Liban, c'est la mémoire collective des chocs passés qui a permis aux Espagnols de résister aux nouveaux.

Les artisans de la thérapie de choc ont tous pour but d'effacer la mémoire. Ewen Cameron, qui rêvait de reconstruire l'esprit de ses patients, était convaincu de devoir d'abord y faire le vide. Les occupants américains de l'Irak n'ont pas senti le besoin de mettre un terme au pillage des musées et des bibliothèques ; ils se disaient qu'il allait leur faciliter la tâche. Mais comme l'ancienne patiente de Cameron, Gail Kastner, qui a créé une architecture complexe de bouts de papier, de livres et de listes, on peut reconstruire ses souvenirs, inventer de nouveaux récits. La mémoire, personnelle et collective, est, en définitive, le meilleur amortisseur de chocs qui soit.

Malgré toutes les tentatives fructueuses d'exploitation du tsunami de 2004, la mémoire, dans certaines régions touchées, particulièrement en Thaïlande, s'est également révélée un outil de résistance efficace. Des dizaines de villages côtiers ont été aplatis par la vague, mais, au contraire de ce qui s'est produit au Sri Lanka, nombre de ces petites communes ont été reconstruites en quelques mois. La différence n'est pas attribuable au gouvernement. Les politiciens thaïs étaient tout aussi pressés que les autres d'utiliser la catastrophe pour chasser les pêcheurs et céder le littoral à de grandes chaînes d'hôtels. Ce qui distingue la Thaïlande, c'est que les villageois ont accueilli les promesses gouvernementales avec une bonne dose de scepticisme et refusé d'attendre patiemment dans des camps l'élaboration d'un plan de reconstruction officiel. Au bout de quelques semaines, des centaines d'entre eux ont entrepris ce qu'ils ont appelé une «réinvasion» du territoire. Les outils à la main, ils sont passés devant les gardiens à la solde des promoteurs et ont commencé à délimiter l'emplacement de leurs anciennes maisons. Dans certains cas, la reconstruction a débuté sur-le-champ. «Je suis prête à risquer ma vie pour cette terre parce qu'elle nous appartient», a dit Ratree Kongwatmai, qui a perdu presque toute sa famille dans le tsunami[45].

Ce sont les pêcheurs autochtones de la Thaïlande appelés Moken ou «nomades de la mer» qui ont accompli les réinvasions les plus audacieuses. Après des siècles de privation de leurs droits, les Moken ne se berçaient pas d'illusions : ils ne comptaient pas sur un État bienveillant qui leur céderait des terres décentes en échange des propriétés côtières qu'on leur avait confisquées. Dans un cas particulièrement spectaculaire, les habitants du village de Ban Tung Wah, dans la province de Phang Nga, «sont rentrés tous ensemble chez eux et, dans un geste symbolique d'affirmation de leurs droits de propriété, ont tendu une corde autour de leur village en ruine, a relaté une ONG thaïe. Comme tous les villageois campaient sur la plage, les autorités pouvaient difficilement les chasser, compte tenu de l'attention médiatique accordée aux efforts de remise en valeur consécutifs au tsunami». En fin de compte, les villageois ont cédé au gouvernement une partie de leurs propriétés sur le front de mer en échange d'une protection juridique pour le reste de leur territoire ancestral. Aujourd'hui, le village reconstruit, qui compte un musée, un centre communautaire, une école et un marché, sert de vitrine à la culture des Moken. «À présent, des fonctionnaires du sous-district s'initient à Ban Tung Wah aux principes de "la réhabilitation post-tsunami dirigée par la communauté", tandis que des chercheurs et des étudiants viennent par autocars complets "étudier la sagesse des peuples autochtones[46]". »

Tout le long du littoral thaï frappé par le tsunami, ce genre de reconstruction au moyen de l'action directe constitue la norme. La clé du succès, disent les leaders communautaires, c'est que «les gens négocient leurs titres de propriété du point de vue d'occupants»; certains ont qualifié la pratique de «négociation avec les mains[47]». Les survivants de la Thaïlande ont également exigé une aide différente – au lieu de la charité, ils préféraient recevoir les outils nécessaires à leurs propres activités de reconstruction. À titre bénévole, par exemple, des dizaines de professeurs et d'étudiants en architecture thaïs ont aidé les villageois à concevoir leurs nouvelles maisons et à élaborer leurs propres plans de reconstruction. Des constructeurs de bateaux chevronnés ont initié les pêcheurs à l'art de fabriquer des embarcations plus perfectionnées. Résultat? Les communes sont à présent plus fortes qu'avant la grande vague. À Ban Tung Wah et à Baan Nairai, les maisons sur pilotis bâties par les villageois sont belles et solides; elles sont également moins chères, plus spacieuses et plus fraîches que les étouffants pavillons préfabriqués proposés par les entrepreneurs étrangers. Dans un manifeste, une coalition de villages ayant survécu au tsunami explique ainsi sa philosophie : «La reconstruction devrait, autant que possible, être réalisée par les collectivités locales. Il faut tenir les entrepreneurs à l'écart et laisser les gens assumer la responsabilité de leurs logements[48].»

Un an après le passage de Katrina, un échange remarquable a eu lieu en Thaïlande entre les chefs de l'effort de reconstruction communautaire de ce pays et une petite délégation de survivants de La Nouvelle-Orléans. Les Américains ont visité quelques villages thaïs reconstruits et ont été surpris par la rapidité des progrès. «À La Nouvelle-Orléans, nous attendons que le gouvernement agisse à notre place, mais, ici, vous faites tout vous-mêmes», a constaté Endesha Juakali, fondateur du «village des survivants» de La Nouvelle-Orléans. «Dès notre retour, notre objectif sera l'adoption de votre modèle», a-t-il promis[49].

Au retour des leaders communautaires à La Nouvelle-Orléans, on a bel et bien assisté à une vague d'actions directes dans la ville. Juakali, dont le quartier était encore en ruine, a chargé des équipes d'entrepreneurs et de bénévoles locaux d'éviscérer toutes les résidences d'un premier pâté de maisons. Puis ils sont passés au suivant. Son voyage dans la région dévastée par le tsunami, a dit Juakali, lui a permis de «comprendre que les habitants de La Nouvelle-Orléans ne doivent plus attendre l'intervention de la FEMA, de l'administration de la ville et du gouvernement de l'État ; ils doivent plutôt se demander : "Que pouvons-nous faire maintenant pour entreprendre de réhabiliter nos quartiers malgré le gouvernement, et non grâce à lui ?" ». Une autre participante au voyage en Asie, Viola Washington, est également rentrée dans son quartier de La Nouvelle-Orléans, Gentilly, avec une attitude entièrement nouvelle. Elle a « divisé Gentilly en sections, créé un comité de représentants pour chacun et désigné des responsables qui se réunissent pour discuter des besoins liés à la reconstruction ». Elle a expliqué qu'« ils devaient se battre pour recevoir leur argent, mais que, entre-temps, ils ne voulaient pas rester les bras croisés[50] ».

Il y a eu à La Nouvelle-Orléans des exemples d'actions encore plus directes. En février 2007, des groupes de résidents de HLM que l'administration Bush avait l'intention de démolir ont « réenvahi » leurs anciennes demeures et s'y sont établis de nouveau. Des bénévoles ont participé au nettoyage des lieux et recueilli des fonds pour l'achat de génératrices et de panneaux solaires. « Ma maison est mon château et je rentre chez moi », a annoncé Gloria Williams, résidante de la HLM C. J. Peete. La réinvasion s'est transformée en fête de quartier, égayée par la musique d'une fanfare de La Nouvelle-Orléans[51]. Il y avait beaucoup à célébrer : la communauté avait pour le moment échappé au bulldozer culturel géant qui se fait passer pour la reconstruction.

Ces exemples de personnes qui reconstruisent par leurs propres moyens ont toutes un point en commun : en plus de rebâtir leurs immeubles, disent-elles, elles se guérissent elles-mêmes. Cette remarque tombe sous le sens. Toutes les victimes d'un choc de grande intensité se sentent impuissantes : devant des forces terrifiantes, des parents se montrent incapables de sauver la vie de leurs enfants, des conjoints sont séparés et les maisons, pourtant symboles de sécurité, deviennent des pièges mortels. La meilleure façon d'échapper au sentiment d'impuissance consiste à donner un coup de main – à exercer le droit de participer à un effort de reconstruction communautaire. « Rouvrir notre école, c'est une façon d'affirmer qu'on a affaire ici à une communauté très particulière, unie par le lieu, bien sûr, mais aussi par la spiritualité, les liens du sang et une volonté commune de rentrer chez soi », a déclaré le directeur adjoint de l'école élémentaire Dr. Martin Luther King Jr. du Lower Ninth Ward de La Nouvelle-Orléans[52].

De tels efforts de reconstruction populaires sont l'antithèse de l'éthos du complexe du capitalisme du désastre, sans cesse à la recherche de tables rases et de canevas vierges sur lesquels bâtir ses États modèles. À l'instar des coopératives agricoles et industrielles de l'Amérique latine, ces projets par nature improvisés se contentent de ce qui a été laissé derrière, des outils rouillés qui n'ont pas été emportés, cassés ou volés. Au contraire du fantasme du Ravissement, c'est-à-dire de l'effacement apocalyptique qui permet aux croyants fervents quelques échappées éthérées dans le sublime, les mouvements de renouveau populaires partent du principe qu'il est impossible de fuir les gâchis considérables que nous avons créés et que l'oblitération – de la culture, de l'histoire, de la mémoire – a fait son temps. Ces mouvements cherchent à repartir non pas de zéro, mais plutôt du chaos, des décombres qui nous entourent. Tandis que la croisade corporatiste poursuit son déclin violent et augmente sans cesse les chocs d'un cran pour vaincre les résistances de plus en plus vives qu'elle rencontre sur sa route, ces projets indiquent une voie d'avenir possible au milieu des fondamentalismes. Radicaux uniquement dans leur pragmatisme, profondément ancrés dans les lieux où ils vivent, ces hommes et ces femmes se considèrent comme d'humbles bricoleurs : ils réparent les matériaux qu'ils ont sous la main, les solidifient et les améliorent, visent l'égalité. Par-dessus tout, ils s'arment de résilience – en prévision du prochain choc.

NOTES

Les citations et les faits tirés des interviews réalisées par l'auteure ne figurent en général pas dans les notes.

Tous les montants en dollars contenus dans le livre sont présentés en devises américaines.

Lorsque, dans un paragraphe, plusieurs faits proviennent d'une même source, un appel de note est placé à la fin du paragraphe et non après chacun des faits. Dans la section réservée aux notes, les sources sont énumérées dans l'ordre où elles apparaissent dans le paragraphe.

Si une note de bas de page a une source, celle-ci figure dans la note de fin de texte numérotée suivant immédiatement l'astérisque. De telles sources sont précédées de la mention : NOTE DE BAS DE PAGE.

En raison de la nature provisoire de l'architecture Web, les adresses des articles de presse accessibles en ligne ne sont pas incluses. Lorsqu'un document est uniquement accessible en ligne, je mentionne la page d'accueil, et non l'adresse URL complète du texte, une fois de plus en raison des fréquents changements.

On trouvera dans www.naomiklein.org de nombreux documents originaux, des liens Web de même qu'une bibliographie et une filmographie détaillées.

INTRODUCTION

Éloge de la table rase : Trois décennies à défaire et à refaire le monde

1. Bud Edney, « Appendix A : Thoughts on Rapid Dominance », dans Harlan K. Ullman et James P. Wade, *Shock and Awe. Achieving Rapid Dominance*, NDU Press Book, Washington, DC, 1996, p. 110.

2. John Harwood, « Washington Wire : A Special Weekly Report from *The Wall Street Journal*'s Capital Bureau », *Wall Street Journal*, le 9 septembre 2005.

3. Gary Rivlin, « A Mogul Who Would Rebuild New Orleans », *New York Times*, le 29 septembre 2005.

4. « The Promise of Vouchers », *Wall Street Journal*, le 5 décembre 2005.

5. *Ibid.*

6. Milton Friedman, assisté de Rose D. Friedman, *Capitalisme et liberté*, traduit de l'anglais par A. M. Charno, Éditions Robert Laffont, « Le monde qui se fait », Paris, 1971, p. 14.

7. Interview avec Joe DeRose, United Teachers of New Orleans, le 18 septembre 2006 ; Michael Kunzelman, « Post-Katrina, Educators, Students Embrace Charter Schools », Associated Press, le 17 avril 2007.

8. Steve Ritea, « N.O. Teachers Union Loses Its Force in Storm's Wake », *Times-Picayune*, Nouvelle-Orléans, le 6 mars 2006.

9. Susan Saulny, « U.S. Gives Charter Schools a Big Push in New Orleans », *New York Times*, le 13 juin 2006 ; Veronique de Rugy et Kathryn G. Newmark, « Hope after Katrina? », *Education Next*, le 1ᵉʳ octobre 2006, www.aei.org.

10. « Educational Land Grab », *Rethinking Schools*, automne 2006.

11. Milton Friedman, *Inflation : Causes and Consequences*, Asia Publishing House, New York, 1963, p. 1.

12. Friedman, *Capitalisme et liberté*. Le passage cité, tiré de la préface de la nouvelle édition anglaise du livre (1982), a été traduit pour le présent ouvrage.

13. Milton et Rose Friedman, *La tyrannie du statu quo*, préface d'Alain Cotta, traduit de l'américain par Patrice Hoffmann, Éditions Jean-Claude Lattès, Paris, 1984, p. 32.

14. Milton Friedman et Rose D. Friedman, *Two Lucky People. Memoirs*, University of Chicago Press, Chicago, 1998, p. 592.

15. Eduardo Galeano, *Jours et nuits d'amour et de guerre*, traduit de l'espagnol par Claude Couffon et Iliana Lolitch, Albin Michel, « Les Grandes Traductions », Paris, 1987, p. 184.

16. Ullman et Wade, *Shock and Awe*, p. xxviii.

17. Thomas Crampton, « Iraq Official Warns on Fast Economic Shift », *International Herald Tribune* (Paris), le 14 octobre 2003.

18. Alison Rice, *Post-Tsunami Tourism and Reconstruction : A Second Disaster*, Tourism Concern, Londres, octobre 2005, www.tourismconcern.org.uk.

19. Nicholas Powers, « The Ground below Zero », *Indypendent*, le 31 août 2006, www.indypendent.org.

20. Neil King Jr. et Yochi J. Dreazen, « Amid Chaos in Iraq, Tiny Security Firm Found Opportunity », *Wall Street Journal*, le 13 août 2004.

21. Eric Eckholm, « U.S. Contractor Found Guilty of $3 Million Fraud in Iraq », *New York Times*, le 10 mars 2006.

22. Davison L. Budhoo, *Enough Is Enough. Dear Mr. Camdessus... Open Letter of Resignation to the Managing Director of the International Monetary Fund*, New Horizons Press, New York, 1990, p. 102.

23. Michael Lewis, « The World's Biggest Going-Out-of-Business Sale », *The New York Times Magazine*, le 31 mai 1998.

24. Bob Sipchen, « Are Public Schools Worth the Effort? », *Los Angeles Times*, le 3 juillet 2006.

25. Paul Tough, David Frum, William Kristol *et al.*, « A Revolution or Business as Usual? A Harper's Forum », *Harper's*, mars 1995.

26. Rachel Monahan et Elena Herrero Beaumont, « Big Time Security », *Forbes*, le 3 août 2006 ; Gary Stoller, « Homeland Security Generates Multibillion Dollar Business », *USA Today*, le 10 septembre 2006.

27. Evan Ratliff, « Fear, Inc. », *Wired*, décembre 2005.

28. Veronique de Rugy, American Enterprise Institute, « Facts and Figures about Homeland Security Spending », le 14 décembre 2006, www.aei.org.

29. Bryan Bender, « Economists Say Cost of War Could Top $2 Trillion », *Boston Globe*, le 8 janvier 2006.

30. Thomas L. Friedman, « Big Mac I », *New York Times*, le 8 décembre 1996.

31. Steve Quinn, « Halliburton's 3Q Earnings Hit $611M », Associated Press, le 22 octobre 2006.

32. Steven R. Hurst, « October Deadliest Month Ever in Iraq », Associated Press, le 22 novembre 2006.

33. James Glanz et Floyd Norris, « Report Says Iraq Contractor Is Hiding Data from U.S. », *New York Times*, le 28 octobre 2006.

34. Wency Leung, « Success Through Disaster : B.C.-Made Wood Houses Hold Great Potential for Disaster Relief », *Vancouver Sun*, le 15 mai 2006.

35. Joseph B. Treaster, « Earnings for Insurers Are Soaring », *New York Times*, le 14 octobre 2006.

36. Central Intelligence Agency, *Kubark Counterintelligence Interrogation*, juillet 1963, p. 1, 101. Version intégrale du manuel déclassifié à www.gwu.edu/~nsarchiv.

37. *Ibid.*, p. 66.

38. Mao Tsé-toung, « Introducing a Cooperative », *Peking Review*, vol. 1, n° 15, le 10 juin 1958, p.6.

39. Friedman et Friedman, *Two Lucky People*, p. 594.

40. *Ibid.*

41. « The Rising Risk of Recession », *Time*, le 19 décembre 1969.

42. George Jones, « Thatcher Praises Friedman, Her Freedom Fighter », *Daily Telegraph* (Londres), le 17 novembre 2006 ; Friedman et Friedman, *Two Lucky People*, p. 388-389.

43. Francis Fukuyama, *La fin de l'histoire*, traduit de l'anglais par Denis-Armand Canal, Flammarion, Paris, 1992.

44. Justin Fox, « The Curious Capitalist », *Fortune*, le 16 novembre 2006 ; Chambre des représentants, 109ᵉ Congrès, 2ᵉ session, « H. Res. 1089 : Honoring the Life of Milton Friedman », le 6 décembre 2006 ; Jon Ortiz, « State to Honor Friedman », *Sacramento Bee*, le 24 janvier 2007 ; Thomas Sowell, « Freedom Man », *Wall Street Journal*, le 18 novembre 2006.

45. Stéphane Courtois, « Les crimes du communisme » *in Stéphane Courtois et al., Le livre noir du communisme. Crimes, terreur et répression*, Robert Laffont, Paris, 1997, p. 12.

1. Le laboratoire de la torture : Ewen Cameron, la CIA et l'obsession d'effacer l'esprit humain et de le reconstruire

1. Cyril J. C. Kennedy et David Anchel, « Regressive Electric-Shock in Schizophrenics Refractory to Other Shock Therapies », *Psychiatric Quarterly*, vol. 22, n° 2, avril 1948, p. 318.

2. Ugo Cerletti, « Electroshock Therapy », *Journal of Clinical and Experimental Psychopathology and Quarterly Review of Psychiatry and Neurology*, vol. 15, septembre 1954, p. 192-193.

3. Judy Foreman, « How CIA Stole Their Minds », *Boston Globe*, le 30 octobre 1998 ; Stephen Bindman, « Brainwashing Victims to Get $100,000 », *The Gazette* (Montréal), le 18 novembre 1992.

4. Gordon Thomas, *Journey into Madness*, Bantam Books, New York, 1989, p. 148.

5. Harvey M. Weinstein, *Psychiatry and the CIA. Victims of Mind Control*, American Psychiatric Press, Washington, DC, 1990, p. 92, 99.

6. D. Ewen Cameron, « Psychic Driving », *American Journal of Psychiatry*, vol. 112, n° 7, 1956, p. 502-509.

7. D. Ewen Cameron et S. K. Pande, « Treatment of the Chronic Paranoid Schizophrenic Patient », *Canadian Medical Association Journal*, vol. 78, le 15 janvier 1958, p. 95.

8. Aristote, *De l'âme*, livre III.

9. Berton Rouché, «As Empty as Eve», *The New Yorker*, le 9 septembre 1974.

10. D. Ewen Cameron, «Production of Differential Amnesia as a Factor in the Treatment of Schizophrenia», *Comprehensive Psychiatry*, vol. 1, n° 1, 1960, p. 32-33.

11. D. Ewen Cameron, J. G. Lohrenz et K. A. Handcock, «The Depatterning Treatment of Schizophrenia», *Comprehensive Psychiatry*, vol. 3, n° 2, 1962, p. 67.

12. Cameron, «Psychic Driving», p. 503-504.

13. Weinstein, *Psychiatry and the CIA*, p. 120. NOTE DE BAS DE PAGE : Thomas, *Journey into Madness*, p. 129.

14. «CIA, Memorandum for the Record, Subject : Project ARTICHOKE», le 31 janvier 1975, www.gwu.edu/~nsarchiv.

15. Alfred W. McCoy, «Cruel Science : CIA Torture & Foreign Policy», *New England Journal of Public Policy*, vol. 19, n° 2, hiver 2005, p. 218.

16. Alfred W. McCoy, *A Question of Torture. CIA Interrogation, from the Cold War to the War on Terror*, Metropolitan Books, New York, 2006, p. 22, 30.

17. Parmi ceux qui consommèrent du LSD à leur insu pendant cette période d'expérimentation, mentionnons les prisonniers de guerre nord-coréens, un groupe de patients d'un centre de désintoxication de Lexington au Kentucky, sept mille soldats américains de l'arsenal chimique d'Edgewood au Maryland et des détenus de la prison de Vacaville en Californie. *Ibid.*, p. 27, 29.

18. Selon une note manuscrite anonyme retrouvée dans les archives, le Dʳ Caryl Haskins et le commandant R. J. Williams représentaient la CIA lors de la rencontre. David Vienneau, «Ottawa Paid for '50s Brainwashing Experiments, Files Show», *Toronto Star*, le 14 avril 1986; «Minutes of June 1, 1951, Canada/US/UK Meeting Re : Communist "Brainwashing" Techniques during the Korean War», rencontre à l'hôtel Ritz-Carlton de Montréal, le 1ᵉʳ juin 1951, p. 5.

19. D. O. Hebb, W. Heron et W. H. Bexton, *Annual Report*, Contract DRB X38, Experimental Studies of Attitude, 1953.

20. *Defense Research Board Report to Treasury Board*, le 3 août 1954, déclassifié, p. 2.

21. «Distribution of Proceedings of Fourth Symposium, Military Medicine, 1952», déclassifié.

22. Zuhair Kashmeri, «Data Show CIA Monitored Deprivation Experiments», *Globe and Mail* (Toronto), le 18 février 1984.

23. *Ibid.*

24. Hebb, Heron et Bexton, *Annual Report*, Contract DRB X38, p. 1-2.

25. Juliet O'Neill, «Brain Washing Tests Assailed by Experts», *Globe and Mail* (Toronto), le 27 novembre 1986.

26. Thomas, *Journey into Madness*, p. 103; John D. Marks, *The Search for the Manchurian Candidate. The CIA and Mind Control*, Times Books, New York, 1979, p. 133.

27. R. J. Russell, L. G. M. Page et R. L. Jillett, «Intensified Electroconvulsant Therapy», *Lancet*, le 5 décembre 1953, p. 1178.

28. Cameron, Lohrenz et Handcock, «The Depatterning Treatment of Schizophrenia», p. 68.

29. Cameron, «Psychic Driving», p. 504.

30. Thomas, *Journey into Madness*, p. 180.

31. D. Ewen Cameron *et al.*, « Sensory Deprivation : Effects upon the Functioning Human in Space Systems », *Symposium on Psychophysiological Aspects of Space Flight*, Bernard E. Flaherty (sous la dir. de), Columbia University Press, New York, 1961, p. 231 ; Cameron, « Psychic Driving », p. 504.
32. Marks, *The Search for the Manchurian Candidate*, p. 138.
33. Cameron et Pande, « Treatment of the Chronic Paranoid Schizophrenic Patient », p. 92.
34. Cameron, « Production of Differential Amnesia as a Factor in the Treatment of Schizophrenia », p. 27.
35. Thomas, *Journey into Madness*, p. 234.
36. Cameron *et al.*, « Sensory Deprivation », p. 226, 232.
37. Lawrence Weschler, *A Miracle, a Universe. Settling Accounts with Torturers*, Pantheon Books, New York, 1990, p. 125.
38. Interview parue dans le magazine canadien *Weekend*, citée dans Thomas, *Journey into Madness*, p. 169.
39. Cameron, « Psychic Driving », p. 508.
40. Cameron citait un autre chercheur, Norman Rosenzweig, à l'appui de sa thèse. Cameron *et al.*, « Sensory Deprivation », p. 229.
41. Weinstein, *Psychiatry and the CIA*, p. 222.
42. « Project MKUltra, The CIA's Program of Research in Behavioral Modification », *Joint Hearings Before the Select Committee on Intelligence and the Subcommittee on Health and Scientific Research of the Committee on Human Resources,* Sénat des États-Unis, 95ᵉ congr., 1ʳᵉ sess., le 3 août 1977. Cité dans Weinstein, *Psychiatry and the CIA*, p. 178.
43. *Ibid.*, p. 143.
44. James LeMoyne, « Testifying to Torture », *New York Times*, le 5 juin 1988.
45. Jennifer Harbury, *Truth, Torture and the American Way. The History and Consequences of U.S. Involvement in Torture*, Beacon Press, Boston, 2005, p. 87.
46. Senate Select Committee on Intelligence, « Transcript of Proceedings before the Select Committee on Intelligence : Honduran Interrogation Manual Hearing », le 16 juin 1988 (Box 1 CIA Training Manuals, Folder : Interrogation Manual Hearings, National Security Archives). Cité dans McCoy, *A Question of Torture*, p. 96.
47. Tim Weiner, « Interrogation, C.I.A.-Style », *New York Times*, le 9 février 1997 ; Steven M. Kleinman, « KUBARK Counterintelligence Interrogation Review : Observations of an Interrogator », février 2006, *in* Intelligence Science Board, *Educing Information*, National Defense Intelligence College, Washington DC, décembre 2006, p. 96.
48. Central Intelligence Agency, *Kubark Counterintelligence Interrogation*, juillet 1963, p. 1 et 8. On trouve la version intégrale du manuel déclassifié dans les National Security Archives, www.gwu.edu/~nsarchiv. C'est moi qui souligne.
49. *Ibid.*, p. 1, 38.
50. *Ibid.*, p. 1-2.
51. *Ibid.*, p. 88.
52. *Ibid.*, p. 90.
53. Central Intelligence Agency, *Human Resource Exploitation Training Manual-1983.* On trouve la version intégrale du manuel déclassifié dans les National Security Archives, www.gwu.edu/~nsarchiv. NOTE DE BAS DE PAGE : *Ibid.*

54. Central Intelligence Agency, *Kubark Counterintelligence Interrogation*, juillet 1963, p. 49-50, 76-77.

55. *Ibid.*, p. 41, 66.

56. McCoy, *A Question of Torture*, p. 8.

57. McCoy, « Cruel Science », p. 220.

58. Frantz Fanon, *Sociologie d'une révolution. L'an V de la révolution algérienne,* François Maspero, « Petite collection Maspero », Paris, 1972, p. 128.

59. Pierre Messmer, ministre français de la Défense de 1960 à 1969, affirme que les Américains invitèrent les Français à entraîner les soldats aux États-Unis. Le général Paul Aussaresses, le plus célèbre et le moins repentant des spécialistes français de la torture, se rendit à Fort Bragg et initia les soldats américains aux méthodes « de capture, d'interrogatoire et de torture ». *Escadrons de la mort, l'école française,* documentaire de Marie-Monique Robin, Idéale Audience, 2003.

60. McCoy, *A Question of Torture*, p. 65.

61. Dianna Ortiz, *The Blindfold's Eyes*, Orbis Books, New York, 2002, p. 32.

62. Harbury, *Truth, Torture and the American Way.*

63. Nations Unies, Convention de Genève relative au traitement des prisonniers de guerre, adoptée le 12 août 1949, www.unhchr.org ; *Uniform Code of Military Justice,* Subchapter 10 : Punitive Articles, Section 893, Article 93, www.au.af.mil.

64. Central Intelligence Agency, *Kubark Counterintelligence Interrogation*, p. 2 ; Central Intelligence Agency, *Human Resource Exploitation Training Manual, 1983.*

65. Craig Gilbert, « War Will Be Stealthy », *Milwaukee Journal Sentinel*, le 17 septembre 2001 ; Garry Wills, *Reagan's America : Innocents at Home*, Doubleday, New York, 1987, p. 378.

66. Katharine Q. Seelye, « A Nation Challenged », *New York Times*, le 29 mars 2002 ; Alberto R. Gonzales, *Memorandum for the President*, le 25 janvier 2002, www.msnbc.msn.com.

67. Jerald Phifer, « Subject : Request for Approval of Counter-Resistance Strategies », *Memorandum for Commander, Joint Task Force 170*, le 11 octobre 2002, p. 6. Déclassifié, www.npr.org.

68. U.S. Department of Justice, Office of Legal Counsel, Office of the Assistant Attorney General, *Memorandum for Alberto R. Gonzales, Counsel to the President*, le 1er août 2002, www.washingtonpost.com. NOTE DE BAS DE PAGE : « Military Commissions Act of 2006 », Subchapter VII, Sec. 6, thomas.loc.gov ; Alfred W. McCoy, « The U.S. Has a History of Using Torture », History News Network, George Mason University, le 4 décembre 2006, www.hnn.us ; « The Imperial Presidency at Work », *New York Times*, le 15 janvier 2006.

69. Kleinman, « KUBARK Counterintelligence Interrogation Review », p. 95.

70. Dan Eggen, « Padilla Case Raises Questions about Anti-Terror Tactics », *Washington Post*, le 19 novembre 2006.

71. Curt Anderson, « Lawyers Show Images of Padilla in Chains », The Associated Press, le 4 décembre 2006 ; John Grant, « Why Did They Torture Jose Padilla », *Philadelphia Daily News*, le 12 décembre 2006.

72. AAP, « US Handling of Hicks Poor : PM », *Sydney Morning Herald*, le 6 février 2007.

73. Shafiq Rasul, Asif Iqbal et Rhuhel Ahmed, *Composite Statement : Detention in Afghanistan and Guantánamo Bay*, Center for Constitutional Rights, New York, le 26 juillet 2004, p. 95, www.ccr-ny.org.

74. Adam Zagorin et Michael Duffy, «Inside the Interrogation of Detainee 063», *Time*, le 20 juin 2005.
75. James Yee et Aimee Molloy, *For God and Country. Faith and Patriotism under Fire*, Public Affairs, New York, 2005, p. 101-102; Tim Golden et Margot Williams, «Hunger Strike Breaks Out at Guantánamo», *New York Times*, le 8 avril 2007.
76. Craig Whitlock, «In Letter, Radical Cleric Details CIA Abduction, Egyptian Torture», *Washington Post*, le 10 novembre 2006.
77. *Ibid.*
78. Amnesty International, «Italie. Abou Omar : les autorités italiennes doivent coopérer pleinement avec toutes les enquêtes», déclaration publique, le 16 novembre 2006, www.amnesty.org.
79. Jumah al-Dossari, «Days of Adverse Hardship in U.S. Detention Camps – Testimony of Guantánamo Detainee Jumah al-Dossari», Amnesty International, le 16 décembre 2005.
80. Mark Landler et Souad Mekhennet, «Freed German Detainee Questions His Country's Role», *New York Times*, le 4 novembre 2006.
81. A. E. Schwartzman et P. E. Termansen, «Intensive Electroconvulsive Therapy : A Follow-Up Study», *Canadian Psychiatric Association Journal*, vol. 12, n° 2, 1967, p. 217.
82. Erik Eckholm, «Winning Hearts of Iraqis with a Sewage Pipeline», *New York Times*, le 5 septembre 2004.

2. L'autre docteur choc : Milton Friedman et la quête d'un laboratoire du laisser-faire

1. Arnold C. Harberger, «Letter to a Younger Generation», *Journal of Applied Economics*, vol. 1, n° 1, 1998, p. 2.
2. Katherine Anderson et Thomas Skinner, *The Power of Choice : The Life and Times of Milton Friedman*, émission diffusée sur PBS le 29 janvier 2007.
3. Jonathan Peterson, «Milton Friedman, 1912-2006», *Los Angeles Times*, le 17 novembre 2006.
4. Frank H. Knight, «The Newer Economics and the Control of Economic Activity», *Journal of Political Economy*, vol. 40, n° 4, août 1932. p. 455.
5. Daniel Bell, «Models and Reality in Economic Discourse», *The Crisis in Economic Theory*, Daniel Bell et Irving Kristol (sous la dir. de), Basic Books, New York, 1981, p. 57-58.
6. Milton Friedman et Rose D. Friedman, *Two Lucky People. Memoirs*, University of Chicago Press, Chicago, 1998, p. 24. Traduction du poème de Paul Gallimard.
7. Larry Kudlow, «The Hand of Friedman», *The Corner web log on the National Review Online*, le 16 novembre 2006, www.nationalreview.com.
8. Friedman et Friedman, *Two Lucky People*, p. 21.
9. Milton Friedman, assisté de Rose D. Friedman, *Capitalisme et liberté*, traduit de l'anglais par A. M. Charno, Éditions Robert Laffont, «Le monde qui se fait», Paris, 1971, p. 30.
10. Don Patinkin, *Essays on and in the Chicago Tradition*, Duke University Press, Durham, Caroline du Nord, 1981, p. 4.
11. Friedrich A. Hayek, *La route de la servitude*, traduit de l'anglais par G. Blumberg, Presses universitaires de France, «Quadrige», Paris, 2002.

12. Interview avec Arnold Harberger réalisée le 3 octobre 2000 pour *Commanding Heights. The Battle for the World Economy* [série télévisée de PBS], Daniel Yergin et Sue Lena Thompson (producteurs délégués), William Cran (producteur de la série), Heights Productions, Boston, 2002. Transcription de l'interview intégrale disponible à www.pbs.org.

13. John Maynard Keynes, *The End of Laissez-faire* suivi de *«Suis-je un libéral?»*, postface de Jacques Luzi, traduit de l'anglais par Frédéric Cotton, Agone Éditeurs, Marseille, 1999.

14. John Maynard Keynes, «From Keynes to Roosevelt : Our Recovery Plan Assayed», *New York Times*, le 31 décembre 1933.

15. John Kenneth Galbraith, *La crise économique de 1929. Anatomie d'une catastrophe financière*, traduit de l'anglais par H. Le Gallo, Petite Bibliothèque Payot, Paris, 1961, p. 215.

16. John Maynard Keynes, *Les conséquences économiques de la paix*, traduction et annotation de David Todd, Gallimard, «Tel», Paris, 2002, p. 259.

17. Friedman et Friedman, *Two Lucky People*, p. 594.

18. Stephen Kinzer, *All the Shah's Men. An American Coup and the Roots of Middle East Terror*, J. Wiley & Sons, Hoboken, New Jersey, 2003, p. 153-154; Stephen Kinzer, *Overthrow. America's Century of Regime Change from Hawaii to Iraq*, Times Books, New York, 2006, p. 4.

19. *El Imparcial*, le 16 mars 1951, cité dans Stephen C. Schlesinger, Stephen Kinzer et John H. Coatsworth, *Bitter Fruit. The Story of the American Coup in Guatemala*, Harvard University Press, Cambridge, Massachusetts, 1999, p. 52.

20. Patterson qualifia les économistes argentins et brésiliens de «roses» dans une interview avec Juan Gabriel Valdés. Il parla de la nécessité de «changer la formation des hommes» à l'ambassadeur des États-Unis au Chili, Willard Beaulac. Juan Gabriel Valdés, *Pinochet's Economists. The Chicago School in Chile*, Cambridge University Press, Cambridge, 1995, p. 110-113.

21. *Ibid.*, p. 89.

22. La citation vient de Joseph Grunwald, économiste de l'université Columbia qui, à l'époque, travaillait à l'université du Chili. Valdés, *Pinochet's Economists*, p. 135.

23. Harberger, «Letter to a Younger Generation», p. 2.

24. André Gunder Frank, *Economic Genocide in Chile. Monetarist Theory Versus Humanity*, Spokesman Books, Nottingham, R.-U., 1976, p. 7-8.

25. Kenneth W. Clements, «Larry Sjaastad, The Last Chicagoan», *Journal of International Money and Finance*, vol. 24, 2005, p. 867-869.

26. Gunder Frank, *Economic Genocide in Chile*, p. 8.

27. Note de service de James W. Trowbridge à William Carmichael transmise par Jeffrey Puryear, le 24 octobre 1984, page 4, cité dans Valdés, *Pinochet's Economists*, p. 194.

28. *Ibid.*, p. 206. NOTE DE BAS DE PAGE : «The Rising Risk of Recession», *Time*, le 19 décembre 1969.

29. En 1963, de Castro était en congé de perfectionnement à l'université de Chicago. Il devint directeur en 1965. Valdés, *Pinochet's Economists*, p. 140, 165.

30. *Idid.*, p. 159. La citation vient d'Ernesto Fontaine, diplômé de Chicago et professeur à l'université catholique de Santiago.

31. *Ibid.*, p. 6, 13.

32. Troisième rapport à l'université catholique du Chili et à l'Administration de la coopération internationale, août 1957, signé par Gregg Lewis,

Université de Chicago, p. 3, cité dans Valdés, *Pinochet's Economists*, p. 132.

33. Interview avec Ricardo Lagos réalisée le 19 janvier 2002 pour *Commanding Heights. The Battle for the World Economy*, www.pbs.org.

34. Friedman et Friedman, *Two Lucky People*, p. 388.

35. Central Intelligence Agency, *Notes on Meeting with the President on Chile*, le 15 septembre 1970, déclassifié, www.gwu.edu/~nsarchiv.

36. «The Last Dope from Chile», ronéo signé «Al H.», daté de Santiago, le 7 septembre 1970, cité dans Valdés, *Pinochet's Economists*, p. 242-243.

37. Sue Branford et Bernardo Kucinski, *Debt Squads. The U.S., the Banks, and Latin America*, Zed Books, Londres, 1988, p. 40, 51-52

38. Subcommittee on Multinational Corporations, «The International Telephone and Telegraph Company and Chile, 1970-71», *Report to the Committee on Foreign Relations United States Senate by the Subcommittee on Multinational Corporations*, le 21 juin 1973, p. 13.

39. *Ibid.*, p. 15.

40. Francisco Letelier, interview, *Democracy Now!*, le 21 septembre 2006.

41. Subcommittee on Multinational Corporations, «The International Telephone and Telegraph Company and Chile, 1970-71», p. 4, 18.

42. *Ibid.*, p. 11, 15.

43. *Ibid.*, p. 17.

44. Archidiocèse de São Paulo, *Torture in Brazil. A Shocking Report on the Pervasive Use of Torture by Brazilian Military Governments, 1964-1979*, Joan Dassin (sous la dir. de), traduction de Jaime Wright, University of Texas Press, Austin, 1986, p. 53.

45. William Blum, *Killing Hope. U.S. Military and CIA Interventions Since WWII*, Common Courage Press, Monroe, Maine, 1995, p. 195 ; «Times Diary : Liquidating Sukarno», *Times* (Londres), le 8 août 1986.

46. Kathy Kadane, «U.S. Officials' Lists Aided Indonesian Bloodbath in '60s», *Washington Post*, le 21 mai 1990.

47. En se fondant sur des interviews (enregistrées et officielles) réalisées auprès de hauts fonctionnaires américains en poste en Indonésie à l'époque, Kadane rendit d'abord compte de l'existence des listes dans le *Washington Post*. Les informations concernant les radios et les armes sont tirées d'une lettre au rédacteur en chef écrite par Kadane dans *The New York Review of Books*, le 10 avril 1997, sur la foi des mêmes interviews. Les transcriptions des interviews réalisées par Kadane se trouvent aujourd'hui dans les National Security Archives de Washington, DC. Kadane, «U.S. Officials' Lists Aided Indonesian Bloodbath in '60s».

48. John Hughes, *Indonesian Upheaval*, David McKay Company, Inc. New York, 1967, p. 132.

49. Le chiffre le plus souvent cité est de 500 000 morts, y compris par le *Washington Post* en 1966. L'ambassadeur de la Grande-Bretagne l'estima pour sa part à 400 000, mais il signala que l'ambassadeur de la Suède, qui avait fait des recherches supplémentaires, était d'avis qu'il s'agissait d'«une grave sous-estimation». Certains laissent entendre que le nombre de victimes fut d'un million, même si, dans un rapport de la CIA de 1968, on affirme que 250 000 personnes ont été tuées, avant d'ajouter qu'il s'agit d'«une des pires tueries du xxe siècle». «Silent Settlement», *Time*, le 17 décembre 1965 ; John Pilger, *The New Rulers of the World*, Verso, Londres, 2002, p. 34 ; Kadane, «U.S. Officials' Lists Aided Indonesian Bloodbath in '60s».

50. «Silent Settlement».

51. David Ransom, « Ford Country : Building an Elite for Indonesia », *The Trojan Horse. A Radical Look at Foreign Aid*, Steve Weissman (sous la dir. de), Ramparts Press, Palo Alto, Californie, 1975, p. 99.
52. NOTE DE BAS DE PAGE : *Ibid.*, p. 100.
53. Robert Lubar, « Indonesia's Potholed Road Back », *Fortune*, le 1er juin 1968.
54. Goenawan Mohamad, *Celebrating Indonesia. Fifty Years with the Ford Foundation 1953-2003*, Ford Foundation, Jakarta, 2003, p. 59.
55. Dans le texte original, l'auteur écrit le nom du général « Soeharto » ; par souci d'uniformité, j'ai rétabli l'orthographe la plus courante, « Suharto ». Mohammad Sadli, « Recollections of My Career », *Bulletin of Indonesian Economic Studies*, vol. 29, n° 1, avril 1993, p. 40.
56. Les postes qui suivent furent occupés par des diplômés du programme de Ford : ministre des Finances, ministre du Commerce, président de la commission de planification nationale, vice-président de la commission de planification nationale, secrétaire général de la recherche sur le marketing et le commerce, directeur de l'équipe technique responsable des investissements étrangers, secrétaire général de l'industrie et ambassadeur à Washington. Ransom, « Ford Country », p. 110.
57. Richard Nixon, « Asia After Vietnam », *Foreign Affairs*, vol. 46, n° 1, octobre 1967, p. 111. NOTE DE BAS DE PAGE : Arnold C. Harberger, *Curriculum Vitae*, novembre 2003, www.econ.ucla.edu.
58. Pilger, *The New Rulers of the World*, p. 36-37.
59. CIA, « Secret Cable from Headquarters [Blueprint for Fomenting a Coup Climate], September 27, 1970 », dans Peter Kornbluh, *The Pinochet File. A Declassified Dossier on Atrocity and Accountability*, New Press, New York, 2003, p. 49-56.
60. Valdés, *Pinochet's Economists*, p. 251.
61. *Ibid.*, p. 248-249.
62. *Ibid.*, p. 250.
63. Select Committee to Study Governmental Operations with Respect to Intelligence Activities, United States Senate, *Covert Action in Chile 1963-1973*, U.S. Government Printing Office, Washington, DC, le 18 décembre 1975, p. 30.
64. *Ibid.*, p. 40.
65. Eduardo Silva, *The State and Capital in Chile. Business Elites, Technocrats, and Market Economics*, Westview Press, Boulder, Colorado, 1996, p. 74.
66. Orlando Letelier, « The Chicago Boys in Chile : Economic Freedom's Awful Toll », *The Nation*, le 28 août 1976.

3. États de choc : La naissance sanglante de la contre-révolution

1. Machiavel, *Le prince*, suivi de *Choix de lettres*, préface de Raymond Aron, traduction, notes et postface de Jean Anglade, Librairie Générale Française, « Le livre de poche », Paris, 1972, p. 48.
2. Milton Friedman et Rose D. Friedman, *Two Lucky People. Memoirs*, University of Chicago Press, Chicago, 1998, p. 592.
3. *Batalla de Chile* [série documentaire en trois parties] de Patricia Guzmán, originalement produite en 1975-1979, First Run/Icarus Films, New York, 1993.
4. John Dinges et Saul Landau, *Assassination on Embassy Row*, Pantheon Books, New York, 1980, p. 64.

5. *Report of the Chilean National Commission on Truth and Reconciliation,* vol. 1, traduction de Phillip E. Berryman, University of Notre Dame Press, Notre Dame, 1993, p. 153; Peter Kornbluh, *The Pinochet File. A Declassified Dossier on Atrocity and Accountability,* New Press, New York, 2003, p. 153-154.

6. Kornbluh, *The Pinochet File,* p. 155-156.

7. Ces chiffres sont contestés dans la mesure où la junte militaire était connue pour dissimuler et nier ses crimes. Jonathan Kandell, « Augusto Pinochet, 91, Dictator Who Ruled by Terror in Chile, Dies », *New York Times,* le 11 décembre 2006; *Chile Since Independence,* Leslie Bethell (sous la dir. de), Cambridge University Press, New York, 1993, p. 178; Rupert Cornwell, « The General Willing to Kill His People to Win the Battle against Communism », *Independent* (Londres), le 11 décembre 2006.

8. Juan Gabriel Valdés, *Pinochet's Economists. The Chicago School in Chile,* Cambridge University Press, Cambridge, 1995, p. 252.

9. Pamela Constable et Arturo Valenzuela, *A Nation of Enemies. Chile Under Pinochet,* W.W. Norton & Company, New York, 1991, p. 187.

10. Robert Harvey, « Chile's Counter-Revolution », *The Economist,* le 2 février 1980.

11. José Piñera, « How the Power of Ideas Can Transform a Country », www.josepinera.com.

12. Constable et Valenzuela, *A Nation of Enemies,* p. 74-75.

13. *Ibid.,* p. 69.

14. Valdés, *Pinochet's Economists,* p. 31.

15. Constable et Valenzuela, *A Nation of Enemies,* p. 70.

16. La seule entrave au commerce imposée par Pinochet était un droit tarifaire de 10 % sur les importations. Il s'agit moins d'une entrave au commerce que d'une simple taxe sur les importations. André Gunder Frank, *Economic Genocide in Chile. Monetarist Theory Versus Humanity,* Spokesman Books, Nottingham, R.-U., 1976, p. 81.

17. Ce sont des estimations prudentes. Gunder Frank écrit que, au cours de la première année au pouvoir de la junte, l'inflation s'est élevée à 508 % et, en ce qui touche les « denrées essentielles », a peut-être même effleuré la barre des 1 000 %. En 1972, dernière année au pouvoir d'Allende, l'inflation était de 163 %. Constable et Valenzuela, *A Nation of Enemies,* p. 170; Gunder Frank, *Economic Genocide in Chile,* p. 62.

18. *Que Pasa* (Santiago), le 16 janvier 1975, cité dans Gunder Frank, *Economic Genocide in Chile,* p. 26.

19. *La Tercera* (Santiago), le 9 avril 1975, cité dans Orlando Letelier, « The Chicago Boys in Chile », *The Nation,* le 28 août 1976.

20. *El Mercurio* (Santiago), le 23 mars 1976, cité dans *ibid.*

21. *Que Pasa* (Santiago), le 3 avril 1975, cité dans *ibid.*

22. Friedman et Friedman, *Two Lucky People,* p. 399.

23. *Ibid.,* p. 593-594.

24. *Ibid.,* p. 592-594.

25. *Ibid.,* p. 594.

26. Gunder Frank, *Economic Genocide in Chile,* p. 34.

27. Constable et Valenzuela, *A Nation of Enemies,* p. 172-173.

28. « En 1980, les dépenses gouvernementales dans le domaine de la santé avaient diminué de 17,6 % par rapport à 1970; dans le domaine de l'éducation, la réduction était de 11,3 %. » Valdés, *Pinochet's Economists,* p. 23, 26; Constable et Valenzuela, *A Nation of Enemies,* p. 172-173; Robert Harvey, « Chile's Counter-Revolution », *The Economist,* le 2 février 1980.

29. Valdés, *Pinochet's Economists*, p. 22.
30. Albert O. Hirschman, « The Political Economy of Latin American Development : Seven Exercises in Retrospection », *Latin American Research Review*, vol. 12, n° 3, 1987, p. 15.
31. Public Citizen, « The Uses of Chile : How Politics Trumped Truth in the Neo-Liberal Revision of Chile's Development », document de travail, septembre 2006, www.citizen.org.
32. « A Draconian Cure for Chile's Economic Ills? », *Business Week*, le 12 janvier 1976.
33. Peter Dworkin, « Chile's Brave New World of Reaganomics », *Fortune*, le 2 novembre 1981 ; Valdés, *Pinochet's Economists*, p. 23 ; Letelier, « The Chicago Boys in Chile ».
34. Hirschman, « The Political Economy of Latin American Development », p. 15.
35. La déclaration est du ministre des Finances de la junte, Jorge Cauas. Constable et Valenzuela, *Nation of Enemies*, p. 173.
36. Ann Crittenden, « Loans from Abroad Flow to Chile's Rightist Junta », *New York Times*, le 20 février 1976.
37. « A Draconian Cure for Chile's Economic Ills? », *Business Week*, le 12 janvier 1976.
38. Gunder Frank, *Economic Genocide in Chile*, p. 58.
39. *Ibid.*, p. 65-66.
40. Harvey, « Chile's Counter-Revolution » ; Letelier, « The Chicago Boys in Chile ».
41. Gunder Frank, *Economic Genocide in Chile*, p. 42.
42. Piñera, « How the Power of Ideas Can Transform a Country ».
43. Robert M. Bleiberg, « Why Attack Chile? », *Barron's*, le 22 juin 1987.
44. Jonathan Kandell, « Chile, Lab Test for a Theorist », *New York Times*, le 21 mars 1976.
45. Kandell, « Augusto Pinochet, 91, Dictator Who Ruled by Terror in Chile, Dies » ; « A Dictator's Double Standard », *Washington Post*, le 12 décembre 2006.
46. Greg Grandin, *Empire's Workshop. Latin America and the Roots of U.S. Imperialism*, Metropolitan Books, New York, 2006, p. 171.
47. *Ibid.*
48. Constable et Valenzuela, *A Nation of Enemies*, p. 197-198.
49. José Piñera, « Wealth through Ownership : Creating Property Rights in Chilean Mining », *Cato Journal*, vol. 4, n° 3, automne 2004, p. 296.
50. Interview avec Alejandro Foxley réalisée le 26 mars 2001 pour *Commanding Heights. The Battle for the World Economy*, www.pbs.org.
51. Constable et Valenzuela, *A Nation of Enemies*, p. 219.
52. Central Intelligence Agency, « Field Listing – Distribution of family income – Gini index », *World Factbook 2007*, www.cia.gov.
53. Letelier, « The Chicago Boys in Chile ».
54. Milton Friedman, « Economic Miracles », *Newsweek*, le 21 janvier 1974.
55. Glen Biglaiser, « The Internationalization of Chicago's Economics in Latin America », *Economic Development and Cultural Change*, vol. 50, 2002, p. 280.
56. Lawrence Weschler, *A Miracle, a Universe. Settling Accounts with Torturers*, Pantheon Books, New York, 1990, p. 149.
57. La citation est tirée des notes prises par l'ambassadeur du Brésil en Argentine de l'époque, João Baptista Pinheiro. Reuters, « Argentine Military Warned Brazil, Chile of '76 Coup », CNN, le 21 mars 2007.

58. Mario I. Blejer fut le secrétaire argentin des Finances sous la dictature. Il avait obtenu un doctorat en sciences économiques de l'université de Chicago l'année précédant le coup d'État. Adolfo Diz, titulaire d'un doctorat de l'université de Chicago, fut président de la banque centrale sous la dictature. Fernando De Santibáñes, également docteur en sciences économiques de l'université de Chicago, travailla à la banque centrale sous la dictature. Ricardo López Murphy, titulaire d'une maîtrise en sciences économiques de l'université de Chicago, fut directeur du bureau de recherches économiques et d'analyses budgétaires du service du Trésor du ministère des Finances (1974-1983). D'autres diplômés de l'école occupèrent des postes de moindre importance sous la dictature, en tant qu'experts-conseils ou conseillers.

59. Michael McCaughan, *True Crimes. Rodolfo Walsh*, Latin America Bureau, Londres, 2002, p. 284-290 ; « The Province of Buenos Aires : Vibrant Growth and Opportunity », *Business Week*, le 14 juillet 1980, section publicitaire spéciale.

60. Henry Kissinger et César Augusto Guzzetti, Memorandum of Conversation, le 10 juin 1976, déclassifié, www.gwu.edu/~nsarchiv.

61. « The Province of Buenos Aires ». NOTE DE BAS DE PAGE : *Ibid.*

62. McCaughan, *True Crimes*, p. 299.

63. Reuters, « Argentine Military Warned Brazil, Chile of '76 Coup ».

64. *Report of the Chilean National Commission on Truth and Reconciliation*, vol. 2, traduction de Phillip E. Berryman, University of Notre Dame Press, Notre Dame, 1993, p. 501.

65. Marguerite Feitlowitz, *A Lexicon of Terror. Argentina and the Legacies of Torture*, Oxford University Press, New York, 1998, p. ix.

66. *Ibid.*, p. 149, 175.

67. *Ibid.*, p. 165.

68. Weschler, *A Miracle, a Universe*, p. 170.

69. Amnesty International, *Report on an Amnesty International Mission to Argentina 6-15 November 1976*, Amnesty International Publications, Londres, 1977, p. 35 ; Feitlowitz, *A Lexicon of Terror*, p. 158.

70. Alex Sanchez, Council on Hemispheric Affairs, « Uruguay : Keeping the Military in Check », le 20 novembre 2006, www.coha.org.

71. Gunder Frank, *Economic Genocide in Chile*, p. 43 ; *Batalla de Chile*.

72. Sénat des États-Unis, Select Committee to Study Governmental Operations with Respect to Intelligence Activities, *Covert Action in Chile 1963-1973*, U.S. Government Printing Office, Washington, DC, le 18 décembre 1975, p. 40.

73. Archidiocèse de São Paulo, Brasil : *Nunca Mais / Torture in Brazil. A Shocking Report on the Pervasive Use of Torture by Brazilian Military Governments, 1964-1979*, Joan Dassin (sous la dir. de), traduction de Jaime Wright, University of Texas Press, Austin, 1986, p. 13-14.

74. Eduardo Galeano, « A Century of Wind », *Memory of Fire*, vol. 3, traduction de Cedric Belfrage, Quartet Books, Londres, 1989, p. 208.

75. *Report of the Chilean National Commission on Truth and Reconciliation*, vol. 1, p. 153.

76. Kornbluh, *The Pinochet File*, p. 162.

77. Weschler, *A Miracle, a Universe*, p. 145. NOTE DE BAS DE PAGE : Jane Mayer, « The Experiment », *The New Yorker*, le 11 juillet 2005.

78. Cette estimation se fonde sur le fait que le Brésil comptait 8 400 prisonniers politiques au cours de cette période et que des milliers d'entre eux furent torturés. L'Uruguay avait pour sa part 60 000 prisonniers politiques. Selon la Croix-Rouge, la torture, dans les prisons, était systémique. On évalue par

ailleurs que 50 000 Chiliens et au moins 30 000 Argentins furent torturés. Le chiffre de 100 000 semble donc très prudent. Larry Rohter, « Brazil Rights Group Hopes to Bar Doctors Linked to Torture », *New York Times*, le 11 mars 1999 ; Organisation des États américains, Commission interaméricaine des droits de l'homme, *Report on the Situation of Human Rights in Uruguay*, le 31 janvier 1978, www.cidh.org ; Duncan Campbell et Jonathan Franklin, « Last Chance to Clean the Slate of the Pinochet Era », *Guardian* (Londres), le 1er septembre 2003 ; Feitlowitz, *A Lexicon of Terror*, p. ix.

79. McCaughan, *True Crimes*, p. 290.
80. *Ibid.*, p. 274.
81. *Ibid.*, p. 285-289.
82. *Ibid.*, p. 280-282.
83. Feitlowitz, *A Lexicon of Terror*, p. 25-26.
84. « Covert Action in Chile 1963-1973 », p. 45.
85. Weschler, *A Miracle, a Universe*, p. 110 ; Secrétariat d'État, « Subject : Secretary's Meeting with Argentine Foreign Minister Guzzetti », Memorandum of Conversation, le 7 octobre 1976, déclassifié, www.gwu. edu/~nsarchiv.
86. In Attendance-le vendredi 26 mars 1976, document déclassifié disponible dans les National Security Archives, www.gwu.edu/~nsarchiv.

4. Faire table rase : Ou comment la terreur fait son œuvre

1. Daniel Feierstein et Guillermo Levy, *Hasta que la muerte nos separe. Prácticas sociales genocidas en América Latina*, Ediciones al margen, Buenos Aires, 2004, p. 76.
2. Marguerite Feitlowitz, *A Lexicon of Terror. Argentina and the Legacies of Torture*, Oxford University Press, New York, 1998, p. xii.
3. Orlando Letelier, « The Chicago Boys in Chile », *The Nation*, le 28 août 1976.
4. *Ibid.*
5. John Dinges et Saul Landau, *Assassination on Embassy Row*, Pantheon Books, New York, 1980, p. 207-210.
6. Pamela Constable et Arturo Valenzuela, *A Nation of Enemies. Chile Under Pinochet*, W.W. Norton & Company, New York, 1991, p. 103-107 ; Peter Kornbluh, *The Pinochet File. A Declassified Dossier on Atrocity and Accountability*, New Press, New York, 2003, p. 167.
7. Eduardo Gallardo, « In Posthumous Letter, Lonely Ex-Dictator Justifies 1973 Chile Coup », Associated Press, le 24 décembre 2006.
8. « Dos Veces Desaparecido », *Página 12*, le 21 septembre 2006.
9. Carlos Rozanski fut l'auteur principal du jugement, coécrit par les juges Norberto Lorenzo et Horacio A. Insaurralde. Cour orale fédérale n° 1, affaire NE 2251/06, septembre 2006, www.rodolfowalsh.org.
10. Cour orale fédérale n° 1, affaire NE 2251/06, septembre 2006, www. rodolfowalsh.org.
11. *Ibid.*
12. Haut Commissariat des Nations Unies aux droits de l'homme, « Convention pour la prévention et la répression du crime de génocide », approuvée le 9 décembre 1948, www.ohchr.org.

13. Leo Kuper, «Genocide : Its Political Use in the Twentieth Century», in Alexander Laban Hinton (sous la dir. de), *Genocide. An Anthropological Reader*, Blackwell, Malden, Massachusetts, 2002, p. 56.
14. Beth Van Schaack, «The Crime of Political Genocide : Repairing the Genocide Convention's Blind Spot», *Yale Law Journal*, vol. 107, n° 7, mai 1997.
15. «Auto de la Sala de lo Penal de la Audiencia Nacional confirmando la jurisdicción de España para conocer de los crimines de genocidio y terrorismo cometidos durante la dictadura argentina», Madrid, le 4 novembre 1998, www.derechos.org. NOTE DE BAS DE PAGE : Van Schaack, «The Crime of Political Genocide».
16. Baltasar Garzón, «Auto de Procesamiento a Militares Argentinos», Madrid, le 2 novembre 1999, www.derechos.org.
17. Michael McCaughan, *True Crimes. Rodolfo Walsh*, Latin America Bureau, Londres, 2002, p. 182.
18. Constable et Valenzuela, *A Nation of Enemies*, p. 16.
19. Guillermo Levy, «Considerations on the Connections between Race, Politics, Economics, and Genocide», *Journal of Genocide Research*, vol. 8, n° 2, juin 2006, p. 142.
20. Juan Gabriel Valdés, *Pinochet's Economists. The Chicago School in Chile*, Cambridge University Press, Cambridge, 1995, p. 7-8 et 113.
21. Constable et Valenzuela, *A Nation of Enemies*, p. 16.
22. *Ibid.* p. 39 ; Alfred Rosenberg, *Le mythe du xxᵉ siècle. Bilan des combats culturels et spirituels de notre temps* (1930), traduit de l'allemand par Adler von Scholle, Avalon, Paris, 1986, p. 482.
23. André Gunder Frank, *Economic Genocide in Chile. Monetarist Theory Versus Humanity*, Spokesman Books, Nottingham, R.-U., 1976, p. 41.
24. *Ibid.*
25. Amnesty International, *Report on an Amnesty International Mission to Argentina 6-15 November 1976*, Amnesty International Publications, Londres, 1977, p. 65.
26. *Ibid.*
27. Marguerite Feitlowitz, *A Lexicon of Terror. Argentina and the Legacies of Torture*, Oxford University Press, New York, 1998, p. 159.
28. Diana Taylor, *Disappearing Acts. Spectacles of Gender and Nationalism in Argentina's "Dirty War"*, Duke University Press, Durham, Caroline du Nord, 1997, p. 105.
29. *Report of the Chilean National Commission on Truth and Reconciliation*, vol. 1, traduction de Phillip E. Berryman, University of Notre Dame Press, Notre Dame, 1993, p. 140.
30. Éditorial paru dans *La Prensa* (Buenos Aires), cité dans Feitlowitz, *A Lexicon of Terror*, p. 153.
31. Constable et Valenzuela, *A Nation of Enemies*, p. 153.
32. Archidiocèse de São Paulo, *Brasil : Nunca Mais / Torture in Brazil. A Shocking Report on the Pervasive Use of Torture by Brazilian Military Governments, 1964-1979*, Joan Dassin (sous la dir. de), traduction de Jaime Wright, University of Texas Press, Austin, 1986, p. 106-110.
33. *Report of the Chilean National Commission on Truth and Reconciliation*, vol. 1, p. 149.
34. Letelier, «The Chicago Boys in Chile».
35. *Nunca Más. The Report of the Argentine National Commission of the Disappeared*, Farrar Straus Giroux, New York, 1986, p. 369.
36. *Ibid.*, p. 371.

37. Amnesty International, *Report on an Amnesty International Mission to Argentina 6-15 November 1976*, p. 9.
38. Taylor, *Disappearing Acts*, p. 111.
39. Archidiocèse de São Paulo, *Torture in Brazil*, p. 64.
40. Karen Robert, « The Falcon Remembered », *NACLA Report on the Americas*, vol. 39, n° 3, novembre-décembre 2005, p. 12.
41. Victoria Basualdo, « Complicidad patronal-militar en la última dictadura argentina », *Engranajes : Boletín de FETIA*, n° 5, édition spéciale, mars 2006.
42. Transcription d'interviews menées par Rodrigo Gutiérrez avec Pedro Troiani et Carlos Alberto Propato, ex-travailleurs et syndicalistes chez Ford, en vue de la réalisation d'un documentaire sur la Ford Falcon, *Falcon*.
43. « Demandan a la Ford por el secuestro de gremialistas durante la dictadura », *Página 12*, le 24 février 2006.
44. Robert, « The Falcon Remembered », p. 13-15 ; transcription des interviews de Gutiérrez avec Troiani et Propato.
45. « Demandan a la Ford por el secuestro de gremialistas durante la dictadura ».
46. *Ibid.*
47. Larry Rohter, « Ford Motor Is Linked to Argentina's "Dirty War" », *New York Times*, le 27 novembre 2002.
48. *Ibid.* ; Sergio Correa, « Los desaparecidos de Mercedes-Benz », *BBC Mundo*, le 5 novembre 2002.
49. Robert, « The Falcon Remembered », p. 14.
50. McCaughan, *True Crimes*, p. 290.
51. *Nunca Más : The Report of the Argentine National Commission of the Disappeared*, p. 22.
52. Propos du padre Santano in Patricia Marchak, *God's Assassins. State Terrorism in Argentina in the 1970s*, McGill-Queen's University Press, Montréal, 1999, p. 241.
53. Marchak, *God's Assassins*, p. 155.
54. Levy, « Considerations on the Connections between Race, Politics, Economics, and Genocide », p. 142.
55. Marchak, *God's Assassins*, p. 161.
56. Feitlowitz, *A Lexicon of Terror*, p. 42.
57. Constable et Valenzuela, *A Nation of Enemies*, p. 171, 188.
58. *Ibid.*, p. 147.
59. Éditorial paru dans *La Prensa* (Buenos Aires), cité dans Feitlowitz, *A Lexicon of Terror*, p. 153.
60. Constable et Valenzuela, *A Nation of Enemies*, p. 78. NOTE DE BAS DE PAGE : L. M. Shirlaw, « A Cure for Devils », *Medical World*, n° 94, janvier 1961, p. 56, cité dans Leonard Roy Frank (sous la dir. de), *History of Shock Treatment*, Frank, San Francisco, septembre 1978, p. 2.
61. McCaughan, *True Crimes*, p. 295.
62. Feitlowitz, *A Lexicon of Terror*, p. 77.
63. NOTE DE BAS DE PAGE : David Rose, « Guantanamo Briton "in Handcuff Torture" », *Observer* (Londres), le 2 janvier 2005.
64. Milton Friedman et Rose D. Friedman, *Two Lucky People. Memoirs*, University of Chicago Press, Chicago, 1998, p. 596.
65. Arnold C. Harberger, « Letter to a Younger Generation », *Journal of Applied Economics*, vol. 1, n° 1, 1998, p. 4.

66. Amnesty International, *Report on an Amnesty International Mission to Argentina 6-15 November 1976*, p. 34-35.
67. Robert Jay Lifton, *The Nazi Doctors. Medical Killing and the Psychology of Genocide*, 1986, réimpr. Basic Books, New York, 2000, p. 16 ; François Ponchaud, *Cambodge année zéro*, Éditions Kailash, « Civilisations & sociétés », Paris, 1998, p. 73.
68. Haut-Commissariat aux droits de l'homme des Nations Unies, « Convention pour la prévention et la répression du crime de génocide », approuvée le 9 décembre 1948, www.ohchr.org.
69. HIJOS (organisme voué à la défense des droits des enfants des disparus) estime leur nombre à plus de 500. HIJOS, « Lineamientos », www.hijos.org. ar ; le chiffre de 200 cas est avancé dans Human Rights Watch, *Annual .Report 2001*, www.hrw.org.
70. Silvana Boschi, « Desaparición de menores durante la dictadura militar. Presentan un documento clave », *Clarín* (Buenos Aires), le 14 septembre 1997.
71. Feitlowitz, *A Lexicon of Terror*, p. 89.

5. « Aucun rapport » : Comment une idéologie fut purifiée de ses crimes

1. Donald Rumsfeld, *Secretary of Defense Donald H. Rumsfeld Speaking at Tribute to Milton Friedman*, Maison-Blanche, Washington, DC, le 9 mai 2002, www.defenselink.mil.
2. Lawrence Weschler, *A Miracle, a Universe. Settling Accounts with Torturers*, Pantheon Books, New York, 1990, p. 147.
3. Anthony Lewis, « For Which We Stand : II », *New York Times*, le 2 octobre 1975.
4. « A Draconian Cure for Chile's Economic Ills ? », *Business Week*, le 12 janvier 1976 ; Milton Friedman et Rose D. Friedman, *Two Lucky People. Memoirs*, University of Chicago Press, Chicago, 1998, p. 601.
5. Milton Friedman, « Free Markets and the Generals », *Newsweek*, le 25 janvier 1982 ; Juan Gabriel Valdés, *Pinochet's Economists. The Chicago School in Chile*, Cambridge University Press, Cambridge, 1995, p. 156.
6. Friedman et Friedman, *Two Lucky People*, p. 596.
7. *Ibid.*, p. 398.
8. Interview réalisée avec Milton Friedman le 1ᵉʳ octobre 2000 pour *Commanding Heights. The Battle for the World Economy*, www.pbs.org.
9. Le prix Nobel d'économie est distinct des autres prix attribués par le comité Nobel. Le nom complet du prix est « prix de la Banque de Suède en sciences économiques en mémoire d'Alfred Nobel ».
10. Milton Friedman, « Inflation and Unemployment », Nobel Memorial Lecture, le 13 décembre 1976, www.nobelprize.org.
11. Orlando Letelier, « The Chicago Boys in Chile », *The Nation*, le 28 août 1976.
12. Neil Sheehan, « Aid by CIA Groups Put in the Millions », *New York Times*, le 19 février 1967.
13. Amnesty International, *Report on an Amnesty International Mission to Argentina 6-15 November 1976*, Amnesty International Publications, Londres, 1977, page de copyright ; Yves Dezalay et Bryant G. Garth, *The Internationalization of Palace Wars. Lawyers, Economists, and the*

Contest to Transform Latin American States, University of Chicago Press, Chicago, 2002, p. 71.

14. Amnesty International, *Report on an Amnesty International Mission to Argentina 6-15 November 1976*, p. 48.

15. Lorsque débuta le financement de la Fondation Ford, le Comité pour la paix avait été rebaptisé le Vicariat. Americas Watch faisait partie de Human Rights Watch, qui avait débuté sous le nom d'Helsinki Watch grâce à une subvention de 500 000 $ de la Fondation Ford. Le chiffre de 30 millions de dollars est tiré d'une interview réalisée avec Alfred Ironside du bureau des communications de la Fondation Ford. Selon Ironside, la plupart des fonds furent dépensés dans les années 1980. « Dans les années 1950, on n'a presque rien dépensé dans le domaine des droits de l'homme en Amérique latine », dit-il. Dans les années 1960, toutefois, « on a attribué à ce propos une série de subventions de l'ordre de 700 000 $ au total ».

16. Dezalay et Garth, *The Internationalization of Palace Wars*, p. 69.

17. David Ransom, « Ford Country : Building an Elite for Indonesia », *The Trojan Horse. A Radical Look at Foreign Aid*, *in* Steve Weissman (sous la dir. de), Ramparts Press, Palo Alto, Californie, 1975, p. 96.

18. Valdés, *Pinochet's Economists*, p. 158, 186, 308.

19. Fondation Ford, « History », 2006, www.fordfound.org.

20. Goenawan Mohamad, *Celebrating Indonesia. Fifty Years with the Ford Foundation 1953-2003*, Fondation Ford, Jakarta, 2003, p. 56.

21. Dezalay et Garth, *The Internationalization of Palace Wars*, p. 148.

22. Fondation Ford, « History », 2006, www.fordfound.org. NOTE DE BAS DE PAGE : Frances Stonor Saunders, *Qui mène la danse ? La CIA et la Guerre froide culturelle*, traduit de l'anglais par Delphine Chevalier, Denoël, « Impacts », Paris, 2003.

23. Archidiocèse de São Paulo, *Torture in Brazil : A Shocking Report on the Pervasive Use of Torture by Brazilian Military Governments, 1964-1979*, in Joan Dassin (sous la dir. de), traduction de Jaime Wright, University of Texas Press, Austin, 1986, p. 50.

24. Simone de Beauvoir et Gisèle Halimi, *Djamila Boupacha,* Gallimard, Paris, 1962, p. 11, 12, 24.

25. Marguerite Feitlowitz, *A Lexicon of Terror. Argentina and the Legacies of Torture*, Oxford University Press, New York, 1998, p. 113.

26. Feitlowitz, *A Lexicon of Terror*, p. 113-115. Les italiques sont dans le texte original.

6. Une guerre salvatrice : Le thatchérisme et ses ennemis utiles

1. Carl Schmitt, *Politische Theologie. Vier Kapitel zur Lehre von der Souveränität*, 1922, réimpr. Duncker & Humblot, Berlin, 1993, p. 13.

2. Correspondance de la collection Hayek, boîte 101, dossier 26, Hoover Institution Archives, Palo Alto, Californie. La lettre de Thatcher est datée du 17 février. Merci à Greg Grandin.

3. Peter Dworkin, « Chile's Brave New World of Reaganomics », *Fortune*, le 2 novembre 1981.

4. Milton Friedman et Rose D. Friedman, *Two Lucky People. Memoirs*, Chicago, University of Chicago Press, 1998, p. 387.

5. Donald Rumsfeld, *Secretary of Defense Donald H. Rumsfeld Speaking at Tribute to Milton Friedman*, Maison-Blanche, Washington, DC, le 9 mai 2002, www.defenselink.mil.

6. Milton Friedman, «Economic Miracles», *Newsweek*, le 21 janvier 1974.

7. Rumsfeld, *Secretary of Defense Donald H. Rumsfeld Speaking at Tribute to Milton Friedman*.

8. Henry Allen, «Hayek, the Answer Man», *Washington Post*, le 2 décembre 1982.

9. Interview avec Milton Friedman réalisée le 1er octobre 2000 pour *Commanding Heights. The Battle for the World Economy,* www.pbs.org.

10. Arnold C. Harberger, *Curriculum Vitae*, novembre 2003, www.econ.ucla.edu.

11. *Ibid.* ; Friedman et Friedman, *Two Lucky People*, p. 607-609.

12. *The Political Economy of Policy Reform*, John Williamson (sous la dir. de), Institute for International Economics, Washington, DC, 1994, p. 467.

13. Carmen DeNavas-Walt, Bernadette D. Proctor, Cheryl Hill Lee, U.S. Census Bureau, *Income, Poverty and Health Insurance Coverage in the United States : 2005*, août 2006, www.census.gov ; Central Intelligence Agency, *World Factbook 2007*, www.cia.gov.

14. Allan H. Meltzer, «Choosing Freely : The Friedmans' Influence on Economic and Social Policy», dans *The Legacy of Milton and Rose Friedman's Free to Choose*, M. Wynne, H. Rosenblum et R. Formaini (sous la dir. de), Federal Reserve Bank of Dallas, Dallas, 2004, p. 204, www.dallasfed.org.

15. John Campbell, *Margaret Thatcher : The Iron Lady*, vol. 2, Jonathan Cape, Londres, 2003, p. 174-175 ; Patrick Cosgrave, *Thatcher : The First Term*, Bodley Head, Londres, 1985, p. 158-159.

16. Kevin Jefferys, *Finest & Darkest Hours. The Decisive Events in British Politics from Churchill to Blair*, Atlantic Books, Londres, 2002, p. 208.

17. Selon les résultats d'un sondage MORI (Gallup accordait 23 % à Thatcher). «President Bush : Overall Job Rating», www.pollingreport.com, le 12 mai 2007 ; Malcolm Rutherford, «1982 : Margaret Thatcher's Year», *Financial Times*, Londres, le 31 décembre 1982.

18. Samuel P. Huntington, *The Third Wave. Democratization in the Late Twentieth Century*, University of Oklahoma Press, Norman, Oklahoma, 1991.

19. Hossein Bashiriyeh, *The State and Revolution in Iran, 1962-1982*, St. Martin's Press, New York, 1984, p. 170-171.

20. «On the Record», *Time*, le 14 février 1983.

21. Campbell, *Margaret Thatcher : The Iron Lady*, vol. 2, p. 128.

22. Leonard Downie Jr. et Jay Ross, «Britain : South Georgia Taken», *Washington Post*, le 26 avril 1982 ; «Jingoism Is Not the Way», *Financial Times*, Londres, le 5 avril 1982.

23. Tony Benn, *The End of an Era. Diaries 1980-90*, Ruth Winstone (sous la dir. de), Londres, Hutchinson, 1992, p. 206.

24. Angus Deming, «Britain's Iron Lady», *Newsweek*, le 14 mai 1979 ; Jefferys, *Finest & Darkest Hours*, p. 226.

25. BBC News, «1982 : First Briton Dies in Falklands Campaign», *On This Day, 24 April*, news.bbc.co.uk.

26. Rutherford, «1982».

27. Michael Getler, «Dockers' Union Agrees to Settle Strike in Britain», *Washington Post*, le 21 juillet 1984.

28. «TUC at Blackpool (Miners' Strike) : Labour Urged to Legislate on NUM Strike Fines», *Guardian*, Londres, le 4 septembre 1985 ; Seumas Milne, *The Enemy Within. Thatcher's Secret War against the Miners*, Verso, Londres, 2004 ; Seumas Milne, «What Stella Left Out», *Guardian* (Londres), le 3 octobre 2000.

29. Seumas Milne, « MI5's Secret War », *New Statesman & Society*, le 25 novembre 1994.
30. *Coal War : Thatcher vs Scargill*, réalisateur Liam O'Rinn, épisode 8093 de la série *Turning Points of History*, diffusée le 16 juin 2005.
31. *Ibid.*
32. Warren Brown, « U.S. Rules Out Rehiring Striking Air Controllers », *Washington Post*, le 7 août 1981 ; Steve Twomey, « Reunion Marks 10 Years Outside the Tower », *Washington Post*, le 2 août 1991.
33. Milton Friedman (assistée de Rose D. Friedman), *Capitalisme et liberté*, traduit de l'anglais par A. M. Charno, Éditions Robert Laffont, Paris, 1971. La citation, tirée de la préface de la nouvelle édition anglaise du livre (1982), est donc des traducteurs du présent ouvrage.
34. J. McLane, « Milton Friedman's Philosophy of Economics and Public Policy », *Conference to Honor Milton Friedman on His Ninetieth Birthday*, le 25 novembre 2002, www.chibus.com.
35. N. Bukharin et E. Preobrazhensky, *The ABC of Communism. A Popular Explanation of the Program of the Communist Party of Russia*, traduction d'Eden et Cedar Paul, 1922, réimpr. University of Michigan Press, Ann Arbor, 1967, p. 340-341.
36. *The Political Economy of Policy Reform*, p. 19.
37. Friedman et Friedman, *Two Lucky People*, p. 603.

7. Le nouveau docteur choc : Quand la guerre économique supplante la dictature

1. « U.S. Operations Mission to Bolivia », *Problems in the Economic Development of Bolivia, La Paz. United States Operation Mission to Bolivia*, 1956, p. 212.
2. Susan Sontag, *La maladie comme métaphore*, traduit de l'anglais par Marie-France de Paloméra, Christian Bourgois Éditeur, « Choix-Essais », 1993, p. 112.
3. « Bolivia Drug Crackdown Brews Trouble », *New York Times*, le 12 septembre 1984 ; Joel Brinkley, « Drug Crops Are Up in Export Nations, State Dept. Says », *New York Times*, le 15 février 1985.
4. Jeffrey D. Sachs, *The End of Poverty. Economic Possibilities for Our Time*, Penguin, New York, 2005, p. 90-93.
5. John Maynard Keynes, *Les conséquences économiques de la paix*, traduction et annotation de David Todd, Gallimard, « Tel », Paris, 2002, p. 231.
6. Interview avec l'auteur, octobre 2006, New York.
7. Robert E. Norton, « The American Out to Save Poland », *Fortune*, le 29 janvier 1990.
8. Interview réalisée avec Jeffrey Sachs le 15 juin 2000 pour *Commanding Heights. The Battle for the World Economy*, www.pbs.org.
9. « A Draconian Cure for Chile's Economic Ills? », *Business Week*, le 12 janvier 1976.
10. Sachs, *The End of Poverty*, p. 93.
11. Sachs, *Commanding Heights*.
12. Catherine M. Conaghan et James M. Malloy, *Unsettling Statecraft. Democracy and Neoliberalism in the Central Andes*, University of Pittsburgh Press, Pittsburgh, 1994, p. 127.

13. Sachs, *The End of Poverty*, p. 95.
14. Susan Velasco Portillo, «Víctor Paz : Decreto es coyuntural, pero puede durar 10 ó 20 años», *La Prensa*, La Paz, le 28 août 2005.
15. *Ibid.*
16. Conaghan et Malloy, *Unsettling Statecraft*, p. 129.
17. Alberto Zuazo, «Bolivian Labor Unions Dealt Setback», United Press International, le 9 octobre 1985 ; Juan de Onis, «Economic Anarchy Ends», *Los Angeles Times*, le 6 novembre 1985.
18. Les propos du fonctionnaire sont tirés des souvenirs d'un des membres de l'équipe économique d'urgence. Velasco Portillo, «Víctor Paz : Decreto es coyuntural, pero puede durar 10 ó 20 años».
19. *Ibid.*
20. Harlan K. Ullman et James P. Wade, *Shock and Awe. Achieving Rapid Dominance*, NDU Press, Washington, DC, 1996, p. xxv.
21. Conaghan et Malloy, *Unsettling Statecraft*, p. 186.
22. Peter McFarren, «48-hour Strike Hurts Country», Associated Press, le 5 septembre 1985 ; Mike Reid, «Sitting Out the Bolivian Miracle», *Guardian* (Londres), le 9 mai 1987.
23. Robert J. Alexander, *A History of Organized Labor in Bolivia*, Praeger, Westport, Connecticut, 2005, p. 169.
24. Sam Zuckerman, «Bolivian Bankers See Some Hope After Years of Economic Chaos», *American Banker*, le 13 mars 1987 ; Waltraud Queiser Morales, *Bolivia. Land of Struggle*, Westview Press, San Francisco, 1992, p. 159.
25. Statistiques de la Banque interaméricaine de développement. Morales, *Bolivia*, p. 159.
26. Erick Foronda, «Bolivia : Paz Has Trouble Selling "Economic Miracle"», *Latinamerica Press*, vol. 21, n° 5, le 16 février 1989, p. 7, cité dans Morales, *Bolivia*, p. 160.
27. Alexander, *A History of Organized Labor in Bolivia*, p. 169.
28. Interview avec Gonzalo Sánchez de Lozada réalisée le 20 mars 2001 pour *Commanding Heights. The Battle for the World Economy*, www.pbs.org.
29. Peter McFarren, «Farmers' Siege of Police Points Up Bolivia's Drug-Dealing Problems», Associated Press, le 12 janvier 1986.
30. Peter McFarren, «Bolivia – Bleak but Now Hopeful», Associated Press, le 23 mai 1989.
31. Conaghan et Malloy écrivent qu'il «ne fait aucun doute que la vente de drogues (au même titre que l'aide internationale reçue par Paz) contribua à amortir les chocs causés par la stabilisation. En plus de générer des revenus, l'injection des "dollars de la coca" dans le système bancaire favorisa, croit-on, la stabilisation de la devise pendant la deuxième moitié de la décennie». Conaghan et Malloy, *Unsettling Statecraft*, p. 198.
32. Tyler Bridges, «Bolivia Turns to Free Enterprise Among Hard Times», *Dallas Morning News*, le 29 juin 1987 ; Conaghan et Malloy, *Unsettling Statecraft*, p. 198.
33. Sedgwick, «The World of Doctor Debt», *Boston Magazine*, mai 1991.
34. «Taming the Beast», *The Economist*, le 15 novembre 1986.
35. Sachs, *Commanding Heights*.
36. Peter Passell, «Dr. Jeffrey Sachs, Shock Therapist», *New York Times*, le 27 juin 1993.
37. «New Austerity Package Revealed», *Latin American Regional Reports : Andean Group*, le 13 décembre 1985.

38. Le banquier fut cité de façon anonyme. Zuckerman, « Bolivian Bankers See Some Hope after Years of Economic Chaos ».
39. *The Political Economy of Policy Reform*, John Williamson (sous la dir. de), Institute for International Economics, Washington, DC, 1994, p. 479.
40. Associated Press, « Bolivia Now Under State of Siege », *New York Times*, le 30 septembre 1985.
41. « Bolivia to Lift State of Siege », United Press International, le 17 décembre 1985 ; « Bolivia Now Under State of Siege ».
42. Conaghan et Malloy, *Unsettling Statecraft*, p. 149.
43. Reuters, « Bolivia Strike Crumbling », *Globe and Mail* (Toronto), le 21 septembre 1985.
44. Peter McFarren, « Detainees Sent to Internment Camps », Associated Press, le 29 août 1986 ; « Bolivia : Government Frees Detainees, Puts Off Plans for Mines », Inter Press Service, le 16 septembre 1986.
45. Sachs, *The End of Poverty*, p. 96.
46. Sánchez de Lozada, *Commanding Heights*.
47. Conaghan et Malloy, *Unsettling Statecraft*, p. 149.

8. Du bon usage des crises : Le marketing de la thérapie de choc

1. A. E. Hotchner, *Papa Hemingway*, traduit de l'américain par Jean-René Major, préface de 1999 et légendes des photographies traduites de l'américain par Johan Frederik Hel-Guedj, Calmann-Lévy, Paris, 1999, p. 348.
2. Jim Shultz, « Deadly Consequences : The International Monetary Fund and Bolivia's "Black February" », The Democracy Center, Cochabamba, Bolivie, avril 2005, p. 14, www.democracyctr.org.
3. Albert O. Hirschman, « Reflections on the Latin American Experience », dans *The Politics of Inflation and Economic Stagnation. Theoretical Approaches and International Case Studies*, Leon N. Lindberg et Charles S. Maier (sous la dir. de), Brookings Institution, Washington, DC, 1985, p. 76.
4. Banco Central de la República Argentina, *Memoria Anual 1985*, www.bcra.gov.ar ; Lawrence Weschler, *A Miracle, a Universe. Settling Accounts with Torturers*, Pantheon Books, New York, 1990, p. 152 ; « Brazil Refinancing Foreign Debt Load », *New York Times*, le 2 juillet 1964 ; Alan Riding, « Brazil's Leader Urges Negotiations on Debt », *New York Times*, le 22 septembre 1985.
5. Robert Harvey, « Chile's Counter-Revolution », *The Economist*, le 2 février 1980 ; Banque mondiale, *Economic Memorandum : Argentina*, Banque mondiale, Washington, DC, 1985, p. 17.
6. Le conseiller en question était Franklin Willis. Michael Hirsh, « Follow the Money », *Newsweek*, le 4 avril 2005.
7. Terence O'Hara, « 6 U.S. Banks Held Pinochet's Accounts », *Washington Post*, le 16 mars 2005.
8. United Press International, « Former Cabinet Minister Arrested in Argentina », *Seattle Times*, le 17 novembre 1984.
9. Banque mondiale, *Economic Memorandum : Argentina*, page 17 ; « Documentación que prueba los ilícitos de Martínez de Hoz », *La Voz del Interior*, le 6 octobre 1984, cité dans H. Hernandez, *Justicia y Deuda*

Externa Argentina, Editorial Universidad de Santa Fe, Santa Fe, Argentine, 1988, p. 36.

10. Hernandez, *Justicia y Deuda Externa Argentina*, p. 37.

11. *Ibid.*

12. Selon sa description, c'était un « rapport sur les modalités de placement aux Bahamas, au Luxembourg, au Panama, en Suisse et au Lichtenstein. Il y avait aussi une section – plutôt technique – sur la fiscalité de ces pays ». Marguerite Feitlowitz, *A Lexicon of Terror. Argentina and the Legacies of Torture*, Oxford University Press, New York, 1998, p. 57.

13. Norberto Galasso, *De la Banca Baring al FMI*, Ediciones Colihue, Buenos Aires, 2002, p. 246 ; Adolfo Pérez Esquivel, « ¿Cuándo comenzó el terror del 24 de marzo de 1976? », *La Fogata*, le 24 mars 2004, www.lafogata. org.

14. Secrétariat des États-Unis, Memorandum of Conversation, Subject : Secretary's Meeting with Argentine Foreign Minister Guzzetti, le 7 octobre 1976, déclassifié, www.gwu.edu/~nsarchiv.

15. Sue Branford et Bernardo Kucinski, *The Debt Squads. The US, the Banks, and Latin America*, Zed Books, Londres, 1988, p. 95.

16. Matthew L. Wald, « A House, Once Again, Is Just Shelter », *New York Times*, le 6 février 1983.

17. Jaime Poniachik, « Cómo empezó la deuda externa », *La Nación* (Buenos Aires), le 6 mai 2001.

18. Donald V. Coes, *Macroeconomic Crises. Politics and Growth in Brazil, 1964-1990*, Banque mondiale, Washington, DC, 1995, p. 187 ; Eghosa E. Osaghae, *Structural Adjustment and Ethnicity in Nigeria*, Nordiska Afrikainstitutet, Uppsala, Suède, 1995, p. 24 ; T. Ademola Oyejide et Mufutau I. Raheem, « Nigeria », dans *The Rocky Road to Reform. Adjustment, Income Distribution, and Growth in the Developing World*, Lance Taylor (sous la dir. de), MIT Press, Cambridge, Massachusetts, 1993, p. 302.

19. Fonds monétaire international, *Fund Assistance for Countries Facing Exogenous Shock*, le 8 août 2003, p. 37, www.imf.org.

20. Banco Central de la República Argentina, *Memoria Anual 1989*, www. bcra.gov.ar.

21. « Interview with Arnold Harberger », *The Region*, Federal Reserve Bank of Minneapolis, mars 1999, www.minneapolisfed.org.

22. Stanley Fischer, ex-professeur et chercheur de l'université de Chicago, était premier directeur général adjoint du FMI en 1994, Raghuram Rajan était économiste en chef du FMI en 2003, Michael Mussa était directeur du service de la recherche du FMI en 1991 et Danyang Xie était économiste principal du bureau africain du FMI en 2003.

23. Fonds monétaire international, « Article I – Buts, » *Statuts du Fonds monétaire international*, www.imf.org.

24. « Speech by Lord Keynes in Moving to Accept the Final Act at the Closing Plenary Session, Bretton Woods, 22 July, 1944 », *Collected Writings of John Maynard Keynes*, vol. 26, Donald Moggridge (sous la dir. de), Macmillan, Londres, 1980, p. 103.

25. John Williamson, « In Search of a Manual for Technopols », dans John Williamson (sous la dir. de), *The Political Economy of Policy Reform*, Institute for International Economics, Washington, DC, 1994, p. 18.

26. « Appendix : The "Washington Consensus" », dans *The Political Economy of Policy Reform*, p. 27.

27. Williamson, *The Political Economy of Policy Reform*, p. 17.

28. Joseph E. Stiglitz, *La grande désillusion*, traduit de l'anglais (américain) par Paul Chemla, Fayard, « Le livre de poche », Paris, 2002, p. 42.

29. Davison L. Budhoo, *Enough Is Enough. Dear Mr. Camdessus... Open Letter of Resignation to the Managing Director of the International Monetary Fund*, avant-propos d'Errol K. McLeod, New Horizons Press, New York, 1990, p. 102.

30. Dani Rodrik, « The Rush to Free Trade in the Developing World : Why So Late? Why Now? Will It Last? », *Voting for Reform. Democracy, Political Liberalization and Economic Adjustment*, Stephan Haggard et Steven B. Webb (sous la dir. de), Oxford University Press, New York, 1994, p. 82. C'est moi qui souligne.

31. *Ibid.*, p. 81.

32. « Quels que soient les mérites de cette réforme commerciale, le lien de cause à effet établi entre les régimes commerciaux et la propension aux crises macroéconomiques était de la mauvaise économie. » Dani Rodrik, « The Limits of Trade Policy Reform in Developing Countries », *Journal of Economic Perspectives*, vol. 6, n° 1, hiver 1992, p. 95.

33. Herasto Reyes, « Argentina : historia de una crisis », *La Prensa* (Panama), le 12 janvier 2002.

34. Nathaniel C. Nash, « Turmoil, Then Hope in Argentina », *New York Times*, le 31 janvier 1991.

35. « Interview with Arnold Harberger ».

36. José Natanson, *Buenos muchachos. Vida y obra de los economistas del establishment*, Libros del Zorzal, Buenos Aires, 2004.

37. Paul Blustein, *And the Money Kept Rolling In (and Out). Wall Street, the IMF, and the Bankrupting of Argentina*, PublicAffairs, New York, 2005, p. 21.

38. *Ibid.*, p. 24 ; interview avec Domingo Cavallo réalisée le 30 janvier 2002 pour *Commanding Heights. The Battle for the World Economy*, www.pbs. org ; César V. Herrera et Marcelo García, « A 10 años de la privatización de YPF – Análisis y consecuencias en la Argentina y en la Cuenca del Golfo San Jorge (versión ampliada) », Centro Regional de Estudios Económicos de la Patagonia Central, le 23 janvier 2003, www.creepace. com.ar ; Antonio Camou, « Saber técnico y política en los orígenes del menemismo », *Perfiles Latinoamericanos*, vol. 7, n° 12, juin 1998 ; Carlos Saúl Menem, allocution prononcée à l'occasion d'un lunch pris en compagnie du président du Mexique, Ernesto Zedillo, le 26 novembre 1997, zedillo.presidencia.gob.mx. NOTE DE BAS DE PAGE : Interview avec Alejandro Olmos Gaona, « Las deudas hay que pagarlas, las estafas no », *LaVaca*, le 10 janvier 2006, www.lavaca.org.

39. « Menem's Miracle », *Time International*, le 13 juillet 1992.

40. Cavallo, *Commanding Heights*.

9. Où l'on claque la porte au nez de l'Histoire : Une crise en Pologne, un massacre en Chine

1. Leszek Balcerowicz, « Losing Milton Friedman, A Revolutionary Muse of Liberty », *Daily Star* (Beyrouth), le 22 novembre 2006.

2. Michael Freedman, « The Radical », *Forbes*, le 13 février 2006.

3. Joseph Fewsmith, *China Since Tiananmen. The Politics of Transition*, Cambridge University Press, Cambridge, 2001, p. 35.

4. Solidarité eut comme ancêtre une organisation semi-indépendante appelée Syndicats libres de la côte, fondée en 1978. Ce groupe organisa les grèves qui menèrent à la création de Solidarité.
5. Thomas A. Sancton, « He Dared to Hope », *Time*, le 4 janvier 1982.
6. *Ibid.*
7. « Solidarity's Programme Adopted by the First National Congress » dans Peter Raina, *Poland 1981. Towards Social Renewal*, George Allen & Unwin, Londres, 1985, p. 326-380.
8. Sancton, « He Dared to Hope ».
9. Egil Aarvik, « The Nobel Peace Prize 1983 Presentation Speech », Oslo, Norvège, le 10 décembre 1983, www.nobelprize.org.
10. Lawrence Weschler, « A Grand Experiment », *The New Yorker*, le 13 novembre 1989.
11. Tadeusz Kowalik, « Why the Social Democratic Option Failed : Poland's Experience of Systemic Change », *Social Democracy in Neoliberal Times. The Left and Economic Policy Since 1990*, Oxford University Press, Oxford, 2001, p. 223 ; Jeffrey D. Sachs, *The End of Poverty. Economic Possibilities for Our Time*, Penguin, New York, 2005, p. 120 ; Magdalena Wyganowska, « Transformation of the Polish Agricultural Sector and the Role of the Donor Community », *USAID Mission to Poland*, septembre 1998, www.usaid.gov.
12. James Risen, « Cowboy of Poland's Economy », *Los Angeles Times*, le 9 février 1990.
13. Sachs, *The End of Poverty*, p. 111.
14. Weschler, « A Grand Experiment ».
15. Sachs, *The End of Poverty*, p. 114.
16. *Ibid.* ; Weschler, « A Grand Experiment ».
17. Interview avec Jeffrey Sachs réalisée le 15 juin 2000 pour *Commanding Heights. The Battle for the World Economy*, www.pbs.org.
18. Przemyslaw Wielgosz, « 25 Years of Solidarity », conférence inédite, août 2005. Avec la permission de l'auteur.
19. Sachs, *The End of Poverty*, p. 117. NOTE DE BAS DE PAGE : Randy Boyagoda, « Europe's Original Sin », *The Walrus*, février 2007, www.walrusmagazine.com.
20. Weschler, « A Grand Experiment » ; interview avec Gonzalo Sánchez de Lozada réalisée le 20 mars 2001 pour *Commanding Heights. The Battle for the World Economy*, ww.pbs.org.
21. Weschler, « A Grand Experiment ».
22. Balcerowicz, « Losing Milton Friedman ».
23. « Walesa : U.S. Has Stake in Poland's Success », United Press International, le 25 août 1989.
24. Citation de Zofia Kuratowska, « Solidarity's foremost expert on health services and now a leading legislator » ; Weschler, « A Grand Experiment ».
25. John Tagliabue, « Poles Approve Solidarity-Led Cabinet », *New York Times*, le 13 septembre 1989.
26. Weschler, « A Grand Experiment » ; « Mazowiecki Taken Ill in Parliament », *Guardian Weekly* (Londres), le 17 septembre 1989.
27. Anne Applebaum, « Exhausted Polish PM's Cabinet Is Acclaimed », *Independent* (Londres), le 13 septembre 1989.
28. Weschler, « A Grand Experiment ».
29. *Ibid.*

30. Leszek Balcerowicz, «Poland» *The Political Economy of Policy Reform*, John Williamson (sous la dir. de), Institute for International Economics, Washington, DC, 1994, p. 177.

31. *Ibid.*, p. 176-177.

32. *Ibid.*, p. 163.

33. Thomas Carothers, «The End of the Transition Paradigm», *Journal of Democracy*, vol. 13, n° 1, janvier 2002, p. 6-7.

34. George J. Church, «The Education of Mikhail Sergeyevich Gorbachev» *Time*, le 4 janvier 1988.

35. Francis Fukuyama, «The End of History?», *The National Interest*, été 1989. NOTE DE BAS DE PAGE : Francis Fukuyama, *La fin de l'histoire et le dernier homme*, traduit de l'anglais par D.-A. Canal, Flammarion, «Champs», Paris, 1993.

36. Milton Friedman et Rose D. Friedman, *Two Lucky People. Memoirs*, University of Chicago Press, Chicago, 1998, p. 603.

37. Fukuyama, «The End of History?».

38. *Ibid.*

39. Friedman et Friedman, *Two Lucky People*, p. 520-522.

40. *Ibid.*, p. 558 ; Milton Friedman, «If Only the United States Were as Free as Hong Kong», *Wall Street Journal*, le 8 juillet 1997.

41. Maurice Meisner, *The Deng Xiaoping Era. An Inquiry into the Fate of Chinese Socialism, 1978-1994*, Hill and Wang, New York, 1996, p. 455 ; «Deng's June 9 Speech : "We Face a Rebellious Clique" and "Dregs of Society"», *New York Times*, le 30 juin 1989.

42. Friedman se rendit en Chine à divers titres – conférencier, professeur invité –, mais, dans ses mémoires, il laisse entendre qu'il s'agissait de visites d'État : «Je fus surtout reçu par des instances gouvernementales», écrit-il. Friedman et Friedman, *Two Lucky People*, p. 601.

43. *Ibid.*, p. 517, 537, 609. Les auteurs soulignent.

44. *Ibid.*, p. 601-602.

45. Wang Hui, *China's New Order. Society, Politics, and Economy in Transition*, Harvard University Press, Cambridge, Massachusetts, 2003, p. 45, 54.

46. *Ibid.*, p. 54.

47. *Ibid.*, p. 57.

48. Meisner, *The Deng Xiaoping Era*, p. 463-465.

49. «China's Harsh Actions Threaten to Set Back 10-Year Reform Drive», *Wall Street Journal*, le 5 juin 1989.

50. «Deng's June 9 Speech : "We Face a Rebellious Clique" and "Dregs of Society"». NOTE DE BAS DE PAGE : Henry Kissinger, «The Caricature of Deng as a Tyrant Is Unfair», *Washington Post*, le 1er août 1989.

51. Interview avec Orville Schell réalisée le 13 décembre 2005 pour l'épisode «The Tank Man» présenté dans le cadre de *Frontline* sur les ondes de PBS ; transcription intégrale de l'interview : www.pbs.org.

52. Wang, *China's New Order*, p. 65-66.

53. Meisner, *The Deng Xiaoping Era*, p. 482. NOTE DE BAS DE PAGE : David Harvey, *A Brief History of Neoliberalism*, Oxford University Press, Oxford, 2005, p. 135.

54. Mo Ming, «90 Percent of China's Billionaires Are Children of Senior Officials», *China Digital Times*, le 2 novembre 2006, www.chinadigitaltimes.net.

55. Human Rights Watch, «Race to the Bottom : Corporate Complicity in Chinese Internet Censorship», *Human Rights Watch*, vol. 18, n° 8(c), août 2006, p. 28, 43 ; Wang, *China's New Order*, p. 65.

56. Friedman et Friedman, *Two Lucky People*, p. 516.
57. Jaroslaw Urbanski, «Workers in Poland After 1989», Workers Initiative Poland, paspartoo.w.interia.pl ; Weschler, «A Grand Experiment».
58. Mark Kramer, «Polish Workers and the Post-Communist Transition, 1989-93», *Europe-Asia Studies*, juin 1995 ; Banque mondiale, Indicateurs du développement mondial 2006, www.worldbank.org ; Andrew Curry, «The Case Against Poland's New President», *New Republic*, 17 novembre 2005 ; Wielgosz, «25 Years of Solidarity».
59. Wielgosz, «25 Years of Solidarity».
60. David Ost, *The Defeat of Solidarity. Anger and Politics in Postcommunist Europe*, Cornell University Press, Ithaca, New York, 2005, p. 62.
61. *Statistical Yearly*, Bureau central de la statistique de la Pologne, Varsovie, 1997, p. 139.
62. Kramer, «Polish Workers and the Post-Communist Transition, 1989-93».

10. Quand la démocratie naît dans les chaînes : La liberté étranglée de l'Afrique du Sud

1. «South Africa; Tutu Says Poverty, Aids Could Destabilise Nation», AllAfrica.com, le 4 novembre 2001.
2. Martin J. Murray, *The Revolution Deferred*, Verso, Londres, 1994, p. 12.
3. «ANC Leader Affirms Support for State Control of Industry», *Times* (Londres), le 26 janvier 1990.
4. Ismail Vadi, *The Congress of the People and Freedom Charter Campaign*, avant-propos de Walter Sisulu, Sterling Publishers, New Delhi, 1995, www.sahistory.org.za.
5. Nelson Mandela, *Un long chemin vers la liberté. Autobiographie*, traduit de l'anglais (Afrique du Sud) par Jean Guiloineau, Fayard, Paris, 1995, p. 186.
6. «La Charte de la Liberté» (texte français tiré de Mandela, *Un long chemin vers la liberté*, p. 188) adoptée au Congrès du Peuple de Kliptown le 26 juin 1955.
7. William Mervin Gumede, *Thabo Mbeki and the Battle for the Soul of the ANC*, Zebra Press, Le Cap, 2005, p. 219-220.
8. Mandela, *Un long chemin vers la liberté*, p. 581.
9. L'application de la règle de la majorité fut en fait différée jusqu'en 1999. Jusque-là, le pouvoir exécutif fut réparti entre les partis politiques qui avaient obtenu plus de 5 % des voix au scrutin populaire. Interview inédite avec Nelson Mandela du cinéaste Ben Cashdan, 2001 ; Hein Marais, *South Africa. Limits to Change : The Political Economy of Transition*, University of Cape Town Press, Le Cap, 2001, p. 91-92.
10. NOTE DE BAS DE PAGE : Milton Friedman, «Milton Friedman – Banquet Speech», discours prononcé à l'occasion du banquet d'attribution du prix Nobel, le 10 décembre 1976, www.nobelprize.org.
11. Bill Keller, «Can Both Wealth and Justice Flourish in a New South Africa?», *New York Times*, le 9 mai 1994.
12. Mark Horton, «Role of Fiscal Policy in Stabilization and Poverty Alleviation», *Post-Apartheid South Africa. The First Ten Years*, Michael Nowak et Luca Antonio Ricci (sous la dir. de), Fonds monétaire international, Washington, DC, 2005, p. 84.
13. NOTE DE BAS DE PAGE : Juan Gabriel Valdés, *Pinochet's Economists. The Chicago School in Chile*, Cambridge University Press, Cambridge, 1995,

p. 31, 33, citant la définition de la « nouvelle démocratie » du ministre de l'Économie de Pinochet, Pablo Baraona ; Robert Harvey, « Chile's Counter-Revolution », *The Economist*, le 2 février 1980 (Harvey citait Sergio Fernandez, ministre de l'Intérieur) ; José Piñera, « Wealth Through Ownership : Creating Property Rights in Chilean Mining », *Cato Journal*, vol. 24, n° 3, automne 2004, p. 298.

14. James Brew, « South Africa-Habitat : A Good Home Is Still Hard to Own », Inter Press Service, le 11 mars 1997.

15. David McDonald, « Water : Attack the Problem Not the Data », *Sunday Independent* (Londres), le 19 juin 2003. NOTE DE BAS DE PAGE : *Ibid.*

16. Bill Keller, « Cracks in South Africa's White Monopolies », *New York Times*, le 17 juin 1993.

17. Gumede cite des chiffres de Businessmap montrant qu'« environ 98 % des administrateurs des entreprises inscrites à la bourse de Johannesburg étaient blancs et qu'ils présidaient sur des transactions dont la valeur comptait pour plus de 97 % du total ». Simon Robinson, « The New Rand Lords », *Time*, le 25 avril 2005 ; Gumede, *Thabo Mbeki and the Battle for the Soul of the ANC*, p. 220.

18. Gumede, *Thabo Mbeki and the Battle for the Soul of the ANC*, p. 112.

19. Moyiga Nduru, « S. Africa : Politician Washed Anti-Aids Efforts Down the Drain », Inter Press Service, le 11 avril 2006.

20. « Study : Aids Slashes SA's Life Expectancy », *Mail & Guardian* (Johannesburg), le 11 décembre 2006.

21. À la fin de la journée, le rand s'était légèrement redressé (il était en baisse de 7 % à la fermeture des marchés). Jim Jones, « Foreign Investors Take Fright at Hardline Stance », *Financial Times* (Londres), le 13 février 1990.

22. Steven Mufson, « South Africa 1990 », *Foreign Affairs* [édition spéciale : *America and the World*], 1990/1991.

23. Thomas L. Friedman, *The Lexus and the Olive Branch*, Random House, New York, 2000, p. 113.

24. Gumede, *Thabo Mbeki and the Battle for the Soul of the ANC*, p. 69.

25. *Ibid.*, p. 85 ; « South Africa : Issues of Rugby and Race », *The Economist*, le 24 août 1996.

26. Nelson Mandela, « Report by the President of the ANC to the 50th National Conference of the African National Congress », le 16 décembre 1997.

27. Gumede, *Thabo Mbeki and the Battle for the Soul of the ANC*, p. 33-39, 69.

28. *Ibid.*, p. 79.

29. Marais, *South Africa*, p. 122. NOTE DE BAS DE PAGE : ANC, *Ready to Govern : ANC Policy Guidelines for a Democratic South Africa Adopted at the National Conference*, du 28 au 31 mai 1992, www.anc.org.za.

30. Ken Wells, « U.S. Investment in South Africa Quickens », *Wall Street Journal*, le 6 octobre 1994.

31. Gumede, *Thabo Mbeki and the Battle for the Soul of the ANC*, p. 88.

32. *Ibid.*, p. 87.

33. Marais, *South Africa*, p. 162.

34. *Ibid.*, p. 170.

35. Gumede, *Thabo Mbeki and the Battle for the Soul of the ANC*, p. 89.

36. Ginger Thompson, « South African Commission Ends Its Work », *New York Times*, le 22 mars 2003.

37. ANC, « The State and Social Transformation », document de travail, novembre 1996, www.anc.org.za ; Ginger Thompson, « South Africa to Pay $3,900 to Each Family of Apartheid Victims », *New York Times*, le 16 avril 2003 ; interview inédite de Mandela avec Cashdan, 2001.

38. Gumede, *Thabo Mbeki and the Battle for the Soul of the ANC*, p. 108.

39. *Ibid.*, p. 119.

40. Parti communiste d'Afrique du Sud, « The Debt Debate : Confusion Heaped on Confusion », novembre-décembre 1998, www.sacp.org.za ; Jeff Rudin, « Apartheid Debt : Questions and Answers », Alternative Information and Development Centre, le 16 mars 1999, www.aidc.org.za. NOTE DE BAS DE PAGE : Congress of South Africa Trade Unions, « Submission on the Public Investment Corporation Draft Bill », le 25 juin 2004, www.cosatu. org.za ; Rudin, « Apartheid Debt » ; Parti communiste d'Afrique du Sud, « The Debt Debate ».

41. « La Charte de la Liberté », Mandela, *Un long chemin vers la liberté*, p. 187.

42. Nomvula Mokonyane, « Budget Speech for 2005/06 Financial Year by MEC for Housing in Gauteng », allocution prononcée devant l'assemblée législative de Guateng le 13 juin 2005, www.info.gov.za.

43. Lucille Davie et Mary Alexander, « Kliptown and the Freedom Charter », le 27 juin 2005, www.southafrica.info ; Blue IQ, *The Plan for a Smart Province – Guateng*.

44. Gumede, *Thabo Mbeki and the Battle for the Soul of the ANC*, p. 215.

45. Scott Baldauf, « Class Struggle : South Africa's New, and Few, Black Rich », *Christian Science Monitor*, le 31 octobre 2006 ; « Rapport mondial sur le développement humain 2006 », Programme des Nations Unies pour le développement, www.undp.org.

46. Statistiques sur l'Afrique du Sud, *Le Monde diplomatique*, septembre 2006 ; Michael Wines et Sharon LaFraniere, « Decade of Democracy Fills Gaps in South Africa », *New York Times*, le 26 avril 2004.

47. Simon Robinson, « The New Rand Lords ».

48. Michael Wines, « Shantytown Dwellers in South Africa Protest the Sluggish Pace of Change », *New York Times*, le 25 décembre 2005.

49. Mark Wegerif, Bev Russell et Irma Grundling, *Summary of Key Findings from the National Evictions Survey*, Nkuzi Development Association, Polokwane, Afrique du Sud, 2005, p. 7, www.nkuzi.org.za.

50. Wines, « Shantytown Dwellers in South Africa Protest... ».

51. Gumede, *Thabo Mbeki and the Battle for the Soul of the ANC*, p. 72. Citation interne : Asghar Adelzadeh, « From the RDP to GEAR : The Gradual Embracing of Neo-liberalism in Economic Policy », *Transformation*, vol. 31, 1996.

52. *Ibid.*, p. 70.

53. Stephen F. Cohen, *Failed Crusade. America and the Tragedy of Post-Communist Russia*, W.W. Norton & Company, New York, 2001, p. 30.

11. Le feu de joie d'une jeune démocratie : La Russie choisit « l'option de Pinochet »

1. Boris Kagarlitski, *Square Wheels. How Russian Democracy Got Derailed*, trad. de Leslie A. Auerbach *et al.*, Monthly Review Press, New York, 1994, p. 191.

2. William Keegan, *The Spectre of Capitalism. The Future of the World Economy After the Fall of Communism*, Radius, 1992, Londres, p. 109.

3. George J. Church, «The Education of Mikhail Sergeyevich Gorbachev», *Time*, le 4 janvier 1988; Gidske Anderson, «The Nobel Peace Prize 1990 Presentation Speech», www.nobelprize.org.

4. Marshall Pomer, introduction, *The New Russia. Transition Gone Awry*, Lawrence R. Klein et Marshall Pomer (sous la dir. de), Stanford University Press, Stanford, 2001, p. 1.

5. Anderson, «The Nobel Peace Prize 1990 Presentation Speech»; Church, «The Education of Mikhail Sergeyevich Gorbachev».

6. Mikhaïl Gorbatchev, avant-propos, Klein et Pomer (sous la dir. de), *The New Russia*, p. xiv.

7. Dans le rapport conjoint sans précédent, on réclame une «réforme radicale» et on insiste pour que les frontières soient ouvertes au commerce au moment de la mise en place de tout plan de stabilisation, la fameuse occasion «deux pour un» abordée par Dani Rodrik au chapitre 8. Fonds monétaire international, Banque mondiale, Organisation de coopération et de développement économiques, Banque européenne pour la reconstruction et le développement, *The Economy of the USSR. Summary and Recommendations*, Banque mondiale, Washington, DC, 1990; interview de l'auteur avec Jeffrey Sachs, octobre 2006, New York.

8. «Order, Order», *The Economist*, le 22 décembre 1990.

9. *Ibid.*; Michael Schrage, «Pinochet's Chile a Pragmatic Model for Soviet Economy», *Washington Post*, le 23 août 1991.

10. *Return of the Czar*, épisode de *Frontline* [série télévisée de PBS], Sherry Jones (productrice), présentée le 9 mai 2000.

11. Vadim Nikitin, «'91 Foes Linked by Anger and Regret», *Moscow Times*, le 21 août 2006.

12. Stephen F. Cohen, «America's Failed Crusade in Russia», *The Nation*, le 28 février 1994.

13. Interview de l'auteur avec Jeffrey Sachs.

14. Peter Passell, «Dr. Jeffrey Sachs, Shock Therapist», *New York Times*, le 27 juin 1993.

15. Peter Reddaway et Dmitri Glinski, *The Tragedy of Russia's Reforms. Market Bolshevism against Democracy*, United States Institute for Peace Press, Washington, DC, 2001, p. 291.

16. Jeffrey D. Sachs, *The End of Poverty. Economic Possibilities for Our Time*, Penguin Books, New York, 2005, p. 137.

17. Reddaway et Glinski, *The Tragedy of Russia's Reforms*, p. 253.

18. *The Agony of Reform*, épisode de *Commanding Heights. The Battle for the World Economy* [série télévisée de PBS], Daniel Yergin et Sue Lena Thompson (producteurs délégués), William Cran (producteur de la série), Heights Productions, Boston, 2002; Reddaway et Glinski, *The Tragedy of Russia's Reforms*, p. 237, 298.

19. Mikhaïl Leontiev, «Two Economists Will Head Russian Reform; Current Digest of the Soviet Press», *Nezavisimaya Gazeta*, le 9 novembre 1991, digest disponible le 11 décembre 1991.

20. Chrystia Freeland, *Sale of the Century. Russia's Wild Ride from Communism to Capitalism*, Crown, New York, 2000, p. 56.

21. Boris Eltsine, «Speech to the RSFSR Congress of People's Deputies», le 28 octobre 1991.

22. David McClintick, «How Harvard Lost Russia», *Institutional Investor*, le 1er janvier 2006.

23. Georgi Arbatov, « Origins and Consequences of "Shock Therapy" », Klein et Pomer (sous la dir. de), *The New Russia*, p. 171.
24. Vladimir Mau, « Russia », *The Political Economy of Policy Reform*, John Williamson (sous la dir. de), Institute for International Economics, Washington, DC, 1994, p. 435.
25. *Ibid.*, p. 434-435.
26. Joseph E. Stiglitz, préface, Klein et Pomer (sous la dir. de), *The New Russia*, p. xxii.
27. Joseph E. Stiglitz, *La grande désillusion*, traduit de l'anglais (américain) par Paul Chemla, Fayard, « Le livre de poche », Paris, 2002, p. 224.
28. Eltsine, « Speech to the RSFSR Congress of People's Deputies ».
29. Stephen F. Cohen, « Can We "Convert" Russia ? », *Washington Post*, le 28 mars 1993 ; Helen Womack, « Russians Shell Out as Cashless Society Looms », *Independent* (Londres), le 27 août 1992.
30. *Russian Economic Trends*, 1997, p. 46, cité dans Thane Gustafson, *Capitalism Russian-Style*, Cambridge University Press, Cambridge, 1999, p. 171.
31. *The Agony of Reform*.
32. Gwen Ifill, « Clinton Meets Russian on Assistance Proposal », *New York Times*, le 25 mars 1993.
33. Malcolm Gray, « After Bloody Monday », *Maclean's*, le 18 octobre 1993 ; Leyla Boulton, « Powers of Persuasion », *Financial Times* (Londres), le 5 novembre 1993.
34. Serge Schmemann, « The Fight to Lead Russia », *New York Times*, le 13 mars 1993.
35. Margaret Shapiro et Fred Hiatt, « Troops Move in to Put Down Uprising After Yeltsin Foes Rampage in Moscow », *Washington Post*, le 4 octobre 1993.
36. John Kenneth White et Philip John Davies, *Political Parties and the Collapse of the Old Orders*, State University of New York Press, Albany, 1998, p. 209.
37. « Testimony Statement by the Honorable Lawrence H. Summers Under Secretary for International Affairs U.S. Treasury Department Before the Committee on Foreign Relations of the U.S. Senate », September 7, 1993.
38. Reddaway et Glinski, *The Tragedy of Russia's Reforms*, p. 294.
39. *Ibid.*, p. 299.
40. Celestine Bohlen, « Rancor Grows in Russian Parliament », *New York Times*, le 28 mars 1993.
41. « The Threat That Was », *The Economist*, le 28 avril 1993 ; Shapiro et Hiatt, « Troops Move in to Put Down Uprising After Yeltsin Foes Rampage in Moscow ».
42. Serge Schmemann, « Riot in Moscow Amid New Calls For Compromise », *New York Times*, le 3 octobre 1993.
43. Leslie H. Gelb, « How to Help Russia », *New York Times*, le 14 mars 1993. NOTE DE BAS DE PAGE : Shapiro et Hiatt, « Troops Move in to Put Down Uprising After Yeltsin Foes Rampage in Moscow ».
44. Fred Kaplan, « Yeltsin in Command as Hard-Liners Give Up », *Boston Globe*, le 5 octobre 1993.
45. « Les autorités déclarèrent que les affrontements, en deux jours, avaient fait 142 victimes à Moscou. C'était grotesque – le nombre de morts fut forcément plusieurs fois supérieur à ce chiffre. Nul n'essaya même de déterminer le nombre exact des personnes qui furent blessées ou battues. Il y eut des milliers d'arrestations. » Kagarlitski, *Square Wheels*, p. 218.
46. Reddaway et Glinski, *The Tragedy of Russia's Reforms*, p. 427.

47. Kagarlitski, *Square Wheels*, p. 212.

48. John M. Goshko, « Victory Seen for Democracy », *Washington Post*, le 5 octobre 1993 ; David Nyhan, « Russia Escapes a Return to the Dungeon of Its Past », *Boston Globe*, le 5 octobre 1993 ; Reddaway et Glinski, *The Tragedy of Russia's Reforms*, p. 431.

49. *Return of the Czar.*

50. Nikitin, « '91 Foes Linked by Anger and Regret ».

51. Cacilie Rohwedder, « Sachs Defends His Capitalist Shock Therapy », *Wall Street Journal Europe*, le 25 octobre 1993.

52. Sachs, *The End of Poverty.*

53. Arthur Spiegelman, « Western Experts Call for Russian Shock Therapy », Reuters, le 6 octobre 1993.

54. Dorinda Elliott et Betsy McKay, « Yeltsin's Free-Market Offensive », *Newsweek*, le 18 octobre 1993 ; Adi Ignatius et Claudia Rosett, « Yeltsin Now Faces Divided Nation », *Asian Wall Street Journal*, le 5 octobre 1993.

55. Stanley Fischer, « Russia and the Soviet Union Then and Now », *The Transition in Eastern Europe*, Olivier Jean Blanchard, Kenneth A. Froot et Jeffrey D. Sachs (sous la dir. de), *Country Studies*, vol. 1, University of Chicago Press, Chicago, 1994, p. 237.

56. Lawrence H. Summers, « Comment », *The Transition in Eastern Europe*, *Country Studies*, vol. 1, p. 253.

57. Jeffrey Tayler, « Russia Is Finished », *Atlantic Monthly*, mai 2001 ; « The World's Billionaires, According to Forbes Magazine, Listed by Country », Associated Press, le 27 février 2003.

58. E. S. Browning, « Bond Investors Gamble on Russian Stocks », *Wall Street Journal*, le 24 mars 1995.

59. Le législateur Sergueï Youshenkov cite Oleg Lobov. Carlotta Gall et Thomas De Waal, *Chechnya : Calamity in the Caucasus*, New York University Press, New York, 1998, p. 161.

60. Vsevolod Vilchek, « Ultimatum on Bended Knees », *Moscow News*, le 2 mai 1996.

61. Passell, « Dr. Jeffrey Sachs, Shock Therapist ».

62. David Hoffman, « Yeltsin's "Ruthless" Bureaucrat », *Washington Post*, le 22 novembre 1996.

63. Svetlana P. Glinkina *et al.*, « Crime and Corruption », *in* Klein et Pomer (sous la dir. de), *The New Russia*, p. 241 ; Matt Bivens et Jonas Bernstein, « The Russia You Never Met », *Demokratizatsiya : The Journal of Post-Soviet Democracy*, vol. 6, n° 4, automne 1998, p. 630, www.demokratizatsiya. org.

64. Bivens et Bernstein, « The Russia You Never Met », p. 627-628 ; Total, *Factbook 1998-2006*, www.total.com ; profit pour l'année 2000 : Marshall I. Goldman, *The Piratization of Russia. Russian Reform Goes Awry*, Routledge, New York, 2003, p. 120 ; « Yukos Offers 12.5 Percent Stake against Debts to State-Owned Former Unit », Associated Press, le 5 juin 2006 ; le chiffre de 2,8 milliards de dollars repose sur le calcul suivant : en 1997, British Petroleum a payé 571 millions de dollars pour une participation de 10 % dans Sidanko ; à ce taux, la participation de 51 % aurait valu plus de 2,8 de milliards de dollars : Freeland, *Sale of the Century*, p. 183 ; Stanislav Lunev, « Russian Organized Crime Spreads Beyond Russia's Borders », *Prism*, vol. 3, n° 8, le 30 mai 1997.

65. Bivens et Bernstein, « The Russia You Never Met », p. 629.

66. Reddaway et Glinski, *The Tragedy of Russia's Reforms*, p. 254.

67. Freeland, *Sale of the Century*, p. 299.

68. *Return of the Czar.*

69. Bivens et Bernstein signalent que « selon certaines allégations, Choubais et quatre des lieutenants de sa réforme – tous bénéficiaires du népotisme de Choubais soutenu par USAID – avaient accepté des pots-de-vin d'une valeur de 90 000 dollars chacun sous le couvert d'avances pour la rédaction de livres de la banque Onexim » (l'une des entreprises oligarchiques qui obtenaient de lucratifs contrats de privatisation de la part de ces hommes). Dans le cadre d'une controverse analogue, Alfred Kokh, second responsable des privatisations au sein du gouvernement Eltsine, reçut 100 000 dollars de la part d'une société associée à un des principaux oligarques à qui il accordait des contrats de privatisation ; de façon tout à fait appropriée, l'argent lui fut officiellement versé en contrepartie d'un livre qu'il était réputé écrire sur l'efficacité des entreprises privatisées. En fin de compte, aucun de ces hommes ne fut poursuivi en rapport avec ces affaires distinctes. Bivens et Bernstein, « The Russia You Never Met », p. 636 ; Vladimir Isachenkov, « Prosecutors Investigate Russia's Ex-Privatization Czar », Associated Press, le 1er octobre 1997.

70. McClintick, « How Harvard Lost Russia ».

71. U.S. District Court, District of Massachusetts, « United States of America, Plaintiff, v. President and Fellows of Harvard College, Andrei Shleifer and Jonathan Hay, Defendants : Civil Action No. 00-11977-DPW », *Memorandum and Order*, le 28 juin 2004 ; McClintick, « How Harvard Lost Russia ».

72. McClintick, « How Harvard Lost Russia ».

73. Dan Josefsson, « The Art of Ruining a Country with a Little Professional Help from Sweden », *ETC* (Stockholm), édition en langue anglaise, 1999.

74. Ernest Beck, « Soros Begins Investing in Eastern Europe », *Wall Street Journal*, le 1er juin 1994 ; Andrew Jack, Arkady Ostrovsky et Charles Pretzlik, « Soros to Sell "The Worst Investment of My Life" », *Financial Times* (Londres), le 17 mars 2004.

75. Brian Whitmore, « Latest Polls Showing Communists Ahead », *Moscow Times*, le 8 septembre 1999.

76. *Return of the Czar.*

77. Helen Womack, « Terror Alert in Moscow as Third Bombing Kills 73 », *Independent* (Londres), le 14 septembre 1999.

78. Aslan Nurbiyev, « Last Bodies Cleared From Rebels' Secret Grozny Cemetery », Agence France-Presse, le 6 avril 2006.

79. Sabrina Tavernise, « Farms as Business in Russia », *New York Times*, le 6 novembre 2001 ; Josefsson, « The Art of Ruining a Country with a Little Professional Help from Sweden » ; « News Conference by James Wolfensohn, President of the World Bank Re : IMF Spring Meeting », Washington, DC, le 22 avril 1999, www.imf.org ; Branko Milanovic, *Income, Inequality and Poverty during the Transition from Planned to Market Economy*, Banque mondiale, 1998, p. 68 ; Working Centre for Economic Reform, gouvernement de la Fédération de Russie, *Russian Economic Trends*, vol. 5, n° 1, 1996, p. 56-57, cité dans Bertram Silverman et Murray Yanowitch, *New Rich, New Poor, New Russia. Winners and Losers on the Russian Road to Capitalism*, M.E. Sharpe, Armonk, New York, 2000, p. 47.

80. Le chiffre de 715 000 vient du ministère de la Santé et du Développement social de la Russie. « Russia Has More Than 715,000 Homeless Children-Health Minister », agence de presse RIA Novosti, le 23 février 2006 ; Carel

De Rooy, UNICEF, *Children in the Russian Federation*, le 16 novembre 2004, p. 5, www.unicef.org.

81. En 1987, la consommation d'alcool par habitant de la Russie était de 3,9 litres. En 2003, elle s'établissait à 8,87 litres. Bureau régional de l'organisation mondiale de la santé pour l'Europe, « 3050 Pure Alcohol Consumption, Litres Per Capita, 1987, 2003 », Base de données européenne de la Santé pour tous, data.euro.who.int/hfadb ; « In Sad Tally, Russia Counts More Than 4 Million Addicts », *Pravda* (Moscou), le 20 février 2004 ; ONUSIDA, « Annexe 1 : Fédération de Russie », *Rapport sur l'épidémie mondiale de sida 2006*, mai 2006, p. 437, www.unaids.org ; interview avec Natalya Katsap, directrice, Partenariats avec les médias, Partenariats transatlantiques contre le sida, juin 2006.

82. Bureau régional de l'Organisation mondiale de la santé pour l'Europe, « 1780 SDR, Suicide and Self-Inflicted Injury, All Ages Per 100,000, 1986-1994 », Base de données européenne de la Santé pour tous, data. euro.who.int/hfadb ; en 1986, le taux d'homicides et de blessures intentionnelles par 100 000 habitants était de 7,3 ; en 1994, il avait atteint un sommet de 32,9 ; en 2004, il était redescendu à 25,2. Bureau régional de l'organisation mondiale de la santé pour l'Europe, « 1793 SDR, Homicide and Intentional Injury, All Ages Per 100000, 1986-2004 », Base de données européenne de la Santé pour tous.

83. Nikitin, « '91 Foes Linked by Anger and Regret » ; Stephen F. Cohen, « The New American Cold War », *The Nation*, le 10 juillet 2006 ; Central Intelligence Agency, « Russia », *World Factbook 1992*, CIA, Washington, DC, 1992, p. 287 ; Central Intelligence Agency, « Russia », *World Factbook 2007*, www.cia.gov.

84. Colin McMahon, « Shortages Leave Russia's East Out in the Cold », *Chicago Tribune*, le 19 novembre 1998.

85. Arbatov, « Origins and Consequences of "Shock Therapy" », p. 177.

86. Richard Pipes, « Russia's Chance », *Commentary*, vol. 93, n° 3, mars 1992, p. 30.

87. Richard E. Ericson, « The Classical Soviet-Type Economy : Nature of the System and Implications for Reform », *Journal of Economic Perspectives*, vol. 5, n° 4, automne 1991, p. 25.

88. Tayler, « Russia Is Finished » ; Richard Lourie, « Shock of Calamity », *Los Angeles Times*, le 21 mars 1999.

89. Josefsson, « The Art of Ruining a Country with a Little Professional Help from Sweden ».

90. Tatyana Koshkareva et Rustam Narzikulov, *Nezavisimaya Gazeta* (Moscou), le 31 octobre 1997 ; Paul Klebnikov et Carrie Shook, « Russia and Central Europe : The New Frontier », *Forbes*, le 28 juillet 1997.

91. Adam Smith, *Recherches sur la nature et les causes de la richesse des nations*, tome II, traduction de Germain Garnier revue par Adolphe Blanqui, Flammarion, Paris, 1991, p. 173.

92. Pour cette partie de mon analyse, je dois beaucoup à David Harvey. David Harvey, *A Brief History of Neoliberalism*, Oxford University Press, New York, 2005.

93. Michael Schuman, « Billionaires in the Making », *Forbes*, le 18 juillet 1994 ; Harvey, *A Brief History of Neoliberalism*, p. 103.

94. « YPFB : Selling a National Symbol », *Institutional Investor*, le 1er mars 1997 ; Jonathan Friedland, « Money Transfer », *Wall Street Journal*, le 15 août 1995.

95. Friedland, « Money Transfer ».

96. Paul Blustein, *And the Money Kept Rolling In (and Out). Wall Street, the IMF, and the Bankrupting of Argentina*, PublicAffairs, New York, 2005, p. 24, 29 ; Nathaniel C. Nash, « Argentina's President, Praised Abroad, Finds Himself in Trouble at Home », *New York Times*, le 8 juin 1991 ; Tod Robberson, « Argentine President's Exit Inspires Mixed Emotions », *Dallas Morning News*, le 18 octobre 1999.

97. Paul Brinkley-Rogers, « Chaos Reigns as President Flees Uprising », *Daily Telegraph* (Londres), le 22 décembre 2001.

98. Jean Friedman-Rudovsky, « Bolivia Calls Ex-President to Court », *Time*, le 6 février 2007.

12. Le ça du capitalisme : La Russie à l'ère du marché sauvage

1. John Maynard Keynes, « From Keynes to Roosevelt : Our Recovery Plan Assayed », *New York Times*, le 31 décembre 1933.

2. Ashley M. Herer, « Oprah, Bono Promote Clothing Line, iPod », Associated Press, le 13 octobre 2006.

3. T. Christian Miller, *Blood Money. Wasted Billions, Lost Lives, and Corporate Greed in Iraq*, Little, Brown and Company, New York, 2006, p. 123. NOTE DE BAS DE PAGE : John Cassidy, « Always with Us », *The New Yorker*, le 11 avril 2005.

4. Peter Passell, « Dr. Jeffrey Sachs, Shock Therapist », *New York Times*, le 27 juin 1993.

5. Jeffrey Sachs, « Life in the Economic Emergency Room », *The Political Economy of Policy Reform*, John Williamson (sous la dir. de), Institute for International Economics, Washington, DC, 1994, p. 516.

6. « Roosevelt Victor by 7,054,520 Votes », *New York Times*, le 25 décembre 1932 ; Raymond Moley, *After Seven Years*, Harper & Brothers, New York, 1939, p. 305.

7. Carolyn Eisenberg, *Drawing the Line. The American Decision to Divide Germany, 1944-1949*, Cambridge University Press, New York, 1996.

8. *The Political Economy of Policy Reform*, p. 44.

9. Sachs, « Life in the Economic Emergency Room », p. 503-504, 513.

10. John Williamson, *The Political Economy of Policy Reform*, p. 19, 26.

11. John Williamson et Stephan Haggard, « The Political Conditions for Economic Reform », *The Political Economy of Policy Reform*, p. 565.

12. Williamson, *The Political Economy of Policy Reform*, p. 20.

13. John Toye, *The Political Economy of Policy Reform*, p. 41.

14. Bruce Little, « Debt Crisis Looms, Study Warns », *Globe and Mail* (Toronto), le 16 février 1993 ; l'émission de télévision était *W5*, diffusée par le réseau CTV et animée par Eric Malling. Linda McQuaig, *Shooting the Hippo. Death by Deficit and Other Canadian Myths*, Penguin, Toronto, 1995, p. 3.

15. Les renseignements fournis dans ce paragraphe sont tirés de McQuaig, *Shooting the Hippo*, p. 18, 42-44, 117.

16. *Ibid.*, p. 44, 46.

17. « How to Invent a Crisis in Education », *Globe and Mail* (Toronto), le 15 septembre 1995.

18. L'information contenue dans les deux paragraphes suivants est tirée de Michael Bruno, *Deep Crises and Reform : What Have We Learned?*, Banque mondiale, Washington, DC, 1996, p. 4, 6, 13, 25.

19. *Ibid.*, p. 6. C'est moi qui souligne.

20. La donnée relative au nombre d'États membres de la Banque mondiale date de 1995. Ils sont aujourd'hui 185.

21. L'information que renferment les quatre paragraphes suivants est tirée de Davison L. Budhoo, *Enough Is Enough. Dear Mr. Camdessus... Open Letter of Resignation to the Managing Director of the International Monetary Fund*, New Horizons Press, 1990, p. 2-27.

22. La plupart des allégations de Budhoo portent sur les écarts dans les calculs liés au coût unitaire relatif de la main-d'œuvre de Trinité-et-Tobago, indicateur économique extrêmement important qui mesure la productivité d'un pays. Budhoo écrit : « À la lumière des calculs effectués par le statisticien de notre division l'année dernière, au lendemain du retour de la mission du Fonds sur le terrain, le coût unitaire relatif de la main-d'œuvre a augmenté seulement de 69 % à Trinité-et-Tobago, et non de 145,8 % comme l'indiquent nos rapports de 1985 ou de 142,9 % comme le laissent croire des documents du Fonds de 1986. Entre 1980 et 1985, le coût unitaire relatif de la main-d'œuvre n'a en fait augmenté que de 66,1 % et non de 164,7 % comme on le prétend dans nos rapports de 1986. De 1983 à 1985, le coût unitaire relatif de la main-d'œuvre n'a augmenté que de 14,9 %, et non de 36,9 %, ainsi qu'on l'a révélé au monde en 1986. En 1985, l'indice du prix unitaire relatif de la main-d'œuvre n'a pas augmenté de 9 %, comme l'indique un de nos rapports (RED-Staff), il a diminué de 1,7 %. Et, en 1986, les coûts unitaires relatifs de la main-d'œuvre ont connu une diminution spectaculaire de 46,5 %, même si ni notre rapport de 1987 ni aucun autre document officiel du Fonds n'en rend compte. » *Ibid.*, p. 17.

23. « Bitter Calypsos in the Caribbean », *Guardian* (Londres), le 30 juillet 1990 ; Robert Weissman, « Playing with Numbers : The IMF's Fraud in Trinidad and Tobago », *Multinational Monitor*, vol. 11, n° 6, juin 1990.

24. Lawrence Van Gelder, « Mr. Budhoo's Letter of Resignation from the I.M.F. (50 Years Is Enough) », *New York Times,* le 20 mars 1996.

13. Qu'elle brûle ! Le pillage de l'Asie et « la chute d'un deuxième mur de Berlin »

1. Anita Raghavan, « Wall Street Is Scavenging in Asia-Pacific », *Wall Street Journal,* le 10 février 1998.

2. R. William Liddle, « Year One of the Yudhoyono-Kalla Duumvirate », *Bulletin of Indonesian Economic Studies*, vol. 41, n° 3, décembre 2005, p. 337.

3. « The Weakest Link », *The Economist,* le 8 février 2003.

4. Irma Adelman, « Lessons from Korea », *The New Russia. Transition Gone Awry,* Lawrence R. Klein et Marshall Pomer (sous la dir. de), Stanford University Press, Stanford, Californie, 2001, p. 129.

5. David McNally, « Globalization on Trial », *Monthly Review,* septembre 1998.

6. « Apec Highlights Social Impact of Asian Financial Crisis », agence de presse Bernama, le 25 mai 1998.

7. Hur Nam-Il, « Gold Rush... Korean Style », *Business Korea,* mars 1998 ; « Selling Pressure Mounts on Korean Won-Report », *Korea Herald* (Séoul), le 12 mai 1998.

8. « Elderly Suicide Rate on the Increase », *Korea Herald* (Séoul), le 27 octobre 1999 ; « Economic Woes Driving More to Suicide », *Korea Times* (Séoul), le 23 avril 1998.

9. La crise débuta en 1994, mais le prêt fut alloué au début de 1995.

10. « Milton Friedman Discusses the IMF », *CNN Moneyline with Lou Dobbs*, le 22 janvier 1998 ; George P. Shultz, William E. Simon et Walter B. Wriston, « Who Needs the IMF », *Wall Street Journal*, le 3 février 1998.

11. Milken Institute, « Global Overview », *Global Conference 1998*, Los Angeles, le 12 mars 1998, www.milkeninstitute.org.

12. Bill Clinton, « Joint Press Conference with Prime Minister Chrétien », le 23 novembre 1997, www.clintonfoundation.org.

13. Milken Institute, « Global Overview ».

14. José Piñera, « The "Third Way" Keeps Countries in the Third World », préparé pour la seizième conférence monétaire annuelle du Cato Institute, organisée conjointement avec *The Economist*, Washington, DC, le 22 octobre 1998 ; José Piñera, « The Fall of a Second Berlin Wall », le 22 octobre 1998, www.josepinera.com.

15. « U.S. Senate Committee on Foreign Relations Holds Hearing on the Role of the IMF in the Asian Financial Crisis », le 12 février 1998 ; « Text-Greenspan's Speech to New York Economic Club », Reuters News, le 3 décembre 1997.

16. M. Perez et S. Tobarra, « Los países asiáticos tendrán que aceptar cierta flexibilidad que no era necesaria hasta ahora », *El País International Edition* (Madrid), le 8 décembre 1997 ; « IMF Chief Calls for Abandon of "Asian Model" », Agence France-Presse, le 1er décembre 1997.

17. Interview avec Mahathir Mohamad réalisée le 2 juillet 2001 pour *Commanding Heights. The Battle for the World Economy*, www.pbs.org.

18. Interview avec Stanley Fischer réalisée le 9 mai 2001 pour *Commanding Heights*, www.pbs.org.

19. Stephen Grenville, « The IMF and the Indonesian Crisis », document d'information, Bureau indépendant d'évaluation du FMI, mai 2004, p. 8, www.imf.org.

20. Walden Bello, « The IMF's Hidden Agenda », *The Nation* (Bangkok), le 25 janvier 1998.

21. Fischer, *Commanding Heights* ; Joseph Kahn, « I.M.F.'s Hand Often Heavy, a Study Says », *New York Times*, le 21 octobre 2000. NOTE DE BAS DE PAGE : Paul Blustein, *The Chastening. Inside the Crisis That Rocked the Global Financial System and Humbled the IMF*, PublicAffairs, New York, 2001, p. 6-7.

22. L'accord conclu par le FMI avec la Corée du Sud prévoyait expressément « un allégement des restrictions relatives aux licenciements (pour permettre aux entreprises de passer d'une industrie à une autre) ». Cité dans Martin Hart-Landsberg et Paul Burkett, « Economic Crisis and Restructuring in South Korea : Beyond the Free Market-Statist Debate », *Critical Asian Studies*, vol. 33, n° 3, 2001, p. 421 ; Alkman Granitsas et Dan Biers, « Economies : The Next Step : The IMF Has Stopped Asia's Financial Panic », *Far Eastern Economic Review*, le 23 avril 1998 ; Cindy Shiner, « Economic Crisis Clouds Indonesian's Reforms », *Washington Post*, le 10 septembre 1998.

23. Soren Ambrose, « South Korean Union Sues the IMF », *Economic Justice News*, vol. 2, n° 4, janvier 2000.

24. Nicola Bullard, *Taming the Tigers. The IMF and the Asian Crisis*, Focus on the Global South, Londres, le 2 mars 1999, www.focusweb.org ; Walden Bello, *A Siamese Tragedy. The Collapse of Democracy in Thailand*, Focus on the Global South, Londres, le 29 septembre 2006, www.focusweb. org.

25. Jeffrey Sachs, « Power Unto Itself », *Financial Times* (Londres), le 11 décembre 1997.

26. Michael Lewis, « The World's Biggest Going-Out-of-Business Sale », *New York Times Magazine,* le 31 mai 1998.

27. Ian Chalmers, « Tommy's Toys Trashed », *Inside Indonesia*, vol. 56, octobre-décembre 1998.

28. Paul Blustein et Sandra Sugawara, « Rescue Plan for Indonesia in Jeopardy », *Washington Post*, le 7 janvier 1998 ; Grenville, « The IMF and the Indonesian Crisis », p. 10.

29. McNally, « Globalization on Trial ».

30. « Magic Arts of Jakarta's "Witch-Doctor" », *Financial Times* (Londres), le 3 novembre 1997.

31. Susan Sim, « Jakarta's Technocrats vs. the Technologists », *Straits Times* (Singapour), le 30 novembre 1997 ; Kahn, « I.M.F.'s Hand Often Heavy, a Study Says ».

32. Fonds monétaire international, *The IMF's Response to the Asian Crisis,* janvier 1999, www.imf.org.

33. Paul Blustein, « At the IMF, a Struggle Shrouded in Secrecy », *Washington Post,* le 30 mars 1998 ; Martin Feldstein, « Refocusing the IMF », *Foreign Affairs,* mars-avril 1998 ; Jeffrey Sachs, « The IMF and the Asian Flu », *American Prospect,* mars-avril 1998.

34. Le taux de chômage passa de 2,6 à 7,6 % en Corée du Sud et de 4 à 12 % en Indonésie. La situation était à peu près la même dans les autres pays. Organisation internationale du travail, « Le BIT souhaite développer une capacité de "réponse rapide" pour les crises futures », communiqué de presse, le 16 mars 1999 ; Mary Jordan, « Middle Class Plunging Back to Poverty », *Washington Post*, le 6 septembre 1998 ; McNally, « Globalization on Trial » ; Florence Lowe-Lee, « Where Is Korea's Middle Class? », *Korea Insight*, vol. 2, n° 11, novembre 2000, p. 1 ; James D. Wolfensohn, « Opening Address by the President of the World Bank Group », *Summary Proceedings of the Fifty-Third Annual Meeting of the Board of Governors*, Fonds monétaire international, Washington, DC, du 6 au 8 octobre 1998, p. 31, www.imf.org.

35. « Array of Crimes Linked to the Financial Crisis, Meeting Told », *New Straits Times* (Kuala Lumpur), le 1er juin 1999 ; Nussara Sawatsawang, « Prostitution – Alarm Bells Sound Amid Child Sex Rise », *Bangkok Post*, le 24 décembre 1999 ; Luz Baguioro, « Child Labour Rampant in the Philippines », *Straits Times* (Singapour), le 12 février 2000 ; « Asian Financial Crisis Rapidly Creating Human Crisis : World Bank », Agence France-Presse, le 29 septembre 1998.

36. Laura Myers, « Albright Offers Thais Used F-16s, Presses Banking Reforms », Associated Press, le 4 mars 1999.

37. Bureau indépendant d'évaluation du FMI, *The IMF and Recent Capital Account Crises : Indonesia, Korea, Brazil*, Fonds monétaire international, Washington, DC, le 12 septembre 2003, p. 42-43, www.imf.org ; Grenville, « The IMF and the Indonesian Crisis », p. 8.

38. Craig Mellow, « Treacherous Times », *Institutional Investor International Edition,* mai 1999.

39. Raghavan, «Wall Street Is Scavenging In Asia-Pacific».

40. Rory McCarthy, «Merrill Lynch Buys Yamaichi Branches, Now Japan's Biggest Foreign Broker», Agence France-Presse, le 12 février 1998; «Phatra Thanakit Announces Partnership with Merrill Lynch», communiqué de presse de Merrill Lynch, le 4 juin 1998; Conférence des Nations Unies sur le commerce et le développement, *World Investment Report 1998: Trends and Determinants*, Nations Unies, New York, 1998, p. 337; James Xiaoning Zhan et Terutomo Ozawa, *Business Restructuring in Asia: Cross-Border M&As in the Crisis Period*, Copenhagen Business School Press, Copenhague, 2001, p. 100; «Advisory Board for Salomon», *Financial Times* (Londres), le 18 mai 1999; «Korea Ssangyong Sells Info Unit Shares to Carlyle», Reuters News, le 2 janvier 2001; «JP Morgan-Carlyle Consortium to Become Largest Shareholder of KorAm», *Korea Times* (Séoul), le 9 septembre 2000.

41. Nicholas D. Kristof, «Worsening Financial Flu in Asia Lowers Immunity to U.S. Business», *New York Times*, le 1er février 1998.

42. Lewis, «The World's Biggest Going-Out-of-Business Sale»; Mark L. Clifford, «Invasion of the Bargain Snatchers», *Business Week*, le 2 mars 1998.

43. Conférence des Nations Unies sur le commerce et le développement, *World Investment Report*, 1998, p. 336; Zhan et Ozawa, *Business Restructuring in Asia*, p. 99; «Chronology-GM Takeover Talks with Daewoo Motor Creditors», Reuters, le 30 avril 2002.

44. Zhan et Ozawa, *Business Restructuring in Asia*, p. 96-102; Clifford, «Invasion of the Bargain Snatchers».

45. Alexandra Harney, «GM Close to Taking 67% Stake in Daewoo for $400M», *Financial Times* (Londres), le 20 septembre 2001; Stephanie Strom, «Korea to Sell Control of Banks to U.S. Investors», *New York Times*, le 1er janvier 1999.

46. Charlene Barshefsky, «Trade Issues with Asian Countries», témoignage devant le *Subcommittee on Trade of the House Committee on Ways and Means*, le 24 février 1998.

47. «International Water – Ayala Consortium Wins Manila Water Privatization Contract», Business Wire, le 23 janvier 1997; «Bechtel Wins Contract to Build Oil Refinery in Indonesia», agence de presse Asia Pulse, le 22 septembre 1999; «Mergers of S. Korean Handset Makers with Foreign Cos on the Rise», agence de presse Asia Pulse, le 1er novembre 2004; Conférence des Nations Unies sur le commerce et le développement, *World Investment Report*, 1998, p. 337; Zhan et Ozawa, *Business Restructuring in Asia*, p. 96-99.

48. Zhan et Ozawa, *Business Restructuring in Asia*, p. 96-102; Robert Wade et Frank Veneroso, «The Asian Crisis: The High Debt Model Versus the Wall Street-Treasury-IMF Complex», *New Left Review*, 228, mars-avril 1998.

49. «Milton Friedman Discusses the IMF», *CNN Moneyline with Lou Dobbs*, le 22 janvier 1998.

50. En 1995, le taux de suicide s'élevait à 11,8 par 100 000 habitants; en 2005, il était de 26,1 par 100 000 habitants, une augmentation de 121 %. *World Factbook 1997*, Central Intelligence Agency, Washington, DC, 1997; *World Factbook 2007*, www.cia.gov; «S. Korea Has Top Suicide Rate among OECD Countries: Report», agence de presse Asia Pulse, le 18 septembre 2006; «S. Korean Police Confirm Actress Suicide», Agence France-Presse, le 12 février 2007.

51. Programme des Nations Unies pour les établissements humains, *2005 Annual Report*, UN-HABITAT, Nairobi, 2006, p. 5-6, www.unchs.org;

Rainer Maria Rilke, *Les Élégies de Duino. Les Sonnets à Orphée*, trad. de l'allemand par Armel Guerne, édition bilingue, Éditions du Seuil, Paris, 1972, p. 69.

52. «Indonesia Admits to Rapes during Riots», *Washington Post*, le 22 décembre 1998.
53. «The Weakest Link»; Thomas L. Friedman, *The Lexus and the Olive Tree*, Farrar, Strauss Giroux, New York, 1999, p. 452-453.
54. «The Critics of Capitalism», *Financial Times* (Londres), le 27 novembre 1999.
55. Fischer, *Commanding Heights*; Blustein, *The Chastening*, p. 6-7.

14. La thérapie de choc aux États-Unis :
La bulle de la sécurité intérieure

1. Tom Baldwin, «Revenge of the Battered Generals», *Times* (Londres), le 18 avril 2006.
2. Reuters, «Britain's Ranking on Surveillance Worries Privacy Advocate», *New York Times*, le 3 novembre 2006.
3. Daniel Gross, «The Homeland Security Bubble», Slate.com, le 1ᵉʳ juin 2005.
4. Robert Burns, «Defense Chief Shuns Involvement in Weapons and Merger Decisions to Avoid Conflict of Interest», Associated Press, le 23 août 2001.
5. John Burgess, «Tuning in to a Trophy Technology», *Washington Post*, le 24 mars 1992; «TIS Worldwide Announces the Appointment of the Honorable Donald Rumsfeld to its Board of Advisors», PR Newswire, le 25 avril 2000; Geoffrey Lean et Jonathan Owen, «Donald Rumsfeld Makes $5M Killing on Bird Flu Drug», *Independent* (Londres), le 12 mars 2006.
6. George W. Bush, «Bush Delivers Remarks with Rumsfeld, Gates», CQ Transcripts Wire, le 8 novembre 2006.
7. Joseph L. Galloway, «After Losing War Game, Rumsfeld Packed Up His Military and Went to War», Knight-Ridder, le 26 avril 2006.
8. Jeffrey H. Birnbaum, «Mr. CEO Goes to Washington», *Fortune*, le 19 mars 2001.
9. Donald H. Rumsfeld, «Secretary Rumsfeld's Remarks to the Johns Hopkins, Paul H. Nitze School of Advanced International Studies», le 5 décembre 2005, www.defenselink.mil; Tom Peters, *The Circle of Innovation*, Alfred A. Knopf, New York, 1997, p. 16.
10. L'information contenue dans les deux pages qui suivent est tirée de Donald H. Rumsfeld, «DoD Acquisition and Logistics Excellence Week Kickoff – Bureaucracy to Battlefield», discours prononcé au Pentagone, le 10 septembre 2001, www.defenselink.mil.
11. Carolyn Skorneck, «Senate Committee Approves New Base Closings, Cuts $1.3 Billion from Missile Defense», Associated Press, le 7 septembre 2001; Rumsfeld, «DoD Acquisition and Logistics Excellence Week Kickoff».
12. Bill Hemmer et Jamie McIntyre, «Defense Secretary Declares War on the Pentagon's Bureaucracy», *CNN Evening News*, le 10 septembre 2001.
13. Donald Rumsfeld, «Tribute to Milton Friedman», Washington, DC, le 9 mai 2002, www.defenselink.mil; Milton Friedman et Rose D. Friedman, *Two Lucky People. Memoirs*, University of Chicago Press, Chicago, 1998, p. 345.

14. Friedman et Friedman, *Two Lucky People,* p. 391.
15. William Gruber, «Rumsfeld Reflects on Politics, Business», *Chicago Tribune,* le 20 octobre 1993; Stephen J. Hedges, «Winter Comes for a Beltway Lion», *Chicago Tribune,* le 12 novembre 2006.
16. Greg Schneider, «Rumsfeld Shunning Weapons Decisions», *Washington Post,* le 24 août 2001; Andrew Cockburn, *Rumsfeld : His Rise, Fall, and Catastrophic Legacy,* Scribner, New York, 2007, p. 89-90; Randeep Ramesh, «The Two Faces of Rumsfeld», *Guardian* (Londres), le 9 mai 2003; Richard Behar, «Rummy's North Korea Connection», *Fortune,* le 12 mai 2003.
17. Joe Palca, «Salk Polio Vaccine Conquered Terrifying Disease», *National Public Radio. Morning Edition,* le 12 avril 2005; David M. Oshinsky, *Polio : An American Story,* Oxford University Press, Oxford, 2005), p. 210-211. NOTE DE BAS DE PAGE : Carly Weeks, «Tamiflu Linked to 10 Deaths», *The Gazette* (Montréal), le 30 novembre 2006; Dorsey Griffith, «Psychiatric Warning Put on Flu Drug», *Sacramento Bee,* le 14 novembre 2006.
18. Knowledge Ecology International, «KEI Request for Investigation into Anticompetitive Aspects of Gilead Voluntary Licenses for Patents on Tenofivir and Emtricitabine», le 12 février 2007, www.keionline.org.
19. Stanton, «Big Stakes in Tamiflu Debate», *Roll Call,* le 15 décembre 2005.
20. L'information contenue dans les deux paragraphes qui suivent est tirée de T. Christian Miller, *Blood Money. Wasted Billions, Lost Lives and Corporate Greed in Iraq,* Little, Brown and Company, New York, 2006, p. 77-79.
21. Joan Didion, «Cheney : The Fatal Touch», *The New York Review of Books,* le 5 octobre 2006.
22. Dan Briody, *Halliburton Agenda. The Politics of Oil and Money,* John Wiley & Sons, New Jersey, 2004, p. 198-199; David H. Hackworth, «Balkans Good for Texas-Based Business», *Sun-Sentinel* (Fort Lauderdale), le 16 août 2001.
23. Antonia Juhasz, *Bush Agenda. Invading the World, One Economy at a Time,* Regan Books, New York, 2006, p. 120.
24. Jonathan D. Salant, «Cheney : I'll Forfeit Options», Associated Press, le 1er septembre 2000.
25. «Lynne Cheney Resigns from Lockheed Martin Board», Dow Jones News Service, le 5 janvier 2001.
26. Tim Weiner, «Lockheed and the Future of Warfare», *New York Times,* le 28 novembre 2004. NOTE DE BAS DE PAGE : Jeff McDonald, «City Looks at County's Outsourcing as Blueprint», *San Diego Union-Tribune,* le 23 juillet 2006.
27. Sam Howe Verhovek, «Clinton Reining in Role for Business in Welfare Effort», *New York Times,* le 11 mai 1997; Barbara Vobejda, «Privatization of Social Programs Curbed», *Washington Post,* le 10 mai 1997.
28. Michelle Breyer et Mike Ward, «Running Prisons for a Profit», *Austin American-Statesman,* le 4 septembre 1994; Judith Greene, «Bailing Out Private Jails», *The American Prospect,* le 10 septembre 2001; Madeline Baro, «Tape Shows Inmates Bit by Dogs, Kicked, Stunned», Associated Press, le 19 août 1997.
29. Matt Moffett, «Pension Reform Pied Piper Loves Private Accounts», *Wall Street Journal,* le 3 mars 2005.
30. «Governor George W. Bush Delivers Remarks on Government Reform», *FDCH Political Transcripts,* Philadelphie, le 9 juin 2000.

31. Jon Elliston, « Disaster in the Making », *Tucson Weekly,* le 23 septembre 2004.

32. Joe M. Allbaugh, « Current FEMA Instructions & Manuals Numerical Index », témoignage du directeur de la Federal Emergency Management Agency, Joe M. Allbaugh, devant le Veterans Affairs, Housing and Urban Development and Independent Agencies Subcommittee du Senate Appropriations Committee, le 16 mai 2001.

33. John F. Harris et Dana Milbank, « For Bush, New Emergencies Ushered in a New Agenda », *Washington Post,* le 22 septembre 2001 ; United States General Accounting Office, *Aviation Security. Long-Standing Problems Impair Airport Screeners' Performance,* juin 2000, p. 25, www.gao.gov.

34. National Commission on Terrorist Attacks upon the United States, *The 9/11 Commission Report : Final Report of the National Commission on Terrorist Attacks Upon the United States,* 2004, p. 85, www.gpoaccess. gov.

35. Anita Manning, « Company Hopes to Restart Production of Anthrax Vaccine », *USA Today,* le 5 novembre 2001.

36. J. McLane, « Conference to Honor Milton Friedman on His Ninetieth Birthday », *Chicago Business,* le 25 novembre 2002, www.chibus.com.

37. Joan Ryan, « Home of the Brave », *San Francisco Chronicle,* le 23 octobre 2001 ; George W. Bush, « President Honors Public Servants », Washington, DC, le 15 octobre 2001.

38. George W. Bush, « President Discusses War on Terrorism », Atlanta, Géorgie, le 8 novembre 2001.

39. Harris et Milbank, « For Bush, New Emergencies Ushered in a New Agenda ».

40. Andrew Bacevich, « Why Read Clausewitz When Shock and Awe Can Make a Clean Sweep of Things? », *London Review of Books,* le 8 juin 2006. NOTE DE BAS DE PAGE : Scott Shane et Ron Nixon, « In Washington, Contractors Take on Biggest Role Ever », *New York Times,* le 4 février 2007.

41. Evan Ratliff, « Fear, Inc. », *Wired,* décembre 2005.

42. Shane et Nixon, « In Washington, Contractors Take on Biggest Role Ever ».

43. Matt Richtel, « Tech Investors Cull Start-Ups for Pentagon », *Washington Post,* le 7 mai 2007 ; Defense Venture Catalyst Initiative, « An Overview of the Defense Venture Catalyst Initiative », devenci.dtic.mil.43. Ratliff, « Fear, Inc. ».

44. Ratliff, « Fear, Inc. »

45. Jason Vest, « Inheriting a Shambles at Defense », *Texas Observer* (Austin), le 1ᵉʳ décembre 2006 ; Ratliff, « Fear, Inc. » ; Paladin Capital Group, « Lt. General (Ret) USAF Kenneth A. Minihan », Paladin Team, le 2 décembre 2003, www.paladincapgroup.com.

46. Office of Homeland Security, *National Strategy for Homeland Security,* juillet 2002, p. 1, www.whitehouse.gov ; Ron Suskind, *The One Percent Doctrine. Deep Inside America's Pursuit of Its Enemies Since 9/11,* Simon and Schuster, New York, 2006 ; « Terror Fight Spawns Startups », *Red Herring,* le 5 décembre 2005.

47. United States House of Representatives, Committee on Government Reform – Minority Staff, Special Investigations Division, *Dollars, Not Sense : Government Contracting Under the Bush Administration,* préparé pour le représentant Henry A. Waxman, juin 2006, p. 5, www.democrats.reform. house.gov ; Tim Shorrock, « The Corporate Takeover of U.S. Intelligence »,

Salon, le 1er juin 2007, www.salon.com ; Rachel Monahan et Elena Herrero Beaumont, « Big Time Security », *Forbes*, le 3 août 2006 ; Central Intelligence Agency, *World Fact Book 2007*, www.cia.gov ; « US Government Spending in States Up 6 Pct in FY'03 », Reuters, le 7 octobre 2004 ; Frank Rich, « The Road from K Street to Yusufiya », *New York Times*, le 25 juin 2006.

48. Monahan et Herrero Beaumont, « Big Time Security » ; Ratliff, « Fear, Inc. ».

49. Le chiffre est cité par Roger Cressey, ex-fonctionnaire de Bush affecté au contre-terrorisme et aujourd'hui président de Good Harbor Consulting. Rob Evans et Alexi Mostrous, « Britain's Surveillance Future », *Guardian* (Londres), le 2 novembre 2006 ; Mark Johnson, « Video, Sound Advances Aimed at War on Terror », Associated Press, le 2 août 2006 ; Ellen McCarthy, « 8 Firms Vie for Pieces of Air Force Contract », *Washington Post*, le 14 septembre 2004.

50. Brian Bergstein, « Attacks Spawned a Tech-Security Market That Remains Young Yet Rich », Associated Press, le 4 septembre 2006.

51. Mure Dickie, « Yahoo Backed on Helping China Trace Writer », *Financial Times* (Londres), le 10 novembre 2005 ; Leslie Cauley, « NSA Has Massive Database of Americans' Phone Calls », *USA Today,* le 11 mai 2006 ; « Boeing Team Awarded SBInet Contract by Department of Homeland Security », communiqué de presse, le 21 septembre 2006, www.boeing.com.

52. Robert O'Harrow Jr., *No Place to Hide*, Free Press, New York, 2005.

53. « Terror Fight Spawns Startups ».

54. Justin Rood, « FBI Terror Watch List "Out of Control" », *The Blotter Blog on ABC News*, le 13 juin 2007, www.abcnews.com ; Ed Pilkington, « Millions Assigned Terror Risk Score on Trips to the US », *Guardian* (Londres), le 2 décembre 2006.

55. Rick Anderson, « Flog Is My Co-Pilot », *Seattle Weekly*, le 29 novembre 2006 ; Jane Mayer, « The C.I.A.'s Travel Agent », *The New Yorker*, le 30 octobre 2006 ; Brian Knowlton, « Report Rejects European Denial of CIA Prisons », *New York Times*, le 29 novembre 2006 ; Mayer, « The C.I.A.'s Travel Agent » ; Stephen Grey, *Ghost Plane. The True Story of the CIA Torture Program*, St. Martin's Press, New York, 2006, p. 80 ; Pat Milton, « ACLU Files Suit Against Boeing Subsidiary, Saying it Enabled Secret Overseas Torture », Associated Press, le 31 mai 2007.

56. Andrew Buncombe, « New Maximum-Security Jail to Open at Guantanamo Bay », *Independent* (Londres), le 30 juillet 2006 ; Pratap Chatterjee, « Intelligence in Iraq : L-3 Supplies Spy Support », *CorpWatch,* le 9 août 2006, www.corpwatch.com.

57. Michelle Faul, « Guantanamo Prisoners for Sale », Associated Press, le 31 mai 2005 ; John Simpson, « No Surprises in the War on Terror », *BBC News*, le 13 février 2006 ; John Mintz, « Detainees Say They Were Charity Workers », *Washington Post,* le 26 mai 2002.

58. Le prisonnier en question était Adel Fattough Ali Algazzar. Dave Gilson, « Why Am I in Cuba? », *Mother Jones,* septembre-octobre 2006 ; Simpson, « No Surprises in the War on Terror » ; Andrew O. Selsky, « AP : Some Gitmo Detainees Freed Elsewhere », *USA Today,* le 15 décembre 2006.

59. Gary Stoller, « Homeland Security Generates Multibillion Dollar Business », *USA Today*, le 10 septembre 2006.

60. Sarah Anderson, John Cavanagh, Chuck Collins et Eric Benjamin, « Executive Excess 2006 : Defense and Oil Executives Cash in on Conflict », le 30 août 2006, p. 1, www.faireconomy.org.

61. Ratliff, «Fear, Inc.».
62. O'Harrow, *No Place to Hide,* p. 9.

15. Un État corporatiste : Ou comment remplacer la porte à tambour par un portail

1. Jim Krane, «Former President Bush Battles Arab Critics of His Son», Associated Press, le 21 novembre 2006.
2. Scott Shane et Ron Nixon, «In Washington, Contractors Take on Biggest Role Ever», *New York Times,* le 4 février 2007.
3. Jane Mayer, «Contract Sport», *The New Yorker,* le 16 février 2004.
4. «HR 5122 : John Warner National Defense Authorization Act For Fiscal Year 2007 (Enrolled as Agreed to or Passed by Both House and Senate)», thomas.loc.gov.
5. «Remarks of Sen. Patrick Leahy on National Defense Authorization Act for Fiscal Year 2007, Conference Report, Congressional Record», States News Service, le 29 septembre 2006.
6. Gilead Sciences, «Stock Information : Historical Price Lookup», www.gilead.com.
7. Interview avec Stephen Kinzer, *Democracy Now!,* le 21 avril 2006, www.democracynow.org.
8. L'expression «liés et se renforçaient mutuellement» est de l'historien James A. Bill. Stephen Kinzer, *Overthrow. America's Century of Regime Change from Hawaii to Iraq,* Times Books, New York, 2006, p. 122.
9. Robert Burns, «Defense Chief Shuns Involvement in Weapons and Merger Decisions to Avoid Conflict of Interest», Associated Press, le 23 août 2001 ; Matt Kelley, «Defense Secretary Sold Up to $91 Million in Assets to Comply with Ethics Rules, Complains about Disclosure Form», Associated Press, le 18 juin 2002 ; Pauline Jelinek, «Rumsfeld Asks for Deadline Extension», Associated Press, le 17 juillet 2001.
10. John Stanton, «Big Stakes in Tamiflu Debate», *Roll Call,* le 15 décembre 2005.
11. Selon le rapport de divulgation qu'il a déposé en 2005, Rumsfeld détenait des «actions dont la valeur pouvait atteindre 95,9 millions de dollars, lesquelles lui ont procuré des revenus pouvant atteindre treize millions de dollars, et possédait des terrains d'une valeur pouvant atteindre dix-sept millions de dollars et dont la location lui a rapporté un million de dollars». Geoffrey Lean et Jonathan Owen, «Donald Rumsfeld Makes $5m Killing on Bird Flu Drug», *Independent* (Londres), le 12 mars 2006 ; Kelley, «Defense Secretary Sold up to $91 Million in Assets...»
12. Burns, «Defense Chief Shuns Involvement...».
13. Stanton, «Big Stakes in Tamiflu Debate».
14. Nelson D. Schwartz, «Rumsfeld's Growing Stake in Tamiflu», *Fortune,* le 31 octobre 2005.
15. Gilead Sciences, «Stock Information : Historical Price Lookup», www.gilead.com.
16. Cassell Bryan-Low, «Cheney Cashed in Halliburton Options Worth $35 Million», *Wall Street Journal,* le 20 septembre 2000.
17. Ken Herman, «Cheneys Earn $8.8 Million to Bushes' $735,000», *Austin American-Statesman*, le 15 avril 2006 ; Halliburton, Investor Relations, «Historical Price Lookup», www.halliburton.com.

18. Sarah Karush, «Once Privileged in Iraq, Russian Oil Companies Hope to Compete on Equal Footing After Saddam», Associated Press, le 14 mars 2003 ; Saeed Shah, «Oil Giants Scramble for Iraqi Riches», *Independent* (Londres), le 14 mars 2003.

19. «Waiting for the Green Light», *Petroleum Economist*, le 1ᵉʳ octobre 2006.

20. Lean et Owen, «Donald Rumsfeld Makes $5m Killing on Bird Flu Drug».

21. Jonathan Weisman, «Embattled Rep. Ney Won't Seek Reelection», *Washington Post*, le 8 août 2006 ; Sonya Geis et Charles R. Babcock, «Former GOP Lawmaker Gets 8 Years», *Washington Post*, le 4 mars 2006 ; Judy Bachrach, «Washington Babylon», *Vanity Fair*, le 1ᵉʳ août 2006.

22. Eric Lipton, «Former Antiterror Officials Find Industry Pays Better», *New York Times*, le 18 juin 2006.

23. Ellen Nakashima, «Ashcroft Finds Private-Sector Niche», *Washington Post*, le 12 août 2006 ; Lipton, «Former Antiterror Officials Find Industry Pays Better» ; Good Harbor Consulting, LLC., www.goodharbor.net ; Paladin Capital Group, «R. James Woolsey – VP», Paladin Team, www.paladincapgroup.com ; Booz Allen Hamilton, «R James Woolsey», www.boozallen.com ; Douglas Jehl, «Insiders' New Firm Consults on Iraq», *New York Times*, le 30 septembre 2003 ; «Former FEMA Head to Start Consulting Business on Emergency Planning», Associated Press, le 24 novembre 2005.

24. «Former FEMA Head Discussed Wardrobe during Katrina Crisis», Associated Press, le 3 novembre 2005.

25. Seymour M. Hersh, «The Spoils of the Gulf War», *New Yorker*, le 6 septembre 1993.

26. Michael Isikoff et Mark Hosenball, «A Legal Counterattack», *Newsweek*, le 16 avril 2003 ; John Council, «Baker Botts' "Love Shack" for Clients», *Texas Lawyer*, le 6 mars 2006 ; Erin E. Arvedlund, «Russian Oil Politics in a Texas Court», *New York Times*, le 15 février 2005 ; Robert Bryce, «It's a Baker Botts World», *The Nation*, le 11 octobre 2004.

27. Peter Smith et James Politi, «Record Pay-Outs from Carlyle and KKR», *Financial Times* (Londres), le 20 octobre 2004.

28. «Cutting James Baker's Ties», *New York Times*, le 12 décembre 2003.

29. L'information contenue dans les deux paragraphes suivants est tirée de Naomi Klein, «James Baker's Double Life : A Special Investigation», *The Nation*, texte mis en ligne le 12 octobre 2004, www.thenation.com.

30. David Leigh, «Carlyle Pulls Out of Iraq Debt Recovery Consortium», *Guardian* (Londres), le 15 octobre 2004 ; Commission d'indemnisation des Nations Unies, «Payment of Compensation», communiqué de presse, 2005-2006, www.unog.ch ; Klein, «James Baker's Double Life» ; Banque mondiale, «Data Sheet for Iraq», le 23 octobre 2006, www.worldbank.org.

31. Eric Schmitt, «New Group Will Lobby for Change in Iraqi Rule», *New York Times*, le 15 novembre 2002 ; George P. Shultz, «Act Now», *Washington Post*, le 6 septembre 2002 ; Harry Esteve, «Ex-Secretary Stumps for Gubernatorial Hopeful», *Oregonian* (Portland), le 12 février 2002 ; David R. Baker, «Bechtel Pulling Out after 3 Rough Years of Rebuilding Work», *San Francisco Chronicle*, le 1ᵉʳ novembre 2006.

32. Tim Weiner, «Lockheed and the Future of Warfare», *New York Times*, le 28 novembre 2004 ; Schmitt, «New Group Will Lobby for Change in Iraqi Rule» ; John Laughland, «The Prague Racket», *Guardian* (Londres), le 22 novembre 2002 ; John B. Judis, «Minister without Portfolio», *The*

American Prospect, mai 2003 ; Lockheed Martin, Investor Relations, « Stock Price Details », www.lockheedmartin.com.

33. Bob Woodward, *Mensonges d'État. Comment Bush a perdu la guerre*, traduit de l'américain par Michel Bessières, Johan-Frédérik Hel-Guedj, Sylvie Kleiman-Lafon et Constant Winter, Denoël, Paris, 2007, p. 420-421.

34. James Dao, « Making a Return to the Political Stage », *New York Times*, le 28 novembre 2002 ; Leslie H. Gelb, « Kissinger Means Business », *New York Times*, le 20 avril 1986 ; Jeff Gerth, « Ethics Disclosure Filed with Panel », *New York Times*, le 9 mars 1989.

35. James Harding, « Kissinger Second Take », *Financial Times* (Londres), le 14 décembre 2002.

36. Seymour M. Hersh, « Lunch with the Chairman », *The New Yorker*, le 17 mars 2003.

37. *Ibid.* ; Thomas Donnelly et Richard Perle, « Gas Stations in the Sky », *Wall Street Journal*, le 14 août 2003. NOTE DE BAS DE PAGE : R. Jeffrey Smith, « Tanker Inquiry Finds Rumsfeld's Attention Was Elsewhere », *Washington Post*, le 20 juin 2006 ; Tony Capaccio, « Boeing Proposes Bonds for 767 Lease Deal », *Seattle Times*, le 4 mars 2003.

38. Hersh, « Lunch with the Chairman » ; Tom Hamburger et Dennis Berman, « U.S. Adviser Perle Resigns as Head of Defense Board », *Wall Street Journal*, le 28 mars 2003.

39. Interview avec Richard Perle, *CNN : Late Edition with Wolf Blitzer*, le 9 mars 2003.

40. Judis, « Minister without Portfolio » ; David S. Hilzenrath, « Richard N. Perle's Many Business Ventures Followed His Years as a Defense Official », *Washington Post*, le 24 mai 2004 ; Hersh, « Lunch with the Chairman » ; T. Christian Miller, *Blood Money. Wasted Billions, Lost Lives and Corporate Greed in Iraq*, Little, Brown and Company, New York, 2006, p. 73.

16. Effacer l'Irak : À la recherche d'un « modèle » pour le Moyen-Orient

1. Andrew M. Wyllie, « Convulsion Therapy of the Psychoses », *Journal of Mental Science*, vol. 86, mars 1940, p. 248.

2. Richard Cohen, « The Lingo of Vietnam », *Washington Post*, le 21 novembre 2006.

3. « Deputy Secretary Wolfowitz Interview with Sam Tannenhaus, Vanity Fair », transcription, le 9 mai 2003, www.defenselink.mil.

4. NOTE DE BAS DE PAGE : *2007 Index of Economic Freedom*, Heritage Foundation et *The Wall Street Journal*, Washington, DC, 2007, p. 326, www.heritage.org.

5. Thomas L. Friedman, « The Long Bomb », *New York Times*, le 2 mars 2003 ; Joshua Muravchik, « Democracy's Quiet Victory », *New York Times*, le 19 août 2002 ; Robert Dreyfuss, « Just the Beginning », *American Prospect*, le 1ᵉʳ avril 2003. NOTE DE BAS DE PAGE : John Norris, *Collision Course : NATO, Russia, and Kosovo*, Praeger, Westport, Connecticut, 2005, p. xxii-xxiii.

6. George W. Bush, « President Discusses Education, Entrepreneurship & Home Ownership at Indiana Black Expo », Indianapolis, Indiana, le 14 juillet 2005.

7. Edwin Chen et Maura Reynolds, « Bush Seeks U.S.-Mideast Trade Zone to Bring Peace, Prosperity to Region », *Los Angeles Times,* le 10 mai 2003.

8. Harlan Ullman, « "Shock and Awe" Misunderstood », *USA Today,* le 8 avril 2003.

9. Peter Johnson, « Media's War Footing Looks Solid », *USA Today,* le 17 février 2003.

10. Thomas L. Friedman, « What Were They Thinking? », *New York Times,* le 7 octobre 2005.

11. Secrétariat d'État des États-Unis, « Memoranda of Conversation », le 10 juin 1976, déclassifié, www.gwu.edu/~nsarchiv.

12. Discours prononcé par George W. Bush à l'occasion de l'inauguration de 2005, le 20 janvier 2005.

13. Norman Friedman, *Desert Victory. The War for Kuwait,* Naval Institute Press, Annapolis, Maryland, 1991, p. 185 ; Michael R. Gordon et Bernard E. Trainor, *Cobra II : The Inside Story of the Invasion and Occupation of Iraq,* Pantheon Books, New York, 2006, p. 551.

14. Anthony Shadid, *Night Draws Near : Iraq's People in the Shadow of America's War,* Henry Holt, New York, 2005, épreuves en placard, p. 95. Cité avec la permission de l'auteur.

15. Harlan K. Ullman et James P. Wade, *Shock and Awe. Achieving Rapid Dominance,* NDU Press Book, Washington, DC, 1996, p. 55 ; Ron Suskind, *The One Percent Doctrine. Deep Inside America's Pursuit of Its Enemies Since 9/11,* Simon & Schuster, New York, 2006, p. 123, 214.

16. Ullman et Wade, « Shock and Awe », p. xxv, 17, 23, 29.

17. Maher Arar, « "I Am Not a Terrorist – I Am Not a Member of Al-Qaïda" », *Vancouver Sun,* le 5 novembre 2003.

18. « Iraq Faces Massive U.S. Missile Barrage », *CBS News,* le 24 janvier 2003.

19. « U.S. Tests Massive Bomb », *CNN : Wolf Blitzer Reports,* le 11 mars 2003.

20. *Ibid.*

21. Rajiv Chandrasekaran et Peter Baker, « Allies Struggle for Supply Lines », *Washington Post,* le 30 mars 2003 ; Jon Lee Anderson, *The Fall of Baghdad,* Penguin Press, New York, 2004, p. 199 ; Gordon et Trainor, *Cobra II,* p. 465. NOTE DE BAS DE PAGE : Charles Duelfer, *Comprehensive Report of the Special Advisor to the DCI on Iraq's WMD,* vol. 1, le 30 septembre 2004, p. 11, www.cia.gov.

22. Shadid, *Night Draws Near,* p. 71.

23. Suzanne Goldenberg, « War in the Gulf : In an Instant We Were Plunged into Endless Night », *Guardian* (Londres), le 4 avril 2003.

24. « Restoring a Treasured Past », *Los Angeles Times,* le 17 avril 2003.

25. Charles J. Hanley, « Looters Ransack Iraq's National Library », Associated Press, le 15 avril 2003.

26. Michael D. Lemonick, « Lost to the Ages », *Time,* le 28 avril 2003 ; Louise Witt, « The End of Civilization », *Salon,* le 17 avril 2003, www.salon.com.

27. Thomas E. Ricks et Anthony Shadid, « A Tale of Two Baghdads », *Washington Post,* le 2 juin 2003.

28. Frank Rich, « And Now : "Operation Iraqi Looting" », *New York Times,* le 27 avril 2003.

29. Donald H. Rumsfeld, « DoD News Briefing – Secretary Rumsfeld and Gen. Myers », le 11 avril 2003, www.defenselink.mil ; Simon Robinson, « Grounding Planes the Wrong Way », *Time,* le 14 juillet 2003.

30. Rajiv Chandrasekaran, *Imperial Life in the Emerald City. Inside Iraq's Green Zone*, Alfred A. Knopf, New York, 2006, p. 119-120.

31. *Ibid.*, p. 165-166.

32. Banque mondiale, *Rapport sur le développement dans le monde 1990*, Banque mondiale, Oxford, 1990 ; New Mexico Coalition for Literacy, New Mexico Literacy Profile, 2005-2006 Programs, www.nmcl.org. NOTE DE BAS DE PAGE : Chandrasekaran, *Imperial Life in the Emerald City*, p. 5.

33. Shafiq Rasul, Asif Iqbal et Rhuhel Ahmed, *Composite Statement : Detention in Afghanistan and Guantanamo Bay*, Center for Constitutional Rights, New York, le 26 juillet 2004, p. 96, 99, www.ccr-ny.org.

34. *Ibid.*, p. 9, 10, 21, 26, 72.

35. John F. Burns, «Looking Beyond His Critics, Bremer Sees Reason for Both Hope and Caution», *New York Times*, le 29 juin 2004 ; Steve Kirby, «Bremer Says Iraq Open for Business», Agence France-Presse, le 25 mai 2003.

36. Thomas B. Edsall et Juliet Eilperin, «Lobbyists Set Sights on Money-Making Opportunities in Iraq», *Washington Post,* le 2 octobre 2003.

17. Le contrecoup idéologique : Un désastre éminemment capitaliste

1. Selon Jeffrey Goldberg, Rice fit le commentaire dans un restaurant de Georgetown. Il écrit : «La remarque stupéfia les autres invités. [Brent] Scowcroft, ainsi qu'il le raconta plus tard à des amis, fut estomaqué par le "ton évangélique" de Rice.» Jeffrey Goldberg, «Breaking Ranks», *The New Yorker,* le 31 octobre 2005.

2. Fareed Zakaria, «What Bush Got Right», *Newsweek,* le 14 mars 2005.

3. Phillip Kurata, «Eastern Europeans Urge Iraq to Adopt Rapid Market Reforms», Washington File, Bureau of International Information Programs, U.S. Department of State, le 26 septembre 2003, usinfo.state.gov ; «Iraq Poll Finds Poverty Main Worry, Sadr Popular», Reuters, le 20 mai 2004.

4. Joseph Stiglitz, «Shock without the Therapy», *Business Day* (Johannesburg), le 20 février 2004 ; Jim Krane, «U.S. Aims to Keep Iraq Military Control», Associated Press, le 13 mars 2004.

5. Interview avec Richard Perle, *CNN : Anderson Cooper 360 Degrees,* le 6 novembre 2006 ; interview avec David Frum, *CNN : Late Edition with Wolf Blitzer,* le 19 novembre 2006.

6. L. Paul Bremer III, *My Year in Iraq. The Struggle to Build a Future of Hope*, Simon and Schuster, New York, 2006, p. 21.

7. Interview avec Paul Bremer, *PBS : The Charlie Rose Show,* le 11 janvier 2006.

8. Noelle Knox, «Companies Rush to Account for Staff», *USA Today,* le 13 septembre 2001 ; Harlan S. Byrne, «Disaster Relief : Insurance Brokers AON, Marsh Look to Recover, Even Benefit Post-September 11», *Barron's,* le 19 novembre 2001.

9. Le plan du général Garner pour l'Irak était fort simple : remettre les infrastructures en état, organiser des élections à la sauvette, laisser au Fonds monétaire international le soin d'administrer la thérapie de choc et sécuriser les bases militaires américaines suivant le modèle mis au point aux Philippines. «Je crois que nous devrions considérer l'Irak comme

notre poste de ravitaillement au Moyen-Orient », déclara-t-il sur les ondes de la BBC. Interview avec le général Jay Garner réalisée par Greg Palast, « Iraq for Sale », BBC TV, le 19 mars 2004, www.gregpalast.com ; Thomas Crampton, « Iraq Official Warns on Fast Economic Shift », *International Herald Tribune* (Paris), le 14 octobre 2003 ; Rajiv Chandrasekaran, « Attacks Force Retreat from Wide-Ranging Plans for Iraq », *Washington Post*, le 28 décembre 2003.

10. « Let's All Go to the Yard Sale », *The Economist*, le 27 septembre 2003.

11. Autorité provisoire de la coalition, *Order Number 37 Tax Strategy for 2003*, le 19 septembre 2003, www.iraqcoalition.org ; Autorité provisoire de la coalition, *Order Number 39 Foreign Investment*, le 20 décembre 2003, www.iraqcoalition.org ; Dana Milbank et Walter Pincus, « U.S. Administrator Imposes Flat Tax System on Iraq », *Washington Post,* le 2 novembre 2003 ; Rajiv Chandrasekaran, « U.S. Funds for Iraq Are Largely Unspent », *Washington Post,* le 4 juillet 2004. NOTE DE BAS DE PAGE : Mark Gregory, « Baghdad's "Missing Billions" », *BBC News,* le 9 novembre 2006 ; David Pallister, « How the US Sent $12bn in Cash to Iraq. And Watched it Vanish », *Guardian* (Londres), le 8 février 2007.

12. Banque centrale d'Irak et Autorité provisoire de la coalition, « Saddam-Free Dinar Becomes Iraq's Official Currency », le 15 janvier 2004, www.cpa-iraq.org ; « Half of Iraqis Lack Drinking Water – Minister », Agence France-Presse, le 4 novembre 2003 ; Charles Clover et Peter Spiegel, « Petrol Queues Block Baghdad as Black Market Drains Off », *Financial Times* (Londres), le 9 décembre 2003.

13. Donald H. Rumsfeld, « Prepared Statement for the Senate Appropriations Committee », Washington, DC, le 24 septembre 2003, www.defenselink.mil ; Borzou Daragahi, « Iraq's Ailing Banking Industry Is Slowly Reviving », *New York Times*, le 30 décembre 2004 ; Laura MacInnis, « Citigroup, U.S. to Propose Backing Iraqi Imports », Reuters, le 17 février 2004 ; Justin Blum, « Big Oil Companies Train Iraqi Workers Free », *Washington Post*, le 6 novembre 2004.

14. Congressional Budget Office, *Paying for Iraq's Reconstruction : An Update*, décembre 2006, p. 15, www.cbo.gov ; Chandrasekaran, « U.S. Funds for Iraq Are Largely Unspent ».

15. George W. Bush, « President Bush Addresses United Nations General Assembly », New York, le 23 septembre 2003 ; George W. Bush, « President Addresses the Nation », le 7 septembre 2003.

16. James Glanz, « Violence in Iraq Curbs Work of 2 Big Contractors », *New York Times*, le 22 avril 2004.

17. Rajiv Chandrasekaran, « Best-Connected Were Sent to Rebuild Iraq », *Washington Post*, le 17 septembre 2006 ; Holly Yeager, « Halliburton's Iraq Army Contract to End », *Financial Times* (Londres), le 13 juillet 2006.

18. Office of Inspector General, USAID, *Audit of USAID/Iraq's Economic Reform Program*, Audit Report Number E-266-04-004-P, le 20 septembre 2004, p. 5-6, www.usaid.gov ; USAID, « Award/Contract », RAN-C-00-03-00043-00, www.usaid.gov ; Mark Brunswick, « Opening of Schools to Test Iraqis' Confidence », *Star Tribune* (Minneapolis), le 17 septembre 2006. NOTE DE BAS DE PAGE : James Rupert, « Schools a Bright Spot in Iraq », *Seattle Times*, le 30 juin 2004.

19. Ron Wyden, « Dorgan, Wyden, Waxman, Dingell Call to End Outsourcing of Oversight for Iraq Reconstruction », communiqué de presse, le 5 mai 2004, wyden.senate.gov ; « Carolinas Companies Find Profits in Iraq », Associated Press, le 2 mai 2004 ; James Mayfield, « Understanding Islam

and Terrorism – 9/11 », le 6 août 2002 (le document, qui était à www. texashoustonmission.org, a été consulté le 7 janvier 2005); Sis Mayfield, « Letters from President Mayfield », le 27 février 2004 (le document, qui était à www.texashoustonmission.org, a été consulté le 7 janvier 2005).

20. Rajiv Chandrasekaran, « Defense Skirts State in Reviving Iraqi Industry », *Washington Post*, le 14 mai 2007.

21. Les propos de Gaïdar sont rapportés par Mark Masarskii, conseiller du gouvernement de Moscou sur l'esprit d'entreprise. Jim Krane, « Iraq's Fast Track to Capitalism Scares Baghdad's Businessmen », Associated Press, le 3 décembre 2003; Lynn D. Nelson et Irina Y. Kuzes, « Privatization and the New Business Class », *Russia in Transition. Politics, Privatization, and Inequality*, David Lane (sous la dir. de), Longman, Londres, 1995, p. 129. NOTE DE BAS DE PAGE : Kevin Begos, « Good Intentions Meet Harsh Reality », *Winston-Salem Journal*, le 19 décembre 2004.

22. Dahr Jamail et Ali al-Fadhily, « U.S. Resorting to "Collective Punishment" », Inter Press Service, le 18 septembre 2006.

23. Gilbert Burnham *et al.*, « Mortality after the 2003 Invasion of Iraq : A Cross-Sectional Cluster Sample Survey », *Lancet*, vol. 368, le 12 octobre 2006, p. 1421-1428.

24. Ralph Peters, « Last Gasps in Iraq », *USA Today*, le 2 novembre 2006.

25. Oxford Research International, *National Survey of Iraq*, février 2004, p. 20, news.bbc.co.uk; Donald MacIntyre, « Sistani Most Popular Iraqi Leader, US Pollsters Find », *Independent* (Londres), le 31 août 2004.

26. Bremer, *My Year in Iraq,* p. 71.

27. « The Lost Year in Iraq », *PBS Frontline*, le 17 octobre 2006.

28. Patrick Graham, « Beyond Fallujah : A Year with the Iraqi Resistance », *Harper's*, le 1er juin 2004.

29. Rajiv Chandrasekaran, *Imperial Life in the Emerald City. Inside Iraq's Green Zone*, Alfred A. Knopf, New York, 2006, p. 118.

30. Alan Wolfe, « Why Conservatives Can't Govern », *Washington Monthly*, juillet-août 2006.

31. Ariana Eunjung Cha, « In Iraq, the Job Opportunity of a Lifetime », *Washington Post,* le 23 mai 2004.

32. Chandrasekaran, *Imperial Life in the Emerald City,* p. 214-218; T. Christian Miller, « U.S. Priorities Set Back Its Healthcare Goals in Iraq », *Los Angeles Times,* le 30 octobre 2005.

33. Jim Krane, « Iraqi Businessmen Now Face Competition », Associated Press, le 3 décembre 2003.

34. Chandrasekaran, *Imperial Life in the Emerald City,* p. 288.

35. « National Defense Authorization Act for Fiscal Year 2007 », *Congressional Record – Senate,* le 14 juin 2006, p. S5855.

36. Griff Witte, « Despite Billions Spent, Rebuilding Incomplete », *Washington Post,* le 12 novembre 2006; Dan Murphy, « Quick School Fixes Won Few Iraqi Hearts », *Christian Science Monitor*, le 28 juin 2004.

37. Griff Witte, « Contractors Rarely Held Responsible for Misdeeds in Iraq », *Washington Post*, le 4 novembre 2006; T. Christian Miller, « Contractor's Plans Lie Among Ruins of Iraq », *Los Angeles Times*, le 29 avril 2006; James Glanz, « Inspectors Find Rebuilt Projects Crumbling in Iraq », *New York Times*, le 29 avril 2007; James Glanz, « Billions in Oil Missing in Iraq, U.S. Study Says », *New York Times*, le 12 mai 2007.

38. Interview réalisée par courrier électronique avec Kristine Belisle, vice-vérificatrice adjointe pour Congressional & Public Affairs, inspectrice

générale spéciale pour la reconstruction de l'Irak, le 15 décembre 2006.

39. Michael Hirsh, «Follow the Money», *Newsweek,* le 4 avril 2005.
40. Griff Witte, «Invoices Detail Fairfax Firm's Billing for Iraq Work», *Washington Post,* le 11 mai 2005 ; Charles R. Babcock, «Contractor Bilked U.S. on Iraq Work, Federal Jury Rules», *Washington Post,* le 10 mars 2006 ; Erik Eckholm, «Lawsuit Accuses a Contractor of Defrauding U.S. Over Work in Iraq», *New York Times,* le 9 octobre 2004.
41. Renae Merle, «Verdict against Iraq Contractor Overturned», *Washington Post,* le 19 août 2006 ; Erik Eckholm, «On Technical Grounds, Judge Sets Aside Verdict of Billing Fraud in Iraq Rebuilding», *New York Times,* le 19 août 2006.
42. Dahr Jamail et Ali al-Fadhily, «Bechtel Departure Removes More Illusions», Inter Press Service, le 9 novembre 2006 ; Witte, «Despite Billions Spent, Rebuilding Incomplete».
43. Anthony Shadid, *Night Draws Near. Iraq's People in the Shadow of America's War,* Henry Holt, New York, 2005, p. 173, 175.

18. Le cercle complet : De la page blanche à la terre brûlée

1. Berthold Brecht, *Poèmes 7, Élégies de Buckow / Poèmes ne figurant pas dans des recueils / Chansons et poèmes extraits des pièces 1948-1956,* traduction de Maurice Regnaut *et al.,* L'Arche, Paris, 2000, p. 11.
2. Sylvia Pfeifer, «Where Majors Fear to Tread», *Sunday Telegraph* (Londres), le 7 janvier 2007.
3. L. Paul Bremer III, «New Risks in International Business», *Viewpoint,* le 2 novembre 2001 (le document, qui était à www.mmc.com, a été consulté le 26 mai 2003).
4. Maxine McKew, «Confessions of an American Hawk», *The Diplomat,* octobre-novembre 2005.
5. L. Paul Bremer III, *My Year in Iraq : The Struggle to Build a Future of Hope,* Simon and Schuster, New York, 2006, p. 93.
6. Interview avec Paul Bremer réalisée le 26 juin 2006 et le 18 août 2006 pour «The Lost Year in Iraq», *PBS Frontline,* le 17 octobre 2006.
7. William Booth et Rajiv Chandrasekaran, «Occupation Forces Halting Elections Throughout Iraq», *Washington Post,* le 28 juin 2003 ; Michael R. Gordon et Bernard E. Trainor, *Cobra II : The Inside Story of the Invasion and the Occupation of Iraq,* Pantheon Books, New York, 2006, p. 490 ; William Booth, «In Najaf, New Mayor Is Outsider Viewed with Suspicion», *Washington Post,* le 14 mai 2003.
8. Ariana Eunjung Cha, «Hope and Confusion Mark Iraq's Democracy Lessons», *Washington Post,* le 24 novembre 2003 ; Booth et Chandrasekaran, «Occupation Forces Halting Elections Throughout Iraq».
9. Christopher Foote, William Block, Keith Crane et Simon Gray, *Economic Policy and Prospects in Iraq,* Public Policy Discussion Papers, n° 04-1, Federal Reserve Bank of Boston, Boston, le 4 mai 2004, p. 37, www.bosfed.org.
10. Salim Lone, «Iraq : This Election Is a Sham», *International Herald Tribune* (Paris), le 28 janvier 2005.
11. «Al-Sistani's Representatives Threaten Demonstrations, Clashes in Iraq», *BBC Monitoring International Reports,* reportage d'Al-Manar, chaîne de télévision du Hezbollah libanais, le 16 janvier 2004 ; Nadia Abou El-Magd,

« U.S. Commander Urges Saddam Holdouts to Surrender », Associated Press, le 16 janvier 2004.

12. Michael Moss, « Iraq's Legal System Staggers Beneath the Weight of War », *New York Times*, le 17 décembre 2006 ; Chris Kraul, « War Funding Feud Has Iraqis Uneasy », *Los Angeles Times*, le 28 avril 2007.

13. Gordon et Trainor, *Cobra II*, p. 4, 555 ; Julian Borger, « Knives Come Out for Rumsfeld as the Generals Fight Back », *Guardian* (Londres), le 31 mars 2003.

14. Jeremy Scahill, *Blackwater : The Rise of the World's Most Powerful Mercenary Army*, Nation Books, New York, 2007, p. 199.

15. Peter Maass, « The Way of the Commandos », *New York Times*, le 1er mai 2005 ; « Jim Steele Bio », Premiere Speakers Bureau, www.premierespeakers. com ; Michael Hirsh et John Barry, « "The Salvador Option" », *Newsweek*, le 8 janvier 2005.

16. « Email from Cpt. William Ponce », *PBS Frontline : The Torture Question*, août 2003, www.pbs.org ; Josh White, « Soldiers' "Wish Lists" of Detainee Tactics Cited », *Washington Post*, le 19 avril 2005.

17. Propos de Miller rapportés par la brigadière-générale Janis Karpinski, commandante d'Abou Ghraïb. Scott Wilson et Sewell Chan, « As Insurgency Grew, So Did Prison Abuse », *Washington Post*, le 10 mai 2004.

18. Un mois après, Sanchez envoya une autre note de service qui précisait et, en un sens, adoucissait les recommandations du précédent. Sur le terrain, on ne savait toutefois plus très bien quelle procédure appliquer. Ricardo S. Sanchez, *Memorandum, Subject : CJTF-7 Interrogation and Counter-Resistance Policy*, le 14 septembre 2003, www.aclu.org.

19. L'information contenue dans les deux paragraphes suivants est tirée de Human Rights Watch, *No Blood, No Foul : Soldiers' Accounts of Detainee Abuse in Iraq*, juillet 2006, p. 6-14, www.hrw.org.

20. *Ibid.*, p. 26, 28.

21. Richard P. Formica, « Article 15-6 Investigation of CJSOTF-AP and 5th SF Group Detention Operations », achevé le 8 novembre 2004, déclassifié, www.aclu.org.

22. *USMC Alleged Detainee Abuse Cases Since 11 Sep 01*, document non classifié, le 8 juillet 2004, www.aclu.org.

23. « Web Magazine Raises Doubts Over a Symbol of Abu Ghraib », *New York Times*, le 14 mars 2006 ; interview avec Haj Ali, « Few Bad Men ? », *PBS Now*, le 29 avril 2005.

24. « Haj Ali's Story », site Web de *PBS Now*, www.pbs.org ; Chris Kraul, « War Funding Feud Has Iraqis Uneasy », *Los Angeles Times*, le 28 avril 2007.

25. Human Rights Watch, *Leadership Failure : Firsthand Accounts of Torture of Iraqi Detainees by the U.S. Army's 82nd Airborne Division*, septembre 2005, p. 9, 12, www.hrw.org.

26. Human Rights Watch, *The New Iraq? Torture and Ill-Treatment of Detainees in Iraqi Custody*, janvier 2005, p. 2, 4, www.hrw.org ; Bradley Graham, « Army Warns Iraqi Forces on Abuse of Detainees », *Washington Post*, le 20 mai 2005 ; Moss, « Iraq's Legal System Staggers Beneath the Weight of War ».

27. Maass, « The Way of the Commandos ».

28. Interview avec Allan Nairn, *Democracy Now!*, le 10 janvier 2005, www. democracynow.org ; Solomon Moore, « Killings Linked to Shiite Squads in Iraqi Police Force », *Los Angeles Times*, le 29 novembre 2005.

29. Moss, « Iraq's Legal System Staggers Beneath the Weight of War » ; Thanassis Cambanis, « Confessions Rivet Iraqis », *Boston Globe*, le 18 mars 2005 ; Maass, « The Way of the Commandos ».

30. *Ibid.* ; John F. Burns, « Torture Alleged at Ministry Site Outside Baghdad », *New York Times,* le 16 novembre 2005 ; Moore, « Killings Linked to Shiite Squads in Iraqi Police Force ».

31. Anne Collins, *In the Sleep Room. The Story of the CIA Brainwashing Experiments in Canada,* Lester and Orpen Dennys, Toronto, 1988, p. 174.

32. Maxine McKew, « Confessions of an American Hawk », *The Diplomat,* octobre-novembre 2005.

33. Charles Krauthammer, « In Baker's Blunder, a Chance for Bush », *Washington Post,* le 15 décembre 2006 ; Frederick W. Kagan, *Choosing Victory : A Plan for Success in Iraq,* rapport de la phase I, le 4 janvier 2007, p. 34, www.aei.org.

34. Dahr Jamail et Ali Al-Fadhily, « Iraq : Schools Crumbling Along with Iraqi Society », Inter Press Service, le 18 décembre 2006 ; Charles Crain, « Professor Says Approximately 300 Academics Have Been Assassinated », *USA Today,* le 17 janvier 2005 ; Michael E. O'Hanlon et Jason H. Campbell, Brookings Institution, *Iraq Index : Tracking Variables of Reconstruction & Security in Post-Saddam Iraq,* le 22 février 2007, p. 35, www.brookings. edu ; Ron Redmond, « Iraq Displacement », point de presse, Genève, le 3 novembre 2006, www.unhcr.org ; « Iraq's Refugees Must Be Saved from Disaster », *Financial Times* (Londres), le 19 avril 2007.

35. « Nearly 20,000 People Kidnapped in Iraq This Year : Survey », Agence France-Presse, le 19 avril 2006 ; Human Rights Watch, *The New Iraq?,* p. 32, 54, www.hrw.org.

36. Au départ, HSBC devait ouvrir des succursales un peu partout en Irak. Elle fit plutôt l'acquisition d'une participation de 79 % dans la banque irakienne Dar es-Salaam. John M. Broder et James Risen, « Contractor Deaths in Iraq Soar to Record », *New York Times,* le 19 mai 2007 ; Paul Richter, « New Iraq Not Tempting to Corporations », *Los Angeles Times,* le 1ᵉʳ juillet 2004 ; Yochi J. Dreazen, « An Iraqi's Western Dream », *Wall Street Journal,* le 14 mars 2005; « Syria and Iraq : Unbanked and Unstable », *Euromoney,* septembre 2006 ; Ariana Eunjung Cha et Jackie Spinner, « U.S. Companies Put Little Capital into Iraq », *Washington Post,* le 15 mai 2004.

37. Andy Mosher et Griff Witte, « Much Undone in Rebuilding Iraq, Audit Says », *Washington Post,* le 2 août 2006 ; Julian Borger, « Brutal Killing of Americans in Iraq Raises Questions over Security Firms », *Guardian* (Londres), le 2 avril 2004 ; Office of the Special Inspector General for Iraq Reconstruction, *Review of Administrative Task Orders for Iraq Reconstruction Contracts,* le 23 octobre 2006, p. 11, www.sigir.mil.

38. Griff Witte, « Despite Billions Spent, Rebuilding Incomplete », *Washington Post,* le 12 novembre 2006.

39. Aqeel Hussein et Colin Freeman, « US to Reopen Iraq's Factories in $10m U-turn », *Sunday Telegraph* (Londres), le 29 janvier 2007.

40. Josh White et Griff Witte, « To Stem Iraqi Violence, U.S. Looks to Factories », *Washington Post,* le 12 décembre 2006.

41. James A. Baker III, Lee H. Hamilton, Lawrence S. Eagleburger *et al., Iraq Study Group Report,* décembre 2006, p. 57, www.usip.org.

42. Pfeifer, « Where Majors Fear to Tread ».

43. « Iraq's Refugee Crisis Is Nearing Catastrophe », *Financial Times* (Londres), le 8 février 2007 ; Joshua Gallu, « Will Iraq's Oil Blessing Become a Curse? », *Der Spiegel,* le 22 décembre 2006 ; Danny Fortson, Andrew Murray-Watson

et Tim Webb, «Future of Iraq : The Spoils of War», *Independent* (Londres), le 7 janvier 2007.

44. Iraqi Labor Union Leadership, «Iraqi Trade Union Statement on the Oil Law», du 10 au 14 décembre 2006, www.carbonweb.org.

45. Edward Wong, «Iraqi Cabinet Approves Draft of Oil Law», *New York Times*, le 26 février 2007.

46. Steven L. Schooner, «Contractor Atrocities at Abu Ghraib : Compromised Accountability in a Streamlined Outsourced Government», *Stanford Law & Policy Review*, vol. 16, n° 2, 2005, p. 552.

47. Jeremy Scahill, *Blackwater. The Rise of the World's Most Powerful Mercenary Army*, Nation Books, New York, 2007, p. 123.

48. Jim Krane, «A Private Army Grows Around the U.S. Mission in Iraq and Around the World», Associated Press, le 30 octobre 2003 ; Jeremy Scahill, «Mercenary Jackpot», *The Nation*, le 28 août 2006 ; Jeremy Scahill, «Exile on K Street», *The Nation*, le 20 février 2006 ; Mark Hemingway, «Warriors for Hire», *Weekly Standard*, le 18 décembre 2006.

49. Griff Witte, «Contractors Were Poorly Monitored, GAO Says», *Washington Post*, le 30 avril 2005.

50. T. Christian Miller, *Blood Money. Wasted Billions, Lost Lives, and Corporate Greed in Iraq*, Little, Brown and Company, New York, 2006, p. 87. NOTE DE BAS DE PAGE : George R. Fay, *AR 15-6 Investigation of the Abu Ghraib Detention Facility and 205th Military Intelligence Brigade*, p. 19, 50, 52, www4.army.mil.

51. Renae Merle, «Army Tries Private Pitch for Recruits», *Washington Post*, le 6 septembre 2006.

52. Andrew Taylor, «Defense Contractor CEOs See Pay Double Since 9/11 Attacks», Associated Press, le 29 août 2006 ; Steve Vogel et Renae Merle, «Privatized Walter Reed Workforce Gets Scrutiny», *Washington Post*, le 10 mars 2007 ; Donna Borak, «Walter Reed Deal Hindered by Disputes», Associated Press, le 19 mars 2007.

53. À ce sujet, Thomas Ricks écrit : «Lorsque l'effectif militaire des États-Unis se chiffrait à environ 150 000 soldats et que la contribution des alliés totalisait 25 000 soldats, quelque 60 000 entrepreneurs civils supplémentaires soutenaient l'effort de guerre.» Il y avait donc 175 000 soldats de la coalition pour 60 000 entrepreneurs, c'est-à-dire un ratio d'un entrepreneur pour 2,9 soldats. Nelson D. Schwartz, «The Pentagon's Private Army», *Fortune*, le 17 mars 2003 ; Thomas E. Ricks, *Fiasco : The American Military Adventure in Iraq*, Penguin, New York, 2006, p. 37 ; Renae Merle, «Census Counts 100,000 Contractors in Iraq», *Washington Post*, le 5 décembre 2006.

54. Ian Bruce, «Soldier of Fortune Deaths Go Missing in Iraq», *Herald* (Glasgow), le 13 janvier 2007 ; Brian Brady, «Mercenaries to Fill Iraq Troop Gap», *Scotland on Sunday* (Édimbourg), le 25 février 2007 ; Michelle Roberts, «Iraq War Exacts Toll on Contractors», Associated Press, le 24 février 2007.

55. Département de l'information des Nations Unies, «Note d'information : 31 octobre 2007», Opérations de maintien de la paix de l'ONU, www.un.org ; James Glanz et Floyd Norris, «Report Says Iraq Contractor Is Hiding Data from U.S.», *New York Times*, le 28 octobre 2006 ; Brady, «Mercenaries to Fill Iraq Troop Gap».

56. NOTE DE BAS DE PAGE : James Boxell, «Man of Arms Explores New Areas of Combat», *Financial Times* (Londres), le 11 mars 2007.

57. Special Inspector General for Iraq Reconstruction, *Iraq Reconstruction : Lessons in Contracting and Procurement*, juillet 2006, p. 98-99, www.

sigir.mil ; George W. Bush, discours sur l'état de l'Union, Washington, DC, le 23 janvier 2007.

58. Guy Dinmore, « US Prepares List of Unstable Nations », *Financial Times* (Londres), le 29 mars 2005.

19. Le nettoyage de la plage : « Le deuxième tsunami »

1. Seth Mydans, « Builders Swoop in, Angering Thai Survivors », *International Herald Tribune* (Paris), le 10 mars 2005.

2. ActionAid International *et al.*, *Tsunami Response : A Human Rights Assessment,* janvier 2006, p. 13, www.actionaidusa.org.

3. *Sri Lanka : A Travel Survival Kit*, Lonely Planet, Victoria, Australie, 2005, p. 267.

4. John Lancaster, « After Tsunami, Sri Lankans Fear Paving of Paradise », *Washington Post,* le 5 juin 2005.

5. National Physical Planning Department, *Arugam Bay Resource Development Plan : Reconstruction ̦Towards Prosperity*, rapport final, p. 4, 5, 7, 18, 33, le 25 avril 2005 ; Lancaster, « After Tsunami, Sri Lankans Fear Paving of Paradise ».

6. « South Asians Mark Tsunami Anniversary », United Press International, le 26 juin 2005.

7. USAID/Sri Lanka, « USAID Elicits "Real Reform" of Tourism », janvier 2006, ww.usaid.gov.

8. *Ibid.*

9. Interview par courrier électronique avec Karen Preston, directrice des relations publiques, Leading Hotels of the World, le 16 août 2006 ; Ajay Kapur, Niall Macleod et Narendra Singh, « Plutonomy : Buying Luxury, Explaining Global Imbalances », Citigroup, Industry Note, Equity Strategy, le 16 octobre 2005, p. 27, 30.

10. Programme des Nations Unies pour l'environnement, « Sri Lanka Environment Profile », National Environment Outlook, www.unep.net.

11. Tittawella fut directeur général de la commission de réforme des entreprises publiques du Sri Lanka de 1997 à 2001, période au cours de laquelle il supervisa la privatisation de Sri Lanka Telecom (août 1997) et des Sri Lankan Air Lines (mars 1998). Après les élections de 2004, il fut nommé PDG de l'agence gouvernementale de gestion des entreprises stratégiques, qui poursuivit le projet de privatisation, même si on parlait plutôt désormais de « partenariats public-privé ». Public Enterprises Reform Commission of Sri Lanka, « Past Divestitures », 2005, www.perc.gov.lk ; « SEMA to Rejuvenate Key State Enterprises », le 15 juin 2004, www.priu. gov.lk.

12. Movement for National Land and Agricultural Reform, Sri Lanka, *A Proposal for a People's Planning Commission for Recovery After Tsunami*, www.monlar.org.

13. « Privatizations in Sri Lanka Likely to Slow Because of Election Results », Associated Press, le 5 avril 2004.

14. « Sri Lanka Begins Tsunami Rebuilding Amid Fresh Peace Moves », Agence France-Presse, le 19 janvier 2005.

15. Movement for National Land and Agricultural Reform, Sri Lanka, *A Proposal for a People's Planning Commission For Recovery After Tsunami*, www.

monlar.org ; «Sri Lanka Raises Fuel Prices Amid Worsening Economic Crisis», Agence France-Presse, le 5 juin 2005 ; «Panic Buying Grips Sri Lanka Amid Oil Strike Fears», Agence France-Presse, le 28 mars 2005.

16. James Wilson et Richard Lapper, «Honduras May Speed Sell-Offs After Storm», *Financial Times* (Londres), le 11 novembre 1998 ; Organisation des États américains, «Honduras», *1999 National Trade Estimate Report on Foreign Trade Barriers*, p. 165, www.sice.oas.org ; Sandra Cuffe, Rights Action, *A Backwards, Upside-Down Kind of Development : Global Actors, Mining and Community-Based Resistance in Honduras and Guatemala*, février 2005, www.rightsaction.org.

17. «Mexico's Telmex Unveils Guatemala Telecom Alliance», Reuters, le 29 octobre 1998 ; Groupe consultatif pour la reconstruction et la transformation de l'Amérique centrale, Banque interaméricaine de développement, «Nicaragua», *Central America After Hurricane Mitch : The Challenge of Turning a Disaster into an Opportunity*, mai 2000, www.iadb.org ; Pamela Druckerman, «No Sale : Do You Want to Buy a Phone Company?», *Wall Street Journal*, le 14 juillet 1999.

18. «Mexico's Telmex Unveils Guatemala Telecom Alliance» ; «Spain's Fenosa Buys Nicaragua Energy Distributors», Reuters, le 12 septembre 2000 ; «San Francisco Group Wins Honduras Airport Deal», Reuters, le 9 mars 2000 ; «CEO-Govt. to Sell Remaining Enitel Stake This Year», *Business News Americas*, le 14 février 2003.

19. La citation est d'Eduardo Stein Barillas. «Central America After Hurricane Mitch», assemblée annuelle du Forum économique mondial, Davos, Suisse, le 30 janvier 1999.

20. Alison Rice, Tsunami Concern, *Post-Tsunami Tourism and Reconstruction : A Second Disaster?*, octobre 2005, p. 11, www.tourismconcern.org.uk.

21. TAFREN, «An Agenda for Sri Lanka's Post-Tsunami Recovery», *Progress & News*, juillet 2005, p. 2.

22. USAID Sri Lanka, «Fishermen and Tradesmen to Benefit from U.S. Funded $33 Million Contract for Post-Tsunami Infrastructure Projects», communiqué de presse, le 8 septembre 2005, www.usaid.gov ; United States Government Accountability Office, *USAID Signature Tsunami Reconstruction Efforts in Indonesia and Sri Lanka Exceed Initial Cost and Schedule Estimates, and Face Further Risks*, rapport au comité du Congrès, GAO-07-357, février 2007 ; National Physical Planning Department, *Arugam Bay Resource Development Plan : Reconstruction Towards Prosperity,* rapport final, le 25 avril 2005, p. 18.

23. Ambassade des États-Unis, «U.S. Provides $1 Million to Maintain Tsunami Shelter Communities», le 18 mai 2006, www.usaid.gov.

24. Randeep Ramesh, «Indian Tsunami Victims Sold Their Kidneys to Survive», *Guardian* (Londres), le 18 janvier 2007 ; ActionAid International *et al.*, *Tsunami Response*, p. 17 ; Nick Meo, «Thousands of Indonesians Still in Tents», *Globe and Mail* (Toronto), le 27 décembre 2005.

25. ActionAid International *et al.*, *Tsunami Response*, p. 9.

26. Central Intelligence Agency, «Maldives», *The World Factbook 2007,* www.cia.gov.

27. Coco Palm Dhuni Kolhu, www.cocopalm.com ; Four Seasons Resort Maldives et Landaa Giraavaru, www.fourseasons.com ; Hilton Maldives Resort and Spa, Rangali Island, www.hilton.com ; «Dhoni Mighili Island», Private Islands Online, www.privateislandsonline.com.

28. Roland Buerck, «Maldives Opposition Plan Protest», *BBC News*, le 20 avril 2007 ; Commission asiatique des droits de l'homme, «Extrajudicial Killings,

Disappearances, Torture and Other Forms of Gross Human Rights Violations Still Engulf Asia's Nations », le 8 décembre 2006, www.ahrchk. net ; Amnesty International, « Republic of Maldives : Repression of Peaceful Political Opposition », le 30 juillet 2003, www.amnesty.org.

29. Ashok Sharma, « Maldives to Develop "Safe" Islands for Tsunami-Hit People », Associated Press, le 19 janvier 2005.

30. Ministère de la Planification et du Développement national, République des Maldives, *National Recovery and Reconstruction Plan,* deuxième tirage, mars 2005, p. 29, www.tsunamimaldives.mv.

31. *Ibid.* ; ActionAid International *et al., Tsunami Response,* p. 18.

32. Les baux sont d'une durée de 25 ans, mais, en vertu de dispositions spéciales des soumissions, ils peuvent, pour certains types de propriétés, être prolongés pour une durée totale de 50 ans. Ministère du Tourisme et de l'Aviation civile, *Bidding Documents : For Lease of New Islands to Develop as Tourist Resorts,* République des Maldives, Malé, le 16 juillet 2006, p. 4, www.tourism.gov.mv.

33. Penchan Charoensuthipan, « Survivors Fighting for Land Rights », *Bangkok Post,* le 14 décembre 2005 ; Mydans, « Builders Swoop in, Angering Thai Survivors ».

34. Coalition asiatique pour le droit au logement, « The Tsunami in Thailand : January-March 2005 », www.achr.net.

35. Shimali Senanayake et Somini Sengupta, « Monitors Say Troops Killed Aid Workers in Sri Lanka », *New York Times,* le 31 août 2006 ; Amantha Perera, « Tsunami Recovery Skewed by Sectarian Strife », Inter Press Service, le 3 janvier 2007.

36. Shimali Senanayake, « An Ethnic War Slows Tsunami Recovery in Sri Lanka », *New York Times,* le 19 octobre 2006.

37. Roland Paris, *At War's End. Building Peace After Civil Conflict,* Cambridge University Press, Cambridge, 2004, p. 200.

20. L'apartheid du désastre : Un monde composé de zones vertes et de zones rouges

1. Hein Marais, « A Plague of Inequality », *Mail & Guardian* (Johannesburg), le 19 mai 2006.

2. « Names and Faces », *Washington Post,* le 19 septembre 2005.

3. Adolph Reed, Jr., « Undone by Neoliberalism », *The Nation,* le 18 septembre 2006.

4. Jon Elliston, « Disaster in the Making », *Tucson Weekly,* le 23 septembre 2004 ; Innovative Emergency Management, « IEM Team to Develop Catastrophic Hurricane Disaster Plan for New Orleans & Southeast Louisiana », communiqué de presse, le 3 juin 2004, www.ieminc.com.

5. Ron Fournier et Ted Bridis, « Hurricane Simulation Predicted 61,290 Dead », Associated Press, le 9 septembre 2005.

6. Paul Krugman, « A Can't Do Government », *New York Times,* le 2 septembre 2005 ; Martin Kelly, « Neoconservatism's Berlin Wall », blogue The G-Gnome Rides Out, le 1er septembre 2005, www.theggnomeridesout. blogspot.com ; Jonah Goldberg, « The Feds », The Corner, National Review Online, le 31 août 2005, www.nationalreview.com.

7. Milton Friedman, « The Promise of Vouchers », *Wall Street Journal,* le 5 décembre 2005 ; John R. Wilke et Brody Mullins, « After Katrina, Republicans

Back a Sea of Conservative Ideas», *Wall Street Journal*, le 15 septembre 2005 ; Paul S. Teller, directeur adjoint, House Republican Study Committee, « Pro-Free-Market Ideas for Responding to Hurricane Katrina and High Gas Prices», message électronique envoyé le 13 septembre 2005.

8. Groupe d'experts intergouvernemental sur l'évolution du climat (GIEC), *Climate Change 2007 : The Physical Science Basis,* Summary for Policymakers, février 2007, p. 16, www.ipcc.ch.

9. Teller, « Pro-Free-Market Ideas for Responding to Hurricane Katrina and High Gas Prices».

10. Eric Lipton et Ron Nixon, «Many Contracts for Storm Work Raise Questions», *New York Times*, le 26 septembre 2005 ; Anita Kumar, «Speedy Relief Effort Opens Door to Fraud», *St. Petersburg Times*, le 18 septembre 2005 ; Jeremy Scahill, « In the Black(water)», *The Nation*, le 5 juin 2006 ; Spencer S. Hsu, «$400 Million FEMA Contracts Now Total $3.4 Billion», *Washington Post*, le 9 août 2006.

11. Shaw Group, «Shaw Announces Charles M. Hess to Head Shaw's FEMA Hurricane Recovery Program», communiqué de presse, le 21 septembre 2005, www.shawgrp.com ; «Fluor's Slowed Iraq Work Frees It for Gulf Coast», Reuters, le 9 septembre 2005 ; Thomas B. Edsall, «Former FEMA Chief Is at Work on Gulf Coast», *Washington Post*, le 8 septembre 2005 ; David Enders, «Surviving New Orleans», *Mother Jones*, le 7 septembre 2005, www.motherjones.com.

12. Chambre des représentants des États-Unis, Committee on Government Reform – Minority Staff, Special Investigations Division, *Waste, Fraud and Abuse in Hurricane Katrina Contracts,* août 2006, p. i, www.oversight. house.gov.

13. Rita J. King, CorpWatch, *Big, Easy Money : Disaster Profiteering on the American Gulf Coast,* août 2006, www.corpwatch.org ; Dan Barry, «A City's Future, and a Dead Man's Past», *New York Times*, le 27 août 2006.

14. Patrick Danner, «AshBritt Cleans Up in Wake of Storms», *Miami Herald,* le 5 décembre 2005.

15. «Private Companies Rebuild Gulf», *PBS NewsHour with Jim Lehrer,* le 4 octobre 2005.

16. Scott Shane et Ron Nixon, «In Washington, Contractors Take on Biggest Role Ever», *New York Times*, le 4 février 2007.

17. Mike Davis, «Who Is Killing New Orleans?», *The Nation,* le 10 avril 2006.

18. Leslie Eaton, «Immigrants Hired After Storm Sue New Orleans Hotel Executive», *New York Times*, le 17 août 2006 ; King, CorpWatch, *Big, Easy Money*; Gary Stoller, «Security Generates Multibillion Business», *USA Today*, le 11 septembre 2006. NOTE DE BAS DE PAGE : Judith Browne-Dianis, Jennifer Lai, Marielena Hincapie *et al.*, *And Injustice for All : Workers' Lives in the Reconstruction of New Orleans*, Advancement Project, le 6 juillet 2006, p. 29, www.advancementproject.org.

19. Rick Klein, «Senate Votes to Extend Patriot Act for 6 Months», *Boston Globe*, le 22 décembre 2005.

20. Jeff Duncan, «The Unkindest Cut», *Times-Picayune* (Nouvelle-Orléans), le 28 mars 2006 ; Paul Nussbaum, «City at a Crossroads», *Philadelphia Inquirer*, le 29 août 2006.

21. Ed Anderson, «Federal Money for Entergy Approved», *Times-Picayune* (Nouvelle- Orléans), le 5 décembre 2006 ; Frank Donze, «146 N.O. Transit Layoffs Planned », *Times-Picayune* (Nouvelle-Orléans), le 25 août 2006 ;

Bill Quigley, « Robin Hood in Reverse : The Looting of the Gulf Coast », justiceforneworleans.org, le 14 novembre 2006.

22. Coalition asiatique pour le droit au logement, « Mr. Endesha Juakali », www.achr.net.

23. Bob Herbert, « Our Crumbling Foundation », *New York Times*, le 5 avril 2007.

24. Help Jet, www.helpjet.us.

25. Seth Borenstein, « Private Industry Responding to Hurricanes », Associated Press, le 15 avril 2006.

26. James Glanz, « Idle Contractors Add Millions to Iraq Rebuilding », *New York Times*, le 25 octobre 2006.

27. Mark Hemingway, « Warriors for Hire », *Weekly Standard*, le 18 décembre 2006. NOTE DE BAS DE PAGE : Jeremy Scahill, « Blackwater Down », *The Nation*, le 10 octobre 2005 ; Center for Responsive Politics, « Oil & Gas : Top Contributors to Federal Candidates and Parties », cycle électoral 2004, www.opensecrets.org ; Center for Responsive Politics, « Construction : Top Contributors to Federal Candidates and Parties », cycle électoral 2004, www.opensecrets.org.

28. Josh Manchester, « Al Qaeda for the Good Guys : The Road to Anti-Qaeda », *TCSDaily*, le 19 décembre 2006, www.tcsdaily.com.

29. Bill Sizemore et Joanne Kimberlin, « Profitable Patriotism », *The Virginian-Pilot* (Norfolk), le 24 juillet 2006.

30. King, CorpWatch, *Big, Easy Money* ; Leslie Wayne, « America's For-Profit Secret Army », *New York Times*, le 13 octobre 2002 ; Greg Miller, « Spy Agencies Outsourcing to Fill Key Jobs », *Los Angeles Times*, le 17 septembre 2006 ; Shane et Nixon, « In Washington, Contractors Take on Biggest Role Ever ».

31. Parmi les sociétés membres du comité consultatif, mentionnons Lockheed Martin, Boeing et Booz Allen. Stephen E. Flynn et Daniel B. Prieto, Council on Foreign Relations, *Neglected Defense : Mobilizing the Private Sector to Support Homeland Security*, CFR n° 13, mars 2006, p. 26, www.cfr.org.

32. Mindy Fetterman, « Strategizing on Disaster Relief », *USA Today*, le 12 octobre 2006 ; Frank Langfitt, « Private Military Firm Pitches Its Services in Darfur », *National Public Radio : All Things Considered*, le 26 mai 2006.

33. Peter Pae, « Defense Companies Bracing for Slowdown », *Los Angeles Times*, le 2 octobre 2006.

34. Johanna Neuman et Peter Spiegel, « Pay-as-You-Go Evacuation Roils Capitol Hill », *Los Angeles Times*, le 19 juillet 2006.

35. Tim Weiner, « Lockheed and the Future of Warfare », *New York Times*, le 28 novembre 2004.

36. L'information contenue dans les deux paragraphes suivants est tirée de John Robb, « Security : Power to the People », *Fast Company*, mars 2006.

37. Juvenile, « Got Ya Hustle On », chanson de l'album *Reality Check*, label Atlanta/Wea, 2006.

38. Bill Quigley, « Ten Months After Katrina : Gutting New Orleans », CommonDreams.org, le 29 juin 2006, www.commondreams.org.

39. Doug Nurse, « New City Bets Millions on Privatization », *Atlanta Journal-Constitution*, le 12 novembre 2005.

40. Annie Gentile, « Fewer Cities Increase Outsourced Services », *American City & County*, le 1ᵉʳ septembre 2006 ; Nurse, « New City Bets Millions on Privatization ».

41. Doug Nurse, « City Hall Inc. a Growing Business in North Fulton », *Atlanta Journal-Constitution*, le 6 septembre 2006 ; Doug Gross, « Proposal to Split Georgia County Drawing Cries of Racism », *Seattle Times*, le 24 janvier 2007.

42. Bureau de la coordination des affaires humanitaires des Nations Unies, « Humanitarian Situation Report – Sri Lanka », du 2 au 8 septembre 2005, www.reliefweb.int.

21. Quand la paix ne sert plus à rien : Israël : le signal d'alarme

1. Christopher Caldwell, « The Walls That Work Too Well », *Financial Times* (Londres), le 18 novembre 2006.

2. Martin Wolf, « A Divided World of Economic Success And Political Turmoil », *Financial Times* (Londres), le 31 janvier 2007 ; « Ex-Treasury Chief Summers Warns on Market Risks », Reuters, le 20 mars 2007.

3. Richard Aboulafia, Teal Group, « Guns-to-Caviar Index », 2007.

4. Chambre des représentants des États-Unis, Committee on Government Reform – Minority Staff, Special Investigations Division, *Dollars, Not Sense : Government Contracting Under the Bush Administration*, préparé pour le représentant Henry A. Waxman, juin 2006, p. 6, www.oversight.house. gov ; Tim Weiner, « Lockheed and the Future of Warfare », *New York Times*, le 28 novembre 2004 ; Matthew Swibel, « Defensive Play », *Forbes*, le 5 juin 2006.

5. L'indice Dow Jones de la construction lourde aux États-Unis a clôturé à 143,34 $ le 10 septembre 2001 et à 507,43 $ le 4 juin 2007. DJ_2357, « Historical Quotes », money.cnn.com ; James Glanz, « Iraq Reconstruction Running Low on Funds », *International Herald Tribune* (Paris), le 31 octobre 2005 ; Ellen Nakashima, « A Wave of Memories », *Washington Post*, le 26 décembre 2005 ; Ann M. Simmons, Richard Fausset et Stephen Braun, « Katrina Aid Far from Flowing », *Los Angeles Times*, le 27 août 2006 ; Helene Cooper, « Aid Conference Raises $7.6 Billion for Lebanese Government », *New York Times*, le 26 janvier 2007.

6. Shawn McCarthy, « Exxon's "Outlandish" Earnings Spark Furor », *Globe and Mail* (Toronto), le 2 février 2007.

7. Jonathan Curiel, « The Conspiracy to Rewrite 9/11 », *San Francisco Chronicle*, le 3 septembre 2006 ; Jim Wooten, « Public Figures' Rants Widen Racial Chasm », *Atlanta Journal-Constitution*, le 22 janvier 2006.

8. EM-DAT, The OFDA/CRED International Disaster Database, « 2006 Disasters in Numbers », www.em-dat.net ; Peter Bergen et Paul Cruickshank, « The Iraq Effect : War Has Increased Terrorism Sevenfold Worldwide », *Mother Jones,* mars-avril 2007.

9. McCarthy, « Exxon's "Outlandish" Earnings Spark Furor » ; William Hartung et Michelle Ciarrocca, « The Military-Industrial-Think Tank Complex », *Multinational Monitor*, janvier-février 2003 ; Robert O'Harrow, Jr., « LexisNexis to Buy Seisint for $775 Million », *Washington Post*, le 15 juillet 2004 ; Rachel Monahan et Elena Herrero Beaumont, « Big Time Security », *Forbes*, le 3 août 2006.

10. « Recap of Saturday, July 9, 2005 », *Fox News : The Cost of Freedom*, www. foxnews.com.

11. Dan Gillerman, « The Economic Opportunities of Peace », déclaration à la presse des chambres de commerce, le 6 septembre 1993, cité dans Guy

Ben-Porat, «A New Middle East? : Globalization, Peace and the "Double Movement"», *International Relations*, vol. 19, n° 1, 2005, p. 50.

12. Efraim Davidi, «Globalization and Economy in the Middle East – A Peace of Markets or a Peace of Flags?», *Palestine-Israel Journal*, vol. 7, n°s 1 et 2, 2000, p. 33.

13. Shlomo Ben-Ami, *A Place for All*, Hakibbutz Hameuchad, Tel-Aviv, 1998, p. 113, cité dans Davidi, «Globalization and Economy in the Middle East», p. 38.

14. Americans for Peace Now, «The Russians», *Settlements in Focus*, vol. 1, n° 16, le 23 décembre 2005, www.peacenow.org.

15. Gerald Nadler, «Exodus or Renaissance?», *Washington Times*, le 19 janvier 1992 ; Peter Ford, «Welcome and Woes Await Soviet Jews in Israel», *Christian Science Monitor*, le 25 juillet 1991 ; Lisa Talesnick, «Unrest Will Spur Russian Jews to Israel, Official Says», Associated Press, le 5 octobre 1993 ; «Israel's Alienated Russian Voters Cry Betrayal», Agence France-Presse, le 8 mai 2006.

16. Greg Myre, «Israel Economy Hums Despite Annual Tumult», *International Herald Tribune* (Paris), le 31 décembre 2006 ; «Israel Reopens Gaza Strip», United Press International, le 22 mars 1992.

17. Peter Hirschberg, «Barak Settlement Policy Remains Virtually the Same as Netanyahu's», *Jerusalem Report,* le 4 décembre 2000.

18. Americans for Peace Now, «The Russians».

19. David Simons, «Cold Calculation of Terror», *Forbes*, le 28 mai 2002 ; Zeev Klein, «January-May Trade Deficit Shoots up 16% to $3.59 Billion», *Globes* (Tel-Aviv), le 12 juin 2001 ; Neal Sandler, «As If the Intifada Weren't Enough», *Business Week*, le 18 juin 2001.

20. La citation concernant «le carburant qui propulsa l'industrie de la technologie» est de Shlomo Maital, professeur au Technion Institute of Management d'Israël. Nelson D. Schwartz, «Prosperity without Peace», *Fortune*, le 13 juin 2005 ; Shlomo Ben-Ami, *Scars of War, Wounds of Peace : The Israeli-Arab Tragedy*, Oxford University Press, Oxford, 2006, p. 230.

21. Coordonnateur spécial des Nations Unies dans les territoires occupés, *Quarterly Report on Economic and Social Conditions in the West Bank and Gaza Strip*, le 1er avril 1997 ; Ben-Ami, *Scars of War, Wounds of Peace*, p. 231 ; Sara Roy, «Why Peace Failed : An Oslo Autopsy», *Current History*, vol. 101, n° 651, janvier 2002, p. 13.

22. Chris McGreal, «Deadly Thirst», *Guardian* (Londres), le 13 janvier 2004.

23. «Norman Finkelstein & Former Israeli Foreign Minister Shlomo Ben-Ami Debate», *Democracy Now!*, le 14 février 2006, www.democracynow. org.

24. Selon *Globes*, journal israélien spécialisé dans les affaires, Israël, entre 2001 et 2003, se dirigeait vers «une baisse cumulative de 8,5 % de la croissance par habitant», synonyme d'un déclin ahurissant. Zeev Klein, «2002 Worst Year for Israeli Economy Since 1953», *Globes* (Tel-Aviv), le 31 décembre 2002 ; Sandler, «As If the Intifada Weren't Enough».

25. Aron Heller et James Bagnall, «After the Intifada : Why Israel's Tech Titans Are Challenging Canadian Entrepreneurs as a Global Force», *Ottawa Citizen*, le 28 avril 2005 ; Schwartz, «Prosperity without Peace».

26. Susan Karlin, «Get Smart», *Forbes,* le 12 décembre 2005.

27. Ran Dagoni, «O'seas Cos, Gov'ts to Inspect Israeli Anti-Terror Methods», *Globes* (Tel-Aviv), le 22 janvier 2006 ; Ben Winograd, «U.S. Airport

Directors Study Tough Israeli Security Measures Ahead of Summer Travel », Associated Press, le 8 mai 2007 ; État d'Israël, ministère de la Sécurité publique, « Conférence internationale sur la sécurité intérieure 2006 », le 19 mars 2006, www.mops.gov.il.

28. Heller et Bagnall, « After the Intifada » ; Yaakov Katz, « Defense Officials Aim High at Paris Show », *Jerusalem Post*, le 10 juin 2007 ; Hadas Manor, « Israel in Fourth Place among Defense Exporters », *Globes* (Tel-Aviv), le 10 juin 2007 ; Steve Rodan et Jose Rosenfeld, « Discount Dealers », *Jerusalem Post*, le 2 septembre 1994 ; Gary Dorsch, « The Incredible Israeli Shekel, as Israel's Economy Continues to Boom », *The Market Oracle*, le 8 mai 2007, www.marketoracle.co.uk.

29. Schwartz, « Prosperity without Peace ».

30. *Ibid.* ; Nice Systems, « Nice Digital Video Surveillance Solution Selected by Ronald Reagan Washington National Airport », communiqué de presse, le 29 janvier 2007, www.nice.com ; Nice Systems, « Time Warner (Charlotte) », Success Stories, www.nice.com.

31. James Bagnall, « A World of Risk : Israel's Tech Sector Offers Lessons on Doing Business in the New Age of Terror », *Ottawa Citizen,* le 31 août 2006 ; Electa Draper, « Durango Office Keeps Watch in War on Terror », *Denver Post*, le 14 août 2005.

32. SuperCom, « SuperCom Signs $50m National Multi Id Agreement with a European Country », communiqué de presse, le 19 septembre 2006 ; SuperCom, « City of Los Angeles to Deploy Supercom's IRMS Mobile Credentialing and Handheld Verification System », communiqué de presse, le 29 novembre 2006 ; SuperCom, « SuperCom Signs $1.5m ePassport Pilot Agreement with European Country », communiqué de presse, le 14 août 2006, www.supercomgroup.com.

33. Check Point, « Facts at a Glance », www.checkpoint.com.

34. David Machlis, « US Gets Israeli Security for Super Bowl », *Jerusalem Post*, le 4 février 2007 ; New Age Security Solutions, « Partial Client List », www. nasscorp.com.

35. Kevin Johnson, « Mansions Spared on Uptown's High Ground », *USA Today*, le 12 septembre 2005.

36. International Security Instructors, « About » et « Clients », www.isiusa.us.

37. « Golan Group Launches Rigorous VIP Protection Classes », communiqué de presse, avril 2007 ; Golan Group, « Clients », www.golangroup.com.

38. Schwartz, « Prosperity without Peace » ; Neil Sandler, « Israeli Security Barrier Provides High-Tech Niche », *Engineering News-Record,* le 31 mai 2004.

39. David Hubler, « SBInet Trawls for Small-Business Partners », *Federal Computer Week*, le 2 octobre 2006 ; Sandler, « Israeli Security Barrier Provides High-Tech Niche ».

40. Schwartz, « Prosperity without Peace ».

41. Elbit Systems Ltd. et Magal Security Systems Ltd., « Historical Prices », Yahoo! Finance, finance.yahoo.com ; Barbara Wall, « Fear Factor », *International Herald Tribune* (Paris), le 28 janvier 2006 ; Electa Draper, « Verint Systems Emerges as Leader in Video Surveillance Market ».

42. Thomas L. Friedman, « Outsource the Cabinet? », *New York Times*, le 28 février 2007 ; Ruth Eglash, « Report Paints Gloomy Picture of Life for Israeli Children », *Jerusalem Post,* le 28 décembre 2006.

43. Karen Katzman, « Some Stories You May Not Have Heard », rapport destiné à la fédération juive du grand Washington, www.shalomdc.org ; Yitzhak Laor, « You Are Terrorists, We Are Virtuous », *London Review of Books*, le 17 août 2006.

44. Bourse de Tel-Aviv, *Main Indicators*, le 31 août 2006, www.tase.co.il ; Friedman, « Outsource the Cabinet? » ; Reuters, « GDP Growth Figure Slashed », *Los Angeles Times*, le 1er mars 2007 ; Greg Myre, « Amid Political Upheaval, Israeli Economy Stays Healthy », *New York Times*, le 31 décembre 2006 ; Groupe de la Banque mondiale, *West Bank and Gaza Update*, septembre 2006, www.worldbank.org.
45. Susan Lerner, « Israeli Companies Shine in Big Apple », *Jerusalem Post*, le 17 septembre 2006 ; Osama Habib, « Labor Minister Says War Led to Huge Jump in Number of Unemployed », *Daily Star* (Beyrouth), le 21 octobre 2006.
46. Interview avec Dan Gillerman, *CNN : Lou Dobbs Tonight*, le 14 juillet 2006.
47. Karin Brulliard, « "Gated Communities" for the War-Ravaged », *Washington Post*, le 23 avril 2007 ; Dean Yates, « Baghdad Wall Sparks Confusion, Divisions in Iraq », Reuters, le 23 avril 2007.
48. Rory McCarthy, « Occupied Gaza like Apartheid South Africa, Says UN Report », *Guardian* (Londres), le 23 février 2007.
49. Michael Wines, « Shantytown Dwellers in South Africa Protest the Sluggish Pace of Change », *New York Times*, le 25 décembre 2005.

CONCLUSION

Quand le choc s'essouffle :
Des peuples en route vers la reconstruction

1. Juan Forero, « Bolivia Indians Hail the Swearing in of One of Their Own as President », *New York Times*, le 23 janvier 2006.
2. Tom Kerr, Coalition asiatique pour le droit au logement, « People's Leadership in Disaster Recovery : Rights, Resilience and Empowerment », atelier sur la catastrophe de Phuket, du 30 octobre au 3 novembre 2006, Phuket, www.achr.net.
3. Antillano est membre du comité agraire de La Vega, Caracas. *Hablemos del Poder / Talking of Power*, documentaire réalisé par Nina López, produit par Global Women's Strike, 2005, www.globalwomenstrike.net.
4. Terence Corcoran, « Free Markets Lose Their Last Lion », *National Post* (Toronto), le 17 novembre 2006.
5. Jim Webb, « Class Struggle », *Wall Street Journal*, le 15 novembre 2006.
6. Geoffrey York, « Beijing to Target Rural Poverty », *Globe and Mail* (Toronto), le 6 mars 2006 ; Larry Rohter, « A Widening Gap Erodes Argentina's Egalitarian Image », *New York Times*, le 25 décembre 2006 ; Institut mondial pour le développement des recherches économiques, « Selon une étude inédite, la moitié de la richesse mondiale serait détenue par les 2 % les plus riches », communiqué de presse, le 5 décembre 2006, www.wider.unu.edu ; Sarah Anderson *et al.*, *Executive Excess 2006 : Defense and Oil Executives Cash in on Conflict*, le 30 août 2006, p. 1, www.faireconomy.org ; Webb, « Class Struggle ».
7. Raul Garces, « Former Uruguayan Dictator Arrested », Associated Press, le 17 novembre 2006 ; « Argentine Judge Paves Way for New Trial of Ex-Dictator Videla », Agence France-Presse, le 5 septembre 2006 ; « Former Argentine Leader Indicted for 2001 Bond Swap », MercoPress, le 29 septembre 2006, www.mercopress.com.

8. « Former Latin American Leaders Facing Legal Troubles », *Miami Herald,* le 18 janvier 2007.

9. Andrew Osborn, « The A-Z of Oligarchs », *Independent* (Londres), le 26 mai 2006.

10. Paul Waldie, « Hollinger : Publisher or "Bank of Conrad Black" ? », *Globe and Mail* (Toronto), le 7 février 2007 ; « Political Activist Grover Norquist », *National Public Radio Morning Edition*, le 25 mai 2001 ; Jonathan Weisman, « Powerful GOP Activist Sees His Influence Slip Over Abramoff Dealings », *Washington Post*, le 9 juillet 2006.

11. George W. Bush, *The National Security Strategy of the United States,* septembre 2002, www.whitehouse.gov.

12. Jane Bussey, « Democrats Won Big by Opposing Free-Trade Agreements », *Miami Herald*, le 20 novembre 2006 ; Robin Toner et Janet Elder, « Most Support U.S. Guarantee of Health Care », *New York Times*, le 2 mars 2007.

13. Corporación Latinobarómetro, *Latinobarómetro Report 2006,* www.latinobarometro.org.

14. Susan George et Erik Wesselius, « Why French and Dutch Citizens Are Saying NO », Transnational Institute, le 21 mai 2005, www.tni.org.

15. Lou Dobbs, *CNN : Lou Dobbs Tonight*, le 14 avril 2005 ; Lou Dobbs, *CNN : Lou Dobbs Tonight*, le 23 juin 2006.

16. Martin Arnold, « Polish Plumber Symbolic of all French Fear about Constitution », *Financial Times* (Londres), le 28 mai 2005.

17. Andrew Curry, « The Case Against Poland's New President », *New Republic*, le 17 novembre 2005 ; Fred Halliday, « Warsaw's Populist Twins », *openDemocracy*, le 1ᵉʳ septembre 2006, www.opendemocracy.net ; Ian Traynor, « After Communism : Ambitious, Eccentric – Polish Twins Prescribe a Dose of Harsh Reality », *Guardian* (Londres), le 1ᵉʳ septembre 2006. NOTE DE BAS DE PAGE : Ken Livingstone, « Facing Phobias », *Guardian* (Londres), le 2 mars 2007.

18. Perry Anderson, « Russia's Managed Democracy », *London Review of Books*, le 25 janvier 2007.

19. Vladimir Radyuhin, « Racial Tension on the Rise in Russia », *The Hindu*, le 16 septembre 2006 ; Amnesty International, *Russie. Déchaînement de violence raciste*, le 4 mai 2006, www.amnesty.org.

20. Helen Womack, « No Hiding Place for Scared Foreigners in Racist Russia », *Sydney Morning Herald,* le 6 mai 2006.

21. Henry A. Kissinger, *Memorandum to the President, Subject : NSC Meeting, November 6 – Chile*, le 5 novembre 1970, déclassifié, www.gwu.edu/~nsarchiv.

22. Jack Chang, « Fear of Privatization Gives Brazilian President a Lead in Runoff », Knight Ridder, le 26 octobre 2006 ; Hector Tobar, « Nicaragua Sees Red Over Blackouts », *Los Angeles Times*, le 30 octobre 2006.

23. Nikolas Kozloff, « The Rise of Rafael Correa », *CounterPunch*, le 26 novembre 2007 ; Simon Romero, « Leftist Candidate in Ecuador Is Ahead in Vote, Exit Polls Show », *New York Times*, le 27 novembre 2006.

24. « Argentine President Marks Third Year in Office with Campaign-Style Rally », BBC Monitoring International Reports, le 26 mai 2006.

25. Dan Keane, « South American Leaders Dream of Integration, Continental Parliament », Associated Press, le 9 décembre 2006.

26. Duncan Campbell, « Argentina and Uruguay Shun US Military Academy », *Guardian* (Londres), le 6 avril 2006 ; « Costa Rica Quits US Training at Ex-School of the Americas », Agence France-Presse, le 19 mai 2007.

27. Roger Burbach, « Ecuador's Government Cautiously Takes Its First Steps », *NACLA News,* le 19 février 2007, www.nacla.org.

28. Chris Kraul, « Big Cooperative Push in Venezuela », *Los Angeles Times,* le 21 août 2006.

29. Emir Sader, « Dossier Amérique latine. Alternatives latino-américaines », *Le Monde diplomatique,* février 2006.

30. George W. Bush, *The National Security Strategy of the United States of America,* mars 2006, p. 30, www.whitehouse.gov ; interview avec Stanley Fischer réalisée le 9 mai 2001 pour *Commanding Heights. The Battle for the World Economy,* www.pbs.org.

31. Jorge Rueda, « Chavez Says Venezuela Will Pull out of the IMF, World Bank », Associated Press, le 1ᵉʳ mai 2007 ; Fiona Ortiz, « Argentina's Kirchner Says No New IMF Program », Reuters, le 1ᵉʳ mars 2007 ; Christopher Swann, Bloomberg News, « Hugo Chávez Exploits Oil Wealth to Push IMF Aside », *International Herald Tribune* (Paris), le 1ᵉʳ mars 2007.

32. *Ibid.* ; « Ecuador Expels World Bank Representative », Agence France-Presse, le 27 avril 2007 ; Reuters, « Latin Leftists Mull Quitting World Bank Arbitrator », *Washington Post,* le 29 avril 2007 ; Eoin Callan et Krishna Guha, « Scandal Threatens World Bank's Role », *Financial Times* (Londres), le 23 avril 2007.

33. Michael Wines, « Shantytown Dwellers in South Africa Protest the Sluggish Pace of Change », *New York Times,* le 25 décembre 2005 ; Brendan Smith *et al.,* « China's Emerging Labor Movement », Commondreams.org, le 5 octobre 2006, www.commondreams.org. NOTE DE BAS DE PAGE : *Ibid.*

34. Jean Baudrillard, *Power Inferno. Requiem pour les Twin Towers. Hypothèses sur le terrorisme. La violence du mondial,* Galilée, Paris, 2002, p. 82.

35. Central Intelligence Agency, Human Resource Exploitation Training Manual – 1983, www.gwu.edu/~nsarchiv.

36. Andrew England, « Siniora Flies to Paris as Lebanon Protests Called Off », *Financial Times* (Londres), le 23 janvier 2007 ; Kim Ghattas, « Pressure Builds for Lebanon Reform », *BBC News,* le 22 janvier 2007 ; Lysandra Ohrstrom, « Reconstruction Chief Says He's Stepping Down », *Daily Star* (Beyrouth), le 24 août 2006.

37. Helene Cooper, « Aid Conference Raises $7.6 Billion for Lebanese Government », *New York Times,* le 26 janvier 2007 ; Osama Habib, « Siniora Unveils Reform Plan Aimed at Impressing Paris III Donors », *Daily Star* (Beyrouth), le 3 janvier 2007 ; Osama Habib, « Plans for Telecom Sale Move Ahead », *Daily Star* (Beyrouth), le 30 septembre 2006.

38. Mohamad Bazzi, « People's Revolt in Lebanon », *The Nation,* le 8 janvier 2007 ; Trish Schuh, « On the Edge of Civil War : The Cedar Revolution Goes South », *CounterPunch,* le 23 janvier 2007, www.counterpunch.org.

39. Mary Hennock, « Lebanon's Economic Champion », *BBC News,* le 14 février 2005 ; Randy Gragg, « Beirut », *Metropolis,* novembre 1995, p. 21, 26 ; « A Bombed-Out Beirut Is Being Born Again – Fitfully », *Architectural Record,* vol. 188, n° 4, avril 2000.

40. Bazzi, « People's Revolt in Lebanon ».

41. Ana Nogueira et Saseen Kawzally, « Lebanon Rebuilds (Again) », *Indypendent,* le 31 août 2006, www.indypendent.org ; Kambiz Foroohar, « Hezbollah, with $100 Bills, Struggles to Repair Lebanon Damage », Bloomberg News, le 28 septembre 2006 ; Omayma Abdel-Latif, « Rising From the Ashes », *Al-Ahram Weekly,* le 31 août 2006.

42. David Frum, « Counterfeit News », *National Post* (Toronto), le 26 août 2006.
43. « Spain's Aznar Rules Out Talks with Basque Group ETA », Associated Press, le 11 mars 2004.
44. Elaine Sciolino, « In Spain's Vote, a Shock from Democracy (and the Past) », *New York Times*, le 21 mars 2004.
45. Santisuda Ekachai, « This Land Is Our Land », *Bangkok Post*, le 2 mars 2005.
46. Tom Kerr, Coalition asiatique pour le droit au logement, « New Orleans Visits Asian Tsunami Areas – September 9-17, 2006 », www.achr.net.
47. *Ibid.*
48. Kerr, « People's Leadership in Disaster Recovery : Rights, Resilience and Empowerment ».
49. Kerr, « New Orleans Visits Asian Tsunami Areas ».
50. Richard A. Webster, « N.O. Survivors Learn Lessons from Tsunami Rebuilders », *New Orleans Business*, le 13 novembre 2006.
51. Residents of Public Housing, « Public Housing Residents Take Back Their Homes », communiqué de presse, le 11 février 2007, www.peoplesorganizing.org.
52. La citation est de Joseph Recasner. Steve Ritea, « The Dream Team », *Times-Picayune* (Nouvelle-Orléans), le 1er août 2006.

REMERCIEMENTS

Il existe peut-être une convention littéraire interdisant de dédicacer deux livres à la même personne. Pour celui-ci, je dois toutefois faire un accroc à la règle. Sans mon mari, Avi Lewis, j'aurais été incapable – sur un triple plan : physique, intellectuel et affectif – de mener le projet à bien. Il collabore avec moi en toutes choses, relit mes textes, m'accompagne dans mes voyages (au Sri Lanka, en Afrique du Sud, à La Nouvelle-Orléans) et embellit ma vie. Ce livre nous appartient à tous les deux.

J'aurais de la même façon été vaincue par l'énormité de la tâche sans l'aide extraordinaire de mon assistante de recherche, Debra Levy. Pendant trois ans, Debra a donné sa vie au livre et ne s'est arrêtée que le temps de mettre un enfant au monde. Chaque page porte l'empreinte de ses remarquables talents de documentaliste. Elle a déniché des informations nouvelles et stimulantes, géré et organisé des sources réfractaires, mené quelques interviews et enfin vérifié l'exactitude de tout le manuscrit. Je suis indiciblement reconnaissante d'avoir pu compter sur une collègue aussi dévouée et talentueuse à toutes les étapes de mon travail. Debra tient à exprimer son amour et sa gratitude à Kyle Yamada et à Ari Yamada-Levy, et je joins ma voix à la sienne.

Dans le cadre d'une collaboration éditoriale inhabituelle et particulièrement enrichissante, deux éditrices ont eu sur le manuscrit une influence impossible à décrire : Louise Dennys pour Knopf Canada et Frances Coady pour Metropolitan Books. Louise et Frances, qui sont aussi des mentors et des amies très proches, m'ont poussée à explorer des approches inédites et m'ont accordé les mois supplémentaires dont j'avais besoin pour relever les durs défis qu'elles me lançaient. Depuis *No Logo*, Louise est une inconditionnelle et une éditrice fidèle, et je reste stupéfaite par le talent qu'elle a de tempérer mes propos et de les raffermir en même temps. Faisant preuve d'un engagement proprement ahurissant, Frances a réorganisé et peaufiné le manuscrit révisé et considérablement augmenté. Que le monde de l'édition accueille encore des intellectuelles de ce calibre me donne de l'espoir pour l'avenir des livres.

Par ses commentaires incisifs, Helen Conford de Penguin (Royaume-Uni), qui travaille avec nous depuis le début, a beaucoup contribué à polir le manuscrit. Alison Reid s'est montrée si passionnée par le projet et si attentive au texte que le titre de correctrice ne lui rend absolument pas justice. Elle a droit à toute ma reconnaissance.

Ma brillante agente, Amanda Urban, croyait à ce livre à l'époque où il ne devait porter que sur l'Irak, et sa confiance comme sa loyauté se sont accrues chaque fois que je ratais une échéance et que je lui soumettais un plan revu et augmenté. Comme par hasard, elle compte aussi sur l'équipe la plus cool et la plus géniale qui soit : Margaret Halton, Kate Jones, Elizabeth Iveson, Karolina Sutton et Liz Farrell. Dans l'entourage des femmes d'ICM Books, on se sent capable de tout. Nous sommes tous reconnaissants à Nicole Winstanley et à Bruce Westwood d'avoir préparé le terrain.

Jackie Joiner dirige le bureau de Klein Lewis Productions. Pendant deux ans, elle a servi de rempart humain et tenu le monde à l'écart pour me permettre de me concentrer. Une fois le manuscrit achevé, elle nous a mis en mouvement avec la maestria d'un remarquable chef d'orchestre. En dire davantage sur les exploits de Jackie dans le domaine de l'administration créative risquerait de faire des envieux. J'en resterai donc là.

L'équipe d'ICM a trouvé aux quatre coins du monde de parfaites maisons d'édition pour accueillir le livre et j'ai pu m'offrir le luxe de constituer une équipe internationale de chercheurs et de vérificateurs sans laquelle Debra et moi n'aurions jamais été en mesure de mener à bien un projet de cette envergure. Fort de ses compétences spécialisées et de son champ d'expertise, chaque recherchiste a pris à sa charge des pièces cruciales du puzzle.

Ma bonne amie Andréa Schmidt, avec qui j'ai voyagé en Irak, a été une compagne intellectuelle de tous les instants ; non contente de me fournir des cartons remplis d'informations extrêmement bien organisées sur les sujets les plus atroces, elle a fait mon éducation et m'a forcée à plonger plus à fond dans l'horreur. Les chapitres sur la torture en particulier sont le produit de nos incessantes conversations. Elle a lu des ébauches du manuscrit et formulé certains des commentaires les plus importants.

Aaron Maté a été mon recherchiste principal en 2003-2005, à l'époque où mon activité journalistique portait presque exclusivement sur la transformation économique de l'Irak. Travailler avec Aaron, homme d'une grande intelligence et journaliste accompli, a été un privilège. Son apport est surtout sensible dans les chapitres sur l'Irak de même que sur Israël et la Palestine.

Fernando Rouaux et Shana Yael Shubs, deux spécialistes de l'Amérique latine promis à un brillant avenir, ont découvert des trésors pratiquement inexploités sous la forme de textes économiques sur les liens entre les crises et les réformes néolibérales. Ce sont ces documents qui ont révélé à mes yeux la pénétration de la doctrine du choc aux plus hauts échelons des institutions financières internationales. Fernando a mené pour moi quelques interviews factuelles à Buenos Aires, et Shana a traduit des dizaines de documents et d'articles de l'espagnol vers l'anglais. Ils ont également vérifié avec rigueur les faits cités dans les chapitres consacrés à l'Argentine.

La merveilleuse Amanda Alexander a été ma recherchiste principale pour le chapitre sur l'Afrique du Sud : elle a déniché des informations, vérifié les faits et transcrit des interviews avec l'aide précieuse d'Audrey Sasson. Amanda a aussi effectué des recherches capitales sur la période d'application de la thérapie de choc en Chine. D'autres recherchistes se sont par moments joints à l'équipe : Bruno Anili, Emily Lodish (pour la Russie en particulier), Hannah Holleman (pour la crise financière en Asie), Wes Enzinna (notamment pour des interviews de dernière minute en Bolivie), Emma Ruby-Sachs, Grace Wu et Nepomuceno Malaluan.

Debra Levy, elle-même bibliothécaire, tient à remercier les membres de ses bureaux satellites personnels : les employés patients et débrouillards des bibliothèques de l'université de l'Oregon, de la bibliothèque publique du comté de Corvallis-Benton et de la bibliothèque publique d'Eugene.

Lors de mes reportages sur le terrain, j'ai compté sur le soutien de documentalistes, d'interprètes et d'amis – trop nombreux pour que je les mentionne tous, mais voici déjà un début. En Irak : Salam Onibi, Linda Albermani et Khalid al-Ansary, l'un des meilleurs journalistes de Bagdad, sans oublier mon ami et compagnon de voyage, Andrew Stern. En Afrique du Sud : Patrick Bond, Heinrich Bohmke, Richard Pithouse, Raj Patel et, comme toujours, le génial et irrépressible Ashwin Desai. Merci en particulier à Ben Cashdan et à son équipe d'avoir mis à ma disposition leurs interviews avec Nelson Mandela et l'archevêque Desmond Tutu et pour beaucoup d'autres choses aussi. À La Nouvelle-Orléans : Jordan Flaherty, Jacquie Soohen de même que Buddy et Annie Spell. Au Sri Lanka : Kumari et Dileepa Witharana nous ont servi de guides spirituels et intellectuels, à Avi et à moi, et aussi, naturellement, d'interprètes. Sarath Fernando, Kath Noble et le reste de l'équipe de MONLAR ont été notre port d'attache, et c'est d'ailleurs grâce à eux que nous avons effectué le voyage. À mon retour au Canada, Stuart Laidlaw a transcrit des heures d'interviews ; Loganathan Sellathurai et Anusha Kathiravelu ont transcrit et traduit du tamoul et du cinghalais.

Boris Kagarlitski m'a aidée pour le chapitre sur la Russie. Przemyslaw Wielgosz, Marcin Starnawski et Tadeusz Kowalik ont tous contribué à faire mon éducation sur la transition en Pologne. Marcela Oliviera m'a mise en relation avec des membres de mouvements opposés à la thérapie de choc en Bolivie. Tom Kerr de la Coalition asiatique pour le droit au logement nous a initiés à l'effort de reconstruction consécutif au tsunami en Thaïlande.

L'idée du livre m'est venue pendant mon séjour d'une année en Argentine, où de nouveaux amis m'ont fait découvrir les racines sanglantes du projet de l'école de Chicago, souvent en me racontant d'atroces histoires personnelles ou familiales. Ces patients professeurs sont entre autres : Marta Dillon, Claudia Acuña, Sergio Ciancaglini, Nora Strejilevich, Silvia Delfino, Ezequiel Adamovsky, Sebastian Hacher, Cecilia Sainz, Julian A. Massaldi-Fuchs, Esteban Magnani, Susana Guichal et Tomás Bril Mascarenhas. Ils ont changé ma vision du monde. L'analyse de la torture faite dans le livre repose sur des dizaines d'interviews menées auprès de personnes ayant elles-mêmes été victimes de mauvais traitements en prison et d'autres qui consacrent leur vie aux survivants. Je tiens en particulier à remercier Federico Allodi et Miralinda Friere, fondateurs du Centre canadien pour victimes de torture, de même que Shokoufeh Sakhi, Carmen Sillato et Juan Miranda.

Certains de mes proches sont eux-mêmes des auteurs spécialisés dans les thèmes que j'aborde dans le livre, et quelques-uns d'entre eux ont lu des ébauches du manuscrit et ont passé des heures à discuter de certaines idées avec moi. Kyo Maclear m'a sans cesse refilé des livres et des articles, et ses commentaires sur mon premier jet m'ont aidée à comprendre la stratification du colonialisme ; Seumas Milne, qui a fait de la page d'opinions du *Guardian* une tribune véritablement mondiale, m'a initiée aux années Thatcher et m'a conseillée sur tout ce qui relève de la politique ; Michael Hardt, qui m'a renvoyée à la case départ, a toléré mon keynésianisme naissant ; Betsy Reed, ma réviseuse au magazine *The Nation,* m'a aidée à circonscrire ma thèse et a corrigé mon premier article sur le capitalisme du désastre ainsi que des dizaines de chroniques ; l'intrépide Jeremy Scahill a lu les premiers chapitres et échangé avec moi des données et des moments de panique sur la privatisation de la guerre (et de la vie) ; Katharine Viner, lumière au bout du tunnel, a fait du *Guardian* le tremplin de mon livre. Par-dessus tout, ces amis très chers – qui, par le plus grand des hasards, sont aussi des collègues – m'ont tenu compagnie et m'ont inspirée pendant les années de solitude que j'ai consacrées à l'écriture du livre.

Je ne suis pas économiste, mais mon frère, Seth Klein, directeur de l'indispensable bureau de la Colombie-Britannique du Centre canadien de politiques alternatives, est mon arme sectorielle secrète. À des heures incongrues, il a improvisé pour moi des cours sur la théorie monétariste. Il a aussi corrigé avec soin la première ébauche en plus de me pousser et de me protéger par tous les moyens. Ricardo Grinspun, brillant économiste et spécialiste de l'Amérique latine de l'université York (cité dans le texte), a eu l'amabilité de lire le manuscrit et de fournir des commentaires pointus et précieux. Il en va de même pour Stephen McBride, directeur du Centre for Global Political Economy de l'université Simon Fraser. Je suis honorée de penser qu'ils ont l'un et l'autre pris sur un emploi du temps déjà chargé pour accueillir une étudiante de plus, et on ne devrait en aucun cas leur imputer la responsabilité d'éventuelles erreurs de ma part.

Mes parents, Bonnie et Michael Klein, ont fourni des commentaires très pertinents sur les différentes versions du manuscrit et se sont bien occupés de moi lorsque je me suis installée chez eux pour écrire. Toute leur vie durant, ils ont été d'ardents partisans de la préservation d'une sphère publique en marge du marché, Michael dans le domaine de la santé et Bonnie dans celui des arts. Ma belle-mère héroïque, Michele Landsberg, a lu le manuscrit et m'a encouragée comme elle seule en a le secret. En insistant pour associer la pandémie de sida au fondamentalisme néolibéral, mon beau-père, Stephen Lewis, m'a donné l'audace d'écrire ce livre.

De nombreux autres brillants éditeurs ont soutenu le projet, notamment Brad Martin de Random House of Canada, John Sterling et Sara Bershtel de Metropolitan à New York, Stefan McGrath et l'équipe intelligente et créative de Penguin au Royaume-Uni, Peter Sillem de S. Fischer Verlag, Carlo Brioschi de Rizzoli, Erik Visser de De Geus, Claudia Casanova de Paidós, Jan-Erik Petterson d'Ordfront, Ingeri Engelstad d'Oktober,

Roman Kozyrev de Dobraya Kniga, Marie-Catherine Vacher d'Actes Sud et Lise Bergevin ainsi que l'équipe de Leméac.

Nous avons tous une dette de gratitude envers l'indomptable Adrienne Phillips, directrice de l'édition par intérim de Knopf Canada. Elle a non seulement réussi à garder cette lourde équipe sur la bonne voie, mais, avec le concours de Margaret Halton et de Jackie Joiner, elle est parvenue à assurer la publication dans sept langues en même temps, ce qui, dans le monde de l'édition, constitue en soi un miracle. Je suis très reconnaissante à Scott Richardson de son graphisme élégant et vivant, à Doris Cowan de sa lecture d'épreuves minutieuse et à Beate Schwirtlich de son habile composition. Barney Gilmore est, une fois de plus, le maître incontesté de l'index. Mark A. Fowler est un spécialiste du droit de la diffamation comme il s'en fait peu et j'ai eu beaucoup de plaisir à débattre avec lui. Je remercie également Sharon Klein, Tara Kennedy, Maggie Richards, Preena Gadher et Rosie Glaisher de même que tous les traducteurs qui mettront le texte à la disposition des lecteurs du monde entier.

Outre les documentalistes qui ont directement participé au projet, de nombreux militants et auteurs me sont venus en aide en cours de route. Dans le cadre du travail qu'ils effectuent depuis longtemps sur l'exploitation des crises, les remarquables membres de Focus on the Global South à Bangkok ont été les premiers à définir la « reconstruction » comme nouveau territoire du néocolonialisme. Je suis particulièrement redevable à Shalmali Guttal et à Walden Bello de l'acuité de leurs vues. Pour leurs excellentes enquêtes démasquant les effets du capitalisme du désastre à La Nouvelle-Orléans, je dois beaucoup à Chris Kromm et à l'équipe de l'Institute for Southern Studies de même qu'aux écrits et au militantisme de Bill Quigley, avocat spécialisé dans les droits de l'homme. À propos des institutions financières internationales, Soren Ambrose, ancien de Fifty Years Is Enough, s'est révélé une source précieuse. Dans mes recherches sur les mauvais traitements infligés aux prisonniers d'aujourd'hui, j'ai été beaucoup aidée par Michael Ratner et la courageuse équipe du Center for Constitutional Rights de même que par John Sifton et Human Rights Watch, les rapports d'Amnesty International et Jameel Jaffer de l'Union américaine pour les libertés civiles.

Nombre de documents déclassifiés cités dans le texte ont été retrouvés par les extraordinaires employés de la National Security Archive. Les interviews réalisées dans le cadre de la trilogie documentaire présentée par PBS en 2002, *Commanding*

Heights. The Battle for the World Economy, ont été une autre source d'informations précieuse. La plupart des citations qui figurent dans le livre n'ont pas été retenues pour le film, mais les producteurs ont pris la décision, ô combien rare, de mettre en ligne les transcriptions brutes des interviews. Je dois également une fière chandelle à Amy Goodman et à toute l'équipe de *Democracy Now!*. Leurs interviews novatrices constituent non seulement une source indispensable d'informations quotidiennes (www.democracynow.org), mais aussi un précieux outil de recherche.

Des centaines d'auteurs et de journalistes dont je me suis inspirée sont cités dans le texte et dans les notes. On trouvera d'ailleurs à www.naomiklein.org une bibliographie détaillée ainsi que de nombreux liens vers les documents originaux. Quelques livres m'ont été d'un secours si essentiel et si constant que les notes et les bibliographies ne leur rendent pas justice : *Failed Crusade* de Stephen F. Cohen, *A Question of Torture* d'Alfred McCoy, *Night Draws Near* d'Anthony Shadid, *Imperial Life in the Emerald City* de Rajiv Chandrasekaran, *A Lexicon of Terror* de Marguerite Feitlowitz, *True Crimes. Rodolfo Walsh* de Michael McCaughan, *A Miracle, a Universe* de Lawrence Weschler, *Empire's Workshop* de Greg Grandin, *Blood Money* de T. Christian Miller, *Bush Agenda* d'Antonia Juhasz, *Pinochet's Economists* de Juan Gabriel Valdés, *The Tragedy of Russia's Reforms* de Peter Reddaway et Dmitri Glinski, *Thabo Mbeki and the Battle for the Soul of the ANC* de William Mervin Gumede, *La grande désillusion* de Joseph E. Stiglitz, *Vie précaire* de Judith Butler, *Les confessions d'un assassin financier* de John Perkins, *The Pinochet File* de Peter Kornbluh et *The New Rulers of the World* de John Pilger parmi d'autres de ses ouvrages. Je dois aussi beaucoup aux nombreux documentaristes dont les images m'ont aidée à comprendre des événements dont je n'ai pas moi-même été témoin. La magistrale trilogie de Patricio Guzmán intitulée *The Battle of Chile* mérite une mention particulière.

Quelques théoriciens et chroniqueurs du néolibéralisme ont eu sur ma pensée une influence qui va bien au-delà des citations : David Harvey (en particulier *A Brief History of Neoliberalism*), et à peu près tout ce qu'ont écrit John Berger, Mike Davis et Arundhati Roy. Lorsque je lis et relis les œuvres d'Eduardo Galeano, j'ai le sentiment que tout a été dit. J'espère qu'il ne m'en voudra pas de tenter d'ajouter quelques astérisques dans les marges à seule fin d'insister un peu.

Je tiens aussi à honorer la mémoire de cinq modèles fort différents l'un de l'autre, intellectuels engagés et héros personnels qui sont morts pendant que je travaillais au livre. La perte de Susan Sontag, John Kenneth Galbraith, Molly Ivins, Jane Jacobs et Kurt Vonnegut sera pour moi, comme pour de nombreux autres, lourde à porter.

Les personnes ci-dessous m'ont toutes prêté leur concours : Misha Klein, Nancy Friedland, Anthony Arnove, John Montesano, Esther Kaplan, John Cusack, Kashaelle Gagnon, Stefan Christoff, Kamil Mahdi, Pratap Chatterjee, Sara Angel, Manuel Rozenthal, John Jordan, Justin Podur, Jonah Gindin, Ewa Jasiewicz, Maude Barlow, Justin Alexander, Jeremy Pikser, Ric Young, Arthur Manuel, Joe Nigrini, David Wall, John Greyson, David Meslin, Carly Stasko, Brendan Martin, Bill Fletcher, David Martinez, Joseph Huff-Hannon, Ofelia Whiteley, Barr Gilmore et mes collègues d'une patience infinie au *New York Times* Syndicate, Gloria Anderson et Mike Oricchio.

Roger Hodge m'a envoyée en Irak pour le compte du magazine *Harper's,* affectation d'où le livre est issu, et, à mon retour, Sharon Oddie Brown et Andreas Schroeder m'ont hébergée dans leur parfaite retraite d'écrivain. Je suis, comme toujours, reconnaissante à Katrina vanden Heuvel, Peter Rothberg et Hamilton Fish de faire en sorte que je me sente chez moi au magazine *The Nation.*

Il faut, dit-on, tout un village pour élever un enfant. À la vue de la longue liste qui précède, je me rends compte qu'il a fallu rien de moins qu'un complot mondial pour donner naissance à mon livre. J'ai eu beaucoup de chance de pouvoir compter sur un aussi remarquable échantillon d'humanité.

INDEX

Complexe militaro-industriel, 22, 349, 361-362, 513

Computer Sciences (société), 353

Comsur (société minière bolivienne), 180

Comverse (entreprise de technologie israélienne), 529

cône sud, 73-74, 77, 78, 82, 111, 147, 154. *Voir aussi* Argentine ; Chili ; Uruguay

conférence internationale sur la sécurité intérieure, 528

« confrontation psychique », 46, 64

Conseil de la politique de défense (Defense Policy Board, États-Unis), 381, 386-387

consommation, produits et choix, 32, 69-71, 222, 323

consumérisme, stimulation du, 110-111, 144, 227, 474

contrats. *Voir* États-Unis, contrats du gouvernement des

« contrecoup ». 423-433, 434-435, 440-444.

Convention sur le génocide des Nations Unies, 127, 143

Conway, Bill, 382

coopératives communautaires, 551

« coquilles vides », gouvernement, 354, 359, 504

« coquilles vides », guerres, 359

« coquilles vides », sociétés, 343
en Irak, 418, 427, 432-433
et dons à des partis politiques, 418, 497

Corcoran, Terence, 537-539

Corée du Nord, acquisition de la technologie nucléaire par la, 349

Corée du Sud
dépression économique en, 319-321
réussite économique en, 322-323
cède aux exigences du FMI, 324-328

corporatisme, 26, 30-32, 109-110, 355-357, 359-363, 380-382, 427-433, 473-477, 479-489
l'imposition du, 281

méfiance croissante envers le, 337-338, 542-543
politiques internationales comme instrument du, 373-374
promotion privée du, 509-510
réparations appropriées à la suite d'abus liés au, 258-259
Voir aussi « coquilles vides » ; multinationales

Corr, Edwin, 181

Correa, Rafael, 548, 550, 554

corruption (dans les entreprises), gouvernements et, 338, 377-380, 384-388, 427-432, 496-497, 532, 548
idéologie et, 293, 539-541
non-respect des lois et, 293-296

corruption (au sein du gouvernement), 193-194, 199, 212, 228, 470, 539, 560
comme cause de difficultés économiques, 292-293
en Irak, 422
révélée par la thérapie de choc économique, 336-338
risques de, 359-360, 377-380, 496-497
en Russie, 283-285

corruption (au sein de la société), comme cause de difficultés économiques, 292-293

Counterintelligence Field Activity (États-Unis ; CIFA), 361

Courtois, Stéphane, 31

Creative Associates (experts-conseils en éducation), 419

Crédit Suisse First Boston (banque), 419

crise asiatique, 318-322, 516
effets persistants de la, 334-338
historique de la, 322-334

crise, hypothèse de la, 174-175

crises
efforts visant à encourager les, 309-310
exagération de la gravité des, 312-313
maintien d'une apparence de, 315-316

New Bridge Strategies (cabinet d'experts-conseils), 379, 409, 452, 496

New Deal (post-dépression), 29, 32, 72, 75-76, 303-304

New York Times, 14, 23, 53, 59, 108, 177, 187, 247, 317, 332, 336, 360, 378-379, 382, 430, 447

New York Times Magazine, 447

The New Yorker (magazine), 221, 301, 367, 386

Newsweek, 146, 280, 410

Nicaragua, 169, 477-478, 547, 553

Nice Systems, 529

Nijam (pêcheur sri-lankais), 486

Nike, comme modèle de société « coquille vide » moderne, 343

Nissan, 333

Nitisastro, Widjojo, 328

Nixon, Richard, 83-84, 90, 103, 341, 547
    mesures économiques de, 164-166

Noboa, Álvaro, 548

Nogueira, Ana, 559-560

Norilsk Nickel, 283

Norquist, Grover, 540

Norris, John, 395

Northrop Grumman (entreprise du secteur de la défense), 353, 376

Nouvelle-Orléans (La)
    disparition des écoles publiques en, 13-14
    post-Katrina, 490-501
    son sort considéré comme un présage de ce qui attend le pays, 508-509, 510, 534-535
    volonté des survivants en, 17-18

Novak, Roger, 360

Novak Biddle Venture Partners, 360

Novartis, 333

noyades simulées, 59

Nunca Más (rapport de la commission argentine), 134. *Voir aussi Brasil : Nunca Mais* (rapport)

OBAN (Operation Bandeirantes), 135

Ochsner, centre médical (La Nouvelle-Orléans), 491-492

Office of Government Ethics (États-Unis), 375

Office of Reconstruction and Stabilization (États-Unis), 460

Olin, John M., 225

Oliver, David, 416

Olmos Gaona, Alejandro, 205

O'Neill, Paul, 463

The One Percent Doctrine (livre), 400

Onexim (banque), 283

ONG, 287, 478, 480-482, 505, 560
    comme boucs émissaires du capitalisme du désastre, 486-487

Operação Limpeza (Brésil), 131

Operation Bandeirantes. *Voir* OBAN

« Opération Condor », 116, 129

Oppenheimer, Harry, 254

Option, Edward Jr., 44

Organisation internationale du Travail, 329

Organisation mondiale du commerce (OMC), 18, 248, 327, 513, 554
    thérapie de choc économique exigée par l', 323
    opposition à l', 337-338

Ortega, Daniel, 547

Ortiz, Dianna, 57

Orwell, George, 35

Oslo, accords de paix (israélo-palestiniens), 520-524

ouragan Katrina (États-Unis), 12, 14, 17, 379, 493-496, 515, 560
    reconstruction consécutive à, 496-499, 563-564

ouragan Mitch (États-Unis), 477-478, 547

Overthrow (livre), 373

Oxfam, 487

Oxford Research International, 422

Pacific Architects and Engineers, 459

Padayachee, Vishnu, 245-247, 251, 264

Suskind, Ron, 400
Sutton, Frank, 152
syndicalisme, corporatisme comme
    ennemi du, 109-110
syndicats
    attaques contre les, 14, 129,
        133-137, 168, 172, 188-189,
        299, 326-327, 356, 495
    dans la Pologne communiste,
        212
    statut au lendemain du 11 sep-
        tembre, 357-358
    leur influence sur la politique
        gouvernementale, 304
Swire, Peter, 370

Talal Al-Walid, ben, 333
Talbott, Strobe, 395
Tamiflu (médicament contre la
    grippe), 349-350, 372, 375, 506
Tant, Hugh, 431
Tchétchénie, comme guerre de
    diversion, 282, 288-289
Tchoubais, Anatoli, 282
Tel-Aviv, bourse de, 532-533
Telefónica, 205
Telmex (compagnie de téléphone),
    478
« terres en friche » (statut), 485-486
terreur
    efficacité de la, 156-157
    négation et soutien du recours à
        la, 147-152
    semée de façon intentionnelle,
        19, 28, 31-32, 90, 93, 98-99,
        107, 113-116, 120-123,
        124-126, 139, 231-233, 234,
        408, 447, 541, 555-556
    Voir aussi guerre contre le
        terrorisme
terrorisme
    attentats, 288, 434-435, 513-515,
        518
    brandi comme spectre, 546-547
    commandité par les entreprises,
        135-137, 153-154
    comme prétexte pour procéder
        à des arrestations, 133-134
    comme prétexte pour ne pas
        respecter la loi, 520

comme forme de choc, 24,
    400
conditions qui amplifient le,
    428, 516
soutenu par le gouvernement,
    149-156
    Voir aussi CIA ; cultures,
        « nettoyage » des ;
        électrochocs ; torture ;
        syndicats, attaques contre les
Terrorism in the Grip of Justice
    (émission de télé d'Al Iraqiya),
    447-448
terroristes, tentatives pour trouver
    des, 365, 394-395, 526-527, 534
Tesco, 333
Texaco, 531
Thabit, Adnan, 448
Thabo Mbeki and the... ANC (livre),
    250
Thaïlande, 334-336
    cède aux exigences du FMI,
        324-328
    dépression économique en, 320,
        328-330
    effets économiques post-tsunami
        en, 482, 485
    résistance à la thérapie de choc
        en, 561-563
    réussite économique en,
        322-323
Thames Water (service public), 334
Thatcher, Margaret, 19, 29, 163-164,
    192, 215, 254-256
    et la « société de propriétaires »,
        168, 171-173
Thatcher, Margaret (administration
    de), 200
thérapie de choc économique
    « dommages collatéraux »
        imputables à la, 288-290
    au Honduras, 477-478
    importance perçue de la,
        308-309, 436-438
    aux Maldives, 482-485
    post-11 septembre, 359-360
    réaction contre, 541-545
    au Sri Lanka, 476-477, 478-481
    Voir aussi corruption (au
        sein du gouvernement) ;

TABLE

OUVRAGE RÉALISÉ
PAR LUC JACQUES, TYPOGRAPHE
ACHEVÉ D'IMPRIMER
EN AVRIL 2008
SUR LES PRESSES DES
IMPRIMERIES TRANSCONTINENTAL
POUR LE COMPTE DE
LEMÉAC ÉDITEUR, MONTRÉAL

DÉPÔT LÉGAL
1re ÉDITION : 2e TRIMESTRE 2008
(ÉD. 01 / IMP. 01)